国家社会科学基金重大项目（批准号：10&ZD130）
国 家 出 版 基 金 项 目
国家"双一流"建设学科"南京大学中国语言文学"资助项目
江苏省2011协同创新中心"中国文学与东亚文明"资助项目

第四卷

宋代文献编纂与文化变革

巩本栋 著

中国古代文献文化史

程章灿 主编

南京大学出版社

图书在版编目(CIP)数据

宋代文献编纂与文化变革 / 巩本栋著. —南京:南京大学出版社,2021.12
(中国古代文献文化史 / 程章灿主编)
ISBN 978-7-305-25119-1

Ⅰ.①宋… Ⅱ.①巩… Ⅲ.①古文献学-编辑工作-研究-中国-宋代 Ⅳ.①G256.1

中国版本图书馆CIP数据核字(2021)第233832号

出版发行	南京大学出版社
社　　址	南京市汉口路22号　　邮　编　210093
出 版 人	金鑫荣
丛 书 名	中国古代文献文化史
主　　编	程章灿
书　　名	**宋代文献编纂与文化变革**
著　　者	巩本栋
责任编辑	臧利娟
出版统筹	胡　豪　李　亭
装帧设计	赵　秦
封底篆印	徐兴无
责任监制	郭　欣
照　　排	南京紫藤制版印务中心
印　　刷	南京爱德印刷有限公司
开　　本	718×1000　1/16　印张 31　字数 470 千
版　　次	2021年12月第1版　2021年12月第1次印刷
ISBN	978-7-305-25119-1
定　　价	120.00元

网　　址:http://www.njupco.com
官方微博:http://weibo.com/njupco
官方微信:njupress
销售咨询热线:(025)83594756

* 版权所有,侵权必究
* 凡购买南大版图书,如有印装质量问题,请与所购图书销售部门联系调换

总　序

程章灿

中华民族有着五千年悠久而灿烂的文明,绵延至今,从未断绝。浩如烟海、形式多样的中国古代文献,在中华文明传承过程中发挥了重要的作用。中国古代文献不仅是文化的载体,也承载着历史的记忆,生生不息,成为中华文明一大特色。"中国古代文献文化史"这一研究课题,就是以文献为切入点来研究文化,从文化的视角来研究文献,前者强调文化研究的实证基础,后者突出文献研究的宏观视野。对于认识中华文化的形成过程及其特点,认识中国古代文献的发展变化及其文化价值,这一研究的意义是显而易见的。

纵观五千年中华文明史,造纸术与印刷术的发明,早已被公认是推动人类文明重大跨越的不朽贡献。实际上,早在造纸术和印刷术发明之前,中国古代就有了甲骨契刻、简帛书写、金石镌刻等文献生产方式,开创了源远流长的文字书写传统,也确立了坚实深厚的文献历史传统。《尚书·多士》最早用文字记载确认了这一传统:"惟殷先人,有典有册。"这个传统一方面体现在中国古代文献数量极夥,以现存1911年以前的古籍文献(不包括出土文献)而言,即不下二十万种。另一方面,这个传统体现在中国古代文献类型十分丰富,除书本外,文书、卷子、档案、信札、石刻、契约、账册、书画等不一而足。中国古代文献在书写、制作、印刷与流通等方面取得了很高的成就,为中国乃至世界文化发展做出了巨大的贡献,它吸引后人展开全面而深入的文化研究,同时也为这种研究奠定了坚实的文献基础。

从文化史的角度来看,文献既是文化的重要载体,也是突出的文化现象,具有重要的文化史研究价值。狭义的文献一般指书籍或有文字、图像的载体,广义的文献外延较广,包括一切人类符号载体。文献是思想知识的载体,其根本属性是"精神"与"物质"的结合。文献的这一属性决定了它本身也是一种重要的文化现象,不仅以自身的内容记载传承文化,而且以自身的物质形式嵌入广义的文化史架构之中。据《论语·八佾》记载,孔子最早使用"文献"一词,他说:"夏礼吾能言之,杞不足征也;殷礼吾能言之,宋不足征也。文献不足故也,足则吾能征之矣。"宋代大儒朱熹在《论语集注》中解释"文献"这个词,明确指出:"文,典籍也。献,贤也。言二代之礼我能言之,而二国不足取以为证,以其文献不足故也。文献若足,则我能取之以证吾言矣。"这是"文献"一词的经典解释。在这个话语体系中,"文献"包括典籍与贤人两个方面。典籍是载录文化的载体,贤人是传承文化的主体,典籍与贤人亦即物与人的深刻交集,恰好揭示了文献的物质文化与精神文化本质。环绕着文献的制作、生产、衍生、阅读、聚散、流通、使用等过程,各种社会群体与历史力量参与其间,纵横交错,在文化与文献之间形成无数交叉联结之点。经由这些联结点,既可以看到被文化史所塑造的文献现象,也可以看到文献史所凸显的文化特性。这正是中国古代文献文化史研究首要着力的方向。

中西学术传统都很重视对于文献本身的研究,由此产生了目录学、版本学、校勘学、书志学、典藏学等文献学相关学科,图书馆学、金石学、历史文献学等学科也涉及对古代文献的研究。涵盖校勘学、目录学、版本学和典藏学等学科的中国古典文献学,历来以整理图书为己任,尤重考镜源流、辨章学术,为往圣继绝学,表现出强烈的延续文化学术的历史使命感。具体而言,校勘学揭示了古代书写与传播的方式与特点;目录学揭示了文献的历史状况、分类源流和学术思想轨迹;版本学揭示了文献的物质文化形态;典藏学揭示了文献聚散传承的轨迹及其社会文化因缘。它们都为中国古代文献文化史研究提供了宝贵的学术文献资源,其中所蕴含的文化自觉和历史意识,更为中国古代文献文化史研究提供了重要的文化思想资源。

随着20世纪初中国学术现代化的发轫,中国古典文献研究中的文化自觉更加明显,其代表作有王国维《简牍检署考》、孙德谦《汉书艺文志举例》《刘向校雠学纂微》、陈登原《古今典籍聚散考》、余嘉锡《古书通例》等。其后又有刘国钧《中国书史简编》、张秀民《中国印刷术的发明及其影响》等,它们带动了一大批关于书史、印刷史的研究,但此类研究仍然偏重于书籍物质形态本身,对文献的文化史意义的抉发不够深广,还谈不上是系统的中国古代文献文化史研究。

自20世纪西方新史学诞生以来,特别是社会史、文化史观照视角兴起以后,开始出现以社会、经济、文化取代传统历史编纂学叙事关注的倾向。文献,特别是印刷书籍成为被关注的热点之一,书籍史研究于是应运而生。1958年,法国年鉴学派史学家费夫贺(Lucien Febvre)与马尔坦(Henri-Jean Martin)出版了《印刷书的诞生》,从宏观角度解答印刷术发明对整个欧洲历史的深远影响,为书籍史研究导夫先路。20世纪中期以后,广义历史研究的"文化转向"进一步明显,图书的阅读史、接受传播史、商品贸易史,特别是图书对社会文化影响的研究成为一种重要的学术思潮,其代表作为美国史学家达恩顿(Robert Darnton)所著《启蒙运动的生意:〈百科全书〉出版史(1775—1800)》,以18世纪狄德罗《百科全书》为个案,从其出版过程及流通的角度,探讨图书出版与启蒙运动的互动历史。其突出贡献在于提出了"书的历史"的重要价值,将书籍的传播过程视为理解思想、社会以及历史的最佳途径及策略。

简而言之,西方学者的这些"书籍史"(histoire de livre)研究,不同于图书馆学、目录学和版本学意义上的"图书史"(history of the book),它是一种文化史的观照,其核心是将书籍理解为文化历史中的一股力量。书的制作情形如何?由谁制作?为谁制作?撰著者与出版商之间的关系为何?国家意识形态如何影响书籍的出版?思想理念又如何通过书籍而传播?书的价格与书的贸易情况如何?书籍的传播与接受的社会效果如何?读者的阅读能力与参与性怎样?国家文化当局的权威及其影响力如何?等等。这些问题的产生,使二十世纪六七十年代以来的当代书籍史研究开始超越传统的文献学研究,成为一个专门学科。这一学科的内涵是:在文献书籍存在的长久时段内,用最广泛、最完整的视角来看待它,探究其社会功用、经济和政治利益、文化实践与影响等等。

西方学者运用西方书籍史的视角,研究中国古代文献与社会文化历史的关系,产生了一系列富有价值的成果,也在一定程度上推动了中国本土学者在书籍史方面的探索。但西方学者主要关注近世以来的书籍与印刷,对其他时代、其他形态的文献关注不足,亦较少利用中国传统文献学中的学术资源。因而,结合中西学术积累进行中国古代文献文化史研究,是一个极富意义并具有广阔发展前景的学科方向。

2010年底,以程章灿教授为首席专家的南京大学文学院古典文献研究所团队成功申请国家社科基金重大项目"中国古代文献文化史"(批准号:10&ZD130),项目分为十个子课题,子课题负责人依次为:赵益教授、徐兴无教授、于溯副教授、巩本栋教授、俞士玲教授、徐雁平教授、张宗友教授、程章灿教授、金程宇教授等九位。其预期成果为十卷本《中国古代文献文化史》。这个研究团队及其依托的学科群体,在古典文献学、域外汉籍研究、古代文化史研究等领域已有较为丰厚的学术积累,也较早开始了中国古代文献文化史的研究探索。

立项以来,研究团队多次对十卷本《中国古代文献文化史》的架构进行系统规划,深入研讨这一课题的内涵、意义、价值及研究方法,凝聚共识。研究团队多次主办学术讨论会、专题暑期学校、学术论坛、工作坊、系列报告会等,深化对文献文化史概念及其研究思路的思考。研究团队还在《文献》《南京大学学报》《学术研究》《古典文献研究》等重要学术刊物上组织专栏,发布文献文化史研究的阶段性成果。2013年1月23日,《中国社会科学报》A1版以《古代文献文化史:超越"书籍史"的本土化尝试》为题,发表该报记者霍文琦对程章灿教授的访谈;同年赵益教授在《南京大学学报》第3期发表《从文献史、书籍史到文献文化史》一文,系统阐述文献文化史的研究思路,扩大了本项目的社会影响和学术影响。从2010年至2020年,研究团队邀请来自美、欧、日、韩的国外学者来校交流、讲学,通过多种形式的国际学术交流,以更好地借鉴外来的学术方法与观念,开阔视野。在研究团队成员的指导下,南京大学中国古典文献学和中国古代文学专业的研究生们围绕中国古代文献文化史进行专题研究,进一步开拓了中国古代文献文化史这一新的学科领域。

"十年磨一剑,霜刃未曾试。"经过十年的辛勤耕耘,十卷本《中国古代文献文化史》终告完成。2020年,十卷本《中国古代文献文化史》荣获国家出版基金资助,标志着这一成果获得了学界同行的认可。十卷本《中国古代文献文化史》包括:

第一卷　中国古代文献:历史、社会与文化(赵益著)
第二卷　早期经典的形成与文化自觉(徐兴无著)
第三卷　中古时期的历史文献与知识传播(于溯著)
第四卷　宋代文献编纂与文化变革(巩本栋著)
第五卷　明代书籍生产与文化生活(俞士玲著)
第六卷　清代的书籍流转与社会文化(徐雁平著)
第七卷　治乱交替中的文献传承(张宗友著)
第八卷　作为物质文化的石刻文献(程章灿著)
第九卷　汉籍东传与东亚汉文化圈(金程宇著)
第十卷　中国古代文献文化史史料辑要(程章灿、许勇编著)

第一卷《中国古代文献:历史、社会与文化》是全书之绪论。本卷开宗明义,就中国古代文献文化史之研究内容与撰述方针提出自己的见解。全卷除"绪论"之外共设五章,分别从中国古代文献之历史、社会与文化三个方面,拈出具有宏观性的问题进行系统论述,对其中悬而未决或有待探索的重要问题,辨证前说,阐述新见,也为深入的思考和未来的研究提示方向。

第二卷《早期经典的形成与文化自觉》是专论之一,专论先秦两汉时代早期经典形成的历史语境和形成条件。本卷既注重从文明史的角度讨论中国"前轴心时代"和"轴心时代"的经典文化,又重视从经典文化的角度讨论早期中国经典的意义、体系及其文化转变。从早期经典的发生,到诸子文献的形成,从先秦两汉经学文献体系的形成,到西汉末年谶纬的兴起,本卷系统论述了经典的宇宙化、历史化和神秘化过程。

第三卷《中古时期的历史文献与知识传播》是专论之二,专论中古史部文献之形成与传播。本卷第一章抓住中古时期历史编纂和历史知识传播的新特点进行讨论。以下四章围绕这些特点,以史书、史志、史注、史部形成以及具体史传文本为中心,讨论中古时期不同历史文献的书写策略,进而论述中古文献收藏以及史部文献在收藏活动中的优势和劣势,呈现中古史部文献的存佚与当时文化环境之间的关系。

第四卷《宋代文献编纂与文化变革》是专论之三,专论宋代文献编纂及其对文化变革之影响。宋代正式从钞本时代进入刻本时代,文献数量浩如烟海,其编纂方式、阅读方式与传播方式都发生了显著改变。本卷选取宋初四大书、经部文献、北宋私家藏书与文献编纂、南渡之际文献传承以及集部文献的新变等个案,通过对具体文献之编纂、整理、刊刻、流传的研究,挖掘和揭示其蕴含的思想文化意义,确立其在宋代思想文化史上的作用和地位,勾勒有宋一代思想文化发展的轨迹。

第五卷《明代书籍生产与文化生活》是专论之四,专论明代书籍生产及其文化环境。本卷挑战传统文献学中所谓"明人刻书而书亡"的观念,从新的角度思考明代图书生产现象。明代图书生产者身份多样,官刻、坊刻与家刻长期互动,时常联手,造成嘉靖、万历以降图书生产的兴盛,其征稿、编书、写书方式以及图书文化功能发生丕变,足以体现明代图书生产的灵活性和复杂性。本卷十分重视商业出版,但不是在商业出版的框架内讨论书籍的社会史和文化史,而是在书籍的社会史和文化史中发现商业因素,从而确认在图书生产中政府、社会群体、作者、赞助者、出版者、评论者、接受者各自的位置、角色及身份的变化。

第六卷《清代的书籍流转与社会文化》是专论之五,专论清代之文献文化,其基本思路是关注社会中层与底层,尤其是区域社会的"书群",以体现清代文献的时代特色和本土特色。本卷强调,文献文化史要研究"动态的文献"或者有"社会情缘的文献",具体而言,是既要关注文献的内容与物质形态呈现(如家集、新学书籍、日记等新文献形态),关注文献之著述、编辑、刊印、流通、阅读等环节以及每一环节所牵涉的行为动机,又要关注所关联的环节与人群之间的互动,如关注抄书、藏书题跋、石印等环节以及书估、女性读者等人群,通过对零散材料的搜集与整合,提炼问题,展开深入而有新意的探讨。

第七卷《治乱交替中的文献传承》是专论之六,专论治乱交替与文献传承之关系。本卷以治乱交替之背景为切入点,研讨中国古代文献传承的内在理路。文献作为文化载体,具有强大的文化内驱力,在历代研习、注解、新纂中不断实现文本衍生与代际传承,以刘向、刘歆父子与朱熹等人为代表的历代知识阶层是推动文献传承的主体力量。历代帝王从维护巩固其统治地位、加强思想控制出发,也往往重视文化建设,建构同本朝政治体制相适应的文献体系,从而成为文献恢复、整理、编纂与传承的有力推动者。

第八卷《作为物质文化的石刻文献》是专论之七,专论石刻文献,弥补了以往文献研究及书籍史研究之不足。中国古代石刻源远流长,类型繁多,影响深远。本卷超越以往石刻研究偏重史料研究和史学研究的格局,从物质文化角度深入石刻的生产、使用、阅读、传播全过程,特别关注刻工与拓工这两个以往被忽视或遗忘的人群,透过刻工、拓工与文士的交往,突显其社会文化存在。各章论述中提炼的"尤物""礼物""景物""方物""文物""读物"等主题词语,概括并凸显了作为物质文化的石刻在中国文化史上的功能与意义。

第九卷《汉籍东传与东亚汉文化圈》是专论之八,专论汉籍东传与汉文化之东亚传播。汉籍不只是文化交流的媒介和途径,也是东亚汉文化的重要组成部分;不只是中国与东亚其他国家之间的文化桥梁,也是日本、韩国等国吸收世界其他文明的媒介。可以说,汉籍东传是促使东亚汉文化圈形成、东亚文明格局发生变化的动力之一。从东亚汉文化圈的视野研究汉籍东传,意义重大。本卷从汉籍东传之途径、特点以及汉籍回流等角度切入论题,详细论述汉籍东传对东亚各国广泛与深远之文化影响。

第十卷《中国古代文献文化史史料辑要》分为两个部分:第一部分是从古典文献中辑录有关古代文献文化史研究之资料,分门别类,首次建构了中国古代文献文化史的传统论述框架;第二部分选取海内外有关书籍史、印刷史、阅读史、藏书史等方面的研究著作四十馀种,各撰提要,加以评述,为中国古代文献文化史研究融合中外、开拓创新提供思考和参证的基础。

从总体架构上看,十卷本《中国古代文献文化史》舍弃传统的线性叙事和面面俱到的论述结构,而以绪论、专论与史料辑要来建构全书论述。绪论一卷(第一卷)以中国古代文献的总体状况为基础,以历史发展为线索,以若干具有全局性问题的论述作为发端,对中国古代文献文化史进行宏观观照。专论八卷(第二卷至第九卷),由各项专门研究组成,包括不同时期及不同类型文献的作用与影响,各种文献现象的社会文化内涵,不同的文献制作、传播、阅读、授受方式与社会文化的互动关系等众多的专门问题。史料辑要一卷(第十卷)汇辑有关中国古代文献文化的史料以及海内外重要研究成果提要,通过资料汇编和研究文献评述来总结学术历史,为未来研究奠定基础。

从总体思路上看,《中国古代文献文化史》有如下三个重点:第一,从文化的视角阐释文献,突出新视角与开阔视野,以文献为依据叙述文化,强调实证求是,勾勒文献发展的历史线索,突出中国古代文献的民族文化特色;第二,注重文献的生产、阐释、传播与接受的历史传统,在动态过程中把握文献的社会文化意义,重视中国古代文献的域外传播及其对东亚文化圈形成的影响;第三,既强调对中国古代文献历史的整体把握,也注重文献形态的复杂性与多样性,特别是书籍以外的其他文献形态,如石刻等。总而言之,本书始终把文献理解为中国文化史中的一股重要力量,探寻这股力量如何发生作用,具有怎样的意义,以及如何形塑了中国文化的传统。

本丛书采取多维视角,运用多学科研究方法,主要包括而不限于如下三个层面:第一,在文献层面上,采取包括传统校雠学、目录学、版本学、典藏学、编纂学等多学科相结合的方法,以期更好地分析与解决问题。本书第四卷较多采用编纂学的研究视角,而第七卷较多采用了目录学的视角。第二,在文化层面上,结合当代文化研究的理论与方法,如新文化史、物质文化研究、接受学、传播学等,更好地揭示了古代文献的文化内涵。本丛书第八卷较为集中运用物质文化研究的视角,而第九卷则结合了目录学与传播学的方法。第三,在历史层面上,既以技术史,也以经济史、社会史、学术史、思想史、文化史的视野进行多方面的观照。本丛书第六卷第十章使用技术史的视角,第一卷和第二卷则较多使用学术史和思想史的视角,而在第三卷和第五卷中,社会史视角比较突出。

本丛书的总体特色主要体现在如下三个方面:第一,结构体系上,以问题为中心,以历史发展为线索,对文献文化史进行全面而系统的观照。丛书的总体框架大致以绪论与专论相结合,既重视各卷之间的连续性和整体性,也突出各自的专题性和独特性。每个子课题都设立核心焦点,从各自不同的角度切入,追求论述的深度和视角的创新。第二,具体操作上,简牍时代、写本时代与印本时代并重,在继续深入进行明清书籍史研究的同时,显著填补宋以前文献文化史的空白;在突出其历史阶段性的同时,重视中国古代文献的形态多样性,动态把握其历史进程,特别重视中国古代文献外传对东亚汉文化圈形成的意义。第三,理论方法上,从原始文献出发,传世文献与出土文献兼收,文字材料与图像资料互相参证,考据与义理并重,旨在总结中国古代文献的民族特色,彰显其对人类文化的贡献。

本丛书确立了中国古代文献文化史这一新的研究方向与领域,在文献发掘、研究方法及学术思路上都力求创新。本丛书重视发掘以往未受重视的文献类型,在传统的书籍文献之外,重视日记、书札、石刻与出土文献;在传统的古文献学资料之外,重视国外的书籍史、印刷史、新文化史等研究文献。此其一。本丛书由多位在古典文献学领域素有研究的学者承担,注重"长时段"的时间观念,弱化单纯的线性进程,各以一个较大问题为中心,如古代文献的核心问题、早期经典的形成与文化自觉、中古时期的历史文献与知识传播、治乱交替中的文献传承、宋代文献编纂与文化变革、明代书籍生产与文化生活、清代的书籍流转与社会文化、汉籍东传的文化意义以及古代石刻文献的内涵与意义等,进行深入细致的探讨,多维度阐释中国古代文献文化的丰富内涵。此其二。本丛书的学术思路是将文献与文化相互融合,从文献的实证角度阐释文化,从文化的宏观视角审视文献,突破了已有研究成果将文献史研究与文化史研究割裂的格局。换句话说,本丛书的研究突破了传统文献史研究的旧有框架,借鉴"书籍史"此一新文化史研究视野并力求超越,研究对象从"书籍"扩展至"文献",时间范围从"宋元明清"扩展至整个中华文明史,深入挖掘中国古代文献的文化历史内涵,特别注重发掘古代文献的文化建构意义。此其三。

本丛书虽然已有十卷之多,字数也多达400万,但是,相对于浩瀚的中国古代文献文化史研究领域,这只是扬帆初航而已。我们深知,已经完成的工作尚有诸多不足,还有大量的领域有待继续深化拓展。

"路漫漫其修远兮,吾将上下而求索。"

2021年6月26日初稿
8月3日定稿

目　次

绪论 …………………………………………………………… 001

第一章　"崇尚斯文，垂世教人"：宋初四大书的编纂与宋代文化的承先启后 ……………………………… 014
　一、宋初四大书编纂的原因和宗旨 …………………………… 014
　二、《太平御览》的分类及其文化意义 ……………………… 039
　三、《太平广记》的编纂与宋初士人的小说观念 …………… 054
　四、《文苑英华》的文体分类与文学、文化意义 …………… 062

第二章　"礼乐交举，儒术化成"：宋真宗与宋代经学文献编纂的新变 …………………………………… 079
　一、宋真宗在宋代文化史上的作用 …………………………… 079
　二、孟子升格运动与《孟子注疏》的编纂、刊刻与流传 …… 095
　三、"论家之正体"——对宋代经论的探讨 ………………… 115

第三章　宋代的私家藏书、编纂与文化：以宋敏求为中心的考察 ………………………………………… 140
　一、"喜藏异书""择之甚精"：宋氏的家学与藏书 ………… 140

二、"礼乐之因革":《唐大诏令集》的编纂与唐宋典章制度传承
　　　…………………………………………………………………………… 148
　　三、"纂唐文章之散逸、卷部不伦者":整理唐人别集的贡献
　　　…………………………………………………………………………… 153
　　四、《唐百家诗选》编纂的文献来源 …………………………………… 160
　　五、"欲知唐诗者,观此足矣":王安石《唐百家诗选》的编纂与
　　　影响 ……………………………………………………………………… 173

第四章 "中原文献之所传":吕祖谦在文献文化史上的地位 ……… 196
　　一、"靖康之难"与文献之厄 ……………………………………………… 196
　　二、"华丽家族":吕氏家族的学术源流 ………………………………… 200
　　三、吕祖谦的主要著述和成就 ………………………………………… 203
　　四、"以广大为心""以践履为实":吕祖谦思想的特色 ……………… 210
　　五、文化中兴:《皇朝文鉴》的编纂及其文献文化史意义 …………… 213
　　六、《古文关键》的编纂及其文体和文化意义 ………………………… 243

第五章 南宋复雅词集的编纂与文化"绍兴" ………………………… 287
　　一、南宋词坛复雅之风的兴起及其理论内涵 ………………………… 288
　　二、南宋绍兴和议之后的礼乐文化重建 ……………………………… 299
　　三、复雅词集的编纂与文化"绍兴" …………………………………… 302
　　四、复雅的范式及其嗣响 ……………………………………………… 324
　　五、"把周郎旧曲谱新翻":三家《和清真词》的分析 ………………… 328
　　六、三家《和清真词》的文学与文化意义 ……………………………… 337

第六章 《古文真宝》的编纂、刊刻、流传与宋代文化的转向 ……… 343
　　一、《古文真宝》的编者与编选年代 …………………………………… 344
　　二、《古文真宝》的版本系统及其演变 ………………………………… 356

三、《古文真宝》对北宋以来古文传统的承继 …………… 383
四、《古文真宝》选录劝学文的文化意义 ……………… 390
五、《古文真宝》与理学思想的下渗 …………………… 398
六、《古文真宝》的东传 …………………………… 405
附录 《古文真宝》元、明主要版本篇目对照表 ………… 419

结语 …………………………………………………… 448

征引文献 ……………………………………………… 450

后记 …………………………………………………… 474

插图目次

图 1 《文苑英华》（周必大主持整理、彭叔夏校正的南宋嘉泰刊本，今藏国家图书馆）……………………………………………… 030

图 2 《册府元龟》（南宋蜀刻本之遗存，此据台湾"国家图书馆"藏本）…………………………………………………………… 038

图 3 《太平御览》（南宋蒲叔献刻本书影）…………… 042

图 4 《孟子音义》（黄丕烈士礼居刊本）……………… 097

图 5 《孟子注疏解经》（台北故宫博物院藏宋刻元明递修本）…… 099

图 6 《论语注疏解经》（台北故宫博物院藏宋刻本）………… 113

图 7 《东莱先生左氏博议句解》（国家图书馆藏元刻本）……… 135

图 8 《唐大诏令集》（影印清文渊阁《四库全书》本）………… 151

图 9 《李太白文集》（国家图书馆藏宋刻本）……………… 155

图 10 《孟东野诗集》（北京大学图书馆藏宋刻本）………… 156

图 11 《刘宾客文集》（台北故宫博物院藏南宋浙刻本）……… 158

图 12 《王荆公唐百家诗选》（上海图书馆藏宋刻本）……… 165

图 13 《吕氏家塾读诗记》（国家图书馆藏南宋淳熙江西漕台刻本）………………………………………………………… 206

图 14 《东莱先生吕成公点句春秋经传集解》（上海图书馆藏南宋建阳坊刻本）……………………………………………… 207

图 15 《近思录集解》（国家图书馆藏元刻本）……………… 209

图 16 《东莱标注老泉先生文集》（南宋绍熙吴炎刻本）……… 210

001

图 17 《东莱吕太史文集》(南宋嘉泰间吕乔年刻本,藏国家图书馆)
·· 212
图 18 《皇朝文鉴》(北京大学图书馆藏宋麻沙本)·············· 214
图 19 《精骑》(台湾"国家图书馆"藏宋刻本)··················· 247
图 20 《增注东莱吕成公古文关键》(国家图书馆藏宋刻本)········ 252
图 21 《续增历代奏议丽泽集文》(国家图书馆藏宋刻本)·········· 254
图 22 《迂斋先生标注崇古文诀》(国家图书馆藏元刻本)·········· 273
图 23 《文章正宗》(国家图书馆藏元刻本)······················ 282
图 24 《中兴以来绝妙词选》(国家图书馆藏南宋淳祐刊本)········ 312
图 25 《绝妙好词》(清雍正年间项氏怡园刊本,藏台北故宫博物院)
·· 323
图 26 《详注周美成词片玉集》(国家图书馆藏宋刻本)············ 328
图 27 《诸儒笺解古文真宝》(明万历十一年司礼监刊本)·········· 349
图 28 《魁本大字诸儒笺解古文真宝》(绍兴图书馆藏元刻本)······ 350
图 29 《魁本大字诸儒笺解古文真宝》(日本南北朝时期覆元刻本)
·· 355
图 30 《详说古文真宝大全》(朝鲜活字本)······················ 366
图 31 《古文精粹》(国家图书馆藏明成化刊本)·················· 376
图 32 《标音句解古文精粹大全》(华东师范大学图书馆藏明刊残本)
·· 378
图 33 《诸儒笺解古文真宝》(中国科学院图书馆藏明刊本)········ 381
图 34 《唐文粹》(南宋绍兴九年临安府刻本,藏国家图书馆)······ 388
图 35 宋真宗劝学诗(五山本《魁本大字诸儒笺解古文真宝》前集卷一)
·· 397
图 36 [朝]李滉《古文真宝前集讲录》(朝鲜金隆《勿岩集》移录本)
·· 410
图 37 [日]宇都宫由的《鳌头评注魁本大字诸儒笺解古文真宝》(宽文五年刊本)·· 415

绪　论

宋代是中国古代思想文化发展的高峰。元代史臣早已发为此论。其曰:"三代而降,考论声明文物之治,道德仁义之风,宋于汉、唐,盖无让焉。"①说"声明文物"和"道德仁义"不让汉、唐,对宋代文化的评价可谓高矣。至于现代,宋代文化顶峰论遂逐渐成为学界的共识,为人们所普遍接受。如王国维先生说:"天水一朝,人智之活动与文化之多方面,前之汉唐,后之元明,皆所不逮也。"②陈寅恪先生对宋代文化也做过同样的判断。他说:"华夏民族之文化,历数千载之演进,造极于赵宋之世。"③邓广铭先生更指出:"宋代是我国封建社会发展的最高阶段。两宋期内的物质文明和精神文明所达到的高度,在中国整个封建社会历史时期之内,可以说是空前绝后的。"④

宋代文化对后代的影响,亦极为深远。严复对此也早有断言。他在与门人谈到经史之学时说道:"四子五经,固是最富宝藏⋯⋯其次则莫如读史。当留心细察古今社会异同之点。古人好读'前四史',亦以其文字耳。若研究人心政俗之变,则赵宋一代历史,最宜究心。中国所以成于

---

① [元]脱脱等《宋史》卷三《太祖本纪》,中华书局,1985年,第1册,第51页。
② 王国维《宋代之金石学》,载《王国维遗书》第1册《静安文集续编》,上海书店出版社,1983年,第709页。
③ 陈寅恪《邓广铭〈宋史职官志考证〉序》,载《金明馆丛稿二编》,生活・读书・新知三联书店,2001年,第277页。
④ 邓广铭《谈谈有关宋史研究的几个问题》,载《社会科学战线》1986年第2期,第138页。

今日现象者,为善为恶,姑不具论,而为宋人之所造就什八九,可断言也。"①这一看法,是很精到的。

宋代思想文化的内涵极为丰富。举凡儒学、释、道、史学、金石、文学、艺术、科技等思想文化的方方面面,宋代无不继前代而多有开拓,在中国思想文化史上占有重要的地位。

即以思想而论,自宋初两朝,朝廷即实行重文抑武的政策。这所谓"文",内容十分宽泛,既重儒学,亦兼融释、道,可说是有宋一代思想学术发展的大致情形。自宋真宗确立经筵制度,读经重视本旨,又承太祖太宗余绪,多次下诏校勘整理经学典籍,颁于州县学校,并在进士科举考试中以经义命题,使崇儒右文真正成为国策,儒学得以走向兴盛。其后遂有仁宗朝士人研治经传,重视义理,并进而疑经惑传,抉发隐微,一时成为风气。神宗、哲宗两朝,围绕着变法革新的新旧两党的激烈斗争,为应对政治现实中的问题,也产生了众多的思想学术派别。王安石"新学"、二程"洛学"、苏轼"蜀学"、张载"关学"、刘挚"朔学"等等,异论纷呈,各有成就。"靖康之难",宋室南渡。"绍兴和议"之后,礼乐文化得以重建。中原文献南传,元祐之学复兴,至乾、淳之时,号为"小元祐"。朱熹集北宋以来理学之大成,陆九渊以"心学"与其分道,吕祖谦则学兼众家,薛季宣、陈傅良、叶适等永嘉学派提倡事功,胡宏、张栻明人伦、辨义利,开湖湘学术先河等,也成就斐然,从而不断把宋代文化的发展推向新的高度。在道教方面,"澶渊之盟"后,真宗东封西祀,尊崇道教,虽意在"镇服四海,夸示戎狄"②,然其下诏建造宫观,整理道教典籍,也使道教得到新的发展。嗣后更有宋徽宗沉迷道教,粉饰太平,新道派遝增,内丹术兴盛,融合儒、佛二家之学,性命双修,教义、教制都愈益走向成熟。在佛学方面,宋朝诸帝对佛教大致都持比较宽容的态度,然亦对其进行一定程度的限制。宋太祖于开宝四年(971年)下诏刊刻《大藏经》,对佛教的发展

---

① 严复《与熊纯如书》(五十二),王栻主编《严复集》,中华书局,1986年,第668页。
② [宋]李焘撰,上海师范大学古籍整理研究所、华东师范大学古籍整理研究所点校《续资治通鉴长编》卷六十七,景德四年十一月庚辰,中华书局,2004年,第1506页。

和传播起了重要的推动作用。士大夫以学问相尚,融合三教成为普遍现象,居士禅学兴盛,佛学也日益趋于世俗化、本土化,成为宋代佛学发展的突出特点。

再以史学而论,有宋一代亦极为兴盛。宋代的史官制度承唐代而有更进一步的发展和完善,出现了起居院、时政记房、日历所、会要所等一系列新的机构。从史料的汇集,到各种类型史书的编纂,无论是官修,还是私撰;无论是对前朝史的修纂,还是对本朝史的撰述;也无论是对纪传体、编年体、会要体史书撰写方法的承继和发展,还是纲目体和纪事本末体的新创:都有极高的成就。像《新唐书》、新旧《五代史》、《资治通鉴》、《续资治通鉴长编》、《资治通鉴纲目》、《通鉴纪事本末》、《建炎以来系年要录》、《三朝北盟会编》、《通志》等史学著作,就皆为其代表。故金毓黻先生说:"宋代修史制度视唐代为进步,亦为元明以下所不及。故史料之丰富,冠绝古今,是则后世修国史者所宜仿效者也。"①所谓"中国史学莫盛于宋"②,"宋贤史学,今古罕匹"③,并非虚语。

还比如在文学方面,宋人亦开疆拓土,成就甚高。陈寅恪先生说:"六朝及天水一代,思想最为自由,故文章亦臻于上乘。"④六朝此所不论,陈先生这里虽是就宋文而论,实可涵括整个宋代文学。宋诗的创作,虽说是"宋人生唐后,开辟真难为",然而毕竟"唐宋皆伟人,各成一代诗"⑤。宋继唐后,能别开生面,成就足与唐诗双峰并峙者,非宋诗莫属。古文的创作,在宋人笔下终于取得了文学史上应有的地位。"唐宋古文八大家",宋人占了六席。宋四六承前代骈文而又汲取散文笔法,亦"无敌于数千年之间矣"⑥。而宋词的创作,更是蔚为大观,为宋代文学创作

---

① 金毓黻《唐宋时代设馆修史制度考》,载《说文月刊》第3卷第8期(1942年9月),第40页。
② 陈寅恪《陈垣〈明季滇黔佛教考〉序》,载《金明馆丛稿二编》,第272页。
③ 陈寅恪《隋唐制度渊源略论稿》,上海古籍出版社,1982年,第134页。
④ 陈寅恪《论再生缘》,载《寒柳堂集》,生活·读书·新知三联书店,2001年,第72页。
⑤ [清]蒋士铨《辩诗》,《忠雅堂诗集·寿萱堂诗钞》,《清代诗文集汇编》第356册,上海古籍出版社,2011年,第264页。
⑥ 陈寅恪《论再生缘》,《寒柳堂集》,第72页。

添上了最为靓丽的一笔。总之,像"苏梅""欧苏""三苏""苏黄""苏门四学士""江西诗派""南渡四大家""苏辛""江湖诗派"等等,这样一大批联袂而至、在不同方面并称于世的著名文学家,在宋代可谓层出不穷,为人们所推崇,历代流传不息。至于金石、谱牒之学的创立、绘画艺术由画工手中步入士大夫斋室、书法艺术的重视写意等等,也都分别以其独特的创造,极大地丰富了宋代文化的宝库,对后世文学和文化产生了深远的影响。

宋代的各类文献极为丰富。例如,在中国经学史上,向称"汉宋","汉"固然是源头,然宋代经学文献的种类和数量已远超汉唐。在中国文学史上,历来是"唐宋"并称,然宋代集部之书的数量同样超过唐代许多倍。仅据陈振孙《直斋书录解题》的著录统计,宋以前的经学文献91种,1129卷,至宋代则增至299种,3959卷,是宋以前经学文献总数的3倍多。宋以前的史部典籍总数251种,4762卷,而宋代的史部著述多达697种,17466卷,二者的比例大约也是1∶3。宋前子部文献270种,2216卷,宋代的子部书则有559种,7459卷。而集部书的数量,宋以前计349种,2453卷,宋代的总集、别集则多达676种,12952卷,卷数是宋以前集部书的5倍多。陈振孙所著录的宋代四部典籍,总数已达2231种,41836卷。其书不可谓不多矣。①

宋代大量增加的文献,出现了很多新的变化。比如,经部"五经"类著述有大量增加,仍据《直斋书录解题》而论,新增"语孟类"中②,由宋人

---

① 若加上陈氏所著录的宋以前的书籍961种,10560卷,总数已达3192种,52396卷。宋人周密曾谓:"士大夫之家所藏……近年惟直斋陈氏书最多,盖尝仕于莆,传录夹漈郑氏、方氏、林氏、吴氏旧书至五万一千一百八十余卷,且仿《读书志》作解题,极其精详,近亦散失。"(《齐东野语》卷十二"书籍之厄"条,中华书局,1983年,第217页)大致得其实也。

② 南宋尤袤《遂初堂书目》除了将《论》《孟》合解之类的著作置于"《论语》类"之外,还将一些单独成书的《孟子》说解类著作附于其中,如尹和靖《孟子解》《七家孟子讲义》等(《景印文渊阁四库全书》第674册,台湾商务印书馆,1984年,第442—443页),然尚未明确标示为一类。陈氏继之,明谓:"天下学者咸曰孔、孟,孟子之书,固非荀、扬以降所可同日语也。今国家设科取士,《语》《孟》并列为经,而程氏诸儒训解二书常相表里,故今合为一类。"(《直斋书录解题》卷三,上海古籍出版社,1987年,第72页)对《孟子》地位的认识清晰而明确。

所撰的《论》《孟》注疏或注解类文献增加尤多。《孟子》类经解的增加,反映了《孟子》一书在宋代的不断升格。史部文献中,"编年""诏令""典故""传记""目录"和"地理"类文献增加最多。就中编年体史书撰述尤盛。这既与编年体史书言简事详的特点相关①,也是宋代私家修史风气盛行的产物,反映了士人史学观念和意识的变化。如晁公武所说:"后世述史者,其体有三:编年者,以事系月日,而总之于年,盖本于左丘明;纪传者,分记君臣行事之终始,盖本于司马迁;实录者,其名起于萧梁,至唐而盛,杂取两者之法而为之,以备史官采择而已,初无制作之意,不足道也。若编年、纪传,则各有所长,殆未易以优劣论。虽然,编年所载,于一国治乱之事为详,纪传所载,于一人善恶之迹为详,用此言之,编年似优,又其来最古。而人皆以纪传便于披阅,独行于世,号为'正史',不亦异乎。"②便认为编年一体优于纪传。子部除"儒家类"外,"农家""小说""医书""音乐""杂艺"和"类书"类文献,都增加很多。这又反映了社会经济发展的进步和文化的普及与下渗。而在集部典籍中,无论总集还是别集,在宋代同样都有大量的增加,像其中新增的"歌词类""章奏类"文献③,从两个不同的方面反映了宋代士人的新的精神风貌,独具特色。

自近现代以来,学术界研究宋代文化史的成果,亦十分丰硕。在宋代文化研究的各个方面,几乎无不取得了突出的成就,此不必罗列。然而,若从研究的角度和方法上看,所谓文化研究,大致依现代学科的划分,从思想学术(涵括儒学、道教、佛教等)、史传、地理、金石、谱牒、科学技术、文学、书法绘画、雕版印刷等不同方面、不同角度展开论述,内容可

---

① 如唐人刘知幾即谓:"观《左传》之释经也,言见经文而事详传内,或传无而经有,或经阙而传存。其言简而要,其事详而博,信圣人之羽翮,而述者之冠冕也。"([唐]刘知幾撰,[清]浦起龙释《史通通释》卷一《六家》,上海古籍出版社,1978年,第11页)

② [宋]晁公武撰,孙猛校证《郡斋读书志校证》卷五,上海古籍出版社,1990年,第174页。

③ 尤袤《遂初堂书目》集部已分"章奏类""乐曲类"(《景印文渊阁四库全书》第674册,第484、488页),陈氏当受其影响。关于此点,武秀成已指出,陈振孙《直斋书录解题》的分类,除经部"语孟类"外,多受到《中兴馆阁书目》和《遂初堂书目》的影响,是符合实际的。详可参见《陈振孙评传》第三章《直斋书录解题的分类与体例》(《晁公武评传》《陈振孙评传》合刊本,南京大学出版社,2011年,第338—343页)。

谓无所不包。如此虽可拼合成一部文化史①，实谈不到什么方法。而就宋代文献的研究而论，或以具体的文献研究为主，对文本的文献来源、存佚、真伪、正误等问题进行辨析，排除文献研究中的若干悬疑，为进一步的学术研究奠定基础；或从书目、版本等入手，进行目录学或文献学史的梳理，虽云"辨章学术，考镜源流"，然多半并不是文化史的研究目标。

近数十年来，随着图书出版学的发展，藏书史、出版史和阅读史的研究渐受关注，各种专题论文②和通论性的藏书史③、出版史④，不断涌现，成绩突出。就中值得注意的是，兴起于二十世纪五十年代法国、近年尤为人们瞩目的书籍史研究。由法国年鉴学派的代表人物吕西安·费夫贺（Lucien Febvre，1878—1956）肇始的书籍史研究⑤，与年鉴学派的其它研究一样，都贯彻了其历史研究的整体性、长时段和对人类的物质文明、精神状态的重视。他主张把书籍的印刷、装帧、地理环境、商业化和传播过程等因素融汇为一，以展现某一时代的精神和文化风貌。其后相关的书籍出版史、阅读史和书籍出版与社会文化关系的研究，虽往往从个案入手，然亦多能着眼整体。美国史学家罗伯特·达恩顿（Robert Darnton）在其经典之作《启蒙运动的生意：〈百科全书〉出版史（1775—1800）》（*The Business of Enlightenment: A Publishing History of the Encyclopédia 1775 - 1800*）中，以十八世纪狄德罗的《百科全书》为例，研

---

① 有学者综述近现代以来的宋代文化研究，便分学科述之（如郭齐《近百年宋代文化研究鸟瞰》，载孙钦善、曾枣庄等主编《国际宋代文化研讨会论文集》，四川大学出版社，1991年）。又如陈植锷《北宋文化史述论》（中国社会科学出版社，1992年；中华书局，2019年），虽以宋学为中心，就宋学与宋代释道、文学、书画、科技的关系展开论述，然大致仍不出上述论述模式。

② 如宿白《南宋的雕版印刷》（载《文物》1962年第1期，又收入其《唐宋时期的雕版印刷》，生活·读书·新知三联书店，2020年）。

③ 如潘美月《宋代藏书家考》（台湾学海出版社，1980年）、傅璇琮、谢灼华《中国藏书通史》（宁波出版社，2001年）等。

④ 如肖东发等《中国出版通史》（中国书籍出版社，2008年）、周宝荣《宋代出版史研究》（中州古籍出版社，2003年）、田建平《宋代出版史》（人民出版社，2017年）等。

⑤ 代表作为费夫贺（Lucien Febvre）与马尔坦（Henri-Jean Martin）合撰的《印刷书的诞生》（*The Coming of the Book*，李鸿志译，广西师范大学出版社，2006年）。

究了书籍出版、传播与启蒙运动的关系。在研究观念和方法上,他认为:"书籍联系着极其广泛的人类活动——从捡破烂至传达上帝的声音的一切事。它们是匠人的产品、经济交换的物、观念之舟以及政治和宗教冲突的要素。"所以,书籍史的研究,就应当"把书籍理解为历史中的一股力量"①,并由此去描绘社会、经济和思想文化发展的轨迹。罗伯特·达恩顿的研究在史学界影响甚大,其后一些重要的研究中国书籍史的著作,如美国学者周绍明(Joseph P. McDermott)《书籍的社会史:中华帝国晚期的书籍与士人文化》(*A Social History of the Chinese Book: Books and Literati Culture in Late Imperial China*)②、贾晋珠(Lucille Chia)《谋利而印:11至17世纪福建建阳的商业出版者》[*Printing for Profit: The Commercial Publishers of Jianyang, Fujian(11th—17th Centuries)*]③等,皆受其影响,而在书籍制作、传播与文化关系的研究方面,各有创获。

  罗伯特·达恩顿的研究带给我们的启示是,他所讨论的虽是一部书的具体制作、出版过程、传播方式和途径等,然而透过这部书所反映出的,却是一个时代的思想与文化的变迁。宋代的各种文献浩如烟海,文献文化史的研究似乎没有可能也没有必要面面俱到,如果我们能选择若干具有重要意义或代表性的文献材料,通过对这些文献的产生与演变、搜集与整理、刊刻与流传等问题的研究,进而揭示和描绘出其深层的文化意义和有宋一代思想文化发展的轨迹,或不失为一条文献文化史研究的行之有效的途径。何况,既然宋代的"材料丰富,研究对象复杂",那么

---

① [美]罗伯特·达恩顿著,叶桐、顾杭译《启蒙运动的生意:〈百科全书〉出版史(1775—1800)》,生活·读书·新知三联书店,2005年,第1—2页。
② [美]周绍明著,何朝晖译《书籍的社会史:中华帝国晚期的书籍与士人文化》,北京大学出版社,2009年。
③ [美]贾晋珠著,邱葵等译,李国庆校《谋利而印:11至17世纪福建建阳的商业出版者》,福建人民出版社,2019年。

"做某一出版物的总体史似乎比处理出版的总体问题更好"①。因此,本书研究的主要目标和范围,以及由此所决定的研究角度与方法,便是以若干具体文献为中心,通过对其产生(这里主要指编纂、整理等)、刊刻、流传的研究,力图挖掘和揭示其蕴含的思想文化意义及其变迁,确立其在思想文化史上的作用和地位。从问题出发,把对具体的文献编纂的考察放在特定的文化背景之下,又始终关注其文化意义。文献学与文化学结合,微观与宏观并行,既不局限于文献本身②,又不流于文献或文化史的综述与概论,庶几为我们所努力的方向。

宋初三朝,崇儒右文,在大规模的文献编纂、整理方面,成绩甚大。在当日官修的诸书中,又以《太平御览》《太平广记》《文苑英华》《册府元龟》这"四部大书"最为重要,保存前代的文献最多③,对后世的影响也最大。前人虽对其多有论述,然而其编纂的背景与原因究竟如何,其编纂宗旨与思想倾向、分类及其文化史意义又应如何认识等,都需要进一步探讨和阐释。因撰《"崇尚斯文,垂世教人":宋初四大书的编纂与宋代文化的承先启后》。

宋初崇儒右文,然所谓"文",最初实是很宽泛的。它以儒家思想为主,而又兼容了释与道。在儒学走向兴盛的过程中,宋真宗起了重要的作用,虽然真宗朝后期利用道教为其统治服务,不免荒唐。故宋真宗在经学或儒学的发展史上所占的地位,甚为重要。在中国经学史上,宋学

---

① 借用罗伯特·达恩顿语,见《启蒙运动的生意:〈百科全书〉出版史(1775—1800)》,第 4 页。
② 亦不拘泥于书籍史研究中所侧重的书籍的物质性。
③ 如《太平御览》一书,范希曾《书目答问补正》卷三曰:"此中引书二千八百余种,民国十一年北京大学研究所尽为辑出,存校中,未刊。《御览》存古佚书最富,故为类书之冠。"(上海古籍出版社,1983 年,第 253 页)马念祖《水经注等八种古籍引用书目汇编》统计其引书为 2579 种(见是书《凡例》,中华书局,1959 年,第 4 页)。《太平广记》的引书,邓嗣禹统计为 475 种(邓嗣禹编《太平广记引得》,《太平御览引得》《太平广记篇目及引书引得》合刊本,上海古籍出版社,1990 年,第 8 页),马念祖《水经注等八种古籍引用书目汇编》统计为 526 种(第 4 页),卢锦堂《太平广记引书考》则统计为 418 种(台湾花木兰文化出版社,2006 年,第 6 页)。其统计数字不一,然二书引录甚富则无疑义。

之与汉学足相匹敌,这不但表现在经学观念和方法上,而且也反映在经学家的众多和经学文献的极大丰富上,其影响亦极为广泛。在《十三经注疏》中,由宋人所撰的新疏有四种,其中旧题孙奭的《孟子注疏》一书,虽是伪撰,其书的编纂和传播过程以及所反映的时代思潮,却从一个侧面反映了宋代思想文化的进程。在众多的宋代经学文献中,除了宋人所撰的新的注疏之外,还出现了很多经论。它不但是一种值得注意的经学文献,而且也是文学文献。它们在宋代的大量出现,与进士科举制度尤其是制科进卷的制度,有着密切的联系。因撰《"礼乐交举,儒术化成":宋真宗与宋代经学文献编纂的新变》。

图书典籍是中国文化传承发展的最重要的物质载体。书籍的这种文化承载使命和意义,往往是通过收藏保护、校刊整理、辑录编纂和传抄、刊刻等一系列活动来实现的,而推动这些活动尤其是大规模整理活动的进行的,多是朝廷或官方(如宋初四大书的编纂),它所凭借的主要是帝王和馆阁群臣的力量。然而,在宋代文献文化史上,亦有以一人之力,而兼司藏、校、辑、编数职的,宋敏求即为一显例。这在中国文献文化史上有着特别的作用和意义。宋敏求不但自己在文献编纂上多有成绩,而且以其丰富的藏书,约请他人进行文献编纂。由王安石编选的《唐百家诗选》,就是在宋氏收藏的基础上进行的。此书的编选,一向争议颇多,迄无定论。王安石对此书的编选很自负,有云:"欲知唐诗者,观此足矣。"[1]后之赞同者或备极推崇,而反对者则以为"是书去取,绝不可解。自宋以来,疑之者不一,曲为解者亦不一"[2],甚至对此书的编选者也提出质疑。因撰《宋代的私家藏书、编纂与文化:以宋敏求为中心的考察》。

"靖康之难",不仅改变了赵宋王朝的历史进程,也是中国古代文献

---

[1] [宋]王安石《唐百家诗选序》,载《唐百家诗选》卷首,《王荆公唐百家诗选》,辽宁教育出版社,2000年,第1页。

[2] [清]永瑢等《四库全书总目》卷一百八十六《唐百家诗选提要》,中华书局,1965年,第1693页。

文化史上的一大厄难和转折。史载金兵北撤,"华人男女,驱而北者,无虑十余万。营中遗物甚众,秘阁图书,狼籍泥中,金帛尤多,践之如粪壤。二百年积蓄,一旦扫地。凡人间所须之物,无不毕取以去"①。宋室南渡后,如何重新收拾、整理劫余文献,接续自北宋以来的思想文化传统,便成了摆在朝野士人面前的重要问题之一。其解决的途径主要有二:一是朝廷明令搜集、编纂、刊印旧籍,期冀文化中兴;二是南渡有识之士对典籍文献和思想学术的自觉传承。

南渡之初,朝廷尚无暇顾及经籍的刊印,随着"绍兴和议"的签订,宋、金两国彼此相安无事,各类典籍的搜罗、刊印便日渐被重视起来。绍兴九年(1139年),尚书郎张彦实即已上书高宗,提出从诸州学搜集旧监本书籍镂板印行。绍兴十五年(1145年),太学博士王之望上奏,特别请求朝廷刊印群经注疏,其中谈到"兵火之后,此书之在天下者往往而绝。皇天未丧斯文,陛下绍开景运,内建太学,外置官师,亲书石经,以幸多士。圣道焕然复兴,中外承风,皆知好尚儒雅。古今书籍,刊印略备,万世永赖,甚盛德之举也"②。王之望列举了"十三经注疏"中的大多数注疏和《经典释文》,并提出了具体的刊造办法。王之望的建议受到了高宗的重视,并下诏实施。绍兴二十一年(1151年),高宗又依辅臣所奏,诏刊印国子监所缺之书,"监中其它阙书,亦令次第镂板,虽重有所费,盖不惜也"③。这无疑都极大地推动了典籍文献的刊印。

除此之外,南宋的许多有识之士也对有宋一代文化的中兴起了重要的推动作用。南宋孝宗淳熙年间,吕祖谦曾为他的老师林之奇写过一篇祭文。文中说:"昔我伯祖西垣公(按即吕本中)躬受中原文献之传,载而

---

① [宋]李心传《建炎以来系年要录》卷四,建炎元年夏四月辛酉,中华书局,1988年,第92页。

② [明]黄淮、杨士奇编《历代名臣奏议》卷二百七十五《经籍》,上海古籍出版社,2012年,第4册,第3595页。

③ [宋]李心传《建炎以来朝野杂记》甲集卷四"监本书籍"条,中华书局,2000年,第114—115页。

之南。裴回顾瞻,未得所付。逾岭入闽,而先生(按指林之奇)与二李伯仲(按指李楠、李樗)实来,一见意合,遂定师生之分。于是嵩洛关辅诸儒之源流靡不讲,庆历、元祐群叟之本末靡不咨。以广大为心,而陋专门之暖姝;以践履为实,而刊繁文之枝叶。致严乎辞受出处,而欲其明白无玷;致察乎邪正是非,而欲其毫发不差。"①这既是对林氏思想学术的评价,也是吕祖谦自身学术及其渊源的夫子自道。三年后,吕祖谦去世,其弟吕祖俭在为其所作的《圹记》中亦写道:"公之问学术业,本于天资,习于家庭,稽诸中原文献之所传,博诸四方师友之所讲,参贯融液,无所偏滞。"②所谓"中原文献之所传",主要是指对吕氏家族和北宋诸家思想学术的传承,而这种传承,当然也是建立在对具体文献典籍的保存、编纂和传播之上的。有"文"有"献",才能相传不衰。吕氏家族尤其是吕祖谦对北宋以来尤其是元祐学术的自觉传承,以及其在文献编纂上所付出的努力,奠定了他在中国文献文化史上的地位。前人于此研究不够,故撰《"中原文献之所传":吕祖谦在文献文化史上的地位》。

  文献编纂不仅仅是一个思想文化层面的问题,又往往与政局变化有密切的联系;它既受文化传统的影响,又产生于一定的历史条件和背景之下,因而也就从一个侧面反映出社会政治和思想文化的变迁。南宋高宗绍兴中期,词坛上悄然兴起一股复雅之风。这一时期的论词者多以雅词相尚,并先后出现了一批以"雅词"相标榜的词作总集和别集。像鲖阳居士选录唐至北宋人的词作四千三百余首,编为《复雅歌词》。③ 曾慥选收唐宋词三百多首,成《乐府雅词》五卷。④ 南宋书坊刊行词集丛刊,称

---

① [宋]吕祖谦《东莱吕太史文集》卷八《祭林宗丞文》,黄灵庚、吴战垒主编《吕祖谦全集》第1册,浙江古籍出版社,2008年,第133页。
② [宋]吕祖俭《(吕祖谦)圹记》,《东莱吕太史文集》附录卷一,《吕祖谦全集》第1册,第750页。
③ 是书编于高宗绍兴十二年(1142年)(参见鲖阳居士此书序言)。编选情况略见南宋黄昇《中兴以来绝妙词选序》等。其书至清已佚失,近人赵万里先生有辑本一卷,见其《校辑宋金元人词》,国家图书馆出版社,2013年。
④ 此书成于高宗绍兴十六年(1146年),参见曾慥《乐府雅词引》。

作《典雅词》。① 汤衡、陈应行为张孝祥词集作序,皆称其为"雅词"。赵彦端《介庵词》,又称"宝文雅词"。宋谦父《渔樵笛谱》,亦有"壶山雅词"之称等等。皆以"雅词"名集,一时蔚成风气。以雅论词并不始于南宋,然何以至南宋大倡复雅之风,值得深思。实则复雅词集在南宋的盛行,与南宋绍兴和议后礼乐文化的复兴大有关系,同时,这些复雅词集的编纂,又恰从一个侧面形象地反映了南宋士人对国家中兴的美好愿望。因撰《南宋复雅词集的编纂与文化"绍兴"》。

在中国古代文献文化史上,某一文本文献在形成之后,其主要内容一般不会发生变化,但也有些文献在流传的过程中,受多种因素的影响,其内容和编纂方式,都会被增删、改动,发生变异和衍化,尤其是文学文献(这里不考虑由作者本人所作的修订或出于其它目的的伪撰、因避讳而删略,以及抄本和刻本时代在传抄或刊刻、流传过程中进行的删节和出现的异文)。比如,王安石编《唐百家诗选》,在编纂形式上,最初以人系诗,然不久就有人将其改为分类本刊行。南宋坊间所编的《草堂诗余》,原为分类编排,至明代顾从敬重刊此书,就改成了分调编次,文本形式发生了变化。

南宋后期,在文学文献的编纂上,出现了很多通俗的文学选本和蒙学读物,像《草堂诗余》《千家诗》《古文真宝》等等,皆是其例。其中尤以《古文真宝》为独特。是书分前后集各十卷,旧题宋黄坚所编,所收作品自楚辞《渔父》、汉高祖《大风歌》至谢枋得《菖蒲歌》等计三百余篇,而以唐宋诗文为主。所收作品体裁,前集除第一卷首列劝学文之外,其余皆为五七言古诗,亦包括歌、行、吟、引、曲等作品;后集除卷一收《渔父辞》《秋风辞》,卷五收铭文若干之外,余则多属书、论、记、序、传、碑等古文范畴。也许是《古文真宝》蒙学性文学读物的性质所决定的,它在后世的流传和演变过程也十分复杂,不但版本众多,而且作品屡有增减,理学

---

① 据赵万里先生所考,《典雅词》今存十九种,详参[清]朱彝尊《曝书亭集》卷四十三《跋〈典雅词〉》、赵万里《校辑宋金元人词序》等。

色彩渐浓。其书在下层民众中曾广泛流传,而在域外的传播之广、影响之大,更超过中国本土。因此,本书专设《〈古文真宝〉的编选、刊刻、流传与宋代文化的转向》一章,对这一文献文化史上的独特现象进行初步的探讨。

文献文化史的研究,是学术界研究的新课题。通过对某些具体文献的编纂、整理、刊刻与流传的研究,以挖掘和揭示其蕴含的思想文化意义及其在思想文化史上的作用和地位,本书所做的尝试还是很初步的。我们期待着学界的批评。

第一章
"崇尚斯文，垂世教人"：宋初四大书的编纂与宋代文化的承先启后

宋初三朝，崇儒右文，先后编纂大型文献多种，成绩甚大。在当日所编诸书中，又以《太平御览》《太平广记》《文苑英华》和《册府元龟》这"四大书"最为重要，保存前代的文献最多，影响后世也最大。对于这四部大书，前人虽已有不少研究成果，然而，其编纂的背景与原因究竟如何，其编纂宗旨与思想倾向、分类及其在文献文化史上的作用和地位，又应该如何认识等，都还需要进一步探讨和阐发。

一、宋初四大书编纂的原因和宗旨

宋初文献编纂的规模很大。据宋敏求在《春明退朝录》中的记载："太宗诏诸儒编故事一千卷，曰《太平总类》；文章一千卷，曰《文苑英华》；小说五百卷，曰《太平广记》；医方一千卷，曰《神医普救》。《总类》成，帝日览三卷，一年而读周，赐名曰《太平御览》。又诏翰林承旨苏公易简、道士韩德纯、僧赞宁集《三教圣贤事迹》各五十卷。书成，命赞宁为首坐。其书不传。真宗诏诸儒编君臣事迹一千卷，曰《册府元龟》。不欲以后妃妇人等事厕其间，别纂《彤管懿范》七十卷。又命陈文僖公衮历代帝王文章为《宸章集》二十五卷，复集妇人文章为十五卷，亦世不传。"[①]在宋初

---

① [宋]宋敏求《春明退朝录》卷下，汝沛、诚刚点校《东斋记事》《春明退朝录》合刊本，中华书局，1980年，第46页。

第一章 "崇尚斯文,垂世教人":宋初四大书的编纂与宋代文化的承先启后

敕纂的这些著述中,又以《太平御览》《太平广记》《文苑英华》和《册府元龟》这"四大书"①,最为重要,也影响最大。对于这四部大书的编纂原因和宗旨,前人多有讨论,然修书以困老降臣之说既与事实不符②,点缀升平,未必有何深意的说法又过于简单,而稽古右文或文德致治之说则亦不免失之于泛。③ 因此,其间似仍有许多待发之覆。

(一)"广见闻,增智虑":《太平御览》的编纂

《太平御览》是类书。类书的编纂,源于战国时期的抄撮之学④,而

---

① 宋初"四大书"的说法,至少在清人编《四库全书》时已提出,见《四库全书总目》卷一百八十六《文苑英华提要》(中华书局,1965年,下册,第1691页),后人遂沿袭此称。
② 如宋人王明清《挥麈录·后录》卷一引朱敦儒云:"太平兴国中,诸降王死,其旧臣或宣怨言,太宗尽收用之,置之馆阁,使修群书。如《册府元龟》、《文苑英华》、《太平广记》之类,广其卷帙,厚其廪禄赡给,以役其心,多卒老于文字之间云。"(上海书店出版社,2001年,第42页)然南宋李心传已指出其与史实不符(参《旧闻证误》卷一,张茂鹏、崔文印点校《游宦纪闻》《旧闻证误》合刊本,中华书局,1981年,第9页),近人聂崇岐驳之尤力(参其《太平御览引得序》,见是书卷首,聂崇岐、邓嗣禹编《太平御览引得》《太平广记篇目及引书引得》合刊本,上海古籍出版社影印哈佛燕京学社引得编纂处印本,1990年,第6—7页)。
③ 如聂崇岐先生即谓:"愚意以为太宗之敕修群书,不过为点缀升平欲获右文令主之名,其用南唐遗臣,亦仅以其文学优赡,初不必有何深意。"(《太平御览引得序》,见是书卷首,《太平御览引得》《太平广记篇目及引书引得》合刊本,第7页)郭伯恭先生亦同意此说(参其《宋四大书考》,商务印书馆,1940年,第3—4页)。周生杰认为:"《御览》编纂的真正原因是与宋代'文德致治'的国策相一致的。"(见其所著《太平御览研究》,巴蜀书社,2008年,第79页)
④ 《隋书·经籍志》"子部杂家类"已将《皇览》列于《杂事钞》《杂书钞》《子抄》等书之后。近人张涤华撰《类书流别》,论其缘起,更追溯至战国楚铎椒的《铎氏微》(修订本,商务印书馆,1985年,第7页。铎椒事见司马迁《史记》卷十四《十二诸侯年表序》。其曰:"铎椒为楚威王傅,为王不能尽观《春秋》,采取成败,卒四十章,为《铎氏微》。"([西汉]司马迁撰,[南朝宋]裴骃集解,[唐]司马贞索隐,[唐]张守节正义,中华书局,2013年,第2册,第642页)然是书所撰,似已非单纯的抄书。又,唐虞世南于在隋时所编类书称《北堂书钞》,唐崔融《代皇太子请修书表》谈到前代类书,也说:"近代书钞,实繁部帙。至如《华林园遍略》、《修文殿御览》、《寿光书苑》、《长洲玉镜》及国家以来新撰《艺文类聚》、《文思博要》等,并包括弘远,卒难详悉。亦望错综群书,删成一部。"([清]董诰等编《全唐文》卷二百十七,中华书局,1983年,第3册,第2198页)亦可为类书源于书钞之证。

始于三国魏文帝曹丕时"诸儒撰集经传，随类相从"①，编为《皇览》。古人读书，贵博而要。帝王政务繁多，读书撰文，无暇翻检，于是令人旁搜博览，汇集多种文献，择其精要，分类编排，以便观览。《皇览》的编纂，便是出于这种需要，由刘劭、缪袭、王象等人领衔编成。②开卷有益，就中当然也有进德修业、治国理政的作用。

《皇览》分"四十余部，部有数十篇，通合八百余万字"③。这四十余部的内容究竟如何，如何划分，因齐梁时屡经删节合并，至唐代又大半佚失，今天已难详知。然从今存《皇览》佚文如"逸礼""冢墓记"等类目来看，它的文献来源应是相当广泛的。④只是博则有余，精似未必。其后流风所被，虽也有个人如隋虞世南编《北堂书钞》、唐白居易编《白氏经史事类六帖》等，然大多数类书当为敕修。像南朝梁刘杳等编《寿光书苑》、徐勉等编《华林遍略》、刘孝标编《类苑》，北朝齐祖珽编《修文殿御览》，隋虞绰等编《长洲玉镜》、杜公瞻编《编珠》，唐欧阳询等编《艺文类聚》、魏徵等编《群书治要》、高士廉等编《文思博要》、张昌宗等编《三教珠英》、徐坚和张说等编《初学记》等等，都是应帝王读书和撰文即"御览"的需要而编，而且也大多是承《皇览》之例，以博为务的。它们为帝王的读书撰文提供了丰富和便捷的材料。⑤

宋太宗诏群臣编《太平御览》，也不例外。他对读书撰文的爱好，并

---

① ［晋］陈寿撰，［南朝宋］裴松之注《三国志》卷二《魏书·文帝纪》，中华书局，1982年，第1册，第88页。

② 陈寿《三国志》卷二十一《魏书·刘劭传》载曹丕令刘劭等搜讨"五经群书"，编为《皇览》（第3册，第619页）。

③ 陈寿《三国志》卷二十三《魏书·杨俊传》裴松之注引《魏略》（第3册，第664页）。

④ 参［清］孙冯翼辑《皇览》，王云五主编《丛书集成初编》第172册，商务印书馆，1936年。

⑤ 在古人看来，这些"捃摭方策，分别群类，列其部居，成乎伦要"的撰述，是可以既"备于万乘之览，藏之秘室之府"，又足以"俾肄业之儒，开卷而获益；临文之士，沿波而达源"的（［宋］王钦若等编，周勋初等校订《册府元龟》卷六七《学校部》十一"撰集"，凤凰出版社，2006年，第6995页）。至于类书对诗文创作的影响，可参见闻一多《类书与诗》（载《唐诗杂论》，上海古籍出版社，1998年）、方师铎《传统文学与类书之关系》（天津古籍出版社，1986年）等。

第一章 "崇尚斯文,垂世教人":宋初四大书的编纂与宋代文化的承先启后

不逊于前代的许多帝王。治政之外,凡观书有得、佳时节庆、君臣宴饮、行幸游赏、进士取士、征讨庆贺等,他往往都会吟诗作赋。雍熙元年(984年)春,他召宰相近臣后苑赏花,次年又增钓鱼一项,张乐设宴,谓之赏花钓鱼宴,与近臣诗歌唱和酬答,遂成惯例。据王应麟《玉海》卷二十八"圣文"门载,宋真宗时整理太宗集,就有"《太宗御集》四十卷《目》一卷、《朱邸集》十卷《目》一卷、《至理动怀篇》一卷、《文明政化》十卷、《逍遥咏》十卷、《缘识》五卷、《秘藏诠》三十卷、《禅枢要》三卷、《莲花心轮回文偈颂》二十五卷、《心轮图》一卷、《注金刚经疏宣演》六卷、《回文诗》四卷、《君臣赓载集》三十卷《目》二卷、《棋谱图》三卷、《琴谱》二卷、《九弦琴谱》二十卷、《五弦阮谱》十七卷,凡百一十九部,总二百一十八卷"①。其作品和撰述数量在两宋帝王中仅次于宋真宗。所以,他"阅前代类书,门目纷杂,失其伦次,遂诏修《太平御览》"②,其目的,首先也是出于自身读书撰文的需要,这一点不应忽略。

同时,是书的编纂,又有益于治国理政,是自宋初以来崇儒重文国策的组成部分。

这要从宋太祖说起。据李焘《续资治通鉴长编》的记载,宋太祖虽起于介胄之中,然"性严重寡言,独喜观书,虽在军中,手不释卷。闻人间有奇书,不吝千金购之。显德中,从世宗平淮甸,或谮上于世宗曰:'赵某下寿州,私所载凡数车,皆重货也。'世宗遣使验之。尽发笼篋,唯书数千卷,无他物。世宗亟召上,谕曰:'卿方为朕作将帅,辟封疆,当务坚甲利兵,何用书为?'上顿首曰:'臣无奇谋上赞圣德,滥膺寄任,常恐不逮,所以聚书,欲广见闻,增智虑也。'世宗曰:'善!'"③从此事的记载看,太祖

---

① [宋]王应麟《玉海》卷二十八《圣文·御集》"祥符太宗御书、《君臣赓载集》《朱邸集》《文明政化》"条(《景印文渊阁四库全书》第943册,第673页)。其诗文今存者,《全宋诗》卷二十二至三十九编为十八卷,《全宋文》卷六十至七十四编为十五卷。
② [宋]李昉等《太平御览》卷首引《国朝会要》,中华书局影印宋刊本,1960年,第3页。
③ [宋]李焘《续资治通鉴长编》卷七,乾德四年五月乙亥,中华书局,2004年,第1册,第171页。又,《宋史·太祖本纪》亦谓其"好读书","重儒者",见[元]脱脱等《宋史》卷三,中华书局,1985年,第1册,第50页。

读书、聚书的目的很明显,那就是要"广见闻,增智虑",胜任职位,其在政治上所表现出的远大志向,实已超越凡俗,不可限量。

太祖黄袍加身之后,首用判太常寺窦俨之言,重修禋享宴会之乐,继命大礼使范质讲求礼乐仪制,命刘温叟、李昉等重定《开元礼》,薛居正等修《五代史》,又诏有司增葺国子监学舍,"塑绘先圣、先贤、先儒之像,上自赞孔、颜,命宰臣、两制以下分撰余赞,车驾一再临幸焉"①。开始进行全面的礼乐文化建设。而太祖自己好聚书、读书的习惯也有增无减。平西蜀,征南唐,他都命专人收罗其书籍舆图,以充三馆。听政之余,他常常派人从史馆中取书来读,并劝赵普读书,明确提出:"宰相须用读书人。"②又说"帝王之子,当务读经书,知治乱之大体",而且要求"今之武臣,亦当使其读经书,欲其知为治之道也"。③ 从上述一系列修订礼乐制度,搜罗书籍舆图,倡导尊孔读经,乃至提出"宰相须用读书人"的措施中所表现出的,已不仅仅是一种个人的爱好和读书的需要了,它与当日朝廷所采取的其它措施一样,都体现出一种鲜明的崇儒重文用意和思想政治导向。这对于整个有宋一代文化昌盛局面的形成,对于杜绝唐末五代以来将帅擅权至与朝廷分庭抗礼现象的再次出现,起了十分重要的作用,并由此成为此后宋朝历代帝王所奉守的"祖宗家法"之一。

宋太宗喜爱读书,更超过太祖。④ 宋真宗称其"崇尚文史"⑤。《宋史》载其"性嗜学。宣祖总兵淮南,破州县,财物悉不取,第求古书遗帝,恒饬厉之。帝由是工文业,多艺能"⑥。可见一斑。在崇儒重文风气的

---

① 李焘《续资治通鉴长编》卷三,建隆三年六月,第 1 册,第 68 页。
② 李焘《续资治通鉴长编》卷七,乾德四年五月,第 1 册,第 171 页。
③ [宋]司马光《涑水记闻》卷一,中华书局,1989 年,第 20、15 页。
④ 据司马光《涑水记闻》载,宋太祖在与秦王赵德芳的侍讲中说了"帝王之子,当务读经书,知治乱之大体"一番话后,接着又说:"不必学作文章,无所用也。"(《涑水记闻》卷一,第 20 页)
⑤ [清]徐松辑,刘琳等校点《宋会要辑稿·崇儒四·勘书》,上海古籍出版社,2014 年,第 5 册,第 2315 页。
⑥ 脱脱等《宋史》卷四《太宗本纪》,第 1 册,第 53 页。

第一章 "崇尚斯文,垂世教人":宋初四大书的编纂与宋代文化的承先启后

提倡上,宋太宗与太祖是一致的。他曾命臣下广收图书,三馆之外复置秘阁,并谓:"夫教化之本,治乱之源,苟无书籍,何以取法?"①又曰:"国家勤求古道,启迪化源,国典朝章,咸从振举,遗编坠简,宜在询求,致治之先,无以加此。"②史载淳化元年(990年)八月癸卯朔,秘书监李至与右仆射李昉、吏部尚书宋琪、左散骑常侍徐铉等,于秘阁观书,"上闻之,遣使就赐宴。大陈图籍,令纵观。翌日甲辰,又诏权御史中丞王化基及三馆学士并赐宴秘阁。先是,遣使诣诸道购募古书奇画及先贤墨迹,小则偿以金帛,大则授以官。数岁之间,献图籍于阙下者,不可胜计。诸道购得者又数倍,乃诏史馆尽取天文、占候、谶纬、方术等书五千一十卷,并内出古画墨迹一百一十四轴,悉令藏于秘阁。图籍之盛,近代所未有也"③。皆可见其所崇尚。他又明确提出:"王者虽以武功克敌,终须以文德致治。朕每日退朝,不废观书,意欲酌先王成败而行之,以尽损益也。"④因此,其即位不久,就开始了大规模的图书修纂工作。他诏李昉等先后编《太平御览》《太平广记》和《文苑英华》,诏陈鄂等详定《玉篇》《切韵》,命徐铉等校订《说文解字》,令医官集《太平圣惠方》等等,都表现出明显的崇儒重文倾向。因而从表面上看,太宗起初诏群臣编《太平御览》,不过是因为其"阅前代类书,门目纷杂,失其伦次,遂诏修此书",编《文苑英华》,是因为"诸家文集其数至繁,各擅所长,蓁芜相间"⑤,似没有多少深意;然实际上从宋初文献编纂和政治、文化建设的总体上来看,《太平御览》等书的编纂,就不仅仅是缘于他对文学的兴趣和爱好了,而且就中包含着一种读书以有益治道的自觉意识,充分体现了自太祖以来朝廷崇儒重文的国策和思想政治倾向,它是宋廷崇儒重文

---

① 李焘《续资治通鉴长编》卷二十五,雍熙元年正月壬戌,第2册,第571页。
② 徐松《宋会要辑稿·崇儒四·求书、藏书》,第5册,第2824页。
③ 李焘《续资治通鉴长编》卷三十一,第704页。
④ [宋]李攸《宋朝事实》卷三"圣学",《景印文渊阁四库全书》第608册,第30页。
⑤ 王应麟《玉海》卷五十四《艺文·总集文章》"雍熙《文苑英华》"条引《会要》,《景印文渊阁四库全书》第944册,第442页。

政策的一部分。① 所以，"四大书"的编纂，因其"包罗万象，总括群书"，一方面固然可为诗文创作提供丰富的材料；另一方面，更重要的是可以"广见闻，增智虑"，"援引谈论"，观"历代之兴亡"，"可资风教"，"以示劝戒"②。其作用是多方面的，影响亦极其深远。

（二）"兄终弟及"与《太平广记》的编纂

《太平广记》一书，我们今天都视其为笔记小说的渊海，这当然没有问题。然而，就其书编纂的性质、体例来看，它与《太平御览》一样，仍应属于类书或专题性类书。北宋馆阁之臣编《崇文总目》时，已将二书同置于类书一类。③ 南宋郑樵、王应麟也都是把《太平广记》看作类书的。比如郑樵就认为："《太平广记》者，乃《太平御览》别出《广记》一书，专记异事。"它们的体例都是"博采群书，以类分门"。④ 自三国魏文帝曹丕"使诸儒撰集经传，随类相从"，编为《皇览》，将不同典籍中的文献资料，以类系事，分门汇纂，便成为后世类书编纂所依循的主要体例。唐初欧阳询

---

① 所谓崇儒重文，其用意颇泛泛。它包含了对以儒家为中心的知识、思想文化体系建设的重视，却并不一定意味着对佛、道思想的排斥，观宋太宗命僧人译经、编书、修建寺观，并撰写大量有佛、道的诗文可知。

② 李昉等《太平御览》卷首引《国朝会要》，第 3 页。

③ [宋]王尧臣等《崇文总目》卷六，《景印文渊阁四库全书》第 674 册，第 72 页。

④ [宋]郑樵《通志》卷七十一《校雠略第一·泛释无义论》，《景印文渊阁四库全书》第 374 册，第 489—490 页。按郑樵主张书目编撰应能辨章学术，考镜源流，故认为书目中的附注或提要，非必要则可省略。他举《崇文总目》著录《太平广记》的例子，并批评道："古之编书，但标类而已，未尝注解。其著注者，人之姓名耳。盖经入经类，何必更言经？史入史类，何必更言史？但随其凡目，则其书自显。惟《隋志》于疑晦者则释之，无疑晦者则以类举。今《崇文总目》出新意，每书之下必著说焉。据标类自见，何用更为之说，且为之说也已自繁矣，何用一一说焉。至于无说者，或后书与前书不殊者，则强为之说。使人意怠。且《太平广记》者，乃《太平御览》别出《广记》一书，专记异事，奈何《崇文》之目所说不及此意，但以谓博采群书，以类分门。凡是类书，皆可博采群书，以类分门，不知《御览》之与《广记》又何异？《崇文》所释，大概如此。举此一条，可见其他。"其论自高，不免偏激，故颇遭后人非议，如清人朱彝尊、清四库馆臣等都对其持批评态度（详参四库馆臣所作的提要和按语）。然而，他认为《太平广记》乃是从《太平御览》中别分出一书，这一认识实有见地，虽然他对《太平广记》编纂的真正用意亦未能细察。

第一章 "崇尚斯文,垂世教人":宋初四大书的编纂与宋代文化的承先启后

编《艺文类聚》兼取事、文,已有新创。《太平御览》全书分五十五大部类,五千四百多小类,上至天文,下至地理,人物事件,典章制度,神鬼灵异,僧道隐逸,乃至宫室器物,花鸟虫鱼,无所不包。《太平广记》亦然。全书分一百一十余大类,一百五十多小类,其体例大致如《太平御览》,只是在具体材料的分划上,它采取了以人系事的方法,这也是《太平广记》的一个创新。郑樵说《太平广记》"专记异事",大致是符合实际的。从其所分类别看,像神仙、女仙、道术、方士、异人、异僧、报应、征应、定数、感应、幻术、妖妄、神鬼、夜叉、精怪、灵异、再生、悟前生等类别,占了全书的近三分之一,而这三分之一的类别,更占了全书五分之三以上的篇幅。因此,如果说《太平御览》是百科性的类书的话,《太平广记》则是其书中神怪灵异类内容的扩大,是一部专题性的类书。

《太平御览》是宋太宗即位之初即太平兴国二年三月下诏编纂的。①《太平广记》的编纂与之同时。据李焘《续资治通鉴长编》太平兴国二年三月戊寅记事,太宗"命翰林学士李昉等编类书为一千卷、小说为五百卷"。李焘注引《宋朝要录》载:"诏李昉、扈蒙等,以《御览》、《艺文类聚》、《文思博要》及前代类书,分门编为(《太平总类》)一千卷,野史、传记、故事、小说编为(《太平广记》)五百卷。"②以前代"类书门目纷杂"③,遂诏修《太平御览》,宋太宗的这一做法是可以理解的。然而,同时又以"野史、传记、故事、小说编为(《太平广记》)五百卷",就似乎不太好理解了。因为,立国不久,即位之初,国之大事,何啻千百,太宗竟郑重其事地下诏令群臣编纂一部以野史、杂传记和小说为主体内容的类书,这就难怪言官要上书批评了,以至于不但此书甫一编成便搁置起来,而且三年后"诏令

---

① 宋太祖开宝九年十月去世,太宗十二月就改元太平兴国,故下诏编书距其即位尚不到半年。
② 李焘《续资治通鉴长编》卷十八,太平兴国二年三月戊寅,第1册,第401页。
③ 王应麟《玉海》卷五十四《艺文·承诏撰述类书》"太平兴国《太平御览》《太平广记》"条引《会要》,《景印文渊阁四库全书》第944册,第453页。

镂版",又因为"言者以为非学者所急,收墨板藏太清楼"①,不得不再次束之高阁。那么,此事的动议,真的是出于宋太宗的偶发奇想、轻率下诏吗?显然不是。它与当日的政局有着密切的联系。

宋太祖与宋太宗的皇位授受,在历史上似乎永远是一个难解的谜。因为像太祖驾崩和太宗即位这样的大事,据李焘的考索,北宋《国史》《实录》竟然都不载,而王禹偁《建隆遗事》、司马光《涑水记闻》、释文莹《湘山野录》、蔡惇《夔州直笔》等书所记,亦参差不明。李焘虽于诸书有取有舍,仍然不能不留下许多疑窦。②正如邓广铭先生所指出的:"宋太祖夺后周的天下于孤儿寡妇之手,却不料他的天下也被别人在儿子、夫人的手中劫夺了去。当宋太祖开国之后,曾用尽心计,立定了许多防微杜渐的政策,却也不料'季孙之祸,不在颛臾,而在萧墙之内'。劫夺的人非他,即太祖的介弟赵光义,庙号称为太宗者是。"③后人的这些看法是有理由的。

然太宗的劫夺,也有他相当的道理。太祖、太宗之母杜太后于太祖陈桥兵变、黄袍加身之初,就喜忧参半地说过:"吾闻为君难。天子置身兆庶之上,若治得其道,则此位可尊;苟或失驭,求为匹夫不可得:是吾所以忧也。"④表现出对皇权能否稳固的担心。又据李焘《续资治通鉴长编》载,杜太后临终时曾告诫太祖,认为他所以能做皇帝,"政由柴氏使幼儿主天下,群心不附故耳",它日"当传位汝弟。四海至广,能立长君,社稷之福也"⑤。于是有所谓"金匮之盟"。这条材料虽然出自有疑点的《太祖实录》,然在很大程度上也反映了当日的历史真实,那就是赵氏在"变家为国"、君临天下之际对皇权维持和承继的忧虑。关于皇权的稳固问题,在杜太后去世的次月,宋太祖就以杯酒释兵权的方式,轻而易举地

---

① 《玉海》卷五十四《艺文·承诏撰述类书》"太平兴国《太平御览》《太平广记》"条引《会要》,《景印文渊阁四库全书》第944册,第453页。
② 参李焘《续资治通鉴长编》卷十七,宋太祖开宝九年十月,第1册,第377—382页。
③ 《邓广铭治史丛稿》,北京大学出版社,1997年,第475页。
④ 脱脱等《宋史》卷二百四十二《后妃传》上,第25册,第8607页。
⑤ 李焘《续资治通鉴长编》卷二,建隆二年六月甲午,第1册,第46页。

第一章 "崇尚斯文,垂世教人":宋初四大书的编纂与宋代文化的承先启后

解决了;而皇位的继承问题,太祖既不曾立嗣,一旦辞世,解决皇位继承、稳定国家社稷的最好办法,在当时除了兄终弟及之外,似并无更妥善的方法。宋太宗的所作所为,在道义上虽难逃后人的谴责,然在客观上,却使得宋初的政治局面得以稳固,赵宋王朝的统治得以延续,皇权更迭可能带来的动荡得以避免。

宋太宗之所以能兄终弟及而登大位,当然是做了许多准备和铺垫的①,其中之一便是对道教的利用。李焘《续资治通鉴长编》据《国史·符瑞志》等载:"初,有神降于盩厔县民张守真家,自言:'我天之尊神,号黑杀将军,玉帝之辅也。'守真每斋戒祈请,神必降室中,风肃然,声若婴儿,独守真能晓之,所言祸福多验。守真遂为道士。上不豫,驿召守真至阙下。壬子,命内侍王继恩就建隆观设黄箓醮,令守真降神。神言:'天上宫阙已成,玉锁开。晋王有仁心。'言讫不复降。上闻其言,即夜召晋王,属以后事。"②黑杀将军云云,当然不可信,必是宦官王继恩密奉太宗之命虚构出来,以为太宗袭位制造舆论的。至太平兴国六年(981年),太宗又"诏封太平宫神为翊圣将军,从道士张守真之请也"③。仍不过是虚张声势,掩人耳目。

皇权授受之际,太宗不但令人召来了张守真,而且利用了另一位名声更大的隐士陈抟。雍熙元年(984年)十月,太宗又诏见陈抟,并告诉宰相宋琪说,抟"在华山已四十余年,度其年当百岁。自言经五代乱离,幸天下承平,故来朝觐。与之语,甚可听"。宋琪等与之交谈,抟不言神仙之事,却正色道:"抟山野之人,于时无用,亦不知神仙黄白之事、吐纳

---

① 如交结太祖近臣田重进、宦官王继恩等,详参邓广铭《宋太祖太宗皇位授受问题辨析》《试破宋太宗即位大赦诏书之谜》,文载《邓广铭治史丛稿》,第475—513页。
② 李焘《续资治通鉴长编》卷十七,宋太祖开宝九年十月,第1册,第377—378页。
③ 李焘《续资治通鉴长编》卷二十二,宋太宗太平兴国六年十一月,第1册,第506页。直到宋真宗时,仍在不断抬高这位将军的地位,而真宗正是一位更为热衷道教的皇帝。真宗大中祥符七年十一月,"加号翊圣将军曰'翊圣保德真君'"(《续资治通鉴长编》卷八十三,第4册,第1900页)。大中祥符九年十月,王钦若编撰《翊圣保德真君传》三卷上呈,真宗制序(《续资治通鉴长编》卷八十八,第4册,第2023页)。此传并序见宋张君房所编《云笈七签》卷一百三)。

之理,无术可传于人。假令白日上升,亦何益于世？主上龙颜秀异,有天人之表,博达今古,深究治乱,真有道仁圣之主也。正是君臣协心同德,兴化致治之秋。勤行修炼,无出于此。""琪等表上其言,上益喜。甲申,赐抟号希夷先生,令有司增葺所止台观。"① "上益喜",一语道出了其招徕道士、隐逸的政治用意。

宋太宗位登大宝后,即大赦天下,诏告臣民。在宋人彭百川所编的《太平治迹统类》中保存了这篇赦书的主要部分。② 其曰:

> 先皇帝勤劳启国,宵旰临朝,万机靡倦于躬亲,四海方成于开泰。念农民之疾苦,知战士之辛勤。氛祲尽平,生灵永逸。而寒暄或厉,寝疾弥留。方臻偃革之期,遽抱遗弓之叹。猥以大宝,付与冲人。宜覃在宥之恩,俾洽维新之泽。可大赦天下,常赦所不原者咸赦除之。令缘边禁戢戍卒,毋得侵挠外境。群臣有所论列,并许实封表疏以闻;必须面奏者,阁门使即时引对。
>
> 风化之本,孝弟为先。或不顺父兄,异居别籍者,御史台及所在纠察之。
>
> 先皇帝创业垂二十年,事为之防,曲为之制,纪律已定,物有其常。谨当遵承,不敢逾越。咨尔臣庶,宜体朕心。③

诏书中特别提出"风化之本,孝弟为先"一点,潜台词无非是说,兄终弟及合乎儒道,而且,现在要做的,就是萧规曹随。这个"规"就是:"事为之

---

① 李焘《续资治通鉴长编》卷二十五,雍熙元年十月,第2册,第588页。
② 此篇大赦诏在《宋大诏令集》卷一、李攸《宋朝事实》卷二和李焘《续资治通鉴长编》卷十七中也有存录,然据邓广铭先生所考,此诏在前两种书中行文仓促,而《续资治通鉴长编》和《太平治迹统类》所录则为改定稿。今辑本《续资治通鉴长编》漏辑诏书中许多文字,故此据《太平治迹统类》引(参邓广铭《试破宋太宗即位大赦诏书之谜》《对有关〈太平治迹统类〉诸问题的新考索》,文载《邓广铭治史丛稿》,第475—502、347—378页)。
③ [宋]彭百川《太平治迹统类》卷二《太祖太宗授受之懿》,《景印文渊阁四库全书》第408册,第45页。

第一章 "崇尚斯文,垂世教人":宋初四大书的编纂与宋代文化的承先启后

防,曲为之制。"对于这八个字的治国方略,宋太宗接下来只要恪守秉持即可,所谓:"纪律已定,物有其常。谨当遵承,不敢逾越。"这种逆取顺守的政治局面,也使得宋太宗在思想上与道家、道教似乎走得更近了。

比如,与大臣论为政,太宗就标举黄老无为之道,曰:"清静致治,黄、老之深旨也。夫万务自有为以至于无为,无为之道,朕当力行之。至如汲黯卧治淮阳,宓子贱弹琴治单父,此皆行黄老之道也。"参知政事吕端等马上附和,说:"国家若行黄老之道,以致升平,其效甚速。"宰臣吕蒙正则曰:"老子称'治大国若烹小鲜'。夫鱼挠之则溃,民挠之则乱,今之上封事议制置者甚多,陛下渐行清静之化以镇之。"①再如谈到用兵,太宗又说:"朕每议兴兵,皆不得已,古所谓王师如时雨,盖其义也。今亭障无事,但常修德以怀远,此则清静致治之道也。"吕蒙正曰:"古者以简易治国者,享祚长久。陛下崇尚清静,实宗社无疆之休也。"②还比如处理日常政务,太宗常抓大略小,吕蒙正赞之曰:"水至清则无鱼,人至察则无徒。小人情伪,君子岂不知?盖以大度容之,则庶事俱济。昔曹参以狱市为寄,政恐奸人无所容也。陛下如此宣谕,深合黄老之道。"③其它像谈到生活有节,动静有度,太宗亦引老子之语,谓:"我命在我不在天。全系人之调适。卿等亦当留意,无自轻于摄养也。"④而开秘阁与大臣观书,他又"诏史馆尽取天文、占候、谶纬、方术等书五千一十卷……悉令藏于秘阁"⑤。这些都可见出宋太宗登上皇位后强调无为而治的思想倾向。

所以,他执政之初就令人编《太平广记》,网罗前代神仙传记、野史小说殆尽,表面上说是"六籍既分,九流并起,皆得圣人之道,以尽万物之情",既"博综群言",又"不遗众善",⑥实际上编为此书,却原来隐含了其

---

① 李焘《续资治通鉴长编》卷三十四,淳化四年十月丙午,第2册,第758页。
② 李焘《续资治通鉴长编》卷三十四,淳化四年十一月甲寅,第2册,第759页。
③ 李焘《续资治通鉴长编》卷三十四,淳化五年二月,第2册,第775页。
④ 李焘《续资治通鉴长编》卷二十五,雍熙元年十月,第2册,第588页。
⑤ 李焘《续资治通鉴长编》卷三十一,淳化元年八月癸卯,第2册,第705页。
⑥ 李昉《上太平广记表》中语,《太平广记》卷首,中华书局,1961年,第1页。

配合道教宣传以巩固其皇位的良苦用心。

此外,从文献上来看,宋太宗之所以命诸臣编为此书,在客观上也是自汉魏六朝以来笔记小说、杂史、杂传记类著述大量涌现的结果。以常理推之,诸儒在编纂《太平御览》(初名《太平总类》)的过程中,原拟将诗文之外的各种文献网罗殆尽,然数量庞大的野史、传记、小说文献又难以分系,于是恰好可另成一书。从二书的材料来源看,《太平御览》引书除前代类书外,多为儒家经典、先秦子书和《史记》《汉书》等正史中的文献资料,而《太平广记》所引则偶有此种文献,它的绝大部分材料是取自野史、传记、小说,二者适可互补。因为《太平广记》的材料来源较为单一和集中,所以次年八月书就编成,仅用了一年半不到的时间,而《太平御览》要到太平兴国八年十二月才全部编成,用时达六年半之久。因此,可以说《太平广记》是对《太平御览》的补充,它与《太平御览》是一个整体,二者合观,方才完整。

宋太宗利用道教,编织"翊圣"之神降临的神话,来为自己皇权授受服务的做法,直接影响了宋真宗朝的政治和文化的发展。宋真宗未必真的相信有什么翊圣真君,但他即位后奉行清静致治,不但一如既往地尊奉这位神灵,加翊圣将军为"翊圣保德真君"①,而且还命王钦若等人编撰《翊圣保德真君传》三卷,并亲为撰序②,同时,更东封西祀,欲以"镇服四海,夸示戎狄"。史载澶渊之盟后,宋真宗既不愿再用兵,知枢密院王钦若乘机提出:"'陛下苟不用兵,则当为大功业,庶可以镇服四海,夸示戎狄也。'上曰:'何谓大功业?'钦若曰:'封禅是已。然封禅当得天瑞,希世绝伦之事乃可为。'既而又曰:'天瑞安可必得,前代盖有以人力为之。若人主深信而崇奉焉,以明示天下,则与天瑞无异也。陛下谓《河图》《洛书》果有此乎?圣人以神道设教耳。'上久之乃可。"③ "以神道设教",一

---

① 李焘《续资治通鉴长编》卷八十三,大中祥符七年十一月癸未,第 4 册,第 1900 页。
② 大中祥符九年撰成,真宗为作序,见张君房《云笈七签》卷一百三。
③ 李焘《续资治通鉴长编》卷六十七,景德四年十一月庚辰,第 3 册,第 1506 页。

第一章 "崇尚斯文,垂世教人":宋初四大书的编纂与宋代文化的承先启后

语道破天机,真宗利用道教为其统治服务,可谓青出于蓝而胜于蓝了。①

宋太宗时即曾修道经,由徐铉、王禹偁、孔承恭等校正写本,送大宫观。太宗又开秘阁与大臣观书,"诏史馆尽取天文、占候、谶纬、方术等书五千一十卷,……悉令藏于秘阁",后编成《太平广记》。这对真宗朝道教文献的编纂和整理,也有直接的影响。大中祥符二年(1009年),东封后,真宗便"令两街集有行业道士修斋醮科仪,命钦若详定,成《罗天醮仪》十卷。又选道士十人校定《道藏》经。明年,于崇文院集官详校,钦若总领,铸印给之。旧藏三千七百三十七卷……钦若增六百二十二卷。又以《道德经》《阴符经》乃老君圣祖所述,自'四辅部'升于'洞真部'"②。天禧三年(1019年),张君房进《大宋天宫宝藏》四千五百六十五卷,至仁宗朝,张君房又择其精要,编成《云笈七签》百二十卷。这些编纂整理工作,客观上对道教文献的保存和传播,起了重要的作用。

(三)去除繁芜、以存精华的《文苑英华》

《文苑英华》编纂的原因比较简单。宋太宗既喜爱文学,于类事之书外,又诏群臣编纂诗文总集《文苑英华》,是很自然的。据《宋会要·崇儒五》载:"太平兴国七年九月,命翰林学士承旨李昉、学士扈蒙、直学士院徐铉、中书舍人宋白、知制诰贾黄中、吕蒙正、李至、司封员外郎李穆、库部员外郎杨徽之、监察御史李范、秘书丞杨砺、著作佐郎吴淑、吕文仲、胡汀、著作佐郎直史馆战贻庆、国子监丞杜镐、将作监丞舒雅,阅前代文集,

---

① 在王钦若所编的《翊圣保德真君传》中,有张守真与所谓真君的一段对话。张守真问曰:"道释经典,并垂于世,未审崇奉何者即获其福?"真君曰:"太上《道德经》,大无不包,细无不纳,修身炼行,治家治国。世人若悟其指归,达其妙用,造次于是,信奉而行,岂惟增福,谅无所不至矣。释氏之《四十二章经》,制心治性,去贪远祸,垂慈训诫,证以善恶("善"原作"干",据李攸《宋朝事实》卷七"释道"条改),亦一贯于道矣。奉之求福,固亦无涯。至于周公孔子,皆列仙品,而五经六籍,治世之法,治民之术,尽在此矣。世虽讽诵,多不依从,若口诵而心随,心随而事应,仁义信行,礼智之道,常存于怀,岂惟正其人事,长生久视之理亦何远矣。"(《云笈七签》卷一百三,《景印文渊阁四库全书》第1061册,第189—190页)其造作文献,融合儒释道三教,以为其政治服务的目的,十分明确。

② 李焘《续资治通鉴长编》卷八十六,大中祥符九年三月戊申,第4册,第1975页。

撮其精要,以类分之,为千卷。雍熙三年十二月书成,号曰《文苑英华》。昉、蒙、蒙正、至、穆、范、砺、淑、文仲、汀、贻庆、镐、雅继领他任,续命翰林学士苏易简、中书舍人王祐、知制诰范杲、宋湜与宋白等共成之。帝览之称善,降诏褒论。① 以书付史馆,赐器币各有差。"② 所以要编《文苑英华》,即在于太宗认为前代"诸家文集,其数实繁,虽各擅所长,亦榛芜相间,乃命翰林学士宋白等精加铨择,以类编次,为《文苑英华》一千卷"③。此书的编纂,自太平兴国七年(982年)九月下诏(时《太平御览》尚未最后成书),至雍熙三年(986年)十二月编成,用时四年有余。

《文苑英华》编成后,并未马上刊印。至真宗朝,又进行了多次修订。据王应麟《玉海》引《宋会要》,宋真宗景德四年(1007年)八月,上谓宰臣曰:"今方患学者少书,诵读不能广博。《文苑英华》先帝缵次,当择馆阁文学之士校正,与李善《文选》并镂板颁布,庶有益于学者。"于是"诏三馆分校《文苑英华》,以前所编次未尽允惬,遂令文臣择前贤文章,重加编录,芟繁补缺,换易之,卷数如旧"。④ 可知这次修订虽总的卷数没有改动,然抽换作品,调整编次,变动还是比较大的。重新编次的工作,大约进行了两年,至大中祥符二年(1009年)十月,又命太常博士石待问校勘。十二月辛未,令工部侍郎张秉,给事中薛映,龙图阁待制戚纶、陈彭年复校。⑤ 自景德四年开始,与《文苑英华》同时勘校的,还有李善注《文

---

① 王应麟《玉海》卷五十四《艺文·总集文章》"雍熙《文苑英华》"条引《宋会要》兼《宝训》,其下有"诏答曰:'近代以来,斯文浸盛。虽述作甚多,而妍媸不辨,遂令编缉止取菁英。所谓摘鸾凤之羽毛,截犀象之牙角。书成来上,实有可观'"云云。《景印文渊阁四库全书》第944册,第443页。
② [清]徐松《宋会要辑稿·崇儒五》,第2835页。
③ 李焘《续资治通鉴长编》卷二十七,雍熙三年十二月,第625页。
④ 王应麟《玉海》卷五十四引《宋会要》等。同卷又引《实录》曰:"景德四年八月丁巳,命直馆、校理校勘《文苑英华》及《文选》,摹印放行。"《景印文渊阁四库全书》第944册,第443页。
⑤ 王应麟《玉海》卷五十四引《宋会要》等,《景印文渊阁四库全书》第944册,第443页。《宋会要辑稿·崇儒四·勘书》,第2816页。

第一章 "崇尚斯文，垂世教人"：宋初四大书的编纂与宋代文化的承先启后

选》。《文选》的校勘先完成，便"先令刻板"①。板成，复命官勘校。稍后，《文苑英华》应也校勘完毕并雕板。可惜到了大中祥符八年（1015年），二书未及印行，"宫城火，二书皆烬"②。《文选》李善注本的重新勘校、刻板印行，因此延迟到宋仁宗天圣年末才完成③，而《文苑英华》校勘刻印的完成，可能要晚至宋神宗元丰年间。④

《文苑英华》全书一千卷，上继萧统《文选》，以类分之，收入自南朝梁至五代的作家近两千位，作品约两万首。其中，隋唐五代的作家作品占了绝大多数。从文献来源看，《太平御览》《太平广记》引书多属于经、史、子三部，《文苑英华》则取材前代文集，三者合观，才能构成一个较为完整的知识体系。尤为难得的是，宋初书籍罕见，有些作家的文集，"印本绝少。虽韩、柳、元、白之文，尚未甚传。其他如陈子昂、张说、九龄、李翱等

---

① 《宋会要辑稿·崇儒四·勘书》，第2816页。

② 《宋会要辑稿·崇儒四·勘书》，第2816页。这次宫中的大火，史多有载。如李焘《续资治通鉴长编》卷八十四，大中祥符八年四月壬申："荣王元俨宫火，自三鼓至翌日亭午乃止。延烧内藏、左藏库、朝元门、崇文院、秘阁。"（第1927页）[宋]程俱《麟台故事（辑本）》卷一亦载："大中祥符八年，荣王宫火，焚及崇文院。"（张富祥《麟台故事校证》，中华书局，2000年，第28页）《麟台故事（残本）》卷二记作："八年夏，荣王宫火，延燔崇文院、秘阁，所存无几。"（《麟台故事校证》，第266页）

③ 《文选》李善注的刊印，《宋会要辑稿·崇儒四·勘书》有明确记载。其曰："至天圣中，监三馆书籍刘崇超上言：'李善《文选》援引该赡，典故分明，欲集国子监官校定净本，送三馆雕印。'天圣七年十一月，板成。又命直讲黄鉴、公孙觉校对焉。"（第2816页）

④ 有学者认为，《文苑英华》在北宋并未刊板印行，如李致忠（参其所撰《关于〈文苑英华〉》，收入其《肩朴集》，北京图书馆出版社，1998年，第110—125页）、凌朝栋（参其《文苑英华研究》第三章《〈文苑英华〉版本源流考》，上海古籍出版社，2005年，第52—54页）。然据李焘《续资治通鉴长编》卷三百六十五载，宋哲宗元祐元年二月庚申："馆伴高丽使言，高丽人乞《开宝正礼》《文苑英华》《太平御览》。诏许赐《文苑英华》。"（第8744页）又，《宋史》卷四百八十七《高丽传》亦载："哲宗立，(高丽)遣使金上琦奉慰，林槩《续资治通鉴长编》卷三百六十二作'林檗'）致贺，请市刑法之书、《太平御览》《开宝通礼》《文苑英华》，诏惟赐《文苑英华》一书，以名马、锦绮、金帛报其礼。"（第14048页）以常理推之，所赐高丽《文苑英华》，似非写本。[朝鲜]郑麟趾《高丽史》卷十《宣宗世家》，亦记载宣宗七年（宋哲宗元祐五年，1090年）"宋赐《文苑英华集》"（韩国亚细亚文化社，1983年，第211页）。

诸名士文集,世尤罕见。修书官于宗元、居易、权德舆、李商隐、顾云、罗隐辈,或全卷收入"①。于是,像卢思道、沈佺期、宋之问、张说、张九龄、李商隐、周繇等许多作家的诗文多赖此以传。

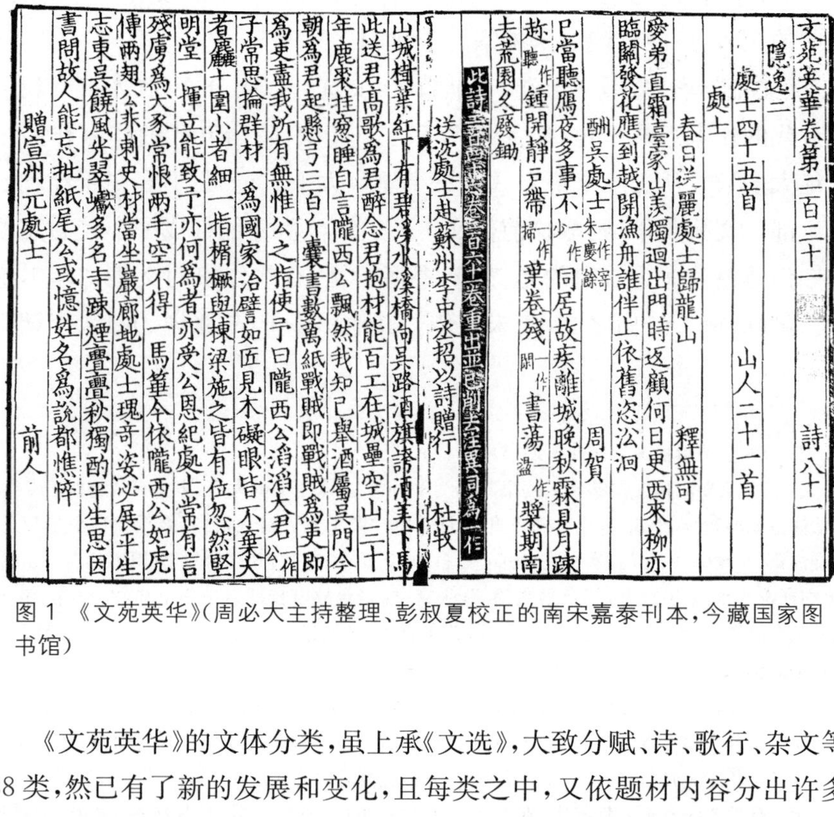

图1 《文苑英华》(周必大主持整理、彭叔夏校正的南宋嘉泰刊本,今藏国家图书馆)

《文苑英华》的文体分类,虽上承《文选》,大致分赋、诗、歌行、杂文等38类,然已有了新的发展和变化,且每类之中,又依题材内容分出许多细目。如"赋"类一百五十卷,下分"天象、岁时、地、水、帝德、京都、邑居、宫室、苑囿、朝会、禋祀、行幸、讽谕、儒学、军旅、治道、耕籍、田农、乐、杂伎、饮食、符瑞、人事、志、射、博弈、工艺、器用、服章、画图、宝、丝帛、舟车、薪火、畋渔、道释、纪行、游览、哀伤、鸟兽、虫鱼、草木"42类,而每类之中往往又细分若干小类。如"天象"之下,就又分出"日、月、星、斗、天

---

① [宋]周必大《文苑英华序》,《文苑英华》卷首,中华书局,1966年,第1册,第8—9页。

第一章 "崇尚斯文,垂世教人":宋初四大书的编纂与宋代文化的承先启后

河、云、风、雨、露、霜、雪、雷、电、霞、雾、虹、天仪、大衍、律管、气象、空、光、明、骄阳"24小类。这种编排的方式,与《太平御览》等书是一致的,即参照了类书的分类办法,虽不甚严密,不够合理,却反映了时人普遍的认识水平,而这种分类方式,在宋代各类文献的编纂中正方兴未艾。①其后随着文学创作的发展,不但总集编纂常用分类编排的方式,别集编纂亦一如总集,且分类方式又有新变,然若溯其渊源,一时风气,仍直接受宋初四大书的影响。

(四)"垂世教人""足为鉴戒"的《册府元龟》

对崇儒重文的"祖宗家法",宋真宗是恪守不移的。他曾对龙图阁直学士陈彭年这样说:"朕每念太祖、太宗丕变衰俗,崇尚斯文,垂世教人,实有深意。朕谨遵圣训,绍继前烈,庶警学者。"②而《册府元龟》的编纂,正是要上继太祖、太宗的既定国策,只不过他对"垂世教人"之旨的重视和强调,已超过太祖、太宗。

宋真宗即位后,曾下诏大规模刊印经史,认为"恶以戒世,善以劝后。善恶之事,《春秋》备载","君臣善恶,足为鉴戒"。③ 体现出他对著书以示劝诫的重视。这种认识,在《册府元龟》的编纂中表现得更为明确和具体。宋真宗在《册府元龟序》中说道:

> 太宗皇帝始则编小说而成《广记》,纂百氏而著《御览》,集章句而制《文苑》,聚方书而撰《神医》。次复刊广疏于"九经",校阅疑于"三史",修古学于篆籀,总妙言于释老。洪猷丕显,能事毕陈。朕通遵先志,肇振斯文,载命群儒,共司缀缉。粤自正统,至于闰位,君臣善迹,邦家美政,礼乐沿革,法令宽猛,官师论议,多士名行,靡不具载,用存典刑。凡勒成一千一百四门,门有小序,述其指归;分为三

---

① 此一问题的讨论,详见本章第四部分。
② 李攸《宋朝事实》卷三"圣学"条,《景印文渊阁四库全书》第608册,第31页。
③ 李焘《续资治通鉴长编》卷五十六,景德元年七月丙午,第3册,第1248页;卷六十,景德二年五月戊辰,第3册,第1333页。

十一部,部有总序,言其经制。凡一千卷。①

宋太宗时编书,主要是提出一种崇儒重文的思想政治导向,其益治政、资风教、示劝诫或某种特别的政治意图,虽寓含其中,然并未特别强调。而宋真宗就不同了。此前,他曾一再提醒编修官的编纂工作,应"以惩劝为本",而批评篇序的撰写,"援据经史,颇尽体要,而诫劝之理,有所未尽也"②。这里又明确提出,编纂《历代君臣事迹》的宗旨,就是要劝善惩恶,"用存典刑"③。其用意很明显,所谓劝惩,是要通过对历代君臣事迹的搜讨、编录,从中汲取治国理政可资借鉴的经验和教训,总结、扬弃前代的礼乐文物、典章制度,参酌前贤名儒的鸿篇大论,表彰、仿效其嘉言善行。总之,是要有益于社会人心和宋王朝的长治久安。

宋真宗这样做,既有前代类书编纂的影响,又是直接受到了田锡的启示,并由其所纂《御览》和《御屏风》发展而来。④

唐太宗贞观初年下诏编《群书治要》,其宗旨就是要"采摭群书","以备劝戒"。魏徵在序中说:

  近古皇王,时有撰述,并皆包括天地,牢笼群有。竞采浮艳之词,争驰迂诞之说。骋末学之传闻,饰雕虫之小伎。流宕忘反,殊途同致。虽辩周万物,愈失司契之源;术总百端,弥失得一之旨。皇上以天纵之多才,运生知之睿思,性与道合,动妙机神。……以为六籍

---

① 王应麟《玉海》卷五十四《艺文·承诏撰述类书》"景德《册府元龟》"条引,《景印文渊阁四库全书》第 944 册,第 455 页。

② 王应麟《玉海》卷五十四《艺文·承诏撰述类书》"景德《册府元龟》"条引,《景印文渊阁四库全书》第 944 册,第 455 页。

③ 周师勋初先生指出,宋真宗编纂《册府元龟》的目的:"是要统一人们的政治标准,树立符合宋代政权需要的价值观念。"(《册府元龟前言》,载是书卷首,第 4—5 页)这是很正确的。由劝善惩恶而"用存典刑",二者正相一致。

④ 台湾学者方师铎《传统文学与类书之关系》一书中,第六章《论类事》中曾谈到,《册府元龟》"可能是从田锡所编的《咸平御览》和《咸平御屏风》上头得来的灵感"(天津古籍出版社,1986 年,第 213 页)。甚有见地,惜未深论。

第一章 "崇尚斯文,垂世教人":宋初四大书的编纂与宋代文化的承先启后

纷纶,百家踳驳,穷理尽性,则劳而少功;周览泛观,则博而寡要。故爰命臣等采摭群书,翦截淫放,光昭训典,圣思所存,务乎政术,缀叙大略,咸发神衷,雅致钩深,规摹宏远,网罗治体,事非一目。若乃钦明之后,屈己以救时;无道之君,乐身以亡国。或临难知惧,在危而获安;或得志而骄,居成以致败者,莫不备其得失,以立功树惠。贞心直道,忘躯殉国,身殒百年之中,声驰千载之后;或大奸巨猾,转日回天,社鼠城狐,反白作黑,忠良由其放逐,邦国因以危亡者,咸亦述其终始,以显为臣不易。其立德立言,作训垂范,为纲为纪,经天纬地,金声玉振,腾实飞英,雅论徽猷,嘉言美事,可以弘奖名教,崇太平之基者,固亦片善不遗,将以丕显皇极。至于母仪嫔则,懿后良妃,参徽猷于十乱,著深戒于辞辇。或倾城哲妇,亡国艳妻,候晨鸡以先鸣,待举烽而后笑者,时有所存,以备劝戒。爰自六经,迄乎诸子,上始五帝,下尽晋年。凡为五帙,合五十卷。本求治要,故以《治要》为名。但《皇览》、《遍略》,随方类聚,名目互显,首尾淆乱,文义断绝,寻究为难。今之所撰,异乎先作。总立新名,各全旧体。欲令见本知末,原始要终,并弃彼春华,采兹秋实。一书之内,牙角无遗;一事之中,羽毛咸尽。用之当今,足以殷鉴前古;传之来叶,可以贻厥孙谋。①

宋真宗所强调的区别善恶、"用存典刑"的劝诫之旨,与唐太宗所重视的"政术""治要"和"弘奖名教"以及"作训垂范",一脉相承。尤其值得注意的是,魏徵对前代典籍编纂中所存弊端的批评。他不但反对前人所编类书的博而寡要、迂诞浮艳,而且认为其体例上的分类系事也是不可取的。

宋真宗咸平四年(1001年),从知泰州任上回到京城的田锡,召对言事,曾奏请重修一部可供真宗"御览"的书籍。据《续资治通鉴长编》载:

---

① [唐]魏徵等《群书治要》卷首,[清]阮元辑《宛委别藏》本,江苏古籍出版社,1988年,第73册,第1—3页。

（田锡）奏曰："陛下治天下以何道？臣愿以皇王之道治之。旧有《御览》，但记分门事类。臣愿钞略四部，别为《御览》三百六十卷。万几之暇，日览一卷。又采经史要切之言，为《御屏风》十卷，置宸坐之侧，则治乱兴衰之事常在目矣。"上善其言，诏史馆以群书借之。仍免其集贤校雠之职。每成数卷即先进内。锡言："臣所撰书，每五日具草一卷，检讨舛互，写为净稿，已七八日，大率十年绝笔。臣虑朝廷俾臣莅事，或委一郡、授一职，不若使臣常以皇王之道致主于尧舜也。陛下春秋鼎盛，好古不倦，若师皇王之道，日新厥德，十年之内，必致太平。臣虽衰迈，得见其时，私幸足矣。"即先上《御览》三十卷、《御屏风》五卷。手诏褒答之。①

可与李焘的记载相参的，有田锡的《御览序》。在《御览序》中，田锡对其编撰宗旨有更具体、细致的说明。他说："臣闻圣人之道，布在方策。六经则言高旨远，非讲求讨论，不可测其渊深；诸史则迹异事殊，非参会异同，岂易记其繁杂；子书则异端之说胜，文集则宗经之辞寡，非猎精以为鉴戒，举要以观会同，可为日览之书，资于日新之德，则虽白首未能穷经，矧王者万机之暇乎？臣每读书，思以所得上补达聪、可以铭于坐隅者，书于御屏；可以用于帝道者，录为御览。经取帝王易晓之意，史取帝王可行之事，子或总于杂录，集或附之逐篇。悉求切当之言，用达精详之理，俾功业可与尧舜等，而生灵亦使跻仁寿之域。臣区区之忠，不胜大愿。"②在《御屏风序》中，他又说："唐黄门侍郎赵（弘）智为高宗诵《孝经》，曰：'天子有诤臣七人，虽无道，不失其天下。微臣敢以此言上献。'宪宗采汉史、三国以来经济要事，撰书十四篇，曰《前代君臣事迹》，书之屏风。臣每览经史子集，因取其语要，总一卷，辄用进献，可书

---

① 李焘《续资治通鉴长编》卷四十九，咸平四年六月，第2册，第1065—1066页。
② [宋]王称《东都事略》卷三十九《田锡传》引，《景印文渊阁四库全书》第382册，第253—254页。

第一章 "崇尚斯文，垂世教人"：宋初四大书的编纂与宋代文化的承先启后

于屏，置之御坐之右焉。"①田锡生平"鲠介寡合，严恭好礼"，"慕魏徵、李绛之为人"②，于太宗、真宗两朝，最为诤臣。他不满意《太平御览》的分类系事，泛无所归，要从经史子集四部书中，采其精要，编为《御览》，供真宗披览，期望甚高。这既是他一贯的忠鲠风格，也直接受到魏徵编纂《群书治要》和唐宪宗时编《前代君臣事迹》的影响。虽然田锡两年后就去世了，《御览》终未完成，但宋真宗于田锡去世两年后下诏编《历代君臣事迹》（景德二年九月，1005年），且体例也不同于太宗朝所编诸书，就中当有采纳田锡的意见或受到田锡多次奏请编书的启发，并受到其编纂思想影响的因素。由此看来，真宗下诏编《历代君臣事迹》，似又有纠正太宗朝类书编纂的微意。

  正是基于对"垂世教人"的惩劝宗旨的强调，宋真宗对《册府元龟》的编纂表现出异乎寻常的重视，事实上，可以说他是自始至终地主持了此书的编纂。他不但选择当时颇负声望的王钦若、杨亿等人具体负责编修此书，给予他们极为优厚的生活待遇，而且，从编修原则到具体材料的去取，他都要一一过问。编纂之初，他先"令（钱）惟演等各撰篇目，送钦若暨亿参详。钦若等又自撰集上进。诏用钦若等所撰为定，有未尽者奉旨增"③。此后又多次察看诸臣所修书稿："遍阅门类，询其次序。王钦若、杨亿悉以条对。有伦理未当者，立命改之。谓侍臣曰：'朕此书盖欲

---

① 王称《东都事略》卷三十九《田锡传》引，《景印文渊阁四库全书》第382册，第254页。"赵智"，应作"赵弘智"，见《旧唐书》卷一百八十八《赵弘智传》。此文《全宋文》失收。据范祖禹《帝学》卷二，唐宪宗"见太宗撰《金镜书》及《帝范》，玄宗撰《开元训诫》，帝遂采《尚书》《春秋后传》《史记》《汉书》《三国志》《晋书》《晏子春秋》《新序》《说苑》等书君臣行事可为龟镜者，集成十四篇。一曰君臣道合，二曰辨邪正，三曰戒权幸，四曰戒微行，五曰任贤臣，六曰纳忠谏，七曰慎征伐，八曰慎刑法，九曰去奢泰，十曰崇节俭，十一曰奖忠直，十二曰修德政，十三曰谏畋猎，十四曰录勋贤。分为上下卷，目曰《前代君臣事迹》。元和四年，以其书写于屏风，列之御座之右。遣中使以书屏六扇至中书，宣示宰臣李藩、裴垍曰：'朕近撰此屏风，常所观览，故以示卿。'藩等上表贺。"（《景印文渊阁四库全书》第696册，第741页）

② 李焘《续资治通鉴长编》卷五十五，咸平六年十二月辛未，第3册，第1220页。

③ 李焘《续资治通鉴长编》卷六十一，景德二年九月丁卯，第3册，第1367页。

著历代事实,为将来典法,使开卷者动有资益也。'"①一再强调:"编修君臣事迹官,皆出遴选。朕于此书,匪独听政之暇,资于披览,亦乃区别善恶,垂之后世,俾君臣父子有所监戒。"并下令"起今后,自初修官至杨亿,各依新式,递相检视,内有脱误,门目不类,年代、帝号失次者,并署历,仍书逐人名下,随卷奏知。异时比较功程,等第酬奖,庶分勤惰"。② 他还多次行幸崇文院,"观新编《君臣事迹》。王钦若、杨亿等以草本进御,上遍览之。入四库视图籍,谓宰臣曰:'著书难事,议者称先朝实录尚有遗落。'亿进曰:'史臣记事,诚合详备。臣预修《太宗实录》,凡事有依据可载简册者,方得记录。'上然之,赐修书官器币有差"。③ 从中皆可见其编纂宗旨和对此书的重视。

惩恶劝善、垂世教人的宗旨,决定了在史料的选择上,必是重经史而排斥异端小说。洪迈《容斋四笔》卷十一"《册府元龟》"条,载杨亿上书言:

> 近代臣僚自述扬历之事,如李德裕《文武两朝献替记》、李石《开成承诏录》、韩偓《金銮密记》之类,又有子孙追述先德叙家世,如李繁《邺侯传》、《柳氏序训》、《魏公家传》之类,或隐己之恶,或攘人之善,并多溢美,故匪信书。并僭伪诸国,各有著撰,如伪《吴录》、《孟知祥实录》之类,自矜本国,事或近诬。其上件书,并欲不取。余有《三十国春秋》、《河洛记》、《壶关录》之类,多是正史已有;《秦记》、《燕书》之类,出自伪邦;《殷芸小说》、《谈薮》之类,俱是诙谐小事;《河南志》、《邠志》、《平剡录》之类,多是故吏宾从述本府戎帅征伐之功,伤于烦碎;《西京杂记》、《明皇杂录》,事多语怪;《奉天录》尤是虚词。尽议采收,恐成芜秽。④

---

① 李焘《续资治通鉴长编》卷六十二,景德三年四月丙子,第3册,第1394页。
② 李焘《续资治通鉴长编》卷六十七,景德四年十二月乙未,第3册,第1509页。
③ 李焘《续资治通鉴长编》卷六十六,景德四年八月壬寅,第3册,第1479页。
④ [宋]洪迈《容斋随笔》下册,上海古籍出版社,1978年,第742—743页。此段文字,原作编修官上言,据王应麟《玉海》卷五十四《艺文·承诏撰述类书》"景德《册府元龟》"条,应为杨亿。

第一章 "崇尚斯文，垂世教人"：宋初四大书的编纂与宋代文化的承先启后

故杨亿提出：

> 止以《国语》《战国策》《管(子)》《孟(子)》《韩子》《淮南子》《晏子春秋》《吕氏春秋》《韩诗外传》与经史俱编。历代类书《修文殿御览》之类，采摭铨择。①

真宗对此十分赞同，并明确指示："所编君臣事迹，盖欲垂为典法，异端小说，咸所不取。"②从这些话来看，《册府元龟》的编纂，也确有纠正前朝类书编纂中材料使用博杂不实倾向的意味。

在具体的编纂过程中，宋真宗还时时秉持劝善惩恶的原则，提出意见，纠谬正误。他曾举出唐刘栖楚直言切谏的例子，认为不应以史载其为奸相李逢吉党羽，便轻易地否定了这一历史人物。"今所修君臣事迹，尤宜区别善恶，有前代褒贬不当如此类者，宜析理论之，以资世教。"③馆臣即遵照其旨意，将刘栖楚直谏事收入《册府元龟》卷五百四十八《谏诤部·强谏门》。又曾谓编修官，书稿《崇释教门》中，"有布发于地，令僧践之，及自剃僧头徼福利，此乃失道惑溺之甚者，可并刊之"④。还以手札示编修官，曰："(三国魏)张杨为大司马，下人谋反，辄原不问。乃属之《仁爱门》。此甚不可者。且将帅之体，与牧宰不同，宣威禁暴，以刑止杀。今凶谋发觉，对之涕泣，愈非将帅之事。春秋息侯伐郑，大败。君子以为不察有罪，宜其丧师。今张杨无威刑，反者不问，是不察有罪也。可即商度改定之。"⑤今书中《仁爱门》即不载此事。

正如王钦若所说，在此书的编纂过程中，"自缵集此书，发凡起例，类

---

① 王应麟《玉海》卷五十四《艺文·承诏撰述类书》"景德《册府元龟》"条，《景印文渊阁四库全书》第944册，第454页。
② 王应麟《玉海》卷五十四《艺文·承诏撰述类书》"景德《册府元龟》"条，《景印文渊阁四库全书》第944册，第455页。
③ 李焘《续资治通鉴长编》卷六十五，景德四年四月丁丑，第3册，第1452页。
④ 李焘《续资治通鉴长编》卷六十七，景德四年十一月癸酉，第3册，第1504页。
⑤ 李焘《续资治通鉴长编》卷七十三，大中祥符三年五月辛巳，第3册，第1670页。

事分门,皆上禀圣意,授之群官。间有凝滞,皆答陈论"。"每烦乙夜之览观,率自清衷而裁定。"①宋真宗确为《册府元龟》的编纂花费了大量的心血。所以,他很看重此书,书编成后不久他就下令制版,并先后赐予辅臣和御史台。② 其间的用意,当然不只是为了"御览"了,就中更有对传统儒家思想的有意识提倡和为其统治服务的政治目的。

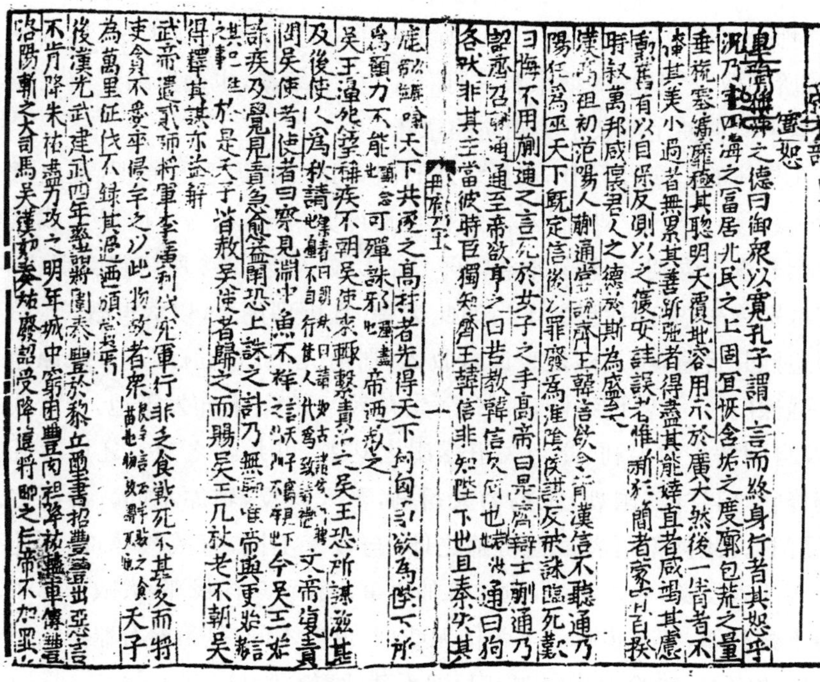

图2 《册府元龟》(南宋蜀刻本之遗存,此据台湾"国家图书馆"藏本)

总之,我们以为,宋初四大书的编纂,《太平御览》原是出于宋太宗读

---

① 王应麟《玉海》卷五十四《艺文·承诏撰述类书》"景德《册府元龟》"条引,《景印文渊阁四库全书》第944册,第455页。
② 李焘《续资治通鉴长编》卷九十六,天禧四年(1020年)闰十二月癸丑,即载宋真宗诏"赐辅臣《册府元龟》各一部,板本初成也"(第4册,第2231页)。

书撰文的需要,承三国魏《皇览》以来类书之例而编,同时也是自宋太祖以来实行崇儒重文政策的重要组成部分。《文苑英华》的编纂略同于《太平御览》。《太平广记》的编纂,则与宋太祖、太宗授受之际的政局有很大的关系,寓含着太宗利用道家和道教以强调其政权合法性、稳固其政权的用意和苦心;从文献上看,也是对《太平御览》一书的补充。《册府元龟》的编纂则不同于前三书,它实是受田锡的启发,上承唐魏徵《群书治要》,以扬善惩恶,"用存典刑"为宗旨,具有纠正太宗朝图书编纂或失之于博杂的意味。

二、《太平御览》的分类及其文化意义

分类是人们认识自然界和社会的重要方法之一。分类的正确或精粗与否,往往反映着社会发展的进步程度和人们认识事物的水平。这里对《太平御览》分类的文化意义略作探讨。

(一)《太平御览》对前代类书的承继

《太平御览》是在前代《修文殿御览》《艺文类聚》和《文思博要》等书的基础上编纂而成的。它充分吸收和借鉴了诸书的编纂成果。

在分类方法上,《太平御览》直接受北齐祖珽等所编《修文殿御览》的影响。据祖珽所云,是书的编纂,"放天地之数,为五十五部;象乾坤之策,成三百六十卷"[①]。这种分类方法的依据和卷数的确定,来自《周易·系辞》,即:"天一,地二;天三,地四;天五,地六;天七,地八;天九,地十。""天数五,地数五,五位相得而各有合。天数二十有五,地数三十,凡天地之数五十有五。此所以成变化而行鬼神也。乾之策二百一十有六,坤之策百四十有四,凡三百有六十。当期之日,二篇之策,万有一千五百

---

① 李昉等《太平御览》卷六百一《文部》十七《著书》上引唐丘悦《三国典略》,第 3 册,第 2706 页。"五十五部",原作"五十部",胡道静先生已指出其误,参其所撰《中国古代的类书》,中华书局,1982 年,第 48 页。

二十,当万物之数也。是故四营而成易,十有八变而成卦,八卦而小成。引而伸之,触类而长之,天下之能事毕矣。"①这段话本谓古人卜筮成卦、变卦之法,它以卜筮之时按一定规则对不同数量蓍竹的不同的排列组合(奇数为阳,偶数为阴,阳为乾,阴为坤),笼括和象征天地万物及其发展变化②,然而却与类书编纂"包罗万象,总括群书"的宗旨颇为契合。这是《修文殿御览》的编纂要分55部、360卷的原因所在。

《修文殿御览》之后,隋唐五代类书即今可见者,如杜公瞻《编珠》分14部,虞世南《北堂书钞》分19部、851类,欧阳询《艺文类聚》分46部、727类,徐坚《初学记》分23部、313类,白居易《白氏六帖事类集》不分部,卷首列总目226,实1367门。诸书内容虽大致都包罗万象,涵括天地,然分类则各有偏重,多有参差,未尽合理。宋太宗命人编《太平御览》的动机之一,就是因为"前代类书,门目纷杂,失其伦次",所以,其书55部、5426类的划分,较之前代类书,必然会有同有异,有增减,有调整。

《修文殿御览》南宋后渐佚③,其书55部240类究竟如何划分,今已难详,然《太平御览》却完整保存着,从中可见出二者之间的联系和区别。《太平御览》分55部,与《修文殿御览》同。其具体部类为:"天、时序、地、皇王、偏霸、皇亲、州郡、居处、封建、职官、兵、人事、逸民、宗亲、礼仪、乐、文、学、治道、刑法、释、道、仪式、服章、服用、方术、疾病、工艺、器物、杂物、舟、车、奉使、四夷、珍宝、布帛、资产、百谷、饮食、火、休征、咎征、神鬼、妖异、兽、羽族、鳞介、虫豸、木、竹、果、菜茹、香、药、百卉。"二书据天

---

① [三国魏]王弼、[晋]韩康伯注,[唐]孔颖达疏《周易正义》卷七,缩印清阮元校刻《十三经注疏》本,中华书局,1980年,上册,第80—81页。
② 关于《周易》筮法成卦、变卦的具体方式和规则,请参高亨《周易古经今注》卷首《周易筮法新考》一文,中华书局,1984年,第139—160页。
③ 参王应麟《玉海》卷五十四《艺文·承诏撰述类书》"北齐《修文殿御览》"条,《景印文渊阁四库全书》第944册,第448页。二十世纪初,在敦煌藏经洞中发现的文卷中,有唐抄类书残卷二百五十九行,罗振玉先生订名为《修文殿御览残卷》(见其《鸣沙石室佚书》,1913年),然洪业先生则认为是更早的《华林遍略》残卷(见其《所谓〈修文殿御览〉者》一文,载《燕京学报》1932年第12期)。其说似可据。

地之数,同分55部,其类目和内容自然会多有所同。像书中"皇王、偏霸"两部,就承袭了《修文殿御览》的分部。曹元忠《唐写卷子本〈修文殿御览〉跋》曰:"《太平御览》'皇王部'于东晋后即接后魏诸帝,而退宋、齐、梁、陈诸帝于'偏霸部';'皇亲部'又于东晋皇后后,即接后魏诸后,而退宋、齐、梁、陈诸后于'偏霸'诸后之后,当仍《修文殿御览》目次之旧,以北齐承后魏者也。至'皇王部'于东魏后即接后周诸帝,而退北齐诸帝于'偏霸部';'皇亲部'又于东魏皇后后即接后周诸后,而退北齐诸后于'偏霸'诸后之后,当仍《文思博要》目次之旧,以唐承隋、隋又承后周者也。然则《太平御览》之中,非惟具存《修文殿御览》,并具存《文思博要》亦断可知也。"①不但指出《太平御览》对《修文殿御览》的承袭,还指出了它与《文思博要》的关系。至于清人钱大昕于此批评《太平御览》体例可议,则反失之不察了。②

(二)《太平御览》分类的发展变化

然而,《太平御览》的分类,较之《修文殿御览》等类书,又已发生了很大变化。聂崇岐先生曾指出:"《御览》共分五十五部,与其所根据之《修文御览》《艺文类聚》皆不相同,与《文思博要》是否一致,以无可稽考,则不得知。《易·系辞》曰:'天一,地二;天三,地四;……天数二十五,地数三十;凡天地之数五十有五。'《御览》之分部,盖取所谓'天地之数五十有五',以示包罗万象者。"③其说甚是。此外,这种变化,我们还可从与其它类书的比较中见出。

---

① 曹元忠《笺经室所见宋元书题跋》,《丛书集成续编》第71册,上海书店出版社,1994年,第357页。
② 见钱大昕《潜研堂文集》卷三十《跋太平御览》(《四部丛刊》本)。胡道静先生已指出其说不确,参其所著《中国古代的类书》,第121页。
③ 聂崇岐《太平御览引得序》,载是书卷首,《太平御览引得》《太平广记篇目及引书引得》合刊本,上海古籍出版社,1990年,第9页。

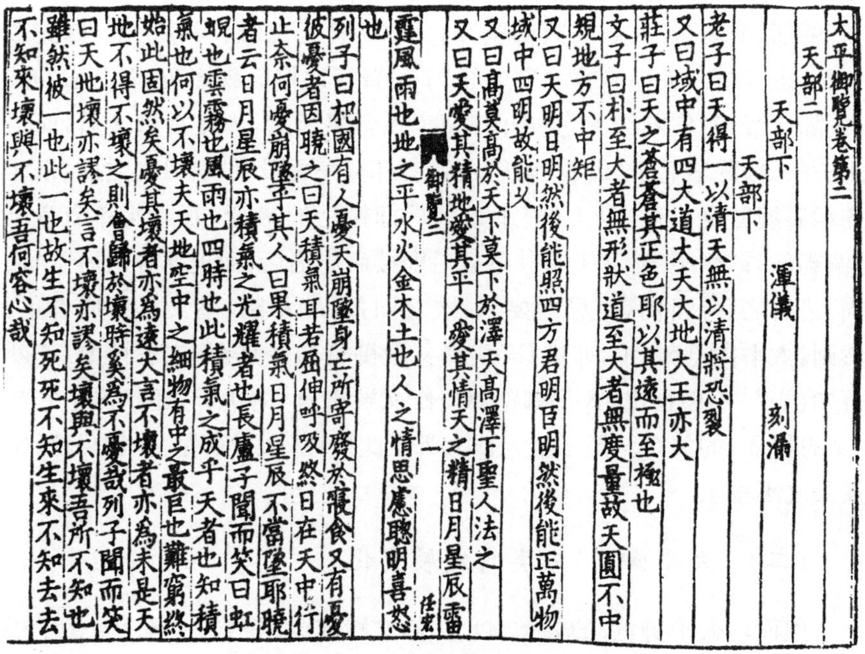
太平御覽卷第二
天部二
天部下　渾儀　刻漏
天部下
老子曰天得一以清天無以清將恐裂
又曰域中有四大道大天大地大王亦大
莊子曰天之蒼蒼其正色耶以其遠而至極也
文子曰朴至大者無形狀道至大者無度量故天圓不中
規地方不中矩
又曰天明日明然後能照四方君明臣明然後能正萬物
域中四明故能久
又曰高莫高於天下莫下於澤天高澤下聖人法之
又曰天愛其精地愛其平人愛其情天之精日月星辰雷
霆風雨也地之平水火金木土也人之情思慮聰明喜怒
御覽二　一　任宏
也
列子曰杞國有人憂天崩墜身亡所寄廢於寢食又有憂
彼憂者因曉之曰天積氣耳若屈伸呼吸終日在天中行
止奈何憂崩墜乎其人曰果積氣日月星辰不當墜耶曉
者云日月星辰亦積氣之光耀者也長盧子聞而笑曰虹
蜺也雲霧也風雨也四時也此積氣之成乎天者也知積
氣也何以不壞夫天地空中之細物有中之最巨也難窮終
始此固然矣憂其壞者亦爲遠大言不壞者亦爲未是天
地不得不壞之則會歸於壞時奚爲不憂哉列子聞而笑
曰天地壞亦謬矣言不壞亦謬矣壞與不壞吾所不知也
雖然彼一也此一也故生不知死死不知生來不知去去
不知來壞與不壞吾何容心哉

图3 《太平御览》(南宋蒲叔献刻本书影)

比如，可与《三教珠英》比较。唐则天武后圣历年间，曾诏张昌宗等人修纂《三教珠英》。修此书的原因，据《唐会要》载，是“以上《御览》及《文思博要》等书，聚事多未周备”，遂令张昌宗召李峤等二十六人同撰。值得注意的是，张昌宗等编纂此书时，曾“于旧书外更加佛、道二教及亲属、姓名、方域等部”①。据此，《修文殿御览》和《文思博要》的类目中都没有佛、道、亲属、姓名、方域等项，《三教珠英》则增加了这些类目。张昌宗等人对佛、道两类内容的增加，应是受了欧阳询《艺文类聚》的影响。《艺文类聚》四十六部，其中已有“内典”一部，而“灵异部”中也有“仙道”一卷。《三教珠英》据此增扩，故以“三教”命名。《三教珠英》所增加的“佛、道”等五部的内容，同时也就是《太平御览》多于《修文殿御览》的部

① ［宋］王溥《唐会要》卷三十六《修撰》，《景印文渊阁四库全书》第606册，第486页。

第一章 "崇尚斯文，垂世教人"：宋初四大书的编纂与宋代文化的承先启后

类，我们虽不能断言《太平御览》一定是受《三教珠英》的影响（比如，《太平御览》中就没有"方域"部，而有"州郡""四夷"），但它较之《修文殿御览》等，已据唐代《艺文类聚》《三教珠英》等多种类书，在编排方式和分类内容上作了部分增加和调整，则是没有问题的。

《太平御览》对前代类书的承袭和所做的增减与调整，我们还可通过与现存其它类书的比较作些考察。比如与《艺文类聚》的比较。二书在分类上固然是同者居多，像"人、居处、职官、礼、乐、刑法、方术、火、百谷、布帛、兽、鳞介、虫豸、木、果"等部，二书皆同。有些类目虽有更动，然实则相同。像"岁时"，《太平御览》称"时序"，"治政"改称"治道"，"产业"改作"资产"，"食物"改为"饮食"，"巧艺"改称"工艺"，"祥瑞""灾异"改作"休征""咎征"等，其实分类都相同。然而，有些部类虽看似相近，实则范围已扩大。如"封爵"改为"封建"，"杂文"称作"文"，"衣冠""仪饰""服饰"改为"服章""服用"，"杂器物"称"器物"，"宝玉"称作"珍宝"，"鸟"改称"羽族"等，范围就扩大了。有些部类看似相同，然分合之间，更为合理。如《艺文类聚》中，"州""郡"分两部，《太平御览》合二为一，"后妃""储宫"，统一并入"皇亲"，"山""水"两部，并入"地"部，"灵异"中的一部分并入"神鬼""妖异"，另一部分如"梦"类并入"人事"部，从"木部"分出"竹"部，把"药香草部"分为"药、香、百卉"三部等，就更为合理。而将"舟车部"分为"舟""车"两部等，从"人部""隐逸"类分出"逸民部"，从"治政部"中将"奉使"一类单独立为一部，这些部类的扩大，多是因为内容增加和调整而独立分部，这也是《太平御览》分类的一大变化。州郡部重新作了排列组合。总叙京都郡邑之后，首列东京开封府、西京河南府，然后是河南、河北、河东诸道。

当然，较之前代类书，《太平御览》在各门类的具体内容上增加更多。这不但表现在大量补充增加的唐五代的文献资料，而且，还增添了许多先唐的文献。前者如所引《晋书》、《南史》、《北史》、《旧唐书》、《大唐新语》、《唐国史补》、《玄宗实录》、《明皇杂录》、《唐会要》、《国朝传记》、《五代史》、《法书要录》、《酉阳杂俎》、《剧谈录》、《乐府解题》、陆羽《茶经》、陆龟蒙《梁典》等等，凡引唐太宗贞观以后书，多为新添。明胡应麟比较《太

平御览》诸类书所收文献,说:"大率晋、宋以前得之《修文御览》,齐、梁以后得之《文思博要》,而唐人事迹则得之本书者也。"①是符合实际的。后者则较为复杂。因无从与《修文殿御览》《文思博要》等类书进行比较。即就《艺文类聚》来看,大致也可知《太平御览》较前代类书增加的部类和相关文献仍是相当之多的。比如,《艺文类聚》"杂文部"有"经典、谈讲、读书"三类,数量不足一卷。《太平御览》扩而大之,置"学部"13卷"学""经典""劝学"等27类,已十数倍于前书。这与自宋太祖以来崇儒重文的国策和重视读书的社会风尚是相吻合的。《艺文类聚》中,"职官部"仅立"骠骑将军"一类,"武部"一卷,仅有"将帅、战伐"两类。"军器部"一卷,亦仅有"牙、剑、刀"等10个小类。至《太平御览》,与武将、战伐、兵器相关的部类激增。"职官部"中"将军"一类,将尉武职竟多达6卷138种。"兵部"卷数多达90卷171类,其篇幅在全书中仅次于"人事部"。《太平御览》中将帅武职和兵部内容的大量增加,究竟是承袭了《修文殿御览》《文思博要》之旧,还是出自是书编纂者的新创,我们虽不能明确判定,但至少有一点是可以肯定的,即《太平御览》在《修文殿御览》和《文思博要》的基础上,在分类和内容上作了很大的扩展。因为《修文殿御览》全书360卷,就其篇帙来看,不可能用1/4的篇幅来叙述"兵部",而《文思博要》虽号称"义出六经,事兼百氏,究帝王之则,极圣贤之训,天地之道备矣,人神之际在焉",甚至"笼缃素则一字必包,举残缺则片言靡弃,繁而有检,简而不失,同兹万顷,滕埒自分",篇帙亦多达1200卷,然编者又称其书:"斯固坟素之苑囿,文章之江海也。是为国者尚其道德,为家者尚其变通,纬文者尚其溥。"②则此书的编纂似主要还是出于读书撰文的需要,故所收虽广,似仍偏于文章。因而我们推测,是书纵有"兵部",当也不会以近1/10的篇幅收罗如此之多繁杂琐细的内容。由此可见,《太平御览》中增补的文献资料是很多的。

---

① [明]胡应麟《少室山房笔丛》卷三十五《己部·二酉缀遗上》,上海书店出版社,2001年,第356页。

② 李昉等《文苑英华》卷六九九,第5册,第3607页。

(三)《太平御览》分类的文化意义

随着社会的发展和人们对客观外界事物认识水平的提高,人们对事物之间异同关系的辨析和区分总是越来越清晰与合理,反之,从人们对事物异同的辨析和类别的区分中,也可以看出其对自身和客观外界事物的认识水平,反映出一时代的思想文化影像。比如,《修文殿御览》仿天地之数分55部以统合自然与人类社会的做法,就反映了当日人们对客观外界事物的普遍认识[1],反映了植根于传统儒家思想文化中的融合天地物我、博大包容的思想观念和人们心目中的自然与社会的逻辑秩序。《太平御览》的分类方法也不例外,它所反映的,正是上述思想观念。许嘉璐先生曾对这一分类方法的文化意义作过阐述。他说:

> 当初编纂者之所以这样分是有道理的,这就是古人的天人观念、文化意识。就拿"天部"说吧,编者把它放在全书之首;在"天部"之下,细目先列元气、太易、太始、太素、太极,然后是"天"部(应称小"天部"),小天部之后为浑仪、刻漏,此后为有关日、月、星、云等目。细想想,这就是古人对主客观世界认识的纲要。天、地、人是古人所谓三才,所以全书以天为首;而"天地者,元气之所生","清轻者上为天,浊重者下为地",所以把"地"部放在"天部"之后;"时序"不是天,不是地,而是天地间的有规律的变化,所以夹在天部地部之间,实际上也可以看成是"天部"的附属。"皇王"、"偏霸"、"皇亲"、"居处"、"封建"以至衣食住行,皆"人"之事,而且内容繁多,因此不列"人部"之名而自然是个占篇幅最大的部。我们再看"天部"的内容。元气、太易、太初等是天之所以成,所以居前;小"天部"才是说天之本身,紧接其后;浑仪、刻漏是测天计时的工具和方法,所以又在小天部之

---

[1] 主其事者除祖珽外,尚有萧放、魏收、徐之才、张雕、阳休之,参与编纂者像薛道衡、卢思道等,亦多为一时名流,其纂例又由颜之推等拟定(参[唐]李百药《北齐书》卷四十五《文苑传序》,中华书局,1972年,第2册,第603—604页),足见这种对事物分类的认识具有相当大的代表性。

后;至于日、月、星、云、风、雨、霜、雪等等又排在浑仪、刻漏之后,其道理就很明显了。①

许先生的分析是很正确和富有启发意义的。我们今天认识客观外界事物的水平当然已远远超过古人,但从儒家对自然和社会秩序的传统观念上看,《太平御览》55部的具体分类仍是有其足够的理由的。在天、地、时序三部之后,首先是"皇王部"。因为在儒家看来,"帝者,天号也,德配天地,不私公位,称之曰帝。天子者,继天治物,改政一统,各得其宜。父天母地,以养生人,至尊之号也"②。自秦汉至宋,朝代更替,有统有绪,前后相继,谓之正统;南北分治,立地成王,便成"僭伪"。所以"皇王部"之后是"偏霸"。"自古受命帝王及继体守文之君,非独内德茂也,盖亦有外戚之助焉。"③于是"皇王""偏霸"之后有"皇亲部",历叙后妃、太子、诸王、公主等皇亲国戚。天子所居称都、称京师,言其众大,天子以下所居依其地方大小称州、称郡、称县、称邑等。因而有"州郡部",有君王及君王以下所居住的宫室、屋宅等"居处部"。皇帝分封诸侯,以辅卫王室,有"封建部";设官分职,治理天下,有"职官部";要保国安民,和众丰财,则又有"兵部"。"天地氤氲,万物化醇"④,"有天地然后有万物,有万物然后有男女,有男女然后有夫妇,有夫妇然后有父子,有父子然后有君臣,有君臣然后有上下,有上下然后礼义有所错"⑤。皇帝继天施政,治国安邦,需要体察民情,以礼教人。"何谓人情,喜、怒、哀、惧、爱、恶、欲,七者弗学而能。何谓人义,父慈子孝,兄良弟弟,夫义妇听,长惠幼顺,君仁臣忠,十者谓之人义。讲信修睦,谓之人利。争夺相杀,谓之人患。故圣人

---

① 许嘉璐《标点本〈太平御览〉序》,夏剑钦等校点《太平御览》,河北教育出版社,1994年,第1—2页。
② 李昉等《太平御览》卷七十六《皇王部》一引《易纬》,第1册,第354页。
③ [西汉]司马迁撰,[南朝宋]裴骃集解,[唐]司马贞索隐,[唐]张守节正义《史记》卷四十九《外戚世家》,第6册,第2373页。
④ 《周易注疏》卷八《系辞》下,缩印《十三经注疏》本,中华书局,1980年,上册,第88页。
⑤ 《周易注疏》卷九《序卦》,上册,第96页。

第一章 "崇尚斯文,垂世教人":宋初四大书的编纂与宋代文化的承先启后

之所以治人,七情修,十义讲,信修睦,尚辞让,去争夺,舍礼何以治之。"①所以,又要设立"人部""宗亲部",将人的自然性和社会性的方方面面,林林总总,悉纳入其中,而贯之以儒家的礼义道德。"夫礼,先王以承天之道,以治人之情。故失之者死,得之者生"②,离不开礼义道德的约束,也离不开由心而生的"乐",因为在古人看来,音乐可"以致鬼神示,以和邦国,以谐万民,以安宾客,以说远人,以作动物"③,故"礼仪部"后便是"乐部"。儒家认为,人文肇自天文,"观乎天文,以察时变;观乎人文,以化成天下"④。文之重要,自不待言。故又有"文部"。礼乐、道德、文章,都要通过教学得之,先秦有所谓乐教、诗教等,于是"学部"也不可少。儒家重视礼乐教化,反映到生活日用上,仪冠印绶,服饰器用,也是要讲究的,故又有"仪式""服章"二部。帝王仅仅以儒家的仁义道德治理国家,教导百姓,当然还不够,还需要具体的治国方略,这样就有了"治道""刑法"两部。也有"不事王侯,高尚其事"⑤的人,他们"隐不违亲,贞不绝俗,天子不得臣,诸侯不得友"⑥,则别立"逸民部",以倡谦退、抑奔竞,仍有助于激扬正气,移风易俗。自南北朝以来,释、道二教渐盛,至唐遂与儒家分庭。因此,于儒者之外,另设"释""道"二部,也是必须的。士农工商,医卜占相,古来皆有,于是以医卜为主,设"方术"一部;以射、御等为主,设"工艺部";以各种杂制作为主,设"器物部"。同时,专立"疾病"一部,因其与人的现实生活关系更为密切。"奉使"一类在《艺文类聚》中原属"治政部",这里单独将其列出,多半是设立了"四夷部"的缘故。相对于黄河

---

① [东汉]郑玄注,[唐]孔颖达疏《礼记注疏》卷二十二《礼运》,缩印《十三经注疏》本,下册,第1422页。
② 《礼记注疏》卷二十一《礼运》,第1414页。
③ [东汉]郑玄注,[唐]贾公彦疏《周礼注疏》卷二十二《春官宗伯·大司乐》,缩印《十三经注疏》本,上册,第788页。
④ 《周易注疏》卷三《贲卦》,上册,第37页。
⑤ 《周易注疏》卷三《蛊卦》,上册,第35页。
⑥ [南朝宋]范晔《后汉书》卷六十八《郭泰传》范滂语,中华书局,1965年,第8册,第2226页。

流域以汉民族为主体形成的中央政权"中国",四方其他民族的政权被称为"四夷",这当然是儒家的政治中心论。儒家不语怪力乱神,然亦不完全排斥,故立"神鬼""妖异"两部。人的寿夭祸福往往有征兆,不仅仅是帝王而已,因又去"符命"而设"休征""咎征"。儒家重视人事,也重视物情。所以,书中最后立有"珍宝""资产""布帛""百谷""饮食""兽""羽族""鳞介""虫豸""木""竹""果""茶茹""香""药""百卉"等诸部,也都与人类生活有密切关系。总之,天、地、人笼括了人类社会和自然界的万事万物,天地氤氲,化生万物,而人居万物之首。"溥天之下,莫非王土;率土之滨,莫非王臣",在人类社会及其活动中,皇王继天治物,地位高于一切,其他各社会阶层皆从属于君王。君王以儒家礼义道德等核心思想观念治理国家,统驭臣民,形成一个上下有序、内外有别的严密的社会结构。《太平御览》55 部的划分所反映出的,正是这样一种天地人事无所不包又层层交集的庞大体系。

(四)《太平御览》"兵部""四夷部"的分析

《太平御览》"兵部""四夷部"的设立,是很有意味的。

前已论及,"职官部"中"将军"一类,将尉武职的种类已多达 6 卷 138 种,"兵部"卷数更是多达 90 卷 171 类,占全书的近 1/10。《左传》谓武有七德:"禁暴、戢兵、保大、定功、安民、和众、丰财者也。"①然以如此之大的篇幅来记载战伐之事,这似乎不够合理。个中应有其特定的政治背景。自宋朝立国,朝廷虽以"兴文教,抑武事"为基本国策②,然这主要是对内为消除将帅擅权的现象而言,对外则仍需要一个强大而能听命于皇帝的军队,需要保持一个武力强大的国家形象。因为不但燕云十六州尚未收回,而且南唐、北汉等国其初亦未归附。即就宋太宗来说,他与太祖同出身卒伍,战功显赫,即位后亦曾亲领大军平后汉、征契丹,平日又颇注重习武,屡登讲武台观机石连弩,幸玉津园宴射,或临金明池观水

---

① 杨伯峻编著《春秋左传注》,宣公十二年,中华书局,1981 年,第 2 册,第 745—746 页。
② 李焘《续资治通鉴长编》卷十八,太平兴国二年正月,第 1 册,第 394 页。

第一章 "崇尚斯文,垂世教人":宋初四大书的编纂与宋代文化的承先启后

战,巡察弓箭营、造船务,检阅军器等,至太平兴国年间群臣多次上尊号,只有三年八月群臣所上"应运统天圣明文武皇帝"的称号,太宗接受了。因为文武兼擅,仿佛才是太宗所爱听的。因此,李昉等人编纂《太平御览》,于兵部特辟出九十卷的篇幅,详载兵法、将帅、征伐、兵器之事,实与宋王朝自宋初便面临一种来自外部的压力,因而君臣对用兵、武备等特为重视,朝廷也要对外示强、示大不无关系。此后宋代士大夫中留意兵法者不在少数,像注过《孙子兵法》的,就有梅尧臣、王晳等(今天仍保存了部分注释)。他们之所以喜爱谈兵,当然也主要与后来国家所面临的日益严重的外部武力威胁有关,是有为而发,其中未必有《太平御览》的影响,然二者的若合符契,是宋人的幸呢还是不幸?值得后人玩味。

自三国魏曹丕修《皇览》,以知识性为主要特征的类书,其中并无"四夷"一类。然承担着政治和思想文化统绪承继之责的史书修撰则不然。《春秋》严夷夏之辨。司马迁撰《史记》,设"匈奴""东越""朝鲜""西南夷"等传,班固修《汉书》,亦设"匈奴""西南夷两粤朝鲜"传和"西域"传。至范晔撰《后汉书》,则有"东夷""南蛮、西南夷""西羌""南匈奴""乌桓、鲜卑"诸传。南北朝时期,南北政权分立,修史者相互贬抑,或称"魏虏",或称"岛夷",可不必论。至唐则有房玄龄等修《晋书》,明设"四夷传",包括"东夷、西戎、南蛮、北狄"。《隋书》虽不称"四夷传",而实有"东夷、南蛮、西域、北狄"等传。《南史》《北史》以"夷貊"立传。《旧唐书》承之,亦设"南蛮、西南蛮、西戎、东夷、北狄"诸传。《太平御览》立"四夷部",分"东夷、南蛮、西戎、北狄"凡 22 卷,极为详尽。这里当然有来自史书的影响[①],然而更是夷夏观念在宋初特定情势下的一种反映。

"夷夏"观念,早在西周已经出现,只是西周时期的"夏"指的是西周关中王畿,而"夷"则多指原属殷商的中原旧土周边的方国,同时也指周两京和殷商旧族之外的人。就中虽有政治意味,但未必特别重要。到了周室东迁,姬周文明与中原殷商旧族再度融合,蕴含着周人在文化上的

---

① 即如"东夷"五卷,所引材料绝大多数出于史书,而以《魏书》《南史》《北史》和《唐书》为主。这也可见《太平御览》之立"四夷部",多受史书影响,而非承袭前代类书。

包容性和变通精神的"华夏""诸夏"等概念频繁出现,才有了在礼俗和政治层面上辨别夷夏的做法。其意义既有积极的一面,也有不得已而为之的被动因素。① 在后代的历史发展中,每当人们严夷夏之辨的时候,往往在现实政治生活中存在着与异族的矛盾和冲突,而礼乐文化上的夷夏之别,适可在某种程度上起到调释这种矛盾和冲突的作用。有宋开国之初,夷夏之辨虽并非十分迫切的问题,然而与前代一样,士大夫们内心的夷夏观念却是十分牢固的。在一向不设"四夷"的类书中创立"四夷"一部,虽不免受史书编纂的影响,然也正显示出一种政治和文化意识,事实上,这一做法隐含着要强调本朝立国的正统性与合理性,树立宋王朝政治权威和提高国家与民族的自信心的用意,其微妙心态不难察出。

与"四夷"相对举的,是"中"或"中国"。这最初也只是个地理概念。殷商时代已将"中"与四方对举,西周时期的"中国"指属殷商旧土的中原地区,自东周都洛,"夏"与"中国"逐渐整合为一,具有了国家、民族的意义,并形成了以"中国"为"天下"之中心、文明之中心的观念。"王者京师必择土中。"②"王者受命,创始建国,立都必居中土,所以总天地之和,据阴阳之正,均统四方,以制万国者也。"③也成为一种根深蒂固的思想。于是,在对待周边藩国的态度上,居于"中国"的统治者视周边国家为"四夷"。"天下有道,守在四夷。宜修德政,以怀不附。"④东周时期,人们心目中"中国"的"中",指的是洛阳。《尚书·召诰》中说周成王"来绍上帝,自服于土中"。《孔传》的解释是:"王今来居洛邑,继天为治,躬自服行,

---

① 参许倬云《西周史》(增补本)第四章《华夏国家的形成》(生活·读书·新知三联书店,2001年,第113—146页);陈致《夷夏新辨》(原载《中国史研究》2004年第1期,第3—22页,又载《诗书礼乐中的传统——陈致自选集》,上海人民出版社,2012年,第330—353页)。
② [东汉]班固撰,[清]陈立疏证《白虎通疏证》卷四《京师》,中华书局,1994年,第157页。
③ 李昉等《太平御览》卷一五六《州郡部》二"叙京都下"引《五经要义》,第1册,第759页。
④ 范晔《后汉书》卷六十二《陈寔传附陈纪传》,第2068页。

第一章 "崇尚斯文,垂世教人":宋初四大书的编纂与宋代文化的承先启后

教化于地势正中。"这样就能"时配皇天","自时中乂","厥有成命,治民今休"①,天下太平。东汉立国,上追周制,建都洛阳。班固颂之曰:"绍百王之荒屯,因造化之荡涤,体元立制,继天而作。系唐统,接汉绪,茂育群生,恢复疆宇。勋兼乎在昔,事勤乎三五,岂特方轨并迹,纷纶后辟,治近古之所务,蹈一圣之险易云尔哉?"②赞誉汉德,充满了对本朝建都洛阳的自信。其后洛阳为"土中"的观念,虽遭到来自不同方面的质疑和挑战,然此一传统深厚,往往难以动摇。自魏晋起,洛阳数为帝都。北魏孝文帝舍邺城而都洛,因为"洛阳九鼎旧所,七百攸基,地则土中,实均朝贡,惟王建国,莫尚于此"③。唐则天武后追踪成周营洛,亦称"山鸣鸑鷟,爰彰受命之祥;洛出图书,式兆兴王之运"④,甚而僧侣也承认"洛州无影"⑤。这都是以洛阳为文化正统的所在。

以洛阳为"中国"之"中"的天文学依据是土圭测影。《孝经说》载:"日立八尺竿于中庭,日中度其日晷。冬至之日,日在牵牛之初,晷长丈三尺五寸。晷进退一寸,则日行进千里。故冬至之日,日中北去周洛十三万五千里。"⑥郑玄认为,真正的地之中不在洛阳,而是在颍川阳城(今河南登封东南)。唐贾公彦则综合诸说,以为"洛都虽不在地之正中,颍川地中,仍在畿内"⑦。唐代以后,王者居天下之中的观念仍在发展。北宋建都开封,便修正洛阳为天下之中的旧说,以开封为天下之中。欧阳

---

① 旧题[汉]孔安国传,[唐]孔颖达疏《尚书正义》卷十五《召诰》,缩印《十三经注疏》本,中华书局,1980年,上册,第212页。
② [东汉]班固《两都赋》,见[南朝梁]萧统编,[唐]李善注《文选》卷一,上海古籍出版社,1986年,第1册,第30页。
③ [北齐]魏收《魏书》卷三十九《李宝传附李韶传》,中华书局,1974年,第3册,第886页。
④ [唐]武则天《升仙太子碑》,见[清]董诰等编《全唐文》卷九十八,第1册,第1008页。
⑤ [唐]释义净《南海寄归内法传》,《碛砂大藏经》本,线装书局,2005年,第102册,第270页。
⑥ [隋]杜台卿《玉烛宝典》卷十一引《孝经说》,《续修四库全书》影印《古逸丛书》本,上海古籍出版社,2002年,第885册,第94页。
⑦ [东汉]郑玄注,[唐]贾公彦疏《周礼注疏》卷十《地官·大司徒》,缩印《十三经注疏》本,上册,第704页。

修引王朴奏书道:"古者植圭于阳城,以其近洛也。盖尚嫌其中,乃在洛之东偏。开元十二年,遣使天下候影。南距林邑,北距横野,中得浚仪之岳台,应南北弦,居地之中。大周建国,定都于汴。树圭置箭,测岳台晷漏,以为中数。晷漏正,则日之所至,气之所应,得之矣。"①欧阳修这里说的岳台,即北宋汴京宣德门前天街西第一岳台坊。② 其实,平心而论,无论都汴还是都洛,都无险阻可言,然地处中原,则可以据之立说。"天下混一,四海为家。令走绝徼,地掩鬼区。惟是日月所会,阴阳之中,据要总殊,搞键制枢,拱卫环周,共安乘舆。""舟车之所辐辏,方物之所灌输。宏基融而壮址植,九鼎立而四岳位。仰营域而体极,立土圭而测晷。蜀险汉垒,荆惑闽鄙,惟此中峙,不首不尾。限而不迫,华而不侈。"③后来周邦彦对东京汴梁的赞美,道出了以开封为天下之中的政治意义。开封既为京都,洛阳便称为西京;宋朝既处天下之中,周边国家则皆属"四夷"。④《太平御览》的编纂官们在书中详列"四夷"诸部,在客观上所显示出的,正是本朝地处中土的政治、文化优越感和"天子有道,守在四夷"的大国风范。

与思想政治上的优越感所联系的,是编纂上的包容性。《太平御览》卷一百一十七至一百三十四设"偏霸部",将自三国蜀、吴至南北朝时期南方的宋、齐、梁、陈等帝王,都列入其中,又把三国蜀、吴和南朝宋、齐、梁、陈以及北齐帝王的后妃,放在"皇亲部"的最后,这不过是承《修文殿御览》和《文思博要》之旧。然而,在"皇王部"中,自隋至唐末,却于隋恭帝后附录了李密、王世充、窦建德,唐玄宗后附安禄山,唐肃宗后附史思

---

① [宋]欧阳修撰,柴德赓点校《新五代史》卷五十八《司天考一》,商务印书馆,2014年,第1228—1229页。

② 参[宋]王应麟《困学纪闻》卷九《天道》,《景印文渊阁四库全书》第854册,台湾商务印书馆,1985年,第332页。

③ [宋]周邦彦《汴都赋》,载[宋]吕祖谦《皇朝文鉴》卷七,黄灵庚、吴战垒主编《吕祖谦全集》,浙江古籍出版社,2008年,第114—115页。

④ 不过,北宋皇城的建设还是仿洛阳的旧制。《石林燕语》载:"太祖建隆初,以大内制度草创,乃诏图洛阳宫殿,殿皇城东北隅,以铁骑都尉李怀义与中贵人董役,按图营建。"([宋]叶梦得《石林燕语》卷一,中华书局,1984年,第2页)

明,唐德宗后附朱泚,唐僖宗后附载黄巢等人的事迹,并无特别的褒贬扬抑。这正体现出是书的编纂在思想政治上的宽大和包容,体现出宋初思想政治和文化的博大气象。

(五)《太平御览》对其它三书的影响

《太平御览》的编纂、分类方法,被直接运用到了与其同时编纂的《太平广记》《文苑英华》等书中。

《太平广记》与《太平御览》同时编纂,而成书则在其先。它的分类多达92类,分类方法与《太平御览》相同。此书既然是采"野史、传记、故事、小说"成书,则首先便是神仙或与仙道灵异有关的故事小说,如"神仙(其中又分出女仙)、道术、方士、异人、异僧、释证、报应、征应、定数、感应、谶应"等等。其次是记载历来有特异才能之人的事迹传说和反映不同类别之人的品性及滑稽不经行为的故事、笑谈。像"名贤、廉俭、气义、知人、精察、俊辩、幼敏、器量、权幸、骁勇、博物、文章、才名、儒行、算术、卜筮、医相、伎巧、奢侈、诡诈、谄佞、诙谐、嘲诮、情感、梦幻"等等。再就是妖怪或与妖异有关的传闻小说了。如"妖妄、鬼、夜叉、神魂、妖怪、精怪、灵异、再生、悟前生、冢墓、铭记"等等。此外还有一些是与天地山川、草木、鸟兽、虫鱼有关的奇异故事,最后是传奇小说和杂录。表面上神、人、妖的顺序与《太平御览》不太相同,然实际上编纂者的思路与之并无不同,即都是按天地、君王而臣民、万物的上下尊卑秩序进行排列,只不过是在《太平广记》中人间已变成仙界罢了。

《文苑英华》同一文体下的类目没有《太平御览》那么复杂、琐细,然而它们编纂的思路也是一致的,那就是要按照天地君亲的人类社会和自然的秩序来分类和安排所选文章的顺序。赋体不必说最方便使用这种方式进行排列,此且略之。我们且看诗歌的编排。首先是天地山川和与之相关的各种自然现象题材的作品,如描写日月星辰、春夏秋冬、阴晴风雨、山川湖海等等。其次便是与帝王相关的题材,如帝德、应制、巡幸、扈从、宫殿等,而应令应教、朝省等亦在其中。再次便是一般人事活动的题材了,像宴集、宿会、逢遇、酬和、寄赠、送行、留别、行迈、军旅、悲悼、居处等属之。接下来是与释道隐逸有关的题材，与世俗有所区别。最后是花木、禽兽、虫鱼等动植物类的题材。这样的划分，完整展现了自然和人类社会的结构和秩序。再如论体，以题材分为天、道、阴阳、封建、文、武、贤臣、臣道、政理、释、食货、兄弟、宾友、刑赏、医卜、兴亡、史论、杂论等，俨然一幅社会政治的图景。其它类别亦多近似。

  以题材类编的方式安排所选诗文，萧统《文选》已是如此，它有阅读、寻检方便，尤利于初学等优点。当然，也不免有内容参差交集之弊①，故历来批评者亦多。然而，这种带有知识性的分类编排方式在宋代实为一时风气，这里就不再具体讨论了。②

  至于真宗朝《册府元龟》的编纂，其宗旨虽与太宗朝三书有所不同，然在文献编排的方式上，由帝王到宗室、大臣，由朝廷官员到地方郡守等等，同样也是与《太平御览》一致的。此不赘述。

三、《太平广记》的编纂与宋初士人的小说观念

  作为唐代和唐前小说的渊薮，《太平广记》的小说文献价值和小说史地位，历来为学者所重视。然而，此书的编纂所反映的宋初士人小说观念的演变，却易于被人们所忽略，近年虽有学者注意到此点，却又往往未能理解此书编纂的原因和宗旨，并有意无意地忽视了其作为类书的特点。③

  《太平广记》原与宋太祖、太宗授受之际的政局有很大关系，寓含宋

---

① 这种类书的编排方式，也使得许多好作品因无法归类而被舍弃了。此亦为人诟病的原因之一。

② 类书以题材分类的方法对宋人总集编纂的影响，参本章第四部分。

③ 如牛景丽就指出，《太平广记》"将大量虚构作品——唐传奇收录进来，表明了编纂者对于小说内涵的重新审视，已经捕捉到了小说这一文体虚构叙事的本质特征，体现了宋初小说观念从历史叙事到虚构叙事的巨大飞跃，开启了具有近代意识的小说观念的先河"(《〈太平广记〉的传播与影响》，南开大学出版社，2008年，第103—104页)。这一从现代小说理论所作的解读和判断，似有道理，却不免有拔高之嫌。

第一章 "崇尚斯文,垂世教人":宋初四大书的编纂与宋代文化的承先启后

太宗利用道教以强调其政权合法性、稳固其政权的用意和苦心,故所收录的文献中以神仙鬼怪、僧道灵异居多。观其全书分类,首列"神仙"类70卷(包括"神仙"55卷,"女仙"15卷),而以老子冠之,约占全书的1/7。其次有"道术"5卷、"方士"5卷、"异人"6卷、"异僧"12卷、"释证"3卷、"报应"33卷、"征应"11卷、"定数"15卷、"感应"2卷、"谶应"1卷,计93卷,亦皆神异之事,占全书的近1/5。此外,又有"梦"7卷、"巫厌"1卷、"幻术"4卷、"妖妄"3卷、"神"25卷、"鬼"40卷、"夜叉"2卷、"神魂"1卷、"妖怪"9卷、"精怪"6卷、"灵异"1卷、"再生"12卷、"悟前生"2卷等,计113卷,又占全书的1/5强。三者相加,已超过全书的一半。由此可见编纂者对神仙灵怪的信奉。我们看参与编纂的主要人物徐铉的话:"夫神仙之事,史臣不论,岂不以度越常均,非拟议所及故邪。仲尼书日食星陨,皆略其微而著其显,虑学者之致惑也,又况于希夷恍惚之际乎?然而载籍之间,微旨可得。《书》云'三后在天',《诗》云'万寿无疆',斯皆轻举长生之明效也。及周、汉而降,则事迹彰灼,耳目不诬,天人交感,民信之矣。于是通儒鸿笔,始著于篇。"①适可与此相参。而这种信奉神鬼的实有,是与小说创作的虚构相去很远的。

　　类书以博、精为要。它既要能将相关的文献收集齐全,又不能泛无旨归。《太平广记》是以小说为主要收罗对象的专科性类书,其中引书多达四百余种②,所涉范围是相当广泛的,可以说经、史、子、集四部之书既皆所涉及,同时又已将"野史、传记、故事、小说"类著述,网罗殆尽,尤其为后人一致称道的是,唐代新出现的传奇作品,亦大致纳入其中。这就

---

① [宋]徐铉《骑省集》卷十《重修筠州祈仙观记》,《景印文渊阁四库全书》第1085册,台商务印书馆,1985年,第81页。此书的编纂,不仅承袭了五代、宋初以来士人的小说观念,而且在文献上也有直接承袭。如徐铉入宋前曾撰《稽神录》,佚名《枫窗小牍》卷上载:"太宗命儒臣辑《太平广记》,时徐铉实与编纂。《稽神录》,铉所著也,每欲采撷,不敢自专,辄示宋白,使问李昉。曰:'徐率更以博信天下,乃不自信,而取信于宋拾遗乎?讵有率更言无稽者。中采无疑也。'于是此录遂得见收。"(《景印文渊阁四库全书》第1038册,第210页)

② 据卢锦堂考察,《太平广记》引书应为418种,参其博士论文《太平广记引书考》,台湾花木兰文化出版社,2006年,第6页。

使得此书具有了重要的文献和文学价值。

收入唐人传奇,这似乎是反映了编纂者以虚构为小说特征的观念上的进步。其实不然。这需要分析。因为,这些传奇作品并非以"小说"而是以"杂传"的名义收入其中的。像《李娃传》《东城老父传》《长恨歌传》《莺莺传》《周秦行纪》等,就收在是书卷四百八十四至四百九十二的九卷"杂传"之内。因此,如果说《太平广记》的编纂者在小说观念上显示出某种进步的话,那就是他们不但首次把宋以前的"野史、传记、故事、小说"类作品搜罗起来,归并一处,而且又看出了唐传奇与传统杂传的不同,然而又一时难以从理论上认识它们,难以将其归类,于是便统统冠以杂传的名称录而存之,从而不仅在文献上客观地使自古以来大量的小说、杂传作品得以保存,而且在观念上为稍后人们正确认识小说的性质提供了依据和条件,其意义仍是不可低估的。

中国古代的小说概念,离现代小说的含义,相差很远,其内涵的演变和后人对它的认识,也有一个发展过程。有必要略作追溯。

小说一词,最早见于《庄子·杂篇·外物》:"饰小说以干县令,其于大达亦远矣。"唐成玄英注曰:"干,求也;县,高也。夫修饰小行,矜持言说,以求高名令闻者,必不能大通于至道。"①又,《荀子·正名篇》曰:"故可道而从之,奚以损之而乱?不可道而离之,奚以益之而治?故知者论道而已矣,小家珍说之所愿皆衰矣。"②庄子所说的"小说"与荀子的"小家珍说",二者意思相近,都指肤浅、琐细、无关大道、无关宏旨的言论,属于小道。在百家争鸣的时代,那些较正式或能够成为一家之言的"学说",其主要内容是谈治国平天下的王霸大业,而为论证这些学说而搜集准备的材料,如寓言、故事、神怪之说等,也属于小说的范畴。先秦的这些小说,已初步具有后世小说叙事性和虚构性的萌芽,但它还不具有文体学上的意义,其地位很低。

---

① [清]郭庆藩辑《庄子集释》卷九上《杂篇·外物》,中华书局,1961年,第4册,第925—927页。

② [清]王先谦《荀子集解》卷十六《正名篇》,中华书局,1988年,第429页。

第一章 "崇尚斯文,垂世教人":宋初四大书的编纂与宋代文化的承先启后

班固在刘向、刘歆的《别录》《七略》的基础上撰成《汉书·艺文志》,其"诸子略"著录十家(儒、道、阴阳、法、名、墨、纵横、杂、农、小说家)。对小说家的界定是:"小说家者流,盖出于稗官。街谈巷语、道听涂说者之所造也。孔子曰:'虽小道,必有可观者焉,致远恐泥。'是以君子弗为也,然亦弗灭也。闾里小知者之所及,亦使缀而不忘。如或一言可采,此亦刍荛狂夫之议也。"①班固所录十五家,至隋已佚,据其注,知"诸书大抵或托古人,或记古事,托人者似子书而浅,记事者近史而谬悠"②。小说仍是指琐屑言论,"诸子十家,其可观者九家而已"。虽为十家之一,于治国理家或有帮助,但总不入流。

最先从文体学意义论述小说概念的是东汉的桓谭。他在《新论》中说道:"若其小说家,合丛残小语,近取譬论,以作短书,治身理家,有可观之辞。"③这代表了汉人的小说观念:小说篇幅短小;重在说理或为说理服务,具有一定的社会功能。这时的小说,似子而浅薄的说理较多,近史而谬悠的叙事较少,即使是记事较多的《虞初周说》《百家》等,其记事还是为说理服务的。然正是这些近史而谬悠的特征,为小说概念的内涵留下了发展的空间。

魏晋六朝的小说创作,以裴启《语林》、刘义庆《世说新语》等为代表,"没有记叙神仙或鬼怪的,所写的几乎都是人事;文笔是简洁的,材料是笑柄、谈资,但好像很排斥虚构,例如《世说新语》说裴启《语林》记谢安语不实,谢安一说,这书即大损声价云云就是"④。这与《汉书·艺文志》所

---

① [东汉]班固撰,[唐]颜师古注《汉书》卷三十《艺文志·诸子略》"小说家"颜注:"稗官,小官。《汉名臣奏》,唐林请省置吏,公卿大夫至都官、稗官各减什三是也。"(中华书局,1962年,第6册,第1745页)余嘉锡先生认为:"小说家所出之稗官,为指天子之士,信而有征,无可复疑。"考证为搜集庶人之言上呈给天子的士,参其《小说家出于稗官说》,载《余嘉锡论学杂著》,中华书局,2007年,第268页。
② 鲁迅《中国小说史略》,上海古籍出版社,1998年,第2—3页。
③ [东汉]桓谭著,吴则虞辑校,吴受琚辑补,俞震、曾敏重订《桓谭〈新论〉》,社会科学文献出版社,2014年,第75页。
④ 鲁迅《且介亭杂文二集·六朝小说和唐代传奇文有怎样的区别——答文学社问》,《鲁迅全集》第6卷,人民文学出版社,第335页。

载小说是一脉相承的。南朝梁阮孝绪《七录》将鬼神类著述列入"记传录",而将小说放在"子兵录"中,二者绝不相混,反映的也是自汉代以来以琐屑杂谈为小说的观念。鬼神是实有,所以可归入记传。初唐魏徵等修撰《隋书·经籍志》,对小说的看法仍没什么变化。其书子部小说家类著录小说25种,除了《世说新语》之外,尚有《燕丹子》一卷、郭澄之《郭子》三卷、顾协《琐语》一卷、邯郸淳《笑林》三卷、杨松玢《解颐》二卷、殷芸《小说》十卷、《小说》五卷、伏挺《迩说》一卷、萧贲《辩林》二十卷、席希秀《辩林》二卷、阴颢《琼林》七卷、庾元威《座右方》八卷、信都芳《器准图》三卷等,内容无非是可为谈资的逸闻琐事或笑话、杂记。对小说的看法,也仍旧认为它是街谈巷语、道听途说者所造,虽可见一时风俗,可资讽诵,终究是小道。这与《汉书·艺文志》也并无不相同。

　　值得注意的是,这一时期史学撰述兴盛,而其中的杂传,数量尤多。后人所谓志怪小说,像刘义庆《宣验记》、傅良《应验记》、王琰《冥祥记》、魏文帝《列异传》、王寿《古异传》、祖冲之《述异记》、刘敬叔《异苑》、干宝《搜神记》、陶潜《搜神后记》、祖台之《志怪》、孔氏《志怪》、刘之遴《神录》、东阳无疑《齐谐记》、吴均《续齐谐记》、刘义庆《幽明录》、王曼颖《补续冥祥记》等,都属杂传。《隋书》撰者谓:"汉时,阮仓作《列仙图》,刘向典校经籍,始作《列仙》、《列士》、《列女》之传,皆因其志尚,率尔而作,不在正史。后汉光武,始诏南阳,撰作风俗,故沛、三辅有耆旧节士之序,鲁、庐江有名德先贤之赞,郡国之书,由是而作。魏文帝又作《列异》,以序鬼物奇怪之事,嵇康作《高士传》,以叙圣贤之风。因其事类,相继而作者甚众,名目转广,而又杂以虚诞怪妄之说,推其本源,盖亦史官之末事也。"①可见从南北朝直至唐初,时人的观念,是不把杂传中的志怪类撰述视为小说的,因为其虽是鬼物奇怪,虚诞怪妄,但仍归于史。

　　唐高宗、武后时期,刘知幾撰为《史通》,从理论上对各种史学杂著加以区分,所分甚细,源出于史的志怪,也是列入杂传的。他说:"阴阳为

---

① [唐]魏徵等《隋书》卷三十三《经籍志》史部杂传类序,中华书局,1973年,第4册,第982页。

炭,造化为工,流形赋象,于何不育。求其怪物,有广异闻。若祖台《志怪》、干宝《搜神》、刘义庆《幽明》、刘敬叔《异苑》,此之谓杂记者也。"①而同时又认为杂记,"若论神仙之道,则服食炼气,可以益寿延年;语魑魅之途,则福善祸淫,可以惩恶劝善,斯则可矣。及缪者为之,则苟谈怪异,务述妖邪,求诸弘益,其义无取"②。这与《隋书·经籍志》对杂传的看法相差并不大。刘知幾评价它们的标准,就是看其是否能惩恶扬善,有益于社会人生。"大抵偏记、小录之书,皆记即日当时之事,求诸国史,最为实录。"③以史学家的眼光去审视,正史之外的所有材料都是属于杂史并可与正史相参和利用的。在《内篇·杂述》中,他又说:"在昔三坟、五典、春秋、梼杌,皆上代帝王之书,中古诸侯之记。行诸历代,以为格言。其余外传,则神农尝药,厥有《本草》;夏禹敷土,实著《山经》;《世本》辨姓,著自周室;《家语》载言,传诸孔氏。是知偏记小说,自成一家,而能与正史参行,其所由来尚矣。爰及近古,斯道渐烦。史氏流别,殊途并骛,榷而为论,其流有十焉:一曰偏记、二曰小录、三曰逸事、四曰琐言、五曰郡书、六曰家史、七曰别传、八曰杂记、九曰地理书、十曰都邑簿。"④偏记小说的内容和范围极广。刘知幾又论道:"街谈巷议,时有可观,小说卮言,犹贤于已。故好事君子,无所弃诸。若刘义庆《世说》、裴荣期《语林》、孔思尚《语录》、阳玠松《谈薮》,此之谓琐言者也。"并认为:"琐言者,多载当时辨对,流俗嘲谑,俾夫枢机者借为舌端,谈话者将为口实。及蔽者为之,则有诋评相戏,施诸祖宗;亵狎鄙言,出自床笫,莫不升之纪录,用为雅言,固以无益风规,有伤名教者矣。"⑤琐言也属于传统的小说,这与前人对小说的认识亦无不同。小说与其它史著相提并论,它属于史学的分支,然与正史则绝不杂厕,这与南北朝以来的普遍看法已有不同。

---

① [唐]刘知幾撰,[清]浦起龙释《史通通释》卷十《内篇·杂述》,上海古籍出版社,1978年,第274页。
② 刘知幾撰,浦起龙释《史通通释》卷十《内篇·杂述》,第276页。
③ 刘知幾撰,浦起龙释《史通通释》卷十《内篇·杂述》,第275页。
④ 刘知幾撰,浦起龙释《史通通释》卷十《内篇·杂述》,第273页。
⑤ 刘知幾撰,浦起龙释《史通通释》卷十《内篇·杂述》,第274—275页。

总之,从先秦至唐,在多数人的观念中,归于"子"的说理的小说,与归于"史"的志怪记异的杂传,并无交涉。刘知幾将二者统归于杂史,是因为其可与正史相参,在认识上似乎有了进步。到了宋初,《太平广记》的编纂者既以网罗神怪灵异为目的,遂不分子、史,将"史书实录""仙经秘闻"①,及其它多载神奇怪异之说的故事、小说、野史、别传等合并一处,类编区分,编成一书。从主观上讲,他们并没有什么虚构、叙事的选录标准,只是在客观上以择录荒诞不经、于义少有可取的小说虚辞为主,从而打破了子、史界限,也不再以小说和杂传相区别;他们并没有如今人那样意识到唐传奇乃唐人有意为之的小说,只是察觉到这些作品与其它野史、小说的不同,便以杂传名之,附于全书之末,提示给人们唐传奇的来源,为后代的小说创作和发展提供了重要借鉴。总之,《太平广记》的编纂者从题材内容而不是文体样式出发,将前代野史、别传、故事、小说汇集起来,使人们从总体和实质上对小说特点进行认识成为可能,从文献上为后人全面认识小说奠定了基础,提供了方便。

当然,时人对于这些多记载神怪灵异且不免虚妄的野史、别传、故事和小说,是不够看重的。所以,虽然李昉在《上太平广记表》中很认真地说:"伏以六籍既分,九流并起,皆得圣人之道,以尽万物之情。足以启迪聪明,鉴照今古。"②然太平兴国三年八月书成后并未得以刊印。直到六年正月,太宗"诏令镂版"后仍未印行,而藏版太清楼,似都是"言者以为非学者所急"的缘故。稍后宋真宗评论太宗朝的编书,即统而言之,称其"编小说而成《广记》",虽未必有贬义,然从他下诏编《历代君臣事迹》,并明令"异端小说,咸所不取"来看,对其区别对待,轻视的态度就很明显了。本就被认为是"小道"的"小说",成了包括野史、别传、故事等在内的带有虚妄成分的一切撰述的代称。

然即使如此,《太平广记》的编纂,对时人和后代仍产生了重要的影响。宋仁宗时王尧臣、欧阳修等纂修《崇文总目》,子部"小说类"两卷,既

---

① 李昉等《太平广记》卷一《老子》,第2页。
② 李昉等《太平广记》卷首,第1页。

第一章 "崇尚斯文,垂世教人":宋初四大书的编纂与宋代文化的承先启后

著录了《世说新语》《谈薮》《博物志》等传统的小说类著述,也著录了原在史部"杂传类"的《述异记》《续齐谐记》《搜神总记》等书,以及《太平广记》中已收录的《补江总白猿传》《玄怪录》《续玄怪录》《传奇》《纪闻》等唐传奇作品,总计达149部。《湖湘灵怪实录》《仙隐传》《江积八仙传》《江淮异人录》等,则入史部"传记"类。虽然编纂者对小说的看法大致仍未摆脱自汉以来的传统,然毕竟从目录学的层面,对《太平广记》小说类作品尤其是唐传奇的编纂作了新的体认。

欧阳修是参与了《崇文总目》的编纂的,今见于《欧阳修集》中的《崇文总目叙释》,就部分记录了他所做的工作。欧阳修是一位优秀的史学家,他从史学的角度对书籍进行分类,类别不同,各有所用,却并无高下。比如他对传记类史料的认识:"古者史官,其书有法。大事书之策,小事载之简牍,至于风俗之旧,耆老所传,遗言逸行,史不及书,则传记之说或有取焉。然自六经之文,诸家异学,说或不同,况乎幽人处士,闻见各异,或详一时之所得,或发史官之所讳。参求考质,可以备多闻焉。"①在欧阳修看来,史官所书,是最重要的史料,"史不及书"的,才入传记。然而,重视史官所书,并不意味着传记不重要。因为传记虽不比史官所书,但撰者"闻见各异",各有所得,有的还能"发史官之所讳",自有其可取之处,可备多闻,足资参考。这种对待史料的态度,是很正确、很全面的。对待"史不及书"的传记是如此,对待街谈巷议的小说也是如此。他说:"《书》曰:'狂夫之言,圣人择焉。'又曰:'询于刍荛。'是小说之不可废也。古者惧下情之壅上闻,故每岁孟春,以木铎徇于路,采其风谣而观之。至于俚言巷语,亦足取也。今特列而存之。"②材料本身无高下之分,即使是俚言巷语,也可考见下情,关键在史家的选择。所以,《崇文总目》传记和小说类书目的分划,就包含了欧阳修的意见。至于他撰《新唐书》,

---

① 欧阳修著,李逸安点校《欧阳修全集》卷一百二十四《崇文总目叙释·传记类》,中华书局,2001年,第1890页。(参见《崇文总目》卷四《传记类序》,王应麟《玉海》卷四十七《艺文·杂文类序》)

② 《欧阳修全集》卷一百二十四《崇文总目叙释·小说类》,第1893页(《崇文总目》卷五"小说类")。

在书中对小说的著录(见卷五十九《艺文志》三"丙部子·小说类"),更以虚实为衡量标准,把史部杂传中有虚妄怪诞性质的著述,如《搜神记》《述异记》《异苑》《幽明录》《汉武洞冥记》《齐谐记》《续齐谐记》等归于小说,同时,小说类中又增入唐人传奇小说,如牛僧儒《玄怪录》、李复言《续玄怪录》、裴铏《传奇》等(当然,有些以传记为名的作品如《李娃传》《柳毅传》《南柯太守传》等,亦未著录),而将多记载人物行事的杂传,如《列女传》《高士传》《先贤传》《东方朔传》等仍留在史部杂传记类,这较之《太平广记》和《崇文总目》,在小说观念上,认识就更进了一步。此不再赘述。

四、《文苑英华》的文体分类与文学、文化意义

北宋太平兴国七年(982年)九月,宋太宗诏李昉、扈蒙、徐铉等"阅前代文集,撮其精要,以类分之,为《文苑英华》"[①]。雍熙三年(986年)十二月,书成。全书一千卷,上继萧统《文选》,收入自南朝梁至五代的作家近两千位,作品约两万首。其中,隋唐五代的作家作品占了绝大多数。宋初书籍罕见,一些作家的文集,"印本绝少,虽韩、柳、元、白之文,尚未甚传。其他如陈子昂、张说、九龄、李翱等诸名士文集,世尤罕见。修书官于(柳)宗元、(白)居易、权德舆、李商隐、顾云、罗隐辈,或全卷收入"[②]。像卢思道、沈佺期、宋之问、张说、张九龄、李商隐、周繇等许多作家的诗文,亦多赖此以传。故历来的研究者,无不注重此书的文学文献价值。然而,《文苑英华》所收录的作品虽绝大多数出自隋唐五代作家之手,但它的编纂,在很大程度上却不能不反映出宋初士人的文学观念和文坛风尚,尤其是其文体的分类和体类之下的题材类别,实已透露出宋

[①] 《三朝国史·艺文志》注,见《文苑英华》卷首《纂修文苑英华事始》,中华书局,1966年,第8页。《国朝会要》、程俱《麟台故事》卷二、李焘《续资治通鉴长编》卷二十七(雍熙三年十二月)等略同,唯《文苑英华》卷首《纂修文苑英华事始》引《崇文总目》,谓是书乃"宋白等奉诏撰采前世诸儒杂著之文"。

[②] [宋]周必大《文苑英华序》,《文苑英华》卷首,第8—9页。

代文体学和文学发展变化的消息以及特定的文化意义。①

(一)《文苑英华》"杂文"类所透露的消息

《文苑英华》编选的体例是按文体分类选录作品,论者多已注意到此点,但往往忽略了这种分类较之前代的细微变化和意义。

《文苑英华》的文体分类方式,直接受萧统《文选》的影响,但又有新的发展变化。萧统《文选》所收文章分 37 类,即：赋、诗、骚、歌、诏、策、令、教、表、上书、启、弹事、笺、奏记、书、移、檄、难、对问、设论、辞、序、颂、赞、符命、史论、史述赞、论、箴、铭、诔、哀文、碑、墓志、行状、吊文和祭文。②《文苑英华》则分为 38 类：赋、诗、歌行、杂文、中书制诰、翰林制诏、策问、策、判、表、笺、状、檄、露布、弹文、移文、启、书、疏、序、论、议、连珠、喻对、颂、赞、铭、箴、传、记、谥哀册、谥议、诔、碑、墓志、墓表、行状和祭文。两相比较,二书所收文体全同者,计赋、诗、策问、表、笺、启、弹文、檄、移、书、赞、颂、论、连珠、记、箴、序、铭、诔、碑、墓志、行状、祭文等 23 种。其它文体名异而实同者,如诏令演为制诰,上书称疏,史论入论,哀策文变为谥哀册,吊、祭统称祭文。骚、七、设论等,《文苑英华》中虽未列出,然实已归入杂文。奏记、符命、难、辞、对问、史述赞,《文苑英华》中未再出现,而增列歌行、状、判、露布、记、谥议、墓表,并于序中衍生出饯送一类。其中最堪注意的,就是杂文、记、序和歌行的分类。记、序和歌行,

---

① 对《文苑英华》的编纂背景、编纂人员、版本源流、宗旨、体例、总体面貌和对后世的影响进行较全面探讨的,有凌朝栋的《文苑英华研究》(上海古籍出版社,2005 年),读者可以参考。然是书对《文苑英华》文体分类的文体学等多方面的意义,尚未涉及。

② 关于萧统《文选》的文体分类,版本既别,学者意见亦最纷纭(详参傅刚《昭明文选研究》下编第二章第三节《文选的分类》,中国社会科学出版社,2000 年,第 185—192 页)。此据日本平安时期三善为康《掌中历·经史历》所抄三十卷本萧统《文选》类目(参日本学者陈翀《萧统〈文选〉文体分类及其文体观考论——以"离骚"与"歌"体为中心》,文载《中华文史论丛》2011 年第 1 期,第 301—329 页)。据陈翀所考,此目反映了《文选》三十卷本编纂的原貌,而与北宋以下注本皆不相同。目录中未列出"策文、连珠、行状"三类,故实际上《文选》所收文体应为 40 类。

我们将另文讨论①,此处对"杂文"试作论述。

《汉书·艺文志·诗赋略》有"杂赋"一类。其编类之意,先师程千帆先生曾有所揭示。程先生认为,所谓"杂",既是指的"篇章总杂",又并非完全杂乱无序,而是有着"别录主题,以类相从,于凌乱之中,辟识别之径"的义例的。②《汉书·艺文志》的这种著录方式,对后人具有启发意义。范晔《后汉书·文苑传》杜笃、苏顺、赵壹等传后罗列传主篇章著述,有"杂文"之名,然文体意义上的"杂文"概念的提出,则始见于刘勰《文心雕龙》。其《杂文》一篇曰:

> 智术之子,博雅之人,藻溢于辞,辞盈乎气。苑囿文情,故日新殊致。宋玉含才,颇亦负俗,始造《对问》,以申其志,放怀寥廓,气实使之。及枚乘摛艳,首制《七发》,腴辞云构,夸丽风骇。盖七窍所发,发乎嗜欲,始邪末正,所以戒膏粱之子也。扬雄覃思文阁,业深综述,碎文琐语,肇为《连珠》。其辞虽小,而明润矣。凡此三者,文章之枝派,暇豫之末造也。③

在刘勰看来,诸如对问、七体、连珠之类杂文的产生,原在于文士们才华横溢,发为文章,故为新奇。相对于传统诗文,它们同属于"文章之枝派,暇豫之末造",而非正宗。对问、七体、连珠等文体的性质

---

① 歌行体的分类,据上文所引新发现的日本三善为康《掌中历·经史历》所抄三十卷本《文选》目录,可追溯到《文选》的"歌"。然萧统所谓"歌",涵括《九歌》《九章》《卜居》《渔父》《九辩》《招魂》《招隐士》《七发》《七启》《七命》等楚辞和七体作品而言,其命名当是以专名代类名,即以《九歌》之"歌",涵盖其它骚体之作,而将七体亦阑入其中,不尽合理。故北宋以来的各种《文选》版本已将这些作品分别归入"骚"和"七"体,《文苑英华》则将其归入杂文类,而又受唐人的影响(如白居易自编集将乐府诗与歌行曲引分列),明确把歌行体单列。陈翀认为,体分"骚"和"歌",显示出萧统重建文学和文化发展谱系的意图,恐未必然。
② 程千帆《〈汉志〉杂赋义例说臆》,《程千帆全集》第七卷《闲堂文薮》,河北教育出版社,2001年,第218—219页。
③ 周勋初《文心雕龙解析·杂文》,凤凰出版社,2015年,上册,第217—218页。

第一章 "崇尚斯文，垂世教人"：宋初四大书的编纂与宋代文化的承先启后

如何，此且不论①，然而"杂文"体类概念的提出，却给后代诗文总集的编纂提供了极大的便利。凡体非正宗、一时新创、难以归类或不足成类的文章似乎都可归入杂文。②《文苑英华》的编纂，正沿袭了这一思路。

在《文苑英华》"杂文"类二十九卷的篇幅中，计有"问答"（含"七体"）三卷、"骚"五卷、"帝道"一卷、"明道"与"杂说"合一卷、"杂说"另有二卷、"辩论"五卷、"箴诫"一卷、"谏刺"一卷、"纪述"三卷、"讽谕"二卷、"论事"一卷、"杂制作"一卷（"征伐"等末三卷中又各有"杂制作"部分）、"征伐"一卷、"识行"一卷、"纪事"一卷。其中"问答"和"七"两类，以文体分，属于《文心雕龙》中的"杂文"体。"骚"体本可单列一类，此处归入杂体，当是唐代骚体诗创作渐趋式微的缘故。其余所分类别多种，虽多属论说之文，然从内容上看，或立一说、或辨一理、或近于寓言、或托物讽喻、或缘事发为议论、或应时特别制作，确是十分博杂。像韩愈的"五原"、《读荀卿子说》、《杂说》四首、《对禹问》、《张中丞传后叙》，李翱的《复性书》三篇，柳宗元的《天说》《桐叶封弟辩》《三戒》《罴说》《捕蛇者说》《蝂蝂传》《读韩愈所著毛颖传后题》《观八骏图说》，刘禹锡《论书》《伤我马词》，皇甫湜《寿颜子辩》，牛僧孺《私辩》《谴猫》，杜牧《罪言》《原十六卫》《三子言性辩》，孙樵《书田将军边事》，皮日休的"十原"、《读司马法》，陆龟蒙《祝牛宫辞》《告白蛇文》《纪稻鼠》等，皆在其中。这些编入杂文类的内容庞杂的文章，看起来确似"文章之枝派，暇豫之末造"，但同时我们又不能不认为它是"智术之子，博雅之人，藻溢于辞，辞盈乎气，苑囿文情，故日新殊致"的创作，不能不说是反映中唐文坛新风气的作品。因为这些文章虽以议论为主，但无论是以"原"还是以"说""论""辩""戒""传""叙"等为题的作品，都已不同于传统的论、议、传、记等文体。《文苑英华》的编纂者即使在当时尚未充分意识到这些文章的"新创"之处，至少也是敏锐地觉察到它们与传统文体的不同。

---

① 笔者以为，刘勰所举诸文体，实则是战国以来纵横家或能言善辩之士游说进谏君王的产物。参拙撰《汉赋起源新论》，载《学术研究》2010年第10期。

② 《文苑英华》各类文体中内容难以区分者，亦往往以"杂"名之，置于卷末。

所谓不同,那就是它们大多属于"古文"的范围。中唐人所谓"古文",是相对于六朝以至初唐的骈文来说的,它泛指先秦两汉的文章。像韩愈说的"其志在古文"①,即是此意。至于韩、柳所撰之"古文",当然已非先秦两汉之文,而是一种新文体。这种文体的特征,钱穆先生曾作过归纳。他说,"韩、柳之倡复古文,其实则与真古文复异","二公乃站于纯文学之立场,求取融化后起之诗、赋纯文学之情趣风神以纳入于短篇散文之中,而使短篇散文亦得侵入纯文学之阃域,而确占一席之地"②。又说:"韩公之倡为古文,则其意想中独有心裁别出,固有非时人所能共晓者。"他"不仅以文为诗,实亦以散文之气体笔法为辞赋"。③ 陈寅恪先生也曾指出,韩愈的古文与小说创作皆为当日之新兴文体。④ 总之,韩、柳的古文创作,把传统文体的界限都打破了。《文苑英华》的编纂者们正是看出了这些文章的新创和博杂无依,又一时难以根据其文体特征从理论上加以概括,于是便把它们都归入"杂文"中,这不能不说是一种聪明的处置办法。

《文苑英华》的编纂者不但设"杂文"类安置韩、柳等人的新体散文创作,而且,还在序、记、传等文体中大量收录了韩、柳等古文家的作品,而这些作品恰恰也都是当时的新文体。像序体"饯送"类收入韩愈《送孟东野序》《送李愿归盘谷序》《送董邵南游河北序》《送区册序》《送浮屠文畅序》,柳宗元《送李判官往桂州序》《送瀣序》《送僧浩初序》《送浚上人归淮南觐省序》和梁肃、权德舆、吕温、沈亚之、皇甫湜等人的文章;传体文收入韩愈的《毛颖传》《圬者王承福传》,柳宗元的《种树郭橐驼传》《童区寄

---

① [唐]韩愈撰,马其昶校注,马茂元整理《韩昌黎文集校注》卷五《题欧阳生哀辞后》,上海古籍出版社,1986年,第304页。

② 钱穆《杂论唐代古文运动》,载《钱宾四先生全集》第19册《中国学术思想史论丛》(四),台湾联经出版事业公司,1998年,第69—70页。

③ 钱穆《杂论唐代古文运动》,载《中国学术思想史论丛》(四),第56—57页。

④ 陈寅恪先生指出:"唐代贞元元和间之小说,乃一种新文体,不独流行当时,复更辗转为后来所则效,本与唐代古文同一原起及体制也。"(《元白诗笺证稿》,上海古籍出版社,1978年,第4页)

第一章 "崇尚斯文,垂世教人":宋初四大书的编纂与宋代文化的承先启后

传》《梓人传》,陆龟蒙的《江湖散人传》《甫里先生传》等以及李华、李翱、沈亚之、陈鸿等人的作品;记体类同样收录了韩愈的《蓝田县丞厅壁记》《新修滕王阁记》《燕喜亭记》《河南同官记》,柳宗元《始得西山宴游记》《钴鉧潭记》《钴鉧潭西小丘记》《到潭西小石潭记》《袁家渴记》《小石城山记》及李华、权德舆、独孤及、皇甫湜等人的一些代表作。由此亦可见出《文苑英华》的编纂者如李昉、扈蒙、杨徽之、宋白、范杲、苏易简等人对韩、柳等人的新体古文创作的体认,并非盲目,而是有相当的自觉的。

韩愈观"三代两汉之书",存"圣人之志"①,"思古人而不得见,学古道则欲兼通其辞"②,倡古道,辟佛老,习古文,奖后进,"文起八代之衰,道济天下之溺"③,何止为一代文宗,在中国文化史上亦占有重要地位④。然而,韩愈的文章创作在当时既曾受到批评,在后来相当长的一段时间里也并未被普遍接受。比如,裴度一方面称韩愈"其人信美材也",另一方面又批评他"恃其绝足,往往奔放,不以文为制,而以文为戏"⑤的做法。张籍亦不赞同韩愈的以"驳杂无实之说为戏"⑥。五代刘昫撰《唐书》,更谓其"时有恃才肆意,亦有盭孔、孟之旨。若南人妄以柳宗元为罗池神,而愈撰碑以实之;李贺父名晋,不应进士,而愈为贺作《讳辨》,令举进士;又为《毛颖传》,讥戏不近人情:此文章之甚纰缪者。时谓韩愈有史笔,及撰《顺宗实录》,繁简不当,叙事拙于取舍,颇为当代所非"⑦。李昉等人的文学好尚虽与元稹、白居易相近,然受诏编书,并未像刘昫那样,

---

① 韩愈撰,马其昶校注《韩昌黎文集校注》卷三《答李翊书》,第170页。
② 韩愈撰,马其昶校注《韩昌黎文集校注》卷五《题欧阳生哀辞后》,第304—305页。
③ 苏轼撰,张志烈、马德富、周裕锴主编《苏轼全集校注·文集》卷十七《潮州韩文公庙碑》,河北人民出版社,2010年,第12册,第1864页。
④ 参陈寅恪《论韩愈》,收入《金明馆丛稿初编》,生活·读书·新知三联书店,2001年,第319—332页。
⑤ [唐]裴度《寄李翱书》,见[清]董诰等编《全唐文》卷五百三十八,中华书局,1983年,第6册,第5461页。
⑥ [唐]张籍《上韩昌黎第二书》,见《全唐文》卷六百八十四,第7册,第7009页。
⑦ [后晋]刘昫等《旧唐书》卷一百六十《韩愈传》,中华书局,1975年,第13册,第4204页。

在元稹、白居易和韩、柳之间有明显的扬抑。① 可以说，是他们首次从文体层面对韩、柳古文作了肯定评价，进而为其文学史地位的确立和在后世的被广泛接受，作了必要的铺垫。

参与编纂《文苑英华》的众多士人，如李昉、徐铉、吴淑、扈蒙、杨徽之、宋白、范杲、苏易简等，都是宋初能诗擅文的博学之士，尤其是范杲，在宋初与梁周翰、柳开、高锡等人"习尚淳古，齐名友善，当时有'高、梁、柳、范'之称"②，是"习尚淳古"、倡导古文的先驱。由他们来编纂诗文总集而收入韩、柳的古文，也是很自然的。

（二）从《文苑英华》的"杂文"到《唐文粹》的"古文"

在《文苑英华》编成后仅十余年，姚铉便在《唐文粹》中将其书"杂文"中的一部分作品明确归入了"古文"一类，继承和发展了《文苑英华》编纂者的做法。③

---

① 张蜀蕙所著《文学观念的因袭与转变：从〈文苑英华〉到〈唐文粹〉》，认为《唐文粹》与《文苑英华》的编纂思想是相对立的，前者是对后者的反拨。她说："《文苑英华》代表宋初官方选本搜罗亡佚的立场，文学观念是保守因袭的，而《唐文粹》有私人选本的活泼性，可以赋与个人创新的文学观念，姚铉编选《唐文粹》推举韩愈，重视古文，将对文学的意见寓于选文之中，文人得以诵习，散布日后北宋古文运动的种子。"（台湾花木兰文化出版社，2007年，第102页）其说虽是，然从上文的分析看，似也不尽然。

② 脱脱等《宋史》卷四百三十九《梁周翰传》，第37册，第13003页。

③ 自现代以来，对《唐文粹》的研究颇有创获，如钱穆先生所撰《读姚铉〈唐文粹〉》，就对《唐文粹》在唐宋古文运动中的重要作用，给予了充分肯定。他指出，其书虽"于文体分类颇多可议，然正于此推见韩、柳唱为古文在唐代文学中所引起之影响，亦可借以窥测直至宋初时人对韩、柳古文运动所抱持之观点"[载《中国学术思想史论丛》（四），第107页]。何沛雄《略论〈唐文粹〉的"古文"》一文，对姚铉《唐文粹》"古文"概念的提出、分类等问题，作了具体分析（文载香港浸会学院中文系主编《唐代文学研讨会论文集》，台湾文史哲出版社，1987年）。衣若芬《试论〈唐文粹〉之编纂、体例及其古文类作品》一文，通过与萧统《文选》的对比，对《唐文粹》编纂的背景、体例及特色，一一进行了讨论（文载台湾大学中文系《中国文学研究》1992年第6期，又见其所著《艺林探微：绘画、古物、文学》，华东师范大学出版社，2012年）。张蜀蕙所著《文学观念的因袭与转变：从〈文苑英华〉到〈唐文粹〉》，则在前人研究的基础上，进而对《唐文粹》的编纂背景、它与《文苑英华》《西昆酬唱集》的不同及宋初文学思想观念的演变，作了细致的（转下页）

第一章 "崇尚斯文,垂世教人":宋初四大书的编纂与宋代文化的承先启后

《唐文粹》百卷,所选文章计分28类,即古赋、诗、颂、赞、表、奏、书、疏、露布、檄、制策、文、论、议、古文、碑、墓志铭、诔、墓表、记、箴、诫、铭、书启、序、传、录和纪事。自卷四十三至四十九的"古文"类中,又依题细分为"五原""三原""五规""二恶""书""议""言语对答""经旨""读""辩""解""说""评""符命""论兵""析微""毁誉""时事""变化"等19类。这种依题分类的弊病虽显而易见,然而却也抓住了此类文章的主要特征,那就是以论议或论辩为主。姚铉将《文苑英华》杂文类中的许多文章(如上文所引)都选入其中,认为它们是中唐以来出现的新的文体样式,又冠以"古文"之名,较之《文苑英华》的编者,在认识上也已有了新的发展。① 正如钱穆先生所指出的:"姚书最值注意者,乃在自第四十三卷以下,至第四十九卷,特标一目曰'古文',所收多自韩、柳以下始有之新文体。若以消纳于萧《选》旧规之内,则见有格格不相入者。清代四库馆臣所谓'后来文体日增,非旧日所能括也',故姚书乃不得不别标'古文'一目以处之。"②此最有见。钱穆先生又指出:"不仅姚氏所收议、论两类之文(卷三十四至四十二),皆已是古文,即此下碑、铭、记、书、序、传录、纪事诸类(卷五十至一百),其文体亦皆已是古文。……然则通观姚书一百卷,当可分为两大部分,即自三十四卷论文一类以前,大体承袭萧《选》,其所收文字,大体可代表韩、柳唱为古文以前唐文之旧风格。自三十四卷以下,大体乃代表韩、柳以下唐文之新体制。"③姚铉此编是否有此用意,虽不能断言,然他选文的范围无疑扩大了,而选文范围的扩大反映出的,正是他对"韩、柳以下唐文之新体制"认识的深化。姚铉在《唐文粹序》中说道:

(接上页)讨论。郭英德先生在其《中国古代文体学论稿》中曾指出,《唐文粹》"将《文苑英华》的'杂文'类改名为'古文'"(北京大学出版社,2005年,第112页),惜既未具论,亦有不确。诸书对《文苑英华》"杂文"类的划分对《唐文粹》的影响,皆未予以应有的注意。

① 吴承学先生曾指出,这"代表了宋人比较狭义的古文观念"。参其《中国古代文体学研究》第五章《宋代文章总集的文体学意义》,人民出版社,2011年,第329页。
② 钱穆《读姚铉〈唐文粹〉》,载《中国学术思想史论丛》(四),第108—109页。
③ 钱穆《读姚铉〈唐文粹〉》,载《中国学术思想史论丛》(四),第113—114页。

《诗》之作,有雅颂之雍容焉;《书》之兴,有典诰之宪度焉。礼备乐举,则威仪之可观,铿锵之可听也。《大易》定天下之业,而兆乎爻象;《春秋》为一王之法,而系于褒贬。若是者,得非文之纯粹而已乎?是故志其学者必探其道,探其道者必诣其极,然后隐而晦之,则金浑玉璞,君子之道也;发而明之,则龙飞虎变,大人之文也。……有唐三百年,用文治天下。……惟韩吏部超卓群流,独高遂古。以二帝三王为根本,以六经四教为宗师,凭陵轥轢,首唱古文,遏横流于昏垫,辟正道于夷坦。于是柳子厚、李元宾、李翱、皇甫湜又从而和之,则我先圣孔子之道,炳然悬诸日月。故论者以退之之文,可继杨、孟,斯得之矣。……铉不揆昧懵,遍阅群集,耽玩研究,掇菁撷华,十年于兹,始就厥志。得古赋、乐章、歌诗、赞颂、碑铭、文、论、箴、议、表、传录、书序,凡为一百卷,命之曰《文粹》。以类相从,各分首第门目,止以古雅为命,不以雕篆为工,故侈言蔓辞,率皆不取。①

他认为儒家经籍雍容典雅,如金浑玉璞,是纯粹之文,韩愈学宗六经,首倡古道,其学古之文,自然可上继圣贤,为文章精华。他选录文章,便"止以古雅为命,不以雕篆为工",所谓"文粹"。姚铉此处以道衡文,视二者为一,矫枉不免过正。然而,他所选的韩、柳的文章,也不再仅仅限于以议论为主、寓讽喻之意的"杂说",更扩大到碑、记、传、序等体,这就继《文苑英华》之后,从文体学的层面,对韩、柳等人的古文创作给予了充分的肯定,进一步提高了韩、柳古文的文学史地位,并最终与自宋初以来许多有识之士如穆修、柳开直至欧阳修等人对古道与古文的提倡一起,开启了宋代文章创作的新生面。

(三)《文苑英华》依题材内容分类的意义

《文苑英华》的编纂者,在不同的文体类别下,又按题材内容对所收

---

① [宋]姚铉《唐文粹序》,《唐文粹》卷首,《四部丛刊初编》本。

第一章 "崇尚斯文,垂世教人":宋初四大书的编纂与宋代文化的承先启后

作品作了划分和编排,所谓"撮其类例,分以布居"①。这种划分也是源于萧统《文选》"诗赋体既不一,又以类分"的做法。如《文选》于赋类之下又细分"京都""郊祀""耕藉""畋猎""纪行""游览""宫殿""江海""物色""鸟兽""志""哀伤""论文""音乐"和"情"15类,于诗一类立"补亡""述德""劝勉""献诗""公宴""祖饯""咏史""游仙""咏怀""哀伤""赠答"等细目。不过,值得我们注意的是,《文苑英华》的编排方式受到类书的影响②。虽然对类书的编排方式,历来诟病者甚多,几乎是异口同声。然而,现在看来,这些看法不免失之于轻率。

任何一种文体,无不是适应社会生活和人类表达交流需要而产生的,因而随着人们社会生活的不断丰富,作品题材内容的不断丰富,文体本身也会不断发展演进,从题材内容的分类去观察这些文体,往往能见出其演变的痕迹。比如,清人王芑孙论唐赋曰:"诗莫盛于唐,赋亦莫盛于唐。总魏、晋、宋、齐、梁、周、陈、隋八朝之众轨,启宋、元、明三代之支流,踵武姬汉,蔚然翔跃,百体争开,曷其盈矣。"③一反明人"唐无赋"的论调,实是有识之论。唐代辞赋体式多样,骚、散、诗、骈、文、律、俗等赋体,应有尽有,成绩斐然。像中晚唐时期的律赋、柳宗元的骚体赋、杜牧等人的文赋、皮日休等人的小品赋等,多有佳作,并对后世辞赋的发展产生了重要影响。唐赋之"百体争开",我们从《文苑英华》赋类下的细目中很容易看出来。如"赋"类一百五十卷,下分"天象、岁时、地、水、帝德、京都、邑居、宫室、苑囿、朝会、禋祀、行幸、讽谕、儒学、军旅、治道、耕籍、田农、乐、杂伎、饮食、符瑞、人事、志、射、博弈、工艺、器用、服章、图画、宝、丝帛、舟车、薪火、畋渔、道释、纪行、游览、哀伤、鸟兽、虫鱼、草木"42类,

---

① [宋]宋白《上文苑英华表》,见[宋]王应麟《玉海》卷五十四《艺文·总集文章》"雍熙《文苑英华》"条引,《景印文渊阁四库全书》第944册,第443页。
② 类书与文学的关系,自现代以来,已渐为学者关注。像闻一多先生的《类书与诗》(收入《唐诗杂论》)、台湾学者方师铎先生的《传统文学与类书的关系》(天津古籍出版社,1986年)等,都颇富启发性。方先生甚至认为萧统《文选》的编纂不仅受类书影响,而且它本身就是类书(第116页)。
③ [清]王芑孙《读赋卮言·审体》,载《渊雅堂外集》,清嘉庆九年王氏家刻本。

而每类之中往往又细分若干小类。如"天象"之下,就又分出"日、月、星、斗、天河、云、风、雨、露、霜、雪、雷、电、霞、雾、虹、天仪、大衍、律管、气象、空、光、明、骄阳"24 小类。其内容几无所不包,较之萧统《文选》赋类下所分的 15 种类别,已有了极大的扩展,因而,赋体自身的多方向发展也就自然而然了。再比如序、记之体,《文苑英华》分别选录了 40 卷和 38 卷,数量甚多。其下小类,序分文集、游宴、诗集、诗、饯送、赠别和杂序,记有宫殿、厅壁、公署、馆驿、楼阁、城、城门、水门、桥、井、河渠、祠庙、祈祷、学校、文章、释氏、观、尊像、童子、宴游、纪事、刻候、歌乐、图画、灾祥、质疑、寓言和杂记等,虽内容纷杂,然较之萧统《文选》序体文中仅收集序、诗序数篇,而又无记体一类,不仅创作题材极大地丰富了,而且,序、记文体的功能和特征的发展演变,也由此昭然可见。

  中国古代的许多文体往往各有其特定的功能,功能不同,内容不同,文体也不同。以题材内容分类,有助于我们认识这些文体的功能和特征,题材的分类与文体的界定,适可互补。"中书制诰"和"翰林制诏"两类文章的划分,即为一显例。在《文苑英华》中,制诰既以体分,又以撰者不同,区分中书、翰林。论者多认为此类文章不应选入,而既然选入,编排亦最无法。其实不然。"诏、策、章、奏,则《书》发其源。"[1]制策奏议之文,古人的传统观念,认为乃朝廷之大述作,最为看重。西汉贾谊、董仲舒、刘向、刘歆等,即以此称文章宗师。唐张说、苏颋掌文学之任,朝廷重要文诰多出其手,文辞典丽,称为"燕、许大手笔"。元稹于唐穆宗长庆元年(821 年)为中书舍人、翰林承旨学士,改革制诰,创为新体,白居易效之,有所谓"制从长庆辞高古"[2]之评。史臣更称"元之制策,白之奏议,极文章之壶奥,尽治乱之根荄"[3]。《文苑英华》收入中书制诰、翰林制诏 93 卷,1600 多篇,自可理解。而从制诰的内容来看,中书制诰主要用于

---

[1] 周勋初《文心雕龙解析·宗经》,第 34 页。
[2] [唐]白居易撰,顾学颉点校《白居易集》卷二十三《余思未尽加为六韵重寄微之》,中华书局,1979 年,第 2 册,第 503 页。
[3] 刘昫等《旧唐书》卷一百六十六《白居易传》史臣曰,中华书局,1975 年,第 13 册,第 4360 页。

第一章 "崇尚斯文,垂世教人":宋初四大书的编纂与宋代文化的承先启后

朝廷正常的官员除授,据官职所属分为北省、南省、宪台、卿寺、诸监、馆殿、环卫、东宫、王府、京府、诸使、郡牧、幕府、上佐、宰邑、封爵、加阶、内官、命妇计19类,每类之下又以官职不同再加区分。翰林制诰虽也包括除授类制书等,然主要内容则是皇帝因事从宜的诏令制诰,这包括赦书、德音、册文、制书、诏敕、批答、番书、铁券文、青词和叹文诸种文字。其文体与一般除授的制诰之文显然不同。所以,中书制诰与翰林制诰的区分,并非简单的因撰者身份不同所作的区分,而是依内容不同、功能不同、文体不同而做出的合理编排。

上文谈到,《文苑英华》的编排方式,参照了类书的分类办法,这种方法往往不甚严密,不够合理。然而,这种试图统合天地万物的编纂方式,却反映了古人普遍的认识水平。随着社会的发展和人们对客观外界事物认识水平的提高,人们对事物之间异同关系的辨析和区分,总是越来越清晰与合理。反之,从人们对事物异同的辨析和类别的区分中,也可以反映出其对自身和客观外界事物的认识水平,反映出一时代的思想文化影像。比如,南北朝北齐时代所编《修文殿御览》,仿天地之数分55部以统合自然与人类社会的做法,就反映了当日人们对客观外界事物的普遍认识,①反映了植根于传统儒家思想文化中的融合天地物我、博大包容的思想观念和人们心目中的自然与社会的逻辑秩序。像《太平御览》的分类方法所反映的,就是上述思想观念。关于此一问题,本书第一章第二部分所引许嘉璐先生对这一分类方法的文化意义进行的阐述,已有很好的说明。我们今天认识客观外界事物的水平当然已远远超过古人,但从儒家对自然和社会秩序的传统观念上看,《太平御览》55部的具体分类仍是有其足够的理由的。② 天、地、人囊括了人类社会和自然界的万事万物,天地氤氲,化生万物,而人居万物之首。"溥天之下,莫非王土;率土之滨,莫非王臣",在人类社会及其活动中,皇王继天治物,地位高于一切,其他各社会阶层皆从属于君王。君王以儒家礼义道德等核心

---

① 主其事者除祖珽外,尚有萧放、魏收、徐之才、张雕、阳休之,参与编纂者像薛道衡、卢思道等,亦多为一时名流,其纂例又由颜之推等拟定(参[唐]李百药《北齐书》卷四十五《文苑传序》,第2册,第603—604页),足见这种对事物分类的认识具有相当大的代表性。

② 参见本书第一章第二部分。

思想观念治理国家,统驭臣民,形成一个上下有序、内外有别的严密的社会结构。《太平御览》55部的划分所反映的,正是这样一种天地人事无所不包又层层交集的庞大体系。

《文苑英华》同一文体下的类目没有《太平御览》那么复杂、琐细,然而它们编纂的思路却是一致的,那就是要按照天地君亲的自然和人类社会的秩序来分类和安排所选文章的顺序。赋体不必说最方便用这种方式进行排列,此且略之。我们看看诗歌的编排。首先是天地山川和与之相关的各种自然现象题材的作品,如描写日月星辰、春夏秋冬、阴晴风雨、山川湖海等等。其次便是与帝王相关的题材,如帝德、应制、巡幸、扈从、宫殿等,而应令应教、朝省等亦在其中。再次便是一般人事活动的题材了,像宴集、宿会、逢遇、酬和、寄赠、送行、留别、行迈、军旅、悲悼、居处等属之。接下来是与释道隐逸有关的题材,以与俗世有所区别。最后是花木禽兽虫鱼等动植物类的题材。这样的划分,完整展现了自然和人类社会的结构和秩序。再如论体,以题材分为天、道、阴阳、封建、文、武、贤臣、臣道、政理、释、食货、兄弟、宾友、刑赏、医卜、兴亡、史论、杂论等,俨然一幅社会政治的图景。其它类别亦多近似。

以题材类编的方式安排所选诗文,又有阅读、寻检方便,尤利于初学等优点。当然,也不免有内容参差交集之弊①,故历来批评者亦多。然而,这种带有知识性意味的分类编排方式在宋代正方兴未艾。

(四)《文苑英华》以题材分类对后之选本的影响

《文苑英华》编成后,宋太宗曾诏书褒答,以书付史馆,然到了真宗朝,却又两次下诏重新校勘,加之藏于内府,部帙过大,似流传不广。②

---

① 这种类书的编排方式,也使得许多好作品因无法归类而被舍弃了。此亦为人诟病的原因之一。

② 一般认为,《文苑英华》编成后,并未随即刊印。前文已论及,宋真宗景德四年(1007年)八月,"诏三馆分校《文苑英华》,以前所编次未尽允惬,遂令文臣择前贤文章重加编录,芟繁补缺换易之,卷数如旧(原注:景德中,上谓宰臣曰:'今方患学者少书,诵读不能广博。《文苑英华》,先帝缵次,当择馆阁文学之士校正,与李善《文选》并镂板颁布,庶有益于学者。')"又,"祥符二年十月己亥,命太常博士石待问校勘。十二月辛未,又命张秉、薛映、戚纶、陈彭年(转下页)

第一章 "崇尚斯文,垂世教人":宋初四大书的编纂与宋代文化的承先启后

不过,曾任职馆阁或与参加编纂、校勘人员有交往的士人,当对此书不生疏,并曾受其影响编纂过不少诗文总集或文学性类书。王应麟《玉海》卷五十四《艺文·总集文章》"宋朝集选"条著录:

> 晏殊集类古今文章为《集选》二百卷(原注:删次梁、陈迄唐)。
>
> 杨亿集当世述作为《笔苑时文录》数十编。
>
> 庆历五年,李淑上光禄丞谢晔所编《集鉴》。五月六日赐同出身。
>
> 晁文庄公宗悫以《文选》、《续文选》、《艺文类聚》、《初学记》、《文苑英华》、南北朝泊隋唐人文集美字粹语,分百七十有四门,十卷,名曰《文林启秀》。
>
> 宋白类故事千余门,号《建章集》。①

此处所举诸书,或属总集,或为类书,性质有别,然编撰之人或直接参与过《文苑英华》的编纂(如宋白),或曾任职馆阁,多在各自的编纂活动中利用过此书,且我们明确可知的晏殊所编的《名贤集选》,就是以题材内容分类编排的。②

在编排方式上,姚铉的《唐文粹》也直接受到了《文苑英华》的影响。

(接上页)覆校"(王应麟《玉海》卷五十四《艺文·总集文章》"雍熙《文苑英华》"条,《景印文渊阁四库全书》第944册,第443页)。然不久荣王元俨宫火,延烧至崇文院、秘阁,二书尽毁。(参《宋会要辑稿·崇儒四·勘书》)故终北宋一朝,此书未能刊刻行世。然据《宋史》卷四百八十七《高丽传》载:"哲宗立,(高丽)遣使金上琦奉慰,林暨致贺。请市刑法之书、《太平御览》、《开宝通礼》、《文苑英华》。诏惟赐《文苑英华》一书。以名马、锦绮、金帛报其礼。"(14048页)《高丽史》卷十《宣宗世家》宣宗七年(1090年)亦载:"宋赐《文苑英华集》。"([朝鲜]郑麟趾《高丽史》,韩国亚细亚文化社,1972年,第211页)衍一"集"字,当即《文苑英华》,且宋赐高丽之书似应为刊本,而非写本。

① 王应麟《玉海》卷五十四《艺文·总集文章》"宋朝集选"条,《景印文渊阁四库全书》第944册,第444页。

② 据祝尚书先生所考,中国人民大学图书馆藏是书明抄残本24卷,即分题材类编。见其所撰《宋人总集叙录》卷一,中华书局,2004年,第36—39页。

《唐文粹》所选文体计分28类,而每类之下,多以题材内容分列。如赋类之下分圣德、失道、京都、三大礼赋、符宝、象纬、阅武、誓师、海潮、名山、华卉草木、鸟兽昆虫、古器、物景、决疑、修身、哀乐愁思、梦等计18小类。乐府诗分功成作乐、古乐、感慨、兴亡、幽怨、贞节、愁恨、艰危、边塞、神仙、侠少、行乐、追悼、愁苦、鸟兽花卉和古城道路,计16小类。虽类目与《文苑英华》相比,已有所变化(如更突出礼乐制度、人情事理等),然分类编排的思路并无二致。

现存宋人选编的文章选本,以南宋的居多,而北宋则很少。南宋时期,受进士科举试策论、经义的影响,论说等文体备受重视,而评点之风大兴。各种应科场之需、体裁单一的文章选本大量涌现,文体类目之下的题材划分逐渐淡出。然而,在南北两宋的许多诗歌选本中,则依旧较多地保留了自《文苑英华》《唐文粹》以来的以题材内容编排的方式。此略述一二。

王安石的《唐百家诗选》,原是分人选录,然稍后即有杨蟠元符元年(1098年)的分类本出现。据今存宋刻残本十三卷,大略可知其书的面貌。

> 卷一:日、月、雨、雪、云。卷二:四时、晨昏、节序、泉石。卷三:花木、茶果、虫鱼。卷四:京阙、省禁、屋室、田园。卷五:栖隐、归休。卷九:投谢、庆贺、酬答。卷十:僧道。卷十一:音乐、书画、亲族、坟庙、城驿、杂咏。卷十二:古官榭、古京室、古方国、昔人遗赏、昔人居处。卷十三:送上。卷十四:送下。卷十五:别意、有怀。卷十六:边塞、军旅、射猎。①

承《文苑英华》《唐文粹》分类之法,依题材分类,极为琐细,近于类书。

方回《瀛奎律髓》分类选编唐宋人五七言律诗,计分49类,其中除拗

---

① 傅增湘《藏园群书题记》卷十九"总集类",上海古籍出版社,1989年,第950页。

字、变体、着题三类外①，其余 46 类大致皆依题材划分。其编排顺序依次为：登览、朝省、怀古、风土、升平、宦情、风怀、宴集、老寿、春日、夏日、秋日、冬日、晨朝、暮夜、节序、晴雨、茶、酒、梅花、雪、月、闲适、送别、陵庙、旅况、边塞、宫阃、忠愤、山岩、川泉、庭宇、论诗、技艺、远外、消遣、兄弟、子息、寄赠、迁谪、疾病、感旧、侠少、释梵、仙逸、伤悼。这个类目较之其它诗文选本，尤具特色。因为它已经不是简单的类目划分，而是对每一类别划分的原因，都有说明，并由此明确表达着编者自身的诗歌理论和观念。像"登览类"，方回的题序说："登高能赋，于《传》识之。名山大川，绝景极目，能言者众矣。拔其尤者，以充隽永，且以为诸诗之冠。"②追溯源头，首立"登览类"。"朝省类"的说明："公槐卿棘，序鹭班鸳，人臣岂恶此而欲逃之？进思尽忠，退思补过，可以荣而无所愧，则声诗亦所以言志也。"③"进思尽忠，退思补过"，出处进退，无所愧疚，乃士人立身之本，故列为第二。再比如"升平类"的划分，方回说："诗家有善言富贵者，所谓'笙歌归院落，灯火下楼台'、'梨花院落溶溶月，柳絮池塘淡淡风'是也。然亦必世道升平而后可。……羽檄绎骚，疮痍憔悴，而曰君臣上下、朋友之间，可以逸乐昌泰，予未之信也。"④于"怀古"一类，方回又说："怀古者，见古迹，思古人，其事无他，兴亡贤愚而已。可以为法而不之法，可以为戒而不之戒，则又以悲夫后之人也。齐彭殇之修短，忘尧桀之是非，则异端之说也。有仁心者必为世道计，故不能自默于斯焉。"纪昀评此曰："此序见解颇高，可破近人流连光景、自矜神韵之习。"⑤似此则已不仅仅是在讨论诗歌理论了，就中又有很深的政治寓托。

---

① 其中"着题类"比较特别。其小序曰："着题诗，即六义之所谓赋而有比焉，极天下之最难。""今除梅花、雪、月、晴雨为专类外，凡杂赋体物肖形、语意精到者，选诸此。"（[宋]方回选评，李庆甲集评校点《瀛奎律髓汇评》卷二十七，上海古籍出版社，1986 年，中册，第 1151 页）着题是从手法上说的，然多用于咏物，从这一意义上说，此类的划分实亦可归于咏物一类。
② 李庆甲集评校点《瀛奎律髓汇评》卷一，上册，第 1 页。
③ 李庆甲集评校点《瀛奎律髓汇评》卷二，上册，第 46 页。
④ 李庆甲集评校点《瀛奎律髓汇评》卷五，上册，第 205 页。
⑤ 李庆甲集评校点《瀛奎律髓汇评》卷二，上册，第 78 页。

其余如宋绶、蒲积中编《古今岁时杂咏》、旧题刘克庄编《分门类纂唐宋时贤千家诗选》、赵孟奎编《分门类纂唐歌诗》等，也都是以题材分类的。甚至，整理诗人别集亦多依题材分门类编。像佚名《分门集注杜工部诗》，杨齐贤、萧士赟《分类补注李太白诗》和旧题王十朋的《王状元集百家注分类东坡先生诗》等，依题类编，蔚成风气。此处就不再赘述了。

综上，我们以为，《文苑英华》所收录的作品虽多出自隋唐五代作家之手，但它的编纂，却透露出宋代文体和文学发展的若干消息。《文苑英华》的编纂者看出了韩、柳古文作品的新创和博杂，又一时难以从理论上加以概括，于是将其归入"杂文"一类。稍后，《唐文粹》承其说又以"古文"名之。这实际上意味着二书的编纂者已开始从文体层面对韩、柳等人的古文给予肯定。这种肯定与自穆修、柳开以至欧阳修等人对古道与古文的提倡一起，开启了宋代文章创作的新生面。《文苑英华》又按题材内容分类，这往往能见出文体演变的痕迹。此外，按题材分类的方法还完整地展现了自然和人类社会的结构和秩序，反映出时人对事物的普遍认识水平。

第二章
"礼乐交举,儒术化成":宋真宗与宋代经学文献编纂的新变

一、宋真宗在宋代文化史上的作用

历来对宋真宗的评价是前期奉行祖宗法度,恪勤政事,后期崇信道教,东封西祀,粉饰太平,而对其在宋代思想文化发展中的作用和地位却往往忽略。实则宋太祖、太宗提出的重文抑武、崇尚文德的政策,即所谓"右文",是从当日政治现实出发提出的一个很宽泛和相对的概念,并无特定的思想导向。真正崇尚儒学,延续和发展了太祖、太宗的右文政策,并使之成为有宋一代"祖宗家法",进而形成普遍的社会风尚的,是宋真宗。这对宋代经学文献的编纂和宋代思想文化的发展演变起了重要的推动作用。故本章先讨论之。

(一)儒学发展与帝王好尚

"任何一个时代的统治思想,始终都不过是统治阶级的思想。"① 任何一个时代的占统治地位的意识形态和思想学术的发展变化,也往往与最高统治者的提倡和导向有密切的关系。自汉代以来,儒学因其具有"笃父子,正君臣,尚忠节,重仁义,贵廉让,贱贪鄙,开政化之本源,凿生

---

① [德]马克思、恩格斯《共产党宣言》,《马克思恩格斯选集》第一卷,人民出版社,1972年,第270页。

民之耳目,百王损益,一以贯之"①的重要政治、社会功用,逐渐进入主流的意识形态,它的兴起和发展演变,正与统治者的好尚密切相关。

汉高祖虽不喜儒生,然用叔孙通制订朝廷仪法,"杂采古礼与秦仪杂就之",一时实行,"无敢谨哗失礼者,于是高帝曰:吾乃今日知为皇帝之贵也",遂开儒家士人"希世度务制礼,进退与时变化"之先。② 西汉文帝时鲁之申培以《诗》学立为博士③,虽备员而已,却是以治一经而立学官之始。其弟子为博士者亦多④,皆传《鲁诗》,经学渐兴。景帝时,齐人辕固以治《诗》立博士,董仲舒、胡毋生则以治《春秋》立为博士。⑤ 此后,武帝"立五经博士,开弟子员,设科射策,劝以官禄,讫于元始,百有余年,传业者寖盛,支叶蕃滋,一经说至百余万言,大师众至千余人,盖利禄之路然也。初,《书》唯有欧阳,《礼》后,《易》杨,《春秋》公羊而已。至孝宣世,复立大小夏侯《尚书》,大小戴《礼》,施、孟、梁丘《易》,穀梁《春秋》。至元帝世,复立京氏《易》。平帝时,又立左氏《春秋》、《毛诗》、逸《礼》、古文《尚书》,所以罔罗遗失,兼而存之,是在其中矣"⑥。尤其自汉武帝属意儒学,"延文学儒者数百人,而公孙弘以《春秋》白衣为天子三公,封以平津侯。天下之学士靡然乡风"⑦。终汉之世,百家渐罢,儒术遂尊,厥功甚伟。

东汉光武帝爱好经术,早年受《尚书》于庐江许子威,及登大位,尊崇

---

① [唐]魏徵等《隋书》卷七十五《儒林传序》,中华书局,1973年,第1705页。
② [西汉]司马迁撰,[南朝宋]裴骃集解,[唐]司马贞索隐,[唐]张守节正义《史记》卷九十九《刘敬叔孙通列传》,中华书局,2013年,第3278—3283页。
③ [东汉]班固撰,[唐]颜师古注《汉书》卷三十六《楚元王传》:"文帝时,闻申公为《诗》最精,以为博士。"(中华书局,1962年,第1922页)
④ 《史记》卷一百二十一《儒林列传》:"弟子为博士者十余人:孔安国至临淮太守,周霸至胶西内史,夏宽至城阳内史,砀鲁赐至东海太守,兰陵繆生至长沙内史,徐偃为胶西中尉,邹人阙门庆忌为胶东内史。其治官民皆有廉节,称其好学。"(第3766页)
⑤ 参《史记》卷一百二十一《儒林列传》、《汉书》卷八十八《儒林传》。
⑥ 班固《汉书》卷八十八《儒林传赞》,第3620—3621页。
⑦ 司马迁《史记》卷一百二十一《儒林列传》,第3762页。

第二章 "礼乐交举,儒术化成":宋真宗与宋代经学文献编纂的新变

儒学,史载其"未及下车,而先访儒雅,采求阙文,补缀漏逸"①,又"数引公卿、郎、将讲论经理,夜分乃寐"②。由是"四方学士多怀协图书,遁逃林薮。自是莫不抱负坟策,云会京师,范升、陈元、郑兴、杜林、卫宏、刘昆、桓荣之徒,继踵而集。于是立五经博士,各以家法讲授。《易》有施、孟、梁丘、京氏,《尚书》欧阳、大小夏侯,《诗》齐、鲁、韩,《礼》大小戴,《春秋》严、颜,凡十四博士,太常差次总领焉"③。这对西汉以来经学尤其是今文经学的承继和发展起了重要的推动作用。此外,光武帝还大力揄扬经明行修之士,举逸民,宾处士,褒奖节义,敦厉名实,对士风的敦淳产生了积极的影响。东汉明帝自太子时曾从桓荣受《尚书》,从包咸习《论语》,及即位,遵奉光武制度,崇扬儒学,拜荣为太常,又以李躬为三老,桓荣为五更,尊礼备至。其游意经艺,每享射礼毕,正坐自讲,听者甚众,盛况空前。"自皇太子、诸王侯及功臣子弟,莫不受经。又为外戚樊氏、郭氏、阴氏、马氏诸子弟立学,号四姓小侯,置'五经'师。"④至羽林禁卫之人,亦令其通《孝经》章句。经学之盛,足与建武时期媲美,而永平之世,也号称"重熙而累洽,盛三雍之上仪,修衮龙之法服。铺鸿藻,信景铄,扬世庙,正雅乐。人神之和允洽,群臣之序既肃"⑤。及至汉章帝,尊礼经师,究心儒术,尤好《古文尚书》《春秋左传》。于建初四年,诏会诸儒于北宫白虎观,讲论五经异同,章帝亲临称制,统一经义,并仿汉宣帝甘露年间石渠阁讲论五经异同的做法,命史臣编成《白虎通义》,影响深远。章帝又"恐先师微言将遂废绝,非所以重稽古、求道真也。其令群儒选高才生,受学《左氏(春秋)》、《穀梁春秋》、《古文尚书》、《毛诗》,以扶微学,广

---

① [南朝宋]范晔撰,[唐]李贤等注《后汉书》卷七十九上《儒林列传序》,中华书局,1965年,第2545页。
② 范晔《后汉书》卷一下《光武帝纪下》,第85页。
③ 范晔《后汉书》卷七十九上《儒林列传序》,第2545页。
④ 范晔《后汉书》卷二《显宗孝明帝纪》李贤注引袁宏《汉纪》,第113页。
⑤ [南朝梁]萧统编,[唐]李善注,李培南等点校《文选》卷一班固《两都赋》,上海古籍出版社,1986年,第32页。

异义焉"①。同样对经学传承起了积极的推动作用。

隋文帝结束了南北分裂的局面,也使南北经学归于一统。《隋书·儒林传序》云:"自正朔不一,将三百年,师说纷纶,无所取正。高祖膺期纂历,平一寰宇,顿天网以掩之,贲旌帛以礼之,设好爵以縻之,于是四海九州强学待问之士靡不毕集焉。天子乃整万乘,率百僚,遵问道之仪,观释奠之礼。博士罄悬河之辩,侍中竭重席之奥。考正亡逸,研核异同,积滞群疑,涣然冰释。于是超擢奇隽,厚赏诸儒。京邑达于四方,皆启黉校,齐、鲁、赵、魏,学者尤多。负笈追师,不远千里,讲诵之声,道路不绝。中州儒雅之盛,自汉魏以来,一时而已。"②描绘出当日经学兴盛的状况。其中刘焯、刘炫尤"拔萃出类,学通南北,博极今古。后生钻仰,莫之能测"③,其所制诸经义疏,不仅为当时缙绅所宗,而且直接影响了唐代经疏的撰述。④

唐太宗锐意图治,贞观初,"始立孔子庙堂于国学,以宣父为先圣,颜子为先师。大征天下儒士,以为学官。……四方儒士,多抱负典籍,云会京师。俄而高丽及百济、新罗、高昌、吐蕃等诸国酋长,亦遣子弟请入于国学之内。鼓箧而升讲筵者八千余人,济济洋洋焉。儒学之盛,古昔未之有也。太宗又以经籍去圣久远,文字多讹谬,诏前中书侍郎颜师古考定《五经》,颁于天下,命学者习焉。又以儒学多门,章句繁杂,诏国子祭

---

① 范晔《后汉书》卷三《肃宗孝章帝纪》,第 145 页。
② 魏徵等《隋书》卷七十五,第 1706 页。
③ 魏徵等《隋书》卷七十五《儒林传序》,第 1707 页。
④ 如《毛诗正义》《尚书正义》,即多本之二刘义疏。孔颖达《毛诗正义序》曰:"近代为义疏者,有全缓、何胤、舒瑗、刘轨思、刘醜、刘焯、刘炫等,然焯、炫并聪颖特达,文而又儒,擢秀干于一时,骋绝辔于千里,固诸儒之所揖让,日下之所无双,其于作疏内特为殊绝。今奉敕删定,故据以为本。"([西汉]毛亨传,[东汉]郑玄笺,[唐]孔颖达疏《毛诗正义》,北京大学出版社,1999 年,第 3 页)又,孔颖达《尚书正义序》曰:"近至隋初,始流河朔,其为正义者,蔡大宝、巢猗、费甝、顾彪、刘焯、刘炫等。其诸公旨趣,多或因循怙释注文,义皆浅略,惟刘焯、刘炫最为详雅。……今奉明敕,考定是非。谨罄庸愚,竭所闻见,览古人之传记,质近代之异同,存其是而去其非,削其烦而增其简,此亦非敢臆说,必据旧闻。"(旧题[汉]孔安国传,[唐]孔颖达疏《尚书正义》,北京大学出版社,1999 年,第 3—4 页)

酒孔颖达与诸儒撰定《五经义疏》,凡一百八十卷,名曰《五经正义》,令天下传习"①。孔颖达在隋炀帝时已以经学称冠,他与颜师古、王德韶、杨士勋等人在汉魏以来经学的基础上,斟酌旧注,统合义疏,撰为《五经正义》,"博综古今,义理该洽,考前儒之异说,符圣人之幽旨,实为不朽"②。不仅消解今古,泯灭南北,统一儒家经说,使其成为占统治地位的意识形态,而且被悬为功令,用以取士,由唐至宋,行之数百年,影响后世,至深至巨。

五代时期,虽朝代更迭,战事频繁,然在后唐明宗的支持下,却以唐开成石经为基础,于明宗长兴三年(932年),首次用雕板印刷技术刻印《五经》注本③,至后汉隐帝乾祐元年(948年),又继续雕印"九经"中另外的四经注《周礼》《仪礼》《春秋公羊传》《穀梁传》④,由此开雕板印刷儒家经籍的先河。北宋国子监刊刻"九经"注本即本之五代国子监旧本,而南宋国子监"九经"等又出于北宋国子监本,其对后世的影响可谓大矣。

(二)宋太祖、太宗崇儒右文的本意

宋初推行崇儒右文的国策,太祖、太宗倡导读书,鼓励名节,勤于讲学,多兴学校,制礼作乐,校勘经籍,逐渐形成一种整个社会重视读书、崇

---

① [五代后晋]刘昫等《旧唐书》卷一百八十九上《儒学传序》,中华书局,1975年,第4961页。一百八十卷,原作"一百七十卷",据《旧唐书》卷七十三《孔颖达传》改。

② 刘昫等《旧唐书》卷七十三《孔颖达传》,第2602—2603页。

③ [宋]王钦若等编纂,周勋初等校订《册府元龟》卷六百八《学校部》十二"刊校":"马缟为太子宾客。长兴三年四月,敕:'近以遍注石经雕刻印板,委国学每经差专知业博士儒徒五六人勘读并注,今更于朝官内别差五人充详勘官。太子宾客马缟、太常丞陈观、祠部员外郎兼太常博士段颙、太常博士路航、屯田员外郎田敏等。朕以正经事大,不同诸书,虽以委国学差官勘注,盖缘文字极多,尚恐偶有差误。马缟已下,皆是硕儒,各专经业,更令详勘。贵必精研,兼宜委国子监于诸色选人中召能书人,谨楷写出,旋付匠人雕刻。每五百纸与减一选,所减等第,优与选转官资。'时宰相冯道以诸经舛谬,与同列李愚委学官等,取西京郑覃所刊石经,雕为印板,流布天下,后进赖之。"(凤凰出版社,2006年,第7册,第7018页)

④ 王钦若等《册府元龟》卷六百八《学校部》十二"刊校":"汉隐帝乾祐元年四月,国子监上言,在监雕印板九经内,只《周礼》、《仪礼》、《公羊》、《穀梁》四经未有印板,今欲集学官校勘四经文字,雕造印板。从之。"(第7册,第7018页)

尚知识和尊礼士人的风气。太祖、太宗的喜爱读书,都是早年就养成的。史载太祖"性严重寡言,独喜观书,虽在军中,手不释卷"①,太宗亦"性嗜学。宣祖总兵淮南,破州县,财物悉不取,第求古书遗帝,恒饬厉之。帝由是工文业,多艺能"②。太祖登大位,一再鼓励群臣读书,谓:"今之武臣欲尽令读书,贵知为治之道。""宰相须用读书人。"③又频频临幸国学,先后诏赵孚、李觉、王昭素等讲《易》《书》,采纳判太常寺窦俨之言,重修禋享宴会之乐,命大礼使范质讲求礼乐仪制,命刘温叟、李昉等修《开元礼》,薛居正等修《五代史》,诏有司增葺国子监学舍,都显示出鲜明的崇尚文德的倾向。太宗则命臣下广收图书,三馆之外复置秘阁,并谓:"夫教化之本,治乱之源,苟无书籍,何以取法?"④又曰:"国家勤求古道,启迪化源,国典朝章,咸从振举,遗编坠简,宜在询求,致治之先,无以加此。宜令三馆所有书籍,以《开元四部书目》比校,据见阙者,特行搜访。"⑤并明确提出:"王者虽以武功克敌,终须以文德致治。朕每日退朝,不废观书,意欲酌先王成败而行之,以尽损益也。"⑥因此,他即位不久,就以三馆新修书院为崇文院,并开始进行大规模的图书修纂工作。诏李昉等先后修《太平御览》《太平广记》和《文苑英华》,诏陈鄂等详定《玉篇》《切韵》,命徐铉等校订《说文》,令医官集《太平圣惠方》,诏以司业孔维等奉敕所校《五经正义》一百八十卷,交国子监镂板推行,命校"七经"疏义等等,进一步延续和强化了自开国以来的崇尚文德的导向。

---

① [宋]李焘《续资治通鉴长编》卷七,乾德四年五月乙亥,中华书局,2004年,第1册,第171页。又,《宋史·太祖本纪》亦谓其"好读书","重儒者",见[元]脱脱等《宋史》卷三,中华书局,1985年,第1册,第50页。

② 脱脱等《宋史》卷四《太宗本纪》,第1册,第53页。

③ [宋]范祖禹《帝学》卷三,《景印文渊阁四库全书》第696册,台湾商务印书馆,1985年,第743页。

④ 李焘《续资治通鉴长编》卷二十五,雍熙元年正月壬戌,第2册,第571页。

⑤ [清]徐松辑,刘琳等校点《宋会要辑稿·崇儒四·求书、藏书》,上海古籍出版社,2014年,第5册,第2824页。

⑥ [宋]李攸《宋朝事实》卷三"圣学",《景印文渊阁四库全书》第608册,台湾商务印书馆,1984年,第30页。

第二章 "礼乐交举,儒术化成":宋真宗与宋代经学文献编纂的新变

然综观宋太祖、太宗两朝的重文抑武、崇尚文德政策,所谓"右文",实是从当日政治现实出发提出的一个很宽泛和相对的概念。史载太祖于即位之初就临幸国子监,诏加饰祠宇并塑绘先圣先贤之像,次月又幸①,似示天下以崇儒意向,然史臣记其临幸玉津园、迎春苑宴射,至讲武殿、铁骑营阅兵、临造船务习水战之事则更多,可见他本人并非真的重文轻武,他只是想消除掉可能会危及其皇权的将领的"武";他所谓的"右文",也并不是什么自觉的意识,而是有鉴于五代以来军阀割据、尾大不掉而不得不采取的制衡之策。②太祖曾命崔颂、陈鄂等修订、刊印《经典释文》,命卢多逊等修《开宝通礼》,然著名的开宝《大藏经》五千余卷,十三万余板,也是他于开宝四年(971年)命内官高品张从信前往成都督促雕造的,是为《大藏经》刊刻的祖本。宋太宗喜好读书是人们熟知的。他给自己订立读书计划,如日读《太平御览》三卷等。又设立制度,置翰林侍读学士,常让吕文仲、吴淑、杜镐等人伴他读经史典籍,还为诸王府设置了侍讲。但看他所读之书,往往旁涉博览,相当广泛,决不限于儒家经典。③如太平兴国年间,太宗"每御便殿观古碑刻,辄召(吕)文仲、舒雅、杜镐与吴淑读之。尝令文仲读《文选》,继又令读《江海赋》,皆有赐赍"④。太宗于即位之初,曾诏孔子四十四世孙孔宜袭封文宣王,然不久又赐陈抟号希夷先生,屡与之唱和,礼遇有加。⑤太宗于端拱元年诏国子监刊印《五经正义》⑥,然此前他刚即位时诏大臣编纂的,却是《太平御

---

① 李焘《续资治通鉴长编》卷三,建隆三年六月乙未引《实录》及《会要》,云:"太祖以建隆二年十一月始幸国子监,三年正月又幸。"(第68页)

② 太祖曾谓赵普曰:"五代方镇残虐,民受其祸,朕令选儒臣干事者百余,分治大藩,纵皆贪浊,亦未及武臣一人也。"(《续资治通鉴长编》卷十三,开宝五年十二月,第293页)

③ 参《宋会要辑稿·职官》六之五六、《续资治通鉴长编》卷二十四太平兴国八年、卷三十八至道元年六月、《宋史》卷二百九十六《吕文仲传》等。

④ 脱脱等《宋史》卷二百九十六《吕文仲传》,第9871页。

⑤ 太宗喜与文士唱和,也是出了名的。如后苑钓鱼君臣唱和、弈棋唱和等,参《中山诗话》、《庚溪诗话》卷上、《石林诗话》卷八等。

⑥ [宋]王应麟撰,武秀成、赵庶洋校证《玉海艺文校证》卷九,凤凰出版社,2013年,第411页。

览》《太平广记》《文苑英华》《神医普救》《三教圣贤事迹》等大型类书、生活日用和三教圣贤之书。可见宋初两朝的崇尚文德确是很宽泛的,就中既包含了对儒家礼义道德、忠孝名节的提倡,也包括了对释、道、经史百家思想学术的容纳,并无特定的思想导向。

(三) 宋真宗与北宋崇儒风气的形成

真正崇儒重文,延续太祖太宗的右文政策,并使之成为有宋一代"祖宗家法",进而形成普遍的社会风尚的,是宋真宗。

宋太宗时,重视东宫讲读,太平兴国八年(983年),太宗曾为诸王及皇子府置谘议、翊善和侍讲等官①。真宗自幼聪颖,"就学受经,一览成诵"②,"自出阁后,专以讲学属词为乐。禁中游息之所,皆贮图籍,置笔砚。及即位,每召诸王府侍讲邢昺及国子监直讲孙奭等更侍讲说,质问经义,久而方罢"③。其读书又能反复玩味,领会旨义,自谓:"朕在东宫,(邢)昺为侍讲,尝遍讲'九经'。书亦有三五过或十余过者,唯《尚书》凡十四讲。盖先帝慈旨勉励,每旦听书,食讫习射,使与兄弟朝夕同处,所习者文武二事尔。"④《湘山野录》卷中亦载:"真宗居藩邸,升储宫,命侍讲邢昺说《尚书》凡八席,《诗》、《礼》、《论语》、《孝经》皆数四。既即位,咸平辛丑至天禧辛酉,二十一年间,虽车辂巡封,遍举旷世阔典,其间讲席,岁未尝辍。至末年,诏直阁冯公元讲《周易》,止终六十四卦,未及《系辞》,以元使虏,遂罢。及元归,清躬渐不豫。后仁宗即位半年,侍臣以崇政殿阁所讲遗编进呈,方册之上,手泽凝签及细笔所记异文,历历尽在。两宫抱泣于灵幄数日。命侍臣撰《讲席记》。"⑤这些记载,都可看出真宗

---

① 李焘《续资治通鉴长编》卷二十四,太平兴国八年三月己巳载:"诸王及皇子府初置谘议、翊善、侍讲等官,以户部员外郎王遹、著作佐郎姚坦、国子博士邢昺等十人为之。先是,诏丞、郎、给谏以上官,于常参官中,举年五十以上通经者备宫僚,遹等被举。"(第1册,第540页)
② 脱脱等《宋史》卷五《真宗纪》,第1册,第103页。
③ 范祖禹《帝学》卷三,《景印文渊阁四库全书》第696册,第745页。
④ 范祖禹《帝学》卷三,《景印文渊阁四库全书》第696册,第747页。
⑤ [宋]释文莹《湘山野录》卷中,中华书局,1984年,第23页。

第二章 "礼乐交举,儒术化成":宋真宗与宋代经学文献编纂的新变

在东宫时所受的教育及其对后来的重要影响。

真宗在东宫时还喜欢搜集典籍、整理图书。自谓:"朕自幼至今读经典,其间有过数四。在东宫时,惟以叙书为念,其间亡逸者,多方购求,颇有所得。今已类成正本,除三馆、秘阁外,又于后苑龙图阁各存一本,但恨校对未精。如《青宫要纪》《继体治民论》,此一书二名,并列篇目。盖购书之初,务于数多,不嫌重复,甚无谓也。"其后,"景德四年三月,召近臣观书玉宸殿,即帝偃息之所。茵帏皆黄绢为之,无文采之饰,叙书八千余卷。帝曰:此惟正经、正史累校定者,小说、它书不置于此。盖俯近禁中,最便观览。国家搜访图书,其数渐广。臣僚家有叙书者,朕先借其目,参校所少,并令抄补,所得甚多,信非时手不能备此。今秘阁之后新衣库,虽有栋宇,地犹狭隘,朕累令经度。若迁此库以广其地,尤为佳事,当谕刘承珪增葺之"。天禧"三年九月,召宰臣枢密两制及东宫僚属,于清景殿观书。帝以《青宫要纪》事有未备,因博采群书,广为《承华要略》十卷,每篇著赞,以赐皇太子。至是书成,故召近臣观焉"。① 不但用心搜求,而且自作叙录,校勘整理。待到他即位后,又屡诏刊印儒家经籍、编纂图书。如命崔颐正、邢昺、舒雅等覆校《五经正义》,又详定《孝经》《论语》《尔雅》文字,校刊《公羊传》《穀梁传》《周礼正义》《仪礼正义》四经疏,编纂《册府元龟》等,都不能说与此没有关系。

东宫的读书和熏染,对真宗影响很大,讲经论史,俨然已成为一种兴趣爱好。他说:"勤学有益,最胜它事,且深资政理,无如经书。"并以自身说法,谓:"朕听政之暇,惟文史是乐,讲论经义,以日系时,宁有倦邪?"② 这当然又不仅仅是一个自身修习的问题,它更关乎治国理政。在《崇儒术论》中,他又说道:"儒术污隆,其应实大,国家崇替,何莫由斯。故秦衰则经籍道息,汉盛则学校兴行。其后命历迭改,而风教一揆。有唐文物最盛,朱梁而下,王风寖微。太祖、太宗丕变敝俗,崇尚斯文。朕获绍先

---

① 范祖禹《帝学》卷三,《景印文渊阁四库全书》,第 696 册,第 747 页。
② 范祖禹《帝学》卷三,《景印文渊阁四库全书》,第 696 册,第 746 页。

业,谨遵圣训,礼乐交举,儒术化成,实二后垂裕之所致也。"①此文写于大中祥符五年(1012年),并刻石国子监,虽说"礼乐交举,儒术化成"的话,不免夸张,然宋真宗自觉地奉行崇儒重文的国策,在有宋一代儒学发展的历程中起了十分重要的推动作用,是无疑的。

  宋真宗的崇儒,首先表现在经筵制度的建立上。他即位之初,便于咸平元年(998年)正月,诏崔颐正讲《尚书·大禹谟》,并命大臣"更于班行中选经明行修之士一二人,具以名闻。自是日令颐正赴御书院侍对,讲《尚书》至十卷"②。次年七月,又幸国子监,诏崔偓佺讲《尚书》,并"置翰林侍读学士。以兵部侍郎杨徽之、户部侍郎夏侯峤、工部郎中吕文仲为之。置翰林侍讲学士。以国子祭酒邢昺为之。初,太宗命文仲为翰林侍读,寓直禁中,以备顾问,然名秩未崇。上奉承先志,特建此职。择老儒旧德以充其选,班秩次翰林学士,禄赐如之。设直庐于秘阁,侍读更直。侍讲长上,日给尚食珍膳,夜则迭宿,令监馆阁书籍。中使刘崇超日具当宿官名,于内东门进入。自是多召对询访,或至中夕焉"③。由此建立起一套完善的经筵制度。此后又频频诏儒臣讲经,如诏邢昺讲《春秋左传》《礼记·中庸》,诏冯元讲《周易》《论语》,习以为常,示天下以轨则。④ 咸平四年(1001年)六月,真宗又诏诸路州县凡有学校聚徒讲学之所,并颁"九经"。景德三年(1006年),"诏天下诸郡咸修先圣之庙。又诏庙中起讲堂,聚学徒,择儒雅可为人师者以教焉"⑤,等等。"上以风化下。"崇儒重文,在宋真宗的提倡下,已由个人修习、庙堂之策,逐渐渗入普通士子的生活,其产生的影响,是不可低估的。可以说,只有到了真宗

---

① 李焘《续资治通鉴长编》卷七十九,大中祥符五年十月辛酉,第1798—1799页。
② 李焘《续资治通鉴长编》卷四十三,咸平元年正月甲戌,第2册,第908页。
③ 李焘《续资治通鉴长编》卷四十五,咸平二年七月丙午,第2册,第957页。
④ 大中祥符九年二月,真宗亦"诏以(寿春)郡王(即后之仁宗)学堂为资善堂。八月,真宗赐王歌凡七轴:曰劝学、曰修身、曰怀俭约、曰慎所好、曰恤黎民、曰勿矜伐、曰守文"(《帝学》卷四,《景印文渊阁四库全书》第696册,第748页)。
⑤ [宋]杨大雅《重修先圣庙并建讲堂记》,曾枣庄、刘琳主编《全宋文》卷二百十一,上海辞书出版社、安徽教育出版社,2006年,第10册,第329页。

第二章 "礼乐交举,儒术化成":宋真宗与宋代经学文献编纂的新变

朝,崇儒右文才真正成为朝廷有意识的提倡,成为一个时代的风尚。

其次,真宗的崇儒重文,又体现在经籍的校勘整理上。儒学兴盛,经籍大备。自开国到景德年间,国子监所刊经籍的数量已为数甚众。景德二年(1005年)五月,真宗亲临国子监,问及书库经籍板刻。邢昺曰:"国初不及四千,今十余万,经史正义皆具。臣少时业儒,观学徒能具经疏者百无一二,盖传写不给。今板本大备,士庶家皆有之,斯乃儒者逢时之大幸也。"上幸喜曰:"国家虽尚儒术,然非四方无事,何以及此。"①这里说到"四方无事",自是儒学复兴的重要原因(就中亦有前一年宋、辽两国缔结澶渊之盟的背景),然经籍至此大备,也不能不说是自宋初以来尤其是真宗一向注重经籍整理的结果。这里值得我们注意的是,太宗末年,虽采纳李至的意见,始诏李沆、杜镐编纂《孝经》《论语》和《尔雅》新疏,然显然未及完成。真宗即位之初,便"命国子祭酒邢昺代领其事,杜镐、舒雅、李维、孙奭、李慕清、王焕、崔偓佺、刘士元预其事,凡贾公彦《周礼》、《仪礼疏》各五十卷,《公羊疏》三十卷,杨士勋《穀梁疏》十二卷,皆校旧本而成之。《孝经》取元行冲《疏》,《论语》取梁皇侃《疏》,《尔雅》取孙炎、高琏《疏》,约而修之,又二十三卷。(咸平)四年九月丁亥以献。赐宴国子监,进秩有差。十月九日,命杭州刻板"②。后世的"十三经注疏"中,《孝经注疏》《论语注疏》《尔雅注疏》三种皆成于真宗朝,而《孟子音义》二卷也是真宗下诏校勘《孟子》时修撰的。史载大中祥符五年(1012年)"十月,诏国子监校勘《孟子》。直讲马龟符、冯元、说书吴易直同校勘,判国子监、龙图阁待制孙奭、虞部员外郎王旭覆校,内侍刘崇超领其事。奭等言:'《孟子》旧有张镒、丁公著二家撰录,文理舛互。今采众家之善,削去异端,仍依《经典释文》,刊《音义》二卷(是年四月以进)。'诏两制与丁谓看详。乞送本监镂板"③。故清四库馆臣曰:"考赵岐《孟子题词》,汉文帝时已以《论语》、《孝经》、《孟子》同置博士。而孙奭是编实大中祥符间

---

① 李焘《续资治通鉴长编》卷六十,景德二年五月戊辰,第1333页。
② 《玉海艺文校证》卷七"咸平《孝经》、《论语正义》"条,第328—329页。
③ 徐松《宋会要辑稿·崇儒四·勘书》,第5册,第2817页。

奉敕校刊《孟子》所修。然则表章之功,在汉为文帝,在宋为真宗;训释之功,在汉为赵岐,在宋为奭。"①这是符合事实的。

真宗对崇儒重文的提倡,还突出地表现在他在科举制度上所采取的一些新举措。宋初承唐制,科举重进士,以诗赋取士。虽取人最多,然浮华之风亦不能免。对此,咸平年间已有人上书言:"圣人居守文之运者,将欲清化源,在乎正儒术。……今进士之科,大为时所进用,其选也殊,其待也厚。进士之学者,经史子集也,有司之取者,诗赋策论也。……五常、六艺之意,不遑探讨。其所习泛滥而无著,非徒不得专一,又使害生其中。"因此建议:"明行制令,大立程式。每至命题考试,不必使出于经籍之外,参以正史。至于诸子之书,必须辅于经、合于道者取之,过此则斥而不用。然后先策论,后诗赋,责治道之大体,舍声病之小疵。知其所习之书简而有限,知其所学之文正而有要。不施禁防,而非圣之书自委弃于世矣;不加赏典,而化成之文自兴行于世矣。"②真宗对此建议颇为欣赏。而到了景德二年(1005年),进士考试已开始用经义命题。此年礼部试考赋即以"当仁不让于师"为题。③ 当时贾边因释"师"为"众",李迪落韵,二人都没有进入礼部上奏殿试的名单中,然因二人在场屋中颇有声名,礼部特别提出来让其参加殿试。参知政事王旦则认为:"落韵者,失于不详审耳,舍注疏而立异论,辄不可许。恐士子从今放荡无所准的。"④遂取李迪而黜贾边。及殿试之时,真宗亲试礼部举人,取李迪以下进士二百四十六人,以李迪为最优,赞扬李谘纯孝,这都不难见出朝廷取士重经旨的倾向。不仅仅是礼部试,此年的殿试也已开始以正经命题。此年七月,龙图阁待制戚纶和礼部贡院上书真宗曰:"近年进士多务

---

① [清]永瑢等《四库全书总目》卷三十五《孟子音义提要》,中华书局,1965年,第291页。
② 李焘《续资治通鉴长编》卷五十三,咸平五年十一月庚申张知白上疏,第1168—1169页。
③ [宋]苏辙《龙川别志》卷上,记此年有"南省试《当仁不让于师赋》"云云,中华书局,1982年,第81页。
④ 李焘《续资治通鉴长编》卷五十九,景德二年三月甲寅,第1322页。

第二章 "礼乐交举,儒术化成":宋真宗与宋代经学文献编纂的新变

浇浮,不敦实学,惟钞略古今文赋,怀挟入试。昨者,廷试以正经命题,多懵所出。……仍请戒励专习经史。"①所谓"昨者",当指此年的殿试。到了景德四年(1007年)闰五月,制科考试也开始从经义中命题。真宗在崇政殿廷试应贤良方正制科考试的士人,便明确命两制各以经义撰拟策问,选而考之,结果著作佐郎陈绛、溧水县主簿夏竦被取为第四次等。真宗告诉大臣王旦说:"比设此科,欲求才识,若但考文义,则积学者方能中选,苟有济时之用,安得而知?朕以为六经之旨,圣人用心固与子史异矣。今策问宜用经义,参之时务。"王旦答曰:"臣等每奉清问,语及儒教,未尝不以六经为首。迩来文风丕变,实由陛下化之。"②同月,"龙图阁待制陈彭年又上言:请令有司详定考校进士诗赋、杂文程式,付礼部贡院遵行。又请许流内选人应宏词拔萃科,明经人投状自荐策试经义,以劝儒学。诏贡院考较程式,宜令彭年与待制戚纶、直史馆崔遵度、姜屿议定,余令彭年各具条制以闻"③。对于不遵经旨著文立说的士人,真宗则还准备加以黜戒。④ 可见,依经义拟题自此已逐渐成为定式,其影响是极为深远的。程杰先生曾指出:"太宗朝的进士试题多《六合为家》之类的歌颂题材,太宗晚年试《卮言日出》题,虽存心革弊,取材却是子书(《庄子》)。只有到了真宗朝才纯然以正经酌正史之义命题。……真宗咸平以来,科举遵守'经旨',多以经史命题,集中反映了当时政治思想和崇文风气内涵的变化。"⑤这是很敏锐和有见地的看法。

宋太祖、太宗、真宗所诏讲经之人和经筵之臣,如孙奭、邢昺、崔颐正、冯元等,多经明行修、性情淳正,故其经筵讲说,也多本经疏,不务新奇。然帝王读经,与一般儒学之士不同,帝王"学尧舜之道,务知其大指,必可举而措之天下之民,此之谓学也。非若人臣析章句、考异同、专记

---

① 李焘《续资治通鉴长编》卷六十,景德二年七月丙子,第1352页。
② 李焘《续资治通鉴长编》卷六十五,景德四年闰五月壬申,第1459—1460页。
③ 李焘《续资治通鉴长编》卷六十五,景德四年闰五月壬辰,第1461页。
④ 李焘《续资治通鉴长编》卷六十六,景德四年七月壬申,第1472页。
⑤ 程杰《北宋诗文革新研究》,内蒙古教育出版社,2000年,第33页。

诵、备对问而已"①。前者的政治色彩和实用功能更明显。目的既不同，加之太祖、太宗又出身行伍，读书原无拘禁，而真宗虽生长宫中，亦无所谓家法师法。故其读经往往主张"必究微旨"，不遵传疏。史载太祖读《尚书·舜典》，感叹"尧舜之世，四凶之罪，止从投窜，何近代宪网之密耶"②。其理解"流共工于幽州，放驩兜于崇山，窜三苗于三危，殛鲧于羽山"，已与孔安国不同。③ 或称其"洞见经旨"，"仁心发见，遂能破千古之惑"④，或以为"盖有意于措刑也。故开宝以来，犯大辟非情理深害者，多贷其死"⑤，虽不免夸大和理想化，然太祖解经存有明显的政治背景和不肯因循传注也是事实。太宗也是不拘传注，注重经典本义的。比如他读《尚书·伊训》诸篇，至伊尹放太甲事，对杜预《左传后序》引《竹书纪年》之说⑥，就不以为然。他认为："岂有杀其父而复相其子者乎？且伊尹著书训君，具在方册，必无自立之意。杜预通博，不当凭汲冢杂说特立疑义，使伊尹忠节惑于后人。"⑦其解经从《尚书》而不取《竹书纪年》之说，是遵经义，然辨太甲不会"杀其父而复相其子"，又是以常理解经而非恪守传注。真宗读经，常常是反复数四，在对经典的解读上更是注重发其微旨。曹彦约《经幄管见》卷一引《三朝宝训》云："景德四年，上问王旦：'仲尼作《春秋》'，因言五经大义。朕在藩邸时，邢昺继日讲说。但经籍立言，各有旨趣，不能无同异。每询于昺，但引义疏以对，推之圣人应机设

---

① 范祖禹《帝学》卷三，《景印文渊阁四库全书》第 696 册，第 743 页。
② 李焘《续资治通鉴长编》卷十六，开宝八年三月丁亥，第 1 册，第 337 页。
③ 《尚书正义》卷三，孔传："殛窜放流，皆诛也。异其文，述作之体。"（第 66 页）
④ ［宋］曹彦约《经幄管见》卷三，《景印文渊阁四库全书》第 686 册，第 57 页。
⑤ 李焘《续资治通鉴长编》卷十六，开宝八年三月丁亥，第 1 册，第 337 页。
⑥ ［晋］杜预《左传后序》："《纪年》又称殷仲壬即位，居亳，其卿士伊尹。仲壬崩，伊尹放大甲于桐，乃自立也。伊尹即位，放大甲七年，大甲潜出自桐，杀伊尹，乃立其子伊陟、伊奋，命复其父之田宅而中分之。《左氏传》'伊尹放大甲而相之，卒无怨色'。然则大甲虽见放，还杀伊尹，而犹以其子为相也。此为大与《尚书叙》说大甲事乖异。不知老叟之伏生，或致昏忘；将此古书，亦当时杂记，未足以取审也。为其粗有益于《左氏》，故略记之，附《集解》之末焉。"（［晋］杜预集解，［唐］孔颖达疏《春秋左传正义》，北京大学出版社，2000 年，第 1983—1984 页。）
⑦ 范祖禹《帝学》卷三，《景印文渊阁四库全书》第 696 册，第 744 页。

第二章 "礼乐交举,儒术化成":宋真宗与宋代经学文献编纂的新变

教,所说同异,终不能谈其微旨。至若孔子言管仲如其仁,复云与召忽事公子纠,召忽死之,管仲乃归齐,相桓公,九合诸侯。岂非召忽以忠死,管仲不能固其节耶?为臣之道,当若是乎?'昺不能对。"①其实,邢昺对此是有解释的。咸平年间,在邢昺的主持下,已完成《孝经》《论语》和《尔雅》新疏的修纂工作,并在杭州刻板。《论语·宪问》篇谓:"子路曰:'桓公杀公子纠,召忽死之,管仲不死。曰未仁乎?'子曰:'桓公九合诸侯、不以兵车,管仲之力也。如其仁,如其仁。'子贡曰:'管仲非仁者与?桓公杀公子纠,不能死,又相之。'子曰:'管仲相桓公,霸诸侯,一匡天下,民到于今受其赐。微管仲,吾其被发左衽矣。岂若匹夫匹妇之为谅也,自经于沟渎而莫之知也?'"何晏注引王肃曰:"管仲、召忽之于公子纠,君臣之义未正成,故死之未足深嘉,不死未足多非。死事既难,亦在于过厚。故仲尼但美管仲之功,亦不言召忽不当死。"②邢昺疏亦同王肃说。管仲与召忽皆为公子纠之臣,公子纠死于齐国内乱,召忽从之,这是忠于其主(非君臣关系)。而同为公子纠之臣的管仲,不但未殉其主,反而出任公子纠的政敌齐桓公的大臣,这便是不忠。然而这种不忠比起他佐成齐桓公九合诸侯、一匡天下的霸业来,就微不足道了。殉其主是小忠,使国家民族走向强盛才是大忠。所以,孔子说这就是管仲的仁,是真正的仁,王肃和邢昺也都从管仲后来的创立功业上为说。经注原本是清楚的,然真宗却认为管仲这样做并非忠臣,经注之说不可取。邢昺"圣人应机设教"的解读难以说服他。真宗这里对经义的探讨,既是儒家传统君臣观念的反映,也是从君王角度进行的政治考量。他似乎一直在怀疑经注背后尚有"微旨",而传统经传的解释终不能令其信服。

其实,自宋初以来,不遵经传甚而疑经惑传的学者已不乏其人。即如太祖时隐居乡里、"聚徒教授以自给"③的王昭素,其撰《易论》三十三

---

① 曹彦约《经幄管见》卷一,《景印文渊阁四库全书》第686册,第45页。
② [三国魏]何晏注,[宋]邢昺疏《论语注疏》卷十四,北京大学出版社,1999年,第191—193页。
③ 脱脱等《宋史》卷四百三十一《王昭素传》,第37册,第12808页。

卷,"以注疏异同,互相诘难,蔽以己意"①。太宗、真宗朝,更有疑经书非圣人所作者。如乐史疑《仪礼》非周公所作,范谔昌撰《大易源流图》《易证坠简》,疑《系辞》非孔子所命名,辨周、孔述作与诸儒异。② 前者"好著述,然博而寡要。以五帝、三王皆云仙去,论者嗤其诡诞"③,后者生平行事今已不详,从他序中所言任毗陵从事,闲退著书看④,他们或疑经或非圣,都有一个共同的特点,那就是家世既非显赫,学问亦无所师,治学自然少有约束。

至仁宗朝,疑经惑传现象更为普遍,流风所及,至有"读《易》未识卦爻,已谓'十翼'非孔子之言;读《礼》未知篇数,已谓《周官》为战国之书;读《诗》未尽《周南》《召南》,已谓毛、郑为章句之学;读《春秋》未知十二公,已谓'三传'可束之高阁"⑤。已成为一种社会思潮。然若追溯这一思潮的形成,宋初君臣尤其是宋真宗在宋代思想文化发展转变中的作用实不可忽略。⑥至于真宗后期的崇奉道教,伪造天书,东封西祀,多半是迫于来自外部的威胁和压力,欲以神道设教,"镇服四海,夸示戎狄"的无奈之举⑦,另当别论。

继真宗之后,宋仁宗承真宗朝崇儒尚文的家法和思想导向,以儒学为本,以宽仁治国,宋学规模得以形成,政治范式得以建立,遂为后人所

---

① [宋]晁公武撰,孙猛校证《郡斋读书志校证》卷一,上海古籍出版社,1990年,第27页。

② 参宋章如愚《群书考索》前集卷九"《仪礼》"条。其曰:"大宋朝乐史谓《仪礼》有可疑者五。"(《景印文渊阁四库全书》第936册,第136页)陈振孙谓其"辨《系辞》非孔子命名,止可谓之赞系,今《爻辞》乃可谓之系辞。又复位其次序。又有补注一篇,辨周、孔述作,与诸儒异"(《直斋书录解题》卷一《易证坠简解题》,上海古籍出版社,1987年,第8页)。

③ 脱脱等《宋史》卷三百六《乐黄目传》,第29册,第10112页。

④ 参《直斋书录解题》卷一《易证坠简解题》等。

⑤ [宋]司马光《传家集》卷四十二《论风俗札子》,《景印文渊阁四库全书》第1094册,台湾商务印书馆,1985年,第390页。

⑥ 真宗又撰有《春秋要言》,尊崇君王之道,早在孙复之前。

⑦ 又,曾巩《隆平集》卷一"馆阁(文籍附)":"《道藏经》,大中祥符九年,枢密使王钦若删详,凡三洞四部,共四千三百五十九卷。"(《景印文渊阁四库全书》第371册,第9页)

极力称道。如范祖禹所说:"古之人君好学者有之矣,未有终身好之而不厌者也。仁宗皇帝在位四十二年,以尧舜为师法,待儒臣以宾友,迩英讲学,游心圣道,终身未尝少倦。是以一言一动,仁及四海,如天运于上而万物各遂其生于下,其本由于学故也。"①然观其经筵所讲、与大臣所论以及平日措置等,无不承真宗而来②,这里就不赘述了。

总之,宋真宗在宋代思想文化发展中的重要作用和地位是不应低估的。

二、孟子升格运动与《孟子注疏》的编纂、刊刻与流传

上文曾谈到,在宋真宗的提倡之下,儒家经学典籍的整理刊刻十分繁荣,后世的《十三经注疏》中,有三种(《孝经注疏》《论语注疏》《尔雅注疏》)即成于真宗朝,而《孟子音义》二卷也是真宗下诏校勘《孟子》时修撰的。只是旧题孙奭编纂的《孟子注疏》,自北宋起即疑窦丛生,至清遂定为伪撰。其实,撰疏者虽未必是孙奭,却也并未作伪,作伪者,刊刻之书商也。《孟子注疏》的编纂是孟子升格运动背景下的产物,它的产生,应在宋神宗熙宁四年(1071年)《孟子》与《论语》定为兼经之后,宋哲宗元祐之前。其单疏本的出现至迟在宋高宗绍兴中期,注疏合刊本则在宋宁宗嘉泰、开禧年间。《孟子注疏》之进入官方的经学体系,坊间书商与浙东茶盐司功不可没,同时也从一个侧面反映了儒家思想不断下渗的趋向,反映了宋代思想文化的转向。

(一)笼罩在《孟子注疏》上的疑云

《十三经注疏》中宋人新疏四种,其中由邢昺主持编撰的《孝经》《论

---

① 范祖禹《帝学》卷六,《景印文渊阁四库全书》第696册,第765页。

② 如,真宗时张景撰《洪范论》,以三德为驭臣之柄,其书在仁宗朝颇受重视。真宗多次书《中庸》等篇赐臣下,仁宗亦然。真宗撰《春秋要言》,强调尊王;编《册府元龟》,最重劝诫。仁宗经筵讲《春秋》,认为"《春秋》经旨在于奖王室、尊君道",而"无足劝戒者,皆略而不讲"(李焘《续资治通鉴长编》卷一百二十,景祐四年十月,第5册,2838页)。皆是其例。

语》和《尔雅》注疏,在汉唐旧注的基础上,删繁就简,由俗而雅,章句名物既无所遗,经传义理亦逐渐讲求,颇为后人所重。然另外题为孙奭所撰的《孟子注疏》,成书最晚,围绕着撰者和注疏本身,存在的问题却最多,令后人疑窦丛生,议论纷纭。

孙奭确曾校订过《孟子》并撰为《孟子音义》二卷,这是没有疑问的。据《宋会要辑稿·崇儒四·勘书》载,宋真宗大中祥符五年(1012年)十月:

> 诏国子监校勘《孟子》,直讲马龟符、冯元、说书吴易直同校勘。判国子监、龙图阁待制孙奭、虞部员外郎王旭覆校,内侍刘崇超领其事。奭等言:《孟子》旧有张镒、丁公著二家撰录,文理舛互。今采众家之善,削去异端,仍依《经典释文》,刊《音义》二卷。是年(当指六年)四月以进,诏两制与丁谓看详。乞送本监镂板。①

六年校勘完成,诏国子监镂板。七年正月,新刊《孟子》印出后,还曾赏赐大臣。② 孙奭仿《经典释文》所撰《孟子音义》二卷,应也同时完成并刊印。其序云:

> 其书(指《孟子》)由炎汉之后盛传于世,为之注者则有赵岐、陆善经,为之音者则有张镒、丁公著。自陆善经已降,其所训说,虽小有异同,而共宗赵氏。今既奉敕校定,仍据赵注为本,惟是音释,宜在讨论。臣今详二家撰录,俱未精当。张氏则徒分章句,漏略颇多;丁氏则稍识指归,讹谬时有。若非刊正,讵可通行。谨与尚书虞部员外郎、同判国子监臣王旭,诸王府侍讲、太常博士、国子监直讲臣马龟符,镇宁军节度推官、国子学说书臣吴易直,前江阴军江阴县

---

① 〔清〕徐松辑,刘琳等校点《宋会要辑稿·崇儒四·勘书》,第5册,第2817页。顾永新先生已"疑所谓'四月',是校定工作开始后的第二年四月",其依据即孙氏《孟子音序》。参其《经学文献的衍生和通俗化》,北京大学出版社,2014年,第272页。

② 李焘《续资治通鉴长编》卷八十二,大中祥符七年正月庚子,第1862页。

第二章 "礼乐交举,儒术化成":宋真宗与宋代经学文献编纂的新变

尉、国子学说书臣冯元等,推究本文,参考旧注,采诸儒之善,削异说之烦,证以字书,质诸经训,疏其疑滞,备其阙遗,集成《音义》二卷。虽仰测至言,莫穷于奥妙;而广传博识,更俟于发挥。①

这里说得很清楚。所校《孟子》,即赵注《孟子》,兼用陆注等;所撰《孟子音义》,实是校订《孟子》的副产品,其书兼取张镒、丁公著音释,有取有舍,但没有谈到撰《孟子注疏》的事。

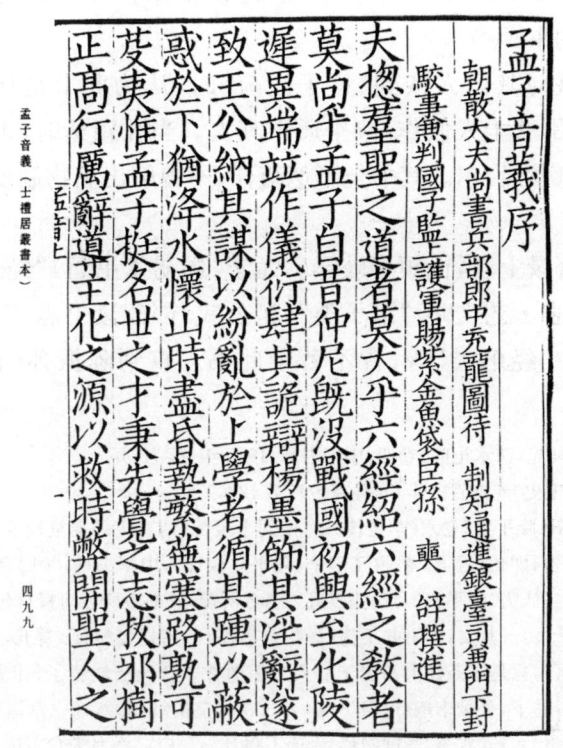

图4 《孟子音义》(黄丕烈士礼居刊本)

---

① [宋]孙奭《孟子音义》卷首,《景印文渊阁四库全书》第196册,台湾商务印书馆,1983年,第31页。

  终两宋之世,在《孟子注疏》编撰问题上的各种记载,可谓疑信参半。司马光在《涑水记闻》中记孙奭事甚详。他说:"奭举动方重,议论有根柢,不肯诡随雷同。真宗已封禅,符瑞屡降,群臣皆歌诵盛德,独奭正言谏争,毅然有古人风采。精力于学。同定《论语》《尔雅》《孝经》正义。请以孟轲书镂板,复郑氏所注《月令》。"①详述其为人和著述,言语之间,备极赞赏,却没有谈到他为赵注《孟子》撰疏的事。《宋史》本传举其撰述多种,并称其"尝奉诏与邢昺、杜镐校定诸经正义、《庄子》《尔雅》释文,考正《尚书》《论语》《孝经》《尔雅》谬误及律音义"②,也没说到其撰《孟子注疏》的事③。

  南宋朱熹与其门人谈到《孟子注疏》时,认为此书是伪作。他说:"《孟子疏》乃邵武士人假作,蔡季通识其人。当孔颖达时,未尚《孟子》,只尚《论语》《孝经》尔。其书全不似疏样,不曾解出名物制度,只绕缠赵岐之说耳。"④

  从文献著录上看,也颇多歧异。尤袤《遂初堂书目》"经总类""论语类",郑樵《通志·艺文略》"诸子类",晁公武《郡斋读书志》"子类",赵希弁《读书附志》"经解类"等,皆不著录此书。直到陈振孙《直斋书录解

---

① ［宋］司马光《涑水记闻》卷四,中华书局,1989年,第76页。
② 脱脱等《宋史》卷四百三十一《孙奭传》,第12807页。
③ ［宋］曾巩《隆平集》卷六《李至传》中,谈到李至曾"请直讲孙奭重校五经"。文后有一注,云:"孙奭字宗古,即疏《孟子》者。"(王瑞来《隆平集校证》,中华书局,2012年,第213页)此条材料,顾永新先生认为《隆平集》乃伪托曾巩之名所撰,故书中所云可疑(《经学文献的衍生和通俗化》,第277页)。其实,曾书并不伪(详参余嘉锡《四库提要辨证》卷五,中华书局,1980年,第258—269页),只是这条注大约出于后人之手而并非曾氏所注罢了。［宋］赵希弁《〈郡斋〉读书(志)附志》卷下,著录李觏《退居类稿》十二卷、《皇祐续稿》八卷、《常语》三卷、《周礼致太平论》十卷、《后集》六卷,有李"尝试制科,六论不得其一。曰:'吾书未尝不读,必《孟子注疏》也。'掷而出。人为检视之,果然。遂下第而归"云云。(《郡斋读书志校证》,第1201页)李致忠先生据此以为,《孟子注疏》题孙奭所撰尚不能轻易否定(李致忠《十三经注疏版刻略考》,载《文献》2008年第4期)。然俞林波则认为《读书附志》的这条记载不可信(俞林波《〈孟子注疏〉作者考论》,载《文学遗产》2011年第6期,第132—134页)。俞说似可取。
④ ［宋］黎靖德编《朱子语类》卷十九《语孟纲领》滕璘辛亥(光宗绍熙二年,1191年)所闻,中华书局,1994年,第443页。其后从其说者,如王应麟《困学纪闻》卷八等。

第二章 "礼乐交举,儒术化成":宋真宗与宋代经学文献编纂的新变

题》,方在"语孟类"著录了孙奭撰《孟子正义》十四卷。其后马端临《文献通考·经籍考》著录《孟子音义》《孟子正义》十六卷,也承继了这一事实。

然大约自宋高宗绍兴中后期起,北方的金国已明确规定太学、府学等应统一使用由国子监雕印的经史典籍,其中就有孙奭所撰《孟子注疏》。其曰:"凡经,《易》则用王弼、韩康伯注,《书》用孔安国注,《诗》用毛苌注、郑玄笺,《春秋左氏传》用杜预注,《礼记》用孔颖达疏,《周礼》用郑玄注、贾公彦疏,《论语》用何晏集注、邢昺疏,《孟子》用赵岐注、孙奭疏,《孝经》用唐玄宗注。"①言之凿凿,不可不信。

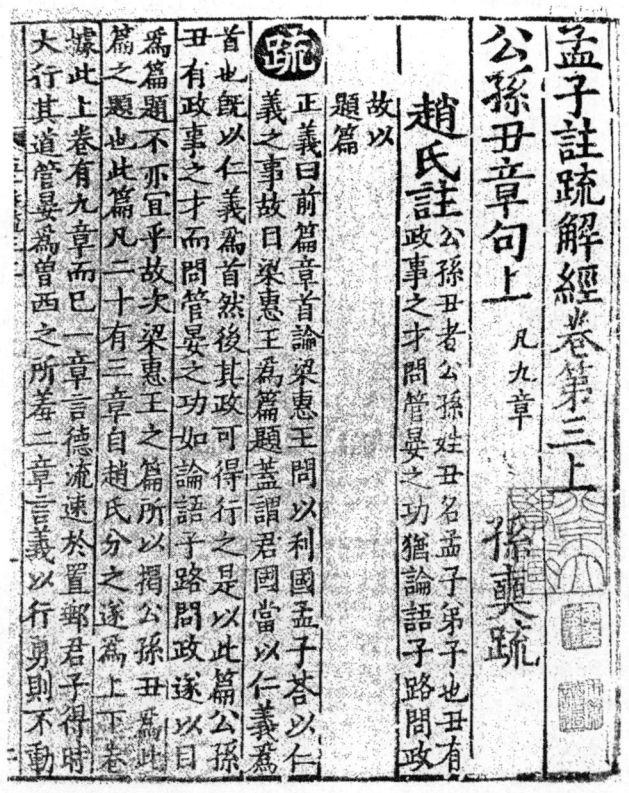

图5 《孟子注疏解经》(台北故宫博物院藏宋刻元明递修本)

---

① [元]脱脱等《金史》卷五十一《选举志一》,中华书局,1975年,第1131页。

今存最早的《孟子注疏解经》注疏合刊本，出现于宋宁宗嘉泰、开禧年间（现藏台北故宫博物院），其撰成的时间当然要更早。其后，有建阳刊本《孟子注疏》的出现，此本为元成宗大德至泰定帝泰定年间的刊本所继承，遂成为《十三经注疏》中的一种，又经明、清两代递修和多次翻刻，产生了广泛和深远的影响。

但随着这本书的广泛流传，对撰者和其书的疑问也愈益增加，尤其是"清人通过对宋刻本《（孟子）赵注》、《（孟子）音义》的传抄、校勘、覆刻（或翻刻），围绕着《孟子音义》、《正义》真伪问题而展开探索、辑录、复原《章指》，可见伪孙疏删除《章指》、改造之后列于疏首的伪迹；传抄、校刻《音义》，可见伪孙疏据《音义序》改造而成的《正义序》之伪，进而判定全书之伪"①。而自朱熹以来，批评其所疏内容浅陋的声音也络绎不绝，《孟子注疏》为托名孙奭者的伪撰渐成定论。

其实，即使说《孟子注疏》非孙奭所撰，围绕此书的编纂和刊刻流传，仍存在许多需要加以辨别和思考的问题。比如，撰疏者究竟是谁？他为何作伪？此书产生的背景是什么？产生的具体年代是北宋还是南宋？今天又应如何认识此书的编纂和流传等等，就都值得进一步探讨。

（二）孟子升格运动与《孟子注疏》的产生

《孟子注疏》一书，虽其内容较为浅陋，不似孙奭所撰②，然撰疏者也并未刻意作伪。因为，赵岐《章指》既非撰为《孟子注疏》者所删，撰《疏》

---

① 顾永新《经学文献的衍生和通俗化》，第16页。详参其书第一章第九节《〈孟子音义〉〈正义〉辨——以学术史的考察为中心》。又，俞林波在《〈孟子注疏〉作者考论》一文中，据《孟子题辞解》疏中提到《崇文总目》来判断，此疏必非孙奭所撰。可参。

② 如朱彝尊曾批评之，曰："岐之所引书偶失传，使《正义》出于宣公，必能元元本本，即或不然，亦当云未详为是，乃不曰。据《史记》之文而言之，则曰此盖史传之文而云，然未免疏矣。至诠西子，按《史记》云，西施，越之美女，越王句践以献之吴夫差，大幸也。每入市，人愿见者，先输金钱一文。考《史记》并无其文，不知何所依据。"（朱彝尊撰，游均晶等点校，林庆彰等编审《经义考》卷二百三十三，台湾"中央研究院"中国文哲研究所筹备处，1999年，第7册，第143页）其它如纪昀《四库全书总目》卷三十五《孟子音义提要》《孟子正义提要》，冯登府《石经阁文初集》卷二《论〈孟子疏〉书》等，亦对此有批评。

第二章 "礼乐交举,儒术化成":宋真宗与宋代经学文献编纂的新变

者也没有把《音义序》改为《正义序》。关于前者,清人钱大昕已经注意到。他在《十驾斋养新录》中说:"考《崇文总目》载陆善经注《孟子》七卷,称善经删去赵岐《章指》与其注之繁重者,复为七篇(见《文献通考》)。是删去《章指》始于善经,邵武士人作疏,盖用善经本也。"① 可见,仅据删去赵岐《章指》而判定其作伪,实不足为据,而将《章指》节录置于每章之疏的开头,就更不是过而是有功于赵注了。关于后者,今幸有宋宁宗嘉泰间刊八行本《孟子注疏解经》存世②,刊刻者只是将孙奭《孟子音义序》移录于《正义》卷首,充当《孟子正义序》而已,对序的内容并未作改动,改动以副作者之名乃是元明以后刊刻者的所为。因此,撰疏者并未作伪,作伪者,刊刻之书商也。③

那么,《孟子注疏》产生于何时,又是何人所撰呢?

《孟子注疏》是孟子升格运动背景下的产物,它的出现,应在宋神宗熙宁四年(1071年)进士科举制度改革,朝廷将《孟子》与《论语》定为兼经之后,宋哲宗元祐之前,不应晚至南宋。

自汉至唐,孟子的地位并不太高,人们或称"周孔",或称"孔颜",少有"孔孟"并称的。直到北宋,孟子与孔子并称才逐渐多起来。至于《孟子》一书,由各种书目中的子部"儒家类",进入经部的"《论》《孟》类",是到南宋后期陈振孙撰写《直斋书录解题》时才完成的。④ 这个过程,被周予同先生称为"孟子升格运动"。⑤ 其实,唐宋间的这个孟子升格运动,清人赵翼曾谈到。他说:

---

① [清]钱大昕《十驾斋养新录》卷三,江苏古籍出版社,2000年,第52页。所据《文献通考》,见卷一百八十四《经籍考》十一《经论》。

② 《孟子注疏解经》经元明递修,藏台北故宫博物院,并由该院于1986年影印出版。

③ 李霖亦注意到这一问题,参其所撰《宋本群经义疏的编校与刊印》,中华书局,2019年,第275页。

④ [宋]陈振孙《直斋书录解题》卷三"《语》《孟》类"序:"前志《孟子》本列于儒家,然赵岐固尝以为则象《论语》矣。自韩文公称'孔子传之孟轲,轲死不得其传',天下学者咸曰孔孟。孟子之书固非荀、扬以降所可同日语也。今国家设科取士,《语》《孟》并列为经,而程氏诸儒训解二书常相表里,故今合为一类。"(第72页)

⑤ 周予同《周予同经学史论著选编》,上海人民出版社,1983年,第289页。徐洪兴先生对此曾作申论,详参其《唐宋间的孟子升格运动》,《中国社会科学》1993年第5期。

> 《孟子》书汉以来杂于诸子中,少有尊崇者。自唐杨绾始请以《论语》、《孝经》、《孟子》兼为一经,未行。韩昌黎又推崇之。其后皮日休请立《孟子》为学科,其《表》略云:"圣人之道,不过乎经,经之降,不过乎史,史之降,不过乎子。不异道者,孟子也,舍是而子者,皆圣人之贼也。请废庄、老之书,以《孟子》为主。有能通其义者,其科选同明经。"则宋人之尊孟子,其端发于杨绾、韩愈,其说畅于日休也。日休又尝请以韩文公配享太学,则尊昌黎亦自日休始。[①]

赵翼指出了杨绾、韩愈和皮日休在孟子升格过程中的作用,这是很正确的。某一理论为社会所接受的程度,归根结底,是取决于这一理论被社会所需要的程度的。孟子生当道德沦降、见利忘义的战国之世,尊德性,阐仁义,辨王霸,辟杨墨,发展了孔子以来的儒家思想传统。韩愈生活在藩镇割据、佛老盛行、儒学衰落的中唐,他的推崇孟子,不仅是因为要重新接续自尧舜禹汤、文武周公、孔孟以来的儒家道统,也是出于树立皇朝权威、辟除佛老的需要。而生当晚唐的皮日休,他对孟、韩的推崇,更具有现实政治的意义。同样,自宋真宗朝逐渐兴起的尊孟活动,也是崇儒右文、排斥佛老和尊王攘夷背景下的必然产物,而并不仅仅是某一个别或偶然的现象。

崇儒右文是宋初以来的既定国策,这一方面使得儒家思想传统的内涵不断地为人们所认识和发掘,其在政治和社会生活中的重要作用和地位,越来越得以彰显,而孟子作为最得孔子之真传的人物和自尧舜禹汤、文武周公、孔子以来的儒家道统发展中最重要的一环,也逐渐得到时人的重视;另一方面,孟子对儒家道统的传承,他的尊皇权、崇德性、辨义利、辟邪说等思想观念,也恰好契合了朝廷崇儒尚文的需求。孟子答公都子,认为天下治乱交替,自尧舜禹、武王周公拯民于水火,孔子惧世衰道微,作《春秋》,至其不得不"正人心,息邪说,距诐行,放淫辞"[②],俨然

[①] [清]赵翼《陔余丛考》卷四"尊孟子"条,中华书局,1963年,第79页。文中所引皮日休语,见其《请〈孟子〉为学科书》(《皮子文薮》卷九,上海古籍出版社,1981年,第89页),有删节。

[②] [战国]孟子撰,[东汉]赵岐注,旧题[宋]孙奭疏《孟子注疏》卷六下《滕文公下》,北京大学出版社,1999年,第179页。

第二章 "礼乐交举,儒术化成":宋真宗与宋代经学文献编纂的新变

已树立一儒家道统。韩愈说:"孔子之道,大而能博,门弟子不能遍观而尽识也,故学焉而皆得其性之所近。其后离散分处诸侯之国,又各以所能授弟子,原远而末益分。……孟轲师子思,子思之学盖出曾子。自孔子没,群弟子莫不有书,独孟轲氏之传得其宗。……故求观圣人之道,必自孟子始。"①"扬子云曰:'古者杨、墨塞路,孟子辞而辟之,廓如也。'夫扬、墨行,正道废……孟子虽贤圣,不得位,空言无施,虽切何补。然赖其言而今之学者尚知宗孔氏,崇仁义,贵王贱霸而已。……然向无孟氏,则皆服左衽而言侏离矣!故愈尝推尊孟氏,以为功不在禹下者,为此也。"②又说:"斯吾所谓道也,非向所谓老与佛之道也。尧以是传之舜,舜以是传之禹,禹以是传之汤,汤以是传之文武周公,文武周公以是传之孔子,孔子传之孟轲。轲之死,不得其传焉。"③韩愈的这些话,将儒家道统由孟子而延续到唐,并指出了孟子在儒家思想发展史上应占重要地位的理由。到了宋初,柳开上承韩愈,以接续儒家道统为己任,说:"吾之道,孔子、孟轲、扬雄、韩愈之道,吾之文,孔子、孟轲、扬雄、韩愈之文也。"④与韩愈的思想观念一脉相承。这种儒家道统的树立,在宋初是既符合崇儒尚文的需要,又为其提供理论依据的。

孟子认为孔子作《春秋》有微言大义。他说:"世衰道微,邪说暴行有作,臣弑其君者有之,子弑其父者有之。孔子惧,作《春秋》。《春秋》,天子之事也。是故孔子曰:'知我者其惟《春秋》乎!罪我者其惟《春秋》乎!'""孔子成《春秋》而乱臣贼子惧。"⑤所谓微言大义,即"以《春秋》拨乱也"⑥。宋初承五代乱极之后,强化中央皇权,一改地方藩镇割据"置

---

① [唐]韩愈撰,马其昶校注《韩昌黎文集校注》卷四《送王秀才序》,上海古籍出版社,1986年,第261—262页。
② 《韩昌黎文集校注》卷三《与孟尚书书》,第214页。
③ 《韩昌黎文集校注》卷一《原道》,第18页。
④ [宋]柳开《河东集》卷一《应责》,《景印文渊阁四库全书》第1085册,第244页。又孙复《信道堂记》亦云:"吾之所为道者,尧舜禹汤文武周公孔子之道也,孟轲荀卿扬雄王通韩愈之道。"(《孙明复小集》,《景印文渊阁四库全书》第1090册,第175页)
⑤ 旧题孙奭《孟子注疏》卷六下《滕文公下》,第178页。
⑥ 旧题孙奭《孟子注疏》卷六下《滕文公下》赵岐注,第178页。

君犹易吏,变国若传舍"①的局面。孟子的"孔子成《春秋》而乱臣贼子惧"的思想,正适应了宋初政治的需要。后来孙复加以申发,提出:"孔子之作《春秋》也,以天下无王而作也,非为隐公而作也。"②"孔子曰:天下有道,则礼乐征伐自天子出;天下无道,则礼乐征伐自诸侯出。""夫礼乐征伐者,天下国家之大经也,天子尸之,非诸侯可得专也。诸侯专之犹曰不可,况大夫乎?"③强调明诸侯大夫之功罪,考时代之盛衰,以推见帝王之治乱。尊王之说,遂成为宋代《春秋》学的主流,其原因也在于它与澶渊之盟以后的政治现实是相符合的。

春秋之时,"圣王不作,诸侯放恣,处士横议,杨朱、墨翟之言盈天下,天下之言,不归杨则归墨。……杨、墨之道不息,孔子之道不著,是邪说诬民,充塞仁义也。仁义充塞,则率兽食人,人将相食"。故孟子"为此惧,闲先圣之道,距杨墨,放淫辞,邪说者不得作"。④ 由唐至宋,佛老盛行,儒学地位下降,统治者中的一些有识之士起而排斥佛道,然往往是"攻之暂破而愈坚,扑之未灭而愈炽,遂至于无可奈何"。于是,儒家士人从孟子倡仁义、距杨墨的做法中意识到,要战胜佛老,还须从儒家自身思想上去找资源和下功夫。欧阳修说:"昔战国之时,杨、墨交乱,孟子患之而专言仁义。故仁义之说胜,则杨、墨之学废。……闻有道佛者则义形于色,非徒不为之屈,又欲驱而绝之者,何也? 彼无他焉,学问明而礼义熟,中心有所守以胜之也。然则礼义者,胜佛之本也。"⑤只有坚信和恪守儒家的仁义道德,才可能抵御来自异端的挑战并战而胜之,而在这一份信奉和坚守中,孟子"尽心知性"的理论适足以与佛学的"识心见性"相抗衡。所以,孟子受到宋儒的欢迎,是很自然的。程颐说:"孟子言人性

---

① [宋]陈师锡《五代史记序》,柴德赓点校《新五代史》卷首,商务印书馆,2014年,第45页。
② [宋]孙复《春秋尊王发微》卷一,《景印文渊阁四库全书》第147册,第3页。
③ 孙复《春秋尊王发微》卷一,第6页。
④ 旧题孙奭《孟子注疏》卷六下《滕文公下》,第178页。
⑤ [宋]欧阳修撰,洪本健校笺《欧阳修诗文集校笺·居士集》卷十七《本论上》,上海古籍出版社,2009年,第511、513—514页。

第二章 "礼乐交举,儒术化成":宋真宗与宋代经学文献编纂的新变

善是也。虽荀、扬亦不知性。孟子所以独出诸儒者,以能明性也。"①"何必浮图,孟子尝言'觉'字矣。曰:'以先知觉后知,以先觉觉后觉。'知是知此事,觉是觉此理。古人云:'共君一席话,胜读十年书。'若于言下即悟,何啻读十年书?"②程颢说:"孟子曰:'尽其心者,知其性也。'彼所谓'识心见性'是也,若'存心养性'一段事则无矣。"③皆可见出孟子学说在北宋儒士心目中的地位和所起的作用。尤其是王安石,更是学根孟子。其咏孟子诗曰:"沉魄浮魂不可招,遗编一读想风标。何妨举世嫌迂阔,故有斯人慰寂寥。"④是直以孟子为千古知己。他不但以孟子之学为学问之根基,以为"圣人之于道也,盖心得之",而且将其推衍至为政、为文,力主深造自得,创立"新学",推行新法,文学亦自成一家。

由此,孟子的地位逐渐得到了实质性的提升,那就是《孟子》一书以兼经的身份进入了进士科举考试的范围。《续资治通鉴长编》卷二百二十熙宁四年二月载:

> 中书言:"古之取士皆本于学校,故道德一于上,习俗成于下,其人材皆足以有为于世。自先王之泽竭,教养之法无所本,士虽有美材而无学校师友以成就之。此议者之所患也。今欲追复古制以革其弊,则患于无渐。宜先除去声病偶对之文,使学者得以专意经义,以俟朝廷兴建学校,然后讲求三代所以教育选举之法,施于天下,则庶几可复古矣。明经及诸科欲行废罢,取元解明经人数增解进士,及更俟一次科场,不许诸科新人应举,渐令改习进士。仍于京东、陕西、河东、河北、京西五路先置学官,使之教导。其礼部所增进士奏名,止取五路进士充数,所贵合格者多,可以诱诸科向习进士。今定

---

① [宋]程颢、程颐《河南程氏遗书》卷十八,王孝鱼点校《二程集》,中华书局,1981年,第204页。
② 《河南程氏遗书》卷十八,《二程集》,第196页。
③ 《河南程氏遗书》卷十三,《二程集》,第139页。
④ [宋]王安石撰,[宋]李壁笺注,高克勤点校《王荆文公诗笺注》卷四十六《孟子》,上海古籍出版社,2010年,第1243页。

贡举新制,进士罢诗赋、帖经、墨义,各占治《诗》、《书》、《易》、《周礼》、《礼记》一经,兼以《论语》、《孟子》。每试四场,初本经,次兼经,并大义十道。务通义理,不须尽用注疏。次论一首,次时务策三道,礼部五道。中书撰大义式颁行。……"从之。(李焘注云:"始以本经、《论语》、《孟子》义为两场,论、策各为一场,后以《论语》、《孟子》附本经止三场。")①

由"子"升"经",意义非凡。而更为重要的是,由于进士科举考试的巨大影响力,《孟子》一书因此更普遍也更深入地走进下层和一般士人的精神世界和日常生活,从而反过来又进一步确立了其人其书的思想政治和社会地位。《孟子》之学走向兴盛,谈论心性成为社会思潮。

即以真、仁两朝出现的《孟子》注解来看,就有十余种,而自仁宗朝至南宋出现的各种《孟子》学著述更多达148种。② 今存较重要的仍有孙奭《孟子音义》二卷,李觏《常语》一卷,苏洵《孟子评》一卷,司马光《疑孟》一卷,沈括《孟子解》一卷③,苏辙《孟子解》一卷④,余允文《尊孟辨》七篇,程俱《孟子讲义》四篇,朱熹《孟子章句集注》《孟子或问》各十四卷,陈傅良《经筵孟子讲义》二篇,黄榦《孟子讲义》一卷,蔡模《孟子集疏》十四卷,季本《孟子事迹图谱》二卷等,至于张载《孟子解》二十四卷⑤,程颐《孟子解》十四卷⑥,王安石、王雱、许允成《孟子解》各十四卷⑦,王令

---

① 李焘《续资治通鉴长编》卷二百二十,宋神宗熙宁四年二月丁巳,中华书局,2004年,第5334—5336页。
② 此据朱彝尊《经义考》卷二百三十三至二百三十六统计。
③ 存,见《长兴集》卷十九。
④ 陈振孙《直斋书录解题》卷三著录,曰:"其少年时所作,凡二十四章。"(第74页)
⑤ 晁公武《郡斋读书志》卷十著录,云张载撰,"并《孟子统说》附于后"(《郡斋读书志校证》,第419页)。原书佚,朱熹、吕祖谦《近思录》等引其说若干条。
⑥ 脱脱等《宋史》卷二百五《艺文志四》著录已仅四卷,并注:"程颐门人记。"(第5173页)原书佚,明人自《河南程氏遗书》等辑其讲说《孟子》者为一卷。
⑦ 晁公武《郡斋读书志》卷十是书提要曰:"王安石介甫素喜孟子,自为之解。其子雱与其门人许允成皆有注释。崇观间场屋举子宗之。"(《郡斋读书志校证》,第420页)原书已佚。

第二章 "礼乐交举,儒术化成":宋真宗与宋代经学文献编纂的新变

《孟子解》五卷①,范祖禹等《五臣解孟子》十四卷②,陈旸《孟子解义》十四卷③,邹浩《孟子解义》十四卷④,尹焞《孟子解》十四卷⑤,张九成《孟子解》十四卷⑥,张栻《孟子详说》十七卷,《孟子解》七卷⑦等,则多已佚失了。

再以《孟子》的社会政治地位来看,熙丰年间,也在不断升级。熙宁七年,判国子监常秩等"请立孟轲、扬雄像于庙庭,仍赐爵号"⑧。元丰初,京兆府学教授蒋夔奏请封孟子为邹国公,晋州州学教授陆长愈请春秋释奠以孟子与颜子并配享。⑨ 到了北宋徽宗宣和年间,席旦知成都,认为:"伪蜀时刻六经于石而独无《孟子经》为未备。夫经大成于孔氏,岂有阙邪? 其论既缪,又多误字。如以'频顣'为'类',不可胜纪。"于是"刊石置于成都学宫"⑩。《孟子》也由此实际进入了儒学"十三经"的行列。

---

① 陈振孙《直斋书录解题》卷三著录(《宋史》卷二百五《艺文志四》著录作《孟子讲义》),并谓其"所讲《孟子》才尽二篇,其第三篇尽二章而止"。(第74页)原书佚,其《说孟子序》今见于《广陵集》卷二十二。

② 晁公武《郡斋读书志》卷十著录此书,谓:"右皇朝范祖禹、孔武仲、吴安诗、丰稷、吕希哲元祐中同在经筵所进讲义,贯穿史籍,虽文辞微涉丰缛,然观者诚知劝讲自有体也。"(《郡斋读书志校证》,第418页)朱熹曾编《孟子精义》十四卷,收程颢、程颐、张载、范祖禹、吕希哲、吕大临、谢良佐、游酢、杨时、侯仲良、尹焞等十一家之说,赵希弁《读书附志》卷上经解类著录(《郡斋读书志校证》,第1098页),今存。尤袤《遂初堂书目》"论语类"(《孝经》《孟子》附)著录此书,不标卷数,《直斋书录解题》卷三著录《论孟集义》二十四卷(第77页)。又,《遂初堂书目》著录有《七家孟子讲义》,未详哪七家。又有《百家孟子解》十二卷"集古今诸儒自皮日休至强至、贾同百余家解《孟子》成一编"。(《郡斋读书志校证》卷十"子部儒家类",第420页)

③ 脱脱等《宋史》卷二百五《艺文志四》著录(第5174页),今佚。

④ 脱脱等《宋史》卷二百五《艺文志四》著录作《孟子解》(第5175页),此据其序(存于《道乡集》卷二十七),今佚。

⑤ 陈振孙《直斋书录解题》卷三著录,谓:"未成,不及上而卒。"今佚。

⑥ 陈振孙《直斋书录解题》卷三,第75页。

⑦ 陈振孙《直斋书录解题》卷三、《宋史》卷二百五《艺文志四》等著录《孟子解》,《天禄琳琅书目》卷一著录作《孟子说》七卷,今存。

⑧ 脱脱等《宋史》卷一百五《礼志八》,第2548页。

⑨ 脱脱等《宋史》卷一百五《礼志八》,第2548—2549页。

⑩ 《郡斋读书志校证》卷十"儒家类",第417—418页。

《孟子注疏》的出现,正是上述背景之下的产物。其产生的具体时间,当在熙丰年间。这有吕南公的记述为证。《灌园集》卷十七《读〈孟子疏〉》曰:

> 学者之于《孟子》,能言则以诵,能问则以疑,及其老也,顾有所苦焉。此世所以不能无也。盖先王之道德,其至虽存乎吾心,而其达必自乎吾求。夫莫思则弗求,莫求则弗知,莫知则弗达,莫达则弗尽,学者之大戒,常在乎此。而此书语约而意深,易见而难穷,固夫未出于戒者于苦乎何逃。昔者三代之英,内无传注之害,而外不应科试,然则讲学不以一日置者,夫岂恶佚而愿劳,凡欲以明吾心而致尽焉耳。士而出于三代,且不得志于讲学,而况出于秦汉以来哉?解说之参差,甲信而乙疑,人莫必明焉。我其能勿以定之,则夫讲学者果为今世之所赖。自赵台卿作传,其后既专行,然望其遂尽而无苦,果然其未然也。日者士大夫往往善得其所未至,且纠其疏缪,然而必以逐赵,于学亦未之能完。则为今之计,宁可以俟彼之显,而缓吾之功,问以辨焉,所以达也。闽先生徐某,老于道德之学,于此书致功良深。今其税驾在郭,余偕诸君相与叩观其说,以庶几亡深约之苦,而心得以明,何善如之。故尝为诸君道此,诸君倘不以余言为否,幸书之名以见复焉。①

吕南公,字次儒,建昌南城人,与曾巩兄弟善,史称其"于书无所不读,于文不肯缀缉陈言"②。元丰间注《三国志》,未成而卒。于《孟子》一书亦自有见③。其生活的年代,主要在熙丰年间。清人朱绪曾提及此

---

① [宋]吕南公《灌园集》卷十七,《景印文渊阁四库全书》第1123册,第160—161页。
② 脱脱等《宋史》卷四百四十四《吕南公传》,第13122页。
③ 参洪迈《容斋随笔·三笔》卷五。其曰:"《孟子》之书,上配《论语》,唯记舜多误,故自国者以来,司马公、李泰伯及吕南公皆有疑非之说。其最大者,证万章涂廪、浚井、象入舜宫之问以为然也。"(上海古籍出版社,1978年,第467页)

第二章 "礼乐交举,儒术化成":宋真宗与宋代经学文献编纂的新变

文。① 然余嘉锡先生则认为,据此文尚不能确定是书为徐某所撰,朱熹所说的蔡元定也不可能认识此人。故对此书撰者,"姑志所疑,以俟再考"②。余先生所论很谨慎,然谓"详其文内,唯言徐某于此书用功良深,未尝明言书为徐某所作,且其题作《读孟子疏》者,疑当以'读《孟子》'三字作一句读,'疏'字单读,盖读《孟子》之时作此文以示门人,使各书其名于后,以往听讲。疏乃书疏之疏,非注疏之疏也"③。则实在难以服人。读上文不难见出,吕南公通篇都在谈《孟子》的注疏问题。文章一开始说:"此书语约而意深,易见而难穷。""此书"指《孟子》,而其既然语约意深,当然便存在一个如何解读的问题。接下来"昔者三代之英,内无传注之害,而外不应科试","自赵台卿作传","日者士大夫往往善得其所未至,且纠其疏缪,然而必以逐赵,于学亦未之能完"云云,皆是就此书注疏而论。而"闽先生徐某""于此书致功良深",当然是赞扬徐生于《孟子》深有研究,撰为《孟子疏》。所以,他才会"偕诸君相与叩观其说",即"读《孟子疏》"。我们以为,吕南公所说的这位"闽先生徐某",应该就是《孟子注疏》的撰者,吕南公既于元祐元年去世,徐生的《孟子注疏》自然至迟在元丰年间应已完成或大致完成。至于蔡元定认不认识这位先生,并不影响我们的结论。

(三)《孟子注疏》的刊刻与流传

吕南公此文称"读《孟子疏》"而不称《孟子注疏》,明言是单疏本,且应当还未刊印。它的刊印流行,是在元祐或元祐后,不应太迟。因为,在宋室南渡之前或至迟到南渡之初,《孟子注疏》的单疏本已经出现了。《金史》卷五十一《选举一》载:

> 金承辽后,凡事欲轶辽世,故进士科目兼采唐宋之法而增损之。

---

① [清]朱绪曾《开有益斋经说》卷二"《凯风》"条,《皇清经解续编》影印南菁书院本,台湾艺文印书馆,1965年,第14册,第10972页。
② 余嘉锡《四库提要辨证》卷二,中华书局,1985年,第74—75页。
③ 余嘉锡《四库提要辨证》卷二,第74页。

> 其及第出身,视前代特重,而法亦密焉。……
>
> 凡养士之地曰国子监,始置于天德三年。……大定六年始置太学。……
>
> 凡经,《易》则用王弼、韩康伯注,《书》用孔安国注,《诗》用毛苌注、郑玄笺,《春秋左氏传》用杜预注,《礼记》用孔颖达疏,《周礼》用郑玄注、贾公彦疏,《论语》用何晏集注、邢昺疏,《孟子》用赵岐注、孙奭疏,《孝经》用唐玄宗注,《史记》用裴骃注,《前汉书》用颜师古注,《后汉书》用李贤注,《三国志》用裴松之注,及唐太宗《晋书》、沈约《宋书》、萧子显《齐书》、姚思廉《梁书》《陈书》、魏收《后魏书》、李百药《北齐书》、令狐德棻《周书》、魏徵《隋书》、新旧《唐书》、新旧《五代史》,《老子》用唐玄宗注疏,《荀子》用杨倞注,《扬子》用李轨、宋咸、柳宗元、吴秘注:皆自国子监印之授诸学校。①

这里说的"《孟子》用赵岐注、孙奭疏",似指单疏本孙奭《孟子注疏》,也就是说,题为孙奭所撰的《孟子注疏》绍兴时期已在北方的金国流行,并成为国子监、太学和进士科举考试的官方指定用书。而其初刊的时间则应该更早,很可能在北宋末已出现,或至迟到绍兴中也已在南方民间刊刻流传了。② 从单疏本到注疏合刊本,中间应有一个较长的过程。《孟子注疏》注疏合刊本出现并进入官方的经学体系,据现存文献,在宋宁宗嘉泰、开禧间③,但这并不一定是合刊本最早出现的时间。而往前推算,其单疏本也不应出现太晚,至迟在绍兴年间也应有刊本了。

---

① 脱脱等《金史》卷五十一,第1129—1130、1131—1132页。
② 朱熹于宋光宗绍熙二年已论及《孟子疏》,其单疏本的出现,至少在宋孝宗或孝宗之前已产生。顾永新先生认为《孟子注疏》没有单疏本(见其《经学文献的衍生和通俗化》,第278页注2),我们不赞同。又,李霖通过对《孟子注疏解经》与孙氏《孟子音义》的比较,提出"伪疏原本分卷当与八行本不同",并据此推测《孟子注疏》应有单疏本(《宋本群经义疏的编校与刊印》,第276页)。可参。
③ 其书刊刻的时间地点,详参张丽娟《宋代经书注疏刊刻研究》,北京大学出版社,2013年,第332—334页。

第二章 "礼乐交举,儒术化成":宋真宗与宋代经学文献编纂的新变

由民间到官方,在《孟子注疏》一书经历的升格过程中,朝廷和地方官府及坊间书商皆发挥了重要的作用。绍兴初,南宋朝廷尚无暇顾及经籍的刊印,随着"绍兴和议"的签订,宋、金两国彼此相安无事,经书的刊印便日渐被重视起来。绍兴九年(1139年),尚书郎张彦实即已上书高宗,提出从诸州学搜集旧监本书籍镂板印行。绍兴十五年(1145年),太学博士王之望上奏,特别请求朝廷刊印群经注疏。其曰:

> 盖六经训诂,由汉至隋,转相祖述,不胜其繁。唐太宗命颜师古、孔颖达之徒删取众说,撰为正义,包贯同异,最号详博。虽其中不能无冗谬,至于剖析度数,分别名物,有功于经为不少矣。近世诸儒著解注者,各自名家。然亦多承先儒之旧学者,喜其新奇,利其简要,因共宗之,鲜复知有前人之说,而义疏之学微矣。逮兵火之后,此书之在天下者往往而绝。皇天未丧斯文,陛下绍开景运,内建太学,外置官师,亲书石经,以幸多士。圣道焕然复兴,中外承风,皆知好尚儒雅。古今书籍,刊印略备,万世永赖,甚盛德之举也。但诸经疏义,部帙颇多,远方寒生,未易可得。恭闻端拱初太宗皇帝命国子司业孔维等校勘《周易》《尚书》《春秋》《毛诗》《礼记》正义,雕板布行。咸平中,真宗皇帝命国子祭酒邢昺等刊定《周礼》《仪礼》《公羊》《穀梁》传疏,及别修《孝经》《论语》《尔雅》正义,遣国子直讲王焕赍诣杭州刻板送国子监。臣愚欲望陛下仿端拱、咸平故事,悉取近地所刊群经疏义并《经典释文》,付国子监印数百部,颁其书于四方。诏郡县以赡学或系省钱各市一本,置之于学。未有板者,令临安府速行雕造。期以一年,周遍遐迩,则偏州下邑皆知朝廷存尚古学,于以开道术之源,广经籍之路,而仰副陛下崇儒右文、追法祖宗之意,不其韪欤。①

---

① [明]黄淮、杨士奇编《历代名臣奏议》卷二百七十五《经籍》,上海古籍出版社,2012年,第4册,第3595页。

王之望在这里列举了"十三经注疏"中的大多数注疏和《经典释文》,并提出了具体的刊造办法。那就是"悉取近地所刊群经疏义"付国子监刊印,而"未有板者,令临安府速行雕造",以此使"偏州下邑皆知朝廷存尚古学"和"崇儒右文、追法祖宗之意"。王之望的建议受到了高宗的重视,并下诏实施。绍兴二十一年(1151年),高宗又依辅臣所奏,诏刊印国子监所缺之书,"监中其它阙书,亦令次第镂板,虽重有所费,盖不惜也"①。这无疑极大地推动了经疏的刊印。事实是今日所见十三经单疏南宋刻本多数为高、孝两朝雕造②,注疏合刊本则刊刻的时间跨度较长,自高宗至宁宗朝皆有。"悉取近地所刊群经疏义"刷印,"近地"多指临安和越州(今杭州和绍兴),尤其是单疏本以此两处居多,注疏合刊本则以越州为多。王之望这里虽未提到《孟子注疏》,但自高宗朝开始的大规模的经疏刊印,却是《孟子注疏》合刊本出现的重要背景和直接动因。

《孟子注疏》的刊印,是宋宁宗嘉泰、开禧间在越州由两浙东路茶盐司或绍兴府完成的,其书真正进入"十三经"序列,应归功于两浙东路茶盐司或绍兴府。《孟子》在南宋一直持续着北宋的热度。宋高宗御书石经,内即有《孟子》。③ 南宋诸儒尤其是朱熹、陆九渊,都极为看重《孟子》。高宗时期,两浙东路茶盐司先是刻印了《周易》《尚书》和《周礼》三书的注疏合刊本。光宗绍熙年间,提举两浙东路常平茶盐司公事黄唐,主持刊印《毛诗》和《礼记》的注疏合刻本。宁宗庆元年间,绍兴知府沈作宾又主持刊刻了《春秋左传》的注疏合刊本。至宁宗嘉泰、开禧间,遂有越州《论语》和《孟子》注疏合刊本的出现。

值得注意的是,北宋邢昺为《论语》撰疏,称名《论语正义》。南宋越州刊八行本《论语》《孟子》注疏,却不称《论语正义》或《论语注疏》,也不称《孟子注疏》,而称《论语注疏解经》《孟子注疏解经》。大约稍后福建建

---

① [宋]李心传《建炎以来朝野杂记》甲集卷四"监本书籍",中华书局,第114—115页。
② 详参张丽娟《宋代经书注疏刊刻研究》,第265—268页。
③ 参[宋]王应麟《玉海》卷三十四《圣文·御书》,《景印文渊阁四库全书》第943册,第792页。

第二章 "礼乐交举,儒术化成":宋真宗与宋代经学文献编纂的新变

阳刘氏刊十行本《论》《孟》注疏,也称《论语注疏解经》和《孟子注疏解经》,元成宗元贞二年(1296年)平水(今山西临汾)刊《论语注疏解经》亦然,只有南宋蜀刻本《论语》注疏合刊本称《论语注疏》。注疏自然是解经的,为何要说"论语注疏解经"和"孟子注疏解经"呢?我们理解,这是要特别说明此书为注疏合刊本,以区别于单疏本的《论语注疏》《孟子注疏》。这正是书坊主刊刻此二书的卖点所在。绍兴官府本承之,这就有了今存最早的《孟子》注疏合刊本。

图6 《论语注疏解经》(台北故宫博物院藏宋刻本)

绍兴官府承书坊本刊刻《孟子注疏解经》，也承袭了伪题孙奭《孟子注疏解经》的署名。因为孙奭整理过《孟子》并撰有《孟子音义》，所以，书商刊刻闽先生徐某的《孟子注疏》时，也就冒用了孙奭的名字。为了取信于读者，还在书前冠用了孙奭的《孟子音义序》，而冒称《孟子正义序》。但他们实际并未改动序文以就"正义"之名。张冠李戴，这其实是存在着明显漏洞的①，官府不察，依此刊印，所谓孙奭《孟子正义》一书遂广为流传。

在某种程度上，一部中国思想发展史，大致可说是精英思想家阶层的思想发展史，唐代以前尤其是如此。然自宋代以来，这种情形逐渐改变。不但思想家的数量大为增加，而且，其所展现的也已不限于精英阶层的思想。同时，精英阶层的思想也在以多种方式向社会下层不断渗透、扩展，传统儒家的思想观念不断地被简化，并为一般民众所接受。唐代孔颖达奉敕主持《五经正义》编撰，贾公彦编纂《周礼注疏》《仪礼注疏》，杨士勋编纂《春秋穀梁传注疏》，徐彦编为《春秋公羊传注疏》。至北宋，又有邢昺等奉敕编撰《孝经》《论语》《尔雅》诸疏。十三经疏的撰者，除徐彦外，皆为经筵名臣或国子博士，且其书多为奉敕而撰。然《孟子注疏》的撰者却只是一位名不见经传的下层士人。其思想的深度既不能与前代名儒相比，其所作的阐释也只能是在赵岐注基础上的衍化。然而幸运的是，在孟子不断被升格的思想背景之下，他适应时代思潮的需要，因而其阐释工作顺理成章地得到一般士人和官府的认可，《孟子注疏》逐渐成为儒家经典的读本；不幸的是，他最终被历史隐去了姓名，甚而还被当成了一个作伪者。

《孟子注疏》能进入官方的经学体系，坊间刻书商亦功不可没，其"作伪"之嫌虽然难逃，但能承汉唐注疏之学传统，选择《孟子注疏》这样重要的经学文献进行刊印，补上经学注疏缺少的一环，仍是有眼光的。南宋刻书业发达，浙、闽、赣、蜀等地，书坊众多，刻书甚夥，形式多样。其所刻

---

① 这也是一个有趣的现象。就好像一部艺术赝品，作伪者有时并不总是要把自己的伪作做得天衣无缝、完美无缺，而是留下一些常人不易察觉的作伪的痕迹，以为它日识鉴之需。

第二章 "礼乐交举,儒术化成":宋真宗与宋代经学文献编纂的新变

之书虽不乏转相稗贩、决科射利、场屋一时流行之书,然同时也刊刻了大量的经史著作;虽所刻存在有意作伪、粗疏浅陋、校勘不精的问题,然编选合理、形式新颖、印制精良的典籍仍然居多①,在中国文献文化史上理应占有一定的地位。

吕南公于学于文自视很高,不轻许人②,而在其《读〈孟子疏〉》中称闽先生徐某"老于道德之学,于此书致功良深。今其税驾在郢,余偕诸君相与叩观其说,以庶几亡深约之苦,而心得以明,何善如之"。赞许有加。个中有遭时不偶、不满熙丰新法、不满王安石《三经新义》的因素(这也是他特别撰文对其予以表彰的原因),然对徐氏书是充分肯定的。今平心读此书,虽如前人所指出的,存在着混淆注、疏,失注、误注等问题,然大体则依赵注而解经,就注而疏通证明,串讲解说,原原本本,不失为"孟学史"上的一部经典性的著作。③ 此处就不详论了。

三、"论家之正体"——对宋代经论的探讨

在宋代数量众多的经学文献中,经论无疑是一种新的、很值得关注的文献。宋以前儒家士大夫经学思想和观点的表达,多通过对儒学原典的注解和阐释进行,并往往附于经典而保存和传播。宋代经学兴盛,朝廷设经筵时常讲论,制科考试必上经论若干篇,社会上读经向学之风盛

---

① 详参谢水顺、李珽《福建古代刻书》第一章《宋代福建刻书业的兴盛》,福建人民出版社,1997 年,第 24—173 页。

② 吕南公《灌园集》卷十一《与汪秘校论文书》有曰:"孔孟以前,学者未尝解经,而言治者每称三代。且先王所谓明道者,岂解诂章句之谓乎? 后人欲追治古经,而按此以进焉,吾不知其与捕风者何异矣。"又自谓:"盖至于二十四五,然后克有所见。于《列》《庄》见道之书,于'六经'见道之训,于百家见道之所以文,而文之所以得,于十八代史见道之所以变。沈酣而演绎之,窃以诚心自许,私尝以为文学之事,虽使圣人复生,不得废吾所是。而遭时不偶,有前之云云。天下滔滔,未易同志,唯当勒成一家,俟之百世焉耳。"(《景印文渊阁四库全书》第 1123 册,第 114 页)虽隐然对王安石新学有所批评,然亦见其眼光之高。

③ 对《孟子注疏》一书的具体评价,可参董洪利《〈孟子注疏〉与孙奭〈孟子〉学》[《北京大学学报(哲学社会科学版)》2006 年第 6 期]等。

行一时，故散见于别集的经论之文亦多。

论体之文，渊源甚远。刘勰《文心雕龙·论说》篇曰："圣哲彝训曰经，述经叙理曰论。论者伦也，伦理无爽，则圣意不坠。昔仲尼有言，门人追记，故抑其经目，称为《论语》。盖群论立名，始于兹矣。"①把论体的得名和成立追溯到《论语》。宋人陈骙又曰："自有《乐论》《礼论》之类，文遂有论。"②则认为论体源于《荀子》。论体文虽未必如刘勰所说是源于《论语》，但论之一体天然地与经学有着密切的联系，是很容易理解的。因为在大多数情况下，当人们面临和处理政治与社会生活中的种种问题时，自不必以经学断案，然儒家传统的伦理道德规范却是最为重要的是非和价值评判标准。故论体应用广泛，可以释经，可资陈政，可用于论史，可引以诠文，而按刘勰的看法，其中尤以"述圣通经"为"论家之正体"③。这里拟对宋代的经论作初步探讨。

（一）"较诸他文应用之处为多"：宋代论体文和经论的发展

宋代经学发达，经学文献亦丰富，这不仅包括了宋人对先秦和秦汉儒家经学原典与汉唐传注的校勘和整理，而且也包括了宋人对儒家原典和汉唐旧注所作的新的注疏以及各种经解、经义、经说、经论等文献。作为经学和思想史研究的最直接的史料，这些经学文献的意义和价值向为学者所重视，然对其中以论体文形式存在的经论在文学和文体发展的进程中占何种地位，却关注不够。

宋代经论是随着宋代经学的发展而发展兴盛起来的。宋初经学初兴，自无经论，或纵有也极为简单，不过就经注中某一具体问题提出疑问，并加以重新解读而已。经论对经和注在整体上给予充分肯定。论述简单，文似经解。

如王禹偁撰《明夷九三爻象论》，就认为"辅嗣注《易》，极乎天人之

---

① 周勋初《文心雕龙解析·论说》，凤凰出版社，2015年，第298页。
② ［宋］陈骙《文则》，人民文学出版社，1960年，第9页。
③ 周勋初《文心雕龙解析·论说》，第300页。

第二章 "礼乐交举,儒术化成":宋真宗与宋代经学文献编纂的新变

际,诸家莫之及也",只是其注《周易·明夷》卦"九三"爻、象之辞,"似有未尽"①。王禹偁认为,王弼的注释称《明夷》卦九三爻辞"处下体之上,居文明之极,上为至晦,入地之物也。故夷其明以获南狩,得大首也。南狩者,发其明也。既诛其主,将正其民,民之迷也,其日固以久矣,化宜以渐,不可遽正,故曰不可疾贞",是以周文王之事为武王伐纣之事,以此释"明夷于南狩,得其大首",这不合历史事实。他论道:"圣人观九三之象,言文王以文明之盛,当商纣至简之世,若南狩而发其明,可得大首。然以臣伐君,义不可速,在乎贞正,俟彼贯盈。故曰'明夷于南狩,获其大首,不可疾贞'也。是以文王三分天下有其二,犹率诸侯以事纣,此其义也。""若南狩发其明,又获大首,则天下文明矣,安得谓之明夷乎?"②以未然为已然,王弼的解释此所以不确。一番辨析之后,王禹偁又引《尚书·泰誓》《尚书·武成》篇为证,进一步补说文王未曾伐纣,"民迷既久,化宜以渐"也不合实际。王禹偁的看法是可取的。因为此卦象辞已举文王事为说,即:"内文明而外柔顺,以蒙大难,文王以之。"其释各爻爻辞自然也应与之相符。后来范仲淹论及此卦,也认为与文王之事相验。他说:"文明在上,则贤者遂进;文明在下,则善人用伤。其商之末世耶?……文王盖有国焉,德加于人,晦之难也。故以文明入于难,终以柔顺而出矣。"③与王禹偁的看法相同。此论观点可取,然若从文体和文章学的角度看,文章先引《周易》卦、爻辞,次引注疏,然后反驳王弼之说,提出自己的看法,并引《尚书》以证,略同于经解、经义,文不成体。

宋代进士科举取士试论和贤良进卷及考试以论策取士的制度,极大地推动了论体文的发展,自然也推动了经论的发展,是很显然的。因为无论以诗赋取士还是以经义策论,或诗赋、经义取士并行,都少不了要考"论"。清四库馆臣早已指出:"考宋礼部贡举条式,元祐法以三场试士,

---

① 王禹偁《明夷九三爻象论》,曾枣庄、刘琳主编《全宋文》卷一百五十五,上海辞书出版社、安徽教育出版社,2006年,第8册,第48页。
② 王禹偁《明夷九三爻象论》,《全宋文》卷一百五十五,第8册,第48—49页。
③ 范仲淹《易义》,《全宋文》卷三百八十五,第18册,第402页。

第二场用论一首。绍兴九年,定以四场试士,第三场用论一首,限五百字以上成。经义、诗赋二科并同。又载绍兴九年国子司业高闶札子,称太学旧法每旬有课,月一周之。每月有试,季一周之。皆以经义为主,而兼习论策云云。是当时每试必有一论,较诸他文应用之处为多。"①这是符合实际的。尤其是制科考试,自宋初便有应试之前须"进其词业"的要求,而这个"词业"具体说就是五十篇论、策,可以说,它更为直接地推动了论体文特别是经论的发展。《宋会要辑稿》中就记载了景德二年七月二十九日"以应制举人所纳文卷付中书详校"的事。② 又载同年十一月十五日进士李孜上书言:"昨应诏举贤良,著《政通》十卷,有司考校闻罢,不得预试。且孤贫无依,愿霑一命之秩以自效。"③高宗绍兴元年正月一日发布德音,中有"礼部讲求到典故:(应制者)'各具词业缴进(原注:词业谓策论五十篇,分为十卷,随举状缴进,入举词),送两省侍从参考'云云"④。五十篇论策中,论、策的数量大致相当,即各占二分之一。其中,论的部分经论居首,其次有历代论、人物论等,经论的数量不均,多者可达全部论体文的二分之一,少者亦占五分之一左右。从数量上看,经论是占有很重要的位置的。⑤

这里应指出的是,除进卷和考试必涉经论之外,自宋真宗后期进士考试从经义中命题,对论体文尤其是经论的发展也起了积极的推动作用。景德二年(1005年),进士考试已开始用经义命题。⑥ 及殿试之时,真宗亲试礼部举人,取李迪以下进士二百四十六人,以李迪为最优,赞扬

---

① [清]永瑢等《四库全书总目》卷一百八十七"总集类二"《论学绳尺提要》,下册,第1702页。
② 徐松《宋会要辑稿·选举一〇·制科一》,第9册,第5459页。
③ 徐松《宋会要辑稿·选举一〇·制科一》,第9册,第5460页。
④ 徐松《宋会要辑稿·选举一一·制科二》,第9册,第5482页。
⑤ 关于宋代制举考试制度的研究,具体可参聂崇岐《宋代制举考略》一文(载其《宋史丛考》,中华书局,1980年)、祝尚书《宋代制科制度考论》(载其《宋代科举与文学考论》,大象出版社,2006年)等。
⑥ [宋]苏辙《龙川别志》卷上引张方平,言此年有"南省试《当仁不让于师赋》"云云,第81页。

第二章 "礼乐交举,儒术化成":宋真宗与宋代经学文献编纂的新变

李谘纯孝,已显示出朝廷取士重经旨的倾向。不仅仅是礼部试,此年的殿试也已开始以正经命题。这一年七月,龙图阁待制戚纶和礼部贡院上书真宗曰:"近年进士多务浇浮,不敦实学,惟钞略古今文赋,怀挟入试。昨者,廷试以正经命题,多懵所出。""仍请戒励专习经史。"①所谓"昨者",当指此年的殿试。到了景德四年(1007年)闰五月,制科考试也开始从经义中命题。真宗在崇政殿廷试应贤良方正制科考试的士人,便明确命两制各以经义撰拟策问,选而考之,结果著作佐郎陈绎、溧水县主簿夏竦被取为第四次等。真宗告诉大臣王旦说:"比设此科,欲求才识,若但考文义,则积学者方能中选,苟有济时之用,安得而知?朕以为六经之旨,圣人用心固与子史异矣。今策问宜用经义,参之时务。"王旦答曰:"臣等每奉清问,语及儒教,未尝不以六经为首。迩来文风丕变,实由陛下化之。"②同月,"龙图阁待制陈彭年又上言:请令有司详定考校进士诗赋、杂文程式,付礼部贡院遵行。又请许流内选人应宏词拔萃科,明经人投状自荐策试经义,以劝儒学。诏贡院考较程式,宜令彭年与待制戚纶、直史馆崔遵度、姜屿议定,余令彭年各具条制以闻"③。对于不遵经旨著文立说的士人,真宗还准备加以黜戒。④ 仁宗朝以后,制科秘阁试考六论,"有司命题,不过六经本注与正义中出,或不出正义,未闻出子史注疏者"⑤。哲宗元祐七年(1092年)五月十一日诏曰:"秘阁试制科,论于九经、兼经、正史、《孟子》《扬子》《荀子》《国语》并注内出题,其正义内毋出。"⑥不仅可看出朝廷的思想导向,而且对经论发展的影响也是很明显的。

今存宋人的经论南北宋皆有,而以北宋经论尤堪注意。制科在北宋为士人所重,被称为"大科",南宋虽也延续了制举的制度,然自北宋后期所兴起的词科,更为士人所青睐,制举反而式微了。故今所存经论中北

---

① [宋]李焘《续资治通鉴长编》卷六十,景德二年七月丙子,第1352页。
② 李焘《续资治通鉴长编》卷六十五,景德四年闰五月壬申,第1459—1460页。
③ 李焘《续资治通鉴长编》卷六十五,景德四年闰五月壬辰,第1461页。
④ 李焘《续资治通鉴长编》卷六十六,景德四年七月壬申,第1472页。
⑤ [宋]叶绍翁《四朝闻见录》丙集"贤良"条,中华书局,1989年,第116页。
⑥ 徐松《宋会要辑稿·选举一一·制科二》,第9册,第8481页。

宋士人的贤良进卷之作较多。像张方平的《中庸论》（三篇）、《诗变正论》，李觏的《礼论》（七篇）、《易论》（十三篇），苏洵的《六经论》（包括《易》《礼》《乐》《诗》《书》《春秋》诸论），苏轼《中庸论》，苏辙《应诏集》中《礼》《易》《书》《诗》和《春秋》五论，孙洙的《明堂原》（四篇），李清臣的《易论》、《春秋论》、《礼论》、《诗论》（十篇），吕陶的《易论》《春秋论》《诗论》《洪范论》等等①，都是其例。南宋则有杨万里、陈傅良、叶适、张震等人的《五经论》。这些作品颇似唐代的进士行卷，多为应举者精心结撰②，是宋代经论文的主体。进卷之外，亦有散见于士人集中的经论，今所见数量虽不多，然也不应忽略。像欧阳修所撰《易或问》、《春秋论》（三篇）、《石鹢论》，司马光撰《致知在格物论》，王安石《礼论》《礼乐论》《九卦论》《大人论》《致一论》《性情》等，刘敞的《易本论》，他与刘攽的《重黎绝地天通论》等，亦多有可取。

（二）"经术者，所以经世务也"：宋代经论的现实指向

自宋初太祖、太宗提倡和构建，至真宗朝逐渐形成的上下相维、彼此相制的政治制度、格局，以及崇儒尚文的思想政治与社会风气，虽使得大宋王朝的统治趋于稳固，然而其过度庞大的官员机构、效用低下的运作程序，也给国家和社会带来了一系列问题，并形成一种强大的政治和社会风气的惰性。到了仁宗朝，一些士大夫中的有识之士，开始积极思考这个国家所面临的来自内外的许多政治和社会难题与困境，并试图提出一系列的政治改革措施。他们的这些思考，自是以儒学为依据和基础的，而为其提供论证依据和基础的儒学本身，也往往具有鲜明的现实指向。

这种现实指向，在经论的撰述中，首先表现在经世用和重人事上。比如李觏撰《礼论》七篇，就自言要"推其本以见其末，正其名以责其实，崇先圣之遗制，攻后世之乖缺。邦国之龟筮，生民之耳目，在乎此矣"③。

---

① 后二者已佚，《春秋论》今亦不完整。
② 关于唐代举子和当时显人多以严肃的态度对待行卷的情况，可参程千帆《唐代进士行卷与文学》，上海古籍出版社，1980年。
③ 李觏《礼论七篇序》，《全宋文》卷八百九十七，第42册，第44页。

第二章 "礼乐交举,儒术化成":宋真宗与宋代经学文献编纂的新变

其经论撰写的政治目的很明确。他撰《易论》十三篇,更是以人事说经,认为:"圣人作《易》,本以教人,而世之鄙儒,忽其常道,竞习异端。""包羲画八卦而重之,文王、周公、孔子系之辞,辅嗣之贤,从而为之注。炳如秋阳,坦如大逵。君得之以为君,臣得之以为臣。万事之理,犹辐之于轮,靡不在其中矣。"①其首篇论为君之道,次篇言为君在于任贤,第三篇论为臣之道,第四篇谈如何修身,以下则谈如何用贤、谈出处进退、究适时变化等等,皆取《易经》中卦爻之辞,而论修身齐家、治国理政的大道理。末篇发为议论:"作《易》者既有忧患矣,读《易》者其无忧患乎?苟安而不忘危,存而不忘亡,治而不忘乱,以忧患之心,思忧患之故,通其变,使民不倦,神而化之,使民宜之,则自天祐之,吉无不利矣。"②其现实指向显而易见。再如李清臣贤良进卷,自谓"象数妖祥之说胜则乱人事,故有《易论》三篇;王法举则天下自治,故有《春秋论》二;述礼之所起,有《礼论》三;见圣人劝警后世之君,反复而丁宁,有《诗论》上下"③等等。其撰述目的也很明确,那就是要经世用。④

宋人经论现实指向的另一个表现,是方法上的以人情常理说经。所以会从人情常理的角度解经,从根本上说,是六经"列君臣父子之礼,序夫妇长幼之别"⑤,原就本之世事人情的缘故。像《礼记·丧服》中论礼:"凡礼之大体,体天地,法四时,则阴阳,顺人情,故谓之礼。訾之者,是不知礼之所由生也。"⑥汉初叔孙通制礼,也明说"礼者,因时世人情为之节

---

① 李觏《易论》一,《全宋文》卷八百九十八,第42册,第65页。
② 李觏《易论》十三,《全宋文》卷八百九十九,第42册,第91页。
③ 李清臣《论略》,《全宋文》卷一千七百十一,第78册,第335页。
④ 关于李清臣的贤良进卷,朱刚曾对其作过全面的研究,详可参其《唐宋古文运动与士大夫文学》第四章,复旦大学出版社,2013年。
⑤ [西汉]司马迁撰,[南朝宋]裴骃集解,[唐]司马贞索隐,[唐]张守节正义《史记》卷一百三十《太史公自序》,中华书局,2013年,第3967页。
⑥ [汉]郑玄注,[唐]孔颖达疏《礼记正义》卷六十三《丧服四制》,北京大学出版社,1999年,第1672页。

文也"①。所以苏轼就认为:"六经之道,惟其近于人情,是以久传而不废。"②六经既因世事人情而撰,自然也应由此解之,尤其当世事变迁、人们需要从儒家的经典中寻求应对世变的理论依据时,便往往会从现实出发,以人情说经。

天宝之末,世事将变,啖助已有以人情说经的倾向。比如,他认为《春秋》是一部"以权辅正,以诚断礼,正以忠道,原情为本,不拘浮名,不尚狷介,从宜救乱,因时黜陟"③的书,孔子作《春秋》的宗旨在祖述尧舜之道,而非行周礼,故三传之说,多不可取。便是从人情出发,舍传求经的结果。

到了北宋仁宗朝,以人情常理说经更成为一时风气。欧阳修在这方面最为代表。他认为《周易》是"文王之作也。其书则经也,其文则圣人之言也,其事则天地、万物、君臣、父子、夫妇人伦之大端也"④。《春秋》是"上揆之天意,下质诸人情,推至隐以探万事之元,垂将来以立一王之法者"⑤。而《诗》则在六经中颇为特殊,它不同于其它五经,但又关乎五经,"而明圣人之用"⑥,当然更是主情的了,所以它也与其它儒家经典一样,都是应从人情实际出发去解读的。

他以人情常理区分经、传,以为:"事有不幸出于久远而传乎二说,则

---

① 司马迁《史记》卷九十九《刘敬叔孙通列传》,第3278页。
② [宋]苏轼撰,张志烈、马德富、周裕锴主编《苏轼全集校注·文集》卷二《诗论》,河北人民出版社,2010年,第215页。
③ [唐]陆淳《春秋集传纂例》卷一《春秋宗指议》引啖助,《景印文渊阁四库全书》第146册,台湾商务印书馆,1983年,第379页。
④ [宋]欧阳修撰,洪本健校笺《欧阳修诗文集校笺·居士集》卷十八《易或问》,上海古籍出版社,2009年,第535页。
⑤ 《欧阳修诗文集校笺·居士外集》卷十《石鹢论》,第1584页。欧阳修所论,实本于汉董仲舒对策。董仲舒曰:"孔子作《春秋》,上揆之天道,下质诸人情,参之于古,考之于今,故《春秋》之所讥,灾害之所加也;《春秋》之所恶,怪异之所施也。书邦家之过,兼灾异之变,以此见人之所为。其美恶之极,乃与天地流通,而往来相应,此亦言天之一端也。"([汉]班固撰,[唐]颜师古注《汉书》卷五十六《董仲舒传》,中华书局,1962年,第2515页)
⑥ 《欧阳修诗文集校笺·居士外集》卷十《诗解统序》,第1597页。

第二章 "礼乐交举,儒术化成":宋真宗与宋代经学文献编纂的新变

奚从?曰:从其一之可信者。然则安知可信者而从之?曰:从其人而信之可也。众人之说,如彼君子之说如此,则舍众人而从君子。君子博学而多闻矣,然其传不能无失也。君子之说如彼,圣人之说如此,则舍君子而从圣人。此举世之人皆知其然。"①不作任何辨析,仅据人情常理进行判断,就把圣人与君子、经与传区分开了。在《易童子问》中,他以问答的方式,大胆地提出了自己的看法。"童子问曰:《系辞》非圣人之作乎?"曰:"何独《系辞》焉,《文言》、《说卦》而下,皆非圣人之作。而众说淆乱,亦非一人之言也。昔之学《易》者杂取以资其讲说,而说非一家,是以或同或异,或是或非,其择而不精,至使害经而惑世也。然有附托圣经,其传已久,莫得究其所从来,而核其真伪。故虽有明智之士,或贪其杂博之辩,溺其富丽之辞,或以为辩疑是正,君子所慎,是以未始措意于其间。若余者,可谓不量力矣。邈然远出诸儒之后,而学无师授之传,其勇于敢为,而决于不疑者,以圣人之经尚在,可以质也。"②认为《系辞》等内容杂乱,必非圣人所作,这也是据人情常理所作的推断。再如《春秋》与"三传",欧阳修认为孔子是圣人,"万世取信,一人而已",《春秋》既为孔子所作,当然可信。而公羊高、穀梁赤、左丘明三人虽"博学而多闻",然"其传不能无失"。若"孔子之于经,三子之于传,有所不同,则学者宁舍经而从传,不信孔子而信三子,甚哉其惑也"③。这同样是以人情常理为衡量标准的。

以人情常理解经,在北宋十分普遍。像苏洵父子,也都是如此。苏洵论礼,云:"夫人之情,安于其所常为,无故而变其俗,则其势必不从。

---

① 《欧阳修诗文集校笺·居士集》卷十八《春秋论》上,第545—546页。
② 《欧阳修全集》卷七十八《易童子问》三,中华书局,2001年,第1119页。
③ 《欧阳修诗文集校笺·居士集》卷十八《春秋论》上,第546页。当然,欧阳修也并非一概否定三传,只是在经传地位上认为应先经后传。如他在《春秋或问》中说论:"或问予于隐摄、盾、止之弑,据经而废传,传简矣,待传而详,可废乎?曰:吾岂尽废之乎?夫传之于经勤矣,其述经之事,时有赖其详焉,至其失传,则不胜其戾也。其述经之意,亦时有得焉,及其失也,欲大圣人而反小之,欲尊经而反卑之,取其详而得者、废其失者可也,嘉其尊大之心可也,信其卑小之说,不可也。"(《欧阳修诗文集校笺·居士集》卷十八,第556—557页)

圣人之始作礼也,不因其势之可以危亡困辱之者以厌服其心,而徒欲使之轻去其旧而乐就吾法不能也。"①故要顺乎人情。其论《诗》,又说:"人之嗜欲,好之有甚于生,而愤憾怨怒,有不顾其死,于是礼之权又穷。""故圣人之道,严于礼而通于《诗》。""严以待天下之贤人,通以全天下之中人。""故《诗》之教,不使人之情至于不胜也。"②认为《诗经》也是圣人从人情出发和顺应人情而作。至于苏轼、苏辙,同样也是以人情解经的,此不赘述。③

北宋以人情解经的风气,反映了北宋士人身份的变化和高涨的主体意识,反映了儒学思想发展的新趋势。究其原因,实与其处五代儒学和士风衰落之后,学子多出身庶族寒门大有关系。这些士人"少无师传,而学出己见"④,故能"勇于敢为,而决于不疑"。如宋初撰《易论》三十三卷、"以注疏异同,互相诘难,蔽以己意"⑤的王昭素,隐居乡里,"少笃学不仕,有志行,为乡里所称,常聚徒教授以自给"⑥。"宋初三先生"中的胡瑗,著有《周易口义》十二卷、《洪范口义》二卷等,其"尤患隋唐以来仕进尚文词而遗经业,苟趋禄利。及为苏、湖二州教授,严条约。……解经至有要义,恳恳为诸生言其所以治己而后治乎人者。学徒千余……五经异论,弟子记之,自为胡氏《口义》"⑦。在当时影响既大,对宋学的兴起产生了重要作用,然看其身世,少时因家贫无以自给,别无所师,往泰山,

---

① [宋]苏洵著,曾枣庄、金成礼笺注《嘉祐集笺注》卷六,上海古籍出版社,1993年,第147—148页。
② 《嘉祐集笺注》卷六,第155—156页。
③ 关于二苏的思想学术倾向,笔者有《环绕苏门起始兴盛的诸问题》一文(载拙撰《唱和诗词研究——以唐宋为中心》,中华书局,2013年),略及之,请参。
④ 《欧阳修诗文集校笺·外集》卷十七《回丁判官书》,第1803页。
⑤ [宋]晁公武撰,孙猛校证《郡斋读书志校证》卷一,第27页。
⑥ 脱脱等《宋史》卷四百三十一《王昭素传》,第37册,第12808页。
⑦ [宋]蔡襄撰,陈庆元等校注《蔡襄集》卷三十三《太常博士致仕胡君墓志》,福建人民出版社,1999年,第729页。其生平行事又可略参《欧阳修诗文集校笺·居士集》卷二十五《胡先生墓表》等。

第二章 "礼乐交举,儒术化成":宋真宗与宋代经学文献编纂的新变

与孙复、石介为友,攻苦食淡,夜以继日,后来方有成就。而孙复"少举进士不中,通居泰山之阳,学《春秋》,著《尊王发微》。鲁多学者,其尤贤而有道者石介。自介而下,皆以弟子事之。……先生治《春秋》不惑传注,不为曲说以乱经。其言简易,明于诸侯、大夫功罪,以考时之盛衰,而推见王道之治乱,得于经之本义为多"。然而其家世寒微,少无所师,"年逾四十,家贫不娶,李丞相迪以其弟之女妻之"。① 石介,对"尧、舜、禹、汤、文、武、周公、孔子、孟轲、扬雄、韩愈氏者,未尝一日不诵于口",而"世为农家"②。周尧卿,世称其"为学不惑传注,问辨思索,以通为期。……其学《春秋》,由左氏记之详得经之所以书者,至'三传'之异同,均有所不取。曰:圣人之意,岂二致耶?"③然不闻其何所师,"家贫,不事生产,喜聚书"④而已。又如苏洵,少喜游荡,其父亦纵而不问,至二十七始发奋读书,"大究六经百家之说,以考质古今治乱成败、圣贤穷达出处之际,得其粹精",而观其家世,"三世皆不显"。⑤ 学问无所师,治学自然少有约束,其说经多取人情常理,舍传求经,也就是很自然的了。

(三)"牖启聪明,如山水丝竹之怡悦性情":经论的文学色彩

以人情常理说经,宋代经论逐渐走向了文学化。

宋初经论,文不成体,前已言之。至欧阳修,则开启了经论文学化的进程。欧阳修早年所撰《易或问》《春秋论》等,在其经学思想的发展中既占有重要地位,又富有文学色彩。此举其《泰誓论》一篇,以见一斑。文略曰:

---

① 《欧阳修诗文集校笺·居士集》卷二十七《孙明复先生墓志铭序》,第 746—747 页。
② 《欧阳修诗文集校笺·居士集》卷三十四《徂徕石先生墓志铭序》,第 896—897 页。
③ [宋]王称《东都事略》卷一百十三《周尧卿传》,《景印文渊阁四库全书》第 382 册,台湾商务印书馆,1984 年,第 739 页。
④ 《欧阳修诗文集校笺·居士集》卷二十五《太常博士周君墓表》,第 692 页。
⑤ 《欧阳修诗文集校笺·居士集》卷三十四《故霸州文安县主簿苏君墓志铭》,第 902 页。

《书》称商始咎周以乘黎。乘黎者,西伯也。西伯以征伐诸侯为职事,其伐黎而胜也,商人已疑其难制而恶之。使西伯赫然见其不臣之状,与商并立而称王,如此十年,商人反晏然不以为怪,其父师老臣如祖伊、微子之徒亦默然相与熟视而无一言,此岂近于人情邪?由是言之,谓西伯受命称王十年者,妄说也。

以纣之雄猜暴虐,尝醢九侯而脯鄂侯矣,西伯闻之窃叹,遂执而囚之,几不免死。至其叛己不臣而自王,乃反优容而不问者十年,此岂近于人情邪?由是言之,谓西伯受命称王十年者,妄说也。

孔子曰:"三分天下有其二,以服事商。"使西伯不称臣而称王,安能服事于商乎?且谓西伯称王者,起于何说?而孔子之言,万世之信也。由是言之,谓西伯受命称王十年者,妄说也。

伯夷、叔齐,古之知义之士也。方其让国而去,顾天下皆莫可归,闻西伯之贤,共往归之。当是时,纣虽无道,天子也。天子在上,诸侯不称臣而称王,是僭叛之国也。然二子不以为非,依之久而不去,至武王伐纣,始以为非而弃去。彼二子者,始顾天下莫可归,卒依僭叛之国而不去,不非其父而非其子,此岂近于人情邪?由是言之,谓西伯受命称王十年者,妄说也。

《书》之《泰誓》称"十有一年",说者因以谓自文王受命九年,及武王居丧二年,并数之尔。是以西伯听虞、芮之讼,谓之受命,以为元年。此又妄说也。古者人君即位必称元年,常事尔,不以为重也。后世曲学之士说《春秋》,始以改元为重事。然则果常事欤,固不足道也;果重事欤,西伯即位已改元矣,中间不宜改元而又改元。至武王即位,宜改元而反不改元,乃上冒先君之元年,并其居丧称十一年。及其灭商而得天下,其事大于听讼远矣,又不改元。由是言之,谓西伯以受命之年为元年者,妄说也。

后之学者,知西伯生不称王,而中间不再改元,则《诗》、《书》所载文、武之事,粲然明白而不诬矣。或曰:然则武王毕丧伐纣,而《泰誓》曷谓称十有一年?对曰:毕丧伐纣,出于诸家之小说,而《泰誓》,

第二章 "礼乐交举,儒术化成":宋真宗与宋代经学文献编纂的新变

六经之明文也。昔者孔子当衰周之际,患众说纷纭以惑乱当世,于是退而修六经,以为后世法。及孔子既没,去圣稍远,而众说复兴,与六经相乱。自汉以来,莫能辨正。今有卓然之士,一取信乎六经,则《泰誓》者武王之事也。十有一年者,武王即位之十有一年尔,复何疑哉?司马迁作《周本纪》,虽曰武王即位九年,祭于文王之墓,然后治兵于孟津。至作《伯夷列传》,则又载父死不葬之说,皆不可为信。是以吾无取焉,取信于《书》可矣。①

《尚书》的形成过程很复杂,《泰誓》一篇问题尤多。② 汉初伏生所授而立于学官的《尚书》二十八篇中原没有《泰誓》,至汉武帝时始有民间所献《泰誓》出现,于是有《尚书》二十九篇,颇为时人所引。③ 然此《泰誓》已非先秦文献所引《泰誓》。至东晋初,梅赜在两汉以来所传今古文《尚书》的基础上,重又搜集先秦两汉相关文献,得《古文尚书》五十八篇,并以汉孔安国传的名义上呈晋元帝,立为学官,即所谓伪《古文尚书》。此书经唐孔颖达作疏后,遂成为官方定本,广泛流传。其中《泰誓》三篇,亦由梅赜据先秦文献重新辑成。

梅赜所献的《古文尚书》虽是伪书,但其中汉今文二十八篇(已分成三十三篇)并不伪,另外二十五篇(包括《泰誓》三篇在内)的材料也不伪;所谓伪孔安国传,不仅承继了汉代以来《尚书》学的成就,而且反映了魏晋以来儒家有识之士对传统的伦理纲常和道统的维护和坚守。清人焦循曾将伪孔传《古文尚书》可取处一一拈出,其中有曰:"《明堂位》以周公为天子,汉儒用以说《大诰》,遂启王莽之祸。郑氏不能辨正,且用以为《尚书》注,而以周公称王。自时厥后,历曹、马以及陈隋唐宋,无不沿莽之故事,而《传》特卓然以周公不自称王,而称成王之命以诰,胜郑氏远

---

① 欧阳修《泰誓论》,《欧阳修诗文集校笺·居士集》卷十八,第558—560页。
② 此可参刘起釪《尚书学史》(修订本)相关章节,中华书局,2017年。
③ 孔颖达《尚书正义》卷一《尚书序注》引刘向《别录》,北京大学出版社,1999年,第12—13页。

甚。此《传》之善七也。为此《传》者盖见当时曹、马所为,为之说者有如杜预之解《春秋》,束晳等之伪造《竹书》。舜可囚尧,启可杀益,太甲可杀伊尹,上下倒置,君臣异位,邪说乱经。故不惮改《益稷》,造《伊训》《太甲》诸篇,阴与《竹书》相龃龉,又托孔氏《传》以黜郑氏,明君臣上下之义,屏僭越抗害之谈。以触当时之忌,故自隐其姓名。"①焦循所举《竹书纪年》虽未必恰当,然他对伪《古文尚书》的总体评价却是客观的。疏不破注,孔颖达《尚书正义》的经学思想与伪孔《传》是一致的。故由此立论,焦循不但认为"伪孔《传》固有胜于真郑《注》者",而且还称赞"《尚书正义》每多正论"。②

  欧阳修所生活的时代当然还不存在《古文尚书》的真伪问题,如果说对经典有疑问的话,那也主要是对传疏而不是对经本身的怀疑,且这种怀疑往往也只是局部而不是总体的。在"明君臣上下之义",维护儒家的伦理纲常方面,欧阳修的观点与孔安国《传》和孔颖达《尚书正义》的观念一致③,他所反对的,是传疏中不符合伦理纲常的解释。《泰誓论》一文正是如此。《尚书·泰誓》篇序曰:"惟十有一年,武王伐殷。"孔安国《传》:"周自虞芮质厥成,诸侯并附,以为受命之年。至九年而文王卒,武王三年服毕,观兵孟津,以卜诸侯伐纣之心。诸侯佥同,乃退以示弱。"孔颖达《正义》释曰:"惟文王受命十有一年,武王服丧既毕,举兵伐殷,以卜诸侯伐纣之心。虽诸侯佥同,乃退以示弱。"④传和疏都把这里的"十有一年"解读为文王受命十一年,这与《史记·周本纪》的记载是一致的。但在欧阳修看来,既称受命,便是称王;既已称王,便不合乎天无二日、民无二主的道理。所以,文王绝不应"与商并立而称王"。假如西伯受命称王,殷大臣祖伊、微子不可能不向纣王进谏,伯夷、叔齐不可能投奔西伯,纣

---

① [清]焦循《尚书补疏叙》,见《尚书补疏》卷首,《皇清经解》卷一千一百四十九,上海书店缩印学海堂本,1988年,第6册,第628页。
② 《尚书补疏》卷下"王若曰《传》周公称成王命"条,第6册,第632页。
③ 关于伪《古文尚书》对宋代理学的影响,可参顾颉刚《古史辨》第4册序,刘起釪《尚书学史》第七章第四节《宋学以伪古文为思想渊源建立起理学》,第279—284页。
④ 孔颖达《尚书正义》卷十一,第267页。

第二章 "礼乐交举,儒术化成":宋真宗与宋代经学文献编纂的新变

王也不可能容忍其所作所为。另外,这也与孔子《论语》中的话不相符合,且武王即位也不应继续沿用文王的年号。这些都不合乎人情常理,即不符合儒家传统的君臣大义。因此,"惟十有一年"应是武王即位十一年,而不是孔疏所说的文王十一年。可见,在经与注的疑信上,欧阳修的态度是依经不依注,但在维护儒家伦理道德的总体倾向上,欧阳修的立场与传疏并无不同,他所不赞成的,只是传疏此处对西伯受命称王的解读。①

依据人情常理判断是非,是欧阳修最基本的经学思想和方法。所谓人情常理,其内涵十分丰富,举凡"天地万物、君臣、父子、夫妇人伦之大端"②,以及生活的常识、风俗习惯、语言逻辑等内容,皆属于人情常理。其中既包括儒家传统的伦理道德规范,也包括人们日常生活中一般的行为准则和习俗。总之,判断事物的是非得失,不是从某一话语或固定的

---

① 程颐的看法略同于欧阳修,只是角度又自不同。他说:"如今日天命绝,则今日便是独夫,岂容更留之三年。今日天命未绝,便是君也,为人臣子,岂可以兵胁其君? 安有此义? 又纣鸷狠若此,太史公谓有七十万众,未知是否;然《书》亦自云纣之众若林。三年之中,岂肯容武王如此便休得也? 只是《太誓》一篇前序云'十有一年',后面正经便说'惟十有三年',先儒误妄,遂转为观兵之说。先王无观兵之事,不是前序一字错却,便是后面正经三字错却。"(《河南程氏遗书》卷十九,《二程集》,中华书局,1981 年,第 250 页)朱熹有"古史例不书时"之说。(见《答林择之书》,至清阎若璩《尚书古文疏证》卷四"言《泰誓上》'惟十有三年春'系以时非史例"条又发挥之。中华书局,2010 年,第 149—152 页)蔡沈亦赞同欧阳修的看法,而又承程颐之说,以十一年为十三年之误。(《书集传》卷四《泰誓上》,中华书局,2017 年,第 110—111 页)其实,《史记·周本纪》"西伯盖受命之君"云云,以虞、芮之人口吻言之,显是追述,故其下文又有纣曰"不有天命乎? 是何能为"的话,亦可见西伯并未受命称王。下文曰:"诗人道西伯盖受命之年称王,而断虞芮之讼。后七年而崩,谥为文王。改法度,制正朔矣。追尊古公为太王,公季为王季,盖王瑞自太王兴。"同样是追述。故孔颖达为正义,明曰:"天无二日,民无二王。岂得殷纣尚在而称周王哉? 若文王身自称王,已改正朔,则是功业成矣,武王何得云大勋未集,欲卒父业也?《礼记大传》云:'牧之野,武王之大事也。既事而退,追王大王亶父、王季历、文王昌。'是追为王,何以得为文王身称王,已改正朔也?"(《尚书正义》卷十一,第 268 页)欧阳修依经立论,维护儒家的伦理道德,否定注疏中西伯受命称王的说法,自是正论。然其读《正义》,不可能不知此,故我们推测,其作《泰誓论》,乃习作也,不免有为文而文之嫌。其后苏轼撰《周公论》,一依欧文为法,皆是受其影响。(苏之仿欧,朱刚已指出此点。见其《唐宋古文运动与士大夫文学》,第 278 页)

② 《欧阳修诗文集校笺·居士集》卷十八《易或问》,第 535 页。

思维模式,而是从事物发展的实际情形出发。

从人情常理出发,欧阳修对西伯受命称王的否定是有说服力的,而且,对史实的讨论也不再是冷冰冰的分析判断,其中融入了作者的想象和情感。比如他分别从西伯和纣王的角度反驳西伯称王说,曰:"西伯以征伐诸侯为职事,其伐黎而胜也,商人已疑其难制而恶之。使西伯赫然见其不臣之状,与商并立而称王,如此十年,商人反晏然不以为怪,其父师老臣如祖伊、微子之徒亦默然相与熟视而无一言,此岂近于人情邪?由是言之,谓西伯受命称王十年者,妄说也。""以纣之雄猜暴虐,尝醢九侯而脯鄂侯矣,西伯闻之窃叹,遂执而囚之,几不免死。至其叛己不臣而自王,乃反优容而不问者十年,此岂近于人情邪?由是言之,谓西伯受命称王十年者,妄说也。"其中"默然相与熟视而无一言","西伯闻之窃叹"云云,皆生动形象,如在目前。

依经不依注,所最常用的论证方式便是驳论,排斥了注疏的旧说,方可回归经典本身。又因为纣虽是暴君,然只要其仍然在位,君臣关系就没有改变,那么,在论证西伯受命称王的问题上,也只宜用驳论的形式。西伯既然未曾受命称王,儒家君君臣臣的纲常伦理也就得以维护。文章每段以"此岂近于人情邪"和"谓西伯受命称王十年者,妄说也"结束,从句式上看,也排比整齐,辩驳有力,气势劲健,有鲜明的文学色彩。

说经者据己意理解儒家经典,各自立说,不受经传约束,从中又往往可见说经者自身的形象。如王安石,邵伯温《闻见录》中称其"议论高奇,能以辩博济其说,人莫能诎"①。王称《东都事略》本传中则谓其"性强忮,遇事无可否,自信所见,执意不回"②。这种性格除了在其生平行事中可见之外,在他的经论中也往往能见之。像情与性的关系,王安石认为:"性、情一也。""喜怒哀乐好恶欲,未发于外而存于心,性也;喜怒哀乐

---

① [宋]邵伯温《邵氏闻见录》卷十一,中华书局,1983年,第116页。
② [宋]王称《东都事略》卷七十九《王安石传》,《景印文渊阁四库全书》第382册,台湾商务印书馆,1984年,第514页。

第二章 "礼乐交举,儒术化成":宋真宗与宋代经学文献编纂的新变

好恶欲发于外而见于行,情也。性者情之本,情者性之用。"①从性静情动,已发为情,未发为性,到"性者情之本,情者性之用",已比前人进了一步。他又拿此来讨论礼的产生,也有新见。他说:"礼始于天而成于人,天则无是而人欲为之者,举天下之物,吾盖未之见也。"就像"今人生而有严父母之心,圣人因其性之欲而为之制焉,故其制虽有以强人,而乃以顺其性之欲也。圣人苟不为之礼,则天下盖将有慢其父而疾其母者矣,此亦可谓失其性也"②。把礼的起源由人情追溯到了人性,所见更为深刻,真是"议论高奇"③。

他又论道:

> 气之所禀命者,心也。视之能必见,听之能必闻,行之能必至,思之能必得,是诚之所至也。不听而聪,不视而明,不思而得,不行而至,是性之所固有,而神之所自生也,尽心尽诚者之所至也。故诚之所以能不测者,性也。贤者,尽诚以立性者也;圣人,尽性以至诚者也。神生于性,性生于诚,诚生于心,心生于气,气生于形。形者,有生之本。故养生在于保形,充形在于育气,养气在于宁心,宁心在于致诚,养诚在于尽性,不尽性不足以养生。能尽性者,至诚者也;能至诚者,宁心者也;能宁心者,养气者也;能养气者,保形者也;能保形者,养生者也。不养生,不足以尽性也。生与性之相为因循,志之与气,相为表里也。生浑则蔽性,性浑则蔽生,犹志一则动气,气一则动志也。先王知其然,是故体天下之性而为之礼,和天下之性而为之乐。礼者,天下之中经;乐者,天下之中和。礼乐者,先王所

---

① 王安石《临川先生文集》卷六十七《性情》,王水照主编《王安石全集》,复旦大学出版社,2017年,第1218页。刘向曾说过:"性情相应,性不独善,情不独恶。"(东汉荀悦《申鉴》卷五引,《景印文渊阁四库全书》第696册,台湾商务印书馆,1985年,第461页)王安石或也曾受其影响。

② 王安石《临川先生文集》卷六十六《礼论》,《王安石全集》,第1199页。

③ 个中当也受到前人的影响。如《左传·昭公二十五年》记郑相游吉对礼的解释,就有"夫礼,天之经也,地之义也,民之行也。……淫则昏乱,民失其性,是故为礼以奉之"的话(杨伯峻编著《春秋左传注》,中华书局,1981年,第1457页)。

以养人之神,正人气而归正性也。是故大礼之极简而无文,大乐之极易而希声。简易者,先王建礼乐之本意也。世之所重,圣人之所轻;世之所乐,圣人之所悲。非圣人之情与世人相反,圣人内求,世人外求。内求者乐得其性,外求者乐得其欲。欲易发而性难知,此情性之所以正反也。衣食所以养人之形气,礼乐所以养人之性也。礼反其所自始,乐反其所自生,吾于礼乐见圣人所贵其生者至矣。世俗之言曰:"养生非君子之事。"是未知先王建礼乐之意也。①

这里他提出了一个与"性"相对的概念——"生"。"生与性之相因循",互相影响,相为表里。这就把"性"落实在了现实生活的基点上。王安石"议论高奇",为政主张"以尧舜为法",却决不玄虚。所以他会说:"形者,有生之本。故养生在于保形,充形在于育气,养气在于宁心,宁心在于致诚,养诚在于尽性。不尽性不足以养生。能尽性者,至诚者也;能至诚者,宁心者也;能宁心者,养气者也;能养气者,保形者也;能保形者,养生者也。不养生,不足以尽性也。"这里既有唯心也有唯物的因素。尽性、至诚这些儒家传统的经学概念和基本问题,最终都回到了"形"和"生"的原点。

由"生"到"性",源于此的礼和乐也都很简易朴素。"蒉桴土鼓,而乐之道备矣;燔黍捭豚,污尊杯饮,礼既备矣。然大裘无文,大辂无饰,圣人独以其事之所贵者何也,所以明礼乐之本也。"② 甚而以尧舜为法的政治理念也变得十分简单,"尧舜所为,至简而不烦,至要而不迂,至易而不难,但末世学者不能通知,常以为高不可及,不知圣人经世立法,以中人为制也"③。至高远而又极现实、极简朴,皆足为王安石为人之写照。

王安石论礼乐,强调先王制礼作乐之意,而不拘泥于制度本身。礼乐的这个"意",就是顺应人性之欲,因为没有人性的需求,也就没有礼乐的产生。既然礼乐出于人性,那么世人论礼乐也就应求之于内,求之于

---

① 王安石《临川先生文集》卷六十六《礼乐论》,《王安石全集》,第1199—1200页。
② 王安石《临川先生文集》卷六十六《礼乐论》,《王安石全集》,第1201页。
③ [宋]杜大珪《名臣碑传琬琰之集》下卷十四《王荆公安石传》,《景印文渊阁四库全书》第450册,台湾商务印书馆,1984年,第770页。

第二章 "礼乐交举,儒术化成":宋真宗与宋代经学文献编纂的新变

己,才能得礼乐之意,所谓"目击而道存,不言而意已传,不赏而人自劝,不罚而人自畏,莫不由此也"①。那么,儒家讲的养生修性,内求诸己,与释道是否又混淆为一了呢?不然。王安石说:"礼乐之意不传久矣。天下之言养生修性者,归于浮屠、老子而已。浮屠老子之说行,而天下为礼乐者独以顺流俗而已。夫使天下之人驱礼乐之文以顺流俗为事欲成治其国家者,此梁、晋之君所以取败之祸也。然而世非知之也者,何耶?特礼乐之意大而难知,老子之言近而易轻;圣人之道得诸己,从容人事之间而不离其类焉;浮屠直空虚穷苦,绝山林之间,然后足以善其身而已。由是观之,圣人之与释老其远近难易可知也。是故赏与古人同而劝不同,罚与古人同而威不同,仁与古人同而爱不同,智与古人同而识不同,言与古人同而信不同。同者道也,不同者心也。"②儒家不仅要求诸己,而且还始终不离于人事和社会现实,这便是与释道的区别了。直截了当,辨析明晰,最是安石作风。

王安石在论述礼乐之意的过程中,往往发为新论。他说:"养生以为仁,保气以为义,去情却欲以尽天下之性,修神致明以趋圣人之域。圣人之言,莫大于颜渊之问:'非礼勿视,非礼勿听,非礼勿言,非礼勿动。'则仁之道亦不远也。耳非取人而后聪,目非取人而后视,口非取诸人而后言也,身非取诸人而后动也。其守至约,其取至近,有心有形者皆有之也,然而颜子且犹病之何也?盖人之道莫大于此。'非礼勿听',非谓掩耳而避之,天下之物不足以干吾之聪也;'非礼勿视',非谓掩目而避之,天下之物不足以乱吾之明也;'非礼勿言',非谓止口而无言也,天下之物不足以易吾之辞也;'非礼勿动',非谓止其躬而不动,天下之物不足以干吾之气也。天下之物岂特形骸自为哉?其所由来盖微矣。不听之时有先聪焉,不视之时有先明焉,不言之时有先言焉,不动之时有先动焉,圣人之门,惟颜子可以当斯语矣。"③强调"心"的作用,由"心"出发,从那种

---

① 王安石《临川先生文集》卷六十六《礼乐论》,《王安石全集》,第1201页。
② 王安石《临川先生文集》卷六十六《礼乐论》,《王安石全集》,第1202—1203页。
③ 王安石《临川先生文集》卷六十六《礼乐论》,《王安石全集》,第1200—1201页。

"天下之物不足以干吾之气"的解读中,我们同样不难想见其学根孟子,为人自得、自信的作风。

(四)经论之衍生:以《东莱左氏博议》为例

南宋的经论深受科举的影响,经论与史论及文学趋于融合,在文体上也逐渐衍化、固定。吕祖谦《左氏博议》即为显例。

吕祖谦思想学术博杂,不名一师,不私一说,既重经学,又精史学,虽谈史学时常常将《左传》阑入,然其《左氏博议》一书,实融合了经论、史论和文学等多种文体因素。其《东莱左氏博议》二十五卷,自序云:"《左氏博议》者,为诸生课试之作也。""予思有以佐其笔端,乃取左氏书理乱得失之迹,疏其说于下。旬储月积,浸就编帙。""凡《春秋》经旨概不敢僭论,而枝辞赘喻,则举子所以资课试者也。"①赵希弁《读书附志》卷上将其著录于"经解类"②,《直斋书录解题》则在卷三"春秋类"中予以著录③,就都把它作为经部之书看待。

在中国传统学术中,史本附于经,史学以经学为根本,无疑是主流的看法。然到了宋代,史学地位已上升,论者往往合经、史而论之。如苏洵便说:"史与经皆忧小人而作,其义一也。其义一,其体二。故曰史焉,曰经焉。大凡文之用四,事以实之,词以章之,道以通之,法以检之,此经史所兼而有之者也。虽然,经以道法胜,史以事词胜。经不得史无以证其褒贬,史不得经无以酌其轻重。经非一代之实录,史非万世之常法。体不相沿,而用实相资焉。""使后人不知史而观经,则所褒莫见其善状,所贬弗闻其恶实。吾故曰:经不得史无以证其褒贬。使后人不通经而

---

① 吕祖谦《东莱博议序》,黄灵庚、吴战垒主编《吕祖谦全集》第6册,浙江古籍出版社,2008年,第575—576页。

② [宋]赵希弁《(郡斋)读书(志)附志》卷上,[宋]晁公武撰,孙猛校证《郡斋读书志校证》,上海古籍出版社,1990年,第1096页。

③ [宋]陈振孙撰,徐小蛮、顾美华点校《直斋书录解题》卷三,上海古籍出版社,1987年,第66页。

第二章 "礼乐交举,儒术化成":宋真宗与宋代经学文献编纂的新变

专史,则称赞不知所法,惩劝不知所沮。吾故曰:史不得经无以酌其轻重。"①何况,《左传》之作本在解经呢。所以,我们把《东莱左氏博议》作为经论与史论融合的产物,称其为衍生的经论,或与事实相去不远。

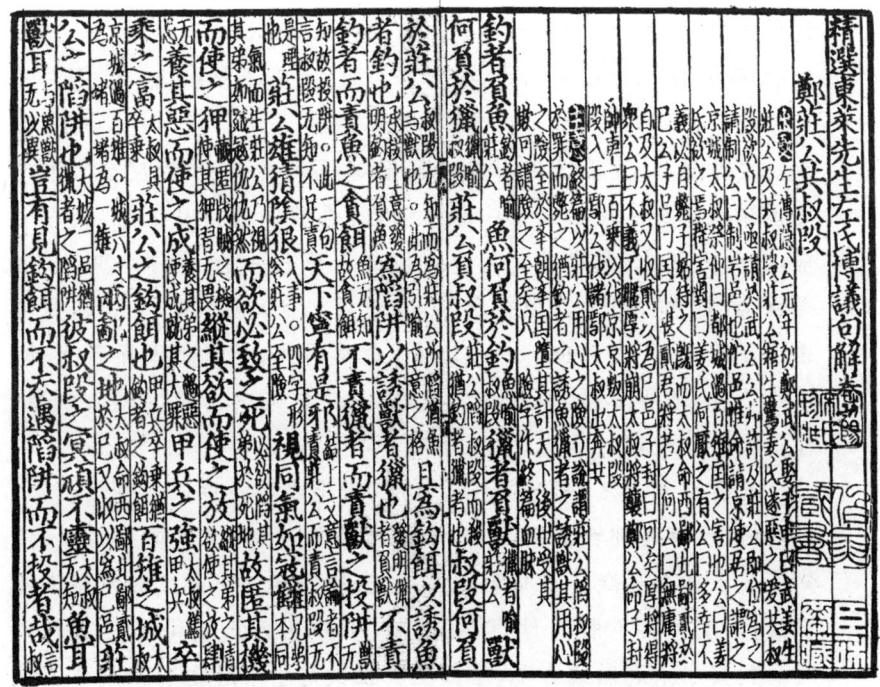

图 7 《东莱先生左氏博议句解》(国家图书馆藏元刻本)

且看《郑庄公共叔段》所论:

> 钓者负鱼,鱼何负于钓;猎者负兽,兽何负于猎;庄公负叔段,叔段何负于庄公。且为钩饵以诱鱼者,钓也;为陷阱以诱兽者,猎也。不责钓者,而责鱼之吞饵;不责猎者,而责兽之投阱,天下宁有是耶?

---

① [宋]苏洵撰,曾枣庄、金成礼笺注《嘉祐集笺注》卷九《史论》上,上海古籍出版社,1983年,第228—229页。

庄公雄猜阴狠，视同气如寇雠，而欲必致之死。故匿其机而使之狎，纵其欲而使之放，养其恶而使之成。甲兵之强、卒乘之富，庄公之钩饵也；百雉之城、两鄙之地，庄公之陷阱也。彼叔段之冥顽不灵，鱼耳、兽耳，岂有见钩饵而不吞，过陷阱而不投者哉。导之以逆，而反诛其逆；教之以叛，而反讨其叛，庄公之用心亦险矣。

庄公之心，以谓亟治之，则其恶未显，人必不服；缓治之，则其恶已暴，人必无辞。其如不闻者，盖将多叔段之罪而毙之也。殊不知叔段之恶日长，而庄公之恶与之俱长；叔段之罪日深，而庄公之罪与之俱深。人徒见庄公欲杀一叔段而已，吾独以谓封京之后、伐鄢之前，其处心积虑，曷尝须臾而忘叔段哉。苟兴一念，是杀一弟也；苟兴百念，是杀百弟也。由初及末，其杀段之念，殆不可千万计，是亦杀千万弟，而不可计也。一人之身，杀其同气，至于千万而不可计，天所不覆，地所不载，翻四海之波，亦不足以湔其恶矣。庄公之罪，顾不大于叔段耶。

吾尝反复考之，然后知庄公之心，天下之至险也。祭仲之徒，不识其机，反谏其都城过制，不知庄公正欲其过制；谏其厚将得众，不知庄公正欲其得众。是举朝之卿大夫，皆堕其计中矣。郑之诗人不识其机，反刺其不胜其母，以害其弟，不知庄公正欲得不胜其母之名。刺其小不忍以致大乱，不知庄公正欲得小不忍之名。是举国之人皆堕其计中矣。举朝堕其计，举国堕其计，庄公之机心犹未已也。鲁隐公十一年，庄公封许叔而曰："寡人有弟，不能和协，而使糊其口于四方，况能久有许乎。"其为此言，是庄公欲以欺天下也。鲁庄之十六年，郑公父定叔出奔卫，三年而复之。曰："不可使共叔无后于郑。"则共叔有后于郑旧矣。段之有后，是庄公欲以欺后世也。既欺其朝，又欺其国，又欺天下，又欺后世。噫嘻！岌岌乎险哉，庄公之心欤。

然将欲欺人，必先欺心。庄公徒喜人之受吾欺者多，而不知吾自欺其心者亦多。受欺之害，身害也；欺人之害，心害也。哀莫大于心死，而身死亦次之。受欺者身虽害，而心固自若；彼欺人者身虽得志，其心固已斫丧无余矣。在彼者所丧甚轻，在此者所丧甚重。本

第二章 "礼乐交举,儒术化成":宋真宗与宋代经学文献编纂的新变

欲陷人,而卒自陷,是钓者之自吞钩饵,猎者之自投陷阱也。非天下之至拙者,讵至此乎?故吾始以为庄公为天下之至险,终以庄公为天下之至拙。①

郑伯克段于鄢的史实在这里只是作者用以论证庄公欺心的材料,他既不是由史实而申发议论,史实本身也已不再重要。文章着眼于"心"与"念"而非庄公之行迹,把郑庄公许武姜为叔段请制,容忍其都城过制、缮甲兵、备卒乘的做法,视为不过是其处心积虑,欲擒故纵,最终置叔段于死地的谋略。作者从理学和心学立意,对经典的解读已完全理学化。其继而论"颍考叔还武姜",谓"考叔得其体而不得其用",其所谏"不特蔽庄公之天理,当考叔发阙地及泉之言,考叔胸中之天理所存亦无几矣"②。也无非理学家之考断。其它如《周郑交恶》篇论君臣之分,《颍考叔争车》论"气无二气,理无二理","天下之理,未有出于孝之外也"③,《晋穆侯命二子名及晋侯封典沃》论"嫡庶长幼定分之出于天"④,《晋桓庄之族逼》论"一念之中识天性之爱"⑤,等等,皆是如此,例不胜举。

吕祖谦在《郑庄公共叔段》一文中,先拟一喻,将庄公与叔段比作钓者与鱼、猎者与兽,而把《春秋》和历来世人所讥庄公失教与叔段不弟的两相责难,一变为责在庄公,不仅立论新奇,而且比喻亦十分恰当,巧妙地抓住了读者心理。接下来分析庄公如何以钓饵诱之,设陷阱害之,欲置叔段于死地的阴险用心,以见出其对待叔段的一系列行动,原来都是处心积虑、蓄谋已久的。遂引出下文对庄公阴险用心的进一步诛讨,其所害不仅叔段一人,实则害及国家、害及天下。正面论说既足,再从侧面分析,指出祭仲、《郑风》作者以及天下、后世之人皆为其所欺骗,深化了文章的立意。文末宕开一笔,以儒家的正心诚意之说收束,仍紧扣论题,

---

① 吕祖谦《左氏博议》卷一,《吕祖谦全集》第 6 册,第 2—4 页。
② 吕祖谦《左氏博议》卷一《颍考叔还武姜》,《吕祖谦全集》第 6 册,第 5 页。
③ 吕祖谦《左氏博议》卷三,《吕祖谦全集》第 6 册,第 58—59 页。
④ 吕祖谦《左氏博议》卷三,《吕祖谦全集》第 6 册,第 72 页。
⑤ 吕祖谦《左氏博议》卷八,《吕祖谦全集》第 6 册,第 190 页。

气完神足。其论既新,警句频出,而又起承转合,前后勾连,自有法度,影响后人颇大。故朱熹评其"课试末流,小小得失之间,则亦不足深较也。向见所与诸生论说左氏之书,极为详博,然遣词命意,亦颇伤巧矣"①。言语间虽有不满,然用"博"和"巧"来评价,正道出了吕祖谦《左氏博议》为文的鲜明的文学色彩。

再如《宋万弑闵公》一篇中,吕祖谦论及汉高祖之用叔孙通之仪,曰:"彼见其所谓仪者拘缀苛碎,决非武夫悍将所能堪,天下未定而遽行之,必失豪杰之心,故宁蔑弃礼法而不顾。殊不知名教之中自有乐地,岂叔孙辈所能识耶?《采薇》《出车》《东山》之诗,雨雪寒燠,草木禽兽,仆马衣裳,室家婚姻,曲尽人情,昵昵如儿女语。文武周公之待将帅开心见诚盖如此,初未尝如陋儒之拘,亦不至如后世之纵也。高帝明达,最易告语,惜乎无以是诗晓之。"②引《诗》为论,充满温情。又如《宋襄夫人杀昭公之党》一篇,论待人欲宽,论人欲尽,曰:"待人欲宽,论人欲尽。待人而不宽,君子不谓之恕;论人而不尽,君子不谓之明。善待人者,不以百非没一善;善论人者,不以百善略一非。善待人者,如天地,如江海,如薮泽,恢恢乎无所不容;善论人者,如日月,如权衡,如水鉴,昭昭乎无所不察。二者要不可错处也。"③连用比喻,文如贯珠,毫无理学家的迂阔之气。

宋代进士科举取士和贤良进卷等制度,推动了论体文,也推动了经论的发展。就中自真宗朝进士考试以经义命题的做法,尤值得注意。宋代多博学之士,理学家通文学、文学家通经学者甚众,经学与文学也互相激发、融通和汇合。宋代文章创作丰富多彩,各种文体互相渗透,彼此辉映,取得了卓越的成就。作为论体文中的一种,在上述背景下,经论也融合文史等多种因素,由简单的经学义解发展为具有鲜明政治指向和宋学特色的论体之文,经世用、重人事,又多以人情常理说经。这虽有其思想

---

① [宋]朱熹《晦庵集》卷三十三《答吕伯恭书》,《景印文渊阁四库全书》第1143册,台湾商务印书馆,1985年,第736页。
② 吕祖谦《左氏博议》卷七,《吕祖谦全集》第6册,第136页。
③ 吕祖谦《左氏博议》卷十九,《吕祖谦全集》第6册,第440页。

第二章 "礼乐交举,儒术化成":宋真宗与宋代经学文献编纂的新变

渊源,然更反映了北宋儒学发展的新趋势。晚唐五代儒学衰落,宋初士子多出身寒门,学无所师,以己意说经,遂往往据人情常理为说。从人情常理出发,对儒家经典的讨论便不再是生硬的、冷冰冰的说教,而是融入了作者的想象和情感,从中亦可见说经者自身的形象。至南宋,经论与史论及文学更趋于融合,文体上也逐渐衍化、固定,影响深远。

第三章
宋代的私家藏书、编纂与文化：
以宋敏求为中心的考察

图书典籍是中国文化传承和发展的最重要的物质载体。书籍的这种文化承载使命和意义，是通过收藏保护、校刊整理、辑录编纂和传抄、刊刻等一系列活动来实现的，而推动这些活动尤其是大规模整理活动进行的，往往是朝廷或官方（如宋初四部大书的编纂等），它所凭借的主要是馆阁群臣的集体力量。然而，在中国文献文化史上亦有以一人之力，而兼司藏、校、辑、编数职的，宋敏求即为一显例。本章对其在图书典籍的藏、校、编纂方面的贡献和特点以及其在中国文献文化史上的作用、地位和影响，作初步的探讨。在宋氏藏书的基础上编成的王安石《唐百家诗选》，在中国文学史和文献文化史上影响甚大，此章亦并论之。

一、"喜藏异书""择之甚精"：宋氏的家学与藏书

宋人喜藏书，可从太祖说起。据李焘《续资治通鉴长编》的记载，宋太祖虽起于介胄之中，然"性严重寡言，独喜观书，虽在军中，手不释卷。闻人间有奇书，不吝千金购之。显德中，从世宗平淮甸，或谮上于世宗曰：'赵某下寿州，私所载凡数车，皆重货也。'世宗遣使验之。尽发笼箧，唯书数千卷，无他物。世宗亟召上。谕曰：'卿方为朕作将帅，辟封疆，当务坚甲利兵，何用书为？'上顿首曰：'臣无奇谋上赞圣德，滥膺寄任，常恐

第三章 宋代的私家藏书、编纂与文化:以宋敏求为中心的考察

不逮,所以聚书,欲广见闻、增智虑也。'世宗曰:'善!'"①太祖的喜欢购书、藏书和读书,其目的虽是要"广见闻,增智虑",实则政治志向已不可限量,同时也隐然昭示了未来崇儒重文的治政方略。乾德元年(963年),"平荆南,诏有司尽收高氏图籍,以实三馆"②。乾德三年(965年)平西蜀,所收"图书付史馆"③。同年闰八月,又下"诏求亡书。凡吏民有以书籍来献者,令史馆视其篇目,馆中所无则收之。献书人送学士院试问吏理,堪任职官,具以名闻。是岁,'三礼'涉弼、'三传'彭幹、学究朱载皆应诏献书,总千二百二十八卷,命分置书府,赐弼等科名"④。开宝八年(975年)得南唐,"籍李煜所藏图书送阙下"⑤。藏书又大增。"建隆初,三馆所藏书仅一万二千余卷,及平诸国,尽收其图籍,惟蜀、江南最多。凡得蜀书一万三千卷,江南书二万余卷。又下诏开献书之路。于是天下书复集三馆,篇帙稍备。"⑥太祖大规模收集书籍舆图的做法,极大地推动了有宋一代的藏书之风。

宋太宗的喜爱读书、聚书,更超过太祖。宋真宗称其"崇尚文史"⑦,《宋史》载其"性嗜学。宣祖总兵淮南,破州县,财物悉不取,第求古书遗帝,恒饬厉之。帝由是工文业,多艺能"⑧。即可见一斑。宋太宗即位后曾多次命臣下广搜图书,三馆之外复置秘阁,并谓:"夫教化之本,治乱之源,苟无书籍,何以取法?"⑨又曰:"国家勤求古道,启迪化源,国典朝章,

---

① 李焘《续资治通鉴长编》卷七,乾德四年五月乙亥,中华书局,2004年,第1册,第171页。又,《宋史·太祖本纪》亦谓其"好读书","重儒者",见《宋史》卷三,中华书局,1985年,第1册,第50页。
② [清]徐松辑,刘琳等点校《宋会要辑稿·崇儒四·求书、藏书》,上海古籍出版社,2014年,第5册,第2823页。
③ 李焘《续资治通鉴长编》卷七,乾德四年五月,第171页。
④ 李焘《续资治通鉴长编》卷七,乾德四年闰八月,第178页。
⑤ 李焘《续资治通鉴长编》卷十六,开宝八年十二月辛丑,第354页。
⑥ 李焘《续资治通鉴长编》卷十九,太平兴国三年正月,第422页。
⑦ 徐松《宋会要辑稿·崇儒四·勘书》,第5册,第2315页。
⑧ 脱脱等《宋史》卷四《太宗本纪》,第53页。
⑨ 李焘《续资治通鉴长编》卷二十五,雍熙元年正月壬戌,第2册,第571页。

咸从振举，遗编坠简，宜在询求。致治之先，无以加此。宜令三馆所有书籍，以《开元四部书目》比校，据见阙者特行搜访，仍具录所少书，于待漏院榜示中外。若臣僚之家有三馆阙书，许上之。及三百卷以上者，其进书人送士院引验人才书判，试问公理，如堪任职官者，与一子出身。或不亲儒墨者，即与安排。如不及三百卷者，据卷帙多少优给金帛。如不愿纳官者，借本缮写毕，却以付之。"①并明确提出："王者虽以武功克敌，终须以文德致治。朕每日退朝，不废观书，意欲酌先王成败而行之，以尽损益也。"②这都可见出其对藏书的重视和宋廷的崇文思想导向，朝廷藏书的数量也因此迅速增加。史载太宗"遣使诣诸道，购募古书、奇画及先贤墨迹，小则偿以金帛，大则授以官。数岁之间，献图籍于阙下者不可胜计，诸道购得者又数倍。乃诏史馆尽取天文、占候、谶纬、方术等书五千一十卷，并内出古画、墨迹一百一十四轴，悉令藏于秘阁。图籍之盛，近代所未有也"③。其一时收藏之富，可以想见。

其后，宋真宗、仁宗仍延续了太祖、太宗朝的做法，十分重视图书典籍的收藏。咸平四年（1001年），真宗下诏曰："国家设广内、石渠之宇，访羽陵、汲冢之书。法汉氏之前规，购求虽至；验开元之旧目，亡逸尚多。庶坠简以毕臻，更出金而示赏式。广献书之路，且开与进之门。应中外士庶，有收得三馆所少书籍，每纳到一卷给千钱，仰判馆看详，委是所少之书，及卷帙别无违碍，收纳。其所进书如及三百卷已上，量材试问，与出身酬奖；或不亲儒墨，即与安排。宜令史馆抄出所少书籍名目，于待漏院张挂，及遣牒诸路转运司，严行告示。"④这样做的结果，就是朝廷藏书量不断增加。到景德年间，仅是龙图阁的藏书，除太宗御书之外，"下设六阁：经典阁三千七百六十二卷，史传阁八百二十一卷，子书阁一万三百六十二卷，文集阁八千三十一卷，天文阁二千五百六十四卷，图书阁一千

---

① 徐松《宋会要辑稿·崇儒四·求书、藏书》，第5册，第2824页。
② [宋]李攸《宋朝事实》卷三"圣学"，《景印文渊阁四库全书》第608册，第30页。
③ 李焘《续资治通鉴长编》卷三十一，淳化元年八月癸卯，第704页。
④ 徐松《宋会要辑稿·崇儒四·求书、藏书》，第2825页。

四百二十一轴、卷、册"①。总数多达二万六千余卷册,可谓丰富。宋仁宗于天圣五年(1027年)、景祐元年(1034年)等,也曾多次命臣僚求书购书。嘉祐五年(1060年),又下诏曰:"以今秘府所藏,比唐开元旧录,遗逸尚多,宜开购赏之科,以广献书之路。应中外士庶之家,并许上馆阁所阙书。每卷支绢一匹,及五百卷,特与文武资内安排。"②据庆历元年编成的《崇文总目》,当时三馆和秘阁藏书已多达三万余卷。自宋初以来,朝廷的一系列收书藏书措施,无疑对有宋一代藏书之风的兴盛,起了重要的推动作用。

宋朝以文治立国,士大夫诗书传家,藏书亦富,往往媲美馆阁。宋初士人藏书已多,比较著名的,像孙光宪、丁顗、江正、高顿、戚同文、胡仲尧、杨徽之、王溥、李昉、朱昂、郭延泽、刘式、钱惟演、宋白、毕士安、姚铉、赵安仁、眉山孙氏等十数家,藏书往往多至万卷。③ 由唐到宋,在图书典籍和文献文化的传承上起了重要的作用。若有宋一代,藏书家就更多。周密曾记道:"宋承平时,如南都戚氏,历阳沈氏,庐山李氏,九江陈氏,番易[易]吴氏,王文康,李文正,宋宣献,晁以道,刘壮舆,皆号藏书之富。邯郸李淑五十七类二万三千一百八十余卷,田镐三万卷,昭德晁氏二万四千五百卷,南都王仲至四万三千余卷,而类书浩博,若《太平御览》之类,复不与焉。次如曾南丰及李氏山房,亦皆一、二万卷。""至若吾乡故家如石林叶氏、贺氏,皆号藏书之多,至十万卷。其后齐斋倪氏,月河莫氏,竹斋沈氏,程氏,贺氏,皆号藏书之富,各不下数万余卷。""近年惟直斋陈氏书最多,盖尝仕于莆,传录夹漈郑氏、方氏、林氏、吴氏旧书至五万一千一百八十余卷,且仿《读书志》作解题,极其精详,近亦散失。至如秀岩,东窗,凤山三李,高氏,牟氏皆蜀人,号为史家,所藏僻书尤多,今亦已无余矣。""吾家三世积累,先君子尤酷嗜,至鬻负郭之田以供笔札之用。

---

① 李焘《续资治通鉴长编》卷五十九,景德二年四月戊戌,第1329页。
② 徐松《宋会要辑稿·崇儒四·求书、藏书》,第2826页。
③ 详参潘美月《宋代藏书家考》第二章《五代入宋时期的藏书家》,台湾学海出版社,1980年,第31—53页。

冥搜极讨,不惮劳费,凡有书四万二十余卷,及三代以来金石之刻一千五百余种,庋置书种、志雅二堂,日事校雠,居然籯金之富。"①由此可以想见宋代士人藏书风气之盛和藏书之多。

宋氏家族的藏书,当始于宋龟符、宋皋,至宋绶又得到毕士安、杨徽之两家的珍藏,藏书数量遂大增。如晁说之所说:"惟是宋宣献家四世以名德相,而兼有毕丞相、杨文庄二家之书,其富盖有王府不及者。"②宋绶所以能得杨徽之的藏书,是因为绶为徽之外孙又颇为其宠爱。杨徽之无子,仅一女,亦知书,嫁宋皋,每以经史教授其子。故宋绶自幼也喜欢读书,加之天性聪颖,额有奇骨,深为徽之器爱。徽之卒,遗奏宋绶为太常寺太祝。毕士安藏书何以会归于宋氏,今已不可知,然史载宋真宗领开封尹,杨徽之与毕士安并充开封府判官。二人既为同官,或受其影响,毕士安亦称赏宋绶之才学,后来遂将其藏书亦赠予宋绶。毕士安真宗时与寇准并为宰相。真宗曾"诏以崇文院所校《晋书》新本分赐辅臣。宗室上曰:'昨有言两晋事多鄙恶不可流行者。'参知政事毕士安曰:'恶以戒世,善以劝后。善恶之事,《春秋》备载。'上深然之"③。史又载士安"年耆目眊,读书不辍,手自雠校,或亲缮写。又精意词翰,有文集三十卷"④。则知其不但端方有识见,亦颇富文章之才,喜藏书,精校雠,当对宋绶影响很大。

宋绶承继了杨徽之和毕士安两家的藏书,也承继和发展了二氏和宋家的学问传统。宋绶既自幼聪颖,喜好读书,又得宋真宗赏识,恩准其任意取读秘阁之书,故于经史百家之学无不涉猎。宋绶一生历真、仁二朝,颇受君王眷顾和器重,不但出入馆阁,仕至辅相,"朝廷大议论多绶所裁定",而且其学博而能专,尤擅文史。真宗祀汾阴,宋绶"与钱易、陈越、刘筠集所过地志风物故实,每舍止即以奏"。仁宗诏读唐史,宋绶以侍读学

---

① [宋]周密《齐东野语》卷十二"书籍之厄"条,中华书局,1983年,第217—218页。
② [宋]晁说之《景迂生集》卷十六《刘氏藏书记》,《景印文渊阁四库全书》第1118册,台湾商务印书馆,1985年,第308页。
③ 李焘《续资治通鉴长编》卷五十六,景德元年六月乙巳,第3册,第1248页。
④ 脱脱等《宋史》卷二百八十一《毕士安传》,第27册,第9521页。

第三章 宋代的私家藏书、编纂与文化:以宋敏求为中心的考察

士,领三班院,专司进讲。"郊祀,绶摄太仆卿,帝问仪物典故,占对辨洽。"其所为文,杨亿称其"沈壮淳丽",自谓不及。"其笔札尤精妙","及卒,帝多取其书字藏禁中"①。宋家的藏书到了宋绶这一辈,不但藏书的数量大为增加,而且还显示出其自家的特色:"喜藏异书"②,"择之甚精"。即不只求多,还求精善,并重视专藏。欧阳修已指出这一特点。他说:"(宋敏求)文学该赡,多识故事,家藏古今书史、礼乐、制度、传记犹多。礼官、博士每有所疑,多就之质证。"③叶梦得曾对此作过评价。他说:"本朝公卿家藏书,惟宋宣献最精好而不多。盖凡无用与不足观者,皆不取。故吾书每以为法也。"又曰:"古书自唐以后以甲乙丙丁略分为经史子集四类,承平时三馆所藏不满十万卷,《崇文总目》所载是也。公卿名藏书家如宋宣献、李邯郸,四方士民如亳州祁氏、饶州吴氏、荆州田氏等,吾皆见其目。多至四万许卷,其间颇有不必观者。惟宋宣宪家择之甚精,止二万许卷,而校雠详密,皆胜诸家。"④言语之中,极为推崇。所以能"校雠详密",是因为在校雠观念上,宋绶不但主张亲力亲为,而且他还认为"校书如扫尘,一面扫,一面生。故有一书每三四校犹有脱谬"⑤。这无疑是宋绶一生校书的经验之谈。

宋绶的学术倾向和藏书、校书观念直接影响了宋敏求。司马光曰:"次道性嗜学。先正宣献公蓄书三万卷,次道自毁齿至于白首,从事其间,未尝一日舍置。故其见闻博洽,当时罕伦。又闲习国家故事,公私有疑,咸往质焉。又喜著书,如《唐书》《仁宗实录》《国史》《会要》《集注史记》之类,与众共之或专修而未成者皆不计外,其手自纂述已成者,凡四

---

① 脱脱等《宋史》卷二百九十一《宋绶传》,第28册,第9735页。
② [宋]沈括《梦溪笔谈》卷二十五,中华书局,2015年,第251页。
③ 欧阳修《举宋敏求同知太常礼院札子》,李逸安点校《欧阳修全集》卷一百一十,中华书局,2001年,第1675页。文后有校语曰:"右公在翰苑时荐宋敏求奏札,得之汪逵。既云'臣等',则非独荐。或公自草,或止预名,不可知也。"(第1676页)按此应为欧阳修所撰。
④ [宋]马端临《文献通考》卷一百七十四《经籍考总叙》引叶氏《过庭录》,《景印文渊阁四库全书》第614册,第25页。
⑤ [宋]沈括《梦溪笔谈》卷二十五,第251页。

百五十卷。盖昔人所著,未有若此其多也。"①宋敏求承继其家学,可谓既博且专,较之其父,特色更加鲜明。对于宋敏求的这种学术特色,时苏颂作过一个更全面的概括,兹引述如下:

> 公生十年而承家学,摘辞据古,早有过人者。自经传所载,师儒所传,靡不旁通而浃洽,而于唐世及本朝尤为练达。礼乐之因革,官阀之迁次,朝士大夫之族系,九流百家之略录,悉能推本其源流,而言其归趣。雅为丞相宋元宪公所知。从辟洛阳,每访以故实。太师欧阳文忠公领礼仪,修唐史,以公尝僚,手书咨事,自谓浅陋,繄鸿博之助。至于庙堂典故,学者疑义,莫不从而质之而后决。……其为修撰,言馆阁四部书猥多舛驳,请以《汉·艺文志》目购寻众本,委直官重复校正,然后取历代至唐录所载,第为数等,择其善者校留之,余置不用,则秘书得以完善也。……其撰著则有《书闱集》十二卷、《后集》六卷、《西垣制集》十卷、《东观绝笔集》二十卷。属词谨严似权仆射,论事简切似李司空,训辞兼常、杨之温雅,篇什得元、刘之清丽,盖有湛深之思。初,宣献公辑唐大诏令,未次甲乙,公用十三类,离为一百三十卷。唐自大中世史记放绝,载祀不传。公缀集所闻,续武宣懿僖昭哀六朝实录,总一百四十八卷。国朝都汴,沿旧方镇,府寺邸第闾里坊巷,增易数矣,人罕识其故处者。公依韦述类例,撰《东京记》三卷。雍洛故京,汉唐遗事,浐灞残毁,其迹熄矣。公掇方志洎碑记所载,撰《长安(志)》《河南志》各二十卷。奉诏编缉则有《阁门仪制》十三卷,《集例》三十卷,《例要》五卷,《蕃夷朝贡录》十卷。记当官所闻见与其应用,则有《三川下官录》《入蕃录》《春明退朝录》各二卷,《韵类宗室名》五卷,《安南录》三卷,《元会故事》一卷。摭唐人物世系遗事,则有《讳行后录》五卷。纂唐文章之散逸、卷部不伦者,有《李翰林集》三十卷、《李北海集》十五卷、《颜鲁公集》十五卷、《刘宾客外集》十卷、《孟东野集》十卷、《李卫公别集》五卷、《百家

---

① 司马光《河南志序》,《传家集》卷六十八,《景印文渊阁四库全书》第1094册,第627页。

诗选》二十卷。复采晋唐人诗歌见于石者,作《宝刻丛章》三十卷。尝谓司马迁《史记》注解疏牾,学者罕通其义训,悉取《音义》《索隐》《正义》,王元感、陈伯宣《别注》,将仿颜师古《西汉》为集注,及被诏修《百官表》,续《本朝会要》,删定《九域志》,皆未克就。呜呼!可谓博矣。公雅以善书称,结字清劲,得其家法。前奉诏题濮安懿王王夫人神主,书御制韩忠献公碑,及当时公卿士人匄请题写被金石刻者多矣。尝对延和,上问宣献遗迹,翌日奏七轴以献。……家书数万卷,多文庄、宣献手泽与四朝赐札。藏秘惟谨,或缮写别本以备出入。退朝则与子侄翻雠订正,故其收藏最号精密。平生无他嗜好,惟沈酣简牍,以为娱乐,虽甚寒暑,未尝释卷。早与仲弟都官君敏修文章学问互相开发,子侄辈悉能奉循世范。①

宋氏父子皆极为渊博,然宋绶撰述较少,而敏求则著述甚多。宋绶于唐史多有研究,并开始编《唐大诏令集》,然是书之成则在敏求之手,敏求更参与修《唐书》,撰唐武宗以下六朝实录②,纂唐代地志,集唐人世系、遗事,其所涉范围之广和用力之深皆远超其父;宋绶治史已关注本朝,关注典章制度,撰有《卤簿图》十卷,而敏求则对本朝史、对典章制度的建设尤

---

① [宋]苏颂《苏魏公文集》卷五十一《龙图阁直学士修国史宋公神道碑叙》,《景印文渊阁四库全书》第1092册,台湾商务印书馆,1985年,第547、550—551页。关于宋敏求的家世、生平和撰述,详见于范镇《宋谏议敏求墓志铭》(载杜大珪《名臣碑传琬琰之集》中卷十六),然范镇载宋氏撰述,不言其有《百家诗选》。

② 宋敏求所纂唐武宗以下六种实录,陈振孙《直斋书录解题》卷四史部起居注类已著录(第126页。清四库馆臣辑陈氏书,误以宋氏所撰《武宗实录》为韦保衡撰,岑仲勉先生已辨之,参其《唐史余渖》,中华书局,2006年,第183—185页)。黄永年先生认为宋敏求所补《实录》是"撰修《新(唐)书》武宗以下本纪的依据","在史料采择上自有胜于《旧(唐)书》武宗以下本纪之处","《新书》本纪有时增出条目,有时纠正《旧书》本纪的错误"。(黄永年《唐史史料学》,上海书店出版社,2002年,第24页)靳亚娟又进一步提出,宋敏求所补《宣宗实录》及其引用的奏牍、诏敕等是《通鉴》编年纪日的基础,并进一步补充论证了《宣宗实录》是《新唐书》修撰的重要史料依据。(《〈资治通鉴〉唐宣宗时期的史源——兼论宋敏求及其〈宣宗实录〉》,《文史》2019年第4期)这显然也得益于其藏书之富。后晋贾纬也曾撰《唐年补录》补武宗后《实录》。(参岑仲勉《唐史余渖》,第235—236页)

为重视，编撰《阁门仪制》《蕃夷朝贡录》《元会故事》《春明退朝录》等，多存一代故实；宋绶有《岁时杂咏》，"手编古诗及魏晋迄唐人岁时章什一千五百有六，厘为十八卷"①，敏求则辑校、整理唐集，录存唐人诗碑等，成绩亦超过其父；宋绶藏书、校书崇尚专精，敏求更进一步将其推广至秘阁的藏书校书；宋绶擅书法，敏求能传其法，其字播于金石，为时人所重。可惜的是，宋敏求的上述著述未能全部保存下来，今天我们能见到的，主要有《唐大诏令集》一百三十卷（缺卷十四至二十四、八十七至九十八计23卷）、《长安志》二十卷、《河南志》四卷（司马光为撰序，原书佚，今存清人徐松辑本）②、《春明退朝录》三卷，辑校唐人集如《李翰林集》《颜鲁公集》《刘宾客外集》《李卫公别集》等多种。其数量虽已不多，然亦足见出他在唐代文史文献整理、编纂和研究方面的成绩和贡献。

二、"礼乐之因革"：《唐大诏令集》的编纂与唐宋典章制度传承

《唐大诏令集》的编纂始于宋敏求的父亲宋绶。其编纂始末宋敏求在是书序中早有说明。他说：

> 《唐大诏令集》者，先君宣献公景祐中书第三阙所纂也。先公以文章名世，更内外制之选，而朝廷典册多以属之。及入陪宰政，仁宗数面命撰述。于是有中宫册文、三后不迁及条列兵农、置睦亲宅、朝集院等诏。机务之隙，因衷唐之德音、号令非常所出者汇之。未次甲乙，未为标识。而昊天不吊，梁木遽坏。小子不肖，大惧失坠，秘其书于家楹者盖有年矣。仆射王文安公累以为问，谓当垂世不朽。乃绪正旧稿十三类，总一百三十卷。文安见许序而名之，未果而公

---

① [宋]晁公武撰，孙猛校证《郡斋读书志校证》卷二十"总集类"，上海古籍出版社，1990年，第1066—1067页。

② 关于《长安志》和《河南志》的史料价值，可参黄永年《唐史史料学》有关论述（98—102页）。

薨。治平二年，先皇帝简拔孤陋，置在西掖。固欲澡雪蒙滞，而钻仰众制，方缮写成编，会忤权解职，顾翰墨无所事，第取"唐大诏令"目其集而弆藏之云。熙宁三年九月晦，右谏议大夫宋敏求谨序。①

据此可知，此书是在宋仁宗的勉励下，由宋绶于景祐年间开始汇集资料并进行了初步的编纂的，然在宋绶生前尚未成书。宋绶去世后多年，在王尧臣的督促下，敏求重又续编此书，将所选唐人诏令分为十三类，一百三十卷，至英宗治平二年大致成书，而于神宗熙宁初编定并以《唐大诏令集》名之。

帝王诏册是中国古代社会国家最高和最重要的政令，所谓"皇帝御宇，其言也神。渊嘿黼扆，而响盈四表，唯诏策乎"②。对这些政令的记录，其源甚远。左史记言，右史记事。西周时由内史记王命。汉代以来，有起居注记帝王言行动止，其中亦载帝王诏命。晋以后，帝王诏命的专集出现。南朝时编纂实录，就中也载有帝王诏命。《隋书·经籍志》史部"起居注类"著录汉献帝以下数十部起居注，也著录了《后周太祖号令》三卷。《旧唐书·经籍志》丁部"总集类"著录有唐人孙幹《诏集区别》二十七卷、温彦博《古今诏集》三十卷、李义府《古今诏集》一百卷、薛尧《圣朝诏集》三十卷。《新唐书·艺文志》史部"起居注类"则补出了《晋杂诏》《晋义熙诏》《宋永初诏》《宋元嘉诏》等诏令集多种。这些诏令集是如何编集的，现在已不可详知，然宋敏求所撰《春明退朝录》中曾载："或问今之敕起何时。按蔡邕《独断》曰：'天子下书有四：一曰策书，二曰制书，三曰诏书，四曰戒敕。'然自隋唐以来，除改百官，必有告敕，而从敕字。予家有景龙年敕，其制盖须由中书门下省，故刘祎之云：'不经凤阁鸾台，何谓之敕？'唐时政事堂在门下省，而除拟百官必中书令宣，侍郎奉，舍人行，进入画敕字，此所以为敕也。然后政事堂出牒布于外。所以云牒奉敕云云也。庆历中，予与苏子美同在馆，子美尝携其远祖珦唐时敕数本

---

① 宋敏求编《唐大诏令集》卷首，《景印文渊阁四库全书》第426册，第3页。
② 周勋初《文心雕龙解析·诏策》，凤凰出版社，2015年，第315页。

来观，与予家者一同。字书不载敕字，而近世所用也。"①可见其对前朝诏令不但收藏甚富，而且对诏令的发展演变与编纂也是十分熟悉的。

《唐大诏令集》承前代诏令集而编，然其宗旨已有很大不同。《唐大诏令集》的编纂宗旨，是以收录"唐之德音、号令非常所出者"为主的，这与宋氏"喜藏异书""最号精密"的藏书特点完全相符。所谓"唐之德音、号令非常所出者"，当指那些诸如妃嫔册文、皇太子加冠、废退、王妃入道的诏书和尊礼大臣的诏册文字。然宋绶所收辑的材料，当远不止此，所以，宋敏求在其父身后续编此书，不但成书很快，而且其编纂宗旨也扩大到了"常所出"的诏令。如大臣的任命罢免、政事的处理等诏令制诰，便已超出了"非常所出"的范围。而卷帙的编排，类目的划分，所体现的，更是宋敏求本人的思想学术倾向了。

宋敏求的思想学术倾向，在范镇为其所撰的墓志铭中已有概括。范镇说他"约清惇纯，而敏于记学。其为文章、训辞、诰命，皆有程范。朝廷典故，士大夫疑议，必就取正而后决。宋元宪公在河南，每咨以故实。欧阳文忠公致手简通问，则自处浅陋，而以鸿博名公"②。前引苏颂之文，亦言其"自经传所载，师儒所传，靡不旁通而浃洽，而于唐世及本朝尤为练达。礼乐之因革，官阀之迁次，朝士大夫之族系，九流百家之略录，悉能推本其源流，而言其归趣"。他们所特别推重的，都是宋敏求对唐代以来的史实和典章制度的精熟与练达。《唐大诏令集》等书的编撰，正体现了上述特点。

---

① 《春明退朝录》卷下，中华书局，1980年，第47页。"戒敕"，今本蔡邕《独断》卷上作"戒书"（《景印文渊阁四库全书》第850册，第76页）。宋敏求引此或有误记。

② ［宋］范镇《宋谏议敏求墓志铭》（载杜大珪《名臣碑传琬琰之集》中卷十六，《景印文渊阁四库全书》第450册，台湾商务印书馆，1984年，第332页）。欧阳修致简通问，宋敏求《春明退朝录》卷下亦曾记之。其曰："欧阳少师提总修《太常因革礼》，遣姚子张辟见问：'太祖建隆四年南郊，改元乾德。是岁十一月二十九日冬至，而郊礼在十六日，何也？'乃检《日历》，其敕制云：'律且协于黄钟，日正临于甲子。'乃避晦而用十六日甲子郊也。及修《实录》，以此两句太质而削去之，遂失其义。皇祐二年当郊，而日至复在晦，宗衮遂建明堂之礼。"（第31页）《建隆四年南郊改乾德元年赦天下制》今见于《宋大诏令集》卷一百一十九，仍缺此两句。

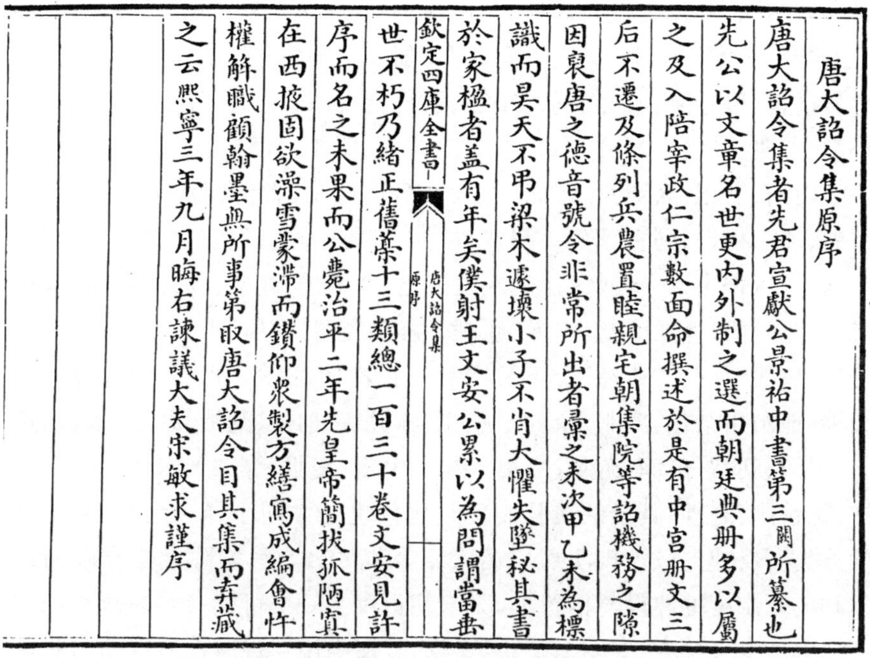

第三章 宋代的私家藏书、编纂与文化：以宋敏求为中心的考察

唐大詔令集原序

唐大詔令集者先君宣獻公景祐中書第三閣所纂也先公以文章名世更內外制之選而朝廷典冊多以屬之及入陪宰政仁宗數面命撰述於是有中宮冊文三后不遷及條列兵農置睦親宅朝集院等詔機務之隙因裒唐之德音號令非常所出者彙為標識而昊天不弔梁木遽壞小子不肖大懼失墜秘其書於家楹者蓋有年矣僕射王文安公累以為問謂當世不朽乃緒正舊業十三類總一百三十卷文安見許序而名之未果而公薨治平二年先皇帝簡拔孤陋實在西掖固欲藻雪滯而鑽仰眾製方繕寫成編會忤權解職顧翰墨舊所事第取唐大詔令目其集而弃藏之云熙寧三年九月晦右諫議大夫宋敏求謹序

图8　《唐大诏令集》（影印清文渊阁《四库全书》本）

《唐大诏令集》收录唐代诏令近1700篇，为后人了解唐代历史提供了重要史料，自不必说。然宋承唐制，宋敏求的编纂工作，在保存史料的同时，又表现出一种有意识地对唐以来典章制度的承继。这大略可从此书与《宋大诏令集》分类的比较中见出。《唐大诏令集》共一百三十卷（今已佚去卷14—24、87—98 计23卷），分为十三类。今所见分类有"帝王、妃嫔、皇太子、诸王、公主、郡县主、大臣、典礼、政事、蕃夷"十类（或佚失"太皇太后、皇太后和皇后"三类）。已将帝王之更替，嫔妃、太子、诸王等废立，大臣、武将之任免，典礼之制度，治政之施行等等军国大事，皆涵括在内。这些都是可以供宋廷借鉴的。由宋氏后人南宋绍兴年间编的《宋大诏令集》二百四十卷（今本佚失卷71—93、106—115、167—177 计44卷），其书分"帝统、太皇太后、皇太后、皇后、妃嫔、皇太子、皇子、亲王、皇女、宗室、宰相、将帅、军职、武臣、典礼、政事"十六类，与《唐大诏令集》类

目大致相同,其政治施为、典章制度也相似。《唐大诏令集》于每类之下又分若干小类,"帝王"类之下有"即位册文、即位赦文、改元诏、改名诏、尊号批答、尊号册、册尊号赦、痊复、遗诏诰、谥议、册谥、哀册文"等十二小类。"典礼"之下又分"南郊、东郊、北郊、明堂、社稷、籍田、九宫贵神、岳渎山川、杂祀、太清宫、宗庙、常荐、祧迁、亲享、省侍、服纪、陵寝、追尊祖先、加谥祖宗、国忌、巡幸、朝贺、贡献、宴集、养老、纪节、弋猎、丧制"二十八类。《宋大诏令集》"帝统"一类下也分"即位、诞节、改元、名讳、尊号批答、尊号册、违豫康复、内禅、遗制、谥议、谥册、哀册"十二类,除"诞节"外,与唐代全同。"典礼"类下分"封禅、祀汾阴、南郊、北郊、明堂、籍田、天神、地山川杂祀、庙制、亲谒太庙、附庙、祖宗加谥、配飨、原庙、陵寝、陵名、纪节、朝贺、巡幸、游观、宴集、贡献、弋猎、丧服"等二十四类,除增"封禅、祀汾阴"之外,其余的典礼制度与唐代也是大同小异。因此,从两书的分类所反映的政治现实看,《唐大诏令集》的编纂,实际上是在政治运作和典章制度的建设与措置上,为宋朝提供了一个可资参照的蓝本。

宋敏求又撰有《春明退朝录》三卷,其序中说:"观唐人洎本朝名辈撰著以补史遗者,因纂所闻见继之。"①然从内容上看,亦侧重于对宋初以来典章制度的记载。像朝廷机构的设置和变迁、官员的职掌和充任、皇帝尊号和皇后、太子、诸王及文武大臣的谥制与谥名乃至谥赠风习、朝廷对大臣的礼遇和官诰礼仪等等,无不涉及。而凡所述记,又往往能追溯其由唐至宋的沿革。如卷中记皇帝尊号,曰:"尊号起于唐中宗,称应天神龙皇帝。后明皇称开元神武皇帝。自后率如之。陆贽尝以谏德宗。宗衮著《尊号录》一篇,系以赞云:'损之又损,天下归仁。'盖托讽焉。上(按指神宗)即位,群臣凡称上尊号,率不许。"②记官员赠谥,云:"唐制兼官三品得赠官,如韩文公曾为京兆尹,兼御史大夫,后终吏部侍郎,而赠

---

① 是书的撰著时间,序中说是熙宁三年,清四库馆臣指出其书卷下有"熙宁七年"之注,疑"先为序而后成书"([清]永瑢等《四库全书总目》卷一百二十《春明退朝录提要》,中华书局,1965年,上册,第1034页)。所言有理。其书卷中亦载熙宁五年建中太一宫事。然四年敏求即加史馆修撰、集贤院学士,五年使河北祭塞河口,已不似三年闲暇,故疑其书主体或三年已成。

② 宋敏求《春明退朝录》卷中,第23页。

礼部尚书是也。又观察使多赠两省侍郎,以就三品得谥。国初以来,惟正官三品方得谥,兼官赠三品不得之。真宗命陈彭年详定,遂诏文武官至尚书节度使,卒,许辍朝,赠至正三品,许请谥。而史失其传。"将唐以来上皇帝尊号的兴废、三品官员赠谥制度的变化,讲得很清楚,皆可补史书之缺。其它如记其亲观秘府书画、《新唐书》修纂的过程和人员分工、沈既济撰《刘展乱纪》等,也都有重要的史料价值。

三、"纂唐文章之散逸、卷部不伦者":整理唐人别集的贡献

经历了唐末五代以来的兵火,唐人的文集所存寥寥。元代史臣修《宋史》时就曾感叹:"历代之书籍,莫厄于秦,莫富于隋、唐。""其间唐人所自为书,几三万卷。""陵迟逮于五季,干戈相寻,海寓鼎沸,斯民不复见《诗》、《书》、《礼》、《乐》之化。""编帙散佚,幸而存者,百无二三。"①很多作家的文集,"印本绝少,虽韩、柳、元、白之文,尚未甚传,其他如陈子昂、张说、九龄、李翱等诸名士文集,世尤罕见"②。而今之所以仍能得见其作品,在很大程度上,实有赖于宋人辑校、编纂与刊刻的工作,就中又尤以宋敏求为代表。③

宋敏求所藏唐人别集甚多,他整理过的唐人别集,据前引苏颂《龙图阁直学士修国史宋公神道碑叙》,就有《李北海集》十五卷、《李翰林集》三十卷、《颜鲁公集》十五卷、《刘宾客外集》十卷、《孟东野集》十卷和《李卫公别集》五卷等多种,为唐人文集的保存、传播和接受作出了重要贡献。

李白的集子,生前有魏颢所编,其序中说:"首以赠颢作、颢酬白诗,不忘故人也;次以《大鹏赋》、古乐府诸篇,积薪而录;文有差互者,两举之。"④不过,此书仅两卷,所收作品很少。李白去世后,李阳冰为编《草

---

① 脱脱等《宋史》卷二百二《艺文志序》,第 15 册,第 5032 页。
② [宋]周必大《文苑英华序》,见是书卷首,中华书局,1966 年,第 1 册,第 8—9 页。
③ 其他如张咏等整理《薛能集》、宋白整理唐人别集等,亦有成绩。而出于兴趣对个别唐人诗文集进行搜集整理的,则有杨亿、穆修、欧阳修、苏舜钦等人,同样对这些作家作品的流传起了重要作用。
④ [唐]魏颢《李翰林集序》,《李太白文集》卷一,巴蜀书社,1986 年,第 2 页。

堂集》十卷，言："自中原有事，公避地八年，当时著述，十丧其九，今存者皆得之他人焉。"①元和年间，又有人编集李白的作品为二十卷本，"或得之于时之文士，或得之于宗族。残编断简，以行于代"②。可见所收数量也不多。难怪韩愈要慨叹其作"平生千万篇，金薤垂琳琅。仙官敕六丁，雷电下取将。流落人间者，泰山一毫芒"③了。就是这个二十卷本，到了宋初，已不知所踪。宋真宗咸平元年（998年），乐史得到了《李翰林集》十卷，"又别收歌诗十卷，与《草堂集》互有得失，因校勘排为二十卷，号曰《李翰林集》。今于三馆中得李白赋序表赞书颂等，亦排为十卷，号曰《李翰林别集》"④。乐史重新编纂的这部三十卷本的《李翰林集》，开启了宋人整理李白集的序幕。然此本出现较早，究属草创，遗漏李白作品尚多，需要续补，这个工作正是由宋敏求完成的。

英宗治平元年（1064年），宋敏求"得王文献公溥家藏白诗集上、中二帙，凡广二百四篇⑤。惜遗其下帙。熙宁元年，得唐魏万所纂白诗集二卷，凡广四十四篇。因哀《唐类诗》诸编洎刻石所传、《别集》所载者，又得七十七篇，无虑千篇。沿旧目而厘正其汇次，使各相从。以《别集》附于后，凡赋表书序碑颂记铭赞文六十五篇。合为三十卷"⑥，定名《李太白文集》。此集所增补的李白诗歌，皆据唐人所编的李白诗集、诗选和李诗刻石等，因此也就最接近李白作品的原貌。同时，集中还保存了自唐代李阳冰以来各家传本不同的异文，为后人研究李白诗歌提供了重要材料。此外，乐史原编收李白诗776首，宋敏求在此基础上又增补225首，使李诗总数达到1001首，基本奠定了后世李白诗文集的规模和格局。⑦

---

① ［唐］李阳冰《草堂集序》，《李太白文集》卷一，第1页。
② ［唐］范传正《唐左拾遗翰林学士李公新墓碑序》，《李太白文集》卷一，第5页。
③ ［唐］韩愈撰，钱仲联集释《韩昌黎诗系年集释》卷九《调张籍》，上海古籍出版社，1984年，下册，第989页。
④ ［宋］乐史《李翰林别集序》，《李太白文集》卷一，第2页。
⑤ 此处"二百四篇"，据其下文"无虑千篇"和曾巩《李白诗集后序》所云"今千有一篇"（《李太白文集》卷尾，第158页），当为"一百四篇"。
⑥ ［宋］宋敏求《李太白文集后序》，《李太白文集》卷尾，第158页。
⑦ 当然，宋敏求的辑录工作也有疏误之处，比如误收他人之作，此可参陶敏、李一飞《隋唐五代文学史料学》，中华书局，2001年，第46页。

第三章　宋代的私家藏书、编纂与文化：以宋敏求为中心的考察

稍后曾巩得其书，又"考其先后而次第之"①，在李诗的编年上用力颇多，使全书编排更为合理。到了元丰年间，知苏州晏知止委托毛渐校正，遂刊刻行世，成为后之李白集的祖本。南宋杨齐贤、元萧士赟《分类补注李太白诗》、清王琦辑注《李太白全集》以至今人詹锳主编《李白全集校注汇释集评》、郁贤皓校注《李太白全集校注》等重要的李集注本，皆以此为底本②，便足见其价值之大。总之，宋敏求编集的《李太白文集》，承上启下，影响深远，在李白作品的保存和传播上起了积极的作用，在李白接受史上占有重要的地位。

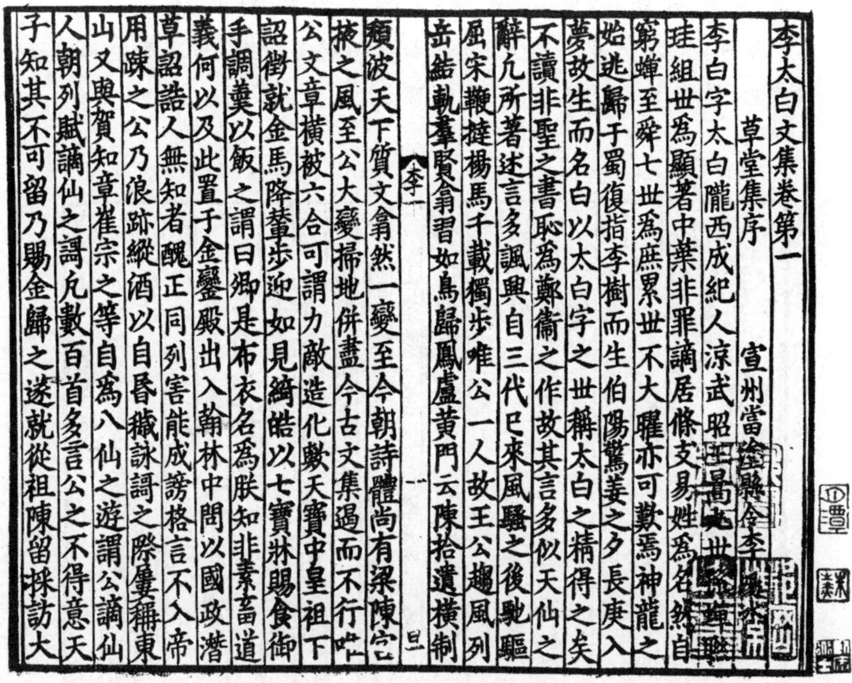

图9　《李太白文集》（国家图书馆藏宋刻本）

---

① ［宋］曾巩《李白诗集后序》，《李太白文集》卷尾，第158页。
② 关于李集的版本，详可参詹锳《〈李白集〉版本源流考》，附录于其主编的《李白全集校注汇释集评》，百花文艺出版社，1996年。

孟郊以诗名世，与韩愈称"韩孟"诗派，然在他去世后，惜韩愈、张籍没有为他编集，后来其诗流传也很混乱。他的诗集的编定，也是由宋敏求完成的。敏求曾详叙其编纂情形曰：

> 东野诗世传汴吴镂本五卷、一百二十四篇，周安惠本十卷、三百三十一篇，别本五卷、三百四十篇，蜀人蹇浚用退之赠郊句纂《咸池集》二卷、一百八十篇，自余不为编秩，杂录之家家自异。今总括遗逸，摘去重复，若体制不类者，得五百一十一篇。厘别乐府、感兴、咏怀、游适、居处、行役、纪赠、怀寄、酬答、送别、咏物、杂题、哀伤、联句十四种，又以赞书二系于后，合十卷。嗣有所得，当次第益诸。十联句见《昌黎集》，章章于时，此不著云。①

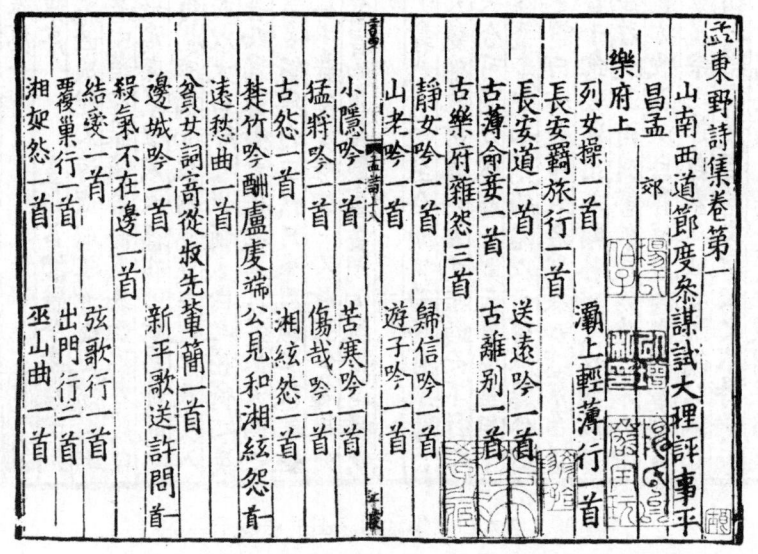

图10 《孟东野诗集》（北京大学图书馆藏宋刻本）

---

① 宋敏求《孟东野诗集后序》，华忱之校订《孟东野诗集》，人民文学出版社，1959年，第199页。

宋敏求所编纂整理的这部《孟东野诗集》，不但作品数量远远超过了宋初尚可见到的各种孟集版本，而且剔除重复，辨别真伪，分类编次，使孟集成为一部更加合理完善的本子，成为后世各种孟集的祖本。

其它如宋敏求所编《颜鲁公集》十五卷，虽南宋时已有残缺，然大体仍在，宁宗嘉定年间留元刚得其十二卷，别为补遗，刊刻行世，明清以来各本无不出于此本。① 其所辑《刘宾客外集》十卷，就中诗歌八卷407首②，数量超过正集，更是弥足珍贵，为后人所重。此处不再赘述。

文献整理，既要对所整理文献的作者、文献来源、性质、内容等有全面的把握和深入的研究，又要有丰富的知识，对与之相近、相关领域的文献十分熟悉，融会贯通，方能事半功倍，保证文献整理的质量，取得应有的成绩。

宋敏求于唐代文史文献甚为精熟，深谙这些文献的渊源和性质特点，因此，他整理唐人别集，往往能选择恰当，编其所应编，补其所当补。颜真卿忠精节义，炳著史册，生前著述亦多，约略一官一集，然其晚经安史之乱，待到唐末五代，战火纷仍，存者无几，亟须抢救。宋敏求惜其作品不传，遂利用金石碑刻辑为《颜鲁公集》。③ 李白的集子，虽有宋初乐史的辑本，但遗漏仍多，唐人魏颢所纂和王溥的藏本以及唐人所选唐诗、石刻文献等，乐史都未及利用，所以也就有重编的需要和可能。

在具体的文献整理过程中，宋敏求常能依据作家的特点，因人而异，

---

① 江休复《嘉祐杂志》云："宋次道集颜鲁公文十五卷，诗才十八首，多是湖州宴会联句诗，公必在其间。又有大言、小言、乐语、滑语、逸语、醉语(联句)。又《和政公主碑》，肃宗女、代宗母妹。潼关失守，辍夫柳潭乘以济媚妹。首云：'平阳兴娘子之军于司竹，襄城付匹庶之礼于宋公，常乐糺匡复之师于武后，皆前代所未有也。'"(《景印文渊阁四库全书》第1036册，第564页)明人都穆嘉靖中重编颜集，自谓家藏本十五卷，"自《和政公主碑》至《颜夫人碑》十首，又(留)元刚之所未有"([唐]颜真卿《颜真卿集》，黑龙江人民出版社，1993年，第287—288页)。其所云十五卷本，不知是吴兴沈氏本还是宋敏求本，抑或是他人所编之本。

② 据陶敏先生所统计，今本所见实406首。其中也有个别作品属误收，如从《柳柳州集》中所辑出的《重送》《三别》，有些则是伪作，如《怀妓四首》等。详参[唐]刘禹锡撰，陶敏、陶红雨校注《刘禹锡全集编年校注·前言》，岳麓书社，2003年，第8页。

③ 大约与宋敏求同时，吴兴沈氏亦辑成《颜鲁公集》十五卷，刘敞为之序。

确定材料的来源和搜寻方向，体现出深厚的文史修养和鲜明的文献与方法意识。刘禹锡的文集，原有四十卷，宋初佚去十卷，然刘禹锡与白居易、令狐楚、李德裕等唱和甚多，而这些唱和诗多由刘禹锡或他人编纂成集，这些唱和诗集，在宋初并未完全佚失，宋敏求借此补编《刘宾客集》，得诗 407 首，超过原集，收获颇丰，正显示出他强烈的文学和文献意识。颜真卿是唐代著名书家，宋敏求编纂《颜鲁公集》，便多从金石碑刻和书帖中辑录材料①，这也是有识见的。

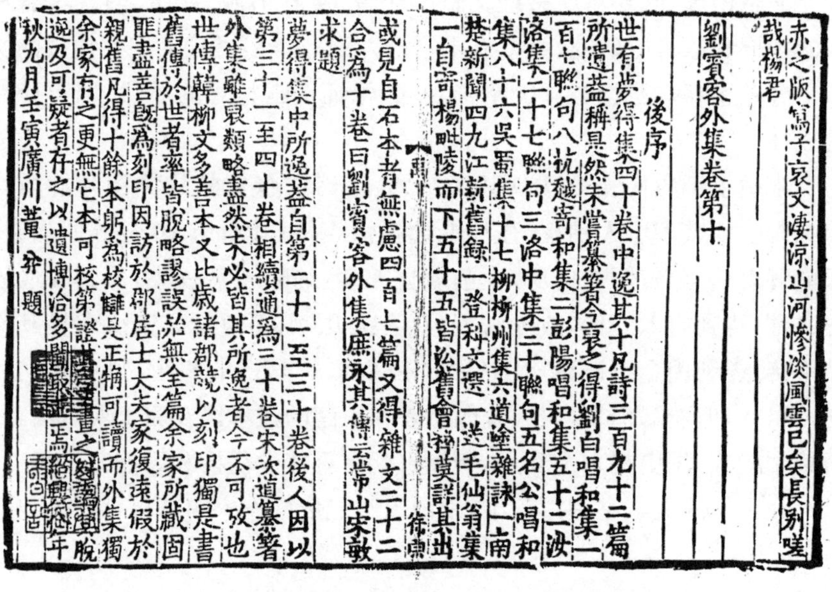
赤之版寫子哀文淒涼山河慘淡風雲已矣長別嗟
哉楊君
劉賓客外集卷第十
後序
世有夢得集四十卷中逸其十凡詩三百九十二篇
所遺蓋稱是然未嘗纂箸今裒之得劉白唱和集一
百七聯句八抗越寄和集二彭陽唱和集五十二汝
洛集二十七聯句三洛中集三十聯句五名公唱和
集八十六吳蜀集十七柳州集六道途雜詠一南
楚新聞四九江新舊錄一登科文選一送毛仙翁集
一自寄楊畋陵而下五十五皆以舊會稽莫詳其出
或見自石本者無慮四百七篇又得雜文二十二
合為十卷曰劉賓客外集庶永其傳云常山宋敏
求題
夢得集中所逸蓋自第二十一至三十卷後人因以
第三十一至四十卷相續通為三十卷宋次道纂著
外集雖裒類略盡然未必皆其所逸者今不可攷也
世傳韓柳文多善本又比歲諸郡競以刻印獨是書
舊傳於世者率皆脫略謬誤殆無全篇余家所藏固
匪盡善既為刻印因訪於郡居士大夫家復遠假於
親舊凡得十餘本躬為校讎是正補可讀而外集獨
余家有之更無它本可校第證其[illegible]
逸及可疑者存之以遺博洽多聞[illegible]
秋九月壬寅廣川董 弅 題

图 11 《刘宾客文集》（台北故宫博物院藏南宋浙刻本）

文集的编纂，唐代和唐代以前多分体，先文后笔。像南朝梁萧统为陶渊明编集，就是首列诗、赋（诗先四言，五言次之），然后是记传赞述疏祭等文。唐人所编文集也是如此。今存唐人吕才为其友王绩编《王无功文集》五卷，卷一为赋，卷二、三为诗，卷四为书，卷五为杂著。裴延翰为

① ［宋］陈振孙《直斋书录解题》卷十六著录《颜鲁公集》十五卷，谓："案《馆阁书目》，嘉祐中宋敏求惜其文不传，乃集其刊于金石者，为十五卷。"（第 471 页）

第三章　宋代的私家藏书、编纂与文化：以宋敏求为中心的考察

杜牧编文集，"得诗赋传录论辩碑志序记书启表制，离为二十编，合为四百五十首，题曰《樊川文集》"①。显然也是分体编纂的。一集之中，同一体裁下的作品编排，又往往是分类的。比如白居易自编诗集，"各以类分，分为卷目"，有讽谕诗、闲适诗、感伤诗和杂律诗等。②元稹自编诗集，亦"色类相从"，分古讽、乐讽、古体、新题乐府和律诗，而律诗中又分律讽、悼亡、艳诗（内分古今二体）等。③宋敏求在为唐人编集时也承继了自唐以来的编纂方法和体例。例如，他编《李翰林集》，就是"沿旧目而厘正其汇次，使各相从"。观今存宋本《李太白文集》，首卷（收集序碑碣等）之外，卷二至卷二十四，分乐府、歌吟、赠、寄、别、送、酬答、游宴、登览、行役、怀古、闲适、怀思、感遇、写怀、咏物、题咏、杂咏、闺情、哀伤等二十类，卷二十五至卷三十，则为古赋、表、书、序、赞、颂、铭、记、碑、文等。大致在体之下再依题分类，犹是唐人风习。再如他编《孟东野诗集》，径分乐府、感兴、咏怀、游适、居处、行役、纪赠、怀寄、酬答、送别、咏物、杂题、哀伤等十三类，联句别为一类，把唐人的分类方法用得更娴熟了。

　　别集的编纂，一般不会详细注出作品的文献来源，然宋敏求在编纂唐人文集时，却显示出强烈的文献意识。比如他编《刘宾客外集》，就能将所辑录作品的出处一一注出，给后人留下了很多重要的信息。他说：

　　　　世有《梦得集》四十卷，中逸其十，凡诗三百九十二篇。所遗盖称是，然未尝纂著。今裒之，得《刘白唱和集》一百七、联句八，《杭越寄和集》二，《彭阳唱和集》五十二，《汝洛集》二十七、联句三，《洛中集》三十、联句五，《名公唱和集》八十六，《吴蜀集》十七，《柳柳州集》六，《道涂杂咏》一，《南楚新闻》四，《九江新旧录》一，《（唐）登科文

---

① [唐]裴延翰《樊川文集序》，《樊川文集》卷首，《四部丛刊初编》本影印明翻宋刊本，第1页。
② [唐]白居易《白居易集》卷四十五《与元九书》，中华书局，1979年，第964—964页。
③ [唐]元稹《元稹集》卷三十《叙诗寄乐天书》，中华书局，第352—353页。

159

选》一,《送毛仙翁集》一。自《寄杨毗陵》而下五十五,皆沿旧会粹,莫详所出。或有见自石本者。无虑四百七篇。又得杂文二十二。合为十卷,曰《刘宾客外集》,庶永其传云。①

不仅说明所辑作品的来源,而且连作品的具体篇数也交代得很明白,其强烈的文献意识远远超越了他同时代的很多人。宋敏求所利用过的这些唱和诗集,其后都逐渐佚失,然我们却借此得以了解中唐诗人唱和的很多实际情况,并由此大致恢复唱和集的原貌②,这对于后人之研究刘禹锡等人的群体创作活动,其意义是显而易见的。

四、《唐百家诗选》编纂的文献来源

宋敏求不但藏书多而专精,且注重校读和流通,隐然已具有现代社会藏书的观念和意识。在日常生活中,他每每与其子侄辈校阅讨论,孜孜不倦。家中藏书许人借读,士子多喜欢在春明坊宋家附近租赁房屋,以便阅读。③ 他又与同时士人王钦臣、吕大防、欧阳修、曾巩、王安石等交往甚多,藏书、校书、编书等,成为他们言谈交往的重要内

---

① 《刘禹锡全集编年校注》附录七《刘宾客外集后序》,第1508页。
② 贾晋华即据此编成《汝洛集》《洛中集》两种,见其所撰《唐代集会总集与诗人群研究》,北京大学出版社,2001年。
③ [宋]朱弁《曲洧旧闻》卷四"世畜书以宋次道为善本"条:"宋次道龙图云:'校书如扫尘,随扫随有。'其家藏书皆校三五遍者。世之畜书,以宋为善本。居春明坊。昭陵时,士大夫喜读书者多居其侧,以便于借置故也。当时春明宅子比他处僦直常高一倍。陈叔易常为予言此事。叹曰:'此风岂可复见耶!'"(《师友谈记》《曲洧旧闻》《西塘集耆旧续闻》合刊本,中华书局,2002年,第141页)又,宋氏藏书既多,刘恕到宋家读之,夜以继日,至患眼疾。司马光《刘道原十国纪年序》记此事。曰:"宋次道知亳州,家多书。道原枉道就借观之。次道日具酒馔,为主人礼。道原曰:'此非吾所为来也,殊废吾事,愿悉撤去。'独闭门,昼夜读且抄。留旬日,尽其书而去。目为之臀。道原致疾,亦由学之苦邪!"(《传家集》卷六十八,《景印文渊阁四库全书》第1094册,台湾商务印书馆,1985年,第629页)

容之一。比如他与王钦臣相约交换藏书和藏书目录,互通有无①,与吕大防书籍往来②,与曾巩辨《鲍防诗集》为《鲍溶诗集》之讹③,出其所藏请王安石编为《唐百家诗选》等等,而就中尤以王安石编《唐百家诗选》争议最多,影响也最大。

围绕是书争议的焦点有二:一是编者究竟是王安石还是宋敏求?二是应如何认识和评价这部诗选?

王安石《唐百家诗选序》云:

> 余与宋次道同为三司判官时,次道出其家藏唐诗百余编,诿余择其精者,次道因名曰《百家诗选》。废日力于此,良可叹也。虽然,

---

① [宋]徐度《却扫编》卷下云:"予所见藏书之富者,莫如南都王仲至侍郎家。其目至四万三千卷,而类书之卷帙浩博,如《太平广记》之类,皆不在其间,虽秘府之盛无以逾之。闻之其子彦朝云,其先人每得一书,必以废纸草传之。又求别本参较,至无差误,乃缮写之。必以鄂州蒲圻县纸为册,以其紧慢厚薄得中也。每册不过三四十页,恐其厚而易坏也。此本专以借人,及子弟观之,又别写一本。尤精好,以绢素背之,号镇库书,非已不得见也。镇库书不能尽有,才五千余卷。盖尝与宋次道相约传书,互置目录一本,遇所缺则写寄,故能致多如此。"(《景印文渊阁四库全书》第863册,第797页)可见王钦臣的藏书由宋家所得甚多。

② 如吕大防从宋敏求借孔安国《古文尚书》。晁公武《郡斋读书志》卷一著录《古文尚书》十三卷,曰:"右汉孔安国以隶古定五十九篇之书也。盖以隶写籀,故谓隶古。其书自汉迄唐,行于学官。明皇不喜古文,改从今文,由是古文遂绝。陆德明独存其一二于《释文》而已。皇朝吕大防得本于宋次道、王仲至家,以较陆氏《释文》,虽小有异同,而大体相类。观其作字奇古,非字书傅会穿凿者所能到。学者考之,可以知制字之本也。"(上海古籍出版社,1990年,第51—52页)

③ [宋]曾巩《曾巩集》卷十一《鲍溶诗集目录序》曰:"《鲍溶诗集》六卷,史馆书旧题云《鲍防集》五卷。《崇文总目》叙别集亦然。知制诰宋敏求为臣言,此集诗见《文粹》、《唐诗类选》者,皆称鲍溶作。又防之《杂感诗》最显,而此集无之。知此诗非防作也。臣以《文粹》、《类选》及防《杂感诗》考之,敏求言皆是。又得参知政事欧阳修所藏《鲍溶集》,与此集同。然后知为溶集决也。史馆书五卷,总二百篇。欧阳氏书无卷第,才百余篇,然其三十三篇史馆书所无。今别为一卷附于后,而总题曰《鲍溶诗集》六卷。盖自先王之泽熄而《诗》亡,晚周以来作者嗜文辞抒情思而已,然亦往往有可采者。溶诗尤清约谨严,而违理者少,亦近世之能言者也。故既正其误谬,又著其大旨以传焉。"(中华书局,1984年,第192页)可知《鲍溶诗集》的辨证实由宋敏求而发之,其间他与曾巩、欧阳修整理唐集、商量学问的许多细节,亦由此可见。

欲知唐诗者观此足矣。①

序很简短,然语意明白:王安石应宋敏求之请并据其所藏唐人诗集编了一部唐诗选,取名《唐百家诗选》,时间大致在宋仁宗嘉祐四五年间,两人时同为三司度支判官。但这本无疑义的问题,到了南宋却出现了问题。这就是绍兴年间晁公武提出的编者为宋敏求说。他说:"《唐百家诗选》二十卷。右皇朝宋敏求次道编。次道为三司判官,尝取其家所藏唐人一百八家诗,选择其佳者,凡一千二百四十六首为一编。王介甫观之,因再有所去取,且题云:'欲观唐诗者,观此足矣。'世遂以为介甫所纂。"②其后,清人编《四库全书》,也认为晁公武之说"其言当必有自"③,俨然成为一说。然而,余嘉锡先生不以为然。他指出:"夫公武之言,纵得之父兄绪论,岂若安石所自言者之尤足信乎?"④此一问颇有力。经余嘉锡先生反复辨证之后⑤,其说渐息。不过,近年又有学者注意到苏颂在《龙图阁直学士修国史宋公神道碑叙》中罗列宋敏求的撰述时,就有"《百家诗选》二十卷"的记载,于是重新提出此一问题,认为"晁公武所说近乎真实"⑥。我们不同意这种看法。

其实,只要细读一下苏颂的《龙图阁直学士修国史宋公神道碑叙》,就会发现他的记载是有疑点的。他说宋敏求"纂唐文章之散逸、卷部不伦者,有《李翰林集》三十卷、《李北海集》十五卷、《颜鲁公集》十五卷、《刘宾客外集》十卷、《孟东野集》十卷、《李卫公别集》五卷、《百家诗选》二十

---

① 王安石《唐百家诗选序》,《唐百家诗选》卷首,《王荆公唐百家诗选》,辽宁教育出版社,2000年。

② [宋]晁公武撰,孙猛校证《郡斋读书志校证》卷二十"总集类",上海古籍出版社,1990年,第1065—1066页。

③ [清]永瑢等《四库全书总目》卷一百八十六《唐百家诗选提要》,中华书局,1965年,第1693页。

④ 余嘉锡《四库提要辨证》卷二十四,中华书局,1980年,第1568页。

⑤ 余嘉锡《四库提要辨证》卷二十四,第1567—1572页。

⑥ 查屏球《名家选本的初始化效应——王安石〈唐百家诗选〉在宋代的流传与接受》,《安徽大学学报(哲学社会科学版)》2012年第1期,第63页。

卷。复采晋唐人诗歌见于石者,作《宝刻丛章》三十卷"。然《唐百家诗选》显然不属于"唐文章之散逸、卷部不伦者"。再看当日范镇所作的《宋谏议敏求墓志铭》,详列宋敏求平生著述,与苏颂同,然独不著《唐百家诗选》之书。① 可见范镇就不认为《唐百家诗选》是宋敏求所编的,而苏颂、晁公武之说亦不可据。而苏颂所以这样说,大概是因为《唐百家诗选》的书名是宋敏求取的,所以也就将其列入了宋氏的著述。

王安石对于自己编选的这部《唐百家诗选》,颇为自负,加之他编此书时虽是在三司度支判官的任上(宋仁宗嘉祐四年秋至六年五月,1059—1061年),但到了宋神宗熙宁初,其位已至宰辅,主持变法,政治地位和社会地位日高。这都使得此书更易于为人瞩目。只是这部书的编选宗旨如何,对它又究竟应该如何认识,却历来是众说纷纭。

今所见此书最早的刊本是北宋哲宗元符元年杨蟠刊本。② 其序曰:

> 诗之所可乐者,人人能为之,然匠意造语,要皆安稳惬当,流丽飘逸,其归不失于正者,昔人之所长,而益己之未至,则非博窥而深讨之不可。夫自古风骚之盛,无出于唐,而唐之作者不知几家,其间篇目之多,或至数千,尽致其全编,则厚币而不足以购写,而大车不足以容载,彼幽野之人何力而致之哉?丞相荆国王公道德文章天下之师,于诗尤极其工,虽婴以万物,而未尝忘之。是知诗之为道也,亦已大矣。公自历代而下,无不考正。于唐选百家,特录其警篇,而杜、韩、李所不与,盖有微旨焉。噫!诗系人之好尚,于去取之际,其论犹纷纷。今一经公之手,则帖然无复以议矣。合为二十卷,号《唐百家诗选》。得者几希,因命工刻板以广其传。细字轻帙,不过出斗酒金而直挟之于怀袖中,由是人之几上往往皆有此诗矣。予将会友以文,共求昔人之遗意而商榷之。有观此百家诗而得其所长,及明荆

---

① 参[宋]杜大珪《名臣碑传琬琰之集》中卷十六。
② 杨蟠,字公济,章安人,举进士,官至知寿州。他与王安石是同时代的人,与苏轼有唱和,欧阳修亦曾称其诗。《东都事略》卷一百十五、《宋史》卷四百四十二有传。

公所以去取之法者，愿以见告，因相与哦于西湖之上，岂不乐哉？①

对王安石编的这部唐诗选备极推崇，然对其编选宗旨的理解却不自信。这种认识在当时带有很大的普遍性。胡仔《苕溪渔隐丛话》前集卷三十六引陈正敏《遁斋闲览》就说："公选此诗，自有微旨，但恨观者不能详究耳。"②后来倪仲傅重刊此书，也在序言中说："音有妙而难赏，曲有高而寡和，古今通然，无惑乎《唐百家诗选》之沦没于世也。予自弱冠肄业于香溪先生门，尝得是诗于先生家藏之秘籍。窃爱其拔唐诗之尤，清古典丽，正而不冶，凡以诗鸣于唐有惊人之语者悉罗于选中，于是心惟目送，几欲裂去夏课而学焉。""故镂板以新其传，庶几丞相荆国公铨择之意有所授于后人也。雅德君子傥于三冬余暇，玩索唐世作者用心，则发而为篇章，殆见游刃余地，运斤成风矣。"③其意与杨蟠略同。④至清人编《四库全书》，遂认为"是书去取，绝不可解。自宋以来，疑之者不一，曲为解者亦不一"⑤。

也许是因为"不可解"，所以会有质疑者，有曲为之解者。比如晁说之说："王荆公与宋次道同为群牧司判官，次道家多唐人诗集，荆公尽即其本择善者签帖其上，令吏抄之。吏厌书字多，辄移荆公所取长诗签置所不取小诗上。荆公性忽略，不复更视。唐人众诗集，以经荆公去取皆

---

① 《王荆公唐百家诗选》卷首，《中华再造善本·唐宋编·集部》，北京图书馆出版社影印上海图书馆藏宋本，2004年。又陆心源《皕宋楼藏书志》卷一一二著录《王荆公唐百家诗选》残本十一卷（宋刊本汲古阁旧藏），并载其序（中华书局，1990年，第1273—1274页）。

② [宋]胡仔《苕溪渔隐丛话》，人民文学出版社，1962年，第242页。

③ 《唐百家诗选》卷首（《景印文渊阁四库全书》第1344册，第565页）。又《皕宋楼藏书志》卷一一二著录《王荆公唐百家诗选》二十卷（何义门手校本），亦录此序，第1272—1273页。

④ 亦有对所选具体作品提出质疑者，如蔡绦谓书中"取张祜《惠山寺诗》'泉声到池尽，山色上楼多'，而不取《孤山寺诗》'楼台耸碧岑，一径入湖心。不雨山长润，无云水自阴。断桥荒藓涩，空院落花深。犹忆西窗月，钟声在北林'。又贾岛平生得意句'独行潭底影，数息树边身'复不取，而载'写留行道影，焚却坐禅身'。不知意果何如？"《西清诗话》卷下，张伯伟编校《稀见本宋人诗话四种》，江苏古籍出版社，2002年，第220页）。

⑤ 《四库全书总目》卷一百八十六《唐百家诗选提要》，第1693页。

废。今世所谓《唐百家诗选》曰荆公定者，乃群牧司吏人定也。”[①]然其说之不可据，清人已驳之。阎若璩谓观是书(残宋本八卷)，“去取颇精，足征老眼无花，则《邵氏闻见录》云云，疑传闻，非实事”[②]。王士禛则指出：“余观新刊《百家诗选》，又不尽然。如删长篇，则王建一人入选者凡三卷，乐府长篇悉载，何未刊削？王右丞、韦苏州十数大家，何以绝句亦不存一字？余谓介甫一生好恶，拂人之性，是选亦然，庶几持平之论尔。”[③]

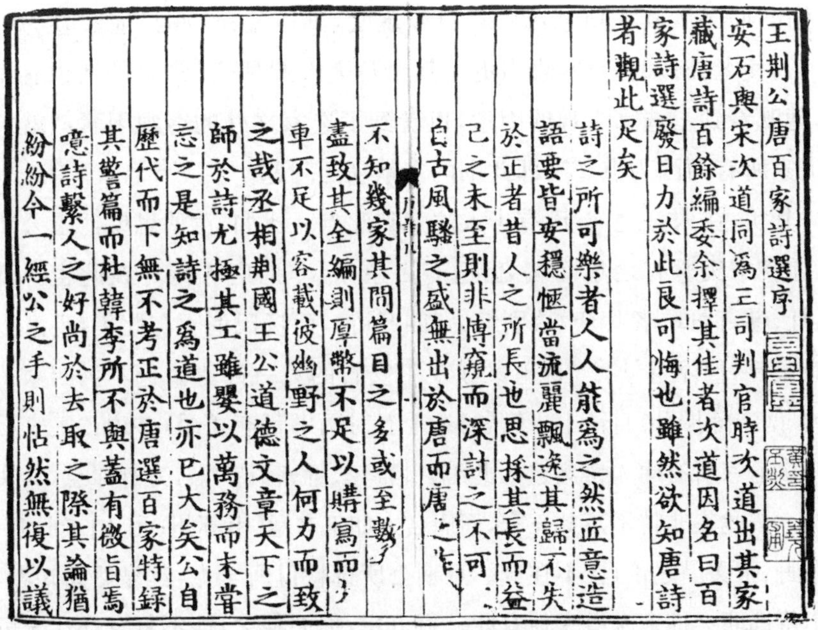

王荆公唐百家詩選序

安石與宋次道同爲三司判官時次道出其家藏唐詩百餘編委余擇其佳者次道因名曰百家詩選廢日力於此良可悔也雖然欲知唐詩者觀此足矣

詩之所可樂者人人能爲之然而意造語要皆安穩愜當流麗飄逸其歸不失於正者昔人之所長也思採其長而益己之未至則非博窺而深討之不可自古風騷之盛無出於唐而唐之作不知幾家其間篇目之多或至數千盡致其全編則厚幣不足以購寫而力車不足以容載彼幽野之人何力而致之哉丞相荊國王公道德文章天下之師於詩尤極其工雖嬰以萬務而未嘗忘之是知詩之爲道也亦已大矣公自歷代而下無不考正於唐選百家特録其警篇而杜韓李所不與蓋有微旨焉噫詩繫人之好尚於去取之際其論猶紛紛今一經公之手則恬然無復以議

图 12　《王荆公唐百家诗选》(上海图书馆藏宋刻本)

① ［宋］邵博《邵氏闻见后录》卷十九引，中华书局，1983 年，147 页。近人傅增湘从王安石编《四家诗选》以取书先后排列四人顺序，推测邵氏之说或可信。参其所撰《藏园群书题记》卷十九，上海古籍出版社，1989 年，第 950—951 页。

② ［清］阎若璩《潜邱札记》卷五《跋初刻〈唐百家诗选〉》，《景印文渊阁四库全书》第 859 册，512 页。

③ ［清］王士禛《分甘余话》卷二，《景印文渊阁四库全书》第 870 册，第 566 页。

又有以为王安石原非有意选诗的。像朱弁所说:"借唐人诗集日阅之,过眼有会于心者,必手录之。岁久殆录遍。或取其本镂行于世,谓之《百家诗选》。既非介甫本意,而作序者曰:公独不选杜、李与韩退之,其意甚深。则又厚诬介甫而欺世人也。"①朱熹也说:"荆公《唐选》,本非其用意处,乃就宋次道家所有而因为点定耳。观其序引有'费日力于此,良可惜也'之叹,则可以见此老之用心矣。夫岂以区区掇拾唐人一言半句为述作,而必欲其无所遗哉?且自今观之,其所集录,亦只前数卷为可观。若使老仆任此笔削,恐当更去其半乃厌人意耳。"②朱熹的话很有识见,他既看到了选家主观的因素,也看到了选家之外的客观因素:"就宋次道家所有而因为点定",即此书的文献来源问题。

其实,在朱熹之前,已有士人注意到此点。比如,黄伯思说:"王公所选,盖就宋氏所有之集而编之,适有百余家,非谓唐人诗尽在此也。其李、杜、韩诗可取者甚众,故别编为《四家诗》,而杨氏谓不与此集,妄意以为有微旨,何陋甚欤。"③这里又涉及王安石的另一部唐诗选本:《四家诗选》。南宋陈振孙《直斋书录解题》卷十五对两书都有著录,并说:"王安石以宋次道家所有唐人诗集选为此编,世言李、杜、韩诗不与为有深意,其实不然。按此集非特不及此三家,而唐名人如王右丞、韦苏州、元、白、刘、柳、孟东野、张文昌之伦,皆不在选。意荆公所选特世所罕见,其显然共知者,固不待选耶?抑宋次道家独有此一百五集,据而择之,他不复及耶?未可以臆断也。"《四家诗选》十卷,王安石所选杜、韩、欧、李诗。其置李于末,

---

① [宋]朱弁《风月堂诗话》卷下,《冷斋夜话》《风月堂诗话》《环溪诗话》合刊本,中华书局,1988年,第107页。
② [宋]朱熹《晦庵集》卷六十四《答巩仲至书》,《景印文渊阁四库全书》第1145册,第219—220页。
③ [宋]黄伯思《东观余论》卷下《跋百家诗选后》,《景印文渊阁四库全书》第850册,第349页。

第三章 宋代的私家藏书、编纂与文化：以宋敏求为中心的考察

而欧反在其上，或亦谓有所抑扬云。"①《四家诗选》此且不论②，然有一点是可以肯定的，即他们都认为既然《唐百家诗选》的文献来源是宋敏求的家藏，因而在客观上也就不免有一定的局限性，至于对这两部书的评价，毫无疑问，他们都是给予充分肯定的。因而，在讨论《唐百家诗选》的编选宗旨之前，客观的文献来源是我们不能不考虑的重要因素。

那么，王安石所依据的宋敏求家藏的"唐诗百余编"③，具体何所指呢？赵彦卫说：

---

① [宋]陈振孙《直斋书录解题》卷十五，第444页。对于四家顺序的排列，时人多有不解。如王巩《闻见近录》载："黄鲁直尝问王荆公，世谓《四家选诗》丞相以欧、韩高于李太白耶？荆公曰：'不然。陈和叔尝问四家之诗，乘间签示和叔。时书史适先持杜集来，而和叔遂以其所送先后编集，初无高下也。李、杜自昔齐名者也，何可下之。'鲁直归问和叔，和叔与荆公之说同。今人乃以太白下欧、韩而不可破也。"(《景印文渊阁四库全书》第1037册，第209页）然释惠洪在《冷斋夜话》中却有不同的记载。他说："舒王以李太白、杜少陵、韩退之、欧阳永叔诗编为《四家诗集》，而以欧公居太白之上，世莫晓其意。舒王尝曰：'太白词语迅快，无疏脱处，然其识污下，诗词十句九句言妇人、酒耳。欧公今代诗人未有出其右者，但恨其不修《三国志》而修《五代史》耳。如欧公诗曰"行人仰头飞鸟惊"之句，亦有佳趣，第人不解耳。'"(《冷斋夜话》卷五"舒王编四家诗"条，《稀见本宋人诗话四种》，第49—50页）二者似乎矛盾。然大致于李白有褒有贬，而以褒为主。

② 对于《四家诗选》的编选，时人亦议论纷纭。如前引王巩《闻见近录》和释惠洪《冷斋夜话》卷五"舒王编四家诗"条。又，胡仔《苕溪渔隐丛话》前集卷六引陈正敏《遁斋闲览》则又曰："或问王荆公云：'编《四家诗》以杜甫为第一，李白为第四，岂白之才格词致不逮甫也？'公曰：'白之歌诗豪放飘逸，人固莫及，然其格止于此而已，不知变也。至于甫，则悲欢穷泰，发敛抑扬，疾徐纵横，无施不可，故其诗有平淡简易者，有绮丽精确者，有严重威武若三军之帅者，有奋迅驰骤若泛驾之马者，有淡泊闲静若山谷隐士者，有风流酝藉若贵介公子者。盖其诗绪密而思深，观者苟不能臻其阃奥，未易识其妙处。夫岂浅近者所能窥哉？此甫所以光掩前人，而后来无继也。元稹以谓兼人所独专，斯言信矣。'"(第37页）此不赘引。以常理推之，陈绎所以要向王安石请教四家诗的问题，其根本原因还在于他对《唐百家诗选》未选李、杜、韩等人也有疑惑，故王安石再编《四家诗选》，虽加入了欧阳修，然在很大程度上，实有弥补《唐百家诗选》不足的用意，至于四家诗编排的顺序，诸家所说虽各有矛盾，然杜在李前则无问题，而就中当然也体现了王安石关于李杜优劣的看法。容另文论之。

③ 晁公武谓"一百八家诗"(《郡斋读书志校证》卷二十，第1065页），陈振孙谓"一百五家"。

> 唐之举人,先借当世显人,以姓名达之主司,然后以所业投献;逾数日又投,谓之温卷。如《幽怪录》、《传奇》等,皆是也。盖此等文备众体,可以见史才、诗笔、议论。至进士则多以诗为贽,今有唐诗数百种行于世者是也。王荆公取而删为《唐百家诗》。或云荆公当册取时,用纸帖出付笔吏,而吏惮于巨篇,易以四韵或二韵诗,公不复再看。余尝取诸家诗观之,不惟大篇多不佳,余皆一时牵课以为贽,皆非自得意所为,故虽富而猥弱。今人不曾考究,而妄讥刺前辈,可不谨哉。①

他指出王安石选编唐诗所依据的文献是唐代进士行卷。上文已谈到,宋氏是北宋著名的藏书世家,尤其是到了宋绶一代,又得到毕士安、杨徽之两家的珍藏,藏书数量大增。晁说之说:"惟是宋宣献家四世以名德相,而兼有毕丞相、杨文庄二家之书,其富盖有王府不及者。"②可见其藏书之多。然这里值得我们注意的,还不是宋家的藏书数量,而是他的"择之甚精","喜藏异书"③,即不只求多,更重视专藏,追求精善。叶梦得曾对此作过一个评价。他说:"本朝公卿家藏书,惟宋宣献最精好而不多。盖凡无用与不足观者,皆不取。故吾书每以为法也。"又曰:"古书自唐以后以甲乙丙丁略分为经史子集四类,承平时三馆所藏不满十万卷,《崇文总目》所载是也。公卿名藏书家如宋宣献、李邯郸,四方士民如亳州祁氏、饶州吴氏、荆州田氏等,吾皆见其目。多至四万许卷,其间颇有不必观者。惟宋宣献家择之甚精,止二万许卷,而校雠详密,皆胜诸家。"④言语之中,备极推崇。

宋绶的学术倾向和藏书、校书观念直接影响了宋敏求。宋敏求承继

---

① [宋]赵彦卫《云麓漫钞》卷八,中华书局,1996年,第135页。
② [宋]晁说之《景迂生集》卷十六《刘氏藏书记》,《景印文渊阁四库全书》第1118册,第308页。
③ [宋]沈括《梦溪笔谈》卷二十五,中华书局,2015年,第251页。
④ [宋]马端临《文献通考》卷一百七十四《经籍考总叙》引叶氏《过庭录》,《景印文渊阁四库全书》第614册,第25页。

其家学,既博且专,较之其父,已是青出于蓝。宋绶撰述较少,敏求则著述甚多。宋绶于唐史多有研究,并始编《唐大诏令集》,然是书之成则在敏求之手,且敏求更撰唐武宗以下六朝实录,纂唐代地志,集唐人世系、遗事,其所涉范围之广和用力之深皆远超其父;宋绶治史已关注本朝,关注典章制度,撰有《卤簿图》十卷,而敏求则对本朝史、对典章制度的探究尤为重视,编撰《阁门仪制》《蕃夷朝贡录》《元会故事》《春明退朝录》等,多存一代故实;宋绶有《岁时杂咏》,"手编古诗及魏晋迄唐人岁时章什一千五百有六,厘为十八卷"①,敏求则辑校、整理唐集,录存唐人诗碑等,成绩亦超过其父。宋绶藏书、校书崇尚专精,敏求更进一步将这种私藏的特色推广至秘阁的藏书校书。②

宋氏喜藏异书的特点,首先体现在《唐大诏令集》的编纂上,已见上文。唐代进士行卷当然也属于专藏了,而且也是"非常所出者"。先师程千帆先生曾举此以论证唐代进士行卷风尚对唐诗发展的促进作用。他认为宋敏求的收藏既然是有重点的,那么他"收藏的唐人诗集中,包含为数很多的行卷之作也完全是可能的"③。程先生核对了《唐百家诗选》卷十八所选的皮日休六首诗歌,与《皮子文薮》中《杂古诗》十六首的篇题和次序,完全相同,而《皮子文薮》正是皮日休自编用以行卷的作品。可见,王安石编选《唐百家诗选》是利用了行卷的。然这部诗选是否如赵彦卫所说,全取自唐人行卷呢?

不然,据南宋严羽所说,王安石编纂《唐百家诗选》,还依据了唐诗总

---

① 〔宋〕晁公武撰,孙猛校证《郡斋读书志校证》卷二十"总集类",第1066—1067页。
② 据苏颂所云:"其为修撰,言馆阁四部书猥多舛驳,请以《汉·艺文志》目购寻众本,委直官重复校正,然后取历代至唐录所载,第为数等,择其善者校留之,余置不用,则秘书得以完善也。"(〔宋〕苏颂《苏魏公文集》卷五十一"龙图阁直学士修国史宋公神道碑叙",《景印文渊阁四库全书》第1092册,第550页)足见其藏书倾向。前已言之,宋敏求著述很多,惜未能全部保存下来,今天我们能见到的,主要有《唐大诏令集》一百三十卷、《长安志》二十卷、《河南志》四卷、《春明退朝录》三卷,辑校唐人集如《李翰林集》《颜鲁公集》《刘宾客外集》《李卫公别集》《孟东野集》等多种。其数量虽不算多,然多精善,足见出他在唐代文史文献整理、编纂和研究方面的成绩和贡献。
③ 程千帆《唐代进士行卷与文学》,上海古籍出版社,1980年,第61页。

集。他说：

> 王荆公《百家诗选》，盖本于唐人《英灵》《间气集》。其初，明皇、德宗、薛稷、刘希夷、韦述之诗，无少增损，次序亦同。孟浩然止增其数。储光羲后，方是荆公自去取。前卷读之尽佳，非其选择之精，盖盛唐人诗无不可观者。至于大历已后，其去取深不满人意。况唐人如沈、宋、王、杨、卢、骆、陈拾遗、张燕公、张曲江、贾至、王维、独孤及、韦应物、孙逖、祖咏、刘眘虚、綦毋潜、刘长卿、李长吉诸公，皆大名家，——李、杜、韩、柳，以家有其集，故不载，——而此集无之。荆公当时所选，当据宋次道之所有耳。其序乃言"观唐诗者观此足矣"，岂不诬哉！今人但以荆公所选，敛衽而莫敢议，可叹也。①

这一记载告诉我们，《唐百家诗选》储光羲（见卷四）之前，大致取自一部唐人编选的唐诗选本。② 清王士禛则指出："第六卷沈千运已下，全取元次山《箧中集》，而益以李嘉祐等七人。"③此外，我们看卷十一依次选入窦常、窦牟、窦群、窦庠和窦巩兄弟五人作品，所据必源于唐人褚藏言所编《窦氏联珠集》。由此亦足证唐人选唐诗等总集是王安石《唐百家诗选》的文献来源之一，当然这也应是宋敏求唐诗专藏的一部分。

上述记载使得后人的研究得以进一步深入。先师程千帆先生便在对此作了细致的辨析之后，论述道：

---

① ［宋］严羽撰，郭绍虞校释《沧浪诗话校释·考证》，人民文学出版社，1983年，第243—244页。

② 这部唐诗选的书名，严羽说是《英灵间气集》，郭绍虞先生认为应指殷璠的《河岳英灵集》和高仲武的《中兴间气集》，然前者"所选无明皇、德宗、薛稷、刘希夷诸人之诗，《间气集》所录，更不及初、盛，不知沧浪所谓'无少增损，次序亦同'者何指"（《沧浪诗话校释》，第244页）。程师千帆则推断，这可能是严羽把一部我们今天已"看不到的另外一部唐诗总集误记为《英灵间气集》了"（《唐代进士行卷与文学》，第59页）。然从卷二卷三所收高适诗多达71首、卷三卷四收岑参诗81首来看，说卷四储光羲以前全取自一部唐人选唐诗，终是可疑。

③ ［清］王士禛《香祖笔记》卷二，《景印文渊阁四库全书》第870册，第402页。

第三章　宋代的私家藏书、编纂与文化：以宋敏求为中心的考察

如果明白了《唐百家诗选》取材的主要来源是什么，并且依据这一前提，不再以反映唐代整个诗歌风貌及每位诗人全部的、最高的成就来要求这部选本，那我们就还得感谢宋敏求和王安石，感谢他们为今天研究唐代进士行卷这种风尚对于诗歌的发展有无促进作用，提供了可贵的史料，并且对于这个问题作了肯定的答复。①

虽然程先生的研究是重在揭示唐代进士行卷对唐诗发展的促进作用，然他对《唐百家诗选》文献来源的考察，却启示我们：此书是在宋氏所藏的包括唐代进士行卷在内的唐人诗集和唐诗总集的基础上编选而成的。其中有很多进士行卷（如皮日休的《皮子文薮》等），也有唐人所编的唐诗总集（如元结所选《箧中集》②、严羽所说的某部今已失传的唐诗总集等）。

循此思路，宋敏求既然收藏和整理的唐人诗集很多，以常理推之，除了唐人行卷和部分唐诗总集之外，那就还应有许多唐代诗人别集（如高适、岑参等人的集子）在内。

那么，王安石究竟还利用过哪些唐人诗集呢？这仍是一个令人费思量的问题。

《唐百家诗选》中入选的诗人虽多半考取或考过进士，但集中所选的作品，事实上多有作于其入仕之后的，而作于诗人应举之前的作品较少。因此，以常理推之，宋敏求所藏的唐人诗集的大部分，也是王安石编纂《唐百家诗选》的最主要的文献来源，与其说是唐人行卷，不如说是唐人诗歌别集更为恰当。在这些唐诗别集中，既有初盛唐名家的诗集，如高适、岑参、孟浩然、储光羲等人的诗集，也有大历和中晚唐时期的众多名家的别集。仅据苏颂、曾巩和胡仔等人的记载，宋敏求所整理过或收藏

---

① 程千帆《唐代进士行卷与文学》，第64页。又收入《程千帆全集》第八卷，河北教育出版社，2001年。
② ［清］王士禛《香祖笔记》卷二指出，其"第六卷沈千运已下，全取元次山《箧中集》，而益以李嘉祐等七人"（《景印文渊阁四库全书》第870册，第402页）。

的唐人别集,盛唐时期有李白、杜甫的别集,大历以后,有《颜鲁公集》《钱考功集》《刘宾客外集》《孟东野集》《鲍防集》《鲍溶集》《李卫公别集》等多种。① 故朱熹说"荆公《唐选》,本非其用意处,乃就宋次道家所有而因为点定耳",严羽说"荆公当时所选,当据宋次道之所有耳",是可信的。从《唐百家诗选》所选的作品数量来看,同一位诗人,其入选作品往往多达数十首。比如王建,入选92首,皇甫冉84首,岑参81首,高适71首,韩偓59首、戴叔伦47首、杨巨源46首、李涉37首、许浑33首,这说明编选者在选录作品时所依据的,极有可能是别集而非选本。又,检《唐百家诗选》中所选储光羲、皇甫冉、贾岛、张祜、许浑、韩偓等人的诗歌,与今所见诸人诗集的宋本或出于宋本的诗人别集相较,其编排顺序也大致相同。此亦足见其资料的来源是唐诗别集。

而不论是行卷还是总集、别集,在当时大约都不是很容易就得到的书。经历了唐末五代以来的兵火,唐人的文集所存寥寥。元代史臣修《宋史》时就曾感叹:"历代之书籍,莫厄于秦,莫富于隋、唐。""其间唐人所自为书,几三万卷。""陵迟逮于五季,干戈相寻,海寓鼎沸,斯民不复见《诗》、《书》、《礼》、《乐》之化。""编帙散佚,幸而存者,百无二三。"②很多作家的别集,"印本绝少,虽韩、柳、元、白之文,尚未甚传,其他如陈子昂、张说、九龄、李翱等诸名士文集,世尤罕见"③,更不用说中晚唐的许多诗人了。由此可见,宋敏求收藏唐诗多达百余编,实属难得。《唐百家诗选》正是在宋敏求所收藏的包括唐代进士行卷在内的唐人诗歌别集和唐诗总集的基础上编选而成的。其中有唐代进士行卷、唐人选唐诗,但更

---

① [宋]胡仔《苕溪渔隐丛话》后集卷十七引鲍慎由《夷白堂小集》曰:"钱起考功诗,世所藏本皆不同。宋次道旧有五卷,王仲至续为八卷,号为最完。"(人民文学出版社,1962年,第122页)。鲍防、鲍溶集,据前引《曾巩集》卷十一《鲍溶诗集目录序》,知宋敏求亦藏有二家集。

② [元]脱脱等《宋史》卷二百二《艺文志序》,中华书局,1977年,第15册,第5032页。

③ [宋]周必大《文苑英华序》,见《文苑英华》卷首,中华书局,1966年,第1册,第8—9页。

多的则是盛唐和中晚唐诗人的别集。①

五、"欲知唐诗者,观此足矣":王安石《唐百家诗选》的编纂与影响

明白了《唐百家诗选》的文献来源,我们就可以重新讨论对它的认识了。

(一)《唐百家诗选》呈现的唐诗风貌

既然《唐百家诗选》是王安石在宋敏求所提供的唐人诗集的基础上编定的,那么,评价这部诗选,也就不应以此书是否全面反映了唐诗的风貌为标准,而应以是否反映了入选诗人的主要诗歌创作成就和特色为标准了。

比如,初盛唐之间的刘希夷,他被闻一多称为虽"哀艳"却"没有不归于正"的《春女行》、从宫体诗"一跃而到庄严的宇宙意识"的《代悲白头翁》②,以及《代闺人春日》《巫山怀古》《孤松篇》等,便都收入书中。盛唐诗人高适,早年生活落拓,有志难骋,五十岁方以张九皋推荐中有道科,授封丘尉。然终是不得意,三年后弃官西入哥舒翰幕府,掌书记。安史乱起,高适随唐玄宗入蜀,授谏议大夫,擢淮南节度使,此后做过彭州、蜀州刺史,官至刑部侍郎,转散骑常侍,进封渤海县侯,成为有唐以来唯一官至封侯的诗人。其创作也随其仕历大致分为前后两期,而以前期尤其是入仕之前的诗歌成就为高。《唐百家诗选》中入选的高适之作,正属于前期作品。像《燕歌行》《淇上酬薛三据兼寄郭主簿》《途中酬李少府赠别之作》《东平路中遇水》《东平留赠狄司马》《留别洛下诸公兼赠郑三韦九》

---

① 从所选诗人和作品的数量来看,中晚唐诗人和作品入选的数量都超过了盛唐。比如入选作品在二十首以上的诗人,大历以后有戴叔伦、郎士元、卢纶、司空曙、皇甫冉、杨巨源、王建、李涉、贾岛、许浑、雍陶、薛能、吴融、韩偓十四人,盛唐诗人则只有孟浩然、高适、岑参、储光羲、王昌龄、李颀六人。

② 闻一多《宫体诗的自赎》,见《唐诗杂论》,上海古籍出版社,1998年,第16—17页。

《自淇涉黄河》《赠别韦参军》《送李少府贬峡中王少府贬长沙》《鲁郡途中》《和崔少府登楚丘城作》《同颜六少府旅居秋中之作》等,其中所表达的思想感情很复杂,既有"二十辞书剑,西游长安城。举头望君门,屈指取公卿"[1]的自信,也有"我心胡郁陶,征旅亦悲愁。纵横济时策,谁肯论吾谋"[2]的失意;既有对"汉家能用武,开拓穷异域"的颂扬,亦有对"戍卒厌糟糠,降胡重衣食,关亭试一望,吾欲泪沾臆"的同情[3],但无论哪一类作品,皆雄浑自然,"多胸臆语,兼有气骨"[4],代表了高适诗的最高成就。

岑参是盛唐著名的边塞诗人,与高适齐名,军旅生活,边塞风物,一入其诗,皆奇特瑰丽,超逸豪迈。《唐百家诗选》就选入了他边塞诗的许多代表之作。如《武威送刘单判官赴安西行营便呈高开府》《初过陇山途中呈宇文判官》《走马川行奉送出师西征》《轮台歌奉送封大夫出师西征》《白雪歌送武判官》《田使君美人舞如莲花北鋋歌》《送郭乂》《行军诗》《玉门关盖将军歌》《天山雪送萧沼归京》《凉州馆中与诸判官夜集》《送祁乐归河东》《逢入京使》《卫尚书赤骠马歌》《送张献心充副使归河西杂句》《热海行送崔侍御还京》等等。其他的盛唐诗人诗作,像卢象的《杂诗二首》,孟浩然的《过故人庄》《晚泊浔阳望庐峰作》《与诸子登岘山作》《宿建德江》《和张丞相春朝对雪》,崔颢的《黄鹤楼》《长安道》《定襄郡狱》,王昌龄《长信秋词》《塞上曲》《长歌行》《采莲曲》《采莲》《箜篌引》《出塞》,李颀《赠别张兵曹》《放歌行答从弟墨卿》,储光羲《田家杂兴三首》《同王十三维偶然作四首》等佳作名篇,也大都入选,既反映了他们各自诗歌创作的特点,也从不同侧面反映了盛唐诗的面貌。

唐代宗大历时期,"是一个从恶梦中醒来却又陷落在空虚的现实里因而令人不能不忧伤的时代"。生活在这一时期的诗人们,多着眼于"写日常生活。时序的迁流、节物的变化、人事的升沉离合等方面的描绘,贯串于悯乱哀时的情绪之中,便形成大历诗歌的基调。诗人们对这些方面

---

[1] 王安石《王荆公唐百家诗选》卷二《赠别韦参军》,辽宁教育出版社,2000年,第17页。
[2] 王安石《王荆公唐百家诗选》卷二《东平路中遇水》,第16页。
[3] 王安石《王荆公唐百家诗选》卷二《蓟门行五首》其五,第20页。
[4] [唐]殷璠《河岳英灵集》卷上,中华书局,1992年,第180页。

第三章 宋代的私家藏书、编纂与文化:以宋敏求为中心的考察

具有特殊的敏感,寄以沉重的感慨,体物甚是工致,抒情颇为深刻,因而其作品富有人情味"①。大历诗歌的这种基调,突出地表现在送别、赠答、酬和类诗歌的创作上。《唐百家诗选》收入这一时期的江南地方官诗人、台阁诗人的此类作品很多②,像戴叔伦、戎昱、李嘉祐、鲍防、郎士元、钱起、卢纶、司空曙、李端、皇甫冉等人入选此类作品的数量,占其入选诗歌的总数,少则五分之三,多达五分之四。其一时名篇,如戴叔伦《送汶水王明府》《江上别张劝》《奉天酬别郑谏议云逵卢拾遗景亮见别之作》,戎昱《泾州观元戎出师》,李嘉祐《自苏台至望亭驿人家尽空春物增思怅然有作因寄从弟纾》,郎士元《送李将军赴定州》《送张南史》《送长沙韦明府》,钱起《和宣城张太守南亭秋夕怀友》,卢纶《送张郎中还蜀歌》《和张仆夜塞下曲》《逢南中使因寄岭外故人》《夜中得循州赵司马侍郎书因寄回使》,司空曙《云阳馆与韩申卿宿别》,鲍防《杂感》等等,也多收入其中。

中唐王建在文学史上是以乐府诗、宫词著称的。《唐百家诗选》选其诗92首,是全书选诗最多的诗人,其中近一半是乐府。像《簇蚕辞》《渡辽水》《空城雀》《水运行》《水夫谣》《田家行》《羽林行》等名篇,都入选其中。王建《宫词》百首,是以联章七绝的形式全面反映唐代帝王宫廷生活、影响深远的作品。《唐百家诗选》虽仅收入"树头树底觅残红"等五首,却颇有代表性。其它像歌颂平叛功臣、拥护中央集权、谴责藩镇割据的《寄贺田侍中东平功成》《送裴相公上太原》等诗作,也入选集中。这些以写实为主的作品,既多用白描手法,又能兼用比兴,委婉多讽,反映了中唐诗歌向民歌学习、平易通俗的一面。

中唐诗歌又有奇险的一面,这在《唐百家诗选》中也有反映。书中选入卢仝诗14首、贾岛诗23首。卢仝的《月蚀诗》赫然在目。此诗极写月蚀形状和过程,杂以蛤蟆食月等种种神话传说,横出顺取,荒诞奇僻,寓托了其对宦官专权、藩镇割据的讽喻之意。通篇以文为诗,铺陈冗长,词

---

① 程千帆《唐诗鉴赏辞典序言》,见《唐诗鉴赏辞典》卷首,上海辞书出版社,1983年,第5—6页。

② 关于大历时期江南地方官诗人群体、台阁诗人群体和方外诗人群体的划分,请参蒋寅《大历诗人研究》,中华书局,1995年。

语险怪,较之韩愈,在以文为诗的道路上走得更远。书中还选收了卢仝的名篇《走笔谢孟谏议寄新茶》《有所思》《楼上女儿曲》等。至于贾岛的得意之作《题李凝幽居》《哭柏岩禅师》《再投李益常侍》等,也在其中。

韩偓为晚唐昭宗朝名臣,清人称其"内预秘谋,外争国是,屡触逆臣之锋;死生患难,百折不渝,晚节亦管宁之流亚,实为唐末完人。其诗虽局于风气,浑厚不及前人,而忠愤之气时时溢于语外。性情既挚,风骨自遒,慷慨激昂,迥异当时靡靡之响,其在晚唐亦可谓文笔之鸣凤矣"①,这是符合实际的。韩偓虽以写绮艳的香奁诗著称,然那多是早年之作,他入仕后尤其是入内廷为翰林学士、兵部侍郎,以至一贬再贬,流寓福建等地的诗歌,却是多能见出他忠贞之节并反映唐末政局和帝国末路、堪称诗史的作品。比如反映天复元年(901年)唐昭宗被宦官挟持的《辛酉冬随驾日作,今方追忆全篇,因附于此》《冬至夜作》,反映其感时伤世和遭贬流寓心态的《寄湖南从事》《赠湖南李思齐处士》《有瞩》《残春旅舍》《安贫》等,就都收入了《唐百家诗选》的最末一卷,为唐诗的发展画了一个圆满的句号,也成为《唐百家诗选》的压卷之作。

宋代的士大夫,多兼具政事、经术和文章之才②,王安石尤其如此。在中国文学史上,王安石是一个很特别的存在,我们今天要完整、准确地认识他,不能不将其政事、经术和文学综合起来加以考察。

王安石首先是一位政治家、思想家。欧阳修曾以李白、韩愈比王安石,有云:"翰林风月三千首,吏部文章二百年。"③对其文学才能倍加赞赏。然王安石对此却不以为然,回答说:"欲传道义心虽壮,强学文章力

---

① [清]永瑢等《四库全书总目》卷一百五十一《韩内翰别集提要》,下册,第1302页。

② 王水照先生曾谓:"宋代士人的身份有一个与唐代不同的特点,即大都是集官僚、文士、学者三位于一身的复合性人才,其知识结构一般远比唐人淹博融贯,格局宏大。"(《情理·源流·对外文化关系——宋型文化与宋代文学之再研究》,见《王水照自选集》,上海教育出版社,2000年,第30页)即指出了这一事实。

③ [宋]欧阳修撰,洪本健校笺《欧阳修诗文集校笺·外集》卷七《赠王介甫》:"翰林风月三千首,吏部文章二百年。老去自怜心尚在,后来谁与子争先。朱门歌舞争新态,绿绮尘埃试拂弦。常恨闻名不相识,相逢樽酒盍留连。"(上海古籍出版社,2009年,第1475页)

已穷。它日若能窥孟子,终身安敢望韩公。"①欧阳修似乎小看了他。倒是陆九渊有两句话颇能概括其思想学术和政治追求。他指出:"道术必为孔孟,勋绩必为伊周,公之志也。"②这也许更合乎其思想学术的实际。

王安石学根孟子,他的政治理想是师法先王,行三代伊周之治。在他看来,所谓"文者,礼教治政云尔。其书诸策而传之人,大体归然而已"③。"治教政令,圣人之所谓文也。书之策,引而被之天下之民,一也。""二帝、三王,引而被之天下之民而善者也;孔子、孟子,书之策而善者也:皆圣人也,易地则皆然。某生十二年而学,学十四年矣,圣人之所谓文者,私有意焉,书之策则未也,间或悱然动于事而出于词,以警戒其躬;若施于友朋,褊迫陋庳,非敢谓之文也。"④以施之天下国家的治教政令为"文",以书之简策为治教政令提供理论依据的经传著述为"文",文章之文的地位便降低了,王安石称它为"词"("辞")。王安石的愿望,首先是治国经邦,建功立业,施展其政治抱负;其次是著书立说,发挥经典,为国立则,为民立极;至于文学之文,则因事感发,触物生情,用以鉴戒、劝诫。"文"与"辞"的关系是:"所谓文者,务为有补于世而已矣;所谓辞者,犹器之有刻镂绘画也。诚使巧且华,不必适用;诚使适用,不必巧且华。要之,以适用为本,以刻镂绘画为之容而已。不适用,非所以为器也;不为之容,其亦若是乎?否也。然容亦未可已也,勿先之其可也。"⑤治教政令要有补于世,是根本,是第一位的,文学之文可用来修饰治政,所以虽不一定有实际的政治社会作用,但仍有其自身存在的价值,不可或缺。而且,从"诚使巧且华,不必适用"和"容亦未可已",我们还可隐约体会到王安石对文学的宽容态度。同时,在王安石看来,无论"文"(治教

---

① [宋]王安石撰,李壁注《王荆文公诗笺注》卷三十三《奉酬欧阳永叔》,上海古籍出版社,2010年,第827页。
② [宋]陆九渊《陆九渊集》卷十九《荆国王文公祠堂记》,中华书局,1980年,第232页。
③ [宋]王安石《临川先生文集》卷七十七《上人书》,王水照主编《王安石全集》第7册,复旦大学出版社,2017年,第1369页。
④ 王安石《临川先生文集》卷七十七《与祖择之书》,《王安石全集》第7册,第1371页。
⑤ 王安石《临川先生文集》卷七十七《上人书》,《王安石全集》第7册,第1369页。

政令之文)或"辞"(文学之文),要真正发挥其作用,实现其价值,在创作的实践中,就要能不泥于古,不惑于今,触事感物,有为而作,得之以心,正所谓"圣人之于道也,盖心得之"①。"孟子曰:'君子欲其自得之也。自得之则居之安,居之安则资之深,资之深则取诸左右逢其原。'孟子之云尔,非直施于文而已,然亦可托以为作文之本意。"②王安石的这些思想观念,深刻影响了他的生平行事和文学创作,自然也影响到《唐百家诗选》的编选。③

所以,《唐百家诗选》虽是在宋敏求藏书基础上编成的,题材和主题也十分广泛,但从总体上看,其所选录诗歌的题材和主题仍很鲜明,那就是多选展示家国情怀、歌颂美政、抒发积极用世之心的作品和关注民生疾苦、具有讽世意味的作品以及其它有益于世道人心的作品。这正反映了王安石《唐百家诗选》的编纂旨趣和文学应有鉴戒作用、应有益于世的文学思想观念。在上文所引述的诗歌中,已有不少此类之作,除此之外,我们还可略举一二。

比如,诗人王昌龄初入仕途的《放歌行》:"南渡洛阳津,西望十二楼。明堂坐天子,月朔朝诸侯。清乐动千门,皇风被九州。庆云从东来,泱漭抱日流。升平贵论道,文墨将何求。有诏征草泽,微诚将献谋。冠冕如星罗,拜揖曹与周。望尘非吾事,入赋且迟留。幸蒙国士识,因脱负薪裘。今者放歌行,以慰梁甫愁。但营数斗禄,奉养每丰羞。愿得金膏遂,飞云亦可俦。"④虽是乐府旧题,然所反映的却是大唐帝国的赫赫威仪、盛世景象和义气昂扬的进取精神。储光羲的《效古》云:"翰林有客卿,独负苍生忧。中夜起踯躅,思欲献厥谋。君门峻且深,跂足空夷犹。"⑤所抒发的,则是一位明时不遇、郁郁不得志的士人的情感。至于书中所收

---

① 王安石《临川先生文集》卷七十七《与祖择之书》,《王安石全集》第 7 册,第 1371 页。
② 王安石《临川先生文集》卷七十七《上人书》,《王安石全集》第 7 册,第 1369 页。
③ 王安石主张要深悟为文之道,师心独见,资深自得,如上文所述,这也是他总能从不同的历史时期中,抉发出那一时代诗人们各具特色的作品来的重要原因。
④ 王安石《王荆公唐百家诗选》卷五,第 60 页。
⑤ 王安石《王荆公唐百家诗选》卷四,第 53 页。

大历以后的作品,像戴叔伦的许多诗作,反映的就是大历、贞元之际世事翻覆和士民流离的现实了。如《奉天酬别郑谏议云逵、卢拾遗景亮见别之作》,写唐德宗建中四年(783年)朱泚据长安叛乱时,"巨孽盗都城,传闻天下惊","世故山川险,忧多思虑昏"①的严酷现实。《女耕田行》,反映繁重的兵役赋税带给百姓的痛苦和灾难。《江上别张劝》,抒发羁旅漂泊和茫然无所依的愁思。都是其例。此外像李涉的《潍阳行》《六叹》《闲中纪事想吴楚旧游寄河阳从事杨潜》《春山三碣来》《山中五无奈何》,从多方面反映中唐时期"蹭蹬疮痍今不平,干戈南北常纵横"②的现实,雍陶《蜀中战后感事十韵》《哀蜀人为南蛮俘虏五章》《蜀中经蛮后友人马乂见寄》,直接书写唐宣宗大中年间南诏掳掠蜀中的惨烈场面,薛能《题逃户》,写晚唐农村破败的景象等,也都足见选者所关注的重心所在。

(二)《唐百家诗选》的编选与王安石嘉祐初年的心态

文学选本的编纂,有时候往往还与特定的背景和编选者的心态有密切关系。王安石早年多任职地方,除至和年间一度入为群牧司判官外,其余时间多外任,如先后签书淮南判官、知鄞县、通判舒州、知常州、改江南东路提点刑狱。直到嘉祐四年(1059年)五月,仁宗诏其直集贤院,安石累辞乃受。此年秋天,又受诏以直集贤院为三司判官。此前朝廷对王安石并非没有京朝官任命,然而他往往每官必辞,难进易退。如皇祐二年(1050年),鄞县令任满,授殿中丞而辞不赴。次年,以文彦博推荐,诏赴阙,亦不赴。至和元年(1054年),又累辞集贤校理,后改授群牧司判官,一再推辞,因欧阳修劝谕而受。任满出知常州,改江东提刑亦辞。嘉祐四年(1059年),诏直集贤院、任三司判官,都是累辞乃受。所以会这样,固然是一时风气③,然个中亦有个人主客观方面的原因。如皇祐二年辞殿中丞时,王安石即以"祖母年老,先臣未葬,二妹当嫁,家贫口众,

---

① 王安石《王荆公唐百家诗选》卷七,第94页。
② 王安石《王荆公唐百家诗选》卷十四,第199页。
③ 刘敞曾上书专论此风,参《续资治通鉴长编》卷一百九十,嘉祐四年十二月丁亥,第8册,第4603—4604页。

难住京师"①为辞。辞集贤校理时,更言"门衰祚薄,祖母、二兄、一嫂,相继丧亡,奉养昏嫁葬送之窘,比于向时为甚"②。这都是客观方面的原因。再从主观上看,首先,王安石并非一个热衷于名利、地位的人。这从他屡次辞京朝官及其一生仕历可见出。其次,王安石又是一位政治理想十分高远的人物。他希望能治国理政,做出一番大事业来,然若是自己治国理政的观念和策略不能为帝王所采纳并付诸实施,则在他看来,反不如任职于州县更可能有所作为,且从长之计,外任地方也是他要实现更远大的政治理想和目标的不可或缺的铺垫和准备。通过地方州县的历练,既初试牛刀,相对自由地施展了自己的政治抱负和理念,为将来的治国理政积累下丰富的经验,而且也为其仕宦生涯博得了很高的声誉。到了嘉祐四年,朝廷诏其由江东提刑直集贤院,他先是推辞,最后终于接受,我们以为,就是他隐约感到自己施展政治抱负和才学的机会即将来临的缘故。所以,他是抱着一腔对仁宗的眷顾和朝廷任使的感恩与报答之情,也是抱着一种强烈的政治期待回到京城来的。此时的王安石,虽说不上是踌躇满志,然亦突出地表现出一种以天下为己任的责任感和意欲大有作为的志向。③

因此,他到任不久即上万言书给仁宗,说:"臣愚不肖蒙恩备使一路,今又蒙恩召还阙廷,有所任属,当以使路归报陛下,不自知其无以称职,而敢缘使事所及,冒言天下之事,伏惟陛下详思而择其中幸甚。"④他是想把自己多年的为政思考和治国理念传达给宋仁宗,并希望借此获得施展其政治理想的机会。在这篇上书中,王安石全面阐述了自己的政治主

---

① 王安石《临川先生文集》卷四十《乞免就试状》,《王安石全集》,第 773 页。
② 王安石《临川先生文集》卷四十《辞集贤校理状》,《王安石全集》,第 774 页。
③ 关于王安石屡辞京朝官的原因,自现代以来,论者亦多。如梁启超先生就认为,个中主要原因是其"家贫亲老,不得不为禄仕,故不惜自污以行其心之所安云尔"(《王安石传》,海南出版社,1993年,第 32 页)。邓广铭先生则认为,这里"一个更深层的关键问题,却是因为,担任那类官职,都不能使他'得因吏事之力,少施其所学'之故"(《北宋政治改革家王安石》,人民出版社,1997年,第 16 页)。所论皆有道理,然尚不够全面。
④ 王安石《临川先生文集》卷三十九《上仁宗皇帝言事书》,《王安石全集》第 6 册,第 749 页。

张。他认为宋仁宗仁心淳厚,聪明睿智,勤勉恭俭,却不能使天下之人皆受其恩泽,主要是没有师法先王之政和真正领悟先王治国理政之意的缘故。这就需要"改易更革天下之事,合于先王之意"。而要改易更革,则需要陶冶人才,"教之养之取之任之有其道而已"。教什么呢? 教礼乐刑政。他说:"朝廷礼乐刑政之事,皆在于学。士所观而习者,皆先王之法,言德行治天下之意。其材亦可以为天下国家之用,苟不可以为天下国家之用,则不教也;苟可以为天下国家之用者,则无不在于学。此教之之道也。"所谓人才涵养,即"饶之以财,约之以礼,裁之以法"。人才的衡量,主要是德与才,而才又是文武并重的。至于人才的任用,既要因才使用,又要久于其任,尤其是不要束缚他们的手脚,要使其充分发挥施政的能动性和创造性。从"天下国家之用"的立场出发,以礼乐刑政为士人学习的主要内容,兼重文武,就否定了以诗赋文章教养士人和以诗赋取士的科举制度;"因天下之力,生天下之财,取天下之财,以供天下之费",高薪养廉,也与箪食瓢饮、克勤克俭的传统观念不一;而用人"不以一二法束缚,使不得行其意"的做法,更是一种积极开放、鼓励有所作为的用人心态。后来熙丰变法的许多措施,像以经义策论取代诗赋取士,开源节流的一系列理财措施,唯才是举、破格用人的导向等,于此皆已见其雏形。

王安石对这封上书是充满了期待的。他希望自己的上书能得到仁宗的重视,希望将多年的理想付诸实施,希望由此能做出一番大事业。然而,他的《上仁宗皇帝言事书》不但未得到朝廷应有的重视,而且还引得宰辅大臣们很不高兴。"当时富、韩二公在相位,读之不乐,知其得志必生事。"①这也许是王安石所始料未及的。犹疑和失望,笼罩在王安石的心头。次年,朝廷又诏其同修起居注,王安石凡前后连上十二状而坚辞其任,就与他此时忧怨低沉的心态有关。在《辞同修起居注状》中,王安石反复申说表白的,是自己"入馆最为日浅,而材何以异人,终不敢贪

---

① [宋]洪迈《容斋随笔·四笔》卷四,上海古籍出版社,1978 年,第 657 页。

冒宠荣,以干朝廷公论"①。但又说:"臣治身则行能不备,居官则职业无称,虽知好学,而所得未可以施于实用。故向蒙选擢,即自以行能无异众人,而不敢度越众人受职,幸蒙听许。"②"所得未可以施于实用"一句,似无意中透露出其不肯接受朝廷任命的真正原因:王安石自庆历二年(1042年)进士及第,授签书淮南判官至此,已仕途奔波十八年,"不敢度越众人受职"的原因,并非真的"自以行能无异众人",而是自谦和担心"所得未可以施于实用"。这也就是说,如果在朝施政而不能按照自己的政治理想和愿望去做的话,那么毋宁不接受这一任命,远离朝廷。因此,"所得未可以施于实用",实际正是指的他的《上仁宗皇帝言事书》未能得到宋仁宗的重视。再者,王安石在《上仁宗皇帝言事书》里讨论的重点是人才问题。他认为应"惩晋武苟且因循之祸",察人之言行,"试之以事","而不一二法束缚之,而使之得行其意。尧舜之所以理百官而熙众工者,以此而已"③。他反对人才"取之既不以其道,至于任之,又不问其德之所宜,而问其出身之后先;不论其才之称否,而论其历任之多少"④。这恰与他《辞同修起居注状》中一再说的,"入馆资序最为在后,而独先被选,窃以为非朝廷用人之体"⑤,是矛盾的。王安石原就是一位性情刚强得几乎有点执拗的人,他生活中所受到的挫折,便不能不影响到《唐百家诗选》的编选了。

于是,我们在《唐百家诗选》中看到了许多抒发岁月蹉跎、仕途失意和有志难骋的忧愤的作品。这在盛唐诗人的作品中表现得尤为明显。

---

① 王安石《临川先生文集》卷四十《辞同修起居注状》七之一,《王安石全集》第 6 册,第 777 页。

② 王安石《临川先生文集》卷四十《再辞同修起居注状》五之四,《王安石全集》第 6 册,第 784 页。

③ 王安石《临川先生文集》卷三十九《上仁宗皇帝言事书》,《王安石全集》第 6 册,第 754—755 页。

④ 王安石《临川先生文集》卷三十九《上仁宗皇帝言事书》,《王安石全集》第 6 册,第 763 页。

⑤ 王安石《临川先生文集》卷四十《再辞同修起居注状》五之三,《王安石全集》第 6 册,第 778 页。

第三章 宋代的私家藏书、编纂与文化：以宋敏求为中心的考察

即如诗人孟浩然，生活于盛唐，也曾想在政治上有所作为，却未能如意，至终身未仕。他的诗以叙写山水田园风光、抒发退居山林的淡泊与寂寥情思居多。《唐百家诗选》收入孟诗 33 首，其中固有反映真淳田园生活的《过故人庄》和描写山水清景的《秋登万山寄张五僙》《宿建德江》《万山潭作》等诗作，但在他的许多作品中又往往笼罩着一种有志不获骋的忧愁："乡关万余里，失路一相悲。"①"愁因薄暮起，兴是清秋发。"②"客愁空伫立，不见有人烟。"③"移舟泊烟渚，日暮客愁新。"④更不用说诗中"遑遑三十载，书剑两无成"⑤的感慨、"不才明主弃，多病故人疏"⑥的愤激和"羊公碑尚在，读罢泪沾襟"⑦的悲叹了。

其他像高适、岑参、储光羲、李颀等，也同样有许多郁郁不得志的作品出现在书中。比如："吾谋适可用，天路岂辽廓？不然买山田，一身与耕凿。"⑧"弱冠负高节，十年思自强。终当不得意，去去任行藏。"⑨"寥落一室中，怅然惭百龄。苦愁正如此，门柳复青青。"⑩"错料一生事，蹉跎今白头。纵横皆失计，妻子也堪羞。"⑪"孔丘贵仁义，老氏好无为。我心若虚空，此道将安施。"⑫"薄俗嗟嗟难重陈，深山麋鹿下为邻。鲁连所以蹈沧海，古往今来称达人。"⑬钱起是大历十才子之冠，诗风清新幽远，可他早年求仕漫游和进士及第后沉沦下僚时期的诗作，大都低回着一种忧

---

① 孟浩然《永嘉上浦馆逢张八子容》，王安石《王荆公唐百家诗选》卷一，第 9 页。
② 孟浩然《秋登万山寄张五僙》，王安石《王荆公唐百家诗选》卷一，第 12 页。
③ 孟浩然《赴京途中遇雪》，王安石《王荆公唐百家诗选》卷一，第 13 页。
④ 孟浩然《宿建德江》，王安石《王荆公唐百家诗选》卷一，第 13 页。
⑤ 孟浩然《自洛之越》，王安石《王荆公唐百家诗选》卷一，第 8 页。
⑥ 孟浩然《岁暮归南山》，王安石《王荆公唐百家诗选》卷一，第 8 页。
⑦ 孟浩然《与诸子登岘山作》，王安石《王荆公唐百家诗选》卷一，第 13 页。
⑧ 高适《淇上酬薛三据兼寄郭主簿》，王安石《王荆公唐百家诗选》卷二，第 15 页。
⑨ 高适《鲁郡途中》，王安石《王荆公唐百家诗选》卷二，第 20 页。
⑩ 高适《苦雪》，王安石《王荆公唐百家诗选》卷二，第 26 页。
⑪ 岑参《题虢州西楼》，王安石《王荆公唐百家诗选》卷二，第 42 页。
⑫ 储光羲《同王十三维偶然作四首》其四，王安石《王荆公唐百家诗选》卷四，第 55 页。
⑬ 李颀《古行路难》，王安石《王荆公唐百家诗选》卷五，第 70 页。

幽怨艾的感情基调。集中选钱起的诗并不多，却多属此类。像"忠尽不为明主知，悲来莫向时人说。沧浪之水见心清，楚客辞天泪满缨。百鸟喧喧噪一鹗，上林高枝亦难托"，"阳和不散穷途恨，霄汉常悬捧日心。献赋十年犹未遇，羞将白发对华簪"①等诗句，都显示出与盛世不相谐调的音符。至如杨衡的诗中所写："可怜枝上色，一一为愁开。""欲问皇天天更远，有才无命说应难。"②更是触目惊心。而书中所选《箧中集》王季友等七位诗人的作品，多写个人的坎坷失意，或亲友生离死别的哀伤，也是人们所熟知的。

  《唐百家诗选》所选的许多作品尤其是赠行之作，似乎常笼罩在一种"归去来"的浩叹中。初唐刘希夷的入选诗作中，已有"卒卒周姬旦，栖栖鲁孔丘。平生能几日，不及且遨游"，"伤心不可去，回首怨如何"③这样的幽怨。而像韦述的《晚渡伊水》，卢象的《赠刘蓝田》《白发》《乡赋后自巩还田家邻友见过之作》，高适的《送别》《杂言赋得还山吟送沈山人》，岑参的《送杨子》《送祁乐归河东》《澧头送蒋侯》《逢入京使》《郡斋闲望》《衙郡守还》《终南东溪中作》，储光羲《仲夏入园东陂》《题山中流泉》，李颀《晚归东园二首》《送卢少府赴延陵》，戎昱的《罗江舍》《汉上题韦氏庄》《长安秋夕》，李嘉祐《送从弟归河朔》《送王牧往吉州谒王使君》，陈羽《伏翼洞送夏方庆》《春日客舍晴原野望》，杨衡《卢十五竹亭送侄偶归山》，戴叔伦《客舍秋怀呈骆正字士则》《本店袁太祝长卿小湖村山居书怀见寄》《清明日送邓芮二子还乡》《将巡郴永途中作》，郎士元《长安逢故人》《盖少府新除江南尉问风俗》，钱起《送毕侍御谪居》《赠阁下阎舍人》《暮春归故山》，卢纶《长安春望》《春日登楼有怀》《赠别李纷》，赵嘏《长安月夜与友生话故山》，崔鲁《春晚岳阳城言怀》，吴融《闲望》，韩偓《秋霖夜忆家》《小隐》等等，举不胜举，诸所选录，似皆寄托和融入了编选者自身的情感。

---

① 钱起《送毕侍御谪居》《赠阁下阎舍人》，王安石《王荆公唐百家诗选》卷八，第103页。
② 杨衡《题花树》《伤蔡处士》，王安石《王荆公唐百家诗选》卷六，第87页。
③ 刘希夷《故园置酒》《晚憩南阳旅馆》，王安石《王荆公唐百家诗选》卷一，第2页。

（三）《唐百家诗选》的编选与文要"得体"的观念

作为政治家和思想家，王安石对现实政治生活的关注和认知度，往往超乎一般文士，这不仅体现在其政治胸襟的阔大和眼光的独特上，而且还表现为对文学的社会政治功能和作用的强调与重视，这种重视表现在文学创作和批评上，就是主张文要"得体"。王安石编《唐百家诗选》，也不例外。黄庭坚曾说："荆公评文章，常先体制而后文之工拙。"①这是符合实际的。所谓得体，简言之，就是在作品中的抒情言志既要符合作者的身份和地位，又要能使形象、手法的运用和风格等切合题意和文体本身的特色。

比如，在《唐百家诗选》中，收有唐玄宗的《早渡蒲关》："钟鼓严更曙，山河野望通。鸣銮下蒲阪，飞旆入秦中。地险关逾壮，天平镇尚雄。春来津树合，月落戍楼空。马色分朝景，鸡声逐晓风。所希常道泰，非复俟缇同。"②朱熹评道："唐明皇资禀英迈，只看他做诗出来，是甚么气魄！今《唐百家诗》首载明皇一篇《早渡蒲津关》，多少飘逸气概！便有帝王底气焰。"③唐玄宗早年励精图治，国家兴盛，诗用五言律体，声韵谐和，景象阔大，确是有帝王的气概。唐德宗《送徐州张建封还镇》诗，其中写道："牧守寄所重，才贤生为时。""报国尔所向，恤人予是资。"④读之也可知出自治国安邦之人的手笔，有帝王的气象。孟浩然《和张丞相春朝对雪》曰："迎气当春立，承恩喜雪来。润从河汉下，花逼艳阳开。不睹丰年瑞，安知燮理才。撒盐如可拟，愿糁和羹梅。"张九龄原作写春日雪景⑤，此

---

① 黄庭坚《书王元之〈竹楼记〉后》，郑永晓整理《黄庭坚全集辑校编年》，江西人民出版社，2008年，第1526页。
② 王安石《王荆公唐百家诗选》卷一，第1页。
③ ［宋］黎靖德编《朱子语类》卷一百四十《论文下》，中华书局，1994年，第8册，第3325页。
④ 王安石《王荆公唐百家诗选》卷一，第1页。
⑤ 张九龄《立春日晨起对积雪》："忽对林庭雪，瑶花处处开。今年迎气始，昨夜伴春回。玉润窗前竹，花繁院里梅。东郊斋祭所，应见五神来。"（周勋初等主编《全唐诗》卷一百零九，陕西人民出版社，2014年，第2284页）

为和作，由喜雪而及人，有称颂，有劝勉，却不失其身份，可谓得体。其《陪张丞相自松滋江入舟东泊渚宫作》有曰："政成人自理，机息鸟无疑。"都用五律，诗风雍雅，从容不迫，亦得体。

再像以下数首：

未央月晓度疏钟，凤辇时巡出九重。雪霁山门迎瑞日，云开水殿候飞龙。轻寒不入宫中树，佳气常熏仗外峰。遥羡枚皋扈仙跸，偏承霄汉渥恩浓。——钱起《驾幸温泉宫和李员外作》①

天垂台耀拂欃枪，寿献山青祝圣明。丹凤阙前歌九奏，金鸡竿上鼓千声。衣裳南面熏香动，文字东方喜气生。从此登封资庙略，两河连海一时清。——杨巨源《元日含元殿下立仗丹凤楼下宣赦上门下相公二首》其一②

圣代司空比玉清，雄藩观猎见皇情。云禽已觉高无益，霜兔应知狡不成。飞鞚拥尘寒草尽，弯弓开月朔风生。今朝始贺将军贵，紫禁诗人看旆旌。——杨巨源《和裴舍人观田尚书出猎》③

鸡鸣紫陌曙光寒，莺啭皇州春色阑。金阙晓钟开万户，玉阶仙仗拥千官。花迎剑佩星初落，柳拂旌旗露未干。独有凤皇池上客，阳春一曲和皆难。——岑参《和贾舍人早朝大明宫》④

清如冰玉重如山，百辟严趋礼绝攀。强虏外闻应破胆，平人长见尽开颜。朝廷有道青春好，门馆无私白日闲。致却垂衣更何事，几多诗句咏关关。——薛能《献仆射相公》⑤

星斗疏明禁漏残，紫泥封后独凭栏。露和玉屑金盘冷，月射珠光贝阙寒。天衬楼台笼苑外，风吹歌管下云端。长卿祇为《长门

---

① 王安石《王荆公唐百家诗选》卷八，第104页。
② 王安石《王荆公唐百家诗选》卷十二，第161页。
③ 王安石《王荆公唐百家诗选》卷十二，第163页。
④ 王安石《王荆公唐百家诗选》卷三，第43页。
⑤ 王安石《王荆公唐百家诗选》卷十八，第259页。

赋》，未识君臣际会难。——韩偓《中秋禁直》①

凡写帝王车驾威仪、德音下降，或大臣扈从、游览出猎、早朝夜直等，皆有很鲜明的身份感，体则皆为七言律诗，虽有夸饰颂扬，然也反映了对君臣相契、政通人和的理想政治的向往，写出了大唐帝国雍容典雅的阔大气象，诗风华丽。这里还值得我们注意的是，上述六首诗中，有三首是上呈宰相的诗作，而观集中所收，不但此类作品十分常见，而且，还有诗人本身就是宰相的，如武元衡、令狐楚等。这是有意识的，还是无意识的呢？今天已很难判断，然此书显示出迥异于一般选家的眼光，则是没问题的。其它许多唱和赠答、临歧送别之作也多能契合唱和赠答双方彼此身份，符合当日情境氛围，十分得体。

（四）"去取之间，用意尤精"：《唐百家诗选》的编选旨趣

王安石是杰出的文学家，他学根孟子。思孟学派的重视心性，影响到王安石，便是强调无论学圣贤、法先王，还是行治教政令、作诗为文，都要得之于心，要自有所得。所谓："圣人之于道也，盖心得之。"②"虽问以口，而其传以心；虽听以耳，而其受以意。"③反对一味模拟。所以，《唐百家诗选》又是一部反映其独特文学观念和审美情趣的颇具眼光的选本，这种审美情趣和标准，就是曲尽人情物态。

比如《唐百家诗选》卷一选录了戎昱的《长安秋夕》，诗曰：

八月更漏长，愁人起常早。闭门寂无事，满院生秋草。昨夜西窗梦，梦行荆南道。远客归去来，在家贫亦好。④

---

① 王安石《王荆公唐百家诗选》卷二十，第281页。
② 王安石《临川先生文集》卷七十七《与祖择之书》，《王安石全集》第7册，第1371页。
③ 王安石《临川先生文集》卷七十一《书洪范传后》，《王安石全集》第6册，第1284页。
④ 王安石《王荆公唐百家诗选》卷五，第72页。

戎昱生活的时代大致与大历十才子相近,他年轻时多次应进士举不中,后参荆南、潭州等幕府,德宗建中三年(782年)曾官侍御史,出为辰州刺史,后官至虔州刺史。这首诗当写于他早年进士不第、客居长安时。唐代进士科举的贵重、登第的艰难、长安生存的不易和举子们往来奔波干谒的艰辛与困窘,前辈学者已有论之。① 戎昱写此诗时的具体境况如何,我们虽已不可详知,然起笔的一个"愁"字,寓含了多少进士科举考试道路上的酸辛,当不难想象,否则何至于卧数"更漏"而难安枕簟,黎明即起,却又不理生事呢?于是由"愁"而思归,由思归而入梦,归家与远客,退归田园与追求功名,理想与现实,在梦醒之后的比较中,诗人终于发出了"在家贫亦好"这一人人心中有而笔下无的感喟。诗歌的前六句只是平平叙来,末两句的感叹似乎也很平淡,但这貌似平淡的叙述,却在慢慢地为末句"在家贫亦好"的感慨抒发,积蓄和酝酿力量。如此,末句的感喟便在平淡之中寓含了无限情思。曲尽人情,平淡而山高水深,也许正是王安石要将其选入的原因吧。

再如,书中所选杜荀鹤的名作《春宫怨》:

> 早被婵娟误,欲妆临镜慵。承恩不在貌,教妾若为容。风暖鸟声碎,日高花影重。年年越溪女,相忆采芙蓉。②

《宫怨》是汉乐府"相和歌辞"楚调曲中的旧题,泛写宫中女性遇合与失意的恩怨。《春宫怨》便是在此基础上再创作的一首乐府诗。此处"宫怨"前而置"春"字,更突出了对自然界和宫中女性的青春美好以及其被冷落的惋惜与幽怨。诗的前四句直接抒发宫女内心的幽怨。"早被婵娟误"一句似为无理,然它反映的恰是现实生活"承恩不在貌"的被扭曲的事实。首两句是果,次两句是因,倒叙的方式加重了情感抒发的强度。诗

---

① 此可参程千帆所撰《王摩诘〈送綦毋潜落第还乡〉跋》(载《古诗考索》,上海古籍出版社,1984年)、《唐代进士行卷与文学》等。
② 王安石《王荆公唐百家诗选》卷十九,第274页。

第三章　宋代的私家藏书、编纂与文化：以宋敏求为中心的考察

的五六句写春景，由内心转向外在，风和日丽，鸟语花香，充满了蓬勃生机和活力的自然界，同时也象征着生命和青春的美好，一片乐景，只是与宫中女性的遭遇相比，这种乐景的描写，反而更反衬出其处境的孤独和寂寞。"以乐景写哀，以哀景写乐，一倍增其哀乐。"①诗的末两句更由眼前景而延伸到故乡江南，由当下而忆及昔日乡间溪畔无拘无束的生活。今昔对比，所抒发的仍是无穷无尽的幽怨。诗歌细致曲折地道出了一位宫中女性的内心世界，勾画了一位敢怨敢怒的女性形象。诗笔清新妍丽，富有情致。

王安石的诗以"工"著称②，他所选的诗歌中，固多浑然成篇者，然有时亦未必全篇相称，但就中若有工妙之句，也多录而不弃。此类甚多，略举数例：

> 野旷天低树，江清月近人。③
> 飞鸟看共度，闲云相与迟。④
> 游鱼逆水上，宿鸟向风栖。⑤
> 机息知名误，形衰恨道贫。⑥
> 两行灯下泪，一纸岭南书。⑦
> 乍见翻疑梦，相悲各问年。⑧

---

① [清]王夫之撰，戴鸿森笺注《姜斋诗话笺注》卷一，人民文学出版社，1981年，第10页。
② [宋]陈师道《后山诗话》曰："诗欲其好，则不能好矣。王介甫以工，苏子瞻以新，黄鲁直以奇。"（[清]何文焕辑《历代诗话》，中华书局，1981年，第306页）
③ 孟浩然《宿建德江》，王安石《王荆公唐百家诗选》卷一，第13页。
④ 李颀《李兵曹壁画山水各赋得桂水帆》，王安石《王荆公唐百家诗选》卷五，第66页。
⑤ 殷遥《友人山亭》，王安石《王荆公唐百家诗选》卷六，第81页。
⑥ 戴叔伦《将巡郴永途中作》，王安石《王荆公唐百家诗选》卷七，第95页。
⑦ 卢纶《夜中得循州赵司马侍郎书因寄回使》，王安石《王荆公唐百家诗选》卷八，第108页。
⑧ 司空曙《云阳馆与韩申卿宿别》，王安石《王荆公唐百家诗选》卷八，第115页。

> 不妨公事资高卧，无限诗情要细论。①
> 泉声到池尽，山色上楼多。②
> 残星几点雁横塞，长笛一声人倚楼。③
> 片才着地轻轻陷，力不禁风旋旋销。④
> 诗道揣量疑可进，宦情刊缺转无多。⑤
> 客路少安处，病床无稳时。⑥
> 树头蜂抱花须落，池面鱼吹柳絮行。⑦

或用意深刻，富有生活哲理；或对偶工稳，确能曲尽人情：都反映出编选者的审美趣味和倾向。

《唐百家诗选》中所选诗歌体式多样，既多选古诗和乐府，也不乏近体，而近体之中，五七言律绝之外，他还选入了多首六言绝句。如所选皇甫冉、王建的六绝：

> 水流绝涧终日，草长深山暮春。犬吠鸡鸣几处，条桑种杏何人。
> 门外水流何处，天边树绕谁家。山色东西多少，朝朝几度云遮。⑧
> 鱼藻池边射鸭，芙蓉苑里看花。日色柘黄相似，不着红鸾扇遮。⑨

六言绝句的创作魏晋南北朝时已出现，唐代渐兴，然或许是单音节字的

---

① 杨巨源《送章孝标校书归杭州因寄白舍人》，王安石《王荆公唐百家诗选》卷十二，第166页。
② 张祜《题惠山寺》，王安石《王荆公唐百家诗选》卷十五，第215页。
③ 赵嘏《长安秋望》，王安石《王荆公唐百家诗选》卷十五，第221页。
④ 秦韬玉《春雪》，王安石《王荆公唐百家诗选》卷十八，第261页。
⑤ 韩偓《春阴独酌寄同年李郎中》，王安石《王荆公唐百家诗选》卷二十，第283页。
⑥ 韩偓《向隅》，王安石《王荆公唐百家诗选》卷二十，第291页。
⑦ 韩偓《残春旅舍》，王安石《王荆公唐百家诗选》卷二十，第292页。
⑧ 皇甫冉《送郑二堪之茅山》《问李二司直所居云山》，王安石《王荆公唐百家诗选》卷十，第139页。
⑨ 王建《宫中三台词》，王安石《王荆公唐百家诗选》卷十三，第187页。

使用受限制,声调变化较少,故留传作品不过数十首,而王安石在《唐百家诗选》中却选了五首,足见其兴趣所在①。前两首写山居自然风光,不写人而人物自见。景以问句出之,便感灵动。后一首写宫廷苑囿,景物工巧,而游赏之人却轻松活泼,诗笔也不呆板。

王安石所选作品,风格多样。既有高亢闳丽者,有议论高妙、风格简古者,亦有锻炼精工、委婉含蓄之作。杨蟠所谓"匠意造语,要皆安稳惬当,流丽飘逸,其归不失于正者",倪仲傅所谓"清古典丽,正而不冶,凡以诗鸣于唐有惊人之语者",多在其中矣。②皆是的评。此处不再赘述。

(五)"论诗如舒王,方可到剧挚之地":《唐百家诗选》的影响

一部作品影响的大小,是取决于其自身价值的高低和时代风尚的消长的。

对王安石的道德和文学成就,时人早有评价。比如,欧阳修就谓之"德行文学,为众所推,守道安贫,刚而不屈"③。其后无论是在思想政治上对王安石的观点持赞成态度还是反对态度的人,都不否认这一点。

---

① 此点或受佛教诗歌的影响。自南北朝以来,佛教徒以六言偈颂的形式阐发义理,已颇成熟。项楚先生曾举卫元嵩《十二因缘六字歌词》为例,详细分析了诗中表达的佛教因果循环的义理,并认为其"运用六言诗歌形式,已经达到纵心所欲,出入无碍的地步"。又指出:"利用六言诗歌形式,阐发抽象的佛教义理,本是僧徒的一大专长,试看《景德传灯录》卷二九所载宝志和尚《大乘赞》十首、《十四科颂》十四首,以及列宁格勒藏敦煌写本一四五六号王梵志诗卷中的六言诗十首,便可知悉。我认为僧徒对六言诗的掌握,实已超过了世俗文人。"(项楚《敦煌诗歌导论》,台湾新文丰出版公司,1993年,第98页)王安石佛学造诣亦深,故其对六言诗的兴趣或曾受到佛教诗歌的影响。

② 关于《唐百家诗选》的编选旨趣,邹云湖先生认为其意有四:"一,此书所选乃是因为'欲矫'西昆'其失',所以才'多取苍老一格','大半是晚唐诗'而'缺略初盛'。二,其选录风格是'杂出不伦'。""三,王安石《唐百家诗选》不选唐诗的大家名家,一方面正预示了宋诗在唐诗的顶峰上力避熟滥,但求变化,以另拓通途的发展趋势;另一方面,不选元、白、韦、刘、王维和晚唐杜牧、李商隐的诗,恐怕还是源于这些诗人的大家之名多半是由于其诗的艳情、闲情过于丰富引人。"(见氏著《中国选本批评》,上海三联书店,2002年,第77—78页)揆诸本书和文学史实,其说不可取。

③ 欧阳修《荐王安石吕公著札子》,《欧阳修全集》卷一百九《奏议》十三,第1654页。

《唐百家诗选》的编选对王安石本人诗歌创作的影响，此可不论。[①]在纷纭的议论中，由王安石编选的这部《唐百家诗选》，也成了经典，并产生了广泛而深远的影响。这不仅表现在其书刻本的众多和流传有序，而且还出现了分类改编本。此书在北宋时即有两本，一本分人编排，一本分类。分人编排的北宋本已不可见，今存南宋初年抚州刻本（又有南宋乾道年间倪仲傅刻本、范浚家藏刻本、南昌刻本等，佚），残存九卷。[②] 明初有钞本，佚。清初有丘迥刻本（何焯曾批校，何氏弟子蒋杲过录。蒋氏过录本在清代又有学者用两宋残本校过，今黄永年、陈枫校点的新世纪万有文库本《唐百家诗选》，即以丘刻为底本，而校以清人用两宋本校过的蒋氏本），后之分人本多从丘刻本出。分类本有南宋初刻本，今存残卷。藏日本静嘉堂文库者（有影印本）十卷，藏北京国家图书馆者八卷，合二书尚有十三卷。[③]

　　《唐百家诗选》一书，在北宋时虽已有质疑，然总的来看，是颇为人所推崇的。如杨蟠所说："丞相荆国王公，道德文章，天下之师，于诗尤极其工。""公自历代而下无不考正，于唐诗百家，特录其警篇。""诗系人之好尚，于去取之际，其论犹纷纷，今一经公之手，则帖然无复以议矣。"[④]这话很有代表性，他对此书并不完全理解，却相信这是一部高水平的唐诗选本。

　　南宋时期，大致仍延续了这种状况，有疑问，然总体是肯定的。从倪

[①] 叶梦得《石林诗话》卷中有云："王荆公少以意气自许，故诗语惟其所向，不复更为涵蓄。如'天下苍生待霖雨，不知龙向此中蟠'，又'浓绿万枝红一点，动人春色不须多'，'平治险秽非无力，润泽焦枯是有材'之类，皆直道其胸中事。后为群牧判官，从宋次道尽假唐人诗集，博观而约取，晚年始尽深婉不迫之趣。乃知文字虽工拙有定限，然未必视初壮，虽此公，方其未工时，亦不能力强而遽至也。"（《历代诗话》，中华书局，1981年，第419页）此一问题可另作研究。

[②] 此本藏上海图书馆，影印收入《续古逸丛书三编》（中华书局，1986年）、《中华再造善本·唐宋编·集部》（北京图书馆出版社，2004年）。

[③] 关于《唐百家诗选》的版本源流，详可参黄永年《〈唐百家诗选〉校点说明》、陈斐《〈王荆公唐百家诗选〉版本源流考述》[《南阳师范学院学报（社会科学版）》2012年第11期，第68—86页]。

[④] ［宋］杨蟠《王荆公唐百家诗选序》，《王荆公唐百家诗选》卷首，《中华再造善本·唐宋编·集部》。

第三章　宋代的私家藏书、编纂与文化：以宋敏求为中心的考察

仲傅初读此书的那种惊喜，到时少章对王安石所选唐代诗人诗作的评注①，我们看到了南宋士人对此书的持续的热情。

吕祖谦选录西汉至北宋诗，编为《丽泽集诗》三十五卷，方回对其赞赏备至，称："回最爱《丽泽诗选》……回谓后人学为诗者，读此足矣。以《毛诗》《屈骚》为祖，以《丽泽选》为宗，始不拘一家，终自成一家，真诗人也。"②此书所选，除据别集外，又多据总集。先唐部分除陶渊明诗选之外，即据《乐府诗集》《文选》而选。选唐诗既据别集，又于卷十五专据《唐百家诗选》选入薛稷、岑参、崔国辅、常建、卢纶、司空曙、皇甫冉、薛能、曹松、韩偓等 38 位诗人 62 首诗作，标目"王荆公《唐百家诗选》"，从文献上弥补了其唐诗之选的不足。其后，吕祖谦编《皇朝文鉴》，又收入《唐百家诗选序》③，可知其虽于王安石思想学术多所批评，但对其文学才能和成就，对其所编的《唐百家诗选》，则是充分肯定的④。

南宋仿效《唐百家诗选》之选屡见不鲜，甚至连原书的缺陷和不足也被后人接受了，对宋代的诗学批评和诗歌发展可谓影响深远。比如，赵蕃、韩淲《唐诗绝句》，赵师秀《众妙集》，周弼《唐诗三体家法》等，不但在文献上很有可能利用过《唐百家诗选》⑤，而且，其不选李、杜等大家，而以中晚唐诗人为主，反映出诗宗晚唐的倾向，也应有《唐百家诗选》的影响在。而早在南宋绍兴年间，曾慥编《皇宋百家诗选》，选北宋诗人（自寇准始）二百余家，"所以续荆公之《诗选》"，"其言欧、王、苏、黄不入选，以

---

① 见元吴师道《吴礼部诗话》，丁福保辑《历代诗话续编》，中华书局，1983 年，第 611—614 页。另，元仇远亦有《批评唐百家诗选》，黄虞稷《千顷堂书目》卷三十二曾著录，似已不可见。

② [元]方回《桐江集》卷四《跋刘光诗》，[清]阮元编《宛委别藏》第 105 册，江苏古籍出版社，1988 年，第 314 页。

③ 见吕祖谦《皇朝文鉴》卷八十七，《吕祖谦全集》第 13 册，第 586 页。

④ 关于吕祖谦看重《唐百家诗选》的原因，查屏球曾从南宋诗学教育的角度作过论述，可参《名家选本的初始化效应——王安石唐百家诗选在宋代的流传与接受》，《安徽大学学报（哲学社会科学版）》2012 年第 1 期。

⑤ 如赵师秀《众妙集》选杨巨源诗两首，即见于《唐百家诗选》卷十二所选杨氏诗之首。《众妙集》选皇甫冉诗九首，见于《唐百家诗选》者三首（卷九）。

拟荆公不及李、杜、韩之意"①。后来郑景龙编《续百家诗选》，又续曾氏之选，皆称"百家"，其宗旨也是如此。这都可见《唐百家诗选》影响之大。至南宋理宗朝后期，时少章历评《唐百家诗选》所选诸人之诗，多加褒赏，少有贬词，虽未言及《唐百家诗选》本身，然已可见其对诗选接受的态度了。

《唐百家诗选》在南宋大受欢迎，究其原因，除了王安石本人的社会地位和影响之外，当与南宋诗坛风尚的演变大有关系。靖康之难以后，宋室南渡，政局遽变，曾在北宋后期占据诗坛主导地位的江西诗派，虽仍有影响，但一些江西派末流诗人束缚于旧规不能自立，其流弊愈益明显，于是一些有识之士起而矫之。矫正的方法之一，就是从晚唐诗人的创作中汲取营养。而《唐百家诗选》多选中晚唐诗人的做法和诗学倾向，恰好与此时诗坛风尚的变化相吻合，于是其为南宋诗家所关注就不难理解了。

综上，宋敏求以一人之力，而兼司藏、校、辑、编数职，著述甚多。即就今存之《唐大诏令集》《春明退朝录》《长安志》的编撰和诸多唐人别集的整理而论，在史料的保存、典章制度的传承、唐集的整理和传播等方面，皆有突出之成就，显示出强烈的文献文化意识和方法的自觉，在中国文献文化史上占有重要的地位。从宋敏求的藏书看《唐百家诗选》的编纂，有些问题也许可以看得更清楚。《唐百家诗选》虽为王安石所编，然宋敏求为王安石的编选提供了大量家藏的唐诗文献。这些文献中，既有唐人行卷、唐诗总集，也包括了数量众多的唐诗别集。选本是中国古代文学批评的重要方式之一。《唐百家诗选》的编选宗旨，理应从王安石文学思想观念和是书本身去探求。王安石主张为文应"有补于世"，故所选多关涉社会政治，虽咏史怀古、写景咏物、抒发怡情逸志之作，亦着眼于其有益于世道人心的一面。《唐百家诗选》又与王安石嘉祐四年上仁宗皇帝万言书而不报的特定心态有关，表现在诗选中，便是多选抒发岁月

---

① [宋]陈振孙《直斋书录解题》卷十五《本朝百家诗选解题》，第447页。

蹉跎、仕途失意和有志难骋的幽怨的作品,许多诗尤其是赠行之作,常笼罩在一种"归去来"的浩叹中。作为政治家,王安石重视诗歌的现实政治功能,又表现为强调文要得体,选诗亦如此。作为文学家,王安石还特别青睐能曲尽人情物态的诗作,反映出其独特的文学观念和审美情趣。《唐百家诗选》编成后,虽争议不断,然而也产生了广泛和深远的影响。

第四章
"中原文献之所传"：
吕祖谦在文献文化史上的地位

在中国历史上，战争和兵火往往是古代典籍文献的一大厄难。许多典籍毁于兵火，文献传承因而遭遇极大困难，甚而中断，文献文化史的进程亦因之改变。发生在北宋末年的"靖康之难"，不但使赵宋王朝淮河以北的大片领土丧失，皇权易位，政治中心南移，而且也使百余年收藏的典籍散失殆尽。南渡绍兴十年以后，政权渐趋稳定，高宗多次下诏征集、刊刻图书，至孝宗朝，收藏渐富，编纂渐多，为南宋的文化复兴准备了条件。然其间自觉担起文献传承之责的，仍多是靖康之际由北南来的一批士大夫，就中又尤以河南吕氏为代表。本章即以吕祖谦的文献编纂为中心，对此进行讨论。

一、"靖康之难"与文献之厄

"靖康之难"是中国古代典籍保存和传播的一大厄难。宋钦宗靖康元年（1126年），金以重兵围汴京，次年春，徽、钦二宗被掳北去，政权南移，北宋宣告灭亡。同时被掳掠而去的，除了宗室、大臣、百工等各色人物及宋廷九鼎八宝、法驾仪卫、金银财物之外，皇室所藏舆图典籍亦不能免。这些典籍如能席卷而去，归藏馆阁，或不致过多散失、毁坏，然实际上不可能做到这一点，在战火中被焚毁的各类图书典籍，更不计其数。史载金兵北撤时，"华人男女，驱而北者，无虑十余万。营中遗物甚众，秘

第四章 "中原文献之所传":吕祖谦在文献文化史上的地位

阁图书,狼籍泥中。金帛尤多,践之如粪壤。二百年积蓄,一旦扫地。凡人间所须之物,无不毕取以去"①。读之令人扼腕。

秘阁图书如此,私家藏书亦然。譬如赵明诚、李清照数十年蓄积、"盈箱溢箧"之金石书画,先于建炎元年(1127)十二月"金人陷青州,凡所谓十余屋者,已皆为煨烬矣",继则于次年冬"金寇陷洪州,遂尽委弃,所谓连舻渡江之书,又散为云烟矣"。最后,"余少轻小卷轴书帖、写本李、杜、韩、柳集,世说、盐铁论、汉唐石刻副本数十轴,三代鼎彝十数事,南唐写本书数箧,偶病中把玩,搬在卧内","所谓岿然独存者,无虑十去五六矣"。②再如,北宋著名藏书家李淑,家藏数万卷,"属靖康之变,金人犯阙,散亡皆尽",甚至像江浙一带的藏书家,亦不能幸免。"胡骑南骛,州县悉遭焚劫,异时藏书之家,百不一存,纵有在者,又皆零落不全。"③

其它像时人撰述,同样焚毁遗失甚多。如文彦博,其"平生所为文章,上自朝廷典册,至于章奏议论,下及词赋歌诗,闲适之辞,世犹未尽见。兵兴以来,故家大族多奔走迁移,于是公之集藏于家者,散亡无余。其少子维申稍求追辑,犹得二百八十六篇,以类编次,为《略集》二十卷"④。朱长文生前著书多达三百卷,"'六经'皆有辩说,乐圃有《集》,琴台有《志》,《吴郡图经》有《续记》","元丰中作《琴史》"⑤,然遭建炎"兵燹之后,尽为灰烬。其传于世者,仅有《吴郡图经》《琴史》《墨池编》数种而

---

① [宋]李心传《建炎以来系年要录》卷四,建炎元年夏四月辛酉,中华书局,1988年,第92页。
② [宋]李清照《金石录后序》,王仲闻校注《李清照集校注》卷三,人民文学出版社,1979年,第179—181页。
③ [宋]陆游《渭南文集》卷二十八《跋京本〈家语〉》,《陆游集》,中华书局,1976年,第2249页。
④ [宋]叶梦得《文潞公略集序》,[宋]马端临《文献通考》卷二百三十四《经籍考》六十一《文潞公集提要》引,《景印文渊阁四库全书》第614册,台湾商务印书馆,1984年,第792页。
⑤ [宋]张景修《朱长文墓志铭》,[宋]朱长文撰,[宋]朱思辑《乐圃余稿》附录,《景印文渊阁四库全书》第1119册,台湾商务印书馆,1985年,第57页。

已"①。米芾所著诗赋文章,称《山林集》,亦至百卷,"若《宣巳子》《圣度录》等文,又数十卷。适靖康变故,先君阁学(米芾之子友仁)侨寓溧阳,仅脱身于崎岖兵火之中。异时宝晋所藏,皆希代所见,靡有孑遗。故先集亦不复存在,以故尚未显行于世"②。晁说之"平生著述至多,兵火散逸,其孙子健哀其遗文,得十二卷,续广之为二十卷"。"刘跂斯立墓志,景迂所撰,见《学易集》后,而此集无之,计其逸者多矣。"③更有甚者,像洪皓"平生著书多,悉留槜李。庚戌之春,厄于兵烬,无一余者"④。还比如包拯《奏议集》、薛昂奉旨所编《王文公文集》等等,遭靖康之难,亦皆散佚。其例甚多,此不必赘。

然而,在"靖康俶扰,中秘所藏与士大夫家者悉为乌有"⑤的情况下,仍有载负典籍,辗转南来,或多方搜讨,归藏秘阁的士大夫。前者像山阴陆宰、陆真兄弟。施宿《会稽志》卷十六"求遗书"条载:"绍兴十三年,始建秘书省于临安天井巷之东,仍诏求遗书于天下。首命绍兴府录朝请大夫直秘阁陆宰家所藏书来上,凡万三千卷有奇。""今四库所藏,多其本也。"⑥后者如毕良史等。据徐梦莘《三朝北盟会编》卷二百八《炎兴下帙》绍兴十二年六月十一日载:"良史,字少董,蔡州人,略知书传,喜学,粗得晋人笔法。少游京师,以买卖古器书画之属出入贵人之门,当时谓之'毕偿卖'。遭兵火后,侨寓于兴国军。江西漕运蒋杰喜其辩慧,资给令赴行在,遂以古器书画之说动诸内侍,内侍皆喜之。上方搜访古器书

---

① [清]朱岳寿《乐圃余稿跋》,《乐圃余稿》卷尾,《景印文渊阁四库全书》第1119册,第61页。
② [宋]米宪《宝晋山林集拾遗跋》,《宝晋山林集拾遗》卷尾,《北京图书馆古籍珍本丛刊》第89册,书目文献出版社,1988年,第267页。
③ [宋]陈振孙《直斋书录解题》卷十八"别集类下",上海古籍出版社,1987年,第522页。
④ [宋]洪适《盘洲文集》卷六十三,《跋先忠宣公〈鄱阳集〉》,《景印文渊阁四库全书》第1158册,第662页。
⑤ [宋]王明清《挥麈录·后录》卷七,上海书店出版社,2001年,137页。
⑥ [宋]施宿《会稽志》卷十六"求遗书"条,《景印文渊阁四库全书》第486册,台湾商务印书馆,1984年,第357页。

第四章 "中原文献之所传"：吕祖谦在文献文化史上的地位

画之属，恨未有辨其真伪者，得良史甚悦，月给俸五十千，仍令内侍延请为门客，又得束脩百余千。良史月得钱几二百千，而食客满门，随有辄尽，当时号为'穷孟尝'。有姓毕人向得文资恩泽，无宗族承受，良史邂逅得之，补文学。既得三京地，即拟官就禄于新复之地，留守司俾权知东明县。良史到县，及搜求京城乱后遗弃古器、书画、古今骨董，买而藏之。会金人败盟，良史无用心，乃从学，解《春秋》。及复得还归，遂尽载所有骨董而到行在，上大喜。于是以解《春秋》改京秩。自此人号良史为'毕骨董'。"①都是其例。

吕氏家族同样如此。吕祖谦曾祖吕好问靖康之难后虽曾屈仕张邦昌伪政权，然吕氏一门身家性命却也得以保全，后吕好问携家南归，其所存图书文献亦得以保存。南宋孝宗淳熙五年(1178年)，吕祖谦为他去世的老师林之奇写了一篇祭文。文中说："昔我伯祖西垣公（按即吕本中）躬受中原文献之传，载而之南。裴回顾瞻，未得所付。逾岭入闽，而先生（按指林之奇）与二李伯仲（按指李楠、李樗）实来，一见意合，遂定师生之分。于是嵩洛、关辅诸儒之源流靡不讲，庆历、元祐群叟之本末靡不咨。以广大为心，而陋专门之暖姝；以践履为实，而刊繁文之枝叶。致严乎辞受出处，而欲其明白无玷；致察乎邪正是非，而欲其毫发不差。"②这既是对其老师思想学术的评价，更可看作吕氏家族文献传承和吕祖谦自身学术渊源的夫子自道。三年后，吕祖谦去世，其弟祖俭在为其所作的《圹记》中亦写道："公之问学术业，本于天资，习于家庭，稽诸中原文献之所传，博诸四方师友之所讲，参贯融液，无所偏滞。"③所谓"中原文献之所传"，既指对吕氏家族和北宋诸家思想学术的传承，也包括承载这一思想学术的具体文献的保存和传承，即在思想学术格局和主要倾向与方法

---

① [宋]徐梦莘《三朝北盟会编》卷二百八《炎兴下帙》绍兴十二年六月十一日，《景印文渊阁四库全书》第352册，第177页。

② [宋]吕祖谦《东莱吕太史文集》卷八《祭林宗丞文》，《吕祖谦全集》第1册，浙江古籍出版社，2008年，第133页。

③ [宋]吕祖俭《(吕祖谦)圹记》，《东莱吕太史文集》附录卷一，《吕祖谦全集》第1册，第750页。

上,以濂洛关辅之学为主,又兼融庆历、元祐诸儒道德学问;"以广大为心",又"以践履为实",同时,也保存和传承了吕氏家族千辛万苦、"载而之南"的大量的珍贵图书典籍。吕祖谦在文献文化史上的贡献,正在于他自觉保存了北宋以来的文献典籍和传承,融合了濂洛关辅以及元祐诸名家的思想学术。

二、"华丽家族":吕氏家族的学术源流

吕氏家族虽不以藏书多名世,然自八世祖吕蒙正、七世祖吕夷简,可谓出将入相,赫赫扬扬,世代冠冕,故家族中亦多名宿大儒、饱学之士。如吕夷简,"以儒学起家,列位辅弼",与其子公著等"更执国政,三世四人,世家之盛,则未之有也"①。吕公绰"通敏有才"②,尤精礼学。吕公著"幼嗜学,至忘寝食","通判颍州,郡守欧阳修与为讲学之友。后修使契丹,契丹主问中国学行之士,首以公著对"。"于讲说尤精,语约而理尽。司马光曰:'每闻晦叔讲,便觉己语为烦。'其为名流所敬如此。"③吕希哲"少从焦千之、孙复、石介、胡瑗学,复从程颢、程颐、张载游,闻见由是益广"。范祖禹荐其"经术操行,宜备劝讲","晚年名益重,远近皆师尊之"④。故黄宗羲、全祖望等人撰《宋元学案》,述其学术渊源,谓:"吕正献公家登《学案》者,七世十七人。"王梓材又详述之。曰:

> 考正献(吕公著)子希哲、希纯为安定门人,而希哲自为《荥阳学案》。荥阳子切问亦见《学案》。又和问、广问及从子稽中、坚中、弸中,别见《和靖学案》。荥阳孙本中及从子大器、大伦、大猷、大同为《紫微学案》。紫微之从孙祖谦、祖俭、祖泰又别为《东莱学案》。共

---

① [元]脱脱等《宋史》卷三百十一《吕夷简张士逊传论》,中华书局,1985年,第29册,10220页。
② 脱脱等《宋史》卷三百十一《吕公绰传》,第29册,第10212页。
③ 脱脱等《宋史》卷三百三十六《吕公著传》,第31册,第10772、10777页。
④ 脱脱等《宋史》卷三百三十六《吕希哲传》,第31册,第10777—10779页。

第四章 "中原文献之所传":吕祖谦在文献文化史上的地位

十七人,凡七世。然荥阳长子好问与弟切问历从当世贤士大夫游,以启紫微,不能不为之立传也。①

这为我们了解吕氏家族的学术源流提供了线索。

吕公著字晦叔,先世莱州人,后迁寿州,夷简第三子,与其父皆位至宰辅,卒谥正献,为吕祖谦五世祖。史载其自幼嗜学,废寝忘食。皇祐年间通判颍州,深为郡守欧阳修所赏识,被誉为最有"学行之士"。吕公著早年与王安石交往颇多,其学亦为王安石所重。熙、丰年间,吕公著在朝为官,以尧舜知人安民、唐太宗屈己纳谏劝诫神宗。元祐中讲学禁中,屡以修身养性为说。② 李常、孙觉等皆受知于吕公著。

吕希哲,字原明,公著之长子。他起初师从焦千之,继则师胡瑗、孙复、王安石、邵雍,后则归心于程颐。其他如石介、李觏、李常、孙觉等,则与其在师友之间。晚年又受佛学影响。其学虽博杂,然仍以正心诚意为旨归。"其劝导人主以修身为本,修身以正心诚意为主。其言曰:'心正意诚,则身修而天下化。若身不能修,虽左右之人且不能谕,况天下乎?'"故其"乐易简俭,有至行"③,为时人所重。门人有汪革、汪莘、谢逸、谢薖、饶节等,皆为江西诗派中人,亦各得其学一端。

吕希哲之子好问、切问皆能传其家学,又以父命师事李潜。而李潜读书,"专以经书、《论语》、《孟子》为正,舍此皆不取"。故其学"简而易明,以行己为本,不为空言"④。对好问、切问有积极影响。张载门人田腴,治学主张博学详说,然后返约。好问、切问亦师之。

吕好问之子吕本中,亦承其家风,不名一师,不私一说,先后从刘安

---

① [清]黄宗羲原著,全祖望补修,陈金生、梁运华点校《宋元学案》卷十九《范吕诸儒学案》,中华书局,1986年,第789页。
② 吕公著事迹详可参《东都事略》卷八十八本传、《名臣碑传琬琰之集》下卷十、《宋名臣言行录后集》卷八、《宋史》卷三百三十六本传等。
③ 脱脱等《宋史》卷三百三十六《吕希哲传》,第31册,第10778—10779页。
④ [宋]吕本中《童蒙训》卷上,《景印文渊阁四库全书》第698册,台湾商务印书馆,1985年,第519页。

世、杨时、游酢、陈瓘、王苹等学,而以师从尹焞为久。其学仍以正心诚意为主,重风节,重践履。他主张"学问当以《孝经》《论语》《中庸》《大学》《孟子》为本,熟味详究,然后通求之《诗》《书》《易》《春秋》,必有得也。既自做得主张,则诸子百家长处,皆为吾用矣"①。吕本中又喜结交诗友,与江西诗派中的韩驹、徐俯、潘大临、洪炎、夏倪、谢逸兄弟等很多人都有来往,多识前言往行。吕本中在文学上亦有成就,所撰《江西诗社宗派图》,影响甚大,是江西诗派发展过程中的关键人物,在文学史上占有重要地位。

吕氏世代官宦,声名显赫,交游既广,亦尤重师友渊源。吕本中曾述吕公著交游,曰:"正献公交游,本中不能尽知之,其显者范蜀公、司马温公、王荆公、刘原甫也。荥阳公交游,则二程、二张、孙莘老、李公择、王正仲、顾子敦、杨应之、范醇夫、黄安中、邢和叔、王圣美也。东莱公交游,则李君行、田明之、田诚伯、吴坦求、陈端诚、田承君、陈莹中、张才叔、龚彦和及彦和之弟大壮也。"②韩淲则谓吕本中"议论文章,字字皆是中原诸老一二百年酝酿相传而得者,不可不讽味"③。吕氏之学重师友渊源和兼容并蓄的特点,由此可见。这些都对吕祖谦思想学术产生了深刻的影响。

此外,在《宋元学案》中被列为横渠同调的吕大防,对吕祖谦也有影响。祖谦岳父曾几、韩元吉(韩师尹焞),对祖谦的影响也是显而易见的。

学术传承,数代积累,至吕祖谦,遂能与朱熹、张栻齐名,后人称为"吕学",与朱熹、陆九渊鼎足而三。全祖望说:"宋乾、淳以后,学派分而为三:'朱学'也,'吕学'也,'陆学'也。三家同时,皆不甚合。'朱学'以格物致知,'陆学'以明心,'吕学'则兼取其长,而复以中原文献之统润色之。门庭径路虽别,要其归宿于圣人则一也。"④是符合实际的。

---

① 吕本中《童蒙训》卷上,《景印文渊阁四库全书》第698册,第516页。
② 吕本中《童蒙训》卷上,《景印文渊阁四库全书》第698册,第522页。
③ [宋]韩淲《涧泉日记》卷下,上海古籍出版社,1993年,第37页。
④ [清]全祖望《同谷三先生书院记》,朱铸禹汇校集注《全祖望集汇校集注·鲒埼亭集外编》卷十六,上海古籍出版社,2018年,第1048页。

三、吕祖谦的主要著述和成就

吕祖谦一生著述甚多（近60种），尤其在经学、史学和文学方面，成就突出，为人所重。兹择要略述如下。

自北宋初以来，在朝廷的大力倡导之下，逐渐形成了一种崇儒重文的社会风气，思想文化得到了多方面的发展。经学亦然，既应面对当日政治和社会现实中的诸多问题，作出自己的回答，自然也要对汉唐以来经学史上的许多问题，重新进行审视和思考，且许多士人在经学上原无所谓家法师法，少受约束，于是疑传疑经，舍传求经，阐发义理，一时成为经学研究的普遍现象和突出特点。吕祖谦在经学等方面的研究既受此风气的影响，又接受了其家学传统，故注重解读经典本义，也不忽视后儒的阐释。兼容并蓄，平正务实。

《古周易》十二卷

古本《易经》，西汉时施雠、孟喜、梁丘贺三家，分上下经和十翼十二篇，自东汉末郑玄据费氏《易》作《周易注》，把《彖》《象》辞分属各卦经文后，三国魏王弼又把《彖》辞和释卦辞的《象》辞置于卦辞之下，而把释爻辞的《象》辞置于各爻之下，称"彖曰""象曰"等，以便于阅读。唐孔颖达取王、韩注作《周易正义》，遂成后世最通行的《周易》注本。然而郑、王以来分传入经的做法，也使得经传各篇的完整性受到破坏。于是就不断地有学者试图恢复古本《周易》的原貌。如吕大防即撰有《周易古经》、晁说之作《录古周易》八卷等。吕祖谦此书即是在晁氏书的基础上，又参考汉唐以来旧注完成的。但他不赞同晁氏将上下经合二为一的做法，而是据《汉书·艺文志·六艺略》之说，以西汉费直本《周易》最为近古，并依其篇目顺序，分经为上下两篇，《彖》《象》《系辞》亦分上下，加上《文言》《说卦》《序卦》和《杂卦》，计十篇。总十二篇，篇各为卷，经传分离，次序井然。朱熹《书临漳所刊古周易后》曰："熹尝以为《易经》本为卜筮而作，皆因吉凶以示训诫。故其言虽约，而所包甚广。夫子作传亦略举其一端，以见凡例而已。然自诸儒分经合传之后，学者便文取义，往往未及玩心全经,而遽执传之一端以为定说。于是一卦一爻仅为一事,而易之为用反有所局,而无以通乎天下之故。若是者,熹盖病之,是以三复伯恭父之书而有发焉,非特谓其章句之近古而已也。"①充分肯定了吕祖谦重订《古周易》的价值和意义。此后,朱熹撰为《周易本义》,即采吕祖谦此书为底本而注之,影响深远。吕祖谦又有《古易音训》二卷和《周易系辞精义》二卷。前者采陆德明《经典释文》和晁说之《古周易》而成,由其门人王莘叟笔录传世。后者则集周敦颐、张载、二程等十四家经说、语录等,解《易大传》,以为程颐《周易程氏传》的补充。二书亦颇有文献价值,此不赘述。

《吕氏家塾读诗记》三十二卷

宋人疑经,于《诗经》提出的质疑最多。如北宋刘敞、欧阳修、王安石、苏辙等,皆疑《毛诗小序》,而往往以己意解经。至南宋郑樵、朱熹,更是多攻《小序》,不信郑《笺》孔《疏》,尤其是对"二南"以下的《国风》的解释,多认为出于里巷歌谣,如朱熹所言,"凡诗之所谓风者,多出于里巷歌谣之作,所谓男女相与咏歌,各言其情者也"②。吕祖谦说《诗》,上承程颐等,认为《毛诗序》(包括大小序)非后儒所能为③,可以相信。"齐鲁韩毛"四家说《诗》,相比较而言,《毛诗》并序与儒家经传和史实相合者多,故最可信从。其为吕氏子弟解《诗》,也就以毛为主,而兼取汉唐与北宋以来诸家之说,所谓:"诸家解,定从一说。辨析名物,敷绎文义,可以足成前说者,注其下;说虽不同,当兼存者,亦附注焉。诸家解文句小未安者,用啖、赵《集传》例,颇为删削。""诸家或未备,颇以己说足之,录于每条之后。"④朱熹最初与吕氏论《诗》并无不合,后则产生分歧。然为其书

---

① 吕祖谦校订本《古周易》附录,《吕祖谦全集》第2册,《古周易》卷尾,第87页。
② [宋]朱熹《诗集传序》,《诗集传》卷首,上海古籍出版社,1980年,第2页。
③ [宋]程颢、程颐《河南程氏遗书》卷十八"伊川先生语":"问:'《诗》如何学?'曰:'只在《大序》中求。《诗》之《大序》,分明是圣人作此以教学者,后人往往不知是圣人作。自仲尼后,更无人理会得《诗》。'""问:'《诗小序》何人作?'曰:'但看《大序》即可见矣。'曰:'莫是国史作否?'曰:'《序》中分明言国史明乎得失之迹,盖国史得诗于采诗之官,故知其得失之迹。如非国史,则何以知其所美所刺之人? 使当时无《小序》,虽圣人亦辨不得。'"(王孝鱼点校《二程集》,中华书局,1981年,第229页)
④ 吕祖谦《吕氏家塾读诗记》卷一《条例》,《吕祖谦全集》第4册,第23—24页。

第四章 "中原文献之所传":吕祖谦在文献文化史上的地位

作序,云:"今观吕氏《家塾》之书,兼总众说,巨细不遗,挈领持纲,首尾该贯,既足以息夫同异之争,而其述作之体,则虽融会通彻,浑然若出于一家之言,而一字之训,一事之义,亦未尝不谨。其说之所自,及其断以己意,虽或超然出于前人意虑之表,而谦让退托,未尝敢有轻议前人之心也。呜呼!如伯恭父者,真可谓有意乎温柔敦厚之教矣。学者以是读之,则于可群可怨之旨,其庶几乎!"①指出其兼总众说、不轻议前人的特点,是符合其实际的。陈振孙《直斋书录解题》卷二著录是书,评其"博采诸家,存其名氏。先列训诂,后陈文义,剪截贯穿,如出一手。己意有所发明,则别出之。《诗》学之详正,未有逾于此书者也"②。也很恰当。明人陆钎重刻此书,说:"其书宗毛氏以立训,考注疏以纂言,剪缀诸家,如出一手,有司马子长贯穿之巧;研精殚岁,融会涣释,有杜元凯真积之悟;缘物丑类,辩名正义,有郑渔仲考据之精。兹余之所甚爱焉。"③更是备极推崇。

然而,吕祖谦又认为诗道情性,故说《诗》也应顺应诗人之情性,要平易,不应曲为之说。其书卷一《纲领》引张载曰:"求《诗》者贵平易,不要崎岖求合。诗人之情,温厚平易老成,今以崎岖求之,其心先狭隘,无由可见。诗人之情本乐易,只为时事拂其乐易之性,故以诗道其志。"④可见其主《毛诗》而弃"三家",也是因为《毛诗》并序更合乎诗人之情;如若毛序与诗人之情不合,他也不会盲从。比如,其书卷八解读《郑风·将仲子》,引小序之后,复引苏辙。曰:"庄公欲必致叔于死。叔之未袭郑也,有罪而未至于死,是以谏而不听。谏而不听,非爱之也,未得所以杀之也。毛氏不知其说,其叙此诗以为'不胜其母以害其弟,弟叔失道而公弗禁,祭仲谏而公弗听,小不忍以致大乱'。庄公岂不忍者哉!"已不同于小序。吕祖谦又进而论之。曰:"'将仲子兮,无逾我里,无折我树杞',辞虽拒仲,而意则与之。如侍人僚祖告昭公以去季氏之谋,'公执戈以惧之'

---

① 朱熹《吕氏家塾读诗记序》,《吕祖谦全集》第 4 册,第 1 页。
② 陈振孙《直斋书录解题》卷二,第 39 页。
③ [明]陆钎《刻吕氏读诗记序》,《吕祖谦全集》第 4 册,第 794 页。
④ 吕祖谦《吕氏家塾读诗记》卷一《纲领》,《吕祖谦全集》第 4 册,第 4—5 页。

之类。'岂敢爱之,畏我父母',则于段非有所不忍也。'仲可怀也,父母之言,亦可畏也',则拳拳于叔而不得已于姜氏者可见矣。'畏我诸兄','畏人之多言',特迫于宗族国人之议论,非爱段也。具文见意,而庄公之情得矣。"①此又不同于苏氏之说,而完全是以人情常理说诗了。

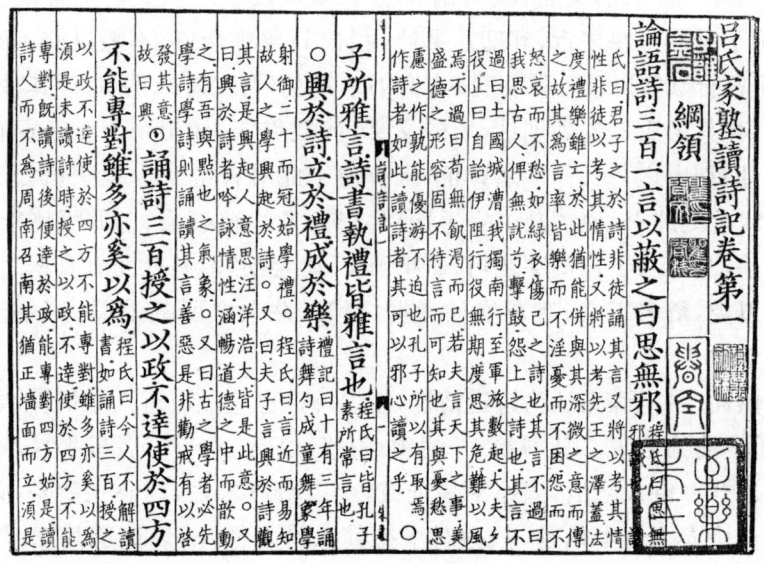

图13 《吕氏家塾读诗记》(国家图书馆藏南宋淳熙江西漕台刻本)

《春秋》学著作

吕祖谦在《春秋》学方面的著述更多,成绩卓著。其所撰有《春秋集解》三十卷、《春秋意林》五卷、《春秋讲义》一卷(佚)、《春秋集传微旨》(佚)、《春秋文权》二卷(佚)、《春秋左氏传说》二十卷、《左氏传续说》十二卷《纲领》一卷、《左传类编》(不分卷)、《左氏博议》二十五卷、《左氏统纪》三十卷(佚)、《左氏手记》一卷(佚)等,多达十余种。

自唐代安史乱后,出于现实政治的需要,重树儒学正统地位的呼声渐高,《春秋》学的发展也呈现出新的面貌。以啖助、赵匡、陆淳等为代表

---

① 吕祖谦《吕氏家塾读诗记》卷八,《吕祖谦全集》第4册,第157—159页。

的士人，以崇古相高，以纂例求义理，不主一传，探究经旨，撰为《春秋统例》《春秋阐微纂类义统》《春秋集传纂例》，开启了以己意说经的新风气。宋初孙复撰《春秋尊王发微》十五卷，胡瑗撰《春秋口义》五卷，继则孙觉撰《春秋经解》等，刘敞撰《春秋权衡》等，胡安国、叶梦得皆撰《春秋传》等，大致以尊王攘夷为《春秋》大义，认为《春秋》有贬无褒，在方法上以经为主，舍传求经，以例示义，断以己意，反映了北宋一代《春秋》学的总体趋势。

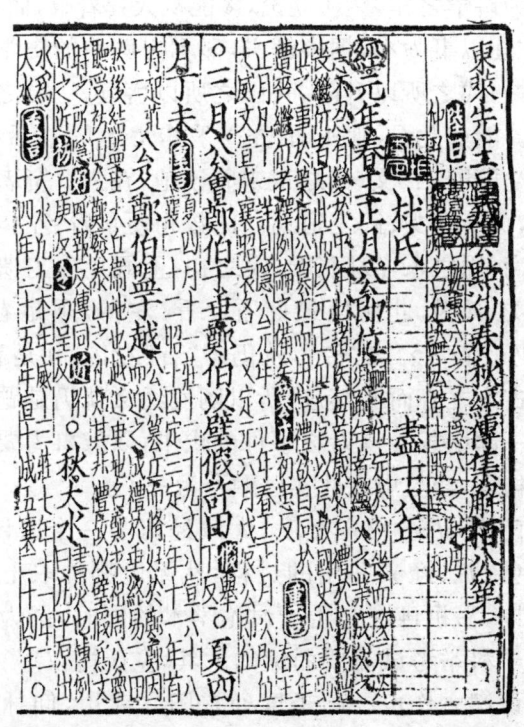

图 14　《东莱先生吕成公点句春秋经传集解》（上海图书馆藏南宋建阳坊刻本）

吕祖谦的《春秋》学研究，上承北宋，既广泛吸收了其前辈的很多成果，又显示出其自身的特点。他的《春秋集解》，自"三传"以下，首引程颐，次及陆德明、孙复、孙觉、苏辙、许翰、胡安国等诸家之说，虽不加议论，然从其所选择的家数，已可略见其取向。《左传类编·纲领》中除引先秦两汉多种典籍和杜预注之外，亦杂采吕希哲、谢良佐等多家之说，自是家学之传。吕祖谦的《春秋》经传研究,以经为本自然是不用说的,但他对三传并不忽视,尤其是对《左传》,用功很深。孔子作《春秋》,"丘明恐弟子各安其意,以失其真,故论本事而作传,明夫子不以空言说经也。《春秋》所贬损大人当世君臣,有威权势力,其事实皆形于传,是以隐其书而不宣,所以免时难也。"①所以,吕祖谦的研究也就以《左传》为主,而兼用《公》《穀》。其《春秋左氏传说》《左传类编》和《左氏博议》,可称"左氏三书",虽皆为讲学之作,然所立论,多能从大处着眼,而不拘泥于具体的书法纂例;往往以事为本,据事解义,显示出鲜明的史学特色。他说:"看《左传》须看一代之所以升降,一国之所以盛衰,一君之所以治乱,一人之所以变迁。能如此看,则所谓'先立乎其大'者。然后看一书之所以得失。"②又说:"子贡曰:'文、武之道未坠于地,在人。贤者识其大者,不贤者识其小者,莫不有文、武之道焉。'此数句便是看《左传》纲领。盖此书正接虞、夏、商、周之末,战国、秦、汉之初,上既见先王遗制之尚在,下又见后世变迁之所因,此所以最好看。看《左传》须是看得人情物理出。"③然"传"仍是依"经"之"传",就仍需"看《左传》须是看得人情物理出",即着眼于古人之心而非其迹,所以阐发经义就仍是题中应有之义。既以《左传》为一部记载春秋人物事件的史书,以叙事为要,又要能从叙事中见出人情物理,经与史在此实已融合为一了。

自北宋到南宋,进士科举制度,大致经历了一个以诗赋取士到以经义取士,再到诗赋、经义并用的过程,然无论哪种取士方法,策论都是必考的。所以,吕祖谦在与士子讨论学术的同时,撰为《东莱左氏博议》,又是应举子科举考试需要而编的。其《左氏博议序》曰:"《左氏博议》者,为诸生课试之作也。始予屏处东阳之武川,仰林俯壑,出户而望,目尽无来人。居半岁,里中稍稍披蓬藋从予游,谈余语隙,波及课试之文,予思有以佐其笔端,乃取《左氏》书理乱得失之迹,疏其说于下。旬储月积,浸就编帙。"又曰:"凡《春秋》经旨概不敢僭议,而枝辞赘喻,则

---

① [东汉]班固撰,[唐]颜师古注《汉书》卷三十《艺文志·六艺略》"春秋类",中华书局,1962年,第1715页。
② 吕祖谦《看左氏规模》,《春秋左氏传说》卷首,《吕祖谦全集》第7册,第1页。
③ 吕祖谦《左氏传续说纲领》,见《左氏传续说》卷首,《吕祖谦全集》第7册,第1—2页。

第四章 "中原文献之所传"：吕祖谦在文献文化史上的地位

举子所资课试也。"①所以，此书又特别在文章用意和作法上示人以法度，具有鲜明的文学色彩。朱熹虽对吕祖谦指导举子课试的做法并不以为然，但谓其"与诸生论说左氏之书，极为详博，然遣词命意，亦颇伤巧矣"②，也恰能道出其书的特点所在。

吕祖谦还与朱熹合编《近思录》十四卷，精选周敦颐、张载、二程等论学之说，分类编排，实是一部北宋的理学思想史。另吕氏有《大事记》十二卷、《通释》三卷、《解题》十二卷。这里就不赘述了。

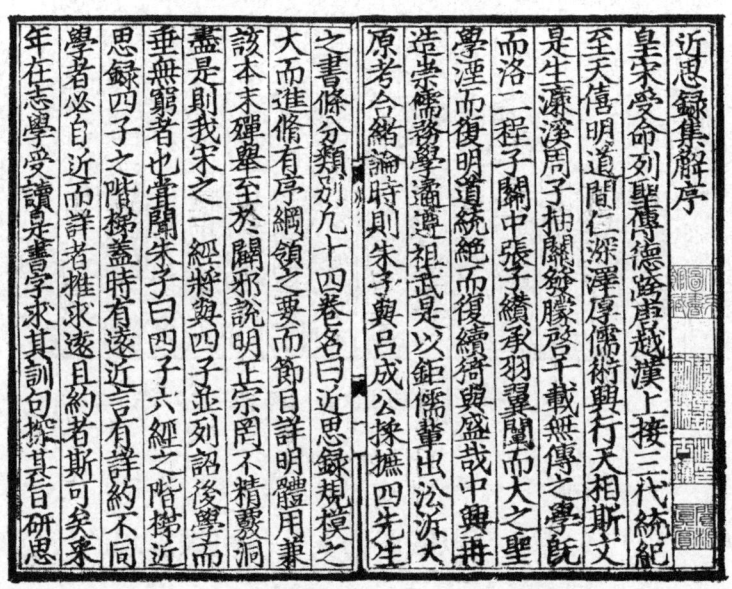

图 15 《近思录集解》（国家图书馆藏元刻本）

吕祖谦在文学方面的编著更多，如《东莱标注三苏文集》五十九卷、《东莱集注观澜文集》七十卷、《丽泽集诗》三十五卷、《丽泽集文》十卷、《古文关键》二卷、《皇朝文鉴》一百五十卷等，下文将具体讨论，此亦不赘。

---

① 吕祖谦《左氏博议序》，《吕祖谦全集》第 6 册，第 575—576 页。
② 朱熹《晦庵集》卷三十三《答吕伯恭》"学校之政，名存实亡"，《景印文渊阁四库全书》第 1143 册，台湾商务印书馆，1986 年，第 736 页。

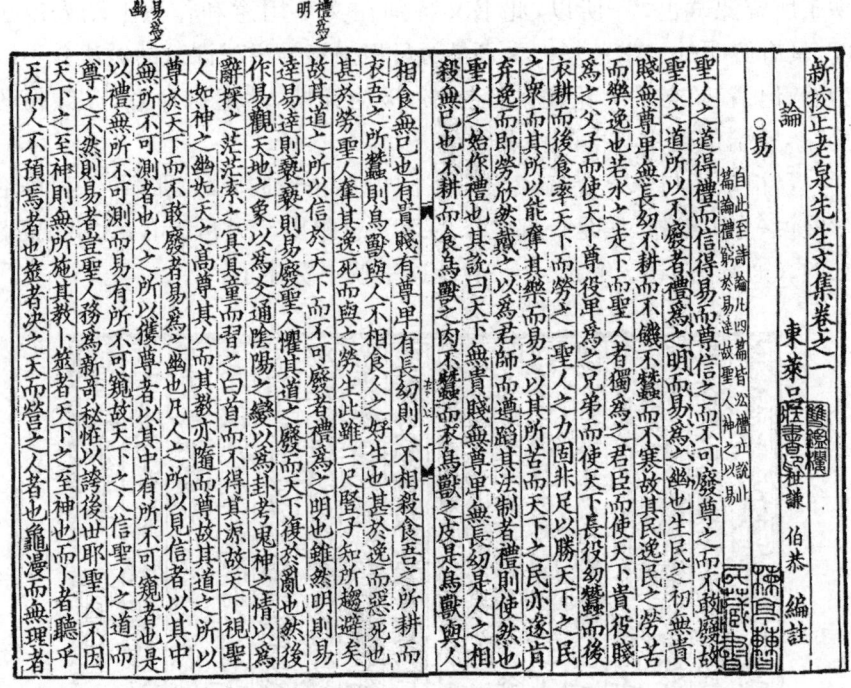

图 16 《东莱标注老泉先生文集》（南宋绍熙吴炎刻本）

四、"以广大为心""以践履为实"：吕祖谦思想的特色

吕祖谦在理学思想上，承续北宋二程之学，认为"理"是万物本源、是万物所遵循的规律和最高准则，它无所不在，又至高无上，有所谓"理之在天下，犹元气之在万物也"，"随一事而得一名，名虽至于千万，而理未尝不一也"云云。然而，他又说："元气两仪之运，资始资生。"① "物得气之偏……人则全受天地之气，全得天地之理。"② "举天下之物，我之所独

---

① 吕祖谦《东莱吕太史文集》卷二《为芮直讲作庆王生皇孙锡名谢太上皇后笺》，《吕祖谦全集》第 1 册，第 37 页。
② 吕祖谦《左氏博议》卷三《颍考叔争车》，《吕祖谦全集》第 6 册，第 58—59 页。

第四章 "中原文献之所传":吕祖谦在文献文化史上的地位

专而无待于外者,其心之于道乎!心外有道,非心也;道外有心,非道也。心苟待道,既已离于道矣。待道且不可,况欲待于外哉!"①这就不但融合了心学思想的成分,而且也杂糅了元气自然说的唯物主义思想因素,已体现出其"以广大为心"的思想学术倾向。

吕祖谦论学,主张有体有用,体用兼备。他说:"若实有意为学者,自应本末并举。若有体而无用,则所谓体者必参差卤莽无疑也。"②所以,"以践履为实",便成为吕氏思想学术的又一重要特征。进德修业,原为儒家士人本色。"古人之为学,十分之中,九分是动容周旋、洒扫应对,一分在诵说。"③"今人读书,全不作有用看。且如人二三十年读圣人书,及一旦遇事,便与闾巷人无异,或有一听老成人之语,便能终身服行。岂老成之言过于六经哉?只缘读书不作有用看故也。"④可见,在吕祖谦看来,有体而无用,这个体也就徒有其名。由道德上的践履而推广至家国,则是主张"讲实理,育实材而求实用"⑤。如宗室子弟,"既教以三德三行,以立其根本。根本既立,固是纲举而目张,然又须教以国政,使之通达治体"。"后世自科举之说兴,学者视国家之事如越人视秦人之肥瘠,漠然不知,至有不识前辈姓名者,异时一旦立朝廷之上,委之以天下之事,便都是杜撰,岂知古人所以教国子之意。然又须知上之人所以教子弟,虽将以为他日之用,而子弟之学则非以希用也。盖人生天地间,岂可不尽知天地间事,子弟之所以学,却是如此。"⑥总之,"论义理,谈治道"二者,"不容有一毫回避屈挠"⑦。治道与义理并重,足见其"以践履为实"、学以致用的思想倾向。同时,学以致用,又不是为了用而用,它与一味地追求功利的思想是有分别的。

---

① 吕祖谦《左氏博议》卷十《齐桓公辞郑太子华》,《吕祖谦全集》第 6 册,第 239—240 页。
② 吕祖谦《东莱吕太史别集》卷十《与陈同甫》,《吕祖谦全集》第 1 册,第 466 页。
③ 吕祖谦《丽泽论说集录》卷五《礼记说》,《吕祖谦全集》第 2 册,第 151 页。
④ 吕祖谦《丽泽论说集录》卷十《杂说》二,《吕祖谦全集》第 2 册,第 254 页。
⑤ 吕祖谦《东莱吕太史文集》卷五《策问》,《吕祖谦全集》第 1 册,第 84 页。
⑥ 吕祖谦《丽泽论说集录》卷四《礼记说》,《吕祖谦全集》第 2 册,第 141 页。
⑦ 吕祖谦《东莱吕太史别集》卷八《与朱侍讲》,《吕祖谦全集》第 1 册,第 418 页。

图 17 《东莱吕太史文集》(南宋嘉泰间吕乔年刻本,藏国家图书馆)

"以广大为心"是吕祖谦与其他理学家的一个很大不同,在于他不仅深研经学,而且于史学和文学尤所究心。史学此所不论,文学方面,吕祖谦撰述甚众。已佚失的不算[1],今所存者便有六种,即所撰文集四十卷和编注、评点之书:《东莱集注观澜文集》七十卷、《丽泽集诗》三十五卷、《东莱标注三苏文集》五十九卷、《皇朝文鉴》一百五十卷和《古文关键》二卷。文学创作的实践和文学文献的编纂,使得吕祖谦对文学本位的认识更客观,对文学发展的过程认识更完整和深刻。他认为:"词章,古人所不废,然德盛仁熟,居然高深,与作之使高、浚之使深者,则有间矣。"[2]又说,"杜子美诗、韩退之柳子厚文,读之容丽雄深,可以起发人意",若其所学不能用于世,即栖身文学事业,"亦可以无愧于俯仰间也"[3]。虽然他认为作文要追求有德之文"居然高深"的境界,然决不否定文学的价值;

---

[1] 如《离骚章句》一卷、《丽泽集文》十卷、《杜工部三大礼赋注》十卷(《钱注杜诗》中尚存六十余条)等。
[2] 吕祖谦《东莱吕太史别集》卷十《与陈同甫》,《吕祖谦全集》第1册,第469页。
[3] 吕祖谦《东莱读书记》,《东莱吕太史文集》附录,《吕祖谦全集》第1册,第870—871页。

读书治学,经史自是居于首位,立身行事,皆在此中,然而文学亦可启发人意。在对文学的态度上,吕祖谦与一般理学家的异同,显而易见。

五、文化中兴:《皇朝文鉴》的编纂及其文献文化史意义

《宋文鉴》(即《皇朝文鉴》)是南宋吕祖谦于淳熙年间奉旨编纂、在当时曾引起过激烈争议、在后世却得到广泛流传的一部诗文总集。其书编纂的缘起和过程如何,在编纂的宗旨、体例上有何特点,其刊刻、流传的情形以及其价值和地位,又应当如何认识等,历来众说纷纭,莫衷一是。① 这里拟作进一步深入探究。

(一)《皇朝文鉴》编纂始末

宋孝宗即位后,在政治、军事等方面,颇欲有一番作为②,文学上亦然。他性喜诗书,尤好苏轼文章,称其"力斡造化,元气淋漓,穷理尽性,

---

① 《宋文鉴》甫一编成,即引起激烈争论,吕祖谦自谓:"《文海》奏篇,异数便蕃,一时纷纷。盖因忿激而展转至此。"(《东莱吕太史外集》卷五《与李侍郎仁父》,《吕祖谦全集》第 1 册,第 703 页)详参吕祖谦《进编次〈文海〉札子》《谢赐银绢除直秘阁表》、崔敦诗《进重删定吕祖谦所编〈文鉴〉札子》、《朱子语类》卷一百二十二、叶适《习学记言》卷四十七至五十、吕乔年《太史成公编〈皇朝文鉴〉始末》、李心传《建炎以来朝野杂记》乙集卷五"《文鉴》"条等。然自南宋以后,是书为学者接受,得到广泛流传,刊本甚多,少有争议。至当代,撰文讨论《宋文鉴》的学者主要有王学泰、陈广胜两位先生,所撰之文颇有启发性。前者所撰《〈宋文鉴〉的编刻与时政》一文(载《传统文化与现代化》1993 年第 4 期,第 51—58 页),注意到《宋文鉴》的编纂与南宋孝宗朝政治的关系,然尚未能对是书全面讨论,而认为"《宋文鉴》是一部为元祐党人翻案的书"的看法,还可商量。后者撰有《吕祖谦与〈宋文鉴〉》一文(载《史学史研究》1996 年第 4 期,第 54—59 页),论述了吕祖谦史学和政治思想等对《宋文鉴》编纂的影响,然过于简略。

② 绍兴三十二年(1162 年)六月,在位三十余年的宋高宗退位,诏太子赵昚即位,是为孝宗。宋孝宗为皇子时即有恢复大志,他一登基,便"诏中外士庶陈时政阙失","诏后省看详中外书,有可乘者以闻"(《宋史》卷三十三《孝宗本纪一》,第 3 册,第 618—619 页),同时复胡铨官,追复岳飞原职,以礼改葬。命主战派首要人物张浚为江淮宣抚使,以四川宣抚使吴玠兼陕西、河东路宣抚招讨使,派参知政事汪澈赴湖北、京西巡视诸军,并诏淮南诸州存恤淮北归朝士民,积极准备,并于次年诏张浚统兵北伐。

贯通天人。山川风云,草木华实,千汇万状,可喜可愕"。"可谓一代文章之宗也。"至"读之终日,亹亹忘倦。常置左右,以为矜式"。① 淳熙四年十一月,宋孝宗先曾命知临安府赵磻老校订、刊印江钿所编《圣宋文海》,赵氏辞不能任,由丞相赵鼎、参知政事王淮推荐,遂改命吕祖谦。然吕祖谦以为《宋文海》原为坊间所刊,选文既不够精当,文字亦多错讹,建议增删修订后再行刊印。② 宋孝宗同意了吕氏的请求。经过一年多的工作,吕祖谦在江氏原书的基础上,博采旁收诸家文集、传记及其它文献,选汰删定,以类编排,纂成新的《圣宋文海》一百五十卷,目录四卷,上呈宋孝宗。孝宗大为赞扬,除吕祖谦直秘阁,赐银绢,并接受周必大的建议,改书名为《皇朝文鉴》,命周必大作序③,下诏刊行。

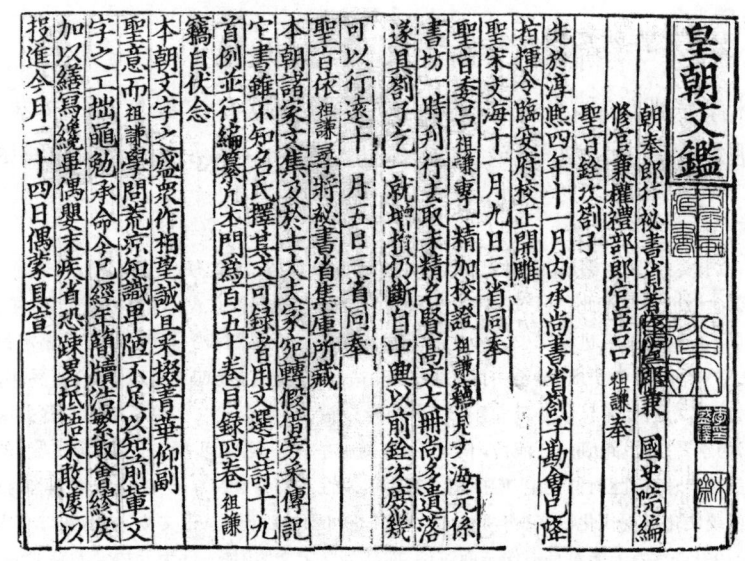

图 18　《皇朝文鉴》(北京大学图书馆藏宋麻沙本)

---

①　宋孝宗《文忠苏轼文集序》,见[宋]施元之、顾景蕃注,郑骞、严一萍编校《增补足本施顾注苏诗》卷首,台湾艺文印书馆,1980 年。

②　此据吕祖谦《进编次〈文海〉札子》。周必大也认为江钿原书编选未当,应委派馆阁之臣重新编选后再行刊刻,参见李心传《建炎以来朝野杂记》乙集卷五"《文鉴》"条。

③　据朱熹所说,《宋文鉴》初由丘崈作序。参见《朱子语类》卷一百二十二[宋] 黎靖德编,中华书局,1986 年,第 2954 页)。然是序已不存。

第四章 "中原文献之所传":吕祖谦在文献文化史上的地位

然事有曲折。宋孝宗要给吕祖谦加官,中书舍人陈骙起初却不肯起草制词,以为直秘阁乃清要之选,不可轻与;孝宗下诏刊印此书,却又有朝臣上疏启奏,指责书中"所取之诗,多言田里疾苦之事",有借古讽今之嫌;"所载章疏,皆指祖宗过举,尤非所宜"①。以至于宋孝宗也觉得所选奏疏中,像邹浩的《谏哲宗立刘后疏》,措辞有些过于激烈了。② 于是,孝宗便又命崔敦诗对书中的奏疏部分进行修订。崔敦诗对原书所选宋仁宗朝以下的奏疏重作调整,"取其缓而不切者删之,别撮要而有体者增之"③,并对部分篇目的文字进行了删节、校正,至于其它部分,则并未改动。由于这些原因,不但是书的刊刻一时延宕下来,而且也引起了朝野上下的许多议论。

议论的焦点,集中在书中所选的奏疏问题上。除有臣僚密奏之外,又有张栻在《答朱元晦书》中说道:"伯恭近遣人送药与之,未回。渠爱敝精神于闲文字中,徒自损,何益? 如编《文海》,何补于治道? 何补于后学? 徒使精力困于翻阅,亦可怜耳。承当编此文字,亦非所以承君德。今病既退,当专意存养,此非特是养病之方也。"④这里当然有对友人患

---

① [宋]吕乔年《太史成公编〈皇朝文鉴〉始末》,齐治平点校《宋文鉴》附录一,中华书局,2018年,第2118页。

② 邹浩认为宋哲宗废孟后,立刘妃为后,不免"载在史册,传示万世,上累圣德,可不惜哉",应"以万世公议为足畏",收回成命。邹文原见《道乡集》卷二十三(《景印文渊阁四库全书》第1121册,台湾商务印书馆,1985年,第351—352页)。李焘《续资治通鉴长编》卷五百十五、王称《东都事略》卷一百等,《宋文鉴》卷六十一,亦皆收此文。

③ [宋]韩元吉《南涧甲乙稿》卷二十一《中书舍人兼侍讲直学士院崔公墓志铭序》,明谓崔敦诗曾奉诏"更定吕祖谦所编《文鉴》中群臣奏议,其增损去留,率有意义"。(《景印文渊阁四库全书》第1165册,第346页)李心传《建炎以来朝野杂记》乙集卷五"《文鉴》"条,也说孝宗所命修订此书者为崔敦诗。朱熹论《宋文鉴》,亦谈到崔敦诗修订《宋文鉴》事,云书编后为人所谮,"令崔大雅敦诗删定,奏议多删改之"(《朱子语类》卷一百二十二,第2954页)。而今本崔敦礼《宫教集》卷五,却收有《进重删定吕祖谦所编〈文鉴〉札子》一篇(《景印文渊阁四库全书》第1151册,第812页)。《宫教集》为四库馆臣自《永乐大典》中辑出,是书卷四、卷五所收表启奏札等,多为代人之作,故此文虽不排除为崔敦诗所作,而误入《宫教集》,然很可能为崔敦礼代其弟敦诗撰也。

④ [宋]张栻《南轩集》卷二十四,《景印文渊阁四库全书》第1167册,第622页。

病的同情,但对《宋文鉴》一书是全盘否定。有意思的是,张栻认为此书无补于治道,然肯定此书的人,恰恰是认为它有益于治道,尤其是书中所选的奏疏。宋孝宗最初对校刊《圣宋文海》并没有什么具体要求,只是当吕祖谦提出重编是书的时候,他才认为应当多选些"有益于治道"的文章。① 而当是书编成投进后,宋孝宗称其"采取精详",并对吕祖谦赏赐有加,其中的一个重要原因,也是因为此书"采取精详。且如奏议之类,有益于治道","故以宠命"②。后来赵汝愚以为书中所收奏议过于简略,又编《国朝名臣奏议》一百五十卷,得到宋孝宗的赞赏。③ 朱熹晚年与学者论及此书,也称赞"其所载奏议,亦皆系一代政治之大节,祖宗二百年规模与后来中变之意思,尽在其间。读者着眼便见。盖非《经济录》之比也"④。同样是肯定书中奏疏的编选恰当,有益于治道。

(二)《皇朝文鉴》的编选宗旨

问题还得从吕祖谦的编纂宗旨谈起。

《宋文鉴》初成,周必大曾奉诏撰序。序谓孝宗以前代之作"篇帙繁

---

① 吕乔年《太史成公编〈皇朝文鉴〉始末》,《宋文鉴》附录一,第 2117 页。
② [宋]李心传《建炎以来朝野杂记》乙集卷五"《文鉴》"条,中华书局,2000 年,第 596 页。吕祖谦既编过《历代奏议》,又编过《国朝名臣奏议》(各十卷),《皇朝文鉴》中的奏议部分,正是在后者基础上编成的,此足见其用心所在。
③ [宋]赵汝愚《进国朝名臣奏议序》:"臣仰惟陛下天资睿明,圣学渊懿,顾非群臣所能仰望。而若稽古训,虚受直言,二纪于兹,积勤不倦。尝命馆阁儒臣编类《国朝文鉴》,奏疏百五十六篇,犹病其太略。兹不以臣既愚且陋,复许之尽献其书。万机余闲,幸赐紬绎。"(《宋朝名臣奏议》卷首,《景印文渊阁四库全书》第 431 册,台湾商务印书馆,1984 年,第 8 页)赵氏所编上呈后,宋孝宗即谓"治道尽在此矣",又谓"可与《资治通鉴》并行",以至编者想改书名为《治道集》(王应麟《玉海》卷六十一《艺文》"奏疏、策",《景印文渊阁四库全书》第 944 册,台湾商务印书馆,1985 年,第 619—620 页)。在吕祖谦之前,陈确即曾于乾道二年编《名臣奏议》二十卷(洪迈为序),上呈宋孝宗,受到奖励。此后李壁亦曾编《国朝中兴诸臣奏议》四百五十卷。可见当日君臣对奏议的重视(参王应麟《玉海》卷六十一《艺文》"奏疏、策",《景印文渊阁四库全书》第 944 册,第 619—620 页)。
④ 吕乔年《太史成公编〈皇朝文鉴〉始末》,《宋文鉴》附录一,第 2118—2119 页。《经济录》,当指赵汝愚所编《皇朝名臣经济奏议》,即《国朝名臣奏议》。

第四章 "中原文献之所传":吕祖谦在文献文化史上的地位

夥,难于遍览,思择有补治道者,表而出之。乃诏著作郎吕祖谦发三馆四库之所藏,裒缙绅故家之所录,断自中兴以前,汇次纂上。古赋诗骚,则欲主文而谲谏;典策诏诰,则欲温厚而有体;奏疏表章,取其谅直而忠爱者;箴铭赞颂,取其精悫而详明者,以至碑记论序书启杂著,大率事辞称者为先,事胜辞则次之;文质备者为先,质胜文则次之。复谓律赋经义,国家取士之源,亦加采掇,略存一代之制。定为一百五十卷。规模先后,多本圣心"①。已指出此书的编纂宗旨,是"思择有补治道者,表而出之",并对具体的编选原则,作了说明。与吕祖谦同时的叶适,曾盛称吕氏编《宋文鉴》"盖自古类书未有善于此"者,并在《习学记言序目》中对此书有专论。故其论此书的编纂宗旨,亦颇堪注意。其曰:

> 按上世以道为治,而文出于其中。战国至秦,道统放灭,自无可论,后世可论惟汉唐。然既不知以道为治,当时见于文者,往往讹杂乖戾,各恣私情,极其所到,便为雄长。类次者复不能归一,以为文正当尔。华忘实,巧伤正,荡流不反,于义理愈害,而治道愈远矣。此书刊落浩穰者,百存一二。苟其义无所考,虽甚文不录;或于事有所该,虽稍质不废。巨家鸿笔,以浮浅受黜;稀名短句,以幽远见收。合而论之,大抵欲约一代治体,归之于道,而不以区区虚文为主。余以旧所闻于吕氏,又推言之,学者可以览焉。然则谓庄周、相如为文章宗者,司马迁、韩愈之过也。②

叶适虽不满意周必大的序言,但在对此书的编纂宗旨的认识上,却是一致的,且其所言,既本之于吕祖谦,自然也足可信赖。吕祖谦编纂《宋文鉴》的指导思想,就是要"以道为治,而文出于其中",或"约一代治体,归之于道",即凡是符合儒家礼义道德、有益于治政的文章,便多在编选之

---

① [宋]周必大《文忠集》卷一百四《皇朝文鉴序》,《景印文渊阁四库全书》第1148册,第133页。
② [宋]叶适《习学记言序目》卷四十七,中华书局,1977年,下册,第695页。

列,而言不及义、无补治政的"虚文",即使具有文采,也弃之不取。

在这个总的指导思想下,吕祖谦又制订了一些编选原则和具体的编选体例。这些体例,据吕祖谦自道以及周必大、吕乔年等人的记述,大致有九:

一、"事辞称者为先,事胜辞则次之。"

二、"文质备者为先,质胜文则次之。"①

三、"国初文人尚少,故所取稍宽。仁庙以后,文士辈出,故所取稍严。如欧阳公、司马公、苏内翰、苏黄门诸公之文,俱自成一家,以文传世。今姑择其尤者以备篇帙。"

四、"或其人有闻于时,而其文不为后进所诵习,如李公择、孙莘老、李泰伯之类,亦搜求其文,以存其姓氏,使不湮没。"(此即朱熹所谓"有其文虽不甚佳,而其人贤名微,恐其湮没,亦编其一二篇者"。)

五、"或其尝仕于朝,不为清议所予,而其文自亦有可观,如吕惠卿之类,亦取其不悖于理者,而不以人废言。"

六、"又尝谓本朝文士比之唐人,正少韩退之、杜子美如柳子厚、李太白则可以追逐者。如周美成《汴都赋》,亦未能侈国家之盛,止是别无作者,不得已而取之。"②

七、"虽不知名氏而其文可录者,用《文选》、《古诗十九首》例,并行编类。"③

八、"复谓律赋经义,国家取士之源,亦加采掇,略存一代之制。"④

---

① 周必大《文忠集》卷一百四《皇朝文鉴序》,《景印文渊阁四库全书》第1148册,第133页。《朱子语类》卷一百二十二亦有详细的解读。朱熹说:"伯恭《文鉴》,有正编其文理之佳者;有其文且如此,而众人以为佳者;有其文虽不甚佳,而其人贤名微,恐其湮没,亦编其一二篇者;有文虽不佳,而理可取者:凡五例。"(第8册,第2954页)可参。

② 以上吕乔年《太史成公编〈皇朝文鉴〉始末》,《宋文鉴》附录一,第2118页。

③ 吕祖谦《东莱吕太史文集》卷三《进编次〈文海〉札子》,《吕祖谦全集》第1册,第60页。

④ 周必大《文忠集》卷一百四《皇朝文鉴序》,《景印文渊阁四库全书》第1148册,第133页。

第四章 "中原文献之所传"：吕祖谦在文献文化史上的地位

九、"若断自渡江以前，盖其年之已远，议论之已定，定而无去取之嫌也。"①

《宋文鉴》的体例，其实尚不止这些。叶适就说："此书二千五百余篇，纲条大者十数，义类百数。"②比如，书中所选各类文章的编排，大致依作者生活的年代先后为序；少数诗文，吕祖谦选入时有删节等。③ 关于《宋文鉴》编选体例的确定，吕祖谦曾与朱熹讨论过，朱熹不但认为其书体例甚当，而且还曾提出过一些具体意见。他在给吕祖谦的信中说道："《文海》条例甚当，今想已有次第。但一种文胜而义理乖僻者，恐不可取。其只为虚文而不说义理者，却不妨耳。佛老文字恐须如欧阳公《登真观记》、曾子固《仙都观菜园记》（按吕氏未选欧阳修此文，《宋文鉴》卷七十九选曾巩《仙都观三门记》）之属乃可入，其他赞邪害正者，文词虽工，恐皆不可取也。盖此书一成，便为永远传布，司去取之权者，其所担当，亦不减《纲目》，非细事也，况在今日，将以为从容说议、开发聪明之助，尤不可杂置异端邪说于其间也。"④可见吕祖谦对编纂是书的郑重。

从上述体例中对文质或事辞兼备的强调来看，吕祖谦虽主张以道为治和文章须有益于治政，主张文辞需服从于事与义，但在他的心目中，最理想的仍是事辞相称、文质彬彬之作，不得以而求其次，才是质胜于文的文章。可见他并不轻视文采。这个看法应该说是比较全面的，它也是对编选宗旨的一个重要补充。吕祖谦编纂是书，虽所悬目标甚高，然而在对具体作家作品的取舍上，他又认为应从创作实际出发，兼顾

---

① 吕乔年《太史成公编〈皇朝文鉴〉始末》，《宋文鉴》附录一，第 2118 页。
② 叶适《习学记言序目》卷五十，第 755 页。
③ 如，南宋吴子良《荆溪林下偶谈》卷一曰："《文鉴》载谢逸《闺恨》诗，亦止六韵，削去曼语，一归之正，便霭然有《行露》之风。此亦编集文字之一法也。"（王水照编《历代文话》，复旦大学出版社，2007 年，第 1 册，第 537 页）即为一例。
④ 朱熹《晦庵集》卷三十四《答吕伯恭书》（"久不闻问"），《景印文渊阁四库全书》第 1143 册，第 765 页。以至南宋周密就说："宋之文治虽盛，然诸老率崇性理，卑艺文。吕氏《文鉴》，去取多朱意。文字多遗落者，极可惜。"（《浩然斋雅谈》卷上，孔凡礼点校《爱日斋丛抄》《浩然斋雅谈》《随隐漫录》合刊本，中华书局，2010 年，第 15 页）

到不同的时期和不同的类型与体裁,不没其人,不没其作,不以人废言,不强求一律。这些看法,同样是很公允和很通达的,可与其编选宗旨相参。

(三)"以道为治"的意味(1)

宋朝文治最盛,君王"与士大夫治天下"[①],对儒学也就大力提倡。宋太祖时已显示出崇儒倾向。宋太宗增修国子监,组织儒学之士大规模修书,崇儒意向也很明显。宋真宗撰《崇儒术论》,谓:"儒术污隆,其应实大,国家崇替,何莫由斯。如秦衰则经籍道息,汉盛则学校兴行。其后命历迭改,而风教一揆。"[②]以提倡儒学。宋仁宗即位,更是大力兴学。不仅国子学、太学、四门学招生的范围有极大的扩展,而且地方上的官学也所在多有,庆历三年,他下诏"州府军监应有学处,并须拣选有文行学官讲说,不得因循废罢"[③]。庆历四年,他又下诏说:"诸路州府军监,除旧有学外,余并各令立学。如学者二百人以上,许更置县学。若州县未能顿备,即且就文宣王庙或系官屋宇,仍委转运司及长吏于幕职州县官内荐教授,以三年为一任。"[④]又说:"儒者通天、地、人之理,明古今治乱之原,可谓博矣。""今朕建学兴善,以尊子大夫之行:更制革弊,以尽学者之才。有司其务严训导,精察举,以称朕意,学者其进德修业,无失其时。其令州若县皆立学,本道使者选部属官为教授,员不足,取于乡里宿学有道业者。""由是州郡奉诏兴学而士有所劝","士之服儒术者不可胜数"[⑤]。因此,终南北宋一代,儒家士大夫人才辈出,学派众多,成就辉煌,影响深远。

---

① 李焘《续资治通鉴长编》卷二百二十一,熙宁四年三月戊子,引文彦博语,第9册,第5370页。
② 李焘《续资治通鉴长编》卷七十九,大中祥符五年十月,第3册,第1798—1799页。
③ 徐松《宋会要辑稿·崇儒二》,第5册,第2763页。
④ 徐松《宋会要辑稿·崇儒二》,第5册,第2763页。
⑤ 脱脱等《宋史》卷一百五十七《选举一》,第11册,第3658—3659页。

第四章 "中原文献之所传":吕祖谦在文献文化史上的地位

吕祖谦为北宋名臣吕夷简之后,有深厚的家学渊源①,思想学术上既承关、洛之统绪,以理学为宗,又经史文章,博通兼擅,折中诸说,自成一家,同时还主张经世致用,不废事功。时与张栻、朱熹齐名,并称"东南三贤"。因而,他编纂《宋文鉴》所提出的"以道为治"的"道",内涵是十分丰富的,并不仅仅限于理学一端,可以说举凡儒家关于天地山川的自然物理,正心诚意的心性学说,格物致知的修养方法,修齐治平的政治理想,以及忠孝节义、师友爱悌、宽厚仁慈、谦恭退让等方面的伦理道德和行为规范,俱在其中。其选诗文,也首重反映和表现上述儒家思想和观念的作品。

吕祖谦在《宋文鉴》中选了程颢著名的《答横渠张子厚先生书》。在此书中,程氏明确提出"性无内外"的观点,并认为:"天地之常,以其心普万物而无心;圣人之常,以其情顺万事而无情。故君子之学,莫若扩然而大公,物来而顺应。"②将主体意识扩大到与天理(绝对本体)合二为一,顺物顺心,也就是顺天理,反映出其理学思想中的心学因素。吕祖谦又选了程颢旨在"正学"的《颜乐亭》诗和程颐的《颜子所好何学论》《视听言动四箴并序》等。程颐《视箴》曰:"心兮本虚,应物无迹。操之有要,视之为则。蔽交于前,其中则迁;制之于外,以安其内。克己复礼,久而诚矣。"其所讲说的,正是正心诚意,"由乎中而应乎外,制于外所以养其中"③的道理。其它如所选吕大临的《克己铭》,也是要说,只要能心存乎诚,便可达到"皇皇四达,洞然八荒,皆在我闼。孰曰天下,不归吾仁"④的境界。而张载的《西铭》《东铭》,其所传达的,更是儒者应有的"天地之塞吾其体,天地之帅吾其性,民吾同胞,物吾与也"⑤的博大胸怀。至于

---

① 上文已谈到,吕氏家族,自吕公著起,入于《宋元学案》者就有十七人(详参黄宗羲原著,全祖望补修,陈金生、梁运华点校《宋元学案》卷十九,中华书局,1986年,第789页),其中尚未包括吕好问,由此可略见其深厚的家学渊源。
② 吕祖谦《宋文鉴》卷一百一十九,《吕祖谦全集》第14册,第313页。
③ 吕祖谦《宋文鉴》卷七十二,《吕祖谦全集》第13册,第336—337页。
④ 吕祖谦《宋文鉴》卷七十三,《吕祖谦全集》第13册,第356页。
⑤ 吕祖谦《宋文鉴》卷七十三,《吕祖谦全集》第13册,第346页。

周敦颐《太极图说》、廖偁《洪范论》、欧阳修《泰誓》、刘敞《士相见义》等，则又往往包含了其对儒家经义的独特理解。而邵雍《闲行吟》所言："长忆当年扫蔽庐，未尝三径草荒芜。欲为天下屠龙手，肯读人间非圣书。否泰悟来知进退，乾坤悟了识亲疏。自从会得环中意，闲气胸中一点无。"①则又是抒发他自己学为圣人之道的所得。

然而，书中所选诗文，更多地讲论的还是儒家士人在实际政治和日常生活中所应恪守的礼义道德和行为规范。像晏殊的《几铭》、吕夷简的《门铭》等，皆志存"忠孝"，"贯之以道，总之以仁"。② 种放的《端居赋》，自警"得丧不忘于明圣，颠沛必思于正直"③，而向敏中《留别知己序》、贾同《原古》、郑褒《原祭》、陈尧《原孝》、司马光《功名论》、蔡襄《明礼》、张载《鞠歌行》和《君子行》、苏舜钦《感兴》、苏轼《劝亲睦策》、王令《师说》、王安国《师友策》、潘兴嗣《师道》、彭汝砺《沐浴有感》、徐积《灈阳》、谢逸《闺恨》诗等很多作品，他们所要言说的，也都是儒家伦理纲常中的要目。其中有些作品，文质兼备，多有可取。如陈师道《观充文忠公家六一堂图书》，以"向来一瓣香，敬为曾南丰"④，抒发对其师曾巩的敬重之情。而著名的《妾薄命》，虽比喻可议，然也体现了师生之间的深厚情谊，至为感人。颜太初的《许希》诗，在良医许希与京城名利之徒的扬抑之间，告诫士人不应忘其所本；《东州逸党》，倡为儒学，抨击放荡不拘礼法的所谓东州逸党，同样具有警诫世风的作用。

书中有一些诗文，其所表现的，已不完全属于传统的儒家礼义道德，而是传达了宋儒在思想观念和生活方式上的一种新的追求，一种新的士风。像苏轼的《於潜僧绿筠轩》，即是一例。诗曰：

---

① 吕祖谦《宋文鉴》卷二十五，《吕祖谦全集》第12册，第473页。朱熹认为邵雍还有些说理的好诗，像"天向一中分造化，人从心上起经纶"等，"多少平易！实见得者自别"(《朱子语类》卷一百"邵子之书"，第7册，第2553页)。吕祖谦尚未编入，十分可惜。
② 《宋文鉴》卷七十三，《吕祖谦全集》第13册，第341—342页。
③ 《宋文鉴》卷一，《吕祖谦全集》第12册，第6页。
④ 《宋文鉴》卷十九，《吕祖谦全集》第12册，第354页。

第四章 "中原文献之所传"：吕祖谦在文献文化史上的地位

可使食无肉，不可使居无竹。无肉令人瘦，无竹令人俗。人瘦尚可肥，俗士不可医。傍人笑此言，似高还似痴。若对此君仍大嚼，世间那有扬州鹤。①

诗意虽用晋王徽之语生发，但苏轼的阐释，却是宋儒式的，即士不可俗。正如黄庭坚所说："士生于世，可以百为，唯不可俗。俗便不可医也。或问不俗之状。余曰：'难言也。视其平居无以异于俗人，临大节而不可夺，此不俗人也。'士之处世，或出或处，或刚或柔，未易以一节尽其蕴，然率以是观之。"②黄庭坚的阐释，当然又加入了他自己的理解，然主张不俗，却与苏轼一致，而与晋人所追求的风度不同。

儒家士人历来重视教育，宋代兴学之风尤盛，《宋文鉴》中所选诫子和兴学重教一类的作品亦多。典型的如范质的《诫儿侄八百字》：

戒尔学立身，莫若先孝悌。怡怡奉亲长，不敢生骄易。战战复兢兢，造次必于是。戒尔学干禄，莫若勤道艺。常闻诸格言，学而优则仕。不患人不知，惟患学不至。戒尔远耻辱，恭则近乎礼。自卑而尊人，先彼而后已。相鼠与茅鸱，宜鉴诗人刺（自注：《毛诗·相鼠》，刺无礼。《左传》"茅鸱"，刺不恭）。戒尔勿放旷，放旷非端士。周孔垂名教，齐梁尚清议。南朝称八达，千载秽青史。戒尔勿嗜酒，狂药非佳味。能移谨厚性，化为凶险类。古今倾败者，历历皆可记。戒尔勿多言，多言者众忌。苟不慎枢机，灾危从此始。是非毁誉间，适足为身累。举世重交游，拟结金兰契。忿怨容易生，风波当时起。所以君子心，汪汪淡如水。举世好承奉，昂昂增意气。不知承奉者，以尔为玩戏。所以古人疾，蘧除与威施。举世重任侠（《史记》，轻死重义曰侠），呼俗为气义。为人赴急难，往往陷刑死。所以马援书，

---

① 《宋文鉴》卷十三，《吕祖谦全集》第 12 册，第 216 页。
② 黄庭坚《书嵇叔夜诗与侄榎》，郑永晓整理《黄庭坚全集辑校编年》，江西人民出版社，2011 年，下册，第 1587 页。类似的表述，又见于《书缯卷后》，第 1569 页。

> 殷勤戒诸子(马援《告儿孙书》,甚非此事)。举世贱清素,奉身好华侈。肥马衣轻裘,扬扬过闾里。虽得市童怜,还为识者鄙。我本羁旅臣,遭逢尧舜理。位重才不充,戚戚怀忧畏。深渊与薄冰,蹈之惟恐坠。尔曹当悯我,勿使增罪戾。闭门敛踪迹,缩首避名势。名势不久居,毕竟何足恃。物盛必有衰,有隆还有替。速成不坚牢,亟走多颠踬。灼灼园中花,早发还先委。迟迟涧畔松,郁郁含晚翠。赋命有疾徐,青云难力致。寄语谢诸郎,躁进徒为耳。①

孝悌、勤学、恭谨、恬淡等等,其所反映的,无非是儒家的传统思想观念。其它像种放的《谕蒙诗》、张咏的《劝学篇》、向敏中《留别知己序》、晏殊《中园赋》、韩琦《阅古堂记》、文彦博《晁错论》、富弼《答陈推官书》、孙复《谕学》诗、欧阳修《读书》诗、邵雍的《戒子孙》和《女戒》等,以及书中大量入选的学记之作(如欧阳修《吉州新学记》、王安石《潭州新学》、曾巩《筠州学记》、李觏《袁州学记》、苏轼《南安军学记》等),也都能体现编选者的企向。

因以儒学为宗,传承中原文献,所以对赞颂历史上著名人物和北宋一代名儒的作品,也多加选录。前者如苏轼《屈原庙赋》、宋祁《成都府新建汉文翁祠堂碑》、司马光《河间献王赞》、刘敞《西汉三名儒赞》和《朱云》、陈师道《孔北海赞》、曾巩《抚州颜鲁公祠堂记》、狄遵度《杜甫赞》、王禹偁《怀贤诗》三首等;后者如苏轼《表忠观碑》和《王元之画像赞》、黄庭坚《王元之真赞》和《濂溪诗》、刘敞《王沂公祠堂记》、王回《李泰伯画赞》等,皆是其例。其中尤值得关注的,是那些抒写北宋儒者气象的作品。像范仲淹的《赴桐庐郡至淮上遇风》:

> 圣宋非强楚,清淮异汨罗。平生仗忠信,尽室任风波。舟楫颠危甚,蛟龙出没多。斜阳幸无事,沽酒听渔歌。②

---

① 吕祖谦《宋文鉴》卷十四,《吕祖谦全集》第12册,第234—235页。
② 吕祖谦《宋文鉴》卷二十二,《吕祖谦全集》第12册,第413—414页。

第四章 "中原文献之所传"：吕祖谦在文献文化史上的地位

像这样的作品，至今读之仍能想见当日这位"平生仗忠信"的士大夫形象，更不用说他著名的《岳阳楼记》了。

有意味的是，吕祖谦所选也并不完全是反映儒家思想的作品，他还选了不少体现老庄尚拙黜巧、委运任命、知足保和等思想的诗文，反映出其思想的博杂。例如，周敦颐在《拙赋》中写道："巧者言，拙者默。巧者劳，拙者逸。巧者贼，拙者德。巧者凶，拙者吉。呜呼！天下拙，刑政彻。上安下顺，风清弊绝。"①此虽是要抑制浮靡轻薄的世风，然已融入老庄之说无疑。王曾有感于矮松以形陋而不夭斤斧，而作《矮松赋》，末曰："客有系而称曰：材之良兮，梓匠之攸贵；生之全兮，蒙庄之所美。苟入用于钩绳，宁委迹于尘滓；俾其夭性而称珍，曷若存身而受祉；纷异趣兮谁与归，当去彼而取此。"②它如晏殊《〈列子〉有〈力命〉，王充〈论衡〉有〈命禄〉，极言必定之数。览之有感》、潘兴嗣《逍遥亭》、贺铸《烛蛾》等，亦可略见老庄思想在宋代儒家士人思想中的地位。

（四）"以道为治"的意味（2）

吕祖谦主张"以道为治"，在书中选入了一些讲论和体现儒家义理的诗文，但他更为重视的，还是儒学的经世致用，而非空谈义理或拘拘于经义传注。乾道六年（1170 年），吕祖谦在上呈宋孝宗的轮对札子中就说："夫不为俗学所汩者，必能求实学；不为腐儒之所眩者，必能用真儒。圣道之兴，指日可俟。"希望宋孝宗能"留意于圣学也。陛下所当留意者，夫岂铅椠传注之间哉！宅心制事，祗畏兢业，顺帝之则，是圣学也；亲贤远佞，陟降废置，好恶不偏，是圣学也；规模审定，图始虑终，不躁不挠，是圣学也。陛下诚留意此学，日就月将，缉熙光明，实理所在，陛下当自知之而自信之矣"。③ 其强调经世致用的思想倾向很明显。

所以，他会将那些讲论君臣治政之理、描绘人们心目中理想政治和

---

① 吕祖谦《宋文鉴》卷五，《吕祖谦全集》第 12 册，第 78 页。
② 吕祖谦《宋文鉴》卷一，《吕祖谦全集》第 12 册，第 14 页。
③ 吕祖谦《乾道六年轮对札子》二首其一，《东莱吕太史文集》卷三，《吕祖谦全集》第 1 册，第 54—55 页。

歌颂美政的作品，收入书中。如王回的《责难赋》《爱人赋》《事君赋》①，王安石的《周公论》，程颢的《论君道》《论王霸》，许安世的《公生明赋》，林希的《佚道使民赋》等，所展示的，便是君圣臣贤的理想政治图景。徐铉《君臣论》《持权论》《师臣论》，田锡《论军国机要朝廷大体疏》，韩琦《论时事》，宋祁《请复唐驭幕之制疏》，司马光《论治身治国所先》，刘敞《赏罚论》《患盗论》《贤论》，程颐《论经筵事》等等，具体讨论的是如何才能达到君圣臣贤、国富民强的目标的问题，所谓"思虑精密，考验深远，非当时所及，后学所宜知"②。而苏辙、秦观的《黄楼赋》等，则歌颂的是一方守臣的美政。

他又对反映北宋王朝一代典章制度和盛世的阔大气象的文章，格外留意。宋室南渡，人们渴望中兴，对北宋自太祖、太宗以来的治政和气象乃至昔日帝都的繁荣等，均充满了眷怀之情。编选北宋一代的文章，以为南宋治政的借鉴，自然不能忽略了这一类文章。像刘筠的《大酺赋》，颂有宋盛德，"述海内丰盛，兆庶欢康"③。晏殊的《中园赋》，谓："予生兮曷为，幸亲逢乎盛时。进宽大治之责，退有上农之赞。求中道于先民，乐鸿钧于圣期。"④范仲淹的《明堂赋》，描绘天子明堂："广大乎天地之象，高明乎日月之章，崇百王之大观，揭三宫之中央，昭壮丽于神州，宣英茂于皇猷，颂金玉之宏度，集人神之丕休。故可祀先王，以配上帝，坐天子而朝诸侯者也。"⑤司马光《交趾献奇兽赋》，则是歌颂宋朝恩德广被，四夷为其所化。而梁周翰的《五凤楼赋》，所赋虽不无讽谏之意，但其中所

---

① 叶适《习学记言序目》卷四十七载："闻之吕氏：读王深父文字，使人长一格。《事君》《责难》《爱人》《抱关》诸赋，可以熟玩。自王安石、王回，始有幽远遗俗之思，异于他文人。"（下册，第697—698页）

② 叶适《习学记言序目》卷四十八引吕祖谦评宋祁《请复唐驭幕之制疏》语，下册，第720页。

③ 吕祖谦《宋文鉴》卷二，《吕祖谦全集》第12册，第31页。

④ 吕祖谦《宋文鉴》卷二，《吕祖谦全集》第12册，第35页。

⑤ 吕祖谦《宋文鉴》卷二，《吕祖谦全集》第12册，第37—38页。

第四章 "中原文献之所传":吕祖谦在文献文化史上的地位

描绘的"不壮不丽,岂传万世"①的北宋帝都气象,也着实令人向往。杨侃的《皇畿赋》,宋祁《王畿千里赋》,更以"大宋畿辅之美,政治之始","汉以宫室壮丽威四夷,宋以畿甸风化正万国。彼尚侈而务奢,此歌道而咏德。"②其它如丁谓《大搜赋》、张咏《声赋》、范镇《大报天赋》、刘敞《鸿庆宫三圣殿赋》、张耒《大礼庆成赋》、吕大钧《天下为一家赋》、王仲敷《南都赋》等,皆是一片颂扬之声。而佚名《建隆登极赦文》、王珪《治平立皇太子赦文》、邓润甫《元丰立皇太子赦文》和名臣除授的诏制、谢表之文,尹洙的《皇雅十章》《天监四章》《宪古二章》《帝籍二章》《庶工三章》《帝制五章》《皇治三章》《太平一章》等,也都是能见一代治体和气象的代表作。

他还对劝农、悯农的诗文,特别关注。③《宋文鉴》卷一收录了王禹偁的《籍田赋》。赋中写太宗于东郊行劝耕之仪:"千官景从,风清尘而习习,雨洒道以蒙蒙。时也木德,盛阳气充,春芒甲坼,青青兮葱葱;春土脉起,油油兮溶溶。冠盖蔽野,佩环咽风。"此固是一时盛事,不妨撰文赞颂。然无论举行此种仪式本身或王氏撰文的目的,都更在于"务农桑兮为政本,兴礼节兮崇教资。民乃力穑,岁无阻饥。神农斫木之功,我其申矣;后稷播时之利,我得兼之",而非这些礼仪本身。卷五十九收范祖禹《论农事》一疏,谓:"国朝祖宗以来,尤重农穑。"其中引宋太宗语,曰:"耕耘之夫,最可矜悯。春蚕既登,并功纺绩,而缯帛不及其身;田禾大穗,充其腹者,不过疏粝。若风雨乖候,稼穑不登,将如之何?"吕氏编选的用意很显然,那就是劝农悯农。宋仁宗天圣元年,春寒伤农,钱惟演任西京留守,曾作《春雪赋》,表达了应"以民为心"的思想。④ 苏轼贬居海南,仍作《和陶渊明劝农》,劝说海南之民勉力耕作,"春无遗勤,秋有后冀"⑤。尤值得称道。其它同情民生疾苦之作,书中所选甚多。如,张舜民观打麦

---

① 吕祖谦《宋文鉴》卷一,《吕祖谦全集》第 12 册,第 2 页。
② [宋]杨侃《皇畿赋》,《宋文鉴》卷二,《吕祖谦全集》第 12 册,第 23、31 页。
③ 吕祖谦颇为关心民生疾苦,如《东莱吕太史文集》卷一有诗,即以《送丘宗卿博士出守嘉禾以"视民如伤"为韵》为题(见《吕祖谦全集》,第 1 册,第 11—12 页)。
④ 吕祖谦《宋文鉴》卷一,《吕祖谦全集》第 12 册,第 17 页。
⑤ 吕祖谦《宋文鉴》卷十二,《吕祖谦全集》第 12 册,第 200 页。

而写道:"麦秋正急又秧禾,丰岁自少凶岁多,田家辛苦可奈何。"①许彦国望秋雨而叹:"田家黍穗未暇悲,茅屋且为萤火飞。"②久旱得雨,欧阳修作《喜雨》诗道:"及时一日雨,终岁饱丰穰。"③见官吏催租,苏轼作《禽言》悯之:"南山昨夜雨,西溪不可渡。溪边布谷儿,劝我脱破裤。不辞脱裤溪水寒,水中照见催租瘢。(自注:土人谓布谷为"脱却破裤")"④酷暑难耐,张耒能想到劳苦百姓:"忽怜长街负重民,筋骸长毂十石弩。半衲遮背是生涯,以力受金饱儿女。人家牛马系高木,惜恐奔驱犯炎酷。天工作民良久难,谁知不如牛马福。"⑤而目睹被役使的年迈老人,田昼则沉痛地写道:

> 筑长堤。白头荷杵随者妻。背胁伛偻筋力微,以手置胸路旁啼。老夫七十妪与齐,五尺应门生两儿。夜来春雨深一犁,破晓径去耕南陂。南邻里正豪且强,白纸大字来呼追。科头跣足不得稽,要与官长修长堤。官长亦大贤,能得使者意,正堤驾轺轩,不复问余事。终当升诸朝,自足富妻子。何惜桑榆年,一为官长死。⑥

全诗不着一语议论,而他对不堪役使的百姓的同情,对毫无怜悯之心的官吏的讽刺,皆跃然纸上。

他如陈烈《题灯》、文同《织妇怨》、王安石《新田》、刘敞《闵雨》和《荒田行》、沈括《江南曲》、晁补之《豆叶黄》、张咏《悼蜀诗四十韵》、范仲淹《四民诗》和《江上渔者》、叶清臣《悯农》、梅尧臣《县斋对雪》和《送王介甫知毗陵诗》、李觏《哀老妇》、刘敞《检覆郏城旱田示同官及寄河南诸

---

① 张舜民《打麦》,吕祖谦《宋文鉴》卷十三,《吕祖谦全集》第12册,第222页。
② 许彦国《秋雨叹》,吕祖谦《宋文鉴》卷十四,《吕祖谦全集》第12册,第229页。
③ 吕祖谦《宋文鉴》卷十五,《吕祖谦全集》第12册,第255页。
④ 吕祖谦《宋文鉴》卷十三《禽言》二首其一,《吕祖谦全集》第12册,第217页。按苏集当为《五禽言五首》其二。
⑤ 张耒《劳歌》,吕祖谦《宋文鉴》卷十四,《吕祖谦全集》第12册,第226页。
⑥ 吕祖谦《宋文鉴》卷十四,《吕祖谦全集》第12册,第232页。

贤》、谢景初《余姚董役海堤有作》、黄庭坚《和孔常父雪》、陈师道《田家》等等,皆反映出对百姓疾苦的同情之心。而欧阳修对造成百姓贫苦原因所作的思考,也值得注意。在《奉答子华学士安抚江南见寄之作》中,他写道:

> 百姓病已久,一言难遽陈。良医将治之,必究病所因。天下久无事,人情贵因循。优游以为高,宽纵以为仁。今日费其小,皆谓不足论。明日坏其大,又云力难振。旁窥各阴拱,当职自逡巡。岁月浸饕餮,纲纪遂纷纭。坦坦万里疆,蚩蚩九州民。昔而安且富,今也迫以贫。疾小不加理,浸淫将遍身。①

揭示出北宋士风、政风因循不作为的一面。至如刘敞的《古风》诗,则不仅在悯农了,更把锋芒指向了不公正的世风:"子欲富矣,何用为富?农不若工,工不若贾。子欲贵矣,何用为贵?德不若名,名不若势。粹兮纯兮,三五之人兮。终窭且贫兮,孰知其珍兮。"②其激烈言辞背后的酸辛,亦可想见。

(五)北宋党争在《皇朝文鉴》中的反映

北宋一代治政,若就宋朝内部而言,最重要的,无疑是发生在庆历和熙、丰年间的两次激烈的思想和政治斗争了。吕祖谦编《宋文鉴》,自然不能回避。

北宋的历史进程发展到真宗、仁宗之世,其积贫积弱的情况已越来越明显,一种强烈的危机感使宋仁宗、宋神宗和统治集团各个阶层中的有识之士,从维护宋王朝及其国家的根本利益出发,开始酝酿和提出挽救社会危机的设想,希望在思想和政治上进行一番改革。

早在宋仁宗景祐元年(1034年)二月,知制诰李淑在《上时政十议》

---

① 吕祖谦《宋文鉴》卷十五,《吕祖谦全集》第12册,第256页。
② 吕祖谦《宋文鉴》卷十二,《吕祖谦全集》第12册,第192页。

中,已向仁宗提出修人事、节开支、重视农业、阅武习兵等建议。① 宝元二年(1039年)五月,贾昌朝、韩琦都上疏劝宋仁宗要带头节省开支。十一月,宋祁又上疏论政,首要的是"三冗三费"。庆历二年(1042年)五月,欧阳修则上疏专论御兵三弊,主张改革选兵用将和对敌之策。而全面分析北宋面临的内外矛盾,提出具体改革措施的则是范仲淹和王安石,这些已为人们所熟知的史实,无须赘述。这里我们略举程颢、程颐等人的看法,以见当日变法实在是势在必行。程颐在嘉祐二年(1057年)有《上仁宗皇帝书》,书中认为:"方今之势,诚何异于抱火厝之积薪之下而寝其上,火未及然,因谓之安者乎?"因而建议仁宗"应时而作","出于圣断,勿询众言,以王道为心,以生民为念,黜世俗之论,期非常之功"。②到熙丰变法开始的时候,程颢还一度任职三司条例司,具体参与变法措施的制定。熙宁二年(1069年),任监察御史里行的程颢,曾连连上书驳斥反对变法的言论,指出:"或谓人君举动,不可不慎,易于更张,则为害大矣。臣独以为不然。所谓更张者,顾理所当耳。其动皆稽古质义而行,则为慎莫大焉。岂若因循苟简,卒致败乱者哉?自古以来,何尝有师圣人之言,法先王之治,将大有为而返成祸患者乎?愿陛下奋天赐之智勇,体乾刚而独断,霈然不疑,则万世幸甚!"③显然,二程都认为变法势在必行,并力劝仁宗打消顾虑,放手改革,建立功业。其实,宋仁宗、宋神宗又何尝没有看到国家积贫积弱的局面必须改变呢?从庆历三年(1043年)七月始,仁宗就下诏让范仲淹、富弼、韩琦等"讲时政得失"④,"每进见,必以太平责之,数令条奏当世务"⑤。庆历革新失败后没多久,庆历八年(1048年)二月,仁宗又诏诸臣献计献策,以图改革。诏曰:"间者西陲御备,天下绎骚,趣募兵师,急调军食,虽常赋有增,而经用不给,累虽于兹,

---

① 李焘《续资治通鉴长编》卷一百一十四,景祐元年二月,第5册,第2663—2667页。
② 《河南程氏文集》卷五《上仁宗皇帝书》,王孝鱼点校《二程集》,中华书局,1981年,第2册,第511、515页。
③ 《河南程氏文集》卷一《论王霸札子》,《二程集》第2册,第451—452页。
④ 李焘《续资治通鉴长编》卷一百四十二,庆历三年七月己巳,第6册,第3397页。
⑤ 李焘《续资治通鉴长编》卷一百四十三,庆历三年九月丁卯,第6册,第3431页。

第四章 "中原文献之所传"：吕祖谦在文献文化史上的地位

公私匮乏。如以承平寖久，仕进多门，人浮政滥，员多阙少……思济此务，罔知所从，悉为朕条画之。"①至于神宗，一即位便"慨然兴大有为之志，思欲问西北二境罪"②，"奋然将雪数世之耻"③。所以，不论是庆历革新，还是继之而起的熙丰变法，当时人人都以为势在必行，正如陈亮所说："方庆历、嘉祐，世之名士，常患法之不变也。"④朱熹也说："新法之行，诸公实共谋之，虽明道先生不以为不是。盖那时也是合变时节。""及王氏排众议，行之甚力，而诸公始退散。"⑤确是实情。

关于庆历革新，吕祖谦在《宋文鉴》中选了范仲淹《答手诏条陈十事疏》《辨滕宗谅、张亢》《近名论》，韩琦《论减省冗费疏》《论时事疏》，富弼《论辨邪正》，欧阳修《论杜、韩、范、富》《朋党论》《为君难》，蔡襄《论增置谏官疏》，梅尧臣《灵乌赋》，石介《庆历圣德颂》等。显而易见，他对庆历革新的认识，与北宋以降大多数士人的看法是一致的，即赞同范仲淹、欧阳修等人的革新，而对庆历革新时因循守旧派（此派恰以吕夷简为首）的政治观点，并不认可。

但对熙丰变法，吕祖谦的看法就不太一样了。其所选奏议书论中，虽收有王安石的《论本朝百年无事》、周邦彦的《汴都赋》等，但反对新法、新党的文章，却占了绝大多数。像韩琦的《论时事》《论青苗》，吕诲《论王安石疏》，司马光《应诏言朝政阙失疏》《与王介甫书》，苏洵《辨奸论》，程颢《论十事》《论新法》，苏轼《上神宗皇帝书》《吕惠卿责授建宁军节度副使本州岛安置不得签书公事》，苏辙《上皇帝书》《论吕惠卿》《论分别邪正》，刘挚《论人才》《论分析助役》，郑侠《论新法进流民图》，范祖禹《论听政》，邹浩《谏立后疏》，陈瓘《论蔡京》，任伯雨《论章惇蔡卞》，刘

---

① 李焘《续资治通鉴长编》卷一百六十三，庆历八年二月甲寅，第 7 册，第 3922 页。
② ［宋］蔡絛撰，冯惠民、沈锡麟点校《铁围山丛谈》卷一，中华书局，1983 年，第 7 页。
③ 脱脱等《宋史》卷十六《神宗本纪》，第 2 册，第 314 页。
④ 邓广铭点校《陈亮集》（增订本）卷十二《铨选资格策》，中华书局，1987 年，上册，第 134 页。
⑤ 《朱子语类》卷一百三十《本朝》四，中华书局，1994 年，第 8 册，第 3097 页。

跋《谢昭雪表》》等,都是旧党论新法、论王安石等新党人士言辞最激烈的文字。

在变法革新这样的大问题上,议论有异同,原属正常。因为当日诸人虽同朝为官,其政治和思想学术却有不同。比如王安石,他在思想学术上推尊孟子,主张以养心为本,与此相应,在政治上亦提出取法先王,通圣人之心,力行王道,而认为只要能这样去做,就可以不求财利而财利自然随之,就可以达到富国强兵的目的。程颢、程颐的政治理想似乎也是要以先王为法,行尧舜之治,但如果细加考察,就会发现他们的侧重点与出发点与王安石并不完全相同。他们所着眼和强调的实为法"先王之学""圣人之言"和圣人之德,并用这些来衡量和规定君王的施政方向,因而往往过于执着行迹。所以,一见王安石那些意在富国强兵的变法措施,他们并未认真地去"审其初",便一概视为兴利,痛加针砭,不留余地,使双方思想政治上的矛盾和隔阂愈益增加。程颐的弟子曾记录过这样一段话:"荆公尝与明道论事不合,因谓明道曰:'公之学如上壁。'言难行也。明道曰:'参政之学如捉风。'"①这段对话十分形象地描绘出王、程两家思想见解和政治理想的异同。再如司马光,他特重天命,又主张中和之道,并把这种天命论、中和论推衍到政治领域,主张一切听从天命,守祖宗法度、循规蹈矩,无过无不及,反对"务求新奇,互陈利病,各事改张,使画一之法日殊月异"②。苏轼的政治理想不高。晁说之曾说:"王荆公著书立言,必以尧舜三代为则,而东坡所言,但较量汉唐而已。"③这是不错的。苏轼所以有这种主张法汉唐之治而不赞同高阔慕古的政治理想,与其思想方法上的中庸之论有关。与司马光较为接近。在政治生活中,他主张凡事应从人之情性出发,顺乎自然,名副其实,宽猛相济,无

---

① 《河南程氏遗书》卷十九程颐语,《二程集》,第255页。
② 司马光《传家集》卷四十五《应诏言朝廷阙失事》,《景印文渊阁四库全书》第1094册,第416页。
③ [宋]晁说之《晁氏客语》,《景印文渊阁四库全书》第863册,第143页。

第四章 "中原文献之所传"：吕祖谦在文献文化史上的地位

过无不及。①

王安石、程颢、程颐、司马光、苏轼诸人的政治理想既然不同，也就必然会造成其在具体措施上，尤其在对待变法问题上的意见分歧，争竞不已，终于导致分党结派。最明显的如王安石与司马光，政治理想不同，施政措施也就不同。王安石曾说："自议新法，始终言可行者，曾布也；言不可行者，司马光也。余皆前叛后附，或出或入。"②宋人罗璧也认为王安石与司马光等人的政见是"大体既差，细美莫赎"③。于是，围绕着熙丰变法的问题，形成了分别以王安石、司马光为首的政见完全不同的两大对立派别。再如，王安石与程颢的政治理想有同有异。其同，使程颢不但积极主张变法，而且参与变法措施的制定和推行工作，以致后来程颢虽不肯与王安石合作，王安石也并不深责程颢，甚至官职还略有升迁。④其异，使他们在具体的变法措施（如青苗法）上产生分歧和隔阂，终于分道扬镳。还比如，苏轼的政治理想既与王安石、二程不同，又与司马光相异，他的政治见解也不同于王安石、二程和司马光，所以在熙丰年间他遭到排斥贬谪，在元祐时也不得意，以致又有洛蜀之争。

惜元祐年间，旧党上台，尽废新法，原本不同思想政治派别的斗争，掺杂进许多人事、意气之争。绍圣后，新法性质已变，新旧两党，相互倾轧。至蔡京专权，朝政已无可为。而这一切，当日士人多归咎于王安石新学、新法，吕祖谦也认为此种"国是"，"其年之已远，议论之已定，定而无去取之嫌也"。其实这只是倾向于北宋理学家和旧党一派的观点。

---

① 关于诸家思想的主要异同，笔者曾在《北宋党争的再评价及其思想史意义》（载《思想家》第一辑，江苏教育出版社，2000年）一文中有较详细的论述，故此处不再赘论，读者可以参考。

② ［宋］江少虞《宋朝事实类苑》卷八引《渑水燕谈录》（今本《渑水燕谈录》不载），上海古籍出版社，1981年，第84页。

③ ［宋］罗璧《识遗》卷九"王荆公"条，《景印文渊阁四库全书》第854册，第601页。

④ 参程颢《辞京西提刑奏状》，《河南程氏文集》卷一，《二程集》，第458页。

吕祖谦在思想学术和政治上都是不赞同王安石的观点的。比如，王安石要法先王之治，行周公之政，吕祖谦就不以为然。他认为修身养性是学问的根本，学问应从内向外做①，应在实处下功夫，应为有用之学②，"挹先儒淳固悫实之余风，服《大学》离经辨志之始教，由博而约，自下而高"，方是正途。而"晚近小生骤闻其语，不知亲师取友以讲求用力之实，躐等陵节，忽近慕远，未能窥程、张之门庭，而先有王氏高自贤圣之病"③，殊不可取。据叶适回忆，他曾与吕祖谦谈到前辈士人王曾、欧阳修的高尚志节。"王曾既中第。或谓状元三场，一生吃着不尽。王正色拒之，以为平生之志，不在温饱。后生学者传以为口实。欧阳修既执政，人有贺之者，答以惟不思而得与既得而不患失。然余病其侵寻于官职矣。而吕氏嫌此论太高，余亦不敢竟其说而止。"④吕祖谦平生不作高论，于此可见。所以，王安石的一些文章，如《谢宰相表》，或称为"近世第一"，然吕祖谦则认为它不过是"大言之尤者，不可为后世法"⑤，书中便不收。其它像《明妃曲》，欧阳修的和作可以收，而议论大胆的王安石的原作，却不收。对王安石变法的一系列政治施为，吕氏也是反对的。因而，他又会偏于旧党一派，在书中大量选录旧党人士批评新法的文章，以至于书始编成，即为人诟病。其实，在我们今天看来，思想政治观点不同，原可讨论，编选者要表达自己的思想政治见解，也可以理解。然而像吕祖谦在《宋文鉴》中收吕诲的《论王安石》、苏洵《辨奸论》等涉嫌人身攻击的文章，似乎就不够妥当了。

不过，吕祖谦在《宋文鉴》中还是选了王安石论新法以及其它方面的

---

① 吕祖谦《左氏传说》卷四"君弱不可以息"条："盖当灵公少时，其恶未成，郤缺、赵盾、士会之徒，皆晋贤人，都不能于是时正君心，养君德，自里面做工夫，一向只是谋人城，攻人国，却曰'君弱不可以息'，都去外面做了。"《吕祖谦全集》第7册，第60页。

② 此吕祖谦学术特点之所在，《左氏传说》通篇亦如是。

③ 吕祖谦《东莱吕太史文集》卷六《白鹿洞书院记》，《吕祖谦全集》第1册，第100页。

④ 叶适《习学记言序目》卷五十，第749—750页。

⑤ 叶适《习学记言序目》卷四十九，第729页。

第四章 "中原文献之所传":吕祖谦在文献文化史上的地位

很多作品,尤其是他的五言古诗、七言律绝和诏、表、制诰、书启等文章。① 又比如,书中还收入了周邦彦的《汴都赋》,而周邦彦正是因为这篇歌颂新法的大赋,才得到宋神宗和宋哲宗、宋徽宗三朝皇帝眷顾的。② 另外一些新党人士(如吕惠卿、蔡确等)的作品,书中也有收录。这些,当然都与吕祖谦虽"以关洛为宗,而旁稽载籍,不见涯涘,心平气和,不立崖异"③的思想学术有关。

值得我们注意的是,吕祖谦在《宋文鉴》中选入了大量的奏议类文章,并不完全是要表达党派之见。叶适在《习学记言序目》中曾记其览《宋文鉴》所选名臣奏议,至范祖禹《听政疏》,"言'今四方之民,倾耳而

---

① 吕祖谦《东莱吕太史文集》卷七《题伯祖紫微翁与曾通(信)道手简后》曰:"先君子(按即吕大器)尝诲某曰:吾家全盛时,与江西诸贤特厚。文靖公(按指吕夷简)与晏公戮力王室。正献公(按指吕公著)静默自守,名实加于上下,盖自欧阳公发之。平生交友,如王荆公、刘侍读、曾舍人,屈指不满十。虽中间以国论与荆公异同,元丰末守广陵,钟山犹有书来,甚惓惓,且有绝江款郡斋之约,会公召归,乃止。已而自讲筵还政路,遂相元祐。二刘、三孔、曾子开、黄鲁直诸公,皆公所甄叙也。侍讲(按指吕希哲)于荆公乃通家子弟。李泰伯入汴,亦尝讲绎焉。绍圣后,始与李君行游。晚节居党籍。右丞(按指吕好问)以筦库之禄养亲,虽门可设爵罗,然四方有志之士,多不远千里从公。谢无逸、汪信民、饶德操自临川至,奉几杖,侍左右如子侄。退见右丞,亦卑抑严事,不敢用钩敌之礼。舍人(按指吕本中)以长孙应接宾客,三君一见,折辈行为忘年交。谈赏篇什,闻于天下。是时吾家筐筥琐碎,仅仆能言,诸名胜无不谙悉。南渡以来,此事便废。绍兴初,寇贼稍定,舍人与诸父相扶携出桂岭,谒临川,访旧皆隔生死,慨然叹息。乃收聚故人子弟曾懈父、裘父辈,与吾兄弟共学,亲指画,孳孳不息。既又作诗勉之,今集中寄临川聚学诸生数诗是也。(自"南渡以来"至此,原集有缺文,今据《宋元学案补遗》卷三十六增)自秦氏专国,风俗日益隘陋,吾几案间无江西书札久矣。盖江西人物之盛衰,观人文者将于此乎考。而吾家、江西贤士大夫之疏密,亦门户兴替之一验也。言毕复矍然久之。某再拜识之,不敢忘。"(《吕祖谦全集》第 1 册,第 118—119 页)由此可见吕氏家族与王安石等人的关系曾十分密切。吕祖谦对王安石的态度并非一概否定,也应与此有关。朱熹也说过:"《吕氏家传》载荆公当时与申公(按即吕公著)极相好,新法亦皆商量来。故行新法时,甚望申公相助。"(《朱子语类》卷一百三十,第 8 册,第 3097 页)今人汪俊曾据此论吕氏家族与江西诗派的关系,见其所著《两宋之交诗歌研究》第四章《吕氏家族与江西诗派的关系》(旅游教育出版社,2001 年),可参。

② 叶适《习学记言序目》卷四十七:"《汴都》惟盛称熙、丰兴作,遂特被赏识。……自与虏通和,太行皆为禁山,坐失地利,故此赋感之。"(下册,第 697 页)

③ 《宋史》卷四百三十四《吕祖谦传》,第 37 册,第 12874 页。

听,拭目而视,乃宋室隆替之本,社稷安危之基,天下治乱之端,生民休戚之始,君子小人消长进退之际,天命人心去就离合之时也',此十数语,可为涕流。盖国家存亡,从是决矣。余尝与吕氏极论累日,终无救法"①。可见吕祖谦编纂是书实寓含着一种对国家社稷的前途和命运的忧患意识。

再看游酢的《论士风》。其曰:

> 臣闻天下之患,莫大于士大夫无耻。士大夫至于无耻,则见利而已,不复知有义。如入市而攫金,不复见有人也。始则众笑之,少则人惑之,久则天下相与而效之,莫之以为非也。士风之坏,一至于此,则锥刀之末,将尽争之,虽杀人而谋其身可为也,迷国以成其私可为也。草窃奸宄,夺攘矫虔,何所不至,而人君尚何所赖乎?古人有言,礼义廉耻,谓之四维。四维不张,国非其有也。今欲使士大夫人人自好,而相高以名节,则莫若朝廷之上唱清议于天下。士有顽顿无耻,一不容于清议者,将不得齿于缙绅,亲戚以为羞,乡党以为辱。夫然故士之有志于义者,宁饥饿不能出门户,而不敢丧节;宁厄穷终身不得闻达,而不敢败名。廉耻之俗成,而忠义之风起矣。人主何求而不得哉?惟陛下留意。②

其论士风之与治政的密切关系,极为深刻。再如吕陶的《请罢国子司业黄隐职任疏》亦谓:"士之大患,在于随时俯仰,而好恶不公。近则斲丧廉耻,远则败坏风俗。此礼义之罪人,治世之所不容也。"③也是切肤之谈。最终导致北宋灭亡的原因,当然非止一端,但其中的一个很重要的原因,在我们看来,也许不是熙丰变法,也不是新旧党争本身,而是在新旧党争中,尤其是被蔡京之流败坏了的士风。风气既坏,复之甚难。游酢一文

---

① 《习学记言序目》卷四十九,下册,第727页。
② 吕祖谦《宋文鉴》卷六十一,《吕祖谦全集》第13册,第171页。个别语句据《宋名臣奏议集》卷二十四改。
③ 《宋文鉴》卷六十一,《吕祖谦全集》第13册,第164页。

第四章 "中原文献之所传"：吕祖谦在文献文化史上的地位

是元符三年上呈宋徽宗的，惜不为重视，而北宋的结局，也不幸为游氏所言中。

吕祖谦在书中颇收录了一些理学家的作品，如孙复、李觏、张载、程颢、程颐、邵雍等人的作品，因而被时人指责为虽将"前辈名人之文搜罗殆尽，有通经而不能文词，亦以表奏厕其间，以自矜党同伐异之功"①。其实，这样的批评并没有击中要害，因为吕祖谦编书本不是要以文词取胜。而且，有些作品的收录，也不完全是党同伐异的问题，而是确能见出吕祖谦的编选眼光。比如，《宋文鉴》中收了不少理学家的诗歌，其中有些索然无味的说理诗，或写景抒情附上一可有可无的理学的尾巴，固然是不可取，然说理而有机趣，耐人寻味，说理而能见理学家澄澈洒脱的胸襟，便同样是好诗，何况理学家的诗也并非都是说理。以理学诗人邵雍为例，其《冬至》诗曰："何者谓之几，天根理极微。今年初尽处，明日未来时。此际易得意，其间难下辞。人能知此意，何事不能知。"②诗本写节序，却借题说见微知著的道理，也是写得巧。是书第二十五卷中，收入邵雍诗数十首，其中像《仁者》《答人语名教》《观三皇》《观五帝》之类的作品，多枯燥无味，但其中《观盛化》二首其一，描绘北宋王朝的盛世景象："纷纷五代乱离间，一旦云开复见天。草木百年新雨露，车书万里旧山川。寻常巷陌犹簪绂，取次园林亦管弦。人老太平春未老，莺花无害日高眠。"③《闲行吟》写理学家体道悟理的心得："长忆当年扫敝庐，未尝三径草荒芜。欲为天下屠龙手，肯读人间非圣书。否泰悟来知进退，乾坤悟了识亲疏。自从会得环中意，闲气胸中一点无。"④《安乐窝》《懒起》，抒发理学家的寻常生活情趣："安乐窝中三月期，老来才会惜芳菲。自知一赏有分付，谁让万金无子遗。美酒饮教微醉后，好花看到半开时。这般意思难名状，只恐人间都未知。""在记不记梦觉后，似愁无愁情倦时。

---

① 李心传《建炎以来朝野杂记》乙集卷五"《文鉴》"条，下册，第 597 页。
② 邵雍《冬至》，吕祖谦《宋文鉴》卷二十三，《吕祖谦全集》第 12 册，第 429 页。
③ 吕祖谦《宋文鉴》卷二十五，《吕祖谦全集》第 12 册，第 479 页。
④ 吕祖谦《宋文鉴》卷二十五，《吕祖谦全集》第 12 册，第 473 页。

拥衾侧卧未惺起,帘外落花撩乱飞。"①都平易自然,而别有意趣。再像程颢的《秋日偶成》:"闲来无事不从容,睡起东窗日已红。万物静观皆自得,四时佳兴与人同。道通天地有形外,思入云烟变态中。富贵不淫贫贱乐,男儿到此是豪雄。"②《偶成》:"云淡风轻近午天,傍花随柳过前川。旁人不识予心乐,将谓偷闲学少年。"③也都是能见出理学家胸襟和气象的好诗。至于另外一些文章,如苏轼的《吕惠卿责授建宁军节度副使本州岛安置不得签书公事》和吕惠卿的《建宁军节度副使谢上表》等,文笔工巧,同样有可取。

(六)"事辞相称"与"文质兼备"

吕祖谦的诗文创作,今见于《东莱集》者,数量并不多,然如四库馆臣所称,"虽豪迈骏发,而不失作者典型,亦无语录为文之习,在南宋诸儒之中,可谓衔华佩实"④,是大致符合实际的。吕祖谦又编有《古文关键》一书,讨论文章作法,辨析文章源流,自南宋以来,影响极广。所以,他编《宋文鉴》,不但显示出很高的文学识鉴水平,而且也是主张文质兼备、事辞相称的。

吕祖谦最初不满意江钿所编的《圣宋文海》,认为"名贤高文大册尚多遗落,遂具札子乞一就增损"⑤,在编选《宋文鉴》的过程中,选录了大量的名家之作,而这些作品,是大致能够反映北宋一代文学创作的总体面貌和成就的。以诗而论,书中所选,如:林逋《小园梅花》《梅花》,清丽工巧。杨亿《汉武》、钱惟演《禁中庭树》等,典赡雅丽。欧阳修《明妃曲》《庐山高赠同年刘中允归南康》《紫石屏歌寄苏子美》《水谷夜行寄子美圣俞》等,因为多为赠答之作,所以风格虽不似其它作品平易自然,然纡徐婉转的议论,仍是欧阳修诗的本色。梅尧臣的《泛溪》《闻雁》《发匀陵》

---

① 吕祖谦《宋文鉴》卷二十五、二十八,《吕祖谦全集》第12册,第480、539页。
② 程颢《秋日偶成》,《宋文鉴》卷二十五,《吕祖谦全集》第12册,第486页。
③ 程颢《偶成》,《宋文鉴》卷二十八,《吕祖谦全集》第12册,第542页。
④ 永瑢等《四库全书总目》卷《东莱集提要》,下册,第1370页。
⑤ 吕祖谦《东莱吕太史文集》卷三《进编次〈文海〉札子》,《吕祖谦全集》第1册,第60页。

第四章 "中原文献之所传":吕祖谦在文献文化史上的地位

等,平淡而有蕴藉,在梅诗中有相当的代表性。苏舜钦的《永叔月石砚屏歌》《淮中晚泊犊头》《夏意》,前一首风格豪迈,显示出其风格的主要倾向,后二首是其政治上遭受挫折后所作,风格清幽冷峻,自与前者不同。王安石的诗,吕祖谦选得较多的是古体和绝句,像《桃源行》《食黍行》《杜甫画像》《虎图》等,议论风生,古拙拗峭,都是王安石的代表作。而《题舒州山谷寺石牛洞》《题西太一宫》《金陵即事》《杏花》等,或为写景,必婉丽精妙;或为咏史,则必以议论取胜。苏轼的诗,书中选得最多。其中像《法惠寺横翠阁》《书王定国所藏烟江迭嶂图》《司马君实独乐园》《和钱安道寄惠建茶》《韩幹马十四匹》《虢国夫人夜游图》《郭熙画秋山平远(潞公为跋尾)》《新城道中》《雪后书北台二首》《祭常山回小猎》《六月二十日夜渡海》《陈季常所蓄朱陈村嫁娶图》《望湖楼醉书》《题澄迈驿通潮阁》等,纵横捭阖,恣意抒写,而无所不可。黄庭坚的诗,书中选得也比较多。如《和子瞻粲字韵二首》《题竹石牧牛》《次韵杨明叔见饯十首》《送范德孺知庆州》《武昌松风阁》《书磨崖碑后》《和答钱穆父咏猩猩毛笔》《赠杨明叔》《寄黄几复》《蚁蝶图》《病起荆江亭即事》等,奇崛拗峭,颇能代表黄诗的特色和成就。① 还有刘敞的《离忧赋》《小孤山》诗,陈师道的《妾薄命》《别三子》《示三子》等,也无不是流传甚广的佳作。凡此,皆可见吕祖谦编选眼光的高明和文学思想的取向。

再以文而论,如王禹偁《待漏院记》《竹楼记》,范仲淹《岳阳楼记》《桐庐郡严先生祠堂记》,韩琦《定州阅古堂记》,欧阳修《朋党论》《丰乐亭记》《醉翁亭记》《相州昼锦堂记》《与尹师鲁》《答吴充秀才》,苏舜钦《沧浪亭记》,王安石《论本朝百年无事》《书〈洪范传〉后》《读〈孟尝君传〉》《书〈刺客传〉后》,司马光《独乐园记》,苏洵《张尚书画像记》《木假山记》,曾巩《筠州学记》,苏轼《墨君堂记》《净因院画记》《李氏山房藏书记》《文与可

---

① 日本中就推崇苏轼、黄庭坚的文学创作,认为"诗文必以苏黄为法"(《晦庵集》卷三十三《答吕伯恭书》"示喻曲折",《景印文渊阁四库全书》第1143册,第736页)。吕祖谦亦然。这与朱熹的观点是不同的。朱熹曾一再批评吕祖谦"出入苏氏父子,波澜新巧之外,更求新巧,坏了心路,遂一向不以苏学为非,左遮右拦,阳挤阴助,此尤使人不满意"(《晦庵集》卷三十一《与张敬夫书》,《景印文渊阁四库全书》第1143册,第680页)。由此亦可见吕氏的学术倾向。

画筼筜谷偃竹记》《黄州再祭文与可》《表忠观碑》《文与可飞白赞》,苏辙《黄州快哉亭记》,黄庭坚《大雅堂记》《与王观复书》等等,不胜枚举,亦可略见北宋散文发展的成就。

  吕祖谦不但在《宋文鉴》中多收名家名作,而且还特别注意选收记载这些名臣、名儒生平行事的制诰、章表、传记、行状、墓志等文章。例如,书卷三十四至三十六为制文,所收多为名臣除授制词,像赵普、吕蒙正、文彦博、韩琦、吕公弼、曾公亮、王德用、富弼、陈升之、司马光、吕公著、范纯仁、曾布等,皆在其内。又如卷一百三十三至一百三十五所收祭文类,收欧阳修所撰《祭尹师鲁文》《祭苏子美文》《祭范文正公文》《祭石曼卿文》诸文,收曾巩《祭欧阳少师文》《祭王平甫文》,苏轼《祭欧阳文忠公文》《黄州再祭文与可文》,苏辙《祭亡兄端明文》等。卷一百三十六行状类,收宋祁《张文定公行状》、苏轼《司马温公行状》、程颐《程伯淳行状》等。卷一百三十九至一百四十八计十卷,亦多为名臣名儒的墓志铭和神道碑铭。其编选倾向显而易见。

  史称"祖谦之学,本之家庭,有中原文献之传"①。而吕祖谦编《宋文鉴》,亦表现出明显的保存文献的意识。他不仅在书中选录了大量的名家名作,而且还选了一些不以文章名世的士人的作品。如种放、杜衍、司马池、孙复、范纯仁、王安国、陆佃、李常、孙觉、李觏等人,虽多为北宋名臣或名儒,却少有人注意其亦时有诗文佳作,吕祖谦让人们看到了他们的另一面。如司马池的诗《行色》:"冷于陂水淡于秋,远陌初穷见渡头。赖得丹青无画处,画成应遣一生愁。"②可谓能状难写之景。周敦颐《同宋复古游大林寺》、陈尧佐《松江》等,写景亦多清丽工整。另有一些士人,名位或不振,创作或不多,然其作倘有可取,书中也尽量收入,以诗存人。像鲍钦止《雨余》、林敏修《张牧之竹溪》、曹绎《山行》、叶涛《望旧庐有感》、鲍当《酬阮逸诗卷》、马存《村老》、曹纬《自齐山借舟泛湖还家》等,都是其例。

---

① 脱脱等《宋史》卷四三四《吕祖谦传》,第37册,第12872页。
② 司马池《行色》,《宋文鉴》卷二十七,《吕祖谦全集》第12册,第522页。

第四章 "中原文献之所传":吕祖谦在文献文化史上的地位

吕祖谦保存文献的意识,还突出地表现在选收一些对前人或时人著述和书画进行评价的诗文,尤其是序跋之文。如欧阳修的《水谷夜行寄子美圣俞》《读祖徕集》《重读祖徕集》,苏轼《书王定国所藏烟江迭嶂图》《书晁说之考牧图后》,黄庭坚《跋子瞻和陶诗》《陪谢师厚游范文正公祠》,张耒《孙彦古画风雨山水歌》,高荷《见黄太史》等。书中收各类序文多达八卷(卷八十五至卷九十二),其中绝大多数为书序,此不赘举。其中一些后来失传的著作,仅赖此以存其相关信息。如陈抟《易龙图》《柳如景文集》《释秘演诗集》《惟俨文集》《庆历兵录》,李淑《邯郸图书十志》《凫绎先生诗集》《钱塘勤上人诗集》《仁宗御书》《孙莘老易传》,王回《故迹遗文》等,多已不可见,其序便尤为珍贵。

(七)《皇朝文鉴》的编选与南宋文化中兴

吕祖谦受命编纂《宋文鉴》,前后虽不过一年,然他"穷日翻阅,它事皆废"①,甚费心思,并曾与朱熹、叶适等人往来商讨。所以,他自己颇为看重。而叶适也认为"后有欲明吕氏之学者,宜于此求之矣"②。其实,是书所反映的,不仅仅是吕祖谦以理学为宗而博综、务实的思想学术倾向,而且还蕴含着一层更深刻的用意。

淳熙四年(1177 年),吕祖谦在上呈宋孝宗的"轮对札子"中曾说过这样一段话。他说:

> 臣窃惟国朝治体,有远过前代者,有视前代犹未备者。以宽大忠厚,建立规模;以礼逊节义,成就风俗。当儆扰艰虞之后,其效方见。如东晋之在江左,内难相寻,曾无宁岁。自驻跸东南以来,逾五十年,无纤毫之虞,则根本至深可知矣。此所谓远过前代者也。文治可观,而武绩未振;名胜相望,而干略未优。虽昌炽盛大之

---

① 吕祖谦《东莱吕太史别集》卷八《与朱侍讲》"某馆下碌碌",《吕祖谦全集》第 1 册,第 424 页。
② 叶适《习学记言序目》卷五十,下册,第 756 页。

时,此病已见。如西夏元昊之难,汉唐谋臣,从容可办。以范仲淹、韩琦之贤,皆一时选,曾莫能平殄,则事功不竟可知矣。此所谓视前代犹未备者也。陛下慨然念雠耻之未复,版图之未归,故留意功实,将以增益治体之所未备,至于本朝立国之根本,盖未尝忘也。……其视前代未备者,固当激厉而振起;其远过前代者,尤当爱护而扶持。①

吕祖谦既希望宋孝宗能"留意功实","激厉而振起",以补"前代犹未备者",更认为他应该不忘"宽大忠厚""礼逊节义"的立国之本,并"爱护而扶持"之,以"建立规模""成就风俗",承继和超越前代之治。由此看来,吕祖谦之编纂《宋文鉴》,实在是蕴含了他期望以此来承继、建构和发扬自北宋以来所形成和确立的以文为治、宽大仁厚的政治与思想文化传统的良苦用心的。

围绕吕祖谦《宋文鉴》的编纂,在当时曾引起过不少争论,然事实证明,《宋文鉴》和吕祖谦的编纂宗旨与思想,稍后即为人们所接受,《宋文鉴》也得到广泛的流传。吕祖谦《宋文鉴》编成后,因受臣僚非议,宋孝宗命崔敦诗对其中的奏疏进行删削,并未刊印。但崔敦诗的删改本并未流传,而吕祖谦原编本却从宫中流出②,不胫而走,由坊间和官府一再刊刻。至今所知,在南宋即有吕氏家塾本、麻沙刘将仕宅刊本、庆元六年(1200年)太平府刊本、嘉泰四年(1204年)新安郡斋刊本、嘉定十五年(1222年)重修新安郡本、端平元年(1234年)再次重修新安郡本等。③

---

① 吕祖谦《东莱吕太史文集》卷三《淳熙四年轮对札子》二首其二,《吕祖谦全集》第1册,第59页。

② 南宋张端义《贵耳集》卷上载:"东莱修《文鉴》成,独进一本于上前,满朝皆未得见,惟大珰甘昪有之。"(中华书局,1958年,第8页)或最初此书即由甘氏传出。另,周必大在《玉堂杂记》中也说在当时士大夫间有传本。其曰:"将刊版,会有近臣密启云,所载臣僚章疏,毁及祖宗政事。遂不果刊。今其书士大夫或传之。"(周必大《玉堂杂记》卷中,《景印文渊阁四库全书》第595册,台湾商务印书馆,1984年,第564页)

③ 详参祝尚书《宋人总集叙录》卷三,中华书局,2004年,第113—132页。

可以说为数众多。这种情况，在南宋除三苏诗文的刊刻之外，几无书能比。元明以后，各种翻刻本更是层出不穷。而经吕祖谦《宋文鉴》所选录的许多作品，此后也不断地为其它诗文选本所接受，名家名作不必说，尤其是那些理学家和其它原不以文名世的士人作品，如张载、程颢、程颐、邵雍、晏殊、种放、寇准、王珪、司马池、叶清臣等人的作品，多是如此。还有一些原来虽有文名然后世却影响不广的作家作品，也因此选而渐为人所知，如郑文宝、张咏、崔伯易、刘敞兄弟、郭祥正、王安国、王令、韩维、黄庶、米芾等人的作品。此外，有些无文集传世的作家作品，更是赖此书以传。如梁周翰的《五凤楼》、夏侯嘉正《洞庭赋》、钱惟演《春雪赋》、王回《事君赋》、崔伯易《感山赋》以及周邦彦的《汴都赋》等，皆为其例。后来清人编《宋诗纪事》等大型宋人总集，也多对其加以利用。凡此，皆可见《宋文鉴》在后世流传与接受的大致情形。

总之，我们以为，《皇朝文鉴》的编纂宗旨虽是"以道为治，而文出于其中"，但吕氏所谓"道"，实内涵丰富，并不仅限于理学一端；其所谓"治"，不仅限于北宋新旧党争的是非恩怨，还寓含着编者对国家社稷的前途与命运的忧患意识；其所谓"文"，也不只是论道议政之文，而是主张文质兼备、事辞相称，以选录名家名作为主，而兼及其它，注意保存文献，反映了其对北宋文学发展整体面貌的认识。因此，《宋文鉴》既体现了吕祖谦以理学为宗而博综、务实的思想学术倾向，更寄托了他期望以此来承继、建构和发扬自北宋以来所形成和确立的以文为治、宽大仁厚的政治与思想文化传统的良苦用心。

六、《古文关键》的编纂及其文体和文化意义

南宋诗文选本的编纂极为兴盛。在宋人所编的三百余种诗文选本中[①]，南宋诗文选本占了三分之二，而在现存的七十余种宋人诗文选本

[①] 此据祝尚书《宋人总集叙录》统计，中华书局，2004年。下东波后又补录宋人总集20种，见其《南宋诗选与宋代诗学考论》，中华书局，2008年。

中,出于南宋人之手的更是占了百分之九十以上。即以古文选本而论,影响较大的便有《古文关键》《崇古文诀》《文章正宗》《文章轨范》《古文标准》《妙绝古今文选》《古文集成》《古今文章正印》等多种选本,其中又以吕祖谦《古文关键》为要。近二三十年以来,学术界对《古文关键》和其它南宋古文选本的研究,颇有成绩①。然而,作为现存评点第一书和吕氏"中原文献"之所传的一部分,《古文关键》编选和评点的缘起、目的、成书、性质、意义和影响等,或尚未完全解决,或需要重新认识,还需进一步研究。

(一)"就全篇中考其节目关键":从《精骑》到《古文关键》

《古文关键》原为举业而编,这似乎没有问题。吕祖谦自己就曾说过:"拣择时文、杂文之类,向者特为举子辈课试计耳。"②虽未明说所编何书,然应当是包括《古文关键》在内的。所以,陈振孙《直斋书录解题》著录此书,谓吕氏"取韩、柳、欧、苏、曾诸家文,标抹注释,以教初学"③。观《古文关键》所选之文,多是"论"体,也似乎说明是书的编纂是出于举业的需要。

然而,此书的编选又自有渊源,别具意味。林之奇《拙斋文集》附录姚同《(林之奇)行实》载:"吕紫微犹子仓部公莅宪幕,时吕成公未冠,以子职侍行。闻先生得西垣之传,乃从先生游。先生尝语诸生,以为若年寖长矣,宜以古文洗濯胸次,扫其煤尘,则晶明日生。成公受教,作文主

---

① 如[日]高津孝《宋元评点考》(载日本鹿儿岛大学《人文学科论集》第31号,1990年;又收入其所著《科举与诗艺》,上海古籍出版社,2005年),吴承学《评点之兴——文学评点的形成与南宋的诗文评点》(载《文学评论》1995年第1期)、《现存评点第一书——论〈古文关键〉的编选、评点及其影响》(载《文学遗产》2003年第4期),张智华《南宋的诗文选本研究》(北京师范大学出版社,2002年),杜海军《吕祖谦文学研究》(学苑出版社,2003年)等。
② [宋]吕祖谦《东莱吕太史别集》卷八《与朱侍讲》六,《吕祖谦全集》第1册,第418页。
③ [宋]陈振孙撰,徐小蛮、顾美华点校《直斋书录解题》卷十五"总集类",第451页。

第四章 "中原文献之所传":吕祖谦在文献文化史上的地位

以古意而润色之,先生每读必击节赏叹,知其远且大。"①林之奇平日指导门生,也是"或命诸生讲《论》《孟》","或令诵先生所编《观澜集》而听之"②。吕祖谦十九岁师从林之奇,之奇即以古文授之,而吕祖谦所作亦为林氏激赏。林之奇编有《观澜文集》三集七十卷,选录自先秦至北宋的辞赋、古歌诗、赞颂、箴铭、论议、书札、叙记、碑传以及启制文等三百余篇,吕祖谦为之作注。③ 这就从文学观念和文献资料上为吕祖谦后来的编纂《古文关键》提供了条件和准备。观《古文关键》选文62篇,其中23篇见于《观澜文集》,几乎占《古文关键》选文数量的40%。其直接受林之奇影响,是很明显的。④

《古文关键》的编纂不但自有渊源,而且也受到朱熹的影响。吕祖谦与朱熹是好友,学问往来,切磋琢磨,极为频繁。他们合编《近思录》,删定《程氏遗书》,并约定共编史书。朱熹编撰《四书章句集注》《伊洛渊源录》《程氏外书》《震泽语录》《五朝名臣言行录》等,吕祖谦皆曾为其补充资料、提供意见,而吕祖谦撰《吕氏家塾读诗记》、编《皇朝文鉴》等,亦吸纳朱熹意见甚多。二人每撰一书,往往商量多次,方最后成稿,相互影响,也很容易理解。

乾道八年(1172年)冬,朱熹致信吕祖谦,曾询问其编选文章之事。有曰:"近见建阳印一小册,名《精骑》,云出于贤者之手,不知是否?此书流传,恐误后生辈读书愈不成片段也。虽是学文,恐亦当就全篇中考其节目关键。又诸家之格辙不同,左右采获,文势反戾,亦恐不能完粹耳。因笔及之,本不足深论也,因便禀此。"⑤这话值得我们注意。

《精骑》一书,清以前未见著录,清初季振宜《季沧苇藏书目》列入"古

---

① [宋]林之奇《拙斋文集》附姚同《〈林之奇〉行实》,《景印文渊阁四库全书》第1140册,台湾商务印书馆,1985年,第536页。
② 林之奇《拙斋文集》附姚同《〈林之奇〉行实》,《景印文渊阁四库全书》第1140册,第537页。
③ 今有影宋本存世,已收入《吕祖谦全集》第10册。
④ 林之奇师吕本中,吕祖谦从林之奇学,因其"得西垣之传",故若追溯其渊源,亦可归到吕氏家学也。
⑤ 朱熹《晦庵集》卷三十三《答吕伯恭书》,《景印文渊阁四库全书》第1143册,第746页。

文选",曰:"宋板古文《精骑》六卷二本。"①不署撰人。这个季氏曾收藏过的宋本,今天仍保存在台湾"国家图书馆",然仅存三卷(1—3,每卷一册)。卷首有"婺州永康清渭陈宅刊行"木印,"季振宜读书"等藏书印,无封面、序跋、撰人,目录齐全。②此书是否出于吕祖谦之手呢?回答是肯定的。吕祖谦给朱熹的回信今已不可见,然从前引吕氏"拣择时文、杂文之类,向者特为举子辈课试计"的话,和今存其所编多种选本来看,是完全有可能的,且吕祖谦在《古文关键》前的"总论看文字及作文法"中,也确曾教门生"夜间可专看段子文字,可用处多"③。所谓"段子文字",当即《精骑》一类的书,这也是吕祖谦编此书的佐证。至于朱熹所说的是建阳本,而今天我们看到的却是婺州本,则只能说明是书在当时非止一本,流传已很广泛了。

今本《精骑》已不完整,然从其目录和现存的部分内容,可以略见其面目。是书卷一所选为唐文,收录韩愈(56篇)、柳宗元(32篇)、李翱(5篇)、元结(2篇)、皇甫湜(3篇)、牛僧孺(1篇)、李德裕(1篇)、皮日休(2篇)等人之文,目录标为:"韩退之文、柳子厚文、李文公文、《唐文粹》",则皮日休等人的文章是从《唐文粹》中选录的。卷二标为"欧阳公文集(12篇)、王荆公文集(35篇)、嘉祐集(15篇)"。卷三为"东坡文集(34篇)、东坡易解"。卷四为"东坡书解、东坡论语解、颍滨老子"。卷五则是"曾南丰文、张右史文、秦少游文"。卷六选"陈莹中(即陈瓘)、李邦直(李清

---

① [清]季振宜《季沧苇藏书目》,《续修四库全书》影印黄丕烈《士礼居丛书》本,上海古籍出版社,2002年,第920册,第614页。清初毛扆《汲古阁珍藏秘本书目》子部曾著录"《精骑集》六卷三本"(《续修四库全书》第920册,第573页),卷数与此相同。汲古藏书后多归季氏,季氏书后则流入台湾,疑即此书。然毛氏将其著录于子部,书名又称《精骑集》,又似秦观所编类书《精骑集》。因秦氏书"乃取经传子史事之可为文用者得若干条,勒为若干卷",以备遗忘。([宋]秦观撰,徐培均笺注《淮海集笺注·后集》卷六《精骑集序》,上海古籍出版社,1994年,下册,第1546页)

② 本书所据此本电子版,由李由博士提供,谨此致谢。

③ 吕祖谦《续增历代奏议丽泽集文》附《〈关键〉增广丽泽集文》,《吕祖谦全集》第16册,《续增历代奏议丽泽集文》附,第121页。本文所引《古文关键·总论看文及作文法》,以此本为主。

第四章 "中原文献之所传":吕祖谦在文献文化史上的地位

臣)、唐赞、五代纪赞"。书中节选唐宋多家古文,从数量上看,选韩愈最多,苏轼次之,王安石列第三位,柳宗元第四,余则多者选收十余篇,少则数篇或一二篇。大致说来,韩、柳、欧、苏、王、曾的文章皆已入选,且成为此书的主体,似已兆"唐宋八大家"之雏形。其中值得注意的是,苏轼入选的文章虽不及韩愈多,然其地位很不一般,因为书中赫然节录了"苏氏三书",即《东坡易解》《东坡书解》《东坡论语解》,足见其不但对苏轼文章十分推崇,亦推重其经学。① 再从选录的文体看,书、论、序、记、状、表、碑、铭等都有选录,而以论、书二体为多。

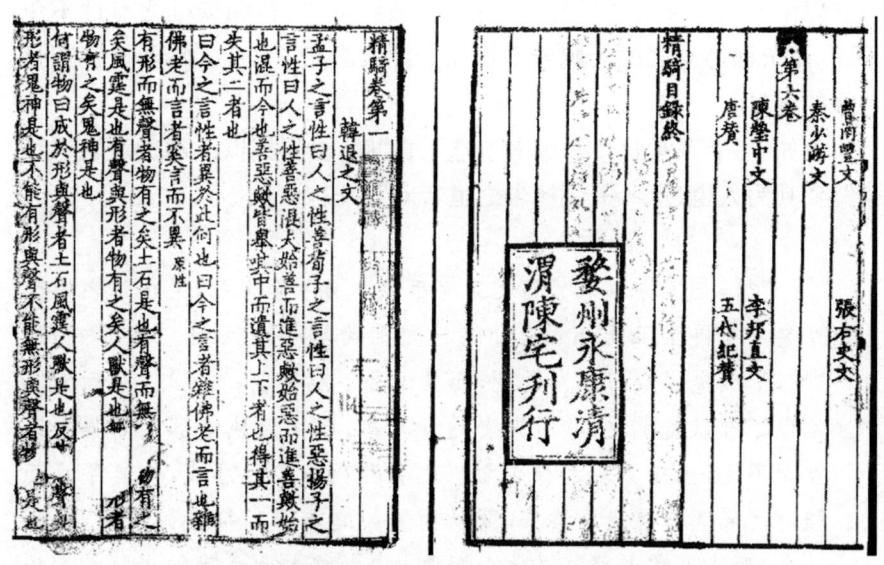

图 19 《精骑》(台湾"国家图书馆"藏宋刻本)

此书既无序跋,所选之文又皆为节录(偶有注释),故其编选旨趣颇难把握。然从书名"精骑"和书的具体内容来看,它应该属于一部节要式

---

① 对于吕祖谦的推重苏学,尤其是推崇其文学创作,朱熹很不赞同,一再批评吕祖谦:"出入苏氏父子,波澜新巧之外,更求新巧,坏了心路,遂一向不以苏学为非,左遮右拦,阳挤阴助,此尤使人不满意。"(《晦庵集》卷三十一《与张敬夫书》,《景印文渊阁四库全书》第 1143 册,第 680 页)然由此语亦可见吕氏学术倾向。

的唐宋古文选本。如选韩愈文《原性》,节录了以下两段话:

> 孟子之言性曰:人之性善。荀子之言性曰:人之性恶。扬子之言性曰:人之性善恶混。夫始善而进恶,与始恶而进善,与始也混而今也善恶,皆举其中而遗其上下者也,得其一而失其二者也。
>
> 曰:今之言性者异于此,何也?曰:今之言者,杂佛老而言也;杂佛老而言也者,奚言而不异?①

韩愈以儒家的仁义礼智信释性三品说,故认为孟、荀和扬雄之言性不免偏颇,而杂糅佛老之说者则皆不可据。此文有破有立,这两段文字正是此文的纲目。

再如《圬者王承福传》,编者节选了自"嘻,吾操镘以入富贵之家有年矣"至"其为人也过少,其学杨朱之道者邪"一段,曰:

> "嘻,吾操镘以入贵富之家有年矣。有一至者焉,又往过之则为墟矣。有再至三至者焉,而往过之则为墟矣。问之。其邻或曰:'噫,刑戮也。'或曰:'身既死,而其子孙不能有也。'或曰:'死而归之官也。'吾以是观之,非所谓食焉怠其事,而得天殃者邪?非强心以智而不足,不择其才之称否而冒之者邪?非多行可愧,知其不可而强为之者邪?将贵富难守,薄功而厚飨之者邪?抑丰悴有时,一去一来,而不可常者邪?吾之心悯焉。是故择其力之可能者行焉。乐富贵而悲贫贱,我岂异于人哉。"又曰:"功大者其所以自奉也博,妻与子皆养于我者也。吾能薄而功小,不有之可也。又吾所谓劳力者,若立吾家而力不足,则心又劳也。"一身而二任焉,虽圣者不可也。愈始闻而惑之,又从而思之,盖贤者也,盖所谓独善其身者也。然吾有讥焉:谓其自为也过多,其为人也过少,其学杨朱之道者邪?②

---

① 韩愈《原性》,《精骑》卷一。
② 韩愈《圬者王承福传》,《精骑》卷一。

第四章 "中原文献之所传":吕祖谦在文献文化史上的地位

韩愈之所以为圬者王承福作传,主要是因为其言"宜乎各致其能以相生",或"择其力之可能者行焉",有可取之处。其不足则是"自为也过多,其为人也过少"。编者所选的这段文字,便反映了此文的主旨。

还比如,书中选了欧阳修《正统论》中的五段文字。云:

> 自周之亡迄于显德,实千有二百一十六年。之间或理或乱,或取或传,或分或合,其理不能一概。大抵其可疑之际有三:周、秦之际也,东晋、后魏之际也,五代之际也。
>
> 以东晋承西晋则无终,以隋承后魏则无始。
>
> 夫周之东也,以周而东。晋之南也,岂复以晋而南乎?
>
> 或问:子于《史记》本纪,则不伪梁而进之,于论正统,则黜梁而绝之。君子之信乎后世者,固当如此乎?曰:孔子固尝如此也。平、桓、庄之王,于《春秋》则尊之,书曰"天王"。于《诗》则抑之,下同于列国。孔子之于此三王者,非固尊于彼而抑于此也,其理当然也。梁,贼乱之君也。欲干天下之正统,其为不可,虽不论而可知。然谓之伪则甚矣。彼有梁之土地,臣梁之吏民,立梁之宗庙社稷,而能杀生赏罚以制命于梁人,则是梁之君矣,安得曰伪哉?故于正统则宜绝,于其国则不得为伪者,理当然也。
>
> 若东晋、后魏,则两相敌而予夺难,故不可以不论。吴、徐、楚非周之敌,虽童子之学,犹知予周也,何必论哉?①

欧阳修认为,若论历史上的正闰,最易引起争议的,便是周秦之际、东晋后魏和五代这三个历史时期了。这是其《正统论》反复辩证的主要内容。故吕祖谦节选了《正统论》(上)提出问题的第一段文字。第二、三两段文字,即辨东晋、后魏非正统。第四段"或问"是自辩其所撰《五代史》何以为后梁立本纪,而又不承认其为正统。至于最末一段节文,

---

① 欧阳修《正统论》,《精骑》卷二。

则是说东周为正统,吴、楚不足论也。这就把《正统论》的主要观点都拈将出来。

然吕祖谦这种节录式的选文方式,受到了朱熹的批评。吕祖谦是怎样回复朱熹的,今已不可知,然他应该是接受了朱熹的批评的。淳熙元年二月,他在给朱熹的信中说道:"自春初谢遣诸生,应接既简,遂得专意读书。""拣择时文、杂文之类,向者特为举子辈课试计耳。如去冬再择四十篇,正是见作举业者明白则少曲折,轻快则欠典重,故各举其一,使之类为耳,亦别无深意。今思稽其所敝,诚为至论。此等文字自是以往决不复再拈出,非特切出也。"①既然说"去冬(乾道九年)再择四十篇",则此前曾选过若干篇古文,且已不是节录。另,在《古文关键》卷首的《总论看文字及作文法》中,吕祖谦也有"所拣杂文宜熟看"②的话。其所强调的为文"曲折""典重",也与《总论看文字及作文法》中的"曲折斡旋""简古""典严""平淡"而有"渊源"等,是一致的。我们推测,乾道八年,吕祖谦编选的《精骑》一书刊印,朱熹看后提出意见,或是受朱熹的启发,吕祖谦对其选编的古文教材,由选编、节要而"就全篇中考其节目关键",参酌修订,标抹评点,以授诸生,遂有《古文关键》。③

(二)《古文关键》成书时间与新见宋本《总论看文字及作文法》

《古文关键》成书的具体时间,似难确指,故亦少有人论及。杜海军曾据《东莱吕太史别集》卷八《与朱侍讲(六)》所记,乾道九年(1173年)冬吕祖谦选时文、杂文四十篇以教举子一事,认为"或与后日所行的《古

---

① 吕祖谦《东莱吕太史别集》卷八《与朱侍讲》,《吕祖谦全集》第1册,418页。
② 吕祖谦《续增历代奏议丽泽集文》附,《吕祖谦全集》第16册,第121页。
③ 就其书名看,可能亦受到朱熹"当就全篇中考其节目关键"一语的启发。又,朱熹在与其弟子的谈话中,曾论及《古文关键》。《朱子语类》中记载:"说伯恭所批文,曰:'文章流转变化无穷,岂可限以如此?'"又说:"东莱教人作文当看《获麟解》,也是其间多曲折。"([宋]黎靖德编《朱子语类》卷一三九《论文上》,中华书局,1994年,第8册,第3321页)《获麟解》正是《古文关键》开卷的第一篇文章。

第四章 "中原文献之所传"：吕祖谦在文献文化史上的地位

文关键》有关"①。推测很谨慎。黄灵庚等先生整理《吕祖谦全集》，收入《古文关键》一书，《点校说明》中径谓"乾道、淳熙间之作"②，然不作说明。这可进一步探索。

吕祖谦传授生徒，涉足举业，主要是在宋孝宗乾道年间。吕祖谦隆兴元年（1163年）进士及第，同年，又中博学宏词，授左从政郎，改差南外敦宗院教授，然似未赴任。乾道二年（1166年）十一月，吕祖谦母亲去世，祖谦在婺丁母忧。乾道三年（1167年），吕祖谦在丁母忧期间，即开始传授生徒。其自记曰："近日士子相过，聚学者近三百人。"③四年（1168年）冬，吕祖谦在东阳（今属浙江）武川曹家巷聚徒授业，有"为诸生课试之作"的《左氏博议》。④次年（1169年）五月，以亲迎韩氏和任职太学，遣散诸生。八月，添差严州（今浙江建德）州学教授，十月赴任，始出仕。六年（1170年）五月，改官太学博士。闰五月，以归婺侍父又曾会集诸生。十二月召试国史院编修、实录院检讨。七年（1171年）九月，除秘书省正字，仍兼国史院编修。八年（1172年）二月，丁父忧，复又教授诸生，直至淳熙元年（1174年）春，方遣散诸生。淳熙三年（1176年）以李焘推荐再出任秘书省秘书郎，兼国史院编修官、实录院检讨官。⑤总之，自乾道三年至淳熙三年的十年中，吕祖谦虽曾充任过严州教授和太学博士，但因其先丁母忧，继则侍父、丁父忧，多数时间却是在婺州度过的。其间执经授业，讲论不辍，学者云集，已成常态。故楼钥在《东莱吕太史祠堂记》中说："自建炎南渡，父祖始寓于婺，假官屋以居。其地在光孝观之侧。入仕虽久，而在官之日仅四年，故在婺之日最多。四方学者几千

---

① 杜海军《吕祖谦年谱》，中华书局，2007年，第132页。
② 吕祖谦编《古文关键》，《吕祖谦全集》第11册，第1页。此书所收《古文关键》为邱江宁点校。
③ 吕祖谦《东莱吕太史别集》卷九《与刘衡州》，《吕祖谦全集》第1册，第453页。
④ 吕祖谦《东莱博议序》，《吕祖谦全集》第6册，第575页。
⑤ 详参见[宋]吕乔年《(祖谦)年谱》(《东莱吕太史文集》附录一，《吕祖谦全集》第1册，第737—749页)；杜海军《吕祖谦年谱》，第59—197页。

云集,横经受业,皆在于此。"①正是纪实。

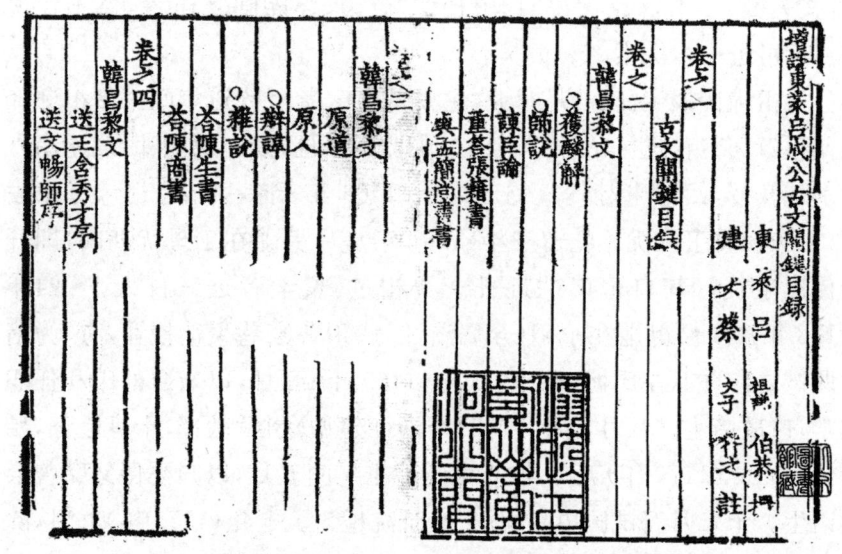

图 20 《增注东莱吕成公古文关键》(国家图书馆藏宋刻本)

既然吕祖谦教授举子的时期,主要是乾道年间,淳熙元年春以后即不再授徒,他为举子编选的《古文关键》也必成于乾道年间。淳熙元年春,朱熹有书信给吕祖谦,信中说道:"儿子久累诲督,春来不得书,不知为学复如何?向令请问选录古文之意,不知曾语之否?此间与时文皆已刊行,于鄙意殊未安也。近年文字奸巧之弊熟矣,正当以浑厚朴素矫之,不当崇长此等,推波以助澜也。明者以为如何?"②朱熹长子朱塾自崇安至婺州从吕祖谦为学,是在乾道九年(1173 年)六七月间,故此云"久累诲督"。既说"春来不得书",则"向令请问选录古文之意",应在上年(即乾道九年)冬或稍前,而"选录古文""不当崇长此等"云云,据上文所考,

---

① [宋] 楼钥《攻愧集》卷五十五,《景印文渊阁四库全书》第 1153 册,台湾商务印书馆,1985 年,第 17 页。

② 朱熹《晦庵集》卷三十三《答吕伯恭书》,《景印文渊阁四库全书》第 1143 册,第 750—751 页。

第四章 "中原文献之所传":吕祖谦在文献文化史上的地位

很可能就是指的《古文关键》。所以,我们推测《古文关键》编成和刊刻的时间,当在乾道九年秋冬之际。

《古文关键》在南宋曾刊刻多次。据清初徐树屏、张云章刊本的《凡例》所言,徐氏家里即藏有"两宋刻。刻有先后,评语悉同,皆以抹笔为主,而疏密则殊。一本稍前者,每篇抹不过数处,皆纲目关键。其稍后一本,所抹较多,并及于句法之佳者"①。"后本有蔡文子注。"②其实,《古文关键》在宋曾多次刊刻,其版本今所知至少有乾道九年冬初刊本、淳熙年间吕祖谦《续增历代奏议丽泽集文》所附《(古文)关键》本(所附仅《古文关键·总论看文字及作文法》)和"两宋刻"。乾道末初刊本的情形已不得而知,"两宋刻"由徐氏所言略见其面貌,淳熙刻本清瞿镛《铁琴铜剑楼藏书目录》有著录。曰:

> 《续增历代奏议丽泽集文》十卷、附《关键》一卷,宋刊本。
>
> 不著撰人名氏。案卷末附《关键》,乃成公所制,则此亦成公编集也。凡西汉五卷、东汉二卷、三国一卷、晋一卷、唐五代一卷。后附《关键总论看文字及作文法》一卷,行数、字数同上。"匡"、"贞"、"桓"、"构"、"慎"等字皆阙笔,而"敦"、"廓"、"扩"俱不阙。当是光宗以前刊本。又全书皆经朱笔点勘,而遇宋讳并加圆圈,至茂陵嫌讳为止。盖宁宗时人手笔也。卷中有"毛表"、"季振宜藏书"、"留与轩浦氏珍藏"诸朱记。③

如前所论,《古文关键》的成书有一个过程,然其最终编成并刊行,则在宋孝宗乾道末年。而瞿氏所藏吕祖谦《续增历代奏议丽泽集文》和所附《古文关键·总论看文字及作文法》的刊刻时间,至晚也在宋孝宗淳熙年间,

---

① 吕祖谦《古文关键凡例》,《吕祖谦全集》第11册,第1页。
② 吕祖谦《古文关键凡例》,《吕祖谦全集》第11册,第2页。
③ [清]瞿镛《铁琴铜剑楼藏书目录》卷二十三,上海古籍出版社,2000年,第668页。瞿氏此书后归藏国家图书馆,中华再造善本工程编纂出版委员会将其收入《中华再造善本》,北京图书馆出版社2004年出版。

可知其所据以刊刻的《古文关键》的版本，必早于徐氏家藏的"两宋本"，也许是现存最早和最接近初刊本的一个刻本。①

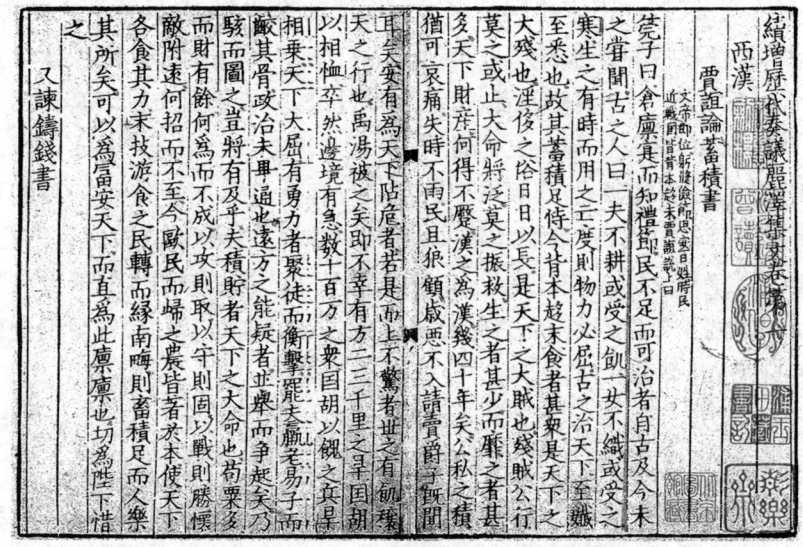

图21 《续增历代奏议丽泽集文》（国家图书馆藏宋刻本）

《续增历代奏议丽泽集文》（以下简称《续增历代奏议》）所附《古文关键·总论看文字及作文法》一卷，与今存通行诸本《古文关键》书前的《看

---

① 李致忠先生曾对此书的编者问题提出质疑。他以为书后的这一卷附录与正文内容毫无关系，书中用字多简体、俗体，避讳并不严谨，且从书名看也不似吕祖谦编，而应是"宋时书坊所编刻"（《中华再造善本总目提要·唐宋编·集部》该书提要，国家图书馆出版社，2013年，第744—745页）。我们以为，此书虽为坊间所刻，却不能否定此书的编者为吕祖谦。陈振孙《直斋书录解题》卷十五"总集类"，在吕祖谦所编《国朝名臣奏议》之前，明确著录："《历代奏议》十卷，吕祖谦集。"（《直斋书录解题》，第452页）这与其书选收自西汉至五代奏议的内容是相吻合的。今本所以称"续增"者，当然是刊刻者的所为，但其所续增的不是别的，其实就是那一卷《古文关键·总论看文字及作文法》而已，并不影响我们关于编者为吕祖谦的判断。至于书中避讳不够严谨和用简体、俗体字，也并不影响我们依据书中避讳至"构、慎"，而定其为光宗之前刊本的判断。另，其书虽是坊刻，然镌刻清秀疏朗，赏心悦目，亦属宋刻之佳者。

第四章 "中原文献之所传":吕祖谦在文献文化史上的地位

古文要法》差异很大。① 其最大的差异是前者详而后者略,前者的篇幅大约是后者的三倍,而后者显然是由前者节选、拼合和重新编次而成的。

《续增历代奏议》本《总论看文字及作文法》以"总论看文字及作文法"标题,其下条目除"看韩文法"等有明确的标示之外,其余并无"看文字法"与"作文字法"之分。而今本《古文关键》则称"看古文要法",以下依次分为"总论看文字法""看韩文法""看柳文法"等和"论作文法""论文字病",编排有序,条理清晰。今本《古文关键》中的内容,除"有用文字,议论文字是也"一条之外,皆见于《续增历代奏议》所附《总论看文字及作文法》,但编排顺序既不同,部分文字也作了删减、修订。比如,《续增历代奏议》本有"杂说"一部分,计73条,今本《古文关键》则从中选取一部分,精简为31条,并择取其中部分条目和此前的相关内容,合成"论作文法"中的最后一条:"为文之妙,在叙事状情。笔健而不粗,意深而不晦,句新而不怪,语新而不狂,常中有变,正中有奇。题常则意新,意常则语新,辞源浩渺而不失之冗,意思新转处多则不缓,结前生后,曲折斡旋,转换有力,反覆操纵。"②由此可见,《续增历代奏议》本在前,今本《古文关键》在后,后者来自前者。

《续增历代奏议》本《总论看文字及作文法》中,有很多内容为今本《古文关键》所无。如曰:

> 凡看人文字,须先看首尾相应,又看他入头处,然后看他作文巧健处。
> 看文字不要贪多,要精熟。
> 识人文字长处,复识短处。③
> 凡作文字,须要有警策处。如老杜诗曰:"句不惊人死不休。"所

---

① 按今中国国家图书馆藏有宋本《增注东莱吕成公古文关键》二十卷,题"东莱吕祖谦伯恭撰、建安蔡文子行之注"(《中华再造善本》,北京图书馆出版社,2004年),有吕氏评语,却无标抹,这与徐树屏所言不合,卷首无"看古文要法"。
② 吕祖谦《古文关键》,《吕祖谦全集》第11册,第3页。
③ 以上见《续增历代奏议丽泽集文》附,《吕祖谦全集》第16册,第121页。

谓惊人,即警策也。①

　　作文,他人所详者我略,他人所略者我详。若用言语,必不得已,只与殿过。

　　文字有三等:上焉藏锋不露,读之自然有味;中焉步骤驰骋,飞沙走石;下焉用意庸庸,专事造语。

　　看时文三百篇,更看杂文十四五家,自然如坚甲利兵。②

　　文字不必多用事,须用意便得。③

　　文字至于辞意俱尽,复能于意外得新意者妙。④

以上内容在后之刊本《古文关键》中已不可见。其所以被删,大约有三个原因,一是这些看文作文之法彼此间有重复或相近之处,二是刊刻者或以为有些话说得不太具体或不是特别重要,三是降低刊刻成本。然而,这些内容在我们今天看来,无论从文献上还是从文章学上来看,都是很重要的。即如"凡看人文字,须先看首尾相应,又看他入头处,然后看他作文巧健处"一条,与今本"第三看纲目关键,如何是主意首尾相应,如何是一篇铺叙次第,如何是抑扬开合处"条的内容,正可相参,有助于我们理解"关键"的内涵。"凡作文字,须要有警策处"一条,与"第四看警策句法,如何是一篇警策"条相互印证,也可使我们明白何谓警策。今本《古文关键》中谈到看韩柳、欧苏文尤其是看诸家文法时,有许多批评,如说苏辙文"太拘执",秦观文"知常而不知变",张耒文"知变而不知常",晁补之文"粗率"等,似乎苛刻,但看了"识人文字长处,复识短处"一条,就理解他为什么会这样说了。实际上,吕祖谦论文是兼及其长短的。他说:"张文潜学苏文,其文明白。秦少游亦然。陈履常最有笔力。晁补之、李方叔等文慢。鲁直文时复有一二句好。"⑤哪里是只看到别人的短处呢。

----

① 《续增历代奏议丽泽集文》附,《吕祖谦全集》第16册,第122页。
② 以上见《续增历代奏议丽泽集文》附,《吕祖谦全集》第16册,第123页。
③ 《续增历代奏议丽泽集文》附,《吕祖谦全集》第16册,第124页。
④ 《续增历代奏议丽泽集文》附,《吕祖谦全集》第16册,第125页。
⑤ 《续增历代奏议丽泽集文》附,《吕祖谦全集》第16册,第123页。

第四章 "中原文献之所传":吕祖谦在文献文化史上的地位

其它如论文字有三等,读书要精熟,作文要有避就,要含蓄不尽等,也都是其读书写作的经验之谈,不可忽略。

《续增历代奏议》本《总论看文字及作文法》较之今本《古文关键》刊本,还多出了许多他人论读书作文的话语。比如:

> 孙元忠朴学士尝问欧阳公为文之法。公云:"于吾侄岂有惜,只是要熟耳。变化姿态,是从熟处出也。"①
> 老苏尝自言:"升里转,斗里量。因闻此,遂悟文章妙处。"②
> 东坡云:"意尽而言止者,天下之至言也。"然而言止而意不尽,尤为极至。如《礼记》、《左氏》可见。
> 又云:凡文字,须令气象峥嵘,采色绚烂,渐老渐熟,乃造平淡。
> 山谷谓王子飞云:"陈履常作文,深知古人之关键。其论事,救首救尾,如常山之蛇,时辈未见其比。"③
> 黄鲁直云:"文章最忌随人后。"④
> 张文潜尝云:"但把秦汉以前文字熟读,自然滔滔地流也。"⑤

这些关于作文的经验之谈,无疑也足与吕祖谦的看文作文之法相互印证和补充。但也许是非吕氏之说,就也被删去了。

这里值得我们进一步思考的是,通行本《古文关键》卷首的"总论看文字及作文法"或"看古文要法",究竟从何而来?后者的删节、修订工作是由何人完成的?它与其书本身又是何种关系?

蔡文子注《古文关键》二十卷,卷一为目录,自卷二始为正文,卷首没有"总论看文字及作文法"。蔡氏要为《古文关键》作注,可以存亦可以不存其标抹,却没有将卷首的总论也删掉的道理。所以,吕祖谦选古文评

---

① 《续增历代奏议丽泽集文》附,《吕祖谦全集》第 16 册,第 130 页。
② 《续增历代奏议丽泽集文》附,《吕祖谦全集》第 16 册,第 131 页。
③ 以上见《续增历代奏议丽泽集文》附,《吕祖谦全集》第 16 册,第 130 页。
④ 《续增历代奏议丽泽集文》附,《吕祖谦全集》第 16 册,第 131 页。
⑤ 《续增历代奏议丽泽集文》附,《吕祖谦全集》第 16 册,第 129 页。

点标抹,以教学者,《古文关键》刊行,最初可能是没有卷首的《总论看文字及作文法》的。

但吕祖谦平日教授士子读书作文,又必是要常常评骘前人和授之以读书、作文之法的。这些评论的话语若记录下来,便是一篇"总论看文字及作文法"了。事实正是如此,吕祖谦论文的语录,确曾辑录起来并编集成书了,这就是《丽泽文说》。① 是书不见于著录②,张镃《仕学规范》卷首所列"编书目",列有此书。《仕学规范》卷三十五之末收论文之语14条,注明:"已上出《丽泽文说》。"③《仕学规范》四十卷,成书于淳熙三年(1176年)四月,是张镃早年的编著,则《丽泽文说》的成书当在此之前。《仕学规范》所引14条中,见于《续增历代奏议》本《古文关键·总论看文字及作文法》的有13条,然"鼓气以势壮为美"一条则未见④,各条顺序也不相同。大致可知,《仕学规范》所引和《古文关键》卷首的"总论看文字及作文法",都应来自吕祖谦的《丽泽文说》。这样看来,《古文关键》与书前《总论看文字及作文法》,既非一书,也非同时成书和刊刻,而是后来由刊刻者合而为一的。⑤ 这位刊刻者的身份,很可能也不是吕氏门下弟子,否则在"总论看文字及作文法"中,不应有"以上评韩、柳、欧、苏等文字,说斋先生唐仲友亦常以此说诲人"⑥之类的话。

《总论看文字及作文法》所录论文之说,并非全部出自吕祖谦之口,而是还有他人所论。其中所引最多的,是其叔祖吕本中《童蒙训》中的论

---

① 蔡德龙曾注意到吕祖谦的《丽泽文说》,并撰《宋文话〈丽泽文说〉考论》一文(《古代文学理论研究》第29辑,2009年,第33—42页),对此书的存佚和文体学意义作了探讨,惜未深论。

② 蔡德龙疑明杨士奇《文渊阁书目》卷九"文集"类所著录"《丽泽文式》一部一册"为《丽泽文说》之异名(参其《宋文话〈丽泽文说〉考论》,《古代文学理论研究》第29辑,第33页),有此可能,然无确据。

③ [宋]张镃《仕学规范》卷三十五,《景印文渊阁四库全书》第875册,第8页。

④ 此条出李德裕《文章论》。可知《丽泽文说》中所录也并非都是吕祖谦的话。

⑤ 这也可以解释为什么在《总论看文字及作文法》中曾论及王安石等人的文章,而书中却没有选王氏文章的问题。

⑥ 《续增历代奏议丽泽集文》附,《吕祖谦全集》第16册,第125页。

文之语,计10条。其他如苏轼语5条,黄庭坚5条,张耒3条,欧阳修、孙觉、徐俯、张九成各1条。《吕氏童蒙训》是其家学,欧、苏等人的看法,向为吕祖谦所重,皆与吕祖谦的思想学术倾向相合。

至于陈振孙《直斋书录解题》所著录之本为何本,是否与上述诸本不同,其版本状况又如何,现在已不能确定了。

(三)"君子之事业":《古文关键》的编纂宗旨和所体现的文体观念

对于吕祖谦从事举业,编纂时文、古文,他的好友朱熹、张栻都不以为然。前引朱熹乾道、淳熙之际与吕氏的书信已可见一斑。张栻淳熙初也在给吕祖谦的信中说道:"去年闻从学者甚众,某殊谓未然。若是为举业而来,先怀利心,岂有就利上诱得就义之理。今已谢遣,甚幸。但旧已尝谢遣,后来何为复集?今次须是执得定,断得分明,不然犹有丝毫牵滞,恐复因循于它日也。亦非特此事,大抵觉得老兄平日似于果断有所未足,时有牵滞流于姑息之弊,虽是过于厚、伤于慈,为君子之过,然在他人视我,则观过可以知仁;在我自检点,则终是偏处。仁义之道常相须,要知义不足,则所谓仁者亦失其正矣。"①语气十分严厉。

其实,他们并不完全理解吕祖谦这样做的真正用意。举业与传统的读书治学,修身养性,致君尧舜,恩泽庶民,当然是有高下之别的。前者不过是"举子事业",后者则为"君子之事业"。黄庭坚曾告诫其外甥周惟深,"不必专作举子事业",而应"以少年心志,治君子之事业"②。吕祖谦所做的正是"君子之事业"。早在乾道三年(1167年)吕祖谦初涉举业时,他就说过:"近日士子相过,聚学者近三百人,时文十日一作,使之不废而已。其间有志趣者亦间有之。"③乾道六年(1170年),吕祖谦在与朱

---

① [宋]张栻《南轩集》卷二十五《与吕伯恭书》,《景印文渊阁四库全书》第1167册,第625—626页。

② [宋]黄庭坚著,郑永晓整理《黄庭坚全集辑校编年》第五辑《与周甥惟深书》,江西人民出版社,2011年,上册,第642页。

③ 吕祖谦《东莱吕太史别集》卷九《与刘衡州》,《吕祖谦全集》第1册,第453页。

熹的信中更明确地说:"科举之习于成己成物诚无益,但往在金华,兀然独学,无与讲论切磋者。闾巷士子舍举业则望风自绝,彼此无缘相接。故开举业一路,以致其来,却就其间择质美者告语之,近亦多向此者矣。自去秋以来,十日一课,姑存之而已,至于为学所当讲者,则不敢怠也。"①原来,吕祖谦坚持开设举业的真正用意和最终目的,是要通过讲授举业,切磋学问,并由此发现和培养一些有志于理学的人物。至于科举时文的学习,只要做到能应对考试即可,功夫应多用在学问的养成上。他曾告诫朱塾说:"此段(指时文写作)既见涯涘,则当于经史间作长久课程。大抵举业若能与流辈相追逐,则便可止,得失盖有命焉,不必数数然也。"②可见,吕祖谦这样说,并非是要给自己从事举业进行辩护或遮掩,而是明确认为,经史之学是立身行事的长久之计,时文习作不过是一时的应试需要。因此,《古文关键》的编选,也就不仅仅是"举子事业"了,而更具有了"君子事业"的意义。

从"君子事业"的层面上看,《古文关键》的编选实可重新认识。

吕祖谦的学术渊源、主要思想倾向和特征,如上文所论,是"以广大为心,以践履为实"③,是"本于天资,习于家庭,稽诸中原文献之所传,博诸四方师友之所讲,参贯融液,无所偏滞"④。"以广大为心",吕祖谦在理学思想上,既承续北宋二程诸儒之学,也就认为"理"是万物本源、是万物所遵循的规律和最高准则,它无所不在,又至高无上,有所谓"理之在天下,犹元气之在万物也","随一事而得一名,名虽至于千万,而理未尝不一也"云云。然而,他又说:"元气两仪之运,资始资生。"⑤"物

---

① 吕祖谦《东莱吕太史别集》卷七《与朱侍讲》,《吕祖谦全集》第1册,第398页。
② 吕祖谦《东莱吕太史别集》卷八《与朱侍讲》,《吕祖谦全集》第1册,第416页。
③ 吕祖谦《东莱吕太史文集》卷八《祭林宗丞文》,《吕祖谦全集》第1册,第133—134页。
④ [宋]吕祖俭《(吕祖谦)圹记》,《东莱吕太史文集附录》一,《吕祖谦全集》第1册,第748页。
⑤ 吕祖谦《东莱吕太史文集》卷二《为芮直讲作庆王生皇孙锡名谢太上皇后笺》,《吕祖谦全集》第1册,第37页。

第四章 "中原文献之所传"：吕祖谦在文献文化史上的地位

得气之偏……人则全受天地之气，全得天地之理。"①"举天下之物，我之所独专而无待于外者，其心之于道乎？心外有道，非心也；道外有心，非道也。心苟待道，既已离于道矣。待道且不可，况欲待于外哉。"②这就不但融合了心学思想的成分，而且也杂糅了元气自然说的唯物主义思想因素。

"以广大为心"，吕祖谦与其他理学家的一个很大不同，就在于他不仅深研经学，而且于史学和文学尤所究心。史学此所不论，文学方面，吕祖谦撰述甚众。已佚失的不算③，今所存者便有六种，即所撰文集四十卷和编选、注释与评点之书：《东莱集注观澜文集》七十卷、《丽泽集诗》三十五卷、《东莱标注三苏文集》五十九卷、《皇朝文鉴》一百五十卷和《古文关键》二卷。文学创作的实践和文学文献的编纂，使得吕祖谦对文学本位的认识更客观，对文学发展的过程认识更完整和深刻。他认为："词章，古人所不废，然德盛仁熟，居然高深，与作之使高、浚之使深者，则有间矣。"④又说，"杜子美诗、韩退之、柳子厚文，读之容丽雄深，可以起发人意"，若其所学不能用于世，即栖身文学事业，"亦可以无愧于俯仰间也"⑤。虽然他认为作文要追求有德之文"居然高深"的境界，然决不否定文学的价值；读书治学，经史自是居于首位，立身行事，皆在此中，然而文学亦可起发人意。在对文学的态度上，吕祖谦与一般理学家的差别，显而易见。

宽阔的学术品格，提升了吕祖谦的编选眼光。《古文关键》收入韩愈、柳宗元、欧阳修、"三苏"、曾巩和张耒八位古文家的作品62篇。对其为文的用意、手法、结构、句法等，逐篇评点标抹；对诸家古文创作的渊源、总体特色和风格，皆有精当论说。而此书的价值，也并不仅仅在于其

---

① 吕祖谦《左氏博议》卷三《颍考叔争车》，《吕祖谦全集》第6册，第58—59页。
② 吕祖谦《左氏博议》卷十《齐桓公辞郑太子华》，《吕祖谦全集》第6册，第239—240页。
③ 如《离骚章句》一卷、《丽泽集文》十卷、《杜工部三大礼赋注》十卷(《钱注杜诗》中尚存六十余条)等。
④ 吕祖谦《东莱吕太史别集》卷十《与陈同甫》，《吕祖谦全集》第1册，第469页。
⑤ 吕祖谦《东莱读书记》，《东莱吕太史文集》附录，《吕祖谦全集》第1册，第870—871页。

以评点标抹的批评方式为后世的文章评点开了先河,而且更显示了其闳通的文学史眼光。因为,书中所选唐宋诸家之文,实已大致确立了"唐宋古文八大家"的总体格局和文学史地位,影响深远。

吕祖谦论学,主张有体有用,体用兼备。他说:"若实有意为学者,自应本末并举,若有体而无用,则所谓体者必参差卤莽无疑也。"①所以,"以践履为实",便成为吕氏思想学术的又一重要特征。进德修业,原为儒家士人本色。"古人之为学,十分之中,九分是动容周旋、洒扫应对,一分在诵说。"②"今人读书,全不作有用看。且如人二三十年读圣人书,及一旦遇事,便与闾巷人无异,或有一听老成人之语,便能终身服行。岂老成之言过于六经哉?只缘读书不作有用看故也。"③可见,在吕祖谦看来,有体而无用,这个体也就徒有其名。由道德上的践履而推广至家国,则是主张"讲实理,育实材而求实用"④。如宗室子弟:"既教以三德三行,以立其根本。根本既立,固是纲举而目张,然又须教以国政,使之通达治体。""后世自科举之说兴,学者视国家之事如越人视秦人之肥瘠,漠然不知,至有不识前辈姓名者,异时一旦立朝廷之上,委之以天下之事,便都是杜撰,岂知古人所以教国子之意。然又须知上之人所以教子弟,虽将以为他日之用,而子弟之学则非以希用也。盖人生天地间,岂可不尽知天地间事,子弟之所以学,却是如此。"⑤总之,"论义理,谈治道"二者,"不容有一毫回避屈挠"⑥。治道与义理并重,足见其"以践履为实"、学以致用的思想倾向。同时,学以致用,又不是为了用而用,它与一味地追求功利的思想是有分别的。

这种"求实用"的思想,也贯穿在吕祖谦的文体观念中。《古文关键》

---

① 吕祖谦《东莱吕太史别集》卷十《与陈同甫》,《吕祖谦全集》第1册,第466页。
② 吕祖谦《丽泽论说集录》卷五《礼记说》,《吕祖谦全集》第2册,第151页。
③ 吕祖谦《丽泽论说集录》卷十《杂说》二,《吕祖谦全集》第2册,第254页。
④ 吕祖谦《东莱吕太史文集》卷五《策问》,《吕祖谦全集》第1册,第84页。
⑤ 吕祖谦《丽泽论说集录》卷四《礼记说》,《吕祖谦全集》第2册,第141页。
⑥ 吕祖谦《东莱吕太史别集》卷八《与朱侍讲》,《吕祖谦全集》第1册,第418页。

第四章 "中原文献之所传"：吕祖谦在文献文化史上的地位

卷首的《论作文法》中有"有用文字,议论文字是也"①的话。《古文关键》中所选古文,也即"杂文",其中绝大多数为论体文,其非论体者,亦以议论为主。这固然是出于举业的需要,但这里说的"有用",其意义却绝不只是举业之用的用,而是对论体文、对文学在社会政治生活中的作用与功能的肯定和重视。这只要看一下《古文关键》的选目就明白了。比如他选韩愈的《获麟解》,选欧阳修、苏洵的《春秋论》,苏轼的《王者不治夷狄论》等,皆是"经论",这原属圣贤事业,自不必说。选韩愈《原道》《与孟简尚书书》,柳宗元《晋文问守原议》《桐叶封弟辩》《封建论》,欧阳修《本论》《泰誓论》,苏洵《管仲论》,苏轼《子思论》《荀卿论》《韩非论》等,树立儒家道统,排斥释道异端,所涉甚大,亦是儒者本色。其余如欧阳修《朋党论》《纵囚论》《为君难论》《上范司谏书》,苏辙《君术》,曾巩《救灾议》,张耒《用大论》等,皆为政论。至于苏轼的《晁错论》《范增论》《秦始皇扶苏》,苏辙的《三国论》,曾巩的《唐论》,张耒的《景帝论》等史论,亦大致属政论。这些文章的内容,都有鲜明的现实指向和政治效用。我们还可以看一下吕祖谦所编的《宋文鉴》。其书一百五十卷,"奏疏"一体就多达二十二卷,若加上"论""议""说"诸体,更达到三十五卷,接近全书的四分之一。这些文章,或探讨阴阳变化的自然物理,或阐述正心诚意的心性学说,或践履格物致知的修养方法,或追求修齐治平的政治理想,乃至阐扬忠孝节义、师友爱悌、宽厚仁慈、谦恭退让等儒家传统的伦理道德和行为规范,讨论君臣相与、国家治政的根本之计,描绘人们心目中的理想政治,歌颂美政,反映北宋王朝的一代典章制度和盛世的阔大气象,反思庆历、熙宁、元丰、元祐年间激烈的思想政治斗争,劝农、悯农,抨击颓败士风等等,无不事关世道人心和国家社稷之大"用"(即所谓"国是")。"论"之一体的社会功能和作用,在吕祖谦那里得到了前所未有的重视和强调。

---

① 吕祖谦《古文关键》卷首《论作文法》,《吕祖谦全集》第11册,第3页。此一看法当来自日本中(张鎡《仕学规范》卷三十五引吕氏《童蒙训》有此语,《景印文渊阁四库全书》第875册,第175页),然观其又云:"为文之妙,在叙事状情。"便知其认识已高出其伯祖了。

(四)"转换开阖":吕祖谦古文读写的"关键"之法

作为一部古文选本,《古文关键》体现出了编者鲜明的重视文章社会功能与作用的色彩;作为教授举子、示人以看文和作文之法的标抹评点著作,它突出地显示出其讲究文章具体写法和技巧的特点,尤其是对所选文章的主旨立意、意脉转换、结构布局、章法句法、警策之语等,均一一拈出,再三提示,从而建立起一套完整的古文评点话语体系。

在这套话语体系中,有标抹圈点,有评论注解,而以后者为要。吕祖谦在具体的评点中运用了许多批评术语,这些评点和术语已有学者作过一些很好的研究①,然而对这些话语的理解,似仍需讨论。诸如"关键""大概主张""文势规摹""纲目""反覆""开阖""抑扬""警策""血脉"等等,看起来好像不难理解,实则时过境迁,其含义至今已不免隔膜。兹择其要者略作讨论。

此书以"关键"为名,所谓"关键",本谓门闩,与"枢机"的含义略同,引申为事物的紧要之处和掌控物体运动的机关。刘勰论神思,曰:"神居胸臆,而志气统其关键;物沿耳目,而辞令管其枢机。枢机方通,则物无隐貌;关键将塞,则神有遁心。"②"关键""枢机"互文,以强调思想感情和语言文字在形象思维中的重要作用。刘勰之语,是吕祖谦此书的源头。③ 书中"关键"的内涵,吴承学先生曾论之。认为是指"文章在'铺叙次第、抑扬开合'等章法的紧要之处,包括内容就比较广泛了。《古文关

---

① 如吴承学《评点之兴——文学评点的形成与南宋的诗文评点》(《文学评论》1995 年第 1 期)、《现存评点第一书——论〈古文关键〉的编选、评点及其影响》(《文学遗产》2003 年第 4 期);又,罗书华《从文道到意法:吕祖谦与散文学史的重要转折——兼说〈古文关键〉之"关键"的含义》(《中国文学研究》2015 年第 3 期),亦有论述,然似又有过度阐释之嫌。

② 周勋初《文心雕龙解析·神思》,凤凰出版社,2015 年,第 445 页。

③ 吕祖谦在是书《总论看文字及作文法》中即引黄庭坚告诉王直方的话,说:"刘勰《文心雕龙》、刘子元《史通》,此两书曾读否?所论虽未极高,然讥弹古人,大中文病,不可不知。"(《吕祖谦全集》第 16 册,《续增历代奏议丽泽集文》附,第 130—131 页)

第四章 "中原文献之所传":吕祖谦在文献文化史上的地位

键》在这些地方有的径评以'关键',有的则以'抑''扬'等语评之"①。这是很有识见的。然或是限于篇幅,未及申论。"关键"一词的含义,笼统地说,是指看文作文的紧要之处;具体地说,就是指文章意脉的起承转折,开阖照应。《总论看文字及作文法》中论之颇多,略引数则:

> 凡看人文字,须先看首尾相应,又看他入头处,然后看他作文巧健处。
>
> 看文字各自有体,或清快,或壮健、反覆,须看一篇前后意最多著力过接处,不可妄读。
>
> 所拣杂文宜熟看。先看大概主张,次看文势规摹,三看转处并段中好处,关键收放所在。
>
> 看文字须要看他过换及接处。
>
> 大抵做文字不可放,令慢转处不假助语而自连接者为上。
>
> 凡作文,须要言语健,须会振发,转换好。
>
> 凡文字,破题要明白,不可晦。……题下去要转换过得好。要入题处,段转得好,如不觉。
>
> 凡作文字,皆须有宗有趣,终始关键,有开有阖。
>
> 凡作文字,每段结处必要紧切,可以动人言语。
>
> 凡作简短文字,必要转处多。凡一转必有意思则可。
>
> 文字若缓,须多看杂文。杂文须看他节奏紧处。若意思新,转处多,则自然不缓。善转者如短兵相接,盖谓不两行又转也。讲题若转多,恐碎了;文字须转,虽多,只是一意方可。
>
> 文字贵曲折斡旋。②

---

① 吴承学《现存评点第一书——论〈古文关键〉的编选、评点及其影响》,《文学遗产》2003年第4期,第78页。
② 《续增历代奏议丽泽集文》附《吕祖谦全集》第16册,第121—123页。

"著力过接处""转处""过换及接处""慢转处""转换好""过得好""终始关键,有开有阖""必要转处""节奏紧处""善转者如短兵相接""文字须转"等等,吕祖谦所反复强调和最为看重的看文作文之法,就是文章意脉的转折开合;如何开头,如何结尾,中间如何过渡,首尾怎样照应等,就是他古文评点的要点所在。

比如他评韩愈《原道》。

《原道》一文,先从正面立论,指出儒家所说的道是以仁义为中心的道,这就与释老之所谓道划清了界限。接着,韩愈进一步论述儒家圣贤所说的仁义之道,就是关乎天下百姓衣食住行、礼乐刑政的"相生养之道",决不玄虚。于是,老庄的"圣人不死,大盗不止;剖斗折衡,而民不争"之说不可取,而佛教"禁而相生养之道,以求其所谓清净寂灭"的说教,亦被动摇了。在否定了佛教清静寂灭之说后,韩愈这样写道:"呜呼!其亦幸而出于三代之后,不见黜于禹汤文武周公孔子也;其亦不幸而不出于三代之前,不见正于禹汤文武周公孔子也。"这真是想落天外,异峰突起,让人绝想不到。细味韩愈的这两句话,前一句说佛老之说长期以来竟然能蛊惑人心,甚嚣尘上,世人视若无睹,真是咄咄怪事。后一句谓佛老之学若是在三代之前,恐怕早就受到儒家先圣先贤的批驳和抨击了。其潜台词则是:无论古今,对于与儒家相对立、与社会发展相背离的佛老之说,都是不应容忍的。前一句承上文对佛老的批判来说,而后一句则启下,进一步斥责佛老之说不合时宜,并引据儒家经典对其说进行批判。承接转换,奇特而又巧妙,难怪吕祖谦要评其"健而有力,意外之意"并点出此处乃行文之"关键"了。① 经过这一番批驳之后,接下去作者归纳总结文章开头提出的观点,并再次强调:"斯吾所谓道也,非向所谓老与佛之道也。"吕祖谦则于此句下评曰:"关键。锁尽一篇之意。"② 这里的"关键",意思更简单,承上结束文意之谓也。

---

① 吕祖谦《古文关键》卷上,《吕祖谦全集》第11册,第8页。
② 吕祖谦《古文关键》卷上,《吕祖谦全集》第11册,第9页。

第四章 "中原文献之所传":吕祖谦在文献文化史上的地位

再看他评苏轼《晁错论》一篇。

晁错有刑名之学,又师伏生学《尚书》,于西汉文帝时为太子家令,号"智囊"。时诸侯渐拥权自重,错多次上书论削诸侯,变革法令,未为所用。至景帝时,遂得信任,官至御史大夫,于是更改法令,再请削诸侯之地。而吴楚七国则借清君侧之名,起兵造反。晁错终致被杀。晁错生文景之世,而能见微知著,主张变革,预见吴楚等诸侯国将反,实不能谓无识见。然其擅权一时,与袁盎、窦婴等素不合,于关键之时犹豫不能决,反遭攻讦,死于非命,亦事出有因。对西汉历史上的这一重要人物和事件的功过是非,苏轼是看得很清楚的。他在《晁错论》中起头就论道:

> 天下之患最不可为者,名为治平无事而其实有不测之忧。坐观其变而不为之所,则恐至于不可救;起而强为之,则天下狃于治平之安而不吾信。惟仁人君子、豪杰之士(吕氏评:转换,结上一段意),为能出身为天下犯大难,以求成大功,此固非勉强期月之间而苟以求名者之所能也(此句便见错小了)。天下治平,无故而发大难之端。吾发之吾能收之,然后有以辞于天下(起好,是一段开头。一篇主意、关键、警策、纲目在此);事至而循循焉欲去之,使他人任其责,则天下之祸必集于我。①

这一番议论可谓高屋建瓴。他并不拘泥于具体的历史人物和事件,而是能着眼于历史发展的情境和趋势。一个国家、一个时代,当其处于治平时期,出而任事,并不困难,而当其处于艰危之时,敢于出而任事之人,也不会遭遇很大非议,难的是看似治平无事而实已暗藏危机、暗流涌动之时,若要有所作为,最为困难。历史情境的不同,决定了历史人物的作用和命运。苏轼的议论当然是有针对性的。他一方面肯定了晁错的远见卓识,另一方面又指出了晁错事谬身亡并非都是咎由自取,就中亦有客

---

① 吕祖谦《古文关键》卷下,《吕祖谦全集》第11册,第90页。

观上的原因,即身处"最不可为"之时而欲为,却又无"仁人君子、豪杰之士"的任事魄力和能力,便只能以悲剧结局了。明白了苏轼此文的立论所在,吕祖谦于"天下治平,无故而发大难之端。吾发之吾能收之,然后有以辞于天下"之后,所加评语"起好,是一段开头。一篇主意、关键、警策、纲目在此",就很明白了。他所拈出的,正是东坡全文的主旨和警策之语,而在结构上,此数句结上启下,也正是文意转折的关键所在。

有时候,吕祖谦在选文之中的评语,不说"关键",而径谓"转换好","转换起得佳"①,"转文好"②,"意收于此,又就此转生意"③,"转"④,"过好,换好"⑤,"勾锁上,生下投"⑥,实则就是文章的"关键"和枢机之处了。有时候,他又不言"转折",而细致分析一番,揭示出其文意转折的巧妙。像韩愈《讳辩》一文,大致可分三段,第一段直接抨击李贺之父名晋肃而贺不应考进士之说的荒谬,接着第二段引周公作诗不讳、孔子不偏讳二名等自古以来不讳嫌名的例子,最后一段讽刺那些攻击李贺的人,做人不学周公孔子、曾皙,倒是讳亲名反学宦官宫妾,欲胜过先圣先贤,岂非可笑。文笔辛辣,论证有力。在第二段引古为证后,韩愈有一番话:"今上章及诏,不闻讳'浒'、'势'、'秉'、'机'也,惟宦官宫妾乃不敢言'谕'及'机',以为触犯。以士君子立言行事,宜何所法守也?"吕祖谦评曰:"承上一段有力。抑彼扬此,将要收归周孔、曾参事,且问起'何所法守'句,已含周孔、曾参意。"⑦便详细分析了文意是如何从第二段向第三段转折变化的妙处。更多的时候,或结上,或启下,并非同时有上下转折,吕祖谦则会特别指出此处是"关锁","结上意尽,关锁","结三句有力,有关

---

① 吕祖谦《古文关键》卷上,《吕祖谦全集》第11册,第2、3页。
② 吕祖谦《古文关键》卷上,《吕祖谦全集》第11册,第8、9页。
③ 吕祖谦《古文关键》卷上,《吕祖谦全集》第11册,第4页。
④ 吕祖谦《古文关键》卷上,《吕祖谦全集》第11册,第14页。
⑤ 吕祖谦《古文关键》卷上,《吕祖谦全集》第11册,第23页。
⑥ 吕祖谦《古文关键》卷上,《吕祖谦全集》第11册,第54页。
⑦ 吕祖谦《古文关键》卷上,《吕祖谦全集》第11册,第11页。

锁",①或"含蓄下意"②,"生下意"③,"换新意说"④,"生意"⑤等等,都能见出他对文意转折之处的看重。

《古文关键》中还有其它许多评点术语,如"警策"等,比较好理解,这里就不赘述了⑥。

(五)《古文关键》对《崇古文诀》和《文章正宗》的影响

吕祖谦《古文关键》的编撰和他重视文体的社会功能与作用,而又不忽视"为文之妙"的思想观念,产生了重要的影响。

吕祖谦的《古文关键》及其编纂思想和文体学观念,直接影响了楼昉《崇古文诀》的编撰。

楼昉与其弟楼晒年少时皆从学于吕祖谦,能传吕氏学问。宋宁宗嘉定八年(1215年),楼昉客居金华,讲学授徒,太守丘寿隽刊行《吕氏童蒙训》,即请他为此书作跋。楼昉称其书曰:"书之所载,自立身行己、读书取友、抚世酬物、仕州县、立朝廷,纲条本末,皆有稽据。大要欲学者反躬抑志,循序务本,切近笃实,不累于虚骄,不骛于高远,由成己以至成物,岂特施之童蒙而已哉,虽推之天下国家可也。"⑦所论颇中肯綮。楼昉亦以文名世。袁桷评其文"汪洋浩博,宜于论议。援引叙说,小能使之大,而统宗据要,风止水静,泊然不能以窥其涘。故其从学者凡数百人"⑧。

---

① 吕祖谦《古文关键》卷上,《吕祖谦全集》第11册,第2页。
② 吕祖谦《古文关键》卷上,《吕祖谦全集》第11册,第4页.
③ 吕祖谦《古文关键》卷上,《吕祖谦全集》第11册,第14页。
④ 吕祖谦《古文关键》卷上,《吕祖谦全集》第11册,第22页。
⑤ 吕祖谦《古文关键》卷上,《吕祖谦全集》第11册,第40页。
⑥ 《续增历代奏议丽泽集文》附《总论看文字及作文法》引吕本中:"陆士衡云:'立片言以居要,乃一篇之警策。'此要论也。文章无警策则不足以传世。如老杜诗云:'句不惊人死不休。'所谓惊人句,即警策也。"(《吕祖谦全集》第16册,第131页)
⑦ [宋]楼昉《童蒙训跋》,见是书卷尾,《景印文渊阁四库全书》第698册,第543—544页。
⑧ [元]袁桷《延祐四明志》卷五《人物考》,《景印文渊阁四库全书》第491册,台湾商务印书馆,1984年,第416页。

评价甚高。楼昉是鄞县(今浙江宁波)人,宋光宗绍熙四年(1193年)陈亮榜进士。他编选《崇古文诀》,当始于其居鄞时,而成于讲学金华、任职太学期间(即宋宁宗嘉定八年以后)。观陈森跋其书曰:"迂斋先生深于古文,尝掇取菁华,以惠四明(鄞县即唐时四明)学者,迨分教金华,横经璧水,传授浸广,天下始知所宗师。"①正透露出个中消息。

  作为讲学授徒的教材,与吕祖谦编《古文关键》同样,《崇古文诀》先是以抄本形式流传。它最早的刻本,应为宋理宗宝庆三年(1227年)陈森刻本。此本由楼昉手定,有陈振孙序,陈森、姚珤跋。陈振孙《直斋书录解题》卷十五亦有著录,书名标为"《迂斋古文标注》五卷"。②其后,楼昉的弟子、时任福建转运判官兼知建宁府的郑次申再次刊印,并请刘克庄作序,有《迂斋标注古文》十卷云云。③二书虽卷数不同,然所收作品则皆为168篇,是为同一系统。此书既是讲授教材,楼氏弟子又众,传抄便非止一本,自然也会有据其它抄本刊印的情况。如今存残宋本《迂斋标注诸家文集》即是。此本今存三卷六册,据潘宗周《宝礼堂宋本书录》,此本"所采先秦文十三篇(按此处将《九歌》所收九首诗歌分别统计)、两汉文十六篇、三国文二篇,叶号起第一至九十四,当为第一卷。唐文昌黎二十二篇,附李汉序,河东十四篇,叶号起第一至一百有一,当为第二卷。宋文王黄州一篇,范文正三篇,六一十六篇,仅三十八叶,篇幅独少,然末叶已有余白,当为第三卷"④。此书版心有"古文"二字。以常理推之,此书的初刻本(即陈森刻本、陈振孙著录之本),和后来郑次申的重刻本的书名《迂斋古文标注》或《迂斋标注古文》,都应是《迂斋标注诸家文集》的

---

  ① [宋]陈森《崇古文诀后叙》,见该书卷尾,《景印文渊阁四库全书》第1354册,台湾商务印书馆,1985年,第289页。
  ② [宋]陈振孙《直斋书录解题》卷十五总集类,第451页。
  ③ [宋]刘克庄撰,辛更儒笺校《刘克庄集笺校》卷九十六《迂斋标注古文序》,中华书局,2011年,第9册,第4049页。
  ④ 潘宗周《宝礼堂宋本书录》,上海古籍出版社,2007年,第322页。

第四章 "中原文献之所传":吕祖谦在文献文化史上的地位

省称,而与《迂斋标注崇古文诀》的名称似关涉不大。①《崇古文诀》的书名也像是出于其门下弟子或书商及下层文人之手,不大可能是楼昉的定名,不然何至于陈振孙、刘克庄序,陈森、姚珤跋都绝口不提其名呢。②

楼昉编选标注《崇古文诀》的动机、宗旨和体例,与《古文关键》相似,都是为了指导初学,然值得注意的是,在编选的指导思想上,楼昉也承继和发展了吕祖谦的做法,那就是注重文章之"用"。

楼昉所谓文章之"用",首先是有益于国家治政。南宋时期,摆在朝廷面前、萦绕在士人心头不可回避的问题,是如何应对和处理好宋、金两国之间关系。楼昉也不例外。他选汉文帝的《赐南粤王佗书》,胡寅《上皇帝万言书》《论遣使札子》《再论遣使札子》,胡铨《上高宗封事》等,其用心不难理解。书中评汉文帝《赐南粤王佗书》,认为此文"委曲回护,不自尊大,而所据者正,所以感动而讽谕之者深矣。读文帝此书,非但忠厚恻怛能服夷狄之心,又且明白正大,得待夷狄之体"③。所谓"得体",这里是说符合国家的政治地位和利益,或能把中央王朝与周边诸侯国之间的关系处理得恰如其分。以仁政而安四夷,是儒家的理想,也是南宋中后期士大夫所企求的。再像他选贾谊的《请立梁王疏》,说他"深识事势,议论剀切,笔力老健,至吴楚之反,而说始验;至主父偃之出,而策始行信

---

① 称"诸家文集",似乎是沿袭了乃师吕祖谦所编之书的习惯称呼。吕氏有《东莱集注观澜文集》《东莱标注三苏文集》等,都以"某某文集"为名可证。

② 《迂斋标注诸家文集》刊行后,影响甚大,新刻不断。其中最重要的当属二十卷本和三十五卷本《迂斋标注崇古文诀》。宋刻二十卷本《迂斋标注崇古文诀》今存日本静嘉堂文库,另,中国国家图书馆亦存此书残十三卷。是书收楼氏标注文章158篇,较陈、郑两刻少10篇。据李由所撰《〈崇古文诀〉版本新考》,这缺失的十篇文章,多出现在卷末,篇幅较长,当为坊间书贾所删。与二十卷本的削减篇幅不同,三十五卷本《崇古文诀》的变动则是增添。今存出于宋刻的元刊麻沙巾箱本,收录作品193篇,多出陈刻本25篇。这些多出的篇目,不少是从吕祖谦《古文关键》中直接移录来的,由此可见,这多半也是书商谋利的所作所为。(关于日本静嘉堂所藏二十卷本《崇古文诀》的版本状况等,详参李由《〈崇古文诀〉版本新考》,载《文献》2017年第4期)

③ [宋]楼昉《崇古文诀》卷二,《景印文渊阁四库全书》第1354册,第10页。

乎。其通达国体也"①。选范仲淹的《答赵元昊书》,评之曰:"反复攻击。既不失中国之体,亦不失夷狄之心,最宜详味。"②"既不失中国之体,亦不失夷狄之心",彼此相安,对南宋政权来说,确是国之大事。有时候,楼氏对所选之文的评语意味更为深长。像他选司马相如的《难蜀父老文》,有一段分析。曰:"武帝事西南夷,岂是好事。其实相如只是强分疏,却又要强说道理,至以禹治水为比,可谓牵合矣。使人主观之,乃所以助成其好大喜功之习,非所以正救其失也。"③联系到南宋后期的政局,那种攻守两难、进退维谷的矛盾心态是十分微妙的。

楼昉选文评文,又主张文章应反映治乱兴亡,能见出世事变迁的大势,仍是着眼于文之用。他选李格非的《书洛阳名园记后》,认为:"园囿何关于世道轻重,所以然者,兴废可以占盛衰、可以占治乱。盛衰不过洛阳,而治乱关于天下。斯文之作,为洛阳,非为园囿;为天下,非为洛阳也。文字不过二百字,而其中该括无限盛衰治乱之变,意有含蓄,事存鉴戒,读之令人感叹。"④其用不可谓不大。其它像评王嘉《择贤疏》:"论事深切,达于世变。"⑤评欧阳修《五代史伶官传论》:"只看盛衰两节,断尽庄宗始终。又须推原昔何为而盛,今何为而衰。其盛也,以其有志;其衰也,以其溺心。忧深思远,词严气劲,千万世之龟鉴,隐然言意之表。"⑥又评其《五代史宦者传论》:"读之使人愤痛而悲伤,深于世变之言也。"⑦评胡寅《上皇帝万言书》,曰:"贯穿百代之兴亡,晓畅当今之事势。"⑧皆着眼于文章中所反映的世变。而谓"读《两都赋序》,则知词赋之作亦可

---

① 楼昉《崇古文诀》卷三,《景印文渊阁四库全书》第1354册,第22页。
② 楼昉《崇古文诀》卷十六,《景印文渊阁四库全书》第1354册,第122页。
③ 楼昉《崇古文诀》卷三,《景印文渊阁四库全书》第1354册,第27页。
④ 楼昉《崇古文诀》卷三十二,《景印文渊阁四库全书》第1354册,第263页。
⑤ 楼昉《崇古文诀》卷六,《景印文渊阁四库全书》第1354册,第50页。
⑥ 楼昉《崇古文诀》卷十九,《景印文渊阁四库全书》第1354册,第148页。
⑦ 楼昉《崇古文诀》卷十九,《景印文渊阁四库全书》第1354册,第149页。
⑧ 楼昉《崇古文诀》卷三十三,《景印文渊阁四库全书》第1354册,第266页。

第四章 "中原文献之所传":吕祖谦在文献文化史上的地位

以观世变"①,更是其编选思想和观念的明确说明。

图22 《迂斋先生标注崇古文诀》(国家图书馆藏元刻本)

"有用文字,议论文字是也。"吕祖谦的这一看法为楼昉所承继,并有进一步的发展。《古文关键》所选多论体文,《崇古文诀》所选文体更为广泛,不但有策、论、书札、序记等文体,还有辞、赋、铭、赞、檄、难等,这看起来似与《古文关键》不同,其实,不管所选文体如何,他所看重的,仍是"有用"的论体之文和各种不同文体中的议论。这只要看一下他评语中随处可见的"议论正""议论好""议论切实""议论精确","此等议论有益于人主"②,"此等议论有益于世"③等等,就很明白了。他称扬的这些议论文

---

① 楼昉《崇古文诀》卷五,《景印文渊阁四库全书》第1354册,第37页。
② 楼昉《崇古文诀》卷二十六,苏辙《臣事》一评语,《景印文渊阁四库全书》第1354册,第210页。
③ 楼昉《崇古文诀》卷二十七,曾巩《书魏郑公传后》评语,《景印文渊阁四库全书》第1354册,第222页。

字,不但有对儒学义理的阐发,更有对治国理政观念的论说和见解。陈振孙曾为《崇古文诀》作序,其曰:"观公之去取,至于伊川先生讲筵二疏与夫致堂、澹斋二胡公所上高庙书,彼皆非蕲以文著者也,而顾有取焉。毋亦道统之传接续孔孟,忠义之气贯通神明,殆所谓有本者非耶!然则公之是编,岂徒文而已哉。昔之论文者曰'文以气为主',又曰'文者,贯道之器也',学者其亦以是观之,则得所以为文之法矣。"①这一看法是有识见的,然似乎还未真正揭示出楼氏此书编选用意的所在。比如,程颐不以文名,而书中却选了程颐的三篇文章,即《论经筵第一札子》《论经筵第二札子》和《春秋传序》。楼昉一一评论道:

  此等议论关涉大。自《伊训》《说命》《无逸》《立政》之后,方见此等文字。②
  探本之论,后世以为迂缓,古人以为急切。③
  自有《春秋》以来,惟孟子说得最好,后来太史公闻之董生数语好。自伊川之学行,而后《春秋》之用显。④

程颐两篇上呈宋哲宗的奏札,虽所谈无非是一般置师保、法先王、近贤臣、远小人之类的为君之道,然而与《尚书》中的《伊训》《说命》诸篇同样,都是贤臣进谏君王的话,是君臣相与、大有"关涉"的议论,是"探本之论"。至于《春秋传序》,更是一篇陈义甚高的大文章。因为在程颐看来,《春秋》所载,重要的是百王不易的"经世之大法",而史学意义上的褒善贬恶,还在其次。若后之君王能"优游涵泳,默识心通,然后能造其微",

---

① 此据祝尚书《宋人总集叙录》卷五引,中华书局,2004年,第251页。
② 楼昉《崇古文诀》卷二十六,程颐《论经筵第一札子》评语,《景印文渊阁四库全书》第1354册,第211页。
③ 楼昉《崇古文诀》卷二十六,程颐《论经筵第二札子》评语,《景印文渊阁四库全书》第1354册,第212页。
④ 楼昉《崇古文诀》卷二十六,程颐《春秋传序》评语,《景印文渊阁四库全书》第1354册,第213页。

第四章 "中原文献之所传":吕祖谦在文献文化史上的地位

"知《春秋》之义,则虽德非禹汤,尚可以法三代之治"。所以,他为《春秋》作注的目的,就是要使"后人通其文而求其义,得其意而法其用,则三代可复也"①。这当然是关涉通经致用、治国理政的大议论。在楼昉其它的许多评点中,每每于人主心术、天人之际等再三致意,亦足见其选取这些文章的用意,正在于这些文章的道德践行和实际政治功能。

楼昉《崇古文诀》承《古文关键》,不用说亦重文章写作之法。陈振孙指出"其用意之精深,立言之警拔,皆探索而表章之,盖昔人所谓为文之法备矣"②。又在《直斋书录解题》卷十五中著录是书,评之曰:"大略如吕氏《关键》,而所取自史汉而下至于本朝,篇目增多,发明尤精当,学者便之。"③这些评论,揭示出了《崇古文诀》的渊源和编选批抹的特点,是很正确的。学者对其论述亦多。然而有一点却往往被有意无意地忽略了,那就是楼昉所主张的文要"得体"。

在中国古代的社会生活中,人的言行要求得体是以礼为核心内容和衡量标准的。儒家历来追求理想的礼治社会图景。三纲六纪中,君臣、父子、夫妇、兄弟等,各安其位,各尽其责,相敬相亲,和谐相处,社会秩序才能稳定,生活才能有条不紊。人们日常生活中的一切言行都要立于礼,约之以礼,这样才能言行得当。作为社会生活反映的文学创作,也要求各有其体、各得其体。一般来说,所谓文要"得体"的含义,从作者来看,是说作者思想情感的表达,应符合其在社会、政治生活中的地位,说话应符合身份,说话应考虑听众,考虑读者;从文体上来看,是说某种思想情感的表达,应选择一种日常生活中人们习用的、最为恰当的文体样式,应与这种文体自身所具有的文体功能和语言特征、表现手法和风格等相吻合,以便于读者接受和起到应有的社会作用。因此,所谓文能得体,无论从作者还是从文体上来说,都意味着对说话和为文效用的强调,都是以对文章社会功能的重视为前提的,是对文章之用的重视。楼昉对

---

① 楼昉《崇古文诀》卷二十六,程颐《春秋传序》,《景印文渊阁四库全书》第 1354 册,第 213 页。
② 祝尚书《宋人总集叙录》卷五引,第 251 页。
③ 陈振孙《直斋书录解题》卷十五《迂斋古文标注解题》,第 452 页。

文要得体的认识,也是如此。

比如,楼昉选汉文帝《赐南粤王佗书》,既称其"委曲回护","明白正大",但同时又强调读此文可"得待夷狄之体"。汉文帝即位后,安抚四裔。在汉王朝与南粤的关系问题上,亦以仁心待之。他派陆贾出使南粤,并亲自修书与南粤王赵佗,信中分析两国关系,有曰:"得王之地,不足以为大;得王之财,不足以为富。服领以南,王自治之。"①并非汉廷没有能力南征,而是不忍轻启边衅罢了。可谓恩威并用,有理有节,措辞得宜。既不失大国风度,又能使南粤王赵佗心悦诚服,达到不动干戈、安土靖边的效果,可谓"得体"。这当然是最重要的为文之道了。反之,若仅仅重视为文技巧,追求藻饰,不审所处地位,不看为文对象,文不得体,不切实用,那倒是本末倒置了。再如,楼昉选司马相如《喻巴蜀檄》一文,说它"文字委曲回护,出脱得不觉,又不怯,全然道使者、有司不是,也要教百姓当一半不是。最善为辞,深得告谕之体"②。文过饰非,要维护汉武帝的权威,还要让这种维护不使人察觉,这真是得"告谕之体"的妙用了。还比如,书中选范仲淹《答赵元昊书》,称其"反复攻击,既不失中国之体,亦不失夷狄之心。最宜详味"③。选欧阳修《丰乐亭记》,评曰:"不归功于己而归功于上,最为得体。"④选王安石《扬州龙兴十方讲院记》,谓其"以儒者而为浮屠氏之文,得体者最难。自首至尾,抑扬高下,重彼所以伤此,感叹之意见于言外"⑤。选苏轼《上神宗皇帝书》,评其"一篇之文,几万余言,精采处都在闲语上。有忧深思远之意,有柔行巽入之态,当深切著明则深切著明,当委曲含蓄则委曲含蓄,真得告君之体。廷对当仿此"⑥。选《代张方平谏用兵书》,又称其"说利害深切,得老臣谏君之

---

① 楼昉《崇古文诀》卷二,《景印文渊阁四库全书》第1354册,第10页。
② 楼昉《崇古文诀》卷三,《景印文渊阁四库全书》第1354册,第26页。
③ 楼昉《崇古文诀》卷十六,《景印文渊阁四库全书》第1354册,第122页。
④ 楼昉《崇古文诀》卷十九,《景印文渊阁四库全书》第1354册,第145页。
⑤ 楼昉《崇古文诀》卷二十,《景印文渊阁四库全书》第1354册,第154页。
⑥ 楼昉《崇古文诀》卷二十三,《景印文渊阁四库全书》第1354册,第175页。

第四章 "中原文献之所传"：吕祖谦在文献文化史上的地位

体"①。诸文体虽不同，然就文中所论宋与西夏的关系也好，儒与佛、君与臣的关系也好，都处理得很恰当，即此便谓之得体。

论文讲究得体，北宋时已是如此。比如程颐，即持文应得体的主张。《河南程氏外书》卷十一载："张思叔作《商税院题名记》，先生以为得体。李邦直卒，委思叔作祭文，多溢美。先生顾思叔曰：'《商税院题名记》是公所为乎？'思叔唯唯。他日别制祭文用之，曰：'世推文章，位登丞辅；编简见其才华，廊庙存其步武。'"②张绎的《商税院题名记》，今已不可见，他祭李清臣文中的话，称述其文才和职任，称述切当，可谓得体。南宋吕祖谦、楼昉等人当受其影响。

吕祖谦、楼昉重视文体功能的看法，到了真德秀的《文章正宗》和《续文章正宗》中，得到更清晰、更明确的阐释和进一步的发挥。

真德秀出詹体仁门下，是刘子翚、朱熹的再传弟子。刘又与吕本中为友。故真氏选文兼受理学和文学的影响。其《文章正宗》单分议论文字为一类，即承继和发挥了吕祖谦的观念；而选入诗赋，则受朱熹的直接影响。这里不必细论。

在《文章正宗》中，真德秀径直否定了自《昭明文选》至《唐文粹》以来的多种文章选本，认为其并非文章正宗。他说：

> 夫士之于学，所以穷理而致用也，文虽学之一事，要亦不外乎此。故今所辑，以明义理、切世用为主。其体本乎古，其指近乎经者，然后取焉。否则，辞虽工亦不录。其目凡四：曰辞命，曰议论，曰叙事，曰诗赋。今凡二十余卷云。③

把文纳入"学"的范围，学应穷理致用，为文当然也就要"以明义理、切世用为主"了。这种文章之用，具体说便体现在"辞命""议论""叙事"和"诗

---

① 楼昉《崇古文诀》卷二十五，《景印文渊阁四库全书》第1354册，第200页。
② 程颐语，《河南程氏外书》卷十一，《二程集》，第418页。
③ [宋]真德秀《文章正宗纲目》，《景印文渊阁四库全书》第1355册，第5页。

赋"四类文章上。

首先是辞命。真德秀说道：

> 按《周官》太祝作六辞以通上下、亲疏、远近，曰辞、曰命、曰诰、曰会、曰祷、曰诔。内史凡命诸侯及孤卿大夫，则策命之。御史掌赞书，质诸先儒注释之说，则辞命以下，皆王言也。太祝以下，掌为之辞，则所谓代言者也。以《书》考之，其可见者有三：一曰诰，以之播告四方，《汤诰》《盘庚》《大诰》《多士》《多方》《康王之诰》是也；二曰誓，以之行师誓众，《甘誓》《泰誓》《牧誓》《费誓》《秦誓》是也；三曰命，以之封国命官，《微子》《蔡仲》《君陈》《毕命》《君牙》《冏命》《吕刑》《文侯之命》是也，他皆无传焉。意者王言之重，惟此三者，故圣人录之以示训乎。汉世有制、有诏、有册、有玺书，其名虽殊，要皆王言也。文章之施于朝廷，布之天下者，莫此为重。故今以为编之首。《书》之诸篇，圣人笔之为经，不当与后世文辞同录，独取《春秋》内外传所载周天子谕告诸侯之辞，列国往来应对之辞，下至两汉诏册而止。……学者欲知王言之体，当以《书》之诰、誓、命为祖，而参之以此编，则所谓正宗者，庶乎其可识矣。①

如果从文章的社会功能和作用来看，确实没有比"王言"更重要的了，因为它要"施于朝廷，布之天下"。其实，自《昭明文选》以来的很多诗文总集，也是选录诏册令教之类的文章的，只是没有像《文章正宗》这样，把"王言之体"放到如此重要的位置，把文章的社会功能和作用强调到如此程度而已。

其次是"议论"之文。真德秀说：

> 按议论之文，初无定体。都俞吁咈，发于君臣会聚之间；语言问答，见于师友切磋之际，与凡秉笔而书，缔思而作者，皆是也。大抵

---

① 真德秀《文章正宗纲目》，《景印文渊阁四库全书》第1355册，第5页。

第四章 "中原文献之所传":吕祖谦在文献文化史上的地位

以六经、《语》《孟》为祖,而《书》之《大禹》《皋陶》《益稷》《仲虺之诰》《伊训》《太甲》《咸有一德》《说命》《高宗肜日》《旅獒》《召诰》《无逸》《立政》,则正告君之体,学者所当取法。然圣贤大训,不当与后之作者同录,今独取《春秋》内外传所载谏争论说之辞,先汉以后诸臣所上书疏封事之属,以为议论之首。他所纂述,或发明义理,或剖析治道,或褒贬人物,以次而列焉。书记往来,虽不关大体,而其文卓然为世脍炙者,亦缀其末。学者之议论,一以圣贤为准的,则反正之评,诡道之辩,不得而惑;其文辞之法度,又必本之此编,则华实相副,彬彬乎可观矣。①

在真德秀所选的四类文章中,以议论文的数量为最多(十二卷)。其中既有发明义理、分析治道、褒贬人物的一般议论之文,也包括了书疏封事等"告君之体"的文字。吕祖谦所说的"有用文字,议论文字是也",在真德秀这里得到了进一步的扩展和发挥。

再次是"叙事"文。真德秀虽重视辞命和议论文字,但对叙事之文并不忽略,因为在现实政治生活中,叙事文体同样是不可缺少的。他说道:

按叙事起于古史官,其体有二:有纪一代之始终者,《书》之《尧典》《舜典》与《春秋》之经是也,后世本纪似之。有纪一事之始终者,《禹贡》《武成》《金縢》《顾命》是也,后世志记之属似之。又有纪一人之始终者,则先秦盖未之有,而昉于汉司马氏,后之碑志、事状之属似之。今于《书》之诸篇与史之纪传,皆不复录,独取《左氏》《史》《汉》叙事之尤可喜者,与后世记、序、传、志之典则简严者,以为作文之式。若夫有志于史笔者,自当深求《春秋》大义,而参之以迁、固诸书,非此所能该也。②

---

① 真德秀《文章正宗纲目》,《景印文渊阁四库全书》第 1355 册,第 6 页。
② 真德秀《文章正宗纲目》,《景印文渊阁四库全书》第 1355 册,第 6 页。

真德秀对叙事之文的源流和文体特征的认识是很准确的,他把编年、纪事、纪人的文章都纳入叙事文的范围,这也比吕祖谦要宽泛,因而他对叙事文的功能和作用的强调,也是很显然的。

最后一类是诗赋。这一部分作品的编选,比较特殊,它直接贯彻了朱熹的诗歌史观念。真德秀本之朱熹之说,而仍有自己的新认识。其曰:

> 按古者有诗,自虞赓歌、夏五子之歌始,而备于孔子所定《三百五篇》,若楚辞,则又诗之变,而赋之祖也。朱文公尝言:"古今之诗,凡有三变。盖自书传所记,虞夏以来,下及汉魏,自为一等;自晋宋间颜、谢以后,下及唐初,自为一等;自沈、宋以后,定著律诗,下及今日,又为一等。然自唐初以前,其为诗者,固有高下,而法犹未变,至律诗出而后诗之古法始皆大变矣。故尝欲抄取经史诸书所载韵语,下及《文选》古诗,以尽乎郭景纯、陶渊明之作,自为一编,而附于《三百篇》、楚词之后,以为诗之根本准则。又于其下二等之中,择其近于古者,各为一编,以为之羽翼舆卫。其不合者则悉去之,不使其接于胸次。要使方寸之中,无一字世俗语言意思,则其为诗,不期于高远而自高远矣。"今惟虞夏二歌与《三百五篇》不录外,自余皆以文公之言为准,而拔其尤者,列之此编。律诗虽工,亦不得与。若箴、铭、颂、赞、郊庙乐歌、琴、操,皆诗之属,间亦采摘一二,以附其间。至于辞赋,则有文公《集注楚词后语》,今亦不录。或曰此编以明义理为主,后世之诗其有之乎?曰:《三百五篇》之诗,其正言义理者盖无几,而讽咏之间,悠然得其性情之正,即所谓义理也。后世之作,虽未可同日而语,然其间兴寄高远,读之使人忘宠辱、去系吝,翛然有自得之趣,而于君亲臣子大义,亦时有发焉,其为性情心术之助,反有过于他文者。盖不必颛言性命而后为关于义理也。读者以是求之,斯得之矣。①

---

① 真德秀《文章正宗纲目》,《景印文渊阁四库全书》第1355册,第6—7页。

朱熹的话无疑为后人清晰地勾勒出一部诗歌史发展的进程。按照这些认识,朱熹原是想编纂一部历代诗选的,并且连选目都已有所考虑,只是又想到"为学之务有急于此者","遂悉弃去不能复为"①。由此看来,真德秀编选《文章正宗》而专设诗赋一类,实际是完成或承续了一个朱熹曾想做而未做的愿望。然而,既"以明义理、切世用"为编选宗旨,却又要选录诗赋,其间似不免有矛盾。真德秀的解释是,只要这些诗歌"兴寄高远",能得"性情之正","读之使人忘宠辱、去系吝,翛然有自得之趣,而于君亲臣子大义,亦时有发焉",就都可入选,"不必颠言性命而后为关于义理也"。注重兴寄和理趣,注重诗赋的社会作用,虽仍是"以明义理、切世用为主",却在一定程度上弥合了明义理与抒情性之间的矛盾。这与吕祖谦所说的,"词章,古人所不废,然德盛仁熟,居然高深,与作之使高、浚之使深者,则有间矣","杜子美诗,韩退之、柳子厚文,读之容丽雄深,可以起发人意"。前后相承,亦相一致。观集中于陈子昂选其《感遇》,于李白选收《古诗》五十九首,于杜甫选录《自京赴奉先县咏怀》《北征》、"三吏三别"、"二悲二哀"、前后《出塞》《羌村三首》《同元使君春陵行》《八哀诗》等,于韦应物选其《拟古》《杂体》《郡斋雨中与诸文士燕集》《县斋》《幽居》等,于柳宗元选《南涧中题》《江雪》《饮酒》《读书》《感遇》等,于韩

---

① 朱熹《晦庵集》卷六十四《答巩仲至书》,《景印文渊阁四库全书》第1145册,第218页。比如在选目上,唐代拟选李、杜、王、韦等人的若干作品。其自注曰:"且以李杜言之,则如李之《古风》五十首,杜之秦蜀纪行、《遣兴》、《出塞》、《潼关》、《石壕》、《夏日》、《夏夜》诸篇。律诗则如王维、韦应物辈,亦自有萧散之趣,未至如今日之细碎卑冗无余味也。"又因巩丰来信所言而论及诗文,曰:"来喻所云漱六艺之芳润,以求真澹。此诚极至之论。然恐亦须先识得古今体制,雅俗乡背,仍更洗涤得尽肠胃间凤生荤血脂膏,然后此语方有所措,如其未然,窃恐秽浊为主,芳润入不得也。近世诗人正缘不曾透彻此关,而规规于近局,故其所就皆不满人意,无足深论。然就其中而论之,则又互有短长,不可一概抑此伸彼,况权度未审其所去取,又或未能尽合天下之公也。此说甚长。非书可究。他时或得面论,庶几可尽。但恐彼且要结绝'修辞'公案,无暇可及此耳。记文甚健,说尽事理。但恐亦当更考欧、曾遗法,料简刮摩,使此清明峻洁之中,自有雍容俯仰之态,则其传当愈远,而使人愈无遗憾矣。""放翁诗书录寄,幸甚。此亦得其近书,笔力愈精健。顷尝忧其迹太近,能太高,或为有力者所牵挽,不得全此晚节,计今决可免矣。此亦非细事也。"可参。

愈则又选其《秋怀》《龊龊》《嗟哉董生行》《调张籍》《南溪始泛》等等,确是"为性情心术之助,反有过于他文者"。

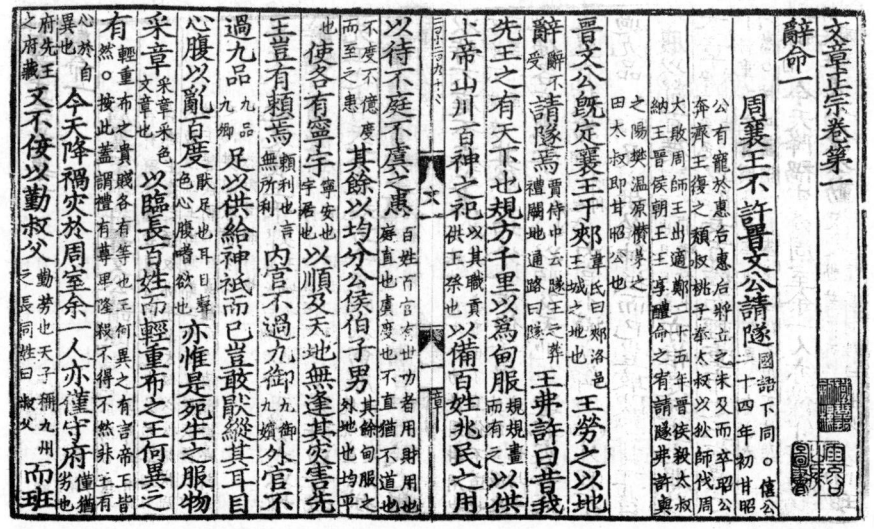

图23 《文章正宗》(国家图书馆藏元刻本)

真德秀《文章正宗》《续文章正宗》在后代刻本极多,影响甚大。然当其编选之时,其门下刘克庄已有异议,至清,论者如顾炎武、四库馆臣等,多指出其执理太过、矫枉过正之处。诸说虽亦有理,但如上所述,真德秀于辞命、议论类文字,不取《尚书》,"独取《春秋》内外传所载周天子谕告诸侯之辞,列国往来应对之辞,下至两汉诏册",和"《春秋》内外传所载谏争论说之辞,先汉以后诸臣所上书疏封事之属",于叙事类文字,不取史传,"独取《左氏》《史》《汉》叙事之尤可喜者",他对文史界限的划分是很清楚的。后人所论,与真氏书编纂的实际不免有所疏离和睽违。

(六)融合"性理、艺文":《古文关键》编纂的文体和文化意义

《古文关键》的编选,又具有重要的文体和思想文化意义。

文学是一定的社会生活在人们头脑中反映的产物,某种文学体裁的

第四章 "中原文献之所传":吕祖谦在文献文化史上的地位

形成,归根结底,是为了适应一定的社会生活的需要而产生,并随着社会生活的发展变化和人类认识事物水平的提高而不断发展变化的。"雅容告神"而有颂,"事生奖叹"而有赞①,"先圣鉴戒"而有铭,"攻疾防患"因有箴②,而诗要言志,赋亦应体国经野,等等,《文心雕龙》所论文体81种,各有渊源,亦各有其用。因此,从这个意义上说,文各有体,体各有用,实可认为是文体的本质属性;如果社会生活对某种文体不再有需求,或这一文体不能尽其所用或不再适用,它也就会逐渐走向衰落或发生变异。然而,文学反映社会生活,又有其自身的特点和规律,魏晋以后,随着人们对这些特点和规律认识的逐渐清晰和加深,文学的形象性和抒情性的本质特征,愈益为人们所认识,而文体产生最初的功能和作用则反被遮蔽。文与笔既相区别,文与史也判然两途。文是否应该载道或明道,二者关系究应如何处理才算妥当,也成了常使人困惑和需要讨论的话题。至南宋吕祖谦等人一再强调文体的功能和作用,实际在很大程度上是对文体产生和发展的本质属性的回归。体与用、文与道,在此复融合为一。应当指出的是,吕祖谦这样做并不是要否定文学自身的特点,而是在认可这些特点的基础上,强调文体的功能与作用。因为,他除了提出"有用文字,议论文字是也"之外,还认为"为文之妙,在叙事状情"③,这正准确地反映了他对文学应形象地反映社会生活的认识。其编选《古文关键》,对所选古文标抹评点,就是以示人"为文之妙"为重要目标之一的。因此,《古文关键》的编撰,又从一个侧面反映出有宋一代思想学术与文学的离合与文体和文章学演进。

程颐曾谓:"古之学者一,今之学者三,异端不与焉:一曰文章之学,二曰训诂之学,三曰儒者之学。欲趋道,舍儒者之学不可。"④又说:"今

---

① 周勋初《文心雕龙解析·颂赞》,凤凰出版社,2015年,第160、166页。
② 周勋初《文心雕龙解析·铭箴》,第182、188页。
③ 吕祖谦《古文关键》卷首《论作文法》,《吕祖谦全集》第11册,第3页。
④ 程颐语,《河南程氏遗书》卷十八,《二程集》,中华书局,1981年,第1册,第187页。

之学者歧而为三：能文者谓之文士，谈经者泥为讲师，惟知道者乃儒学也。"①"文章之学"指苏轼之学，"训诂之学"指王安石之学，"儒者之学"则是其自谓。在北宋熙丰、元祐年间激烈的党争背景下，思想学术与文学也出现了明显的分化。② 程颐的话正反映了这种分化。三派本身的是非此处可不论，值得注意的是，程颐对三派学术的判断虽等级分明，然还是把以苏轼为代表的文章之学也纳入了"学"的范围。文章亦"学"，学术与文章也就可以相提并论了。南北宋之间的陈善，曾这样评价有宋以来的思想学术派别和文章发展，他说："唐文章三变，本朝文章亦三变矣。荆公以经术，东坡以议论，程氏以性理。三者要各自立门户，不相蹈袭。其末流皆不免有弊。虽一时举行之过其实，亦事势有激而然也。至今学文之家，又皆逐影吠声，未尝有公论，实不见古人用心处。吾每为之太息。"③虽然仍是将三者分而论之，但毕竟也是把文章之文与经术、性理之文置于同一话语体系中的。到了南宋，吕祖谦不但在政治上兼重文治和武绩，理学思想上融会朱、陆，在文学上也极力弥合诸派之间的矛盾，拉近彼此的距离。吕祖谦的做法，又为叶适、陈耆卿、吴子良等所承续，遂为宋文的发展作一圆满结局。叶适就认为文道可统一，而并非对立。他说："文字之兴，萌芽于柳开、穆修，而欧阳修最有力，曾巩、王安石、苏洵父子继之，始大振。故苏氏谓'虽天圣、景祐，斯文终有愧于古'。此论世报共知，不可改。""且人主之职，以道出治，形而为文，尧、舜、禹、汤是也。若所好者文，由文合道，则必深明统纪，洞见本末，使浅知狭好无所行于其间，然后能有助于治，乃侍从之臣相与论思之力也。"④由道而文，或由文而道，皆无不可，关键在是否有益于治，而非为文而文。欧、曾、

---

① 程颐语，《河南程氏遗书》卷六，原作"二先生语"，然据上引一条，此语当为程颐所言，见《二程集》，第1册，第95页。

② 请参拙撰《北宋党争与文论三派的分化》，载《文学评论丛刊》第1卷第1期，江苏文艺出版社，1997年，第49—67页。

③ ［宋］陈善《扪虱新话》卷五，该书编委会编《四库全书存目丛书》子部第101册，齐鲁书社，1997年，第286页。

④ 叶适《习学记言序目》卷四十七，下册，第696页。

王、苏之文好,也正在于此。这当然是典型的事功学派的看法,然主张文道合一却是没有疑问的。

吴子良承其绪论道:

> 文有统绪,有气脉。统绪植于正而绵延,枝派旁出者无与也;气脉培之厚而盛大,华藻外饰者无与也。六籍尚矣,非直以文称,而言文者辄先焉。不曰统绪之端、气脉之元乎?……自元祐后,谈理者祖程,论文者宗苏,而理与文分为二。吕公(按指吕祖谦)病其然,思融会之。故吕公之文,早葩而晚实。逮至叶公(即叶适),穷高极深,精妙卓特,备天地之奇变,而只字半简无虚设者。寿老(指陈耆卿)一见亦奋跃策而追之,几及焉。然则所谓统绪正而气脉厚也,又岂直文而已。①

吴子良的话,道出了吕祖谦等人在融汇理学与文学方面所作的努力和在古文创作与发展上的贡献。②

楼昉承其师说,编撰《崇古文诀》,可以说在理学与文学的融合上,同样做出了很大努力。且看刘克庄的评论:

> 本朝文治虽盛,诸老先生率崇性理,卑艺文。朱主程而抑苏……水心叶氏又谓洛学兴而文字坏。二论相反,后学殆不知所适从矣。迂斋标注者,一百六十有八篇,千变万态,不主一体,有简质者,有葩丽者,有高虚者,有切实者,有峻厉者,有微婉者。夫大匠诲规矩而不诲巧,老将传兵法而不传妙,自昔学者病焉。至迂斋则逐章逐句,原其意脉,发其秘藏,与天下后世共之。惟其学之博、心之平,故所采掇,尊先秦而不陋汉唐,尚欧、曾而并取伊洛。矫诸儒相反之论,萃

---

① [宋] 吴子良《荃窗续集序》,见该书卷首,《景印文渊阁四库全书》第 1178 册,第 3—4 页。
② 对于吕祖谦融合理学与文学的做法,朱熹并不以为然(如前引《与张敬夫书》),然这也从另一面反映了吕祖谦试图融合理学与文学的事实。

  历代能言之作,可以扫去《粹》、《选》而与《文鉴》并行矣。①

  指出楼昉"矫诸儒相反之论"、融"性理""艺文"、"萃历代能言之作"的编纂思想,是很正确的。其实,从《古文关键》到《崇古文诀》和《文章正宗》,皆是如此,文体学演进之迹皎然分明。

  综上,吕祖谦《古文关键》的编纂,既有其学术渊源,也曾受到朱熹的启发。《古文关键》在南宋有多种刊本,书前的《总论看文字及作文法》与书本身,原有一个分合的过程。此书的编纂,并非仅为"举子事业",更具有"君子之事业"的意味。《古文关键》的编选,还具有重要的文体和文章学意义。以其为代表的南宋古文选本,既多出于兼具理学与文学品格者之手,文学与理学遂相互渗透和影响。这种影响的表现之一,便是对文体的社会功能和作用的重视和强调,同时也不忽略文学自身的特征和规律。从文体和文章学的发展演进来看,这种强调实是对文体本质属性的回归。文体和文章学由此进入一个新的发展阶段。

---

① [宋]刘克庄撰,辛更儒笺校《刘克庄集笺校》卷九十六《迂斋标注古文序》,第9册,第4049页。

第五章
南宋复雅词集的编纂与文化"绍兴"

南宋高宗绍兴中期,词坛上悄然兴起一股复雅之风。这一时期,论词者多以雅词相尚,并先后出现了一批以"雅词"相标榜的词作总集和别集。像鲖阳居士选录唐至北宋人的词作四千三百余首,编为《复雅歌词》。① 曾慥选收本朝词三百余首,成《乐府雅词》五卷。② 南宋书坊刊行词集丛刊,称作《典雅词》。③ 汤衡、陈应行为张孝祥词集作序,皆称其为

---

① 是书编于高宗绍兴十二年(1142年)(参见鲖阳居士此书序言)。编选情况略见南宋黄昇《中兴以来绝妙词选序》等。其书至清已佚失,近人赵万里先生有辑本一卷,见其《校辑宋金元人词》。

② 此书成于高宗绍兴十六年(1146年),参见曾慥《乐府雅词引》。

③ 参清朱彝尊《曝书亭集》卷四十三《跋〈典雅词〉》、赵万里《校辑宋金元人词序》。赵万里云:"《典雅词》,朱彝尊辑《词综》时,于文渊阁及他处共得六册。《曝书亭集》四十三有跋记之。其略曰:'《典雅词》,不知凡几十册。予未通籍时,得一册于慈仁寺集。笺皆罗纹,惟书法潦草,盖宋日胥吏所抄南渡以后诸公词。后分纂《一统志》,昆山徐尚书请于朝,权发文渊阁书,用资考证,中亦有《典雅词》一册。始知是编为中秘所储也。既而工部郎灵寿傅君以家藏钞本词四册贻予,则尺度题笺与予曩所购无异。考正统中《文渊阁书目》,止著诸家词三十九册,而无典雅之名(赵万里按:《文渊阁书目》载诸家宴喜词三十册,与竹垞所云不合),疑即是书,著录者未之详尔。'(按赵氏引朱彝尊跋有删略)据此知'典雅'乃宋世旧题。故杭世骏补本《千顷堂书目》、倪灿《宋史艺文志补》并著于录。然仅列姚述尧《箫台公余词》、倪偁《绮川词》、邱崈《文定公词》三种。合以江阴缪氏传钞汲古阁本陈允平《西麓继周集》、曹冠《燕喜词》、赵磻老《拙庵词》、李好古《碎锦词》、冯取洽《双溪词》、袁去华《宣卿词》、程大昌《文简公词》、胡铨《澹庵长短句》、失名《章华词》、刘子寰《篁嵚词》、阮阅巢令君《阮户部词》、黄公度《知家翁词》、(转下页)

"雅词"。赵彦端《介庵词》,又称"宝文雅词"。林正大有《风雅遗音》,宋谦父《渔樵笛谱》,亦有"壶山雅词"之称等等。皆以"雅词"名集,一时蔚成风气。其后,黄昇《唐宋诸贤绝妙词选》《中兴以来绝妙词选》,赵闻礼《阳春白雪》,周密《绝妙好词》,王柏《雅歌》等,大致亦承其余绪。[①] 故近人赵万里云:"考宋人乐章,辄以雅相尚。传世有张安国《紫微雅词》、赵彦端《宝文雅词》、曾慥《乐府雅词》,《宋史艺文志》有《书舟雅词》,《岁时广记》引《复雅歌词》。此书(指《典雅词》)以典雅为名,亦足觇南渡后风尚矣。"[②]南宋词坛何以会大倡典雅之风,复雅词集编纂的文献文化意义应如何认识,其对词坛创作又有何影响等问题,本章将依次讨论之。

一、南宋词坛复雅之风的兴起及其理论内涵

以雅论词,并不始于南宋。溯其渊源,可至晏殊。这位仁宗朝的丞相,虽在政治上未有什么特殊的事功,但在奖掖人才和文学创作上,却是有成绩的。他论诗主张委婉含蓄,风调闲雅。欧阳修《归田录》已记之。曰:"晏元献公喜评诗。尝曰:'老觉腰金重,慵便枕玉凉',未是富贵语,

---

(接上页)陈亮《龙川词》、侯寘《孏窟词》,共得十有七种,与朱氏所跋之六册,自当为一家眷属,或即系一书。劳犿卿曾见朱氏藏本,尝以校欧良《抚掌词》、张辑《东泽绮语债》,则传世《典雅词》至少亦当有十九种矣。"(《校辑宋金元人词序》,载是书卷首,国家图书馆出版社,2013年影印中央研究院历史语言研究所印本,第5—6页)而据王兆鹏先生所考,则《典雅词》原所收词集至少有22种,参其《词学史料学》,中华书局,2004年,第103—104页。

[①] 对宋人的以雅论词,学界已有较多关注。如吴熊和《唐宋词通论》(浙江古籍出版社,1985年)、杨海明《唐宋词风格论》(上海社会科学院出版社,1986年),萧鹏《群体的选择——唐宋人选词与词选通论》(台湾文津出版社,1992年),王运熙、顾易生主编《中国文学批评通史(宋金元卷)》(上海古籍出版社,1996年),赵晓兰《宋人雅词原论》(巴蜀书社,1999年)等,皆有所论列,颇多见地。然诸书或属通论,或侧重词派风格,或具论选本,与本书角度不同,读者可以参看。

[②] 赵万里《校辑宋金元人词序》,《校辑宋金元人词》卷首,第7页。

不如'笙歌归院落,灯火下楼台',此善言富贵者也。人皆以为知言。"①又宋吴处厚《青箱杂记》卷五论及文章风格,以为有朝廷台阁与山林草野之分,诗词亦然。"晏元献公虽起田里,而文章富贵,出于天然。尝览李庆孙《富贵曲》云:'轴装曲谱金书字,树记花名玉篆牌。'公曰:'此乃乞儿相,未尝谙富贵者。'故公每吟咏富贵,不言金玉锦绣。而唯说其气象。若'楼台侧畔杨花过,帘幕中间燕子飞','梨花院落溶溶月,柳絮池塘淡淡风'之类是也。故公自以此句语人曰:'穷儿家有这景致也无?'"又谓其"每读韦应物诗,爱之。曰:'全没些脂粉气。'故公于文章,尤负赏识。集梁《文选》以后迄于唐别为《集选》五卷,而诗之选尤精。凡格调猥俗而脂腻者,皆不载也。"②所谓"善言富贵",所谓"唯说其气象",皆是主张诗要含蓄、闲雅,而反对直露和猥俗。其论词亦承其说诗。张舜民《画墁录》载:"柳三变既以调忤仁庙,吏部不放改官,三变不能堪,诣政府。晏公曰:'贤俊作曲子么?'三变曰:'只如相公亦作曲子。'公曰:'殊虽作曲子,不会道绿线慵拈伴伊坐。'柳遂退。"③便是明确倡闲雅而反俗艳的例子。

  苏轼以诗论词,也主张雅。他在《祭张子野文》中,曾称道张先:"清诗绝俗,甚典而丽,搜研物情,刮发幽翳。微词宛转,盖诗之裔。"④由诗

---

① [宋]欧阳修《归田录》卷二,朱易安等主编《全宋笔记》第一编第5册,大象出版社,2003年,第254页。

② [宋]吴处厚《青箱杂记》,《全宋笔记》第一编第10册,第220页。此处"五卷"当为"二百卷",惜已不传。郑樵《通志·艺文略》总集类著录晏殊《名贤集选》一百卷。陈振孙《直斋书录解题》卷十五总集类著录晏殊《集选目录》二卷,曰:"丞相元献公晏殊集。《中兴馆阁书目》以为不知名者,误也。大略欲续《文选》故亦及于庾信、何逊、阴铿诸人,而云唐人文者亦非也。莆田李氏有此书,凡一百卷。力不暇传,姑存其目。"(上海古籍出版社,1987年,第444页)又,欧阳修《居士集》卷二十二《观文殿大学士行兵部尚书西京留守赠司空兼侍中晏公神道碑铭序》,则谓晏殊曾"集类古今文章为《集选》二百卷"(洪本健校笺《欧阳修诗文集校笺》,上海古籍出版社,2009年,第640页),然至南宋仅存百卷矣。

③ [宋]张舜民《画墁录》,《全宋笔记》第二编第1册,大象出版社,2006年,第218页。此《定风波》(自春来惨绿愁红)词。"调",当作"词";"绿",或作"彩",集作"针";"慵",集作"闲"。

④ 张志烈、马德富、周裕锴主编《苏轼全集校注·文集校注》卷六十三,河北人民出版社,2010年,第9册,第6992页。

论到词,以诗衡词,认为张先的词与其诗一脉相承,宛转典丽。① 他又赞扬陈慥的词,说它"句句警拔,诗人之雄,非小词也"②,谓柳永《八声甘州》(对潇潇暮雨洒江天)中的"渐霜风凄紧,关河冷落,残照当楼"数句,"于诗句不减唐人"③,而对柳词的俗艳则有所不取④。这都是以诗论词,认为词应作得像诗那样典丽才好,与他的以诗为词,完全一致。

苏轼门下弟子,有与老师的意见相似的,如黄庭坚。他在《小山集序》中评晏几道:"乃独嬉弄于乐府之余,而寓以诗人句法,清壮顿挫,能动摇人心。士大夫传之,以为有临淄之风尔,罕能味其言也。"又说他的词是"狭邪之大雅,豪士之鼓吹"⑤。"雅"与"狭邪"相对。因为晏几道的词能够"寓以诗人句法,清壮顿挫",所以便与俗艳分界,成了"狭邪"中的"大雅"⑥。由此可见,他也是以诗论词,主张作词应该一如作诗的。能以诗为词,便是雅了。

同是苏门弟子的晁补之,解读小山词的角度,与黄庭坚有异。比如

---

① "典丽"当然还不能直接等同于"雅",但它作为一种很高的艺术境界(南北朝时,"典丽"已成为一种重要的文论范畴,然含义不同于宋。如,梁萧统《答湘东王求文集及〈诗苑英华〉书》曰:"夫文典则累野,丽亦伤浮,能使丽而不浮,典而不野,文质彬彬,有君子之致,吾尝欲为之,但未逮耳。"详可参同门友张伯伟《钟嵘〈诗品〉谢灵运条疏证》(文载其《钟嵘诗品研究》,南京大学出版社,1999年,第371—372页),在这里显然是与"俗"相对的(所谓"绝俗")。所以,我们认为苏轼此论是他以雅论词的渊源。

② 《苏轼文集校注》卷五十三《与陈季常书》,第8册,第5884—5885页。

③ [宋]赵令畤《侯鲭录》卷七:"东坡云:世言柳耆卿曲俗,非也。如《八声甘州》云:'霜风凄紧,关河冷落,残照当楼。'此语于诗句不减唐人高处。"(孔凡礼点校《侯鲭录》《墨客挥犀》《续墨客挥犀》合刊本,中华书局,2002年,第183页)苏轼在这里虽注意到柳永词雅的一面,然终以柳词为俗。

④ [宋]黄昇《唐宋诸贤绝妙词选》卷二,苏轼《永遇乐》(明月如霜)词题下注:"秦少游自会稽入京,见东坡。坡云:'久别,当作文甚胜。都下盛唱公山抹微云之词。秦逊谢。坡遽云:'不意别后,公却学柳七作词。'秦答曰:'某虽无识,亦不至是,先生之言无乃过乎?'坡云:'销魂,当此际。非柳词句法乎?'秦惭服。"(《唐宋人选唐宋词》,上海古籍出版社,2004年,下册,第601页)即可见苏轼不满柳词的俗艳。

⑤ 郑永晓整理《黄庭坚全集辑校编年》,江西人民出版社,2011年,上册,第619页。

⑥ 当然,"狭邪"中的"大雅",还不能完全等于"雅",观黄庭坚《小山集序》可知。

他称赞晏几道的词:"不蹈袭人语,而风调闲雅,自是一家。如'舞低杨柳楼心月,歌尽桃花扇底风',自可知此人不生在三家村中也。"①所谓"风调闲雅",不只是不俗,而且认为词的风格尤应雍容典雅,含蓄蕴藉,而细味"舞低杨柳"两句,确能见出相府人家的富贵气象。由此可以见出他论词应受到晏殊的影响。

苏门后学李之仪对词的看法,又与晁补之有异同。他在《跋吴师道小词》中说:

> 长短句于遣词中最为难工,自有一种风格,稍不如格,便觉龃龉。唐人但以诗句,而下用和声抑扬以就之,若今之歌《阳关》是也。至唐末,遂因其诗之长短句而以意填之,始一变以成音律。大抵以《花间集》中所载为宗。然多小阕,至柳耆卿始铺叙展衍,备足无余,形容盛明,千载如逢当日。较之《花间》所集,韵终不胜。由是,知其为难能也。张子野独矫拂而振起之,虽刻意追逐,要是才不足而情有余,良可佳者。晏元献、欧阳文忠、宋景文则以其余力游戏,而风流闲雅,超出意表,又非其类也。嚼味研究,字字皆有据,而其妙见于卒章,语尽而意不尽,意尽而情不尽,岂平平可得彷彿哉。②

这已经能从词体上进行认识。他以为词之所以不同于诗,在于它更讲究音律、风调、韵味,自有特色,仅仅是能铺叙、有情致还不够,还要以《花间集》为宗,做到既"字字有据",又含蓄蕴藉,风调闲雅,方见其妙。晏殊、欧阳修和宋祁的词,便都是其例。所论较之晁补之已有发展。

稍后,李清照更明确提出词"别是一家"的看法。为论述的方便,亦略引之如下:

---

① 赵令畤《侯鲭录》卷七,第184页。吴曾《能改斋漫录》卷十六、胡仔《苕溪渔隐丛话》后集卷三十三引此语句略有不同。晏几道作词之有富贵气象,除了他的特殊出身之外,自然也受到其父晏殊的文学观念的影响。

② [宋]李之仪《姑溪居士前集》卷四十,《景印文渊阁四库全书》第1120册,第580页。

> 乐府声诗并著,最盛于唐开元天宝间。……五代干戈,四海瓜分豆剖,斯文道熄;独江南李氏君臣尚文雅,故有"小楼吹彻玉笙寒","吹皱一池春水"之词,语虽奇甚,所谓"亡国之音哀以思"也。逮至本朝,礼乐文武大备,又涵养百余年,始有柳屯田永者,变旧声,作新声,出《乐章集》,大得声称于世;虽协音律,而词语尘下。又有张子野、宋子京兄弟、沈唐、元绛、晁次膺辈继出,虽时时有妙语,而破碎何足名家。至晏元献、欧阳永叔、苏子瞻,学际天人,作为小歌词,直如酌蠡水于大海,然皆句读不葺之诗尔,又往往不协音律者,何邪?盖诗文分平侧,而歌词分五音,又分五声,又分六律,又分清浊轻重。且如近世所谓《声声慢》、《雨中花》、《喜迁莺》,既押平声韵,又押入声韵;《玉楼春》本押平声韵,又押上去声,又押入声。本押仄声韵,如押上声则协,如押入声则不可歌矣。王介甫、曾子固文章似西汉,若作一小歌词,则人必绝倒,不可读也。乃知别是一家,知之者少。后晏叔原、贺方回、秦少游、黄鲁直出,始能知之。又晏苦无铺叙,贺苦少典重,秦即专主情致,而少故实,譬如贫家美女,虽极妍丽丰逸,而终乏富贵态。黄即尚故实,而多疵病;譬如良玉有瑕,价自减半矣。①

在主张词的协律可歌和风格的委婉含蓄方面,李清照与李之仪是相同的,但较之李之仪,她的看法更细致了,对词的要求也更高(所以,晏殊、欧阳修等人的词也都不入其法眼,这与李之仪不同)。她认为词在体式上不只是要讲平仄,而且更要讲四声五音、分清浊轻重。同时,她又扬弃了苏轼等人以诗论词的看法,她认为词除应该像诗那样讲究铺叙、典重、雅丽之外,还应特别重视音律等词自身的特点,并能与情感抒发融合为一。总之,词"别是一家",那些"不协音律"或"词语尘下"的作品,是不足道的。

宋徽宗之世,所用非人,"君臣逸豫,相为诞谩,怠弃国政,日行无

---

① [宋]胡仔《苕溪渔隐丛话》后集卷三十三引,下册,第254页。

第五章　南宋复雅词集的编纂与文化"绍兴"

稽",徽宗本人也被认为是历史上多为无益之事,"玩物而丧志"①,终至亡国的帝王之一。然他所显示出的文学艺术才能,却又是极为优秀的。举凡书法绘画、诗词歌赋等,皆所精擅。在位设置大晟乐府,招徕精通音乐的艺人,重新制作祭享之乐和燕乐,崇宁四年(1105年)完成后,即名之曰"大晟",下诏曰:"适时之宜,以身为度,铸鼎以起律,因律以制器,按协于庭,八音克谐。昔尧有《大章》,舜有《大韶》,三代之王亦各异名。今追千载而成一代之制,宜赐新乐之名曰'大晟'。朕将荐郊庙、享鬼神、和万邦,与天下共之。"并将新乐颁布全国,"使雅正之声被于四海"②,以取代"旧来淫哇之声,如打断、哨笛、呀鼓、十般舞、小鼓腔、小笛之类与其曲名"③。其后还曾赐与高丽。④

所谓大晟雅乐的"雅",首先是在音乐上要求合乎律吕。王灼曰:"'中正则雅,多哇则郑。'至论也。何谓中正?凡阴阳之气,有中有正,故音乐有正声,有中声。二十四气岁一周天,而统以十二律。中正之声,正声得正气、中声得中气则可用,中正用则平气应,故曰中正以平之。若乃得正气而用中律,得中气而用正律,律有短长,气有盛衰,太过、不及之弊起矣。自扬子云之后,惟魏汉津晓此。东坡曰:'乐之所以不能致气召和如古者,不得中声故也。乐不得中声者,气不当律也。'东坡知有中声,盖见孔子及伶州鸠之言,恨未知正声耳。近梓潼雍嗣侯者,作《正声诀琴数》,还相为宫,解律吕逆顺相生图。大概谓知音在识律,审律在习数。故师旷之聪,不以六律不能正五音。诸谱以律通不过者,率皆淫哇之声。

---

① [元]脱脱等《宋史》卷二十三《徽宗本纪》,中华书局,1985年,第1册,第418页。
② 脱脱等《宋史》卷一百二十九《乐志四》,第3001—33002页。
③ 脱脱等《宋史》卷一百二十九《乐志四》,第3018页。
④ 脱脱等《宋史》卷一百二十九《乐志四》载,政和七年,"中书省言:'高丽,赐雅乐。乞习教声律,大晟府撰乐谱辞。'诏许教习,仍赐乐谱"。(第9册,第3019页)[朝鲜]郑麟趾等《高丽史》卷七十《乐志》一亦载高丽睿宗九年(宋徽宗政和四年,1114年),宋徽宗赐高丽"新乐"(有《曲谱》十册、《指诀图》十册等)。十一年,又赐"大晟雅乐",包括乐器和文武仪仗及服饰等(韩国亚细亚文化社,1983年,第522—523、535—536页)。二者的记载是相吻合的。

嗣侯自言得律吕真数,著说甚详,而不及中正。"①他认为气有阴阳,音律有中正,这都是很自然的②,并引苏轼和虞公亮之说,说明音律创制应当合乎天地中正之气。然音律如何才能合乎天地自然之正气,实很难具说,因此最后只能归于"诸谱以律通不过者,率皆淫哇之声"。也就是说,凡律谱应中乎律吕,否则过与不及便都属"淫声"。

而据雅正之音"制词实谱",即撰写词作,则要能歌颂"盛德大业及祥瑞事迹"③,表现所谓盛世的太平气象。王灼记载北宋后期大晟词人万俟咏的词作,"初自集分两体:曰'雅词',曰'侧艳',目之曰《胜萱丽藻》。后召试入官,以侧艳体无赖太甚,削去之,再编成集,分五体:曰'应制',曰'风月脂粉',曰'雪月风花',曰'脂粉才情',曰'杂类'。周美成目之曰《大声》"④。显然,删除了"侧艳"词之后的万俟咏词集,都应属雅词了。这里的"五体",既有抒写"盛德大业及祥瑞事迹"的应制词,也包括"风月脂粉""雪月风花"之类的作品。何以"风月脂粉"之类的词作在这里也归属于雅词了呢?那就意味着,这些作品的题材和主题虽非歌颂盛德大业,但其表现手段和风格不俗艳。南宋黄昇曾盛赞大晟词人万俟咏的词,是"词之圣者也。发妙旨于律吕之中,运巧思于斧凿之外,平而工,和而雅,比诸刻琢句意而求精丽者远矣"⑤。可见所谓"雅",主要不在于内容是否艳冶,而在于艺术表现上是否能做到词旨的委婉、语言的雅丽与音律的和谐、自然。大晟雅乐的制作和大晟词人的理论与创作⑥,对南宋词坛理论和实践的走向,产生了深远的影响。

---

① [宋]王灼撰,岳珍校正《碧鸡漫志校正》卷一,人民文学出版社,2015年,第2—22页。
② 在同一卷中,王灼就有"歌曲拍节乃自然之度数"一条,专论"乐之有拍,非唐、虞创始,实自然之度数也",见是书第22—23页。
③ 《碧鸡漫志校正》卷二,第33页。
④ 《碧鸡漫志校正》卷二,第27页。
⑤ [宋]黄昇《唐宋诸贤绝妙词选》卷七,《唐宋人选唐宋词》下册,第658页。
⑥ 关于徽宗朝大晟府设立、组成、雅乐制作和词学理论与创作的内涵、意义等相关问题,可参诸葛忆兵所著《徽宗词坛研究》第一章《大晟词人考论》,北京出版社,2001年,第3—92页。

北宋末,黄裳曾自序其词集,较前人论词又有所不同。他说:

> 演山居士闲居无事,多逸思,自适于诗酒间,或为长短篇及五七言,或协以声而歌之。吟咏以舒其情,舞蹈以致其乐。因言风、雅、颂,诗之体;赋、比、兴,诗之用。古之诗人,志趣之所向,情理之所感。含思则有赋,触类则有比,对景则有兴,以言乎德则有风,以言乎政则有雅,以言乎功则有颂。采诗之官收之于乐府,荐之于郊庙。其诚可以动天地、感鬼神,其理可以经夫妇、移风俗。有天下者得之以正乎下,而下或以为嘉;有一国者得之以化乎下,而下或以为美。以其主文而谲谏,故言之者无罪,闻之者足以诫。然则古之歌词固有本哉。"六序"以风为首,终于雅颂,而赋比兴存乎其中,亦有义乎。以其志趣之所向,情理之所感,有诸中以为德,见于外以为风,然后赋比兴本乎此以成其体、以给其用。六者,圣人特统以义,而为之名;苟非义之所在,圣人之所删焉。故予之词清淡而正,悦人之听者鲜,乃序以为说。①

将诗词合而论之,他认为诗有六义,自己的词虽未必能做到像诗那样,但也是"清淡而正,悦人之听者鲜"的,是合乎诗义、诗教的有为之作,这似乎已开了以"《诗》六义"来论词的头,对南宋词坛的尚雅倾向有直接影响。②

南宋初黄大舆搜罗咏梅词,编《梅苑》十卷,其序曰:"诗人之义,托物

---

① [宋]黄裳《演山集》卷二十,《演山居士新词序》,《景印文渊阁四库全书》第 1120 册,第 149 页。

② 对黄裳此序,诸葛忆兵论徽宗朝大晟雅词的创作已涉及,他认为黄裳"第一次以赋比兴之义解说向来被视为'小技'、'小道'的歌词"(参见其《徽宗词坛研究》,第 81 页)。诚然,但细味其序,似还不能完全这样说。黄裳本意不过是说他自己的词合乎古诗之义,而非直接以《诗》六义来论词。

取兴;屈原制《骚》,盛列芳草。今之所录,盖同一揆。"①这就是以比兴之义来说词了。当然,真正明确以雅正或骚雅为论词之准的、编纂之标尺的,应属生活在南宋绍兴时期的鲖阳居士。他在《复雅歌词序》中说:

> 孟子尝谓:"今之乐犹古之乐。"论者以谓今之乐郑、卫之音也,乌可与韶夏、濩武比哉,孟子之言不得无过。此说非也。《诗》三百五篇,商周之歌词也。其言止乎礼义,圣人删取以为经。周衰,郑卫之音作,诗之声律废矣。汉兴,制氏犹传其铿锵。至元成间,倡乐大盛,贵戚五侯、定陵、富平外戚之家,淫侈过度,至与人主争女乐,而制氏所传,遂泯绝无闻焉。《文选》所载乐府诗,《晋志》所载硕石等篇,《古乐府》所载其名,《(诗)三百》、秦汉以下之歌辞也。其源出于郑、卫,盖一时文人有所感发,随世俗容态而有作也。其意趄(趣)格劣(力),犹以近古而高健。更五胡之乱,北方分裂,元魏、高齐、宇文氏之周,咸以戎狄强种,雄据中夏,故其讴谣淆糅华夷,焦杀急促,鄙俚俗下,无复节奏,而古乐府之声律不传。周武帝时,龟兹琵琶工苏祇婆者,始言七均,牛弘、郑译,因而演之八十四调,始见萌芽。唐张文收、祖孝孙讨论郊庙之歌,其数于是乎大备。迄于开元天宝间,君臣相与为淫乐,而明宗尤溺于夷音,天下熏然成俗。于时才士始依乐工拍弹之声,被之以辞句之长短,各随曲度,而愈失古之"声依永"之理也。温、李之徒,率然抒一时情致,流为淫艳猥亵不可闻之语。我宋之兴,宗工巨儒,文力妙天下者,犹祖其遗风,荡而不知所止。脱于芒端,而四方传唱,敏若风雨,人人歆艳,咀味于朋游樽俎之间,以是为相乐也。其韫骚雅之趣者,百一二而已。以古推今,更千数百岁,其声律亦必亡无疑。属靖康之变,天下不闻和乐之音者,一十

---

① 黄大舆《梅苑序》,《唐宋人选唐宋词》上册,第 195 页。关于黄氏生平行事,略见宋王灼《碧鸡漫志》卷二《梅苑》等诸条。今人饶宗颐《词集考》(中华书局,1992 年,第 347—348 页)、萧鹏《群体的选择——唐宋人选词与词选通论》(台湾文津出版社,1992 年,第 107—108 页)、赵晓兰《宋人词选略论》(载其《宋人雅词原论》,巴蜀书社,1999 年,第 284—287 页)等亦曾述及。

有六年。绍兴壬戌,诞敷诏旨,弛天下乐禁,黎民欢忭,始知有生之快,讴歌载道,遂为化国。由是,知孟子以今乐犹古乐之言不妄矣。①

"雅者,正也,言王政之所由废兴也。"②鲖阳居士这里所谓"复雅","韫骚雅之趣",已明确是以儒家的传统诗教来要求词,他要恢复"发乎情,止乎礼义"的儒家诗教,来反对侧艳靡丽之音。联系到他评苏轼的《卜算子》(缺月挂疏桐),谓"'缺月',刺明微也。'漏断',暗时也。'幽人',不得志也。'独往来',无助也。'惊鸿',贤人不安也。'回头',爱君不忘也。'无人省',君不察也。'拣尽寒枝不肯栖',不偷安于高位也。'寂寞沙洲冷',非所安也。此与《考槃》诗相似"③。正与此处所论相合。④

稍后于鲖阳居士,曾慥编《乐府雅词》,也是以雅论词的,不过,与鲖阳居士不同。他主张词应委婉杳渺,反对谐谑、艳冶,这又主要是承续北宋晁补之、李之仪的看法了。

绍兴年间,对雅词的提倡,还表现在对苏轼以诗为词的评价上。像王灼虽以"中正"论乐,然对苏词的评价却很高,他认为苏轼"以文章余事

---

① [宋]谢维新《古今合璧事类备要》外集卷十一,《复雅歌词序略》(《景印文渊阁四库全书》第941册,第511页),祝穆《古今事文类聚》续集卷二十四"歌曲源流"条引此,谓出《能改斋漫录》,虽较略,今以参校。"商周之歌词也",原作"商周之歌乱也"。"周衰",原误作"因衰"。"秦汉以下歌辞也",原作"秦汉以下歌乱也"。"敏若风雨",《古今事文类聚》句末有"焉"字。(《景印文渊阁四库全书》第927册,第441—442页)
② 《毛诗大序》,《毛诗正义》卷一,《十三经注疏》本,北京大学出版社,1999年,第17页。
③ 黄昇《唐宋诸贤绝妙词选》卷二此词下引鲖阳居士,《唐宋人选唐宋词》下册,603页。陈振孙《直斋书录解题》卷二十一"歌词类"著录《复雅词》五十卷,谓:"题鲖阳居士序,不著姓名。末卷言宫词音律颇详,然多有调而无曲。"(上海古籍出版社,1987年,第632页)把此序与此词评语相参证,可知是书应为鲖阳居士所编撰。
④ 只是此序写于绍兴十二年(1142年),也就是宋、金"壬戌之盟"初成之时,战争的硝烟尚未完全消散,鲖阳居士便说什么"讴歌载道,遂为化国",又极力申论孟子"今之乐犹古之乐"的正确,虽就中包含了时人在饱经战乱之后、渴望安定和平的美好愿望,然自然也不免有歌功颂德、粉饰太平之嫌。

做诗,溢而作词曲,高处出神入天,平处尚临镜笑春,不顾侪辈"①,又谓其"非心醉于音律者,偶尔作歌,指出向上一路,新天下耳目,弄笔者始知自振"②,是可以纠正词坛侧艳词风的。可见,在南宋初论者的心目中,雅俗也并不是以风格婉约还是豪放来衡量的。

至于南宋绍兴以后人们对雅词的认识,多综合北宋以来晁补之、李之仪、李清照和鲖阳居士等两派人的看法,而更强调词自身的特点,且所论更为具体。比如,吴文英就说:"盖音律欲其协,不协则成长短之诗;下字欲其雅,不雅则近乎缠令之体;用字不可太高,高则直突而无深长之味;发意不可太高,高则狂怪而失柔婉之意。"③张炎则说:"词欲雅而正,志之所之。一为情所役,则失其雅正之音。"④主张学姜夔词的"骚雅"。又说:"雅词协音,虽一字亦不放过。"⑤他们都认为词应协律,应温婉、雅正,但不赞同以诗为词。至张炎更认为:"辛稼轩、刘改之作豪气词,非雅词也;于文章余暇,戏弄笔墨作长短句诗耳。"⑥把豪放词竟放到了雅词的对立面,明确反对以诗为词,与王灼、汤衡等人大不相同。他的弟子陆行直,论词也主张分雅郑,但认为词最好是"正取近雅,而又不远俗"⑦,加以折中,则与其师又有所不同了。

总之,北宋人论词已重视雅,但含义则各有不同。晏殊是以含蓄、闲雅论词,苏轼、黄庭坚是以诗衡词,主张词一如诗,应典雅清丽,而与俗艳分界;晁补之是从风调和风格上体认词的雍容典雅;李之仪不但认为词应雍容典雅,而且从声律上认识到词与诗的不同;而李清照则扬弃了苏轼等人的看法,既强调词的声律,又认为词应有铺叙、典雅,应有故实和

---

① 《碧鸡漫志校正》卷二,第26页。
② 《碧鸡漫志校正》卷二,第29页。
③ [宋]沈义父著,蔡嵩云笺释《乐府指迷》,人民文学出版社,1963年,第43页。
④ [宋]张炎《词源》卷下,邓子勉编《宋金元词话全编》下册,凤凰出版社,2008年,第1751页。
⑤ 张炎《词源》卷下,《宋金元词话全编》下册,第1742页。
⑥ 张炎《词源》卷下,《宋金元词话全编》下册,第1752页。
⑦ [元]陆行直《词旨》,《宋金元词话全编》下册,第2062页。

情致,全面论述了她主张词"别是一家"的观点。黄裳以雅正论词,虽非自觉,但也兆示了南宋崇雅词风的兴起。至绍兴年间,鲖阳居士、曾慥等所论虽各有侧重,然大致都明确提出"复雅"的口号,前者以儒家的传统诗乐之教来论词,后者主张回向唐五代以来的词学传统,推尊委婉杳渺之词,二者都反对浮艳、谐谑,雅正或骚雅遂成为南宋词坛所崇尚的主流的词学观念。

二、南宋绍兴和议之后的礼乐文化重建

然南宋崇雅词风何以会在高宗绍兴时期兴起呢?这又与绍兴中期以后宋金关系渐趋稳定、朝廷礼乐文教的逐渐复兴有密切的关系。

其实,北宋徽宗崇宁年间制作大晟雅乐,并陆续施之于朝野,本有倡雅斥俗的意向(这也是北宋末黄裳等人渐以雅正论词的原因),然所谓大晟雅乐既颇杂俗乐,而施行效果亦属有限。故《宋史·乐志》载:"政和间,诏以大晟乐施于燕飨,御殿按试,补徵、角二调,播之教坊,颁之天下。然当时乐府奏言,乐之诸宫调多不正,皆俚俗所传。及命刘昺辑《燕乐新书》,亦惟以八十四调为宗,非复雅音,而曲燕昵狎,至有援'君臣相说之乐'以借口者。末俗渐靡之弊,愈不容言矣。绍兴中,始蠲省教坊乐,凡燕礼,屏坐伎。乾道继志述事,间用杂攒以充教坊之号,取具临时,而廷绅祝颂,务在严恭,亦明以更不用女乐,颁旨子孙守之,以为家法。于是中兴燕乐,比前代犹简,而有关乎君德者良多。"①便道出了北宋末至南宋初燕乐施行的实际情况。

靖康之难,徽、钦二宗并后妃宗室以及国家九鼎八宝、礼器法物、天文仪器、馆阁图籍、金银珠宝等,悉被掳掠北去。不但有宋二百年基业,一朝倾覆,亦为华夏文化之一大劫难。宋高宗即位后,赵宋政权得以延续。然建炎、绍兴初,宋、金之间,战争颇仍,国祚飘摇,朝廷自不暇顾及礼乐文教之事。绍兴五年(1135年),宋徽宗崩于五国城,七年,消息传

---

① 脱脱等《宋史》卷一百四十二《乐志一七》,第 3345—3346 页。

至临安,宋高宗还曾多次下诏,祭奠期间朝野禁乐。绍兴十一年(1141年),宋、金达成和议,两国以淮河为界,宋割让唐、邓二州等地与金,每年贡纳绢、银各二十五万匹、两,金国则归还高宗生母韦氏并宋徽宗灵柩等。次年(1142年),和议生效,是为"壬戌之盟"。

和议初成,宋高宗便诏臣下讨论"祖宗故事"①,一再申言要恪守祖宗家法,以仁义治国,以礼治国,并要以汉文帝为师法对象。② 待到高宗生母、皇太后韦贤妃自金国返回临安,徽宗、显肃皇后、懿节皇后梓宫亦南归,朝野上下,一片颂扬之声。当时献赋颂者千余人,至有称其"大功巍巍,超冠古昔"者,有献《绍兴圣德颂》者。③ 于时,高宗下诏兴办太学④,多次下令访求遗书,以实三馆⑤,更"诏中外臣民,自今月(即绍兴十

---

① [宋]李心传《建炎以来系年要录》卷一百四十四,绍兴十二年正月庚戌:"令吏、礼部、太常寺讨论祖宗故事,申尚书省取旨。"(中华书局,1988年,第3册,第2307页)

② 李心传《建炎以来系年要录》卷一百四十四,绍兴十二年二月辛未:"上谓大臣曰:《诗》、《书》所载二帝三王之治,皆有其意,而不见其施设之详。太祖以英武定天下,仁宗以惠爱结天下,此朕家法。其施设之详,可见于世者也。朕当守家法,而求二帝三王之意,则治道成矣。"(第3册,第2310页)卷一百四十六绍兴十二年八月甲戌:"上谕大臣曰:'和议既定,内治可兴。'秦桧对曰:'以陛下圣德,汉文帝之治不难致。'上曰:'朕素有此志,但寡昧不敢望前王。'"(第3册,第2343页)

③ 李心传《建炎以来系年要录》卷一百四十七,绍兴十二年十月己亥、辛丑,绍兴十三年十一月癸丑,第3册,第2367、2415页。

④ 有关记载甚多,稍罗列如次。绍兴十二年十一月己亥,"诏太学养士权于临安府学措置增展。先是,言者屡请复太学,以养人才,上以戎事未暇。至是,谓宰执曰:'太学教化之源,宜复祖宗旧法。'程克俊曰:'东晋设学于鼎沸之中,今兵息矣,兴学正其时也。'秦桧曰:'久有此议,今当举行之。'乃命礼部讨论取旨。"(李心传《建炎以来系年要录》卷一百四十七,绍兴十二年十一月己亥,第3册,第2366页)

⑤ 绍兴初,宋高宗已诏臣下搜集遗书。据《宋会要》记载,绍兴二年二月二日,"诏:'御前图籍以累经迁徙,散亡殆尽。访闻平江府贺铸家所藏,见行货之于道途。可委守臣尽数收买,秘书省送纳。'已而将仕郎贺廪以所藏书籍五千卷上之。诏与本家将仕郎恩泽一名,廪仍令吏部先次注,合入近便差遣。"(《宋会要辑稿·崇儒四》,第5册,第2827页)绍兴和议后,更屡屡下诏搜求遗书。绍兴十三年四月庚寅:"上谕大臣曰:'近右朝请大夫吴说上殿,言湖北之士大夫家多藏者,缘未立赏,故不肯献。卿等可求太宗朝访遗书故事,依仿行之。'(注:是月己亥行下)"同月,又"诏绍兴府臣即直秘阁陆宲家录所藏书,以实三馆。(李心传《建炎以(转下页)

二年十月)丙寅后,并许用乐。初以梓宫未还,故辍乐以待奉迎。至是,太母还宫,将讲上寿之礼,故举行焉"①。绍兴十三年五月,"太常寺言,郊祀仗内鼓吹八百八十四人,今乐工全阙,乞下三司差拨。从之"②。到

(接上页)来系年要录》一百四十八,绍兴十三年四月庚寅、己亥,第 3 册,第 2389—2390 页)绍兴十三年七月戊午:"上谓大臣曰:'昨访遗书,今犹未有至者。朕观本朝承五代之后,文籍散逸。太宗留意于此,又得孟昶、李煜两处所储益之,一时始备。南渡以来,御府旧藏皆失,宜下诸路搜访。其献书者,或宠以官,或酬以帛。盖教化之本,莫先于此也。'"(李心传《建炎以来系年要录》一百四十九,第 3 册,第 2401 页)是月,再下"诏求遗书"(第 3 册,第 2402 页)。绍兴十四年七月戊寅:"上曰:'秘府书籍尚少,宜广求访。'桧曰:'陛下崇儒尚文,是宜四方翕然向化。'李文会曰:'若非干戈偃息,此事亦未易举。'"李心传注引《中兴圣政》载留正等亦谓:"国初削平僭乱,收诸国之书,而三馆之制,犹仍五代简陋。太宗皇帝见之,慨然曰:'是岂足以蓄天下图书,延四方之士耶?'遂亲为规画,一新轮奂,大书飞白,焜耀榜题,銮舆临观,以幸多士。圣圣相继,有加无损。文明之治,跨越汉唐。廊庙之材,皆于是乎取之。兹诚有国之先务,而治化之本原也。中遭难厄,太上皇帝开中兴之运,首求遗书,追祖宗之秘藏;崇建三馆,还祖宗之旧观。亲御榜题,幸临多士。袭祖宗之盛典,行幸之诏。又曰:'士习于空文,而不为有用之学尔。其强修术业,益励猷为,一德一心,丕承我祖宗之大训。'是又欲幸多士,而作成之,以收祖宗得人之盛也。猗欤盛哉!虽周宣复古,何以尚兹?是宜圣子永永万年得以持循也欤。"(李心传《建炎以来系年要录》卷一百五十二,第 3 册,第 2445—2446 页)绍兴十五年二月丁亥:"兵部郎中叶庭珪转对,言:'陛下比者专尚文德,天下廓廓无事。然芸省书籍未富。切见闽中不经残破之郡,士大夫藏书之家,宛如平时。如兴化之方、临彰之吴,所藏尤富,悉是善本。望下逐州搜访抄录。'从之。"(李心传《建炎以来系年要录》卷一百五十三,第 3 册,第 2465 页)绍兴十五年闰十一月戊寅:"提举秘书省秦熺言秘府多阙书,诏本省即诸路藏书之家借书录本,且访先贤墨迹。"(李心传《建炎以来系年要录》卷一百五十三,第 3 册,第 2494 页)绍兴十六年七月乙酉:"右朝奉大夫、新知奉化县陈泰初进神宗、哲宗御集百有十八册。上因谕大臣曰:'书籍未备,宜有以劝之。可令秦熺立定赏格,重则进官,轻则赐帛。'于是进泰初一官。"壬辰:"提举秘书省秦熺奉诏立定献书赏格,诏镂板行下。应有官人献秘阁阙书善本及二千卷,与转官,士人免解。余比类增减推赏。愿给直者听。诸路监司守臣访求晋、唐真迹及善本书籍准此。"(李心传《建炎以来系年要录》卷一百五十五,第 3 册,第 2511 页)凡此,皆可见绍兴和议之后,朝廷文化绍兴的导向。

① 李心传《建炎以来系年要录》卷一百四十七,绍兴十二年十月乙丑,第 3 册,第 2359 页。《宋史》卷二百四十二《韦贤妃传》同。
② 李心传《建炎以来系年要录》卷一百四十八,绍兴十三年五月壬戌,第 3 册,第 2393 页。

了绍兴十四年(1144年),被罢省近二十年的教坊,也重新设置起来①。

朝廷既有如此导向,君臣上下,风气所向,可想而知。这就是鲷阳居士所说的,"属靖康之变,天下不闻和乐之音者一十有六年。绍兴壬戌,诞敷诏旨,弛天下乐禁,黎民欢忭,始知有生之快,讴歌载道,遂为化国。由是,知孟子以今乐犹古乐之言不妄矣"。其中,文人雅士们日常生活中的逐管歌吹,在尚雅的风气中,扮演了重要角色。词本是音乐文学,宋代的达官显宦、世家大族,又多蓄声妓,佳日节庆,文人雅士,宾主宴饮,酒酣耳热,填词谱曲,讲论声律,也必不可少。王灼绍兴中客居成都,"自夏涉秋,与王和先、张齐望所居甚近,皆有声妓,日置酒相乐","往来两家不厌","每饮归,不敢径卧,客舍无与语,因旁缘是日歌曲,出所闻见,仍考历世习俗,追思平时论说,信笔以记"②,撰成著名的词学著作《碧鸡漫志》。张镃承其父祖之业,广植园林,尽交一代名彦。时"渡江兵休久,名家文人渐渐修还承平馆阁故事,而循王孙张功父使君以好客闻天下。当是时,遇佳风日,花时月夕,功父必开玉照堂,置酒乐客。其客庐陵杨廷秀、山阴陆务观、浮梁姜尧章之徒以十数。至辄欢饮浩歌,穷昼夜忘去。明日,醉中唱酬诗或乐府词累累传都下,都下人门抄户诵,以为盛事"③。因此,在上述背景之下,南宋复雅词集的编纂和词坛上复雅风气的兴起,也就不难理解了。它实际上是南宋统治者与士大夫力图重建自北宋以来的礼乐秩序和思想文化统绪进程中的产物,是人们渴望本朝政治与文化中兴在词坛上的具体反映。

三、复雅词集的编纂与文化"绍兴"

南宋尚雅或复雅词选的编纂,应以黄大舆编于宋高宗建炎三年

---

① 李心传《建炎以来系年要录》卷一百五十一,绍兴十四年二月辛卯:"复置教坊,凡乐工四百十六人,以内侍充钤辖。"第3册,第2426页。

② 王灼《碧鸡漫志序》,岳珍校正《碧鸡漫志校正》,第1页。

③ [元]戴表元《剡源文集》卷十《牡丹宴席诗序》,《景印文渊阁四库全书》第1194册,第135页。

(1129年)的《梅苑》(又名《群贤梅苑》)十卷为最早①。虽然黄大舆并未以"雅"名集,然其以梅花为众芳之首,序其词选云:"若夫呈妍月夕,夺霜雪之鲜;吐臭风晨,聚椒兰之酷。情涯殆绝,鉴赏斯在。""目之曰《梅苑》者,诗人之义,托物取兴。屈原制《骚》,盛列芳草。今之所录,盖同一揆。"②以诗人比兴之义论词,取法《离骚》,其不言雅而自标高格、崇雅脱俗的编选宗旨,却还是很清楚的③,何况梅花自北宋起已成为儒家士大夫儒雅生活和道德修持的精神象征④,是书编选正显示出其尚雅的审美情趣。

今观《梅苑》中所选咏梅之词,多数并未有香草美人式的寄托,然有些词作的编选,似也并非全无深意。比如开卷所选徽宗词三首,当然是咏物、应歌之作,然此书编选之时,徽钦二宗既已北狩,像词中所云:"长恐行歌声断,尤堪恨、无情塞管轻吹。寄远丁宁,折赠陇首相思。""芳心向人似语,也相怜、风流词客。"⑤编选者将其选入集中,似就别有一番家

---

① 黄大舆,字载万,自署岷山耦耕。徽宗宣和四年(1122年),曾入成都帅府,高宗绍兴九年(1139年),为四川安抚使、知成都胡世将幕僚(参饶宗颐《词集考(唐五代宋金元编)》,中华书局,1992年,第347—348页;萧鹏《群体的选择——唐宋人选词与词选通论》,台北文津出版社,1992年,第107—111页;王兆鹏《词学史料学》,中华书局,2004年,第308—309页)。其词王灼数称之。曰:"吾友黄载万歌词号《乐府广变风》。学富才赡,意深思远,直与唐名辈相角逐。又辅以高明之韵,未易求也。吾每对之叹息,诵东坡先生语曰:'彼尝从事于此,然后知其难,不知者以为苟然而已。'"(《碧鸡漫志校正》卷二,第32页)又称其追和曾布夫人魏氏《虞美人》词,可"压倒前辈"(《碧鸡漫志校正》卷四,第75页)。
② 黄大舆《梅苑序》,《唐宋人选唐宋词》上册,上海古籍出版社,2004年,第195页。
③ 王兆鹏曾指出,据黄氏自序,"表明黄氏论词已有重雅趋向",这是很正确的。然他又认为"是书选词旨在存人",则与黄氏序中所云,似不甚相合。参其《词学史料学》,第309页。
④ 清人已注意到宋人独重梅花的审美趣味,《四库全书总目》卷一百九十九《梅苑提要》曰:"昔屈宋遍陈香草,独不及梅。六代及唐,篇什亦寥寥可数。自宋人始绝重此花,人人吟咏。方回撰《瀛奎律髓》,于著题之外,别出梅花一类,不使溷于群芳。大舆此集,亦是志也。"关于自宋代形成的梅花的象征意义和形成的过程、原因等,今人程杰有深入的研究,详参其《梅文化论丛》(中华书局,2007年)等。
⑤ 宋徽宗《胜胜慢》(欺寒冲暖)、《胜胜慢》(寒应消尽),黄大舆《梅苑》卷一,《唐宋人选唐宋词》上册,第197页。前一首又见于曾慥《乐府雅词拾遗》卷一,《唐宋人选唐宋词》,第449页。

国意味了。另有一些词,虽未必有家国之感,然词人借咏物而别有寓托的也并不在少数,这与编者的编选宗旨是相符合的。如周邦彦的《花犯》:"粉墙低,梅花照眼,依然旧风味。露痕轻缀,疑净洗铅华,无限佳丽。去年胜赏曾孤倚。冰盘同宴喜。更可惜,雪中高树,香篝薰素被。

今年对花最匆匆,相逢似有恨,依依愁悴。吟望久,青苔上、旋看飞坠。相将见、脆丸荐酒,人正在、空江烟浪里。但梦想、一枝潇洒,黄昏斜照水。"①罗忼烈先生疑此词作于绍圣二年(1095 年)冬或三年初自溧水入京前,其说较妥。而此词的作意,宋人黄昇已谓:"此只咏梅花,而纡余反复,道尽三年间事。昔人谓好诗圆美流转如弹丸,余于此词亦云。"②清人黄苏又评此词曰:"总是见宦迹无常,情怀落寞耳。忽借梅花以写,意超而思永。言梅犹是旧风情,而人则离合无常。去年与梅共安冷淡,今年梅正开,而人欲远别。梅似含愁悴之意而飞坠,梅子将圆,而人在空江中,时梦想梅影而已。"并谓其"为梅词第一"。③ 陈廷焯更明确指出:"此词非专咏梅花,以寄身世之感耳。"④遭受党争排斥、积年漂泊外任的忧愁怨艾,竟借助于对梅花的吟咏而加以委婉巧妙的表达,沉郁顿挫,纡徐曲折,难怪黄苏要称其"为梅词第一"了。所论可从。其它像王观的《江梅引》(年年江上见寒梅)⑤、曹组《蓦山溪》(梅传春信)⑥、王晋卿《黄莺儿》(多情春意忆时节)⑦,亦有寄托。

当然,集中大多数作品只是应歌,止于咏物而已,但从中也能见出宋人对梅花清雅高洁意象的情有独钟。如:"雅态仪容,特地惹起相思。"⑧

---

① 黄大舆《梅苑》卷二,《唐宋人选唐宋词》上册,第 211—212 页。
② [宋]黄昇《唐宋诸贤绝妙词选》卷七,《唐宋人选唐宋词》,第 652 页。
③ [清]黄苏《蓼园词选》"长调",[清]黄苏、周济、谭献选评,尹志腾校点《清人选评词集三种》,齐鲁书社,1988 年,第 117 页。
④ [清]陈廷焯《云韶集·补词》,晴蔼庐钞本。
⑤ 黄大舆《梅苑》卷一,《唐宋人选唐宋词》上册,第 199 页。
⑥ 黄大舆《梅苑》卷二,《唐宋人选唐宋词》上册,第 206 页。
⑦ 黄大舆《梅苑》卷三,《唐宋人选唐宋词》上册,第 221 页。
⑧ 宋徽宗《胜胜慢》(严凝天气),黄大舆《梅苑》卷一,《唐宋人选唐宋词》上册,第 197 页。

第五章　南宋复雅词集的编纂与文化"绍兴"

"冰清玉丽,自然赋得幽香。"①"仗谁人惜取,孤芳雅致,作春光主。"②"天然潇洒,尽人间无物,堪齐标格。""玉蕤不动,月轮寒浸国色。"③"对景见南山,岭梅露、几点清雅容姿。"④"雅淡一种天然,如雪缀烟薄。"⑤"年年第一,相见越溪东,云体态,雪精神,不把年华占。"⑥"奇绝。照溪临水,素禽飞下,玉羽琼芳斗清洁。"⑦"玉莹冰清容质。迥不同,群花品格。"⑧"天与高致。太潇洒,最宜雪宜月,宜亭宜水。""品格清高,姿容闲雅,别受化工深意。"⑨"天匠与、雕琼镂玉。淡然非、人间标格。"⑩"雅态何须艳丽,孤标不在春光。"⑪可谓举不胜举。

此书的文献价值,清四库馆臣已指出,曰:"虽一题裒至数百阕,或不免窠臼相因,而刻画形容,亦往往各出新意,固倚声者之所采择也。"至于其不足,馆臣亦指出:"集中兼采蜡梅,盖二花别种同时,义可附见。至九卷兼及杨梅,则务博之失,不自知其泛滥矣。"⑫王兆鹏先生也论道:"是书选词旨在存人,故其中保存了不少宋代无名氏词作,辑佚价值颇高。

---

① 晁叔用《汉宫春》(梅萼知春),黄大舆《梅苑》卷一,《唐宋人选唐宋词》上册,第 198 页。
② 孔处度《水龙吟》(淡烟池馆),黄大舆《梅苑》卷一,《唐宋人选唐宋词》上册,第 200 页。
③ 邵公济《念奴娇》(天然潇洒)、《念奴娇》(岁华渐杪),黄大舆《梅苑》卷一,《唐宋人选唐宋词》上册,第 202 页。
④ 曾巩《赏南枝》(暮冬天地闭),黄大舆《梅苑》卷一,《唐宋人选唐宋词》上册,第 203 页。
⑤ 赵耆孙《泛兰舟》(霜月亭亭时节),黄大舆《梅苑》卷一,《唐宋人选唐宋词》上册,第 205 页。
⑥ 僧宝月《蓦山溪》(清江平淡),黄大舆《梅苑》卷二,《唐宋人选唐宋词》上册,第 206 页。
⑦ 周邦彦《冒马索》(晓窗明),黄大舆《梅苑》卷二,《唐宋人选唐宋词》上册,第 212 页。
⑧ 李坦然《尾犯》(轻风渐渐),黄大舆《梅苑》卷二,《唐宋人选唐宋词》上册,第 215 页。
⑨ 赵温之《喜迁莺》(琼姿冰体)、《喜迁莺》(一阳初起),黄大舆《梅苑》卷三,《唐宋人选唐宋词》上册,第 217—218 页。
⑩ 王逐客《柳初新》(千林凋谢严凝日),黄大舆《梅苑》卷三,《唐宋人选唐宋词》上册,第 226 页。
⑪ 僧宝月《朝中措》(山城水隈小桥旁),黄大舆《梅苑》卷十,《唐宋人选唐宋词》上册,第 283 页。
⑫ [清]永瑢《四库全书总目》卷一百九十九《梅苑提要》,第 1824 页。

然体例稍显散漫,录词既不以词调类别,也不依词人分排,题名亦杂乱无章。"①这些看法大致都是符合实际的。然细按此集,在编排上仍是有其体例的,那就是卷五之前,所选皆为长调,而自第五卷起,则多是小令。至于在编排上,词人生活时代的前后混乱和称名不一,黄氏就难辞其咎了。

明确将词集的编选与政治、文化的中兴联系起来的,是铜阳居士。②其编选宗旨,据前引其书序,即主张视今乐如古乐,将词提升到与诗同样的地位,恢复诗教的传统。在此思想指导下,他编选了一部篇帙巨大的唐宋词选集:《复雅歌词》。全书五十卷③,据黄昇《中兴以来绝妙词选序》所云,收录唐宋词多达四千三百余首。陈振孙《直斋书录解题》著录此书,谓:"题铜阳居士序,不著姓名。末卷言宫词音律颇详,然多有调而无曲。"④可知其不但收罗词作数量甚多,而且还对词学声律问题作过详细论述。在体例上,据黄昇《唐宋诸贤绝妙词选》所引(参上文),铜阳居士在选录作品的同时,对所选之词往往还有评论。此外,还间附有词话。⑤ 可惜此书已不存。南宋陈元靓《岁时广记》、黄昇《唐宋诸贤绝妙词选》,明人词选和类书如陈耀文《花草粹编》、彭大翼《山堂肆考》等对其时有引录,近人赵万里有辑本,仅十条。

《复雅歌词》之外,今存另一部以雅名集的词选便是曾慥的《乐府雅词》了。关于是书编纂的缘起和宗旨,曾氏在自序中说道:

---

① 王兆鹏《词学史料学》,第309页。
② 饶宗颐先生据《汉书·地理志》汝南郡有铜阳县,疑其"南渡之士,不忘祖籍,因称铜阳居士"(参其《词集考》卷九,第340页)。
③ 吴熊和先生据明刻《重校北西厢记》引李邴《调笑令》,注云:"出《复雅歌词》后集。"指出:"知其原分前、后集。"参其《唐宋词通论》,浙江古籍出版社,1985年,第338页。
④ 陈振孙《直斋书录解题》卷二十一词曲类,第632页。
⑤ 近人赵万里据陈元靓《岁时广记》所引,认为其书分前后集,"体例与《本事曲子集》《古今词话》及《本事词》《诗词纪事》相类似,同可视为最古之《词林纪事》"(《校辑宋金元人词》,第439—440页)。吴熊和先生则认为与词话显然有别,似更近于事实。参其《唐宋词通论》,第338页。

予所藏名公长短句,衰合成篇。或后或先,非有诠次,多是一家,难分优劣。涉谐谑则去之。名曰《乐府雅词》。九重传出,以冠于篇首。诸公《转踏》次之。欧公一代儒宗,风流自命,词章幼眇,世所矜式。当时小人或作艳曲,缪为公词,今悉删除。凡三十有四家,虽女流亦不废。此外,又有百余阕,平日脍炙人口,咸不知姓名,则类于卷末,以俟询访,标目《拾遗》云。绍兴丙寅上元日温陵曾慥引。①

曾慥,字端伯,号至游子、至游居士,晋江(今属福建)人,南流初为仓部郎官。绍兴九年(1139年),总领应办湖北、京西路宣抚使司大军钱粮。次年为太府少卿,总领湖广、江西财赋。十四年(1144年),知虔州。十八年(1148年),知荆南府。后官至尚书郎,直宝文阁。奉祠家居,撰述甚多。② 如,其所编《类说》六十卷,选录自汉以来百家笔记、小说、诗话、杂记等,多收遗文僻典,不仅可资寻览,而且也足资辑遗校勘,为后人所重。曾慥又承王安石《唐百家诗选》,编《宋百家诗选》七十卷,《玉海》卷五十九著录之,谓曾氏"绍兴中采名人诗,起寇准,终叶梦得,并记其行事。凡五十卷。如欧、苏、王、黄之诗,为世所传者,皆不载。又续选二十卷"③。惜此书已佚,今人有辑录。④ 又有《东坡先生长短句》二卷《拾遗》一卷⑤、《集仙传》六十卷(今存十二卷)、《道枢》二十卷、《高斋漫录》一

---

① 《唐宋人选唐宋词》上册,第 295 页。"咸不知姓名",《文献通考》卷二百四十六《经籍考》七十三作"或不知姓名"。王兆鹏先生据胡仔《苕溪渔隐丛话》所引《乐府雅词》,指出"《拾遗》中部分词作原标有姓名,只是不全"(《词学史料学》,第 311 页),是符合事实的。
② 其家世、生平参王利器《曾慥〈宋百家诗选〉钩沉》(载《文学遗产增刊》第 14 辑)、萧鹏《群体的选择——唐宋人选词与词选通论》(第 115—117 页)、卞东波《曾慥〈宋百家诗选〉考论》(载其《南宋诗选与宋代诗学考论》,中华书局,2008 年,第 24—25 页)等。
③ [宋]王应麟《玉海》,《景印文渊阁四库全书》第 944 册,第 565 页。
④ 王利器《曾慥〈宋百家诗选〉钩沉》(载《文学遗产增刊》第 14 辑),对入选诗人多有考证,卞东波在此基础上,撰为《曾慥〈宋百家诗选〉考论》,又多有增补,皆可参。
⑤ 刘尚荣先生曾指出:"曾慥又辑《乐府雅词》,录北宋至南宋初年名家词殆遍,但未及东坡词,当因东坡词曾氏别有专刊,故《雅词》中不收。"(参《苏轼词集版本综述》,载其所著《苏轼著作版本论丛》,巴蜀书社,1988 年,第 166 页)是很正确的。

卷、《至游子》二卷等。由此可知曾氏是一位颇有文献意识的士大夫,所谓"中原文献之传",曾氏亦为有功者。

　　宋徽宗崇宁年间设大晟府,置大晟职官,网罗了一批精通音乐、擅于填词的士大夫和艺人,创制了大量的谱曲新声,号称大晟雅乐。南宋绍兴中,王灼撰《碧鸡漫志》,概述道:"崇宁间建大晟府,周美成作提举官,而制撰官又有七。万俟雅言,元祐诗赋科老手也,三舍法行,不复进取,放意歌酒,自称'大梁词隐'。每出一章,信宿喧传都下。政和初召试补官,置大晟乐府制撰之职。新广八十四调,患弗传,雅言请以盛德大业及祥瑞事迹制词实谱。有旨依月用律,月进一曲。自此新谱稍传。时田为不伐亦供职大乐。众谓乐府得人云。"①大致记载了当日大晟乐制作和大晟府得人的情况。② 曾慥编选《乐府雅词》,首选"九重传出"的《调笑集句》,次选"诸公(调笑)《转踏》"、无名氏《九张机》和董颖的《道宫薄媚》《排遍》,正是大晟雅乐新声的代表之作。清人朱彝尊论之曰:"(是书)卷首冠以《调笑绝句》,云是九重传出,此大晟乐之遗音矣。转踏之义,《碧鸡漫志》所未详。《九张机》词仅见于此,而《高丽史·乐志》:'文宗二十七年十一月,教坊女弟子楚英奏新传《九张机》,用弟子十人。'则其节度犹具,所谓礼失而求诸野也。《道宫薄媚》《西子词排遍》之后,有入破、虚催、衮遍、催拍、歇拍、煞痛,其音义不传。《拾遗》则以调编次第。曩见鸡泽殷伯岩、曲周王湛求、永年申和孟随叔言,作长短句必曰雅词。盖词以雅为尚,得是编,《草堂诗余》可废矣。"③揭示出了《乐府雅词》的文献和文学价值,是很正确的。然若联系到编纂此书时曾氏正在知虔州任上(绍兴十六年,1146),宋金和议甫成,朝野称颂,礼乐复兴,那么此书的编

---

① 《碧鸡漫志校正》卷二,第33页。
② 关于大晟府设立、职官、制乐、大晟词人及创作等问题,诸葛忆兵曾详加考论,厘清了不少史实。据其所考,有姓名可考的大晟职官多达29人,其中有词存世的7人,即周邦彦、晁端礼、万俟咏、晁冲之、田为、徐伸和江汉(参其《徽宗词坛研究》第一章《大晟词人考论》,第3—91页)。今见于《乐府雅词》的,有周邦彦、晁端礼、晁冲之和徐伸四人。
③ 朱彝尊《曝书亭集》卷四十三《乐府雅词跋》,《四部丛刊初编》第358册,上海商务印书馆,1937年,第353页。

选,就不仅是保存了许多宋代歌舞曲研究的珍贵资料,而且也恰恰迎合了绍兴中期以来政治和文化复兴的社会需要和词坛尚雅之风的新趋势。

欧阳修一代文坛盟主,词作亦有成就。其词承晚唐五代之风,尤其深受冯延巳词的影响,平易,本色,而又委婉窈渺,虽内容不过一时之景或儿女之情,多于花前月下,为歌儿舞女所作,为一时词坛风尚,但同时也从一个侧面反映了北宋嘉祐年间社会承平时节的景象。曾慥特别标举"欧公一代儒宗,风流自命,词章幼眇,世所矜式",并以其词为代表,认真拣择,剔去混入集中的他人所作浮艳之词①,列于雅词之首,足见其编选的尚雅倾向。

集中所选入的其他词人,如大晟词人周邦彦、晁端礼、晁冲之和徐伸,皆在其中。其他像王安石、晁补之、张先、周邦彦、陈瓘、徐俯、贺铸、舒亶、叶梦得、赵德麟、王安中、陈与义、苏坚、李祁、吕本中、毛泽民、曾纡、李景元、向子諲、谢逸、朱敦儒、沈会宗、陈克、赵子发、曹组、魏夫人(曾子宣夫人)、李清照,其词作也"多是一家,难分优劣",虽未必皆委婉杳渺,然堪称雅正却是没有疑义的。至于《拾遗》两卷所收词人,则并非以词名家,如寇准、赵抃、王安礼、王雱、刘原甫、张耒、廖明略、沈唐、司马槱、吕直夫、俞紫芝、赵承之、张景修、赵企、李廌、刘焘、周格非、程钦之、李纲、李邴、何籀、释惠洪、宋齐愈、蒋璨、孙觌、杨景、刘弇、林和靖、释祖可、释仲殊、廖世美、汪藻、杨适、李元卓、韩璜、吴亿、蒋子云、张方仲、范智闻、孙肖之、康仲伯、李敦诗等等,所选或一二首或数首,将其归入《拾遗》,"以俟询访",然在编选者看来,这些词作当然也是符合雅词标准的,且以词存人,也具有明显的文献意识。

曾慥编选的《乐府雅词》在当时影响甚大,继之而纂者甚众。杨冠卿就曾继而编《群公乐府》,其序曰:

---

① 当日很多论者皆与曾氏持同样看法,不免为贤者讳,如王灼就说:"欧阳永叔所集歌词,自作者三之一耳。其间他人数章,群小因指为永叔,起暧昧之谤。"(《碧鸡漫志校正》卷二,第 29 页)实则欧阳修确有许多所谓"俗艳"词作,详参诸葛忆兵《徽宗词坛研究》第二章《北宋俗词创作的高峰期》,第 103—112 页。

> 乐府之作盛于唐。自温庭筠而下,或者置而不论。天朝文物,上轹汉、周,而其大者,固已勒之金石,与五三、六经并传于无终穷。若夫骚人墨客,以篇什之余,寓声于长短句,因以被管弦而谐宫徵,形容乎太平盛观,则又莫知其几。名章俊语,前无古人,"盛丽如游金张之堂,妖冶如揽嫱施之袪,幽洁如屈宋,悲壮如苏李",盖不但一方回而已也。温陵曾端伯虽加裒集,遗逸尚多,况自绍兴迄于今,阅岁浸久,贤豪述作,川增云兴,绝妙好辞,表表在人耳目者,不下数十百家。湮没于时,岂不甚可惜。余漂流困踬,久客诸侯间,气象萎蕤,时有所撄拂,则取酒独酌,浩歌数阕,怡然自适,似不觉天壤之大,穷通之为殊涂也。羁旅新丰,既获其助,遂掇拾端伯《雅词》未登载者,厘为三秩,名曰《群公词选》。锓木寓室,以广其传。得则书之,颇无铨次。惟以寇忠愍公、范文正公冠篇首,庶几浮靡之议,无所容声,而是集之作亦得所主盟焉。其或传诵失真,姓字讹舛,识者必能详辩,若锱铢而较,余则有所不暇云。①

此书编于淳熙十四年(1187年),惜已失传,然从序中所说的"被管弦而谐宫徵,形容乎太平盛观"、"绝妙好辞,表表在人耳目者"、"庶几浮靡之议,无所容声"等等,其书属于"雅词"之选,当无问题。

继曾慥《乐府雅词》和鲖阳居士《复雅歌词》之后而编、以雅相尚的词选,今存黄昇所编《唐宋诸贤绝妙词选》十卷、《中兴以来绝妙词选》十卷。② 其自序云:

> 长短句始于唐,盛于宋。唐词具载《花间集》,宋词多见于曾端伯所编,而《复雅》一集又兼采唐宋,迄于宣和之季,凡四千三百余首。吁,亦备矣。况中兴以来,作者继出,及乎近世,人各有词,词各有

---

① [宋]杨冠卿《客亭类稿》卷七,《景印文渊阁四库全书》第1165册,第485—486页。
② 关于黄昇的生平交游,详可参萧鹏《群体的选择——唐宋人选词与词选通论》,第148—150页。

体,知之而未见,见之而未尽者,不胜算也。暇日裒集,得数百家,名之曰《绝妙词选》。佳词岂能尽录,亦尝鼎一脔而已。然其盛丽如游金张之堂,妖冶如揽嫱施之袪,悲壮如三闾,豪俊如五陵。花前月底,举杯清唱,合以紫箫,节以红牙,飘飘然作骑鹤扬州之想,信可乐也。①

他这里虽没有以"雅"名集,然以"绝妙词选"为名,称道《花间集》《乐府雅词》和《复雅歌词》,其上继前此诸编"雅词"的编选宗旨、尊崇北宋以来词坛的尚"雅"之风的用意,却是很明显的。当然,黄昇所谓雅,较之北宋人所论,含义已有扩大,那就是词的风格已不限于委婉杳渺。他是想以此来全面展现南渡词坛的面貌,讴歌国家中兴气象,其用心不可不谓深矣。

《花庵词选》在文献编纂上承继《乐府雅词》和《复雅歌词》,是很明显的。《复雅歌词》已佚,不可复按,然较之《乐府雅词》,《花庵词选》不但增加了很多作家②,而且也有意识地补录一些《乐府雅词》所未选的词作。如,《中兴以来绝妙词选》卷五选入刘仙伦词十七首,黄昇于作者小传中云:"有诗集行于世,乐章尤为人所脍炙。吉州刊本多遗落,今以家藏善本选集。"③在其所撰《中兴词话补遗》中,也极为推崇刘仙伦的词作,并举其《霜天晓角》一首,称其"词意高绝,几拍谪仙之肩。世传其词,不知为刘招山所作。余旧抄其全集得之。招山之词,佳者极多,近世庐陵刊本,余所有者,皆不载,莫知何也"④。可见他选入刘仙伦《霜天晓角》等词,原有补前人未及的用意。再如,《中兴以来绝妙词选》卷一选入叶梦得《江神子·湘灵鼓瑟》一首。词曰:"银涛无际卷蓬瀛。落霞明。暮云

---

① 黄昇《中兴以来绝妙词选序》,《唐宋人选唐宋词》下册,第685页。
② 《乐府雅词》正编收入词人33位,《花庵词选》则入选词人多达223位,即使算上《乐府雅词·拾遗》,《花庵词选》所收录的作家数量也远远超过了《乐府雅词》。
③ 黄昇《中兴以来绝妙词选》卷五,《唐宋人选唐宋词》下册,第762页。
④ [宋]魏庆之《诗人玉屑》卷二十一《中兴词话》引,上海古籍出版社,1978年,第482—483页。饶宗颐先生对黄昇所说善本则提出质疑,其所据是韩元吉《南涧甲乙稿》收有《霜天晓角》一词(《永乐大典》辑本采自韩氏《焦尾集》),"自较坊刻为可据",故"所谓善本,不无可疑"(参其《词集考》卷四,第170页)。然周密《绝妙好词》卷二亦作刘仙伦词。尚需再考。

平。遥见青鸾紫凤下层城。二十五弦弹不尽,空感慨,有余情。　　苍梧云水断归程。卷霓旌。为谁迎。空有千行,流泪寄幽贞。舞罢鱼龙云海冷,千古恨,入江声。"①黄昇在《中兴词话补遗》中对这首词的选入作了说明。他说:"(叶梦得)有《湘灵鼓瑟》一曲,尤高妙,而曾端伯所选《雅词》不载。""盖奇作也,世必有识之者。"②这也是有意识的补缺。

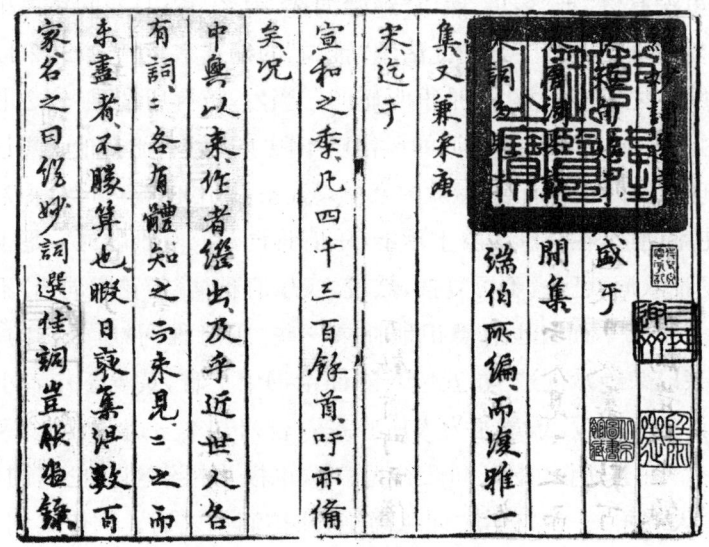

图24 《中兴以来绝妙词选》(国家图书馆藏南宋淳祐刊本)

《花庵词选》的编选宗旨,与《乐府雅词》和《复雅歌词》相同,也是以雅相尚的。这从其《序》中所言"盛丽如游金张之堂,妖冶如揽嫱施之袪,悲壮如三闾,豪俊如五陵"云云,已可见其尚雅之趣。《唐宋诸贤绝妙词选》选入苏轼、欧阳修和周邦彦词最多,《中兴以来绝妙词选》则辛弃疾、刘克庄、姜夔、严仁、张孝祥、康与之、卢祖皋、刘镇、张辑、陆游等人的词收入最多,亦可见其尚雅的编选倾向,而风格已不限于委婉杳渺之一体。

---

① 黄昇《中兴以来绝妙词选》卷一,《唐宋人选唐宋词》下册,第694页。
② 魏庆之《诗人玉屑》卷二十一引,第478页。

柳永、万俟咏、曹组、徐伸等人的词虽集中也有收录,却决不收其"纤艳之词",而是只"取其尤佳者"①。《中兴以来绝妙词选》卷六选了马子严十一首词,其中有《鹧鸪天》一首:"睡鸭俳回烟缕长。日高春困不成妆。步欹草色金莲润,撚断花须玉笋香。　　轻洛浦,笑巫阳。锦纹亲织寄檀郎。儿家闭户藏春色,戏蝶游蜂不敢狂。"黄昇于其词后评曰:"末二句有深意。"②何谓深意,他这里没说,然在其《中兴词话补遗》中却有一个补充。他说:"闺词牵于情,易至诲淫。马古洲有一曲云:……前数语不过纤艳之词耳,断章凛然,有以礼自防之意。所谓发乎情,止乎礼义。近世乐府,未有能道此者。"③原来所谓深意,便是要发乎情止乎礼义,否则就不免落入"纤艳"了。如此论词虽有说教之嫌,但其编选的尚雅倾向也是很显然的。

　　尚雅虽是对《乐府雅词》和《复雅歌词》的承继,而以"中兴"名集,虽似乎只是一个时间概念,然它既全面反映中兴词坛面貌,在某种意义上,恰恰寄托了对国家政治和文化中兴的渴望,这或许才是《花庵词选》的特色所在。所以,黄昇的编选目光,往往集中在南渡中兴以来的名家名作上。比如,《中兴以来绝妙词选》选赵鼎词,曰:"中兴名相。词婉媚,不减《花间集》。"④选李弥逊词,称其"中兴初名士"⑤。选韩元吉,评曰:"名家。文献、政事、文学,为一代冠冕。"⑥选姜夔词,称其为"中兴诗家名流。词极精妙,不减清真乐府。其间高处有美成所不能及"⑦。而选刘克庄词,又评:"负一代盛名。诗文甚高,有《后村别调》一卷。淳祐辛丑八月,御笔:'刘某文名久著,史学尤精,可特赐同进士出身。'"⑧其他中

---

① 黄昇《唐宋诸贤绝妙词选》卷五评柳永语,《唐宋人选唐宋词》下册,第637页。
② 黄昇《中兴以来绝妙词选》卷六,《唐宋人选唐宋词》下册,第775页。
③ 魏庆之《诗人玉屑》卷二十一引,第480页。
④ 黄昇《中兴以来绝妙词选》卷二,《唐宋人选唐宋词》下册,第706页。
⑤ 黄昇《中兴以来绝妙词选》卷二,《唐宋人选唐宋词》下册,第709页。
⑥ 黄昇《中兴以来绝妙词选》卷三,《唐宋人选唐宋词》下册,第727页。
⑦ 黄昇《中兴以来绝妙词选》卷六,《唐宋人选唐宋词》下册,第776页。
⑧ 黄昇《中兴以来绝妙词选》卷七,《唐宋人选唐宋词》下册,第793页。

兴名家、名相、名流、状元乃至探花、进士第四名等,其词作亦多入选集中。不管收入集中的词人作品或多(选入刘克庄的作品最多,42首)或少(许多词人仅收一二首),然所选却多是名作。如《唐宋诸贤绝妙词选》卷八仅选入宋齐愈词一首,《眼儿媚》:"霏霏疏影转征鸿,人语暗香中。小桥斜渡,曲屏深院,水月蒙蒙。　　人间不是藏春处,玉笛晓霜空。江南处处,黄垂密雨,绿涨薰风。"黄昇注引徽宗语:"卿文章新奇,可作梅词进呈,须是不经人道语。齐愈立进此词。时天语称善。次日谕近臣曰,宋齐愈梅词,非惟不经人道,又且自开花说,主结子黄熟,并天色言之,可谓尽之矣。"①有徽宗为评,自成名作。再如同卷所选徐伸《二郎神·春词》一首,黄昇注云:"(伸)有《青山乐府》一卷行于世,然多杂周词,惟此一曲,天下称之。"②当然也是名作。其它像选收阮逸之女《花心动·春词》、朱敦儒《西江月》二首、李芸子《木兰花慢·秋意》、连久道《清平乐·渔父》、魏了翁的寿词等等,都是当时传诵的名作。

　　黄昇选词不但重视选录中兴名家名作,而且对应制词等能反映中兴气象的作品尤为关注。像开卷选康与之词作,即谓:"凡中兴粉饰治具及慈宁归养、两宫欢集,必假伯可之歌咏,故应制之词为多。书市刊本皆假托其名。今得官本,乃其婿赵善贡及其友陶安世所校定,篇篇精妙。汝阴王性之,一代名士,尝称伯可乐章非近代所及,今有晏叔原,亦不得独擅。盖知言云。"③其首选则是其《瑞鹤仙·上元应制》。词曰:

　　　　瑞烟浮禁苑。正绛阙春回,新正方半。冰轮桂华满。溢花衢歌市,芙蓉开遍。龙楼两观。见银烛、星球有烂。卷珠帘、尽日笙歌,盛集宝钗金钏。　　堪羡。绮罗丛里,兰麝香中,正宜游玩。风柔夜暖。花影乱,笑声喧。闹蛾儿满路,成团打块,簇着冠儿斗转。喜皇都旧日风光,太平再见。④

---

① 黄昇《唐宋诸贤绝妙词选》卷八,《唐宋人选唐宋词》下册,第663页。
② 黄昇《唐宋诸贤绝妙词选》卷八,《唐宋人选唐宋词》下册,第669页。
③ 黄昇《中兴以来绝妙词选》卷一,《唐宋人选唐宋词》下册,第687页。
④ 黄昇《中兴以来绝妙词选》卷一,《唐宋人选唐宋词》下册,第687页。

黄昇在此词后加有按语,谓:"此词进入,太上皇帝极称赏'风柔夜暖'以下至于末章。赐金甚厚。"词写临安上元节灯月交辉,花团锦簇,倾城赏灯,如痴如醉的盛况,虽不免粉饰,然"喜皇都旧日风光,太平再见"的词句所传达出的那份对百姓安乐、家国中兴的渴望,却也是真实的。又所选张抡,亦"南渡故老及见太平之盛者,集中多应制词"①。

能够折射出北宋盛世气象的应制词,黄昇也多有选录。比如,在《唐宋诸贤绝妙词选》中,他选入了晏几道的《鹧鸪天》。词曰:

> 碧藕花开水殿凉,万年枝上转红阳。升平歌管随天仗,祥瑞封章满御床。　　金掌露,玉炉香,岁华方共圣恩长。皇州又奏圜扉静,十样宫眉捧寿觞。②

黄昇对此词有注。他说:"庆历中,开封府与棘寺同日奏狱空。仁宗与宫中宴集,宣晏叔原作此。大称上意。"晏几道并不以此类歌功颂德的词擅名,他最为人传诵的当然还是"叙其所怀,兼写一时杯酒间闻见、所同游者意中事"③的作品。然此词写政通人和、讼息狱空、社会祥和、瑞气氤氲的升平景象,却雍容典雅,十分得体。黄昇将此词选入集中,亦足见其政治上渴望中兴和词学上崇尚雅正的倾向。

再如,黄昇在是书卷七选入万俟咏应制词《三台·清明应制》《恋芳春慢·寒食前进》《安平乐慢·都门池苑应制》等多首。上文曾谈到,万俟咏的词集初分两体,"曰'雅词',曰'侧艳',目之曰《胜萱丽藻》。后召试入官,以侧艳体无赖太甚,削去之,再编成集。分五体:曰'应制',曰'风月脂粉',曰'雪月风花',曰'脂粉才情',曰'杂类'。周美成目之曰《大声》"。以"应制"词冠于其集,在黄昇看来,这些词不但属于雅词,而且是尤能见出昔日盛世气象的。且看《三台·清明应制》一首。

---

① 黄昇《中兴以来绝妙词选》卷二,《唐宋人选唐宋词》下册,第710页。
② 黄昇《唐宋诸贤绝妙词选》卷三,《唐宋人选唐宋词》下册,第616页。
③ [宋]晏几道《乐府补亡序》,张草纫笺注《二晏词笺注》附录三,上海古籍出版社,2008年,第602页。

> 见梨花初带夜月，海棠半含朝雨，内苑春不禁。过青门，御沟涨，潜通南浦。东风静，细柳垂金缕。望凤阙，非烟非雾。好时代，朝野多欢，遍九陌太平箫鼓。乍莺儿百啭断续，燕子飞来飞去。近绿水，台榭映。秋千斗草，聚双双游女。　　饧香更酒冷踏青路，会暗识夭桃朱户。向晚骤，宝马雕鞍。醉襟惹乱花飞絮，正轻寒轻暖漏永，半阴半晴云暮。禁火天，已是试新妆。岁华到，三分佳处清明。看汉宫传蜡，炬散翠烟，飞入槐府。敛兵卫阊阖门开，住传宣，又还休务。①

在选入集中的另外几首应制词中，我们也看到诸如"处处笙歌，不负治世良辰。共见西城路好，翠华定将出严宸。谁知道，仁主祈祥为民，非事行春"②，"有十里笙歌，万家罗绮，身世疑在仙乡"③这样的词句。宣和年间是否就是"朝野多欢，遍九陌太平箫鼓"的"好时代"，当然可以讨论，然黄氏选入这些词作，那种对"好时代"的向往之情，却是很显然的。所以，他称万俟咏"精于音律，自号词隐。崇宁中，充大晟府制撰，依月用律制词，故多应制所作。有《大声集》五卷，周美成为序。山谷亦称之为一代词人"④。至于在《长相思·山驿》一词后，黄昇又评其词曰："雅言之词，词之圣者也。发妙旨于律吕之中，运巧思于斧凿之外。平而工，和而雅，比诸刻琢句意而求精丽者远矣。"⑤可谓推崇备至。万俟咏的词甚至成了选词的标杆，故其书卷八选鲁逸仲词，黄昇就称其"词意婉丽，似万俟雅言"⑥。其它如晁次膺《鹧鸪天·升平词》"霜压天街不动尘，千官环

---

① 黄昇《唐宋诸贤绝妙词选》卷七，《唐宋人选唐宋词》下册，第655—656页。
② 《恋芳春慢·寒食前进》，《唐宋诸贤绝妙词选》卷七，《唐宋人选唐宋词》下册，第656页。
③ 《安平乐慢·都门池苑应制》，《唐宋诸贤绝妙词选》卷七，《唐宋人选唐宋词》下册，第656页。
④ 黄昇《唐宋诸贤绝妙词选》卷七，《唐宋人选唐宋词》下册，第655页。
⑤ 黄昇《唐宋诸贤绝妙词选》卷七，《唐宋人选唐宋词》下册，第658页。
⑥ 黄昇《唐宋诸贤绝妙词选》卷八，《唐宋人选唐宋词》下册，第662页。

第五章　南宋复雅词集的编纂与文化"绍兴"

佩贺成禋。三竿闻阊楼边日,五色蓬莱顶上云。　　随步辇,卷香裀,六宫红粉倍添春。乐章近与中声合,一片仙韶特地新。"①向子諲的《鹧鸪天·上元有怀京师》:"紫禁烟花一万重,鳌山宫阙隐晴空。玉皇端拱彤云上,人物嬉游陆海中。　　星转斗,驾回龙,五侯池馆醉春风。而今白发三千丈,愁对寒灯数点红。"②也充满了对北宋王朝昔日辉煌的怀念。

所谓国家中兴,实不过划淮为治,岁颁金帛,暂时维持一个与金国相抗衡的安定局面而已。所以,无论词人还是选编者,一边歌颂王朝中兴,一边总不免流露出对于那既已失去的半壁江山的无限痛惜和眷念,流露出对收复中原的渴望和对屈辱求和的抗争与不满。且如集中选曾觌词,黄昇就特别指出这是一位"东都故老及见中兴之盛者。词多感慨。如《金人捧露盘》、《忆秦娥》等曲,凄然有黍离之悲"③。观其《金人捧露盘·庚寅春奉使过京师》:"记神京、繁华地,旧游踪。正御沟、春水溶溶。平康巷陌,绣鞍金勒跃青骢。解衣沽酒,醉弦管、柳绿花红。　　到如今,余霜鬓,嗟前事,梦魂中。但寒烟、满目飞蓬。雕栏玉砌,空余三十六离宫。塞笳惊起暮天雁,寂寞东风。"确是在在流露出"黍离之悲"。其它像其《忆秦娥·邯郸道上望丛台有感》《朝中措·维扬感怀》《沁园春·初冬夜坐闻淮上捷音次韵》《采桑子·清明》等,亦多含感慨。再如,于朱敦儒词,选其《水龙吟·感事》④《采桑子·乱后作》⑤《减字木兰花·怀感》等,皆有感于国土沦丧、恢复难期而发。于张元幹,选其"慷慨悲凉,数百

---

① 黄昇《唐宋诸贤绝妙词选》卷七,《唐宋人选唐宋词》下册,第655页。
② 黄昇《唐宋诸贤绝妙词选》卷八,《唐宋人选唐宋词》下册,第664页。
③ 黄昇《中兴以来绝妙词选》卷一,《唐宋人选唐宋词》下册,第695页。
④ 朱敦儒《水龙吟·感事》词曰:"放船千里凌波去。略为吴山留顾。云屯水府,涛随神女,九江东注。北客翩然,壮心偏懒,年华将暮。念伊嵩旧隐,巢由故友,南柯梦,遽如许。　　回首妖氛未扫。问人间、英雄何处? 奇谋报国,可怜无用,尘昏白羽。铁锁横江,锦帆冲浪,孙郎良苦。但愁敲桂棹,悲吟《梁甫》,泪流如雨。"(黄昇《中兴以来绝妙词选》卷一,《唐宋人选唐宋词》下册,第701页)
⑤ 朱敦儒《采桑子·乱后作》词曰:"扁舟去作江南客,旅雁孤云。万里烟尘。回首中原泪满巾。　　碧山相映汀洲冷,枫叶芦根。日落波平。愁损辞乡去国人。"(黄昇《中兴以来绝妙词选》卷一,《唐宋人选唐宋词》下册,第701页)

317

年后尚想其抑塞磊落之气"的压卷之作①:《贺新郎·送胡邦衡谪新州》《贺新郎·寄李伯纪丞相》,并记曰:"绍兴戊午之秋,胡澹庵上书乞斩时相,坐谪新州。仲宗以词送行,后并得罪。"②于张孝祥,选其"骏发蹈厉"的英雄之词③:《六州歌头》(长淮望断)、《水调歌头·凯歌寄湖南安抚刘舍人》、《念奴娇·过洞庭》等,"忠愤慷慨,有足动人者"④。于吴激,特别拈出其《春从天上来·会宁府遇老姬,善鼓瑟,自言梨园旧籍》《青衫湿·宴北人张侍御家有感》两首,并于前词后注其来源,曰:"三山郑中卿从张贵谟使虏日,闻有歌之者。"⑤于后词末特加评语:"右二曲皆精妙凄婉,惜无人拈出,今录入选,必有能知其味者。"⑥这"必有能知其味者"一语,皆足见其编选倾向。其他像选入戴复古《水调歌头·题李季允侍郎鄂州吞云楼》《满庭芳·楚州上巳万柳池应监丞饮客》等⑦,亦复同一意蕴。又有一些词人,黄昇并未选其爱国之词,然述其生平行事,却每每要点出:"绍兴辛酉,胡澹庵谪新州,民瞻以诗送之云:'痴儿不了公家事,男子

---

① 永瑢等《四库全书总目》卷一百九十八《卢川词提要》,下册,第1814页。
② 黄昇《中兴以来绝妙词选》卷一,《唐宋人选唐宋词》下册,第703页。
③ 黄昇《中兴以来绝妙词选》卷二,《唐宋人选唐宋词》下册,第711页。
④ 《四库全书总目》卷一百九十八《于湖词提要》,下册,第1815页。
⑤ 吴激《春从天上来》词曰:"海角飘零。叹汉苑秦宫,坠露飞萤。梦里天上,金屋银屏,歌吹竞举青冥。问当时遗谱,有绝艺、鼓瑟湘灵。促哀弹,似林莺呖呖,山溜泠泠。 梨园太平乐府,醉几度春风,鬓变星星。舞彻中原,尘飞沧海,风雪万里龙庭。写胡笳幽怨,人憔悴、不似丹青。酒微醒。一轩凉月,灯火青荧。"(黄昇《中兴以来绝妙词选》卷二,《唐宋人选唐宋词》下册,第716页)
⑥ 吴激《青衫湿》词曰:"南朝千古伤心地,还唱后庭花。旧时王谢,堂前燕子,飞入人家。 恍然在遇,天姿胜雪,宫鬓堆鸦。江州司马,青衫湿泪,同是天涯。"《中兴以来绝妙词选》卷二,《唐宋人选唐宋词》下册,第716页。
⑦ 戴复古二词曰:"轮奂半天上,胜概压南楼。筹边独坐,岂欲登览快双眸。浪说胸吞云梦,直把气吞残虏,西北望神州。百载好机会,人事恨悠悠。 骑黄鹤,赋鹦鹉,谩风流。岳王祠畔,杨柳烟锁古今愁。整顿乾坤手段,指授英雄方略,雅志若为酬。杯酒不在手,双鬓恐惊秋。""三月春光,群贤胜饯,山阴何似山阳。鹅池墨妙,曲水记流觞。自许风流丘壑,何人共、击楫长江。新亭上,山河有异,举目恨堂堂。 使君经世志,十年边上,两鬓风霜。问池边杨柳,因甚凄凉。万树重新种了,株株在、桃李花傍。仍须待,剩栽兰芷,为国洗河湟。"(黄昇《中兴以来绝妙词选》卷八,《唐宋人选唐宋词》下册,第812页)

要为天下奇。'坐是除名,编隶辰州。"①"中兴初名士,不附秦桧,坐贬。"②"庆元丙辰,多随张贵谟使虏,有《燕谷剽闻》两卷,记虏中事甚详。"③这也同样可见其编选的政治取向。

南宋后期词坛,雅词编选的风气仍盛④,继《花庵词选》之后,最有代表性的词选,便是赵闻礼所编的《阳春白雪》和周密的《绝妙好词》了。张炎对这两部书有一个合评。他说:"近代词人用功者多,如《阳春白雪集》,如《绝妙词选》,亦自可观。但所取不精一,岂若周草窗所选《绝妙好词》之为精粹。惜此板不存,恐墨本亦有好事者藏之。"⑤张炎论词,既主张"雅正"或"浑厚和雅"⑥,又提出"词要清空"⑦。虽然对《阳春白雪》的评价还有所保留,但认为这两部词选都是精心编纂的,而且符合雅正的标准,却是共同的。

赵闻礼,字立之,又字粹夫,号钓月,山东临濮(今鄄城)人。生平不详,曾以诗谒程公许,与林表民、丁默等交游,大约生活于理宗、度宗时期。⑧他所编词选的宗旨,虽并无序跋以说明,体例也不统一,且存在误署现象⑨,然他既以"阳春白雪"为名,其编选最显著的特点就是雅正了。观全书九卷,前八卷为正集,皆委婉闲雅之作,而末一卷则为外集,

---

① 黄昇《中兴以来绝妙词选》卷二谓王庭珪,《唐宋人选唐宋词》下册,第708页。
② 黄昇《中兴以来绝妙词选》卷二谓李弥逊,《唐宋人选唐宋词》下册,第709页。
③ 黄昇《中兴以来绝妙词选》卷二谓郑域,《唐宋人选唐宋词》下册,第743页。
④ 如宋末元初刘将孙所云:"乐府有集,自《花间》始,皆唐词。《兰畹集》多唐末宋初词。曾慥集《雅词》,近年赵闻礼集《阳春白雪》,他如称《大成》、称《妙选》数十家未愁。"(《养吾斋集》卷九《新城饶克明集词序》,《景印文渊阁四库全书》第1199册,第83—84页。
⑤ [宋]张炎《词源》卷下,邓子勉编《宋金元词话全编》下册,凤凰出版社,2008年,第1751页。
⑥ 张炎《词源》卷下,《宋金元词话全编》下册,第1741页。
⑦ 张炎《词源》卷下,《宋金元词话全编》下册,第1744页。
⑧ 参饶宗颐《词集考》卷十(第367—368页)、萧鹏《群体的选择——唐宋人选词与词选通论》(第159—162页)等。
⑨ 饶宗颐先生据此疑其已经人窜乱,参其《词集考》卷十,第367页。

所收多豪放之词可知。又,书中对所选词偶有评语。如选司马光《西江月》词①,并于题下引赵令畤《侯鲭录》云:"司马温公刚风劲节,耸动朝野,疑其金心铁意,不善吐婉微辞,今观此阕,雅亦风情不薄。"②选刘颉《满庭芳》(莺老梅黄)一首,题下评曰:"此词婉,有淮海风味,惜不名世。"③皆可见其崇尚婉约闲雅的编选倾向。而外集选贺铸《小梅花》三首,谓:"右三阕檃括唐人诗歌为之,是亦集句之义。然其间语意联属,飘飘然有豪纵高举之气。酒酣耳热,浩歌数过,亦一快也。"④则亦可知外集编选的取向。当然,赵闻礼虽给豪放之词留有一席之地,然显然不把它看作词学的正宗。

　　陈振孙《直斋书录解题》对《阳春白雪》有著录,谓其"取《草堂诗余》所遗以及近人之词"⑤而成。清人阮元亦指出,是书"所选凡二百余家,宋代不传之作,多萃于是。去取亦复谨严,绝无猥滥之习"⑥。这都道出了其书在保存文献上的价值和作用。其中既有许多名家之作可补(如秦观、陆游、吴文英、刘过等),也有许多不名于世的词人(像朱用之、许玠、刘颉、冯去非、黄铸、曾棪、张艾等),其词作借以保存。⑦观集中收入刘过《贺新郎》(水浴芙蓉净)一首,编者在词后注云:"右改之荷花辞,余得于王乐道家所藏墨迹,爱其老手,飘然尘外,恐与深山大泽俱埋,特拈出以

---

① 司马光《西江月》词曰:"宝髻松松梳就,铅华淡淡妆成。青烟紫雾罩轻盈,飞絮游丝无定。　相见争如不见,有情还似无情。笙歌散后酒微醒,深院月明人静。"见《阳春白雪》卷一,《唐宋人选唐宋词》下册,第880页。

② 赵闻礼《阳春白雪》卷一,《唐宋人选唐宋词》下册,第880页。原文见赵令畤《侯鲭录》卷八,文字有异同,兹亦引录如次:"司马文正公言行俱高,然亦每有谑语。""有长短句云:'宝髻匆匆梳就,铅华淡淡妆成。青烟紫雾罩轻盈,飞絮游丝无定。　相见不如不见,有情何似无情。笙歌散后酒初醒,深院月斜人静。'风味极不浅,乃《西江月》词也。"(中华书局,2002年,第190页)

③ 赵闻礼《阳春白雪》卷五,《唐宋人选唐宋词》下册,第944页。

④ 赵闻礼《阳春白雪》卷九,《唐宋人选唐宋词》下册,第1009页。

⑤ 陈振孙《直斋书录解题》卷二十一"歌词类",第633页。

⑥ [清]阮元《四库未收书目提要》卷三,附于《四库全书总目》,下册,第1858页。实则书中亦有个别难称"阳春白雪"的词作。

⑦ 参葛渭君先生是书校点说明,《唐宋人选唐宋词》下册,第855页。

示识者云。"①收录无名氏《花心动》(粉堞云齐),于题下注曰:"得于江西歌者,而不知名氏。"②其保存文献的用意都是很明显的。

张炎极称周密《绝妙好词》所选"精粹",也就是说,它不但符合其"浑厚和雅"的论词标准,而且所选之词,又往往能达到"古雅峭拔","清空中有意趣"的美学境界③,在晚宋词坛,可谓迥出于诸词选之上了。事实上,周密的词学观念与张炎相近,《绝妙好词》也确是诸种选本中主观编选宗旨体现得最为鲜明的,虽然他并未有序跋作明确的交代。这里不妨将是书所选与周密、张炎的词论相对照,以见是选尚雅之趣。④

周密在《绝妙好词》中选入李彭老词十二首,就收词数量看,在入选词人中排名第四,已可见其地位。不过,在词选中例无评论。而在《浩然斋雅谈》中,周密则称其"笔妙一世",并引张直夫叙其词曰:"靡丽不失为《国风》之正,闲雅不失为《骚》《雅》之赋,摹拟《玉台》,不失为齐梁之工。则情为性用,未闻为道之累。"⑤从中可见其论词主张骚雅的观念。在《浩然斋雅谈》中,他又曾引及汪藻的一首《醉落魄》,中有句以月喻女子额,遂举辛弃疾《念奴娇·书东流村壁》中的词句:"闻道绮陌东头,行人曾见,帘底纤纤月。"并评道:"以月喻足,无乃太媟乎?"⑥张炎则更明确地提出,"簸弄风月,陶写性情,词婉于诗",但在创作中又要"景中带情,而存骚雅","屏去浮艳,乐而不淫"⑦。这里所说的"骚雅",虽未必是说

---

① 赵闻礼《阳春白雪》卷四,《唐宋人选唐宋词》下册,第917页。
② 赵闻礼《阳春白雪》卷七,《唐宋人选唐宋词》下册,第967页。
③ 张炎《词源》卷下《清空》《意趣》,《宋金元词话全编》下册,第1741、1746页。此处所谓雅,其蕴意也已有了新发展。
④ 萧鹏《群体的选择——唐宋人选词与词选通论》一书,从群体的角度,亦论及张炎、周密词论和《绝妙好词》之间的关系(202—206页),读者可以参考。
⑤ 周密《浩然斋雅谈》卷下,中华书局,2020年,第51—52页。
⑥ 周密《浩然斋雅谈》卷下,第59页。按汪氏词并本事乃转引胡仔《苕溪渔隐丛话》前集卷五十九《长短句》所载,词曰:"小舟帘隙,佳人半露梅妆额。绿云低映花如刻,恰似秋宵一半银蟾白。 结儿捎朵香红扐,钿蝉隐隐摇金碧。春山秋水浑无迹,不露墙头些子真消息。"(人民文学出版社,1962年,第411页)
⑦ 张炎《词源》卷下《赋情》,《宋金元词话全编》下册,第1748—1749页。

词与诗相同,要有比兴寄托,然他讲含蓄蕴藉,讲无过无不及,发乎情止乎礼义①,自是继承了北宋后期以来"复雅"的论词取向的。可见在主张词要"骚雅","屏去浮艳"这一点上,张炎与周密是一致的。② 张炎所举骚雅之词的例证,是陆淞的《瑞鹤仙》(脸霞红印枕)和辛弃疾的《祝英台近》(宝钗分)。而这两首词皆已收在《绝妙好词》首卷。

"清空"是张炎词论的新创。他力主"词要清空,不要质实。清空则古雅峭拔,质实则凝涩晦昧"③。周密虽没有明确标举清空,然毫无疑问,他对姜夔其人其词是极为推崇的。在《齐东野语》中,他大段引录姜夔与当日名公巨儒交游,其诗词深为时人爱赏的自述,并搜集姜夔传世手稿等,感慨:"尧章一布衣耳,乃得盛名于天壤间若此,则轩冕钟鼎,真可鄙屣矣。"④其对姜夔诗词书法创作的赞赏,溢于言表。凡张炎所举姜夔的代表之作,如姜夔的《暗香》《疏影》《扬州慢》《一萼红》《琵琶仙》《淡黄柳》等,也都早见于《绝妙好词》。

周密《绝妙好词》选录词人133家,词作391首,从题材和主题上看,入选最多的是咏物和题写节序的作品。而张炎也十分重视咏物和节序之词的创作,在《词源》中有专论。如谓:"诗难于咏物,词为尤难。体认

---

① 观其论"离情",谓:"情至于离,则哀怨必至,苟能调感怆于融会中,斯为得矣。"(张炎《词源》卷下,《宋金元词话全编》下册,第1749页)即是此意。

② 不过,他对辛弃疾词句的理解,似乎可以商榷。一般认为,辛弃疾的这两句词是化用了苏轼《江城子》(玉人家在凤凰山)中的词句。如龙榆生先生说:"弓弯,谓美人足也。稼轩词'闻道绮陌东头,行人曾见,帘底纤纤月。'疑从坡词脱化。"(《东坡乐府笺》卷一,上海古籍出版社,2009年,第19页)苏轼上片曰:"玉人家在凤凰山。水云间,掩门闲。门外行人,立马看弓弯。十里春风谁拟似,斜日映,绣帘斑。"先师林昭德先生认为,"弓弯"与"纤纤月"都不应理解为比喻美人足。林先生举了大量的诗词例证(如唐人邢凤《梦中美人歌》:"长安少女踏春阳,何处春阳不断肠。舞袖弓弯浑忘却,罗衣空换九秋霜。")说明"弓弯"应指舞袖飘拂的样子,因代指舞蹈。苏词中的"弓弯"也是此意。而"纤纤月"一语,出自唐人罗虬的《比红儿》诗:"初月纤纤映碧池,池波不动独看时。凝情尽日君知否,直是红儿罢舞眉。""初月纤纤"即指美人之眉,辛词中的"帘底纤纤月"亦然。详参林先生所著《诗词曲词语杂释》附录《"纤纤月"语意新探》,四川人民出版社,1986年,第158—161页。

③ 张炎《词源》卷下《清空》,《宋金元词话全编》下册,第1744—1745页。

④ 周密《齐东野语》卷十二《姜尧章自叙》条,中华书局,1983年,211—213页。

稍真,则拘而不畅,模写差远,则晦而不明。要须收纵联密,用事合题,一段意思,全在结句,斯为绝妙。"①谓:"昔人咏节序,不惟不多,附之歌喉者,类是率俗,不过为应时纳俗之声耳。""若律以词家调度,则皆未然。"②而像张炎所举的"好词",包括史达祖的《东风第一枝》咏春雪、《绮罗香》咏春雨、《双双燕》咏燕、《喜迁莺》赋元夕等,也都恰在周密所选词之中。

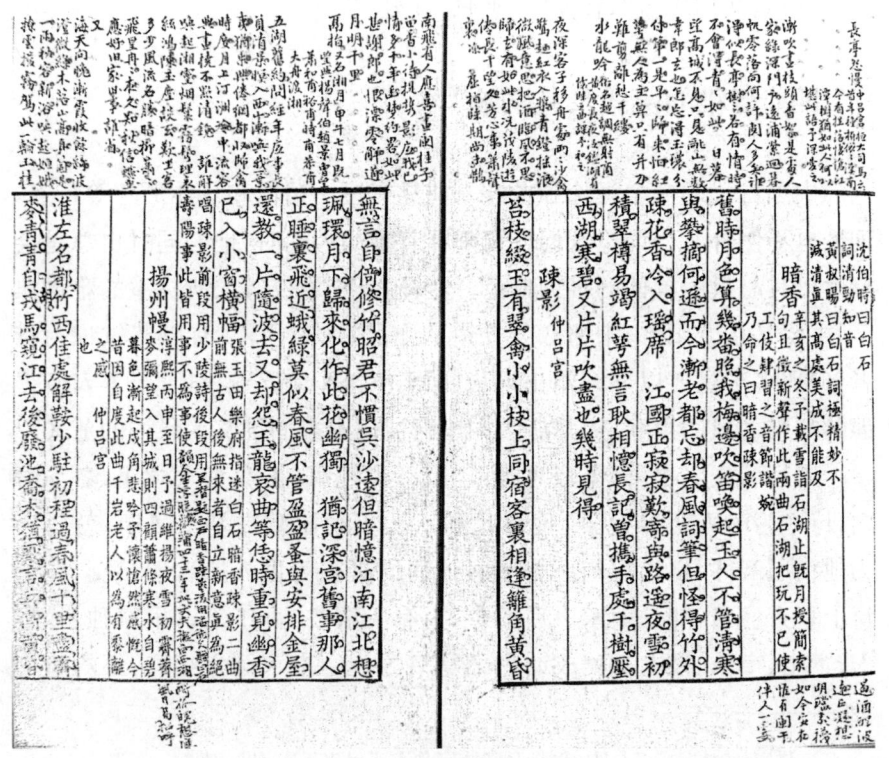

图 25 《绝妙好词》(清雍正年间项氏怡园刊本,藏台北故宫博物院)

综上所述,南宋词坛涌现了大量以雅为尚的词选,它们既是南宋绍

---

① 张炎《词源》卷下《咏物》,《宋金元词话全编》下册,第 1746 页。
② 张炎《词源》卷下《节序》,《宋金元词话全编》下册,第 1747 页。

兴以来礼乐文化复兴背景下的产物,又从不同角度和侧面反映了人们对政治和文化复兴的愿望。《乐府雅词》首重"九重传出"的转踏和大曲,次列欧阳修为代表的雅词,崇雅的同时,已表现出对北宋一代文雅风流的追慕。《花庵词选》一书,尤重对南渡以来词坛风貌的展示,也尽显南渡"中兴之盛"。《阳春白雪》和《绝妙好词》虽与中兴无涉,然其所选仍是承继了南渡以来的崇雅风尚的,只是其中所含蕴,已由原来的"丰亨豫大","一时声名文物之盛",转而"几乎政、宣矣"①。

四、复雅的范式及其嗣响

中国古代的文学理论和批评一向具有短小精悍和具体形象等特点,词论也不例外。当词论家们反复阐释着雅的内涵时,他们同时也总是会标举出其心目中具体的雅词典范。晁补之、李之仪等人所标举的雅词典范,主要是指欧阳修、宋祁和晏几道的作品,南宋初,又有以苏轼词为雅者,但那多半是要以苏词纠正词坛的俗艳之风,随着鲷阳居士等人所提倡的复雅之风的兴起,周邦彦的词逐渐被词论家们推奖为雅词的范式。

周邦彦文名早著,年轻时既以一篇《汴都赋》被命为太学正,名动海内,诗亦为时人所推崇。② 他在政和六七年间短暂提举大晟府,就是因为他精通音律、擅长短句。③ 然而,他的词真正为世人所普遍接受,在词坛上享有盛名,却是南宋以后的事,至有所谓"二百年来以乐府独步,贵人、学士、市侩、妓女知美成词为可爱"④之说。南宋绍兴年间,王灼将周

---

① 周密《武林旧事序》,见《武林旧事》卷首,浙江人民出版社,1984年。

② 周邦彦诗名早著,南宋陈郁《藏一话腴》外编卷上,即谓其"诗歌自经史中流出,当时以诗名家如晁、张,皆自叹以为不及"(《景印文渊阁四库全书》第865册,台湾商务印书馆,1985年,第560页)。

③ 陈振孙《直斋书录解题》卷十七著录《清真集》二十四卷,并云:"邦彦博文多能,尤长于长短句自度曲,其提举大晟府亦由此。"(第516页)至于周邦彦提举大晟府的时间问题,详请参诸葛忆兵《徽宗词坛研究》,第5—12页。

④ 陈郁《藏一话腴》外编,《景印文渊阁四库全书》第865册,第559页。

邦彦与贺铸相提并论，称他的词"语意精新，用心甚苦"，"世间有《离骚》，惟贺方回、周美成时时得之"①。评价极高。贺铸此可不论，以北宋新旧党争之在《清真词》中所得到的委婉曲折的反映来看，称《清真词》骚雅，大致是符合实际的。②

其后，沈义父论词，角度又不同。他受吴文英影响，于作词提出讲究音律和措辞用语诸标准，而在他看来，符合这些标准的词人，非周邦彦莫属。他说：

> 凡作词，当以清真为主。盖清真最为知音，且无一点市井气，下字运意，皆有法度，往往自唐宋诸贤诗句中来，而不用经史中生硬字面，此所以为冠绝也。学者看词，当以《周词集解》为冠。③

对此，近人蔡嵩云解释道："《指迷》论词，首列标准四。清真最为知音，则律协矣；无一点市井气，则字雅矣；下字运意皆有法度，来自唐、宋诸贤诗句，而不用经史生硬字面，则直突狂怪之病免，而深长之味、柔婉之意备矣。合乎四标准者，宋词中以清真为最。其余或优于此而绌于彼，所以推清真独为冠绝也。"④这个解释是正确的。观《乐府指迷》中所举之例多从清真词中来可知。

南宋杨缵，擅长鼓琴，精通音律，曾撰《圈法周美成词》，虽今已佚失，然从他的《作词五要》所列的"择腔、择律、填词按谱、随律押韵、要立新意"⑤五条看，其书必是从声律上对周邦彦词进行圈点，以示人作词轨则

---

① 《碧鸡漫志校正》卷二，第115页。

② 请参拙撰《北宋党争与清真词的创作》，载《古典文献研究》第6辑，江苏古籍出版社，2003年。

③ [宋]沈义父撰，蔡嵩云笺释《乐府指迷笺释》，《词源注》《乐府指迷笺释》合刊本，人民文学出版社，1963年，第44—45页。

④ 《乐府指迷笺释》，第46页。

⑤ [宋]杨缵《作词五要》，附见于张炎撰，夏承焘校注《词源注》卷下，《词源注》《乐府指迷笺释》合刊本，第32页。

的。最为知音的周邦彦的词,当然是他心目中的作词典范。

张炎论词,主张清空雅正,故较之对姜夔词的推崇备至,他对清真词不免有微词①,但总的看来,他既然师法杨缵,重视声律,对清真词的评价也就仍然很高。例如他称赞周邦彦"负一代词名,所作之词,浑厚和雅,善于融化诗句"②,又谓其词"风流蕴藉","浑成处,于软媚中有气魄"③等等。也是把清真词当作雅词的典范,是没有疑问的。

沈义父、张炎等人极为推崇清真词的声律之美,至推为典范,亦有现实的原因。宋徽宗宣和末,朝廷下诏革除弊事,大晟府和教乐所教坊人员,曾经被大量裁减,及至靖康之难,教坊乐工等多被掳掠北去,南渡者则散在民间。绍兴中,宋高宗虽曾下诏恢复教坊,然后来又加裁削,以至朝廷每有大型的礼乐宴会活动,不得不从临安府衙前乐中差拨。词乐渐失。这就使得一般填词的人必须更多地依前代著名词家习用的词调仿作。沈义父在《乐府指迷》中说:"古曲谱多有异同,至一腔有两三字多少者,或句法长短不等者。盖被教师改换,亦有嘌唱一家,多添了字。吾辈只当以古雅为主,如有嘌唱之腔,不必作。且必以清真及诸家目前好腔为先可也。"④又曰:"腔律岂必人人皆能按箫填谱?但看句中用去声字,最为紧要。然后更将古知音人曲,一腔三两只参订。如都用去声,亦必用去声;其次如平声,却用得入声字替。"⑤他主张填词应以清真词中和其他知音者所用词调为准,虽主要是反对和纠正乐工随意改变词调的做法,但也道出了在"岂必人人皆能按箫填谱"、词乐渐失的情况下,《清真词》的音乐典范价值。

前已论及,南宋词选多以"雅"相尚,从周邦彦入选的词作数量来看,也可见其地位颇高。像黄大舆编《梅苑》,选周邦彦词 12 首。曾慥编《乐府雅词》,选词人 34 家,周邦彦词入选 33 首。至黄昇编《唐宋诸贤绝妙

---

① 如认为他的词有时不免为情所役,意趣不够高远等。
② 张炎《词源序》,《词源注》,第 9 页。
③ 《词源注》,第 32、30 页。
④ 《乐府指迷笺释》,第 80 页。
⑤ 《乐府指迷笺释》,第 67 页。

词选》,选词人 134 家,周邦彦词入选 17 首。从入选词作的数量看,虽未必是首选,然皆位处前列,却是事实。

清真词的版本,据吴则虞先生的考证,在南宋有十一种,即陈振孙《直斋书录解题》卷二十一著录曹杓《注清真词》二卷和《清真词》二卷《后集》一卷,强焕序、淳熙七年溧水刊本《清真词》二卷和溧水刊本的翻刻本《片玉集》二卷,杨缵《圈法周美成词》本,陈元龙注、刘肃序《详注周美成词片玉集》十卷和覆刻陈元龙注本,黄昇《花庵词选》所引《清真诗余》本,《三英集》本,《清真集》本和《美成长短句》本。加上沈义父所推举的《周词集解》,当有十二种。① 刻本和注本之多,为两宋词人之冠。而其实际数量当还不止于此。可见周邦彦词之在南宋为人所推重和影响之大。

南宋方千里、杨泽民和陈允平三家《和清真词》的出现,正是上述词坛风气下的产物。

自北宋晏殊,已以含蓄、闲雅论词,苏轼与其门下弟子及李清照等,亦以雅论词,然含义各不相同。南宋绍兴年间,鲖阳居士等明确提出"复雅"的口号,始以儒家的传统诗教论词,雅正或骚雅遂成为词坛所崇尚的主流的词学观念。南宋复雅词风的兴起,是南宋礼乐文化重建背景下的产物,是人们政治、文化中兴愿望在词坛上的反映。复雅的范式,则是周邦彦《清真词》。方千里、杨泽民和陈允平三家《和清真词》,方千里将清真词"字字奉为标准",守律最严,音节顿挫,词风较近原作。陈允平之作温婉、雅丽,与《日湖渔唱》的风格相近。杨泽民则主要是学周词的声韵而时时注入新的内容,离开《清真词》渐远了。原作决定和作,而由和作也可以窥见原作。三家《和清真词》不仅本身取得了各自的文学成就,而且,从文学接受上看,它也从一个侧面为我们理解《清真词》,提供了某种参证和帮助。

---

① 周邦彦撰,吴则虞校点《清真集》,中华书局,1981 年,第 169—170 页。沈义父所言《周词集解》,吴先生将其列入周词版本中的"不详者",实则可补入。

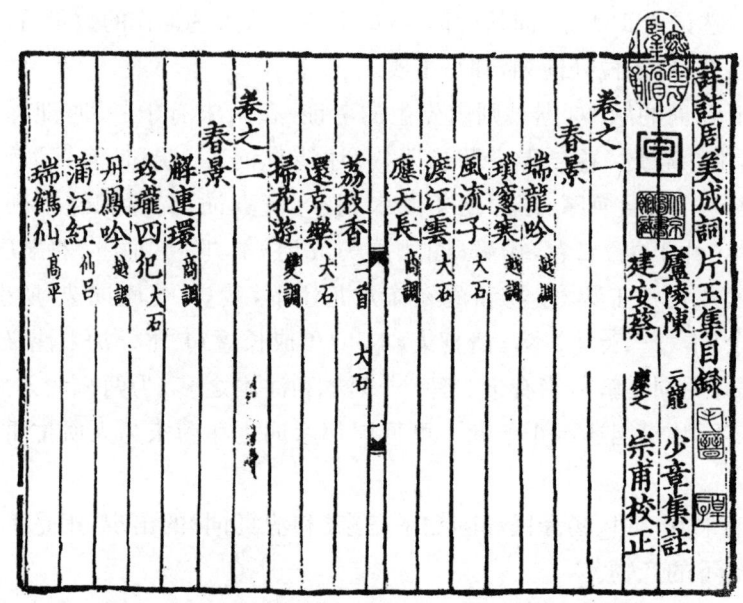

图26 《详注周美成词片玉集》(国家图书馆藏宋刻本)

五、"把周郎旧曲谱新翻":三家《和清真词》的分析

方千里和杨泽民,生平皆不详。厉鹗《宋诗纪事》卷四十二谓方千里曾官舒州签判。杨泽民,据毛晋《和清真词跋》,则只知道他是崇安人。陈允平,字衡仲,又字君衡,号西麓,四明(今宁波)人。① 大约三人皆生活于南宋后期,陈允平已入元朝。明末毛晋在《和清真词跋》中说:"美成当徽宗庙时,提举大晟乐府,每制一调,名流辄依律赓唱,独东楚方千里,乐安杨泽民有《和清真(全)词》,各一卷,或合为《三英集》行世。"②加上陈允平的《西麓继周集》,我们这里统称作三家《和清真词》。

方千里、杨泽民和陈允平为何要和周邦彦的词,他们自己并未明说

---

① 生平行事略见[宋]陈思、[元]陈世隆《两宋名贤小集·西麓诗稿》小传。
② 毛晋《和清真词跋》,方千里《和清真词》卷尾,《景印文渊阁四库全书》第1487册,台湾商务印书馆,1986年,第448页。

过,然从上文所述可知,三家《和清真词》是南宋词坛崇雅风气影响下的产物,当无问题。杨泽民在词中写道:"往日周郎为唱首,今将高韵重翻旧。"①他们对清真词的推崇,是显而易见的。因此,从唱和的性质上看,三家和清真词属于学习之作,大致不差。

周邦彦擅音律,常以周瑜自比,像:"周郎逸兴,黄帽侵云水。"②"知音见说无双,解移宫换羽,未怕周郎。"③"休将宝瑟写幽怀,坐上有人能顾曲。"④皆为其例。故南宋楼钥即称其"乐府传播,风流自命。又性好音律,如古之妙解。顾曲名堂,不能自已。人必以为豪放飘逸,高视古人,非攻苦力学以寸进者"。⑤沈义父谓其最为知音。清真词也以多创调和声律优美为后人所推崇。吴文英《梦窗词》中用清真词调,多达六十余阕。沈义父更认为作词择调,应以清真词为准。方千里等人当然并非不谙音律⑥,然其和清真词,首先也是从音律上的学习着眼的。《四库全书总目》卷一九八《和清真词提要》中曾指出:"邦彦妙解声律,为词家之冠。所制诸调,不独音之平仄宜遵,即仄字中上去入三音,亦不容相混。所谓分刌节度,深契微芒。故千里和词,字字奉为标准。"⑦这是符合实际的。兹举《瑞龙吟》词,以见一斑。

周邦彦原作:

  章台路,还见褪粉梅梢,试花桃树。愔愔坊陌人家,定巢燕子,

---

① 杨泽民《蝶恋花》(寂寞春残花谢后),唐圭璋编《全宋词》,中华书局,1965年,第3015页。
② 周邦彦《蓦山溪》(湖平春水),罗忼烈笺注《清真集笺注》上编,上海古籍出版社,2008年,第217页。
③ 周邦彦《意难忘》(衣染莺黄),罗忼烈笺注《清真集笺注》上编,第49—50页。
④ 周邦彦《玉楼春》(大堤花艳惊郎目),罗忼烈笺注《清真集笺注》上编,第92页。
⑤ [宋]楼钥《攻愧集》卷五十一《清真先生文集序》,《景印文渊阁四库全书》第1152册,台湾商务印书馆,1985年,第800页。
⑥ 如陈允平词集《日湖渔唱》中便屡有改换词调用韵的例子。像《永遇乐》(玉腕笼寒)一首,将上声韵改为平声,《三犯渡江云》(风流三径远),将平声韵改为入声韵,参之沈义父所谓词中"用去声字最为紧要","如平声,却用得入声字替"(《乐府指迷笺释》,第67页),可见其亦知音。
⑦ [清]永瑢等《四库全书总目》卷一九八《和清真词提要》,下册,第1811页。

归来旧处。　　黯凝伫。曾记个人痴小,乍窥门户。侵晨浅约宫黄,障风映袖,盈盈笑语。　　前度刘郎重到,访邻寻里,同时歌舞,惟有旧家秋娘,声价如故。吟笺赋笔,犹记燕台句。知谁伴名园露饮,东城闲步。事与孤鸿去,探春尽是,伤离意绪。官柳低金缕。归骑晚,纤纤池塘飞雨。断肠院落,一帘风絮。①

方千里和作:

楼前路。愁对万点风花,数行烟树。依依斜日红收,暮山翠接,平芜尽处。　　小留伫。还是画栏凭暖,半扃朱户。帘栊尽日无人,消凝怅望,时时自语。　　堪恨行云难系,赋情杨柳,徘徊犹舞。追想向来欢娱,怀抱非故。题红寄绿,魂断江南句。何时见、轻衫雾唾,芳茵莲步。燕子西飞去。为人试道,相思闷绪。空有肠千缕。清泪满,斑斑多于春雨。忍看鬓发,密堆飞絮。②

此调始于周邦彦,双拽头,由正平调转大石调,再转正平。③ 方千里和作,不但平仄皆与原词相同,而且,平上去入四声也都与原作一一相合。杨泽民和陈允平所和二首,除个别字的四声外,也都与原作相吻合。

周邦彦词在艺术手法上最擅于在反复铺张渲染之后,径接以率真本色之语,景与情、婉转妍丽与清新自然有机地融合在一起,从而使其词兼有浑厚委婉和清疏淡雅之美。例如他的《少年游》,上片描述其早年汴京生活中的一幕:"并刀如水,吴盐胜雪,纤手破新橙。锦幄初温,兽烟不断,相对坐调笙。"燕婉之情,极为温馨。至下片则径以口语出之:"低声问向谁行宿,城上已三更。马滑霜浓,不如休去,直是少人行。"④虽极为直白率真,却绝不卑俗,出人意料却又在意料之中,最是清真词本色。方

---

① 《清真集笺注》上编,第 146 页。
② 方千里《瑞龙吟》(楼前路),《全宋词》第 4 册,第 2488 页。
③ 参南宋黄昇《唐宋诸贤绝妙词选》卷七此词按语,《唐宋人选唐宋词》下册,第 650 页。
④ 周邦彦《少年游》(并刀如水),《清真集笺注》上编,第 1 页。

千里等三家《和清真词》有时亦能达到此一境地。陈允平的和作《满路花》写道：

> 离歌泣断云，别舞愁飞雪。凤皇台上望，琼箫绝。钗分玉燕，寸寸回肠折。碧空归雁阔。犹有疏梅，岁寒独伴高节。　鲛绡罗帕，泪洒胭脂血。悠悠江上水，天连接。朱楼遍倚，万里空情切。此恨凭谁说，天若有情，料天须有区别。①

上片起笔便点明离别，而景为情设，愁云惨淡，飞雪漫舞，归雁、疏梅，水天悠悠，反复点染，遂衬出结拍的"此恨凭谁说，天若有情，料天须有区别"数句。其内心的哀怨也发展到极点。

再像杨泽民的和作《法曲献仙音》：

> 汀蓼收红，井梧凋绿，呖呖征鸿南度。静听寒砧，闷敧孤枕，蟾光夜深窥户。露暗滴，芭蕉重，萧萧本非雨。　砌蛩语。怎知人、漏长无寐，因念游子，路修道又阻。蚤起懒晨妆，自秋来、眉黛谁妩。净几明窗，但无憀、空对蛮素。早知伊，别后恁久，悔教轻去。②

周邦彦原作的写作时间，从词中"耿无语，叹文园、近来多病情绪懒"看，大约写于元祐外任期间，词的上片写初夏之景，下片为离别之情。陈允平和作拟闺阁之音，着眼听觉，"呖呖征鸿""寒砧""露滴""蛩语""漏长"等等，反复渲染，又皆细小之声，从中便见出闺中之人的百无聊赖，遂有末句的"早知伊，别后恁久，悔教轻去"的怨恨。颇得清真词之神。

从诗词唱和的角度看，唱和之作在题材和主题、手法和风格等方面，多趋于相同。三家《和清真词》也不例外。其中很多作品在风格上都已接近原作。比如，周邦彦有《霜叶飞》，词曰：

---

① 陈允平《满路花》（离歌泣断云），《全宋词》第 5 册，第 3127 页。
② 杨泽民《法曲献仙音》（汀蓼收红），《全宋词》第 4 册，第 3006 页。

露迷衰草,疏星挂,凉蟾低下林表。素娥青女斗婵娟,正倍添凄悄。渐飒飒丹枫撼晓,横天云浪鱼鳞小,见皓月相看,又透入清辉半饷,特地留照。　　迢递望极关山,波穿千里,度日如岁难到。凤楼今夜听秋风,奈五更愁抱。想玉匣哀弦闭了,无心重理相思调。念故人牵离恨,屏掩孤鬟,泪流多少。①

方千里和作:

塞云垂地,堤烟重,燕鸿初度江表。露荷风柳向人疏,台榭还清悄。恨脉脉,离情怨晓。相思魂梦银屏小。奈倦客征衣,自遍拂尘埃,玉镜羞照。　　无限静陌幽坊,追欢寻赏,未落人后先到。少年心事转头空,况老来怀抱。尽绿叶红英过了,离声慵整当时调。问丽质,从憔悴,消减腰围,似郎多少。②

周邦彦原作具体写于何时已不能定,然大致当为元祐外任期间所作。上片写景,秋色迷离。下片由景到情,写离别之怨,由自己的"度日如岁",设想到对方亦当"屏掩孤鬟","五更愁抱"。哀婉凄怨。方千里和作上片也写秋景,然点出"倦客征衣",便有羁旅行役之愁。下片忆旧伤怀,"少年心事转头空,况老来怀抱",更有无限感慨。结拍同样是从对方设想。词风婉丽,一与周词相似。

再如前举周邦彦的名作《瑞龙吟》(章台路)一首。此词大约写于绍圣四年(1097年)。在经历了元祐年间长达十年的外任之后,周邦彦返回京城,寻访旧迹,当年在京的生活情景,恍在目前。虽"有旧家秋娘,声价如故。吟笺赋笔,犹记燕台句"。然毕竟"事与孤鸿去"。不禁感慨系之,于是,写下了这首词。从对往事的追怀中,从"前度刘郎重到,访邻寻

---

① 周邦彦《霜叶飞》(露迷衰草),罗忼烈《清真集笺注》上编,第269—270页。
② 方千里《霜叶飞》(塞云垂地),《全宋词》第4册,第2498页。

里","探春尽是,伤离意绪"的话语中①,我们不难感受到其深沉的身世之感,感受到其词婉转含蓄、幽咽低回的艺术美。

下面看陈允平的和作:

> 长安路。还是燕乳莺娇,度帘迁树。层楼十二阑干,绣帘半卷,相思处处。　　漫凭伫。因念彩云初到,琐窗琼户。梨花犹怯春寒,翠羞粉怨,尊前解语。　　空有章台烟柳,瘦纤仍似,宫腰飞舞。憔悴暗觉文园,双鬓非故。闲拈断叶,重托殷勤句。频回首,河桥素约,津亭归步。恨逐芳尘去。眩醉眼尽,游丝乱绪。肠结愁千缕。深院静,东风落红如雨。画屏梦绕,一篝香絮。②

和作同样写章台寻旧,感慨今昔,情境既相似,风格亦幽怨婉丽,而词中以司马相如自比,也是恰如其分的。词中"闲拈断叶,重托殷勤句","恨逐芳尘去,眩醉眼尽游丝乱绪"数句,置之周词中,可乱楮叶。

其它如方千里《西平乐》(倦踏征尘)、《塞翁吟》(暮色催更鼓)、《隔蒲莲》(垂杨烟湿嫩葆)、杨泽民《渡江云》(渔乡回落照)、陈允平《诉衷情》(嫩寒侵帐弄微霜)、《满庭芳》(槐影连荫)等等,尤其是很多令词,像方千里的《少年游》(丹青闲展小屏山)、《诉衷情》(一钩新月淡于霜),杨泽民《诉衷情》(侵晨呵手怯清霜),陈允平《红罗袄》(别来书渐少)等,风格上都与原作相近。

周邦彦《清真词》艺术成就很高,三家和作在题材和主题以及手法、风格上囿于原作,颇难超越,是可以想见的。但是,他们在学习和模仿原作的同时,又在有意无意地进行着创新和开拓,同中求异,尤其是当他们摆脱原词的约束,以和作的形式反映自己身边的生活和抒写其特定的思想情感时,其取得的成绩就更显而易见了。

先看方千里的一首《南乡子》:

---

① 周邦彦《瑞龙吟》(章台路),《清真集笺注》上编,第 146 页。
② 陈允平《瑞龙吟》(长安路),《全宋词》第 5 册,第 3113 页。

西北有高楼。淡霭残烟渐渐收。几阵凉风生客袖,飕飕。心逐年华衮衮流。　　花卉满前头。老懒心情万事休。独倚栏干无一语,回眸。鼓角声中唤起愁。①

周邦彦原作是拟歌者言,写闺怨。其词曰:"晨色动妆楼。短蜡荧荧悄未收。自在开帘风不定,飕飕。池面冰澌趁水流。　　早起怯梳头。欲绾云鬟又却休。不会沉吟思底事。凝眸,两点春山满镜愁。"②上片从歌者妆楼写到楼外初春之景,过片逗引出楼上之人:慵懒、寂寞、忧愁。"不会沉吟思底事"? 词中这位女性忧愁的原因,读者已能领会。词写得委婉含蓄。方千里的和作与此不同,他是自抒客居幽情。淡霭残烟和阵阵凉风所引发的,是词人心中油然而生的叹老伤逝之情,词中隐隐流露出一种深沉的身世之感。词风也清疏苍健。

陈允平的词,张炎称其"本制平正,亦有佳者"③。其词集《日湖渔唱》中的作品如此,《西麓继周集》大体也是如此。词风温婉雅正。然他和周邦彦的词中,有时也呈现为另一种风貌。像下面的这首《一寸金》,即为一例。

　　吾爱吾庐,甬水东西半村郭。试倚楼极目,千山拱翠,舟横沙觜,江迷城脚。水满蘋风作。阑干外,夕阳半落。荒烟暝,几点昏鸦,野色青芜自空廓。　　浩叹飘蓬,春光几度,依依柳边泊。念水行云宿,栖迟羁旅,鸥盟鹭伴,归来重约。满室凝尘澹,无心处,宦情最薄。何时遂、钓笠耕蓑,静观天地乐。④

周邦彦原作写于晚年客居新定(今浙江建德)时。词曰:"州夹苍崖,下枕江山是城郭。望海霞接日,红翻水面,晴风吹草,青摇山脚。波暖凫鹭

---

① 方千里《南乡子》(西北有高楼),《全宋词》第 4 册,第 2493 页。
② 周邦彦《南乡子》(晨色动妆楼),《清真集笺注》上编,第 22 页。
③ 《词源注》,第 28 页。
④ 陈允平《一寸金》(吾爱吾庐),《全宋词》第 5 册,第 3129 页。

作,沙痕退、夜潮正落。疏林外,一点炊烟,渡口参差正寥廓。　　自叹劳生,经年何事,京华信漂泊。念渚蒲汀柳,空归闲梦,风轮雨楫,终孤前约。情景牵心眼,流连处、利名易薄。回头谢、冶叶倡条,便入渔钓乐。"①建德位于新安江畔,水村山郭,景色优美。周邦彦词上片即写其地山水景物。下片兴归隐之情,亦其晚年真实心态。陈允平和作与原词的主题、构思都相同,然因其是写故乡四明的山水,笔端便充满了一种浓浓的乡情。不仅景象阔大,而且飘蓬之感、羁旅之叹和退归之思的抒发,也都更自然而然。风格清疏劲健。

再看他的另一首词《迎春乐》:

江湖十载疏狂迹。红尘里、倦游客。驻雕鞍、问柳东风陌。花底帽,任敧侧。　　斗酒百篇呼太白。傲人世、醉中一息。何日赋归来,水之南,云之北。②

较之原作的忆旧,此词直抒胸臆,狂放不羁,风格也更为豪放、清旷,在陈允平词作中实别具一格。

在三家和清真词中,与原作相比,走得更远的,还应属杨泽民的和作。杨泽民生平行事今虽已不能详,然从其词中大致可知,他生活于晚宋时期,曾长期沉沦下僚。③ 因此,他在和清真词中所表现的,便多是一位下层仕宦者的喜怒哀乐。且看以下数词:

《南乡子·宁都登楼》:
乘月上高楼。一片清光浩莫收。帘卷西风知客意,飕飕。山自纵横水自流。　　却绕古城头。尘事匆匆得少休。遥送征鸿千里

---

① 周邦彦《一寸金》(州夹苍崖),《清真集笺注》上编,第165页。
② 陈允平《迎春乐》(江湖十载疏狂迹),《全宋词》第5册,第3133页。
③ 陈允平在《渔家傲》(秣李素华曾缟昼)词中自谓:"肌肤瘦减宽襟袖。已是无聊仍断酒。徘徊久,者番枉走长亭候。"(《全宋词》第4册,第3004页)汉制十里一亭,设亭长、亭候。可知杨泽民所任之职,必是县尉之类的下层官员。

外,明眸。消尽人间万种愁。①

《齐天乐·临江道中》:

　　护霜云淡兰皋暮,行人怕临昏晚。皓月明楼,梧桐雨叶,一片离愁难翦。殊乡异景,奈频易寒暄,屡更茵簟。案牍纷纭,夜深犹看两三卷。　　平川回棹未久,简书还授命,又催程限。贡浦南游,桃江西下,还是水行陆转。天寒雁远。但独拥兰衾,枕檀谁荐。再促征车,月华犹未敛。②

《风流子》:

　　行乐平生志,方从事、未出已思归。叹欢宴会同,类多暌阻,冶游踪迹、还又参差。年华换,利名虚岁月,交友半云泥。休忆旧游,免成春瘦,莫怀新恨,恐惹秋悲。　　惟思行乐处,几思为春困,醉枕罗衣。何事暗辜芳约,偷负佳期。念待月西厢,花阴浅浅,倚楼南陌,云意垂垂。别后顿成消黯,伊又争知。③

第一首词的原作前文已引及,内容是写闺怨,陈允平和作则全与原词不相干。他写清秋之夜偶得闲暇披襟登楼的感受。明月清风,霜天寥廓,不觉已将尘世的种种烦扰统统忘却。风格清疏旷放。第二首写宦途奔波的劳苦,与原作的忆旧亦有不同。词中写鞍马劳顿,案牍烦倦,天寒路远,行色匆匆,客观地记录了下层官吏仕宦的艰辛和劳碌。通篇叙事,风格简质,也与原词不近。第三首词写仕宦无趣,虚度岁月,徒使人增思亲念友之情。这和他在另一首词中所写的,"微官系缚,期会良苦。封侯万里,金堆北斗,不如归去"④,那种在出处进退问题上的矛盾复杂的心态

---

① 陈允平《南乡子·宁都登楼》,《全宋词》第 4 册,3004 页。
② 陈允平《齐天乐·临江道中》,《全宋词》第 4 册,3009 页。
③ 陈允平《风流子》(行乐平生志),《全宋词》第 4 册,3008 页。
④ 陈允平《宴清都》(早作听晨鼓),《全宋词》第 4 册,3008 页。

和感情是一致的;而与周邦彦原作写元祐外任期间的忧怨,并不相近。词的语言也浅易,风格质朴。

杨泽民的和作,还往往有题或题注。如《风流子》(佳胜古钱塘)一首,题为《咏钱塘》。《兰陵王》(翠竿直)一首,题作《渔父》。《瑞鹤仙》(依山仍负郭)一首,题下注曰"忆旧居,呈超然,示儿子及女"。《蕙兰芳》(池亭小)题下注写道:"赣州推厅新创池亭、画桥,时宴其中,令小春舞。小春乃吾家小妓也。"《六幺令》(道骨仙风)一首,则题下注说:"壬寅四月,扶病外邑催租,寄内。"更有许多和作咏红莲、茉莉、兰花、水仙、梨花、桃花、梅花、木樨等等,与原作的内容都不相涉。可以见出,他的和清真词,常常摆脱原作,自由抒写,风格自然各不相同。他所依傍的,只是清真词的词调、声韵而已。

就三家《和清真词》来看,方千里和作将清真词"字字奉为标准",守律最严。① 其词字句工丽,音节顿挫,风格较近原作。陈允平学清真词,则于声律、字句、结构等皆效原作,大致比较匀称,和作温婉、雅丽、平正,与《日湖渔唱》的风格差别不大。杨泽民和作的特点,则主要是学周词的声律而时时加入新的内容,离开清真词较远了。

六、三家《和清真词》的文学与文化意义

诗词唱和的性质是同题共作,和作与原作在题材、主题、手法和风格等方面往往会构成一种相互照应的关系。原作决定和作,而由和作也可以窥见原作,和作在某种意义上不妨看作是一种文学接受。因此,三家《和清真词》不仅本身取得了各自的文学成就,而且,从文学接受上看,它也从一个侧面为我们理解《清真词》,提供了参证和帮助。

且看下面的两首原作和陈允平的和作:

风老莺雏,雨肥梅子,午阴嘉树清圆。地卑山近,衣润费炉烟。

---

① [清]永瑢等《四库全书总目》卷一九八《(方千里)和清真词提要》,第1811页。

人去乌莺自乐,小桥外新绿溅溅。凭栏久,黄芦苦竹,疑泛九江船。

年年,如社燕,飘流瀚海,来寄修椽。且莫思身外,长近樽前。憔悴江南倦客,不堪听急管繁弦。歌筵畔,先安簟枕,容我醉时眠。①

——周邦彦《满庭芳》

新篁摇动翠葆,曲径通深杳。夏果收新脆,金丸落、惊飞鸟。浓翠迷岸草,蛙声闹,骤雨鸣池沼。　水亭小,浮萍破处,檐花帘影颠倒。纶巾羽扇,困卧北窗清晓。屏里吴山梦自到,惊觉,依然身在江表。②

——周邦彦《隔浦莲》

槐影连阴,竹光抟露,小荷新绿浮圆。簟纹如浪,绡帐碧笼烟。回合溪桥一曲,初雨过,流水溅溅。阑干外,沙鸥野鸟,飞过钓鱼船。

浮生,同幻境,眼空四海,迹寄三椽。但随天、休问我后谁前。要识渊明琴趣,真真意、都在无弦。薰风里,纶巾羽扇,一枕北窗眠。③

——陈允平和作

铅霜初褪凤葆,碧旆侵云窈。万绿伤春远,林幽乐、多禽鸟。斜阳堤畔草。游鱼闹。暗水流萍沼。翠钿小。　凉亭醉倚,接罗巾任敧倒。月明庭树,夜半鹊飞惊晓。隔岸蘋乡梦渐到。吹觉。一襟风露尘表。④

——陈允平和作

---

① 周邦彦《满庭芳》(风老莺雏),《清真集笺注》上编,第94—95页。
② 周邦彦《隔蒲莲》(新篁摇动翠葆),《清真集笺注》上编,第102页。
③ 陈允平《满庭芳》(槐影连阴),《全宋词》第5册,第3118页。
④ 陈允平《隔蒲莲近拍》(铅霜初褪凤葆),《全宋词》第5册,第3115页。

周邦彦的两首词都写于他在元祐末和绍圣初任溧水县令时。《满庭芳》一首是名作,现在我们理解起来,大致已无问题。词的上片写江南水乡的夏日之景,却不觉随之兴起一种宦海漂泊的无奈和幽怨之情。第二首《隔浦莲》,写法与《满庭芳》相似,上景下情,只是宦海漂泊的无奈换成了殷殷的乡关之思。陈允平和作《满庭芳》上片也写江南夏日之景,下片则无异于是对原作的一种解读。"年年,如社燕,飘流瀚海,来寄修椽",便是"浮生,同幻境";"且莫思身外,长近樽前",那也就是"但随天、休问我后谁前";"憔悴江南倦客,不堪听急管繁弦",陈允平的解答则是:"要识渊明琴趣,真真意、都在无弦。"《隔浦莲》亦然。下片对原作"屏里吴山梦自到,惊觉,依然身在江表"的解读,便是"隔岸蘋乡梦渐到。吹觉。一襟风露尘表",正相契合。

再看周邦彦的《西园竹》:

> 浮云护月,未放满朱扉。鼠摇暗壁,萤度破窗,偷入书帏。秋意浓,闲伫立、庭柯影里,好风襟袖先知。　　夜何其,江南路绕重山,心知漫与前期。奈向灯前堕泪,肠断萧娘,旧日书辞犹在纸。雁信绝清,宵梦又稀。①

这首词的写作时间,罗忼烈据"江南路绕重山,心知漫与前期"两句,并参之以集中他作,推测是周邦彦"将返江南之作",具体为哪一年,则不可考。② 然细味词意,并参之以陈允平和作,我们以为当是周邦彦元祐末、绍圣初在溧水县令任上所作。

周邦彦词的上片写秋夜之景,然"鼠摇暗壁,萤度破窗"和"闲伫立、庭柯影里"数句,已可知词人此时必在外地任上,而从"江南路绕重山"看,时当在溧水,此时词人已外任近十年。下片说:"江南路绕重山,心知

---

① 周邦彦《西园竹》(浮云护月),《清真集笺注》上编,第210页。原作《四园竹》,罗忼烈先生校而未断,此从吴则虞先生校《清真集》(第28页)。
② 《清真集笺注》上编,第211页。

漫与前期。"意谓何时能回京城,尚不可知,词人此时忧怨的心态可以想见。所以,下片紧接着才会写出"奈向灯前堕泪,肠断萧娘,旧日书辞犹在纸"这样沉痛的词句。"萧娘"所指何人,今已不可考,然观《清真词》中元祐年间所作,常用此典。比如《浣溪沙》一首:"不为萧娘旧约寒,何因容易别长安。预愁衣上粉痕干。　幽合深沉灯焰喜,小炉邻近酒杯宽。为君门外脱归鞍。"①罗忼烈考其为绍圣三年自溧水赴京途中作,大致可取。又有《夜游宫》一词,曰:"叶下斜阳照水,卷轻浪,沉沉千里。桥上酸风射眸子,立多时,看黄昏,灯火市。　古屋寒窗底,听几片、井桐飞坠。不恋单衾再三起,有谁知,为萧娘书一纸。"②也必是元祐年间外任时所作,皆可为判定此词的作年之证。

现在看陈允平的和作:

昏昏冥色,乱叶拥云扉。渚兰风润,庭桂露凉,香动秋帏。独向闲亭步月,阑干瘦倚,此情惟有天知。　纵如其。黄花时节归来,因循已误心期。欲写相思寄与,愁拂鸾笺,粉泪盈盈先满纸。正寂寞,楼南雁过稀。③

上片写秋夜清景,然既云"独"自步月,"瘦"倚阑干,其孤独寂寞、离别相思之情已可知。故下片只就愁怨二字抒写:"黄花时节归来,因循已误心期。"纵然是现在回来,也已误了前约,更何况这只不过是一己的痴想呢?于是未寄相思,泪已满纸。词虽通篇从对方着笔,然所写情境仍反映出陈允平对原词的理解,而这适可补证周邦彦原作也必是元祐外任时期抒发忧怨之情的作品。

周邦彦又有《解蹀躞》一词,曰:

---

① 周邦彦《浣溪沙》(不为萧娘旧约寒),《清真集笺注》上编,第144页。
② 周邦彦《夜游宫》(叶下斜阳照水),《清真集笺注》上编,第227页。
③ 陈允平《夜游宫》(昏昏冥色),《全宋词》第5册,第3116页。

第五章 南宋复雅词集的编纂与文化"绍兴"

  候馆丹枫吹尽,面旋随风舞。夜寒霜月,飞来伴孤旅。还是独拥秋衾,梦余酒困都醒,满怀离苦。　　甚情绪,深念凌波微步。幽房暗相遇,泪珠都作,秋宵枕前雨。此恨音驿难通,待凭征雁归时,寄将愁去。①

  此词的具体写作时间已难确定,然既云"候馆""孤旅",云"满怀离苦",则由羁旅行役之愁,转而写离别相思,还是显而易见的。故下片忆旧,点出所思之人,而忆旧给词人带来的,是更深沉的忧伤。词人所思之人是谁呢?我们现在当然无法判断。然陈允平的和作或可给我们提供一个启发。

  岸柳飘残黄叶,尚学纤腰舞。谢他终日,亭前伴羁旅。无奈历历寒蝉,为谁唤老西风,伴人吟苦。　　闷无绪。记得芙蓉江上,萧娘旧相遇。如今憔悴,黄花惯风雨。把酒东望家山,醉来一枕闲窗,梦随秋去。②

  此词与原作相似,上片抒发羁旅行役之愁,下片也同是忆旧,只是把原作中的"深念凌波微步。幽房暗相遇",换成了"记得芙蓉江上,萧娘旧相遇"。把原词作者的相思之人落实为"萧娘",这无疑为原词下了一个有趣的注脚,联系到上文所举清真词中的"萧娘",我们不能不认为陈允平的解读是有参考价值的。

  总而言之,从文学接受上看,方千里、杨泽民和陈允平在追和《清真词》的过程中,往往会在一定程度上反映出他们对《清真词》的理解,因而三家《和清真词》在周邦彦词的接受过程中,在词史的演进过程中,也就具有了某种独特的价值。它有助于我们对周邦彦词的理解,也丰富了文

---

① 《清真集笺注》上编,第278页。
② 陈允平《解蹀躞》(岸柳飘残黄叶),《全宋词》第5册,第3126页。

学史的研究。① 而且,既然崇雅词风是南宋朝廷礼乐文化重建的一个组成部分,那么,作为崇雅词风表征之一的三家《和清真词》,也便具有了同样的文化史意义。

---

① 三家《和清真词》又有重要的文献价值,前人校《清真词》无不加以利用,如清四库馆臣校《片玉词》、戈载编选《宋七家词》、郑文焯校《片玉词》、朱孝臧校《片玉集》、吴则虞校《清真集》等,此不赘。

第六章
《古文真宝》的编纂、刊刻、流传与宋代文化的转向

在中国古代文献文化史上,某一文本文献在形成之后,其主要内容一般不会发生变化,但也有些文献在流传的过程中,受多种因素的影响,其内容和编纂方式,都会被增删、改动,发生变异和衍化,尤其是文学文献(这里不考虑由作者本人所作的修订或出于其它目的的伪撰、因避讳而删略,以及抄本和刻本时代在传抄或刊刻、流传过程中进行的删节和出现的异文)。比如,王安石编《唐百家诗选》,在编纂形式上,最初以人系诗,然不久就有人将其改为分类本刊行。南宋坊间所编的《草堂诗余》,原为分类排,至明代顾从敬重刊此书,就改成了分调编次,文本形式发生了变化。本章将以《古文真宝》为例,对这一现象进行初步的探讨。

《古文真宝》是一部很特别的书。也许它是一部文学启蒙读物,所以其最初的编者是谁、产生的具体年代如何等等,既众说纷纭,迄无定论,在流传的过程中,又有士人不断地对其进行修订、注释,其名称也不断变化,至明代帝王亦参与整理工作,并为其作序跋,情形十分复杂;它曾在元、明两代广泛流传,并远播东亚,至今盛传不衰,然入清以后在中国本土却又几乎销声匿迹,难觅踪影;对它的评价,也是高下悬殊,褒之者称其"依经以立言,本雅以训俗。其词茂而典,其义婉而章。其条贯森然炳然,旷分井列,莫不可观。诚九流之涉津,六艺之关键"①,"词林之弘璧,

---

① [明]孝宗《重刊古文真宝跋》,台湾"国家图书馆"藏明万历十一年司礼监刊本《诸儒笺解古文真宝》卷尾。

艺苑之玄珠"①，抑之者则贬其出自村夫子之手，浅陋低俗，毫不看重。诸多问题，议论纷纷，皆有待解决。

一、《古文真宝》的编者与编选年代

《古文真宝》一书，《郡斋读书志》《直斋书录解题》等宋人书目不及载，至明代始有私家书目著录。如朱睦㮮《万卷堂书目》卷四"总集类"即著录："《古文真宝》十卷，黄坚。"②编者虽著录为黄坚，然都不言其年代和具体版本。王道明《笠泽堂书目》"集部总集类"著录："《古文真宝》八册。"③不署编者。佚名《近古堂书目》卷下"文总集类"④、董其昌《玄赏斋书目》卷七"文总集"、赵琦美《脉望馆书目》秋字号"总文"类，仅著录书名，皆不言编者、卷数⑤。清钱谦益《绛云楼书目》卷四"文集总类"著录此书，然亦仅记书名。⑥ 钱曾《也是园书目》集部诗文总集类在《崇古文诀》后著录："《文章真宝》二十卷。"⑦虽有卷数，然不署编者，且"古文"也误作"文章"。

《古文真宝》的版本在明代有多种。万历年间周弘祖撰《古今书刻》，

---

① ［明］神宗《重刻古文真宝序》，明万历十一年司礼监刊本《诸儒笺解古文真宝》卷首。
② ［明］朱睦㮮《万卷堂书目》，影印清光绪二十九年（1903）湘潭叶氏观古堂刻本，中华书局编辑部编《宋元明清书目题跋丛刊》（明代卷）第 1 册，中华书局，2006 年，第 612 页。
③ ［明］王道明《笠泽堂书目》，影印山东大学藏钞本，《宋元明清书目题跋丛刊》（明代卷）第 2 册，第 564 页。其书又著录"《古文真宝》四册"一部，编者误署为黄庭坚（第 566 页）。《稿抄本明清藏书目三种》所收《笠泽堂书目》集部总集类同（北京图书馆出版社，2003 年，第 246 页）。
④ ［明］佚名《近古堂书目》，《丛书集成续编》史部第 68 册，上海书店出版社，1994 年，第 607 页。
⑤ ［明］董其昌《玄赏斋书目》，《宋元明清书目题跋丛刊》（明代卷）第 2 册，第 118 页。［明］赵琦美《脉望馆书目》云"《古文真宝》二本"，《丛书集成续编》史部第 68 册，第 390 页。
⑥ ［清］钱谦益《绛云楼书目》，王云五主编《丛书集成初编》第 35 册，商务印书馆，1935 年，第 90 页。
⑦ ［清］钱曾《也是园书目》，林夕主编《中国著名藏书家书目汇刊》（明清卷）第 16 册，商务印书馆，2005 年，第 139 页。

第六章 《古文真宝》的编纂、刊刻、流传与宋代文化的转向

记载南直隶扬州府、山西大同府皆曾刻过《古今真宝》①，不言编者，"古今"当即"古文"之讹②。明末吕毖《明宫史》卷五载"内板书数"，记有《古文真宝》一书，云："计四本三百九十一页。"③也只记书名，于编者、时代和版本的具体情形等，皆付阙如。清初黄虞稷撰《千顷堂书目》，于卷三十一明"总集类"中著录二本："黄坚《古文真宝》十卷，一作四卷。"④大致自明至清初，虽有书目著录此书的多种版本，然大都语焉不详，唯署黄坚之名而已。

至清乾隆四十年（1775 年）于敏中奉敕编撰《天禄琳琅书目》，始对此书有较详细的记载。其曰：

> 《诸儒笺解古文真宝》，一函四册，黄坚辑，五卷。前明神宗序，后明孝宗跋。又一跋不著姓氏。黄坚不知为何时人，观孝宗跋语，已有"命工梓之"之文。神宗作序，又称"旧本凡三百十有二篇，今益三十五篇。刻久漫漶，因重授梓"云云。是明时内府此书固有二板矣。其不著姓氏之跋，则称"永阳黄坚氏所集《古文真宝》二十卷，梓行已久，率多湮蚀，偶得善本，命工重刊"云云。跋后题为"弘治十五年青藜斋寓云中有斐堂书"。观此则内版之外复有二刻。其刻于云中者，与孝宗朝内版同出一时，皆为重梓。而神宗所刊最居其后，系合孝宗、云中两刻而并校之，故皆载其跋也。至云中之跋称二十卷，与此五卷之数不符，盖由重刊时省并之故。第书中注释词意浅陋，

---

① ［明］周弘祖《古今书刻》上编，《百川书志》《古今书刻》合刊本，上海古籍出版社，2005年，第344、379页。

② 周弘祖，明世宗嘉靖三十八年（1559年）进士，除吉安推官，征授御史，以屡言事，迁福建提学副使，后又贬安顺判官，万历中迁南京光禄卿，事迹具《明史》卷二百十五本传。其书有明刊本，日人岛田翰《古文旧书考》曾附刻此书上编，光绪三十二年（1906年），叶德辉据其所藏明本影刻，并指出其书虽"古色斑烂，如睹琅嬛秘笈"，然误字甚多（参其《重刊古今书刻序》，《古今书刻》卷首，第320页）。

③ ［明］吕毖《明宫史》卷五，《景印文渊阁四库全书》第651册，台湾商务印书馆，1984年，第660页。

④ ［清］黄虞稷《千顷堂书目》，上海古籍出版社，2001年，第758页。

似非名人所作。①

这份提要为我们了解书名、编者、卷数、版本系统、前后题跋和书的内容等,提供了重要信息和线索:这部被称为"诸儒笺解"的《古文真宝》,编者是永阳(今安徽滁州来安县)黄坚,其书明孝宗弘治年间官、私皆有刊本,万历年间,明神宗复又加以增订,并令人将官私二本合校重刊。从书中注释看,内容浅陋,非名人所撰。至于黄坚为何时人,弘治本从何而来,其书具体内容如何等,则未谈及。

《天禄琳琅书目》著录此书为永阳黄坚所辑,是依据司礼监刊本《古文真宝》卷尾所附的明弘治十五年(1502)的青藜斋跋。跋云:

> 永易黄坚氏所集《古文真宝》二十卷,载七国而下诸名家之作凡二十有七体,三百十有二篇,盖精选也。梓行已久,近日书肆中所传者率多湮蚀,读者患之。予偶得善本,抚巡之暇,略加点校,因命工重刊,以便后学。②

青藜斋主人对此书甚为熟悉,又对其作过整理,再参之以《万卷堂书目》《近古堂书目》等著录,故所云"永阳③黄坚氏所集",当可据信。虽此书今存元刻及明清、中日韩各本或仅署注、校者和刊刻者之名,几乎都不署编者姓名④,仍不能不让人心存疑窦,然在有新材料发现之前,我们只能

---

① [清]于敏中《天禄琳琅书目》卷十"明版集部",上海古籍出版社,2007年,第378页。
② 《诸儒笺解古文真宝》卷尾,台湾"国家图书馆"藏明万历十一年司礼监刊本。
③ 今安徽滁州市来安县。唐置县,南唐改来安,宋一度废入清流,南宋淳熙二年(1175年)复置。参[元]脱脱等《宋史》卷八十八《地理志》四,中华书局,1985年,第2180页。
④ 笔者所见自元至清的中、日、韩数十种不同版本的《古文真宝》,原书皆不署编者之名。如:"诸儒笺解"系统的《古文真宝》元刊本(残十卷,绍兴图书馆藏)、日本五山时期覆元刊本(《和刻本中国古逸书丛刊》)、明万历十一年司礼监刊二十卷本(台湾"国家图书馆"藏)、日本江户初期元和年间刊本(藏日本天理图书馆)、后兴明天皇庆安二年(1649年)二条山屋治右卫门刊行(前集十卷)、灵元天皇宽文五年(1665年)武村三郎兵卫刊本(前集十卷、后集二卷)、孝明天皇安政三年(1856年)益堂铃木校、三都书物问屋刊本、再刊本(前后集各两卷)等(转下页)

第六章 《古文真宝》的编纂、刊刻、流传与宋代文化的转向

认定黄坚就是此书的编者①。

至于黄坚生活的时代,青藜斋主人和于敏中等都没说。《天禄琳琅书目》所著录的这个五卷本,后世也未见记载,似今已不可见。② 然同样是合弘治官、私二刻的万历年间内府刊本二十卷,现在却仍存于世,这就是现存台湾"国家图书馆"、美国国会图书馆、上海图书馆等处的明万历十一年(1583年)司礼监刊本《诸儒笺解古文真宝》。今人王重民先生在为此书所作的提要中,对黄坚的时代作了一个推断。他根据清卢文弨

(接上页)(笔者所见和刻本《古文真宝》各本,多承金程宇教授惠示和借阅,谨致谢意)。"详说大全"系统的《古文真宝》朝鲜活字本,如韩国景仁文化社影印朝鲜刊本《详说古文真宝大全》卷一首页,就只署"前进士宋伯贞音释、后学京兆刘剡校正",1975年。至于美国哈佛大学燕京学社所藏明万历元年刊本《新锲台阁校正注释补遗古文大全》八卷,题名张瑞图校释、何乔迁校阅、刘大易刊印,明万历《新锓增补注释删珊古文大全》八卷,题徐心鲁精辑、张大业发行,明万历三十六年(1608年)《京板新增注释古文大全后集》十卷,题郑云林梓行(日本内阁文库藏本题叶向高校,严绍璗《日藏汉籍善本书录》,中华书局,2007年,第1837页),明万历《评林注释要删古文大全》后集十一卷,则题克勤斋余文台梓(沈津编《美国哈佛大学哈佛燕京图书馆中文善本书志》,上海辞书出版社,1999年,第551—553页)。此数书皆为他人改纂,就更不署原编者姓氏了。

① 姜赞洙根据明青藜斋主人《重刊古文真宝跋》所说的,此书"二十有七体,三百十有二篇",而今所见元刻本计收诗文278篇,加上劝学文,总287篇,与312篇不合,故"黄坚似乎不可能是现存元刻本的编者,也就不可能是元刻本的底本、那个最初形成的《古文真宝》的编者。他至多只是一位早期的改编者或修订者"(《中国刻本〈古文真宝〉的文献学研究》,复旦大学博士学位论文,2005年,第66页)。这一推断显然缺乏说服力。实际上,此书在流传过程中,其文本内容不断有变化,我们目前还没有充分的理由去否定黄坚为此书最初的编者。严绍璗《日藏汉籍善本书录》著录此书曰:"元黄坚编、林桢校注。"(第1833页)林以正即林桢,他曾为《古文真宝》做过补注,可为此书功臣,但并非书的原编者,详见下文。亦有题为宋真德秀、元林桢所编者,如朝鲜士人就说:"近世选文者,西山有《真宝》,谢氏有《轨范》,是二书最盛行于今。"(金锡胄[1634—1684]《息庵遗稿》卷八《古文百选序》,《韩国文集丛刊》第145册,韩国景仁文化社,1997年,第243页)李盛铎著录《古文真宝》则直接说"元林以正辑"(见其《木犀轩藏书题记及书录》,北京大学出版社,1985年,第361页)。

② [日]冈本保孝《古文真宝颠末考》著录有中御门天皇享保三年(康熙五十七年,1718年)所刊五卷本一种,"前集凡上中下三卷、后集上下二卷","有郑本士文之序,有青藜斋跋",当从此本出。因为据冈本保孝所考,"检享保年间本无名氏跋校注,有本邦之人不可暗推之事,必获明本而重刊也无疑矣。享保本不得直接于《琳琅目》所收之本,故中间必当有删两帝序跋之本"(金程宇编《和刻本中国古逸书丛刊》第61册,凤凰出版社,2012年,第195—196页)。

《补〈辽金元艺文志〉》和钱大昕《补〈元史艺文志〉》的记载,认为撰有《遁世遗音》的元末丰城人(今属江西)黄坚(字子贞)①,就是编纂《古文真宝》的黄坚②。其后余崇生先生也持此说。③ 姜赞洙博士亦认为二者应为同一人,永阳为黄氏郡望,丰城是其籍贯或出生地,"其生活的时代,很可能是在元末明初"④。这虽然不无根据,然只是推论,并无直接材料。所以,此黄坚是否彼黄坚,并不能确定,他生活的时代也不能断为元末。⑤

《中国古籍善本书目》"集部总集类"著录《古文真宝》三种,其中元刻一种,明刻两种。其记元刻本曰:"《魁本大字诸儒笺解古文真宝》前集十卷后集十卷,元黄坚辑,元刻本,存十卷(前集六至十,后集一至五)。"⑥此本现藏浙江绍兴图书馆,姜赞洙博士曾撰文论之。他根据书中避宋讳的情况,认为其书"底本很可能是宋刻本或者是离南宋不远的元初刻本"。文中指出:"前集卷八韩愈《石鼓歌》'光价岂止百倍过'下注文'桓公二年'的'桓'字阙末笔,后集卷一陶渊明《归去来辞》'抚孤松而盘桓'和注文'谓赏其坚贞,故盘桓而恋之'的'桓'字阙末笔;后集卷一欧阳修《憎苍蝇赋》'或沿眼眶'的'眶'字阙末笔;后集卷二韩愈《获麟解》'不恒有于天下'的'恒'字阙末笔;后集卷二韩愈《进学解》'恒兀兀以穷年'的

---

① 其所据即黄虞稷《千顷堂书目》卷二十九所载:"黄坚《遁世遗音》一卷。字子贞,丰城人,明初吏部尚书黄宗载之父。"(第725页)

② 王重民《中国善本书提要》"集部总集类"《诸儒笺解古文真宝提要》,上海古籍出版社,1983年,第443页。

③ 余崇生《〈古文真宝〉在日本》,文载台湾《书目季刊》第29卷第4期,1996年,第50—51页。

④ 参姜赞洙《中国刻本〈古文真宝〉的文献学研究》,第67—70页。

⑤ 熊礼汇先生曾考订《元史》卷十七《世祖本纪》所载黄坚事和清初有关书目中所著录之黄坚,认为皆与编《古文真宝》的黄坚无涉,并据元郑本《古文真宝叙》中所云:"《真宝》之编,首有劝学之作,终有《出师》《陈情》二表,岂不欲勉之以勤而诱之以忠孝乎?"认为《古文真宝》的成书当在宋元之际(《〈古文真宝〉的编者、版本演变及其在韩国、日本的传播》,文载《人文论丛》2007年卷,又载湖南人民出版社2007年版《详说古文真宝大全》卷首,第2—4页),其说可以佐成本文观点,读者参之。

⑥ 《中国古籍善本书目》,上海古籍出版社,1998年,第1612页。

第六章 《古文真宝》的编纂、刊刻、流传与宋代文化的转向

'恒'字阙末笔。'恒''桓''匡'三字阙笔,这显然是避宋讳。"①

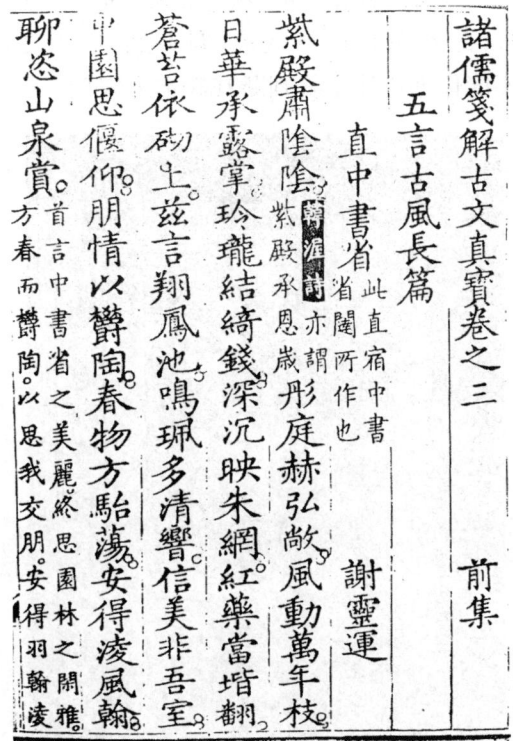

图27 《诸儒笺解古文真宝》(明万历十一年司礼监刊本)

  笔者亦有幸得览此书。书中多处避宋讳确是事实,据此可判断是书最初编成的年代应为宋末,这没问题,然说它的底本很可能"是离南宋不远的元初刻本",既不完全符合事实,认为其底本"很可能是宋刻本",则更有疑问。一则此本内容与今所见经林以桢整理过的、注释详明的《魁本大字诸儒笺解古文真宝》相同,而林氏生活的年代在元代后期,故其所据之本必是经林氏整理过的本子,而不可能是元初本;二则元代人刻书

---

① 姜赞洙《绍兴发现的现存最早的〈古文真宝〉》,载《图书馆杂志》2006年第1期,第69页(引文改动了明显的错误)。

349

往往故意避前朝之讳，其底本并不一定是宋本。如明人张志淳就说："元灭宋后，元刻诸史，如'殷、敬、恒、桓、构'之类皆讳。又如'恒'字，省下一画，至今亦不改。凡各布政司乡试录，罔不然，岂宋之遗泽至今不忘乎？"①所以，并不能仅据避讳字就判断其底本为宋刻。

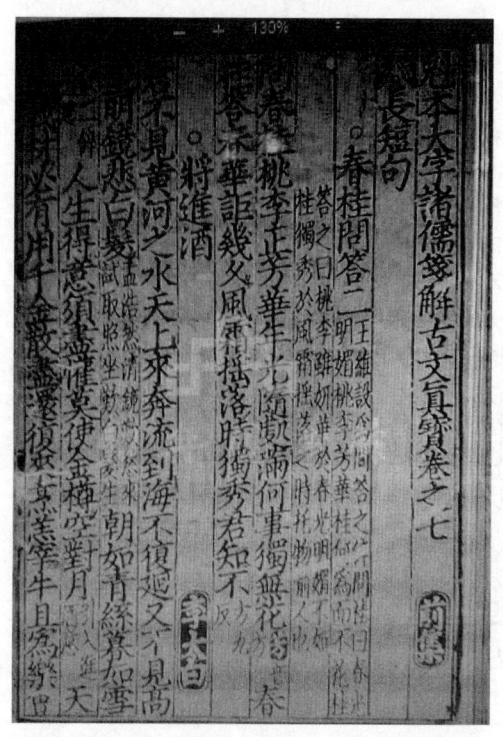

图 28　《魁本大字诸儒笺解古文真宝》（绍兴图书馆藏元刻本）

姜赞洙研究的重点是中国刻本，未及日、韩刊本，撰此文时未利用日本南北朝时期（1331—1392 年）覆元刻本《古文真宝》（即五山本），今既可得见此本，故可据之研究，得出一些新的结论。②

---

①　[明]张志淳《南园漫录》卷一"避讳"条，《景印文渊阁四库全书》第 867 册，台湾商务印书馆，1985 年，第 257 页。
②　日本南北朝时期刊本《古文真宝》前集，原藏于大英博物馆，后集存于日本国立公文书馆，兹据金程宇所辑《和刻本中国古逸书丛刊》（凤凰出版社，2012 年，第 61 册）本进行论述。

第六章 《古文真宝》的编纂、刊刻、流传与宋代文化的转向

取日本南北朝时期刊本《魁本大字诸儒笺解古文真宝》（前集十卷后集十卷），与绍兴图书馆所藏元刻残本相较，可以发现，其卷次排列和篇目内容全同，注文绝大部分相同，版式亦相近，只是在注文上存在部分差异。这种差异，在多数情况下，表现为五山本有注而元刻本失注。即如前集卷六，谢邁《陶渊明写真图》"一樽径醉北窗卧，萧然自谓羲皇人"两句之下注和篇末注，苏轼《书王定国所藏烟江叠嶂图》"武陵岂必皆神仙"句下注，韩愈《寄卢仝》"苗裔当蒙十世宥""岂谓贻厥无基址""立召贼曹呼五百"句下注①，元刻本皆无。前集卷八杜甫《茅屋为秋风所破歌》"娇儿恶卧踏里裂""雨脚如麻未断绝"两句句下注，马存《浩浩歌》"皇天为忙逼星宿相击摩""红光入面春风和"句下注、篇末注，张耒《七夕歌》篇末注，谢枋得《菖蒲歌》篇末注，韩愈《石鼓歌》题下注，白居易《长恨歌》篇末数注②，元刻本皆无。前集卷九杜甫《醉歌行》"总角草书又神速""词源倒流三峡水""射策君门期第一""汝身已见唾成珠""乃知贫贱别更苦"句下注，《兵车行》"牵衣顿足拦道哭""或从十五北防河""千村万落生荆杞""禾生陇亩无东西""生男埋没随百草"句下注，《洗兵马》"鹤驾通宵凤辇备""隐士休歌紫芝曲""田家望望惜雨干"句下及篇末注，《高都护骢马行》"交河几蹴层冰裂""万里方看汗流血"和篇末注，《去矣行》"焉能作堂上燕衔泥附炎热"句下和篇末尾注，白居易《琵琶行》题下注，杜甫《莫相疑行》"集贤学士如堵墙"句下注③，元刻本皆无。后集卷一欧阳修《秋声赋》"于时为阴""于行为金""常以肃杀而为心"句下注，苏轼《前赤壁赋》"少焉月出于东山之上""羽化而登仙""东望武昌""舳舻千里""横槊赋

---

① 《魁本大字诸儒笺解古文真宝》，《和刻本中国古逸书丛刊》第61册，第97、100、101—102页。
② 《魁本大字诸儒笺解古文真宝》，《和刻本中国古逸书丛刊》第61册，第128、132—133、134、137、137—138、148页。
③ 《魁本大字诸儒笺解古文真宝》，《和刻本中国古逸书丛刊》第61册，第149—150、154—156、157—158、161、161—162、162—163、168页。

诗""寄蜉蝣于天地""而吾与子之所共适"句下注①,元刻亦皆无。卷二韩愈《杂说》一文中多条句中注②,元刻无。卷三李白《春夜宴桃李园序》篇末注,卷四王羲之《兰亭记》题下注,范仲淹《严先生祠堂记》篇末注,王禹偁《黄州竹楼记》题下注等③,元刻亦皆缺失。

  当然,也有少数注文是元刻本有而五山本无的。比如,《魁本大字诸儒笺解古文真宝》前集卷七,苏轼《赠写真何秀才》"左手挂弓横撚箭"一句下,五山本作:"《尚书谭录》云:明皇有一目微斜,故作'横撚箭'之状。"④元刻残本则在"明皇"一句前尚有"潞州启圣宫有欹枕斜书壁处,腰鼓、马槽并在"云云,引述相对完整⑤。同卷苏轼《薄薄酒》一首,五山版无注,元刻则篇末引《庄子》臧与穀相与牧羊而俱亡羊事为注⑥。卷八张耒《七夕歌》题下注,五山本作:"此歌善于叙事状。"⑦元刻本则为:"此歌善于叙事状物。"显然五山本漏刻一"物"字。卷九王毂《苦热行》"万国如在红炉中"句下,五山本无注,元刻则有:"祝融司夏之神,鞭笞火龙,日色如火,万国如在红炉烈焰之中。"篇末五山本注曰:"愿金风之扫除其热也。"元刻本注此句前尚有:"暑往则寒来,阴阳神代之理然也。"⑧语意更完整。王安石《虎图行》"熟视稍稍摩其须"一句,五山本无注,元刻本注:"久而后知非真。"⑨王安石《桃园行》"避世不独商山翁"句下,五山本无注,元刻本注:"当时隐遁者,不独有东园公、绮里季、夏黄公、角里先生商

---

① 《魁本大字诸儒笺解古文真宝》,《和刻本中国古逸书丛刊》第 61 册,第 326、328—331 页。
② 《魁本大字诸儒笺解古文真宝》,《和刻本中国古逸书丛刊》第 61 册,第 342—343 页。
③ 以上见《魁本大字诸儒笺解古文真宝》,《和刻本中国古逸书丛刊》第 61 册,第 355、371、384、385 页。
④ 《魁本大字诸儒笺解古文真宝》,《和刻本中国古逸书丛刊》第 61 册,第 110 页。
⑤ 此注乃据《王状元集注分类东坡先生诗》卷十一《赠写真何充秀才》此句下赵夔注引(《四部丛刊初编》第 157 册,上海书店出版社影印商务印书馆 1926 年版)。
⑥ 此注据《王状元集注分类东坡先生诗》卷十三《薄薄酒》二首其一宋援注引。
⑦ 《魁本大字诸儒笺解古文真宝》,《和刻本中国古逸书丛刊》第 61 册,第 133 页。
⑧ 《魁本大字诸儒笺解古文真宝》,《和刻本中国古逸书丛刊》第 61 册,第 162 页。
⑨ 《魁本大字诸儒笺解古文真宝》,《和刻本中国古逸书丛刊》第 61 册,第 168 页。

山四老翁。"①

还有两本注文位置出现不同的情况。像《古文真宝》后集卷二苏洵《名二子说》，五山本题下注所引"迂斋曰"，在元刻本中移到了篇末。五山版"天下之车莫不由辙，而言车之功辙不与焉"句下的注，与"虽然车仆马毙而患不及辙"句下的注②，在元刻本中就是互换的。

还有些情况是，两本皆有注文，而较之五山本，元刻本注文显然是将注文省略或简化了。如，《古文真宝》后集卷一杜牧《阿房宫赋》，起句"六王毕，四海一"下，五山本注曰："秦始皇十七年，攻韩，得韩王；十八年，攻赵，掳赵王；二十一年，取燕，得太子丹之首；二十二年，攻魏，魏王降；二十三年，虏荆王；二十六年，攻齐，得齐王。"③而元刻本仅一句注六王："秦韩赵燕魏齐。"显是将原注文省略了（且将"楚"误为"秦"）。"明星荧荧，开妆镜也"句下，五山本作："妆镜之多，且光如明星之在天。"元刻则作："妆镜之多如明星。"简化了原注。"戍卒叫"一句，五山本注曰："陈胜乃戍卒耳，遂呼而人响应。"元刻则简化成："陈胜起。""楚人一炬"句下，五山本作："项羽烧秦宫室以一炬之火。"元刻本仅"项羽烧宫室"五字。篇末"后人哀之而不鉴之，亦使后人而复哀后人也"一句，五山本有注："此一句大含规戒。一赋之中，其意思悠长，盖无终穷，其可永歌者矣。"而元刻仅作："此一句大含规戒意思。"也是对前注的简化。欧阳修《秋声赋》"故其在乐者也商声，主西方之音"一句，五山本注曰："秋曰素商，应西方金行之气。"④元刻则仅撷取了三字："秋曰素。"苏轼《后赤壁赋》篇末注，五山本引吕祖谦语后，仍有大段注文，而元刻本则仅有吕祖谦数语。欧阳修《憎苍蝇赋》题下注，五山本曰："蝇之为物，赋性至微，害物至重，犹奸人邪佞，以败君德，变黑白以为物之害。此诗人托物比兴。"元刻本则作："蝇之为物，能变黑白，犹谗人能变是非，以败君德也。"⑤后者显

---

① 《魁本大字诸儒笺解古文真宝》，《和刻本中国古逸书丛刊》第 61 册，第 169 页。
② 《魁本大字诸儒笺解古文真宝》，《和刻本中国古逸书丛刊》第 61 册，第 343—344 页。
③ 《魁本大字诸儒笺解古文真宝》，《和刻本中国古逸书丛刊》第 61 册，第 321 页。
④ 《魁本大字诸儒笺解古文真宝》，《和刻本中国古逸书丛刊》第 61 册，第 327 页。
⑤ 《魁本大字诸儒笺解古文真宝》，《和刻本中国古逸书丛刊》第 61 册，第 333 页。

是据原刊改作。后集卷二韩愈《师说》题下注,五山本先引"洪曰",然后有"此篇文字如常山之蛇,救首救尾,段段有力,学者宜熟读"数句,末又引"东莱曰"①。元刻本则只有"此篇文字"数语,删略甚多。文中"圣人之所以为圣,愚人之所以为愚,其皆出于此乎"之下,五山本引谢枋得注较长,元刻本则将其概括为:"第五段说人之所以圣愚,系乎从师不从师而已。此是双关文法。"文中注多条,也是只引"谢曰",省去"吕曰"。韩愈《杂说》题下注引谢枋得:"叠山曰:此篇主意谓英雄豪杰必遇知己者,尊之以高爵,养之以厚禄,任之以重权,斯可以展布。"②而元刻本仅留"主意谓英雄豪杰必遇知己者"一句。周敦颐《爱莲说》"晋陶渊明独爱菊"句下注,五山本作:"晋陶潜,字渊明,独爱种菊,其诗有'采菊东篱下'之句。"③元刻本简化为:"陶渊明诗'采菊东篱下'。"后集卷四李觏《袁州学记》题下注,五山本引楼昉、谢枋得两段文字,元刻则仅取楼昉批语"关涉世教,笔力老健"八字。王禹偁《黄州竹楼记》题下注,五山本引吕祖谦语大段文字,元刻本全无,却有"含无尽意"四字,实则此四字乃自前一篇文章,即范仲淹《严先生祠堂记》篇尾的最后一条注文阑入。此皆足证元刻本的刊刻较之五山本有意无意地作了许多省略,其间有的是恰当的,而有些则未必恰当,甚至还有舛误。这都可见元刻残本和五山本《古文真宝》同出于一本,此本即元末林桢所校注的刊本。相比较而言,五山本更接近林氏本原貌,元刻残本的刊刻由于主客观方面的原因,反而疏误较多,不是一个很好的本子。书中对宋讳,或避或不避④,亦可见元刻本《古文真宝》中避讳字的使用,只是一时刊刻风尚而已,故不必严格。至于林氏所据的底本,则可能是宋末元初刊本,然原本则早已不存了。

元刻本避宋讳的地方,姜赞洙已指出,元刻残本中有数处。此数处

---

① 《魁本大字诸儒笺解古文真宝》,《和刻本中国古逸书丛刊》第61册,第337页。
② 《魁本大字诸儒笺解古文真宝》,《和刻本中国古逸书丛刊》第61册,第341页。
③ 《魁本大字诸儒笺解古文真宝》,《和刻本中国古逸书丛刊》第61册,第346页。
④ 除了姜赞洙指出的不避宋讳的地方外,《魁本大字诸儒笺解古文真宝》前集卷四李白《上李邕》"世人见我恒殊调"(第72页)、后集卷八诸葛亮《前出师表》"未尝不叹息痛恨于桓灵也"(第443页)、李密《陈情表》"过蒙拔擢,岂敢盘桓"(第453页)等,恒、桓二字即不避。

第六章 《古文真宝》的编纂、刊刻、流传与宋代文化的转向

在五山本中，同样是缺笔的。除此之外，五山本中还有避宋讳数处，如后集卷六王褒《圣主得贤臣颂》中，"齐桓设庭燎之礼，故有匡合之功"，"桓""匡"二字皆阙末笔。笺注："桓公好贤，公必夙兴设庭燎之火，以礼见之，故能匡辅周室，会合诸侯。"①"桓""匡"二字也都阙末笔。又，后集卷七韩愈《讳辩》"《春秋》不讥不讳嫌名"一句注："若卫桓公名完。"②"桓"字阙末笔。后集卷十韩愈《（重）答张籍书》："夫子，圣人也……犹且绝粮于陈，畏于匡，毁于叔孙，奔走于齐鲁宋卫之邦。"③"匡"字亦阙末笔。

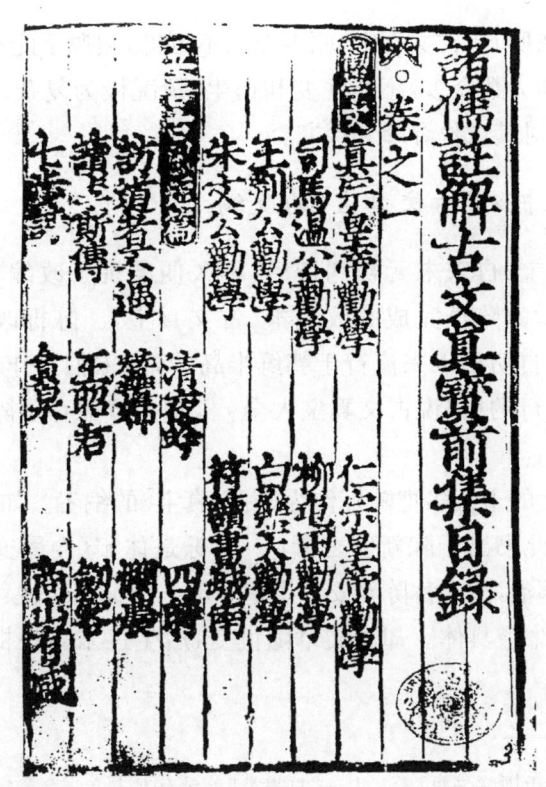

图 29 《魁本大字诸儒笺解古文真宝》（日本南北朝时期覆元刻本）

---

① 《魁本大字诸儒笺解古文真宝》，《和刻本中国古逸书丛刊》第 61 册，第 420 页。
② 《魁本大字诸儒笺解古文真宝》，《和刻本中国古逸书丛刊》第 61 册，第 441 页。
③ 《魁本大字诸儒笺解古文真宝》，《和刻本中国古逸书丛刊》第 61 册，第 483 页。

从以上的讨论可知,《诸儒笺解古文真宝》最早的刊本应是宋末元初本,编者黄坚生活的年代当然至晚也是宋末元初(因此书已收入谢枋得的《菖蒲歌》,故其编成的年代也不会太早),其人其书所署年代大致可确定为"宋",而不应作元代。此书今存最早的刊本是元代的,惜已是残本,完整的元本面貌,幸赖日本五山时期覆元刊本可见。

二、《古文真宝》的版本系统及其演变

宋末元初所刊《古文真宝》原本今已不可见,然源于此本的元明以来的各种版本却为数众多,不断演变和衍生,情况极为复杂。兹据现存有关文献资料,对其试作寻绎和探究。

(一)陈栎对《古文真宝》的改编

《古文真宝》自宋末元初刊行后,不久便出现了改编本,这就是由元初著名理学家陈栎完成的改编本《古文真宝》。陈栎改编的原本今亦不可见,然自明初以来流行于朝鲜半岛的,由宋伯贞作音释、刘剡校正、詹进德刊行的《详说古文真宝大全》[1],却大致保存了陈栎改编本的原貌。

朝鲜时代的士人多把陈栎作为《古文真宝》的编者。如李滉(1501—1570)就说:"此书出于陈新安之撰。"[2]陈栎是休宁(今属安徽)人,休宁为隋之新安郡治,故人称陈新安。洪暹(1504—1585)也说:"新安赖有定宇陈,生不及朱道具体。却恐文章随世变,后生逐末失根柢。删其冗僻

---

[1] 黄虞稷《千顷堂书目》卷三十一"总集类"著录有"《古文大全》二十二卷"(第764页),当即此书。另,此书在朝鲜时代的各种书目中亦多有著录。此据韩国景仁文化社1975年影印朝鲜明宗二十二年(明穆宗隆庆元年,1567年)铜活字本,原本日本内阁文库有藏(藤堂明保《古文真宝前言》,见佐藤保、和泉新译《古文真宝》,日本学习研究社,第22—23页)。

[2] 《退陶先生言行通录》卷二,转引自[韩]李章佑《古文真宝前集讲录》考释》,韩国大邱中文出版社,2005年,第13页。

剔其伪,手把规矩出凡例。萃为一书号《真宝》,西山《正宗》意妙契。"①认为《古文真宝》乃继真德秀《文章正宗》而成。朝鲜正祖时期(1776—1800),徐有榘(1764—1845)奉命编纂《镂板考》,则直接著录:"《古文真宝大全》前集十二卷、后集十卷。元陈栎编,进士宋伯贞音释。其书选古今骚赋诗文凡七十六家,末附谢枋得《文章轨范》一卷。"②著录更为明确和详细。

他们的说法是有根据的。在《详说古文真宝大全》后集卷十所选《太极图说》一篇篇末,我们看到了这样的话:

> 今选古文而终之以《太极》《西铭》二篇,岂无意者? 盖文章、道理,实非二致,欲学者由韩、柳、欧、苏词章之文进,而粹之以周、程、张、朱理学之文也。以道理深其渊源,以词章壮其气骨,文于是乎无弊矣。此愚诠次之深意也。朱子于《太极》《西铭》注释精详,今不暇尽录,学者欲观其详,宜自于朱子之书求之云。新安陈栎谨书。③

言之凿凿,不容置疑。故其孙陈嘉基编纂《定宇集》,即将此篇收入卷一,并题为《太极图说序》。④ 同卷又收有其《批点古文序》一篇。云:"或曰:

---

① 洪遇《忍斋先生文集》卷一《以〈古文真宝〉后集赠明仲弟》诗曰:"大雅不作圣虽远,敢道文章真末艺。或仿典谟奇古,或能造语道深诣。六义始变湘累骚,贾生才调为之继。斯、褒、仲统善铺张,卧龙二表忠盖世。伯伦、逸少辞放荡,令伯陈情诉晋帝。渊明自述孔移山,勃也奇秀白凌厉。《大宝》之箴动文皇,漫郎唐颂照湘汭。昌黎后出闯圣域,众鸟啁啾惊鹤唳。文章绳墨柳州,乐天平淡杜赋丽。李华有文吊战场,待漏作记分忠嬖。希文两记石筼铭,《谏院题名》看欲谛。半山读史嘲孟尝,欧阳一一锦绣制。眉山孕灵出三苏,睥视千古人莫俪。太伯善论庠序意,文潜叙事后无逮。平生出处陈无己,马才笔倒江河势。文叔能言洛盛衰,濂溪初豁道之弊。程张两子与吕公,学与曾闵论次第。……"(《韩国文集丛刊》第 32 册,韩国景仁文化社,1989 年,第 310 页)。全据《古文真宝》后集描述。

② 徐有榘《镂板考》卷六集部"总集类",张伯伟编《朝鲜时代书目丛刊》第 4 册,中华书局,2004 年,第 2019 页。

③ 《详说古文真宝大全》后集卷十,韩国景仁文化社,1975 年,第 221 页。

④ 陈栎《定宇集》卷一,《景印文渊阁四库全书》第 1205 册,台湾商务印书馆,1985 年,第 163 页。

'今选古文即以李斯《上秦皇逐客书》次于《楚辞》(指《离骚》),其文虽美,如其人何?'曰:'不可以其人废其文也。且以《离骚》压卷,以忠臣为万世劝也;以此书次之,以奸臣为万世戒也。劝戒昭然,读古文而首明此,岂无小补云。'"①这段文字见于《详说古文真宝》后集卷一李斯《上秦皇逐客书》题下,陈嘉基将其辑入《定宇集》,也许是《离骚》在后集冠首,故称名《批点古文序》,虽无道理,然所谓"今选古文"云云,也是指陈栎编选《古文真宝》之事。② 又,《详说古文真宝》后集卷四韩愈《送陆歙州修诗序》题下注曰:"此吾州事,不可不知。兼文字中以此意施之郡守者甚侈,故选之。然陆侯虽有此除,未几卒于道,不及到也。"③休宁曾为歙州治,唐改新安郡,故所谓"此吾州事",也完全符合陈栎的口吻。

然而,陈栎并不是《古文真宝》的编选者,他只是最早的改编者而已。因为,只要对照一下五山本《诸儒笺解古文真宝》和《详说古文真宝大全》,我们就会发现,二书所选篇目百分之九十以上都是相同的,而且上文我们已谈到,在前者的选文和注释中,都有避宋讳的地方,虽不能仅据这些避讳就说它们的底本来自宋刻,然五山本所据底本的来源则可能是宋末元初本,与陈栎所见《古文真宝》一样都很早。由此也可见《古文真宝》的最初编选必是在宋末元初。因此,陈栎所谓"今选古文"云云,都应指的是其补编的工作,即具体增补了《离骚》《上秦皇逐客书》《太极图说》等若干诗文,并作注释,而非全书皆由他所选编。陈栎说"今选古文而终之以《太极》《西铭》二篇",实际《西铭》是原本就有的。故陈嘉基辑其《上秦皇逐客书》的题下注,只说"批点古文",也不说编选。

陈栎(1252—1334),字寿翁,所居堂曰定宇,学者称定宇先生,休宁(今属安徽)人。幼聪慧力学,博涉经史,宋亡,究心学术,教授乡里数十年。其学祖述朱子,与吴澄齐名,为宋末元初著名的理学家。吴澄称其

---

① 陈栎《定宇集》卷一,《景印文渊阁四库全书》第1205册,第163页。又,《详说古文真宝大全》后集卷一,第90页。

② 陈栎《定宇集》卷三又收入《书孔明〈出师表〉后》《书〈兰亭记〉后》(《景印文渊阁四库全书》第1205册,第197页)等,其实也是陈栎为这些篇目所作的批注。

③ 《详说古文真宝大全》后集卷四,第139页。

"有功朱子。凡江东人来受学,尽送而归之陈先生"①。陈栎于方回虽为晚辈,然二人为忘年交,陈栎对其极为推崇,并与之多有唱酬。② 其著述甚多,有《四书发明》《书集传纂疏》《礼记集义》等,生平行事见《元史》卷一百八十九《儒学传》。

由陈栎补编之后的《古文真宝》,前集由十卷扩为十二卷,除劝学文仍是 8 篇外,五七言古体诗歌增至 233 首,增 25 首;后集选入古文 130 篇,增 63 首(增 64 首,内 1 首五山本有《详说》本无)。总计选入作品达 363 首,加上劝学文 8 篇,总 371 篇,在诸本之中数量最多。

除了增补篇目,陈栎还对后集的篇目重新作了改编,这种改编首先是把原来的分体排列(其实原本的每一类文章,大致也是按年代编排的,只有个别类别的文章年代编排有些混乱),改为按时代先后顺序编排。五山本《古文真宝》后集十卷,分为辞、赋、说、解、序、记、箴、铭、文、颂、传、碑、辨、表、原、论和书十七种文体,陈栎则将这些文章按时代先后,从先秦到南宋,重新作了编排。从分体到编年,《古文真宝》的面貌发生了重大改变。其次,陈栎又把理学家的若干类文章(说、箴、铭)作了集中编排,即全部移到卷末。由古文到理学之文,这大概就是陈栎在《太极图说》后的跋语中说的:"欲学者由韩柳欧苏词章之文进,而粹之以周程张朱理学之文也。"其融合理学与文学的用意是很明显的。至于《古文真宝》的前集,陈栎主要是增添了一些作品,总体的编次变化则并不大。

陈栎自言"尝以夜继晷,古文圈点批。杜诗亦写注,凿凿皆有稽"③。

---

① [元]揭傒斯《定宇先生墓志铭》,《定宇集》卷十七附,《景印文渊阁四库全书》第 1205 册,第 442 页。

② 陈栎《送朱君赴盐官州阴阳教授序》曰:"吾郡中全方君方知盐官州中,全之学亲传虚谷之学,虚谷之学心传文公之学,予与虚谷为莫逆交,闻此久矣。"(《定宇集》卷二,《景印文渊阁四库全书》第 1205 册,第 181 页)又,陈栎有《和方虚谷〈上南行十二首〉》《和方虚谷二首》(《定宇集》卷十六,《景印文渊阁四库全书》第 1205 册,第 399—401 页)等,并自云:"方公《上南行》诗,予尝和寄弘斋。弘斋达之方公,公选五首,附刊于集。吴甥仲文曾见刊本。"(《定宇集》卷十六《自咏百七十韵》自注,《景印文渊阁四库全书》第 1205 册,第 398 页)又,《定宇集》中有答问一卷,内所论多涉及方回学术与诗文(《定宇集》卷七,第 237—270 页)。

③ 陈栎《定宇集》卷十六《自咏百七十韵》,《景印文渊阁四库全书》第 1205 册,第 398 页。

这"古文圈点批",是应该包括了《古文真宝》的批点和注释的。这些批注,主要集中在后集新增的篇目中,而又以批为主。前集新增的篇目中,虽有批注,然数量很少。像卷九选录了杜甫诗多首,或通篇无注,或仅有一二条。陈栎的批注重点主要在后集。除了新增的篇目每每有大段的批注外,原有的其它篇目往往也有批注。前者如所选屈原《离骚》,李斯《上秦皇逐客书》,韩愈《与孟简上书书》《送浮屠文畅师序》《送陆歙州序》《平淮西碑》《争臣论》《鳄鱼文》《送穷文》《上宰相第三书》,柳宗元《与韩愈论史官书》《答韦中立书》《愚溪诗序》,欧阳修《送徐无党南归序》《纵囚论》《朋党论》,苏洵《族谱序》等,后者如韩愈《师说》《杂说》《进学解》《送孟东野序》,杜牧《阿房宫赋》,范仲淹《岳阳楼记》,欧阳修《相州昼锦堂记》等,皆是如此。

所以,陈栎是《古文真宝》最早的增订、批注和改编者。这是《古文真宝》文本面貌的第一次大的改变。

此外,因所选作家皆称字号,故《详说古文真宝大全》卷首目次之后有《诸贤姓氏事略》,简要介绍所选作家的姓氏、籍贯和仕历。今存元刻本和五山本皆无此项,或为陈栎所增。其韩驹一条曰:"韩子苍,名驹,陵阳人,徽宗朝徽猷阁待制。陵阳,今隆州。"①隆州即唐之陵州,世称隆山、陵阳,南宋孝宗隆兴元年(1163 年)置,治仁寿县,辖境相当于今四川仁寿、井研等地,元世祖至元二十年(1283 年)废为仁寿县。明袭之。② 故"今隆州"云云,似为陈栎口吻。③

由陈栎增订的《古文真宝》,到了明代,即有人为其作音注,并吸收了元末林桢的注释,即今所见署名明初"前进士宋伯贞音释、京兆后学刘剡校正"、詹进德刊印的《详说古文真宝大全》二十二卷。④ 此书自明代宗景泰元年(1450 年)已传入朝鲜,其刊刻年代当然就更早。其后又有明

---

① 《详说古文真宝大全》卷首,第 7 页。
② 参祝穆《方舆胜览》卷五十三《成都府路》、明李贤《明一统志》卷六十七《成都府》等。
③ 当然,我们也不能排除这一项工作为校刊、音释者(如宋伯贞、刘剡等)所为。
④ 日本昌平学校等处皆藏此书,参[日]冈本保孝《古文真宝颠末考》,附收于《和刻本中国古逸书丛刊》本《魁本大字诸儒笺解古文真宝》后,第 183—185 页。

刊《(新刊三订注解音释大字标题)古文大全》(今残存二卷)①,明神宗万历元年(1573年)张瑞图校释、何乔迁详阅、刘大易刻《新锲台阁校正注释补遗古文大全》八卷(扉页有抄配,曰:"《注释心鉴古文大全》,种德堂,书林熊振宇梓。"则又是一本),万历年间徐心鲁辑、张大业刊行《新锲增补注释珊瑚古文大全》八卷(以上两种又配有插图),万历三十六年(1608年)郑云林刊《京板新增注释古文大全后集》十卷(日本内阁文库有《京板注释古文大全》前集十卷、后集十卷,明叶向高校、郑世容刊本,沈津先生云不知与此本有何关系),明万历年间余文台克勤斋刊《评林注释要删古文大全》后集十一卷(日本内阁文库亦有藏)等等。② 此数本多是坊间改纂之本,已失其原书面目,其流传于朝鲜者,自以宋伯贞、刘剡校正音释本影响最大,为此一系统最具代表性的版本。

(二) 元末林桢对《古文真宝》的整理和注释

黄坚在编选《古文真宝》时,因训蒙之需,同时对所选作品作过简要批注,这从对五山本和元刻残本注文的寻绎中可以看出来。然这些注解应不会太多,且流传既久,不免湮蚀。所以,到了元代,不但有改编本的出现,而且也有士人开始对其进行校勘整理和补充注释,这就是由元末林桢校勘、注解的《古文真宝》。日本御茶之水图书馆即藏有元末刊本《批点诸儒笺注古文真宝》前集(残六卷),卷首郑本序曰:

> 自六艺不讲,而世之诲小学者必先以《语》《孟》,而次以古文,亦余力学文之意也。《真宝》之编,首有劝学之作,终有出师、陈情之表,岂不欲勉之以勤,而诱之以忠孝乎? 此编者之微意也。惜乎旧所刊行,卒多删略,注释不明,读者憾焉。有三山林以正先生者,授

---

① 日本东京大学图书馆藏有此本残卷二册,著录为"旧题元黄坚辑、宋伯贞订校。元末明初刊本",见严绍璗《日藏汉籍善本书录》,第1836页,未知是否明初本。

② 参《日藏汉籍善本书录》,第1836—1837页;沈津《美国哈佛大学哈佛燕京图书馆中文善本书志》,上海辞书出版社,1999年,第551—553页。

徒之暇,阅市而求书,未善者正之,繁者芟之,略者详之,必归于至当而后已。若此书者,撮大意于篇题之下,精明训解于句读之间,非惟使幼学之士得有所资,而挟兔园册于党庠术序之间者,亦免箝口之讥矣。予寓书林六年,得一善士而与之友者,必先生之高第也。来后去先,虽不及会,然观其徒则可以知其师矣。一日,有章余君语予曰:"《古文真宝》,先师用心之勤矣,犹未有以题其首,非缺欤?盍请序之。"予不获辞,遂述其概而为之书。至正丙午孟夏盱江后学郑本士文叙。①

林以正即林桢,元末福州人,大约是一位塾师,除了注解《古文真宝》外,还增补校辑有《联新事备诗学大成》三十卷,后者《四库全书总目》、《天禄琳琅书目》卷十、《天禄琳琅书目后编》卷二十、清丁丙《善本书室藏书志》卷二十、陆心源《仪顾堂题跋》卷八等皆有著录。② 他对《古文真宝》所做的整理工作,据郑本所述,主要有两方面,一是"撮大意于篇题之下",二是"精明训解于句读之间"。这些题下和句中注今天似已很难区分何者是林氏注,何者是原注,二者往往浑然为一。然从此书注文的刊印格式来看,也并非不可辨别。因为题下和文中注若有两条或更多注文的话,前后两条注文之间每每会用间隔号("○圆圈")加以区别,这间隔号下面的注,一般来说,应当就是林桢所增的注解。例如,《古文真宝》前集卷三杜甫《赠韦左丞》题下注"左丞,姓韦名济"后,以圆圈间隔,其下注曰:"杜诗长篇伤于偶丽,惟此诗有典刑,布置最得正体,前辈录之以为压卷也。"③说明选此诗的用意,且点明"前辈录之",显是后来增注。《详说古文真宝大全》便无此注。当然,还有很多增注,并无间隔号区分,然细察却不难判断。如,卷一《王荆公劝学文》题下注:"名安石,字介甫,宋朝

---

① 据严绍璗《日藏汉籍善本书录》集部总集类著录,其书元黄坚编、林桢校辑,有郑本序(第1833—1834页),笔者无缘得见此书,然江户时期和刻各本多存此序,兹据日本宽文五年(清康熙四年,1665年)刊本《魁本大字诸儒笺解古文真宝》卷首所载引录。

② 参王重民《中国善本书提要》集部总集类,第366—367页。

③ 《魁本大字诸儒笺解古文真宝》前集卷三,《和刻本中国古逸书丛刊》第61册,第61页。

第六章 《古文真宝》的编纂、刊刻、流传与宋代文化的转向

人,好学,官至丞相。"①一望而知,必是元人增注。前集卷三黄庭坚《赠东坡》"小草有远志,相依在平生"注,先引《世说新语》:"桓温问谢安:'远志又名小草,何以一物而有二名?'郝隆曰:'处则为远志,出则为小草。'"其后有间隔圆圈,解曰:"此句以下,并指兔丝。言其不依附凡木,所志远矣。"②当即林氏所增。杜甫《佳人》"鸳鸯不独宿"注:"鸳鸯雌雄未尝离,人谓之匹鸟。"其后又有注以圆圈相隔:"此佳人自怨之辞,言物之有合有偶,而人不若也。"③当即增注。《赠韦左丞》"赋料扬雄敌""诗看子建亲"和"王翰愿卜邻"三句下,圈号后分别有注:"公于赋言可敌扬雄","公于诗言可亲近子建","甫以文章知名当世,故以李邕、王翰自比"④。当亦后增。前集卷九杜甫《今夕行》首句"今夕何夕岁云徂"注引《诗·绸缪(元刻残本注篇名)》:"今夕何夕,见此良人。"间隔号后注曰:"谓除夕也。""祖跌不肯成枭卢"句下注:"《韩非子》:匡倩对齐宣王曰:'博者贵枭。'"其下又有注:"慕容宝与李黄根等樗蒲,宝危坐,誓之曰:'此言樗蒲有神,若富贵可期,频得三卢。'于是三掷尽卢。祖跌大叫也。《说文》:'枭,胜也。卢,胜之名也。'""刘毅从来布衣愿,家无儋石输百万。"句下注引《南史》,曰:"刘毅,家无儋石之储,樗蒲一掷百万。应劭曰:齐人名小瓮为儋石,容二斗。"其下又有注曰:"诗意谓人不可无志。刘毅家无儋石,一掷百万,其志已见于穷困时。及举大事,故无不如意也。"⑤后面的这三条注,皆能补充诗意,当是林桢所增。又,后集卷二韩愈《杂说》一篇,"千里马常有而伯乐不常有"句下注仅"知人者"三字,间隔号后注曰:"谢云:此谓英雄豪杰常有,而贤宰相知人者不常有。""不以千里称也"句下,有注:"迂斋云:'有力。'谢云:'不知其为异才。'"间隔号后则又注曰:"此谓天下虽有英雄豪杰,徒受辱于昏君庸相之朝,沉滞于小官,终身不得行其志,不以英雄豪杰称也。""马之千里者,一食或尽粟一石"句下注:

---

① 《魁本大字诸儒笺解古文真宝》前集卷一,《和刻本中国古逸书丛刊》第61册,第11页。
② 《魁本大字诸儒笺解古文真宝》前集卷三,《和刻本中国古逸书丛刊》第61册,第48页。
③ 《魁本大字诸儒笺解古文真宝》前集卷三,《和刻本中国古逸书丛刊》第61册,第54页。
④ 《魁本大字诸儒笺解古文真宝》前集卷三,《和刻本中国古逸书丛刊》第61册,第62页。
⑤ 《魁本大字诸儒笺解古文真宝》前集卷九,《和刻本中国古逸书丛刊》第61册,第170页。

"才之异乎人者,必尊位重禄以任使之。"其后则又有注:"此谓英雄豪杰能立大事,成大功者,必得尊位重禄,斯可以展布。""是马虽有千里之能,食不饱"句下有注:"谢云:一句三字。"其后注则曰:"位不尊。""力不足"一句下亦注:"一句三字。"其后有注曰:"禄不重。"①似此皆是解释文意,当为林氏所增。

绍兴图书馆藏元刻本(残)、中国科学院图书馆藏明刻本、上海图书馆、台湾"国家图书馆"等地所藏明万历司礼监刊本,日本藏元刻残本、五山、江户等时期的各种和刻本,其书名或称"魁本大字""善本大字",或称"批点诸儒笺注",或直接标"诸儒笺解""诸儒注解"《古文真宝》,内容或有参差、增添,然要为同一系统。

绍兴图书馆藏元刻本今存前集卷六至卷十、后集卷一至卷五,计十卷,并存后集目录。经检勘,元刻残本与日本五山时期的和刻本《魁本大字诸儒笺解古文真宝》,书名、卷数、前集卷六至卷十和后集所收篇目、卷一至卷五编排全同,笺注绝大部分相同,可知二者不但同属一个系统,而且如上所述,同出于元末刻本。二书前集十卷所选皆为古体诗歌,分体编排。卷一、卷二除首列劝学诗文8首外,收五言古风短篇66首,卷三五言古风长短篇23首,卷四、卷五七言古风短篇46首,卷六七言古风长篇7首,卷七长短句21首,卷八收歌类17首,卷九行类17首,卷十吟、引、曲类12首。后集十卷,除卷一选入《秋风辞》等3首诗之外,余皆为文章,也是分体编排。卷一选赋6篇,卷二"说类"文5篇、"解类"2篇,卷三"序类"文6篇,卷四"记类"文12篇,卷五"箴"5篇、"铭"5篇、"文"2篇,卷六"颂""传"各3篇,卷七"碑"1篇、"辨"2篇,卷八"表"3篇,卷九"原""论"各2篇,卷十"书类"文5篇。前集除劝学诗外,计收古诗10体、209首,后集收诗文17体,诗3首,文64篇,计67篇。前后两集总计选入各类诗文27体、276篇,加上劝学诗文8篇,共284首。

宋末元初刊行的《古文真宝》既已不存,尤显出五山本《魁本大字诸儒笺解古文真宝》的珍贵。关于是书的编者、时代和最初的版本面貌,多借

---

① 《魁本大字诸儒笺解古文真宝》后集卷二,《和刻本中国古逸书丛刊》第61册,第342页。

第六章 《古文真宝》的编纂、刊刻、流传与宋代文化的转向

五山本以窥,其在《古文真宝》版本演变过程中有重要地位,是显而易见的。

自元末至晚明,由林桢整理注解的《古文真宝》不仅在中国本土广泛流传,而且盛传于东瀛,其受到欢迎的程度远远超过我们今日的想象。冈本保孝《古文真宝颠末考》著录十余种,长泽规矩也《和刻本汉籍分类目录》与《和刻本汉籍分类目录补正》所著录的《古文真宝》的各种刊本、日本注本和这些刊本注本的重印本,多达一百余种。① 而仅据严绍璗先生《日藏汉籍善本书录》所著录的五山、江户时期的和刻善本《魁本大字诸儒笺解古文真宝》,也多达 39 种(这还不包括这些版本的重印本),而由日本学人撰写、刊刻的注本,也有 14 种之多,二者合计 53 种。② 由此足见其书在日本流传的广泛。

此书高丽时期也已流传至东国(朝鲜半岛)。据明成祖永乐十八年(1420 年)朝鲜士人姜淮仲为《善本大字诸儒笺解古文真宝志》所作的题记所载:

> 此编所载诗文,先儒精选古雅,表而出之,承学之士,所当矜式也。前朝时,埜隐田先生禄生出镇合浦,董戎之暇,募工刊行。由是,皆知是编有益于学者。然其本岁久板昏,且无注解,观者病焉。岁在己亥,予承乏观察忠清。越明年,公州教授田艺出示此本,有补注明释铿然于心目,因嘱沃川守李护监督重刊,未数月而告毕。于戏,岂非斯文之一幸哉。今以二本雠校,则旧本颇有埜隐先生所删所增,故与今本中间微有小异耳。愚于此论辩,并谂诸后学云。时永乐龙集庚子孟冬下浣。嘉靖大夫、忠清道都观察黜陟使、晋阳姜淮仲谨志。③

---

① [日]长泽规矩也、阿部隆一编《日本书目大成》,汲古书院,1979 年。长泽规矩也所编《和刻本汉籍文集》第二十辑,则收入了后西天皇万治三年(1660 年)木村次郎兵卫刊《魁本大字诸儒笺解古文真宝》后集十卷,汲古书院,1979 年。
② 严绍璗《日藏汉籍善本书录》集部总集类,第 1834—1836 页。
③ [高丽]田禄生《埜隐先生逸稿》卷四附录《遗事》(其裔孙田万英辑),《韩国文集丛刊》,韩国景仁文化社,1990 年,第 3 册,第 408 页。

是丽朝时田禄生(1318—1375 年)出使中国[①]，购得《古文真宝》，并刊刻于东国。至朝鲜世宗二年，即永乐十八年(1420 年)，姜淮仲又据田艺藏本复刻于忠州。姜淮仲所提及的这两个版本，一本少有注解，又经田禄生删改；一本则注解详明，应是林桢补注过的元末刊本，二者应都属于“魁本大字”系统。只是这个本子，到了景泰初年，随着《详说古文真宝大全》的东传并流行，就渐渐湮没无闻了。

（三）明初《详说古文真宝大全》的出现

林桢整理、补注的《古文真宝》刊行不久，明初又出现了另一个《古文真宝》的重要刊本，这就是题为“前进士宋伯贞音释、后学京兆刘剡校正”的《详说古文真宝大全》。

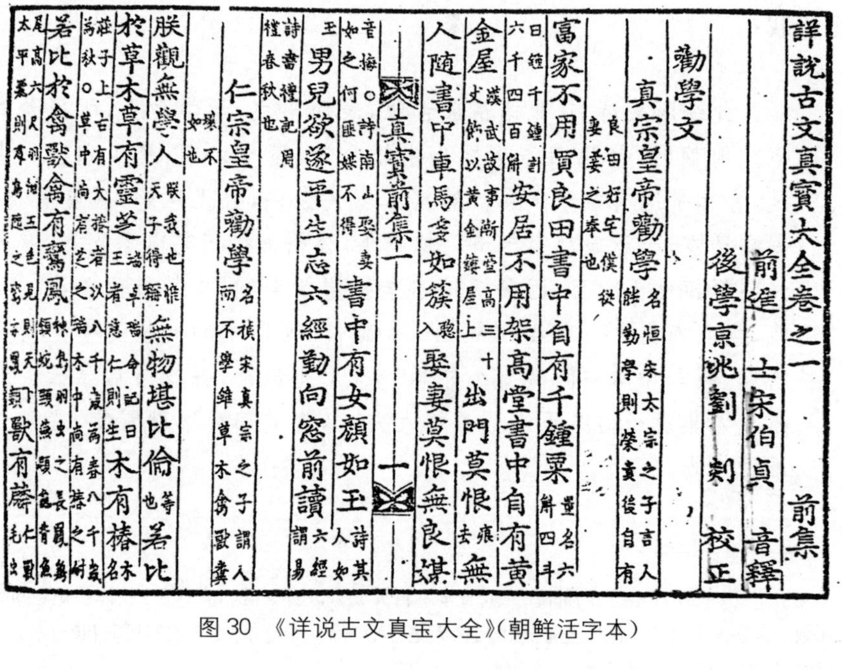
詳說古文真寶大全卷之一　前集
前進士宋伯貞　音釋
後學京兆劉剡　校正
勸學文
真宗皇帝勸學
富家不用買良田，書中自有千鍾粟。安居不用架高堂，書中自有黃金屋。出門莫恨無人隨，書中車馬多如簇。娶妻莫恨無良媒，書中有女顏如玉。男兒欲遂平生志，六經勤向窗前讀。
仁宗皇帝勸學
朕觀無學人，無物堪比倫。若比於草木，草有靈芝，木有椿。若比於禽獸，禽有鸞鳳，獸有麟。

图 30 《详说古文真宝大全》(朝鲜活字本)

① 《埜隐先生逸稿》卷五附录《遗事》引《青丘风雅》等，第 411—412 页。

第六章 《古文真宝》的编纂、刊刻、流传与宋代文化的转向

《详说古文真宝大全》二十二卷,明代以来各种书目少有著录。仅见黄虞稷《千顷堂书目》卷三十一"总集类(文)",其曰:"《古文大全》二十二卷。"虽未著撰人,当即此书①。《千顷堂书目》卷三"小学类"中,又著录有"宋伯贞音释《劝学文》一卷",则是从此书卷一析出单行者。不过,此书传入东国的时间却相当早,故朝鲜时代的各种书目对此书多有著录。据李仁荣先生《清芬室书目》卷七著录的"中国人著述"、朝鲜壬辰(朝鲜宣祖二十年,明神宗万历二十年,1592年)前的活字刊本中,就已列有《古文真宝大全》。其刊刻用的活字是朝鲜文宗庚午年(也即世宗三十二年,明代宗景泰元年,1450年)所铸之活字,而此字是由安平大君李瑢所书写的,至朝鲜成宗五年(明宪宗成化十年,1474年)印书,庚午活字已毁,而不得不另铸新字。② 可知《古文真宝大全》的朝鲜活字本的出现,至迟也在明成化年间,而其书东传和撰成的时间当然就更早。

朝鲜士人金宗直成化八年(朝鲜成宗三年,1472年)曾为新刊《详说古文真宝大全》撰跋,引录如下:

> 诗以《三百篇》为祖,文以两汉为宗。声律、偶俪兴而文章病焉。梁萧统以来,类编诸家者多矣,率皆夸富斗博,咸池之与激楚,罍洗之与康瓠,隋珠之与鱼目,俱收并撷,不厌其繁。文章之病,不暇论也。惟《真宝》一书不然。其采辑颇得真西山《正宗》之遗法,往往齿以近体之文,亦不过三数篇,不能亏损其立义之万一。前后三经人手。自流入东土,垫隐田先生首刊于合浦,厥后继刊于管城,二本互

---

① [明]高儒《百川书志》卷十九集部总集类著录《古文大全》二十二卷,然谓:"不知撰人,与《精粹》少异。自战国至我朝所载八十四人之作,每篇俱有注释。"(上海古籍出版社,2005年,第286—287页)云"我朝""八十四人",则似删节改编之本,已另为一书。

② [韩]李仁荣《清芬室书目》卷七引《成宗实录》卷四十九"成宗五年十一月癸酉"条:"上谓右副承旨金永坚曰:'今用何铸字印书?'对曰:'甲寅、乙亥两年所铸字也。然印书莫善于庚午字,而以瑢之所写已毁之,命姜希颜写之,而铸成乙亥字是也。'"朝鲜宣祖三十六年(明神宗万历三十一年,1603年)十二月,李希愿曾向朝廷进呈过安平大君字《古文真宝》七册。韩国高丽大学今存朝鲜文宗元年(景泰二年,1451年)庚午字残本,李仁荣亦存有庚午字残卷(张伯伟编《朝鲜时代书目丛刊》第8册,第4805—4807页)。

有增减。景泰初,翰林侍读倪先生将今本以遗我东方。其诗若文,视旧倍蓰,号为"大全"。汉晋唐宋奇闲俊越之作,会粹于是,而参差错落骈四俪六、排比声律者,虽雕缋如锦绣,豪壮如鼓吹,亦有所不取。又且参之以濂溪关洛性命之说,使后之学为文章者,知有所根柢焉。呜呼!此其所以为"真宝"也欤。然而此书不能盛行于世,盖铸字随印随坏,非如板本,一完之后,可恣意以印也。前监司李相公恕长尝慨于兹,以传家一帙,嘱之晋阳。今监司吴相公伯昌继督,牧使柳公良、判官崔侯荣,敬承二相之志,力调工费,未期月而讫。将见是书之流布三韩,如菽粟布帛焉,家储而人诵,竞为之,则盛朝之文章法度,可以凌晋、唐、宋,而媲美周、汉矣。夫如是,则数君子规画锓梓之功,为如何也。成化八年壬辰四月上浣,奉正大夫、行咸阳郡、守晋州镇兵马、同佥节制使金宗直谨跋。①

据此,则是朝鲜活字本《详说古文真宝大全》印于成化八年。其传入东国,更早在景泰初年,由"翰林侍读倪先生"带到朝鲜。所谓倪先生,即倪谦。明英宗正统十四年(1449年)十一月,刚即位的明代宗即派遣翰林院侍讲倪谦、刑科给事中司马恂前往朝鲜颁即位诏,"并赐其国王及妃锦绮彩币等物"②。次年正月,倪谦等抵达朝鲜,在朝二十余日,期间与朝鲜馆伴郑麟趾、成三问、申叔舟及首阳大君、安平大君等一时名臣讨论韵书、科举、庙制等,互赠书画礼物,诗歌唱酬,彼此往来甚多。③《详说古文真宝大全》应当就是在这期间由倪谦赠予朝鲜士人的。由此可见,是书也必成于明初,音释者宋伯贞、校正者刘剡都是明初人,而至宣德、正

---

① 田禄生《埜隐先生逸稿》卷四附录《遗事》,《韩国文集丛刊》第3册,第408—409页。金宗直《占毕斋集》失收。
② 《明实录·英宗实录》卷一百八十五,台湾"中央研究院"历史语言研究所校印,1962年,第17册,第3705页。
③ 详参《明实录·英宗实录》卷一百八十五、焦竑《国朝献征录》卷三十六、倪谦《朝鲜纪事》、倪岳《辽海编》、《庚午皇华集》等。

第六章 《古文真宝》的编纂、刊刻、流传与宋代文化的转向

统年间,此书已经流传得很广泛了。① 正是这一刊本传到朝鲜之后,很快就取代了元刊本《古文真宝》。

朝鲜徐有榘所编《镂板考》卷六"集部总集类",著录《古文真宝大全》前集十二卷、后集十卷。云:"元陈栎编,进士宋伯贞音释。其书选古今骚赋诗文凡七十六家,末附宋谢枋得《文章轨范》一卷。"②不但明确记载了此书的注者,而且注明了编者和附录的情况。

宋伯贞,生平不详。黄虞稷著录其音释《劝学文》一卷,将其列在元代,然又注"不知(具体)时代",当是元末明初人。刘剡,清人编《四库全书》时,曾著录刘剡《四书通义》二十卷,列于存目的明人撰述中,并谓其字用章,休宁人。③ 而其具体的生活年代,四库馆臣则谓在永乐中。④ 然黄虞稷《千顷堂书目》卷四史部"编年类"明人著述中,著录刘剡《宋元资治通鉴节要》三十卷,谓其"字用章,建阳人"⑤。据今人所考,当以建阳人为是。⑥ 刘剡是明初著名的图书校刻者,他曾校订、刊刻过倪士毅在其师陈栎《四书发明》的基础上纂成的《四书辑释》,由他来校订陈栎编的《古文真宝》是完全可能的。

宋伯贞和刘剡对《古文真宝》整理和流传的贡献,最主要的,在于它保存了陈栎的改编、增补和批注。如果没有宋、刘二位对此书进行整理,

---

① 明张志淳《南园漫录》(张氏是成化进士,官至户部尚书,此书撰成于正德十年)卷十"诗文传"一条载:"尝见《出像千家诗》《古文珍宝》二书,其所选诗文混杂高下,于深处通无所见,然自予七八岁时见之至今,板刻益新,所传益广,而好之日益多,岂以浅近故耶。而古诗文之不传者何限也。"(《景印文渊阁四库全书》第 867 册,第 323 页)
② [朝鲜]徐有榘《镂板考》,《朝鲜时代书目丛刊》第 4 册,第 2019 页。
③ 《四库全书总目》卷三十七"经部四书类",中华书局,1965 年,第 309 页。
④ 《四库全书总目》卷一百五"子部医家类存目"中,著录熊宗立《素问运气图括定局立成》一卷,云:"宗立,字道轩,建阳人,刘剡之门人也。"注:"剡,永乐中人,有《四书通义》,已著录。"(第 881 页)
⑤ 黄虞稷《千顷堂书目》卷四,第 120 页。
⑥ 参王重民《刘剡小传》(载其《冷庐文薮》,上海古籍出版社,1992 年,第 149—152 页)、方彦寿《建阳刘氏刻书考(下)》(载《文献》1988 年第 3 期,第 217—218 页)、顾永新《经学文献的衍生和通俗化》(北京大学出版社,2014 年,第 514—516 页)。

也许陈栎的工作就会被湮没，在《古文真宝》的传播历程中缺失了重要的一环，而今所见明万历本《古文真宝》从何而来，既很难解释清楚，其书在东国的传播也绝不会如我们今天所知竟如此之广泛、影响如此之大了。

宋伯贞、刘剡对此书的整理，是利用了林桢注解的《魁本大字诸儒笺解古文真宝》的，虽然他们在书中并没有对此作出交代。因为，我们通过比较发现，二书尤其是二书前集中的多数篇目的注解，都是相同的。当然，也有相当一部分注解在五山本中有，而在《详说古文真宝大全》中是缺失的。缺失的原因，大约有两种情况。一是宋、刘所用来校正的《诸儒笺解古文真宝》元刻本有缺失。如《详说古文真宝大全》前集卷九《古柏行》"黛色参天二千尺""扶持自是神明力""大厦如倾要梁栋""未辞剪伐谁能送""香叶终经宿鸾凤"数句下无注，元刻本亦无注，而五山本却有注①。《兵车行》题下有注，然较为简单，仅一句话，元刻本同，而五山本则有大段批注②。"牵衣顿足拦道哭""千村万落生荆杞"两句下的注解，情况也相同。二是宋、刘所依据的底本，即陈栎本《古文真宝》原有批注，故作为校本的《魁本大字诸儒笺解古文真宝》虽有注，多不用。比如，《详说古文真宝》后集卷一《出师表》，陈栎在题下和文中多引陈敬

---

① "黛色参天二千尺"句下注："围三，径一，围满三尺则径一尺。""扶持自是神明力"注："孙兴公天台赋(阴刻)：嗟台岳之所冀挺，实神明之所扶持。""大厦如倾要梁栋"注："耿恭谓岑彭曰：方今汉基颓圮，英雄寒饿，如大厦之倾。求天下之义士，要为梁栋，子何如此寒饿，不乘时取万户侯，复俟何时耶？""未辞剪伐谁能送"注："《诗·甘棠》：勿剪勿伐。""香叶终经宿鸾凤"注："谢灵运《后汉书》曰：方储遭母忧，种松柏，鸾凤栖其上。"(《魁本大字诸儒笺解古文真宝》卷九，《和刻本中国古逸书丛刊》第 61 册，第 153—154 页)

② 题下注曰："余尝观《春秋》有兵车之会。《(论)语》：不以兵车，管仲之力也。律诗拘于声律，古诗拘于语句，以是词不能达。夫谓之行者，达其词而已，如古文而有韵耳。是行之作，盖伤唐玄宗末年从事于边功，而穷兵不已故也(元刻残本和《详说古文真宝大全》仅有"伤唐玄宗末年从事于边功而穷兵不已也"一句)。""牵衣顿足拦道哭"句下注："天宝十载募兵，无应者。杨国忠遣御史分捕，系送军前。旧制百姓有勋，免征役。于是国忠先取高勋，行者愁怨，父母妻子送之。所在哭声震野。此所以有咸阳桥拦道哭之句。""千村万落生荆杞"句注："公以武皇喻玄宗。是时安禄山反叛，山东二百州皆陷于贼，无复唐有。玄宗殊不悔悟。岂不若武皇开边不知止乎？"(《魁本大字诸儒笺解古文真宝》卷九，《和刻本中国古逸书丛刊》第 61 册，第 154—155 页)

第六章 《古文真宝》的编纂、刊刻、流传与宋代文化的转向

观批语为说①,而在题下和篇末,又有他自己的大段批语,所以,五山本虽亦多有批注,宋、刘二位也没有采用。而《后出师表》大约陈栎批注甚少,宋、刘便多据《魁本大字诸儒笺解古文真宝》而引。在"故五月渡泸,深入不毛"两句下,有注曰:"详见前篇。"②然实际上这是《魁本大字诸儒笺解古文真宝》注者的话,在《前出师表》这两句下,《魁本大字诸儒笺解古文真宝》有注曰:"泸水出牂牁郡町县,东南入海。""不毛,不生草木之地,谓南中诸郡也。"③而《详说古文真宝大全》本并没有注。这也无形中暴露了宋、刘音释、校正本注文袭用《魁本大字诸儒笺解古文真宝》批注的事实。

《魁本大字诸儒笺解古文真宝》原有音注,主要是给一些较生僻的字词或多音字注音,这对于初学的儿童是必要的。如韩愈《符读书城南》中"经训乃菑畬"一句,就注曰:"菑,音锱。畬,音余。""潢潦无根源",注曰:"潢,音皇。潦,音老。"其中,"少长聚嬉戏"一句,则注曰:"少:书沼反。长:知丈反。"④《详说古文真宝大全》的音注更大量增加。有些并不生僻的字词,也被加了注释。如,开卷宋真宗的《劝学诗》中,"恨""簇""媒"三字,宋氏分别注曰:"痕,去。""聪,入。""音梅。"⑤又如,上引《符读书城南》中"提孩巧相如"一句,宋氏注道:"提:音题。""孩:亥,平。"又注"清沟映污渠"一句:"沟,音句。映,音应。渠,音璩。"⑥

在大多数情况下,宋伯贞的音释都很简单,他只是以直音的方式给一些字加上注,并注出声调,而且有时他还袭用了"魁本"原有的音注(在刊印形式上,这些音注有的可据间隔号"○"而与"魁本"的注释相区别)。

---

① 南宋陈宜中,字与权,号敬观,刘辰翁之子刘将孙有《题陈、文二相翰墨》一文(《养吾斋集》卷二十六),述其事(《景印文渊阁四库全书》第1199册,第244页)。《宋史》卷四百一十八有传。
② 《详说古文真宝大全》后集卷一,第127页。
③ 《魁本大字诸儒笺解古文真宝》后集卷八,《和刻本中国古逸书丛刊》第61册,第446页。
④ 《魁本大字诸儒笺解古文真宝》前集卷一,《和刻本中国古逸书丛刊》第61册,第13—14页。
⑤ 《详说古文真宝大全》卷一,第8页。
⑥ 《详说古文真宝大全》卷一,第9—10页。

但除此之外,还有一些注释,既非"魁本"所有,也不似陈栎所为。① 这些注释,我们以为,当出于宋伯贞、刘剡之手。例如,"魁本"与"详说"本《古文真宝》前集卷一都选入韩愈《符读书城南》一篇,其题下"魁本"有注曰:"昌黎先生有子名符,读书于郡城之南,作此篇勉之。盖欲学者知学则为君子,不学则为小人耳。"②"详说"本题下也有此注。然在此之前,又多出一段文字。曰:"符,韩公子小字,后更名。长庆中及第,为集贤校理。"这段话显然是对"魁本"题下注的补充。③ 再如,"飞黄腾踏去,不能顾蟾蜍"两句下,"魁本"有注曰:"蟾蜍者,砚滴也。"④"详说"本则在"蜍"字下注云:"音殊,驽马也。譬如人学与不学,学者腾达而去,不能顾其驽马也。旧注以为水滴者,误。"这又是对"魁本"的纠正。⑤ 又,"木之就规矩,在梓匠轮舆"两句,"魁本"分别注道:"凡木之成,就于规圆矩方也。""惟在于梓人匠人轮人舆人攻木之工尔,事见《周礼》。"⑥"详说"则除了注明"规"是"为圆之器","矩"是"为方之器"外,也有"凡木之成,就于规圆矩方也"一句。又给"梓、匠"注音:"音紫","墙,去声"。并详注两句诗意:"梓人、匠人,木工也;轮人、舆人,车工也,俱攻木之工也。事见《周礼》。"⑦这又是对"魁本"之注的注解。同样,"不见三公后"句下,"魁本"注作:"岂不见太师太傅太保三公之后子孙。"⑧"详说"则曰:"大臣也。

---

① 上文我们已论及,陈栎的批注主要是在后集,前集虽增补了一些篇目,但给这些篇章所作的注释很少。

② 《魁本大字诸儒笺解古文真宝》前集卷一,第13页。

③ 《详说古文真宝大全》卷一,第9页。这个注释似乎对韩符的名字和生平作了进一步的补充,但其实并不正确。韩愈之子名昶,小字为符,这在其自为墓志和唐宋人笔记中皆有记载。

④ 《魁本大字诸儒笺解古文真宝》前集卷一,第14页。

⑤ 《详说古文真宝大全》卷一,第10页。宋魏仲举《五百家注昌黎文集》卷六引童氏注曰:"蟾蜍,虾蟆也。上之廉切,下常如切。"(《景印文渊阁四库全书》第1074册,第131页)似可取。故"详说"本的解释亦不可据也。

⑥ 《魁本大字诸儒笺解古文真宝》前集卷一,第13页。

⑦ 《详说古文真宝大全》卷一,第9页。

⑧ 《魁本大字诸儒笺解古文真宝》前集卷一,第14—15页。

第六章 《古文真宝》的编纂、刊刻、流传与宋代文化的转向

周以太师、太傅、太保为三公,宇文周、宋、元因之(此亦是明人口吻)。后汉至唐,以太尉、司徒、司空为三公。岂不见三公之后子孙。"①也是对"魁本"注的疏解。

此类例子极多,再略举一二例。宋仁宗《劝学文》:"朕观无学人,无物堪比伦。若比于草木,草有灵芝木有椿;若比于禽兽,禽有鸾凤兽有麟;若比于粪土,粪滋五谷土养民。世间无限物,无比无学人。"题下注宋仁宗,曰:"名祯,宋真宗之子。"注"朕",曰:"朕,我也。惟天子得称。"("魁本"注曰:"天子自称曰朕。")注"伦"字曰:"等也。"注"灵芝":"瑞草。《瑞命记》曰:'王者慈仁则生。'"注"椿":"木名。《庄子》:'上古有大椿者,以八千岁为春,八千岁为秋。'"注"鸾凤":"神鸟,羽虫之长。凤,鸡颔、蛇颈、燕腮、龟背、鱼尾,高六尺,羽备五色,见则天下太平,飞则群鸟随之。鸾,亦凤类。"注"麟":"仁兽,毛虫之长。麋身、牛尾、马蹄,一角,角端有肉。不践生物,不履生草,王者至仁,麒麟乃出。"②这些注释,都是在"魁本"注释的基础上再作的补充注解,较之"魁本",内容更通俗,语言更浅显,充分显示出童蒙读物的特点。

《详说古文真宝大全》书后还附录了谢枋得的《文章轨范》,题曰:"叠山先生批点文章轨范大全",似是宋伯贞、刘刻所为。《文章轨范》全书收文章69篇,与"详说"同者42篇,仅有27篇不同。刊刻者对二书相同的篇目,只列目录,《文章轨范》有而"详说"无的,则全文刊出。这样做的原因,在所附《文章轨范》卷首有说明。云:"《真宝》《轨范》,世间并行之书也。《轨范》凡七编,经'侯王将相宁有种乎'为号。""今附刊于《真宝》之末,因书《轨范》目录于下,以便参考云。"③所谓并行,即谓二书都是为初学而编,有利举业,故将《文章轨范》附之于后。观谢枋得所云:"大凡学文,初要胆大,终要心小。由粗入细,由俗入雅,由繁入简,由豪荡入纯粹。"④是集所收之文,就分"放胆文""小心文"两部分,正为初学所设。且《古

---

① 《详说古文真宝大全》卷一,第10页。
② 《详说古文真宝大全》卷一,第8页。
③ 《详说古文真宝大全》,第227页。
④ [宋]谢枋得批选,[明]李廷机评训,[日]鸿斋石川英补注《精注正文章轨范》卷一,早稻田大学文学部,1988年。

文真宝》的编选深受南宋古文选本影响，像《观澜文集》《古文关键》《崇古文诀》《文章正宗》和《文章轨范》等，都对《古文真宝》的编选有直接影响。编者对诸书利用颇多。附录此书，不但可明其渊源，而且其评注圈点，亦可资参阅比较，从而给读者提供了很大方便。

（四）明人对"魁本"和"详说"二本的综合

明初宋伯贞、刘剡整理《详说古文真宝大全》时，虽已对《魁本大字诸儒笺解古文真宝》进行了利用，然只是吸收了其注释的部分，对二本所选篇目并未作改动。大约到明中期，开始有人对二者进行整合。

明神宗在为重刊《诸儒笺解古文真宝》所作的序言中，已透露出这一消息。他说：

> 朕自冲龄典学，辑熙有年。日御讲帷，讨论经史。每退居清燕，游意篇章，于《古文真宝》一编，时加披阅。其书自庙堂著述，下逮里巷歌谣，群言杂陈，诸体略备。其稍有阙轶，见于《古文精粹》者，复取而益之。驴类非增，篇什既富，譬开群玉之府，光采烨如。赏识惟人，靡不意惬。诚哉词林之弘璧，艺苑之玄珠也。……旧本凡三百十有二篇，今益以三十五篇。刻久漫漶，因重授梓，以便观览焉。①

旧本当指的是孝宗朝内府所刊本，也即青藜斋主人刊本，因此书后附明青藜斋《重刊古文真宝跋》明说："凡二十有七体，三百十有二篇。"由此可知，万历内府刊二十卷本是在弘治十五年（1502年）青藜斋本和内府刊本的基础上重刻的，重刻时并作了增补。其所据以增补的材料是什么呢？那就是《古文精粹》，即"稍有阙轶，见于《古文精粹》者，复取而益之"。

《古文精粹》十卷，在明嘉靖年间高儒的《百川书志》中即有著录。曰："不知成于何人，乃精选历代名贤所作也。二十六体，诗词歌赋百二

---

① 《魁本大字诸儒笺解古文真宝》卷首，台湾"国家图书馆"藏明万历司礼监刊本。

第六章 《古文真宝》的编纂、刊刻、流传与宋代文化的转向

十三首，诸文八十四篇。"①吕毖《明宫史》卷五"内板书数"载："《古文精粹》，计二本二百五十六页。"②黄虞稷《千顷堂书目》卷三十一"总集类"亦有著录。③ 朝鲜鱼叔权所撰《考事撮要·八道程途》也早有东国刊行《古文精粹》的记录。④ 今《中国古籍善本书目》亦著录此书⑤，中国国家图书馆、北京大学图书馆、浙江省图书馆、日本内阁文库等处皆有收藏⑥。前有序云：

> 《古文（真宝）》一书，乃精选历代名贤所作也。其间雄辞奥旨，足范后学。然集刊者不一，或此收而彼不录，彼载而此未备，故而病焉。予奉亲之暇，兼取而合录之，汇成一帙，分为十卷。去其训诂之繁，正其字画之讹，重加锓梓，用广其传，俾览者知所选择，不啻披沙而拣良金，凿璞而获美玉，诚希世至宝也。因题数语于卷端，以见重刊之意云。成化乙未花朝后一日。⑦

这位作序者没有署名，我们很难推测其身份，作序者与刊刻者当为一人，大约是下层文人或书商。"成化乙未"即明宪宗成化十一年（1475年）。此人注意到《魁本大字诸儒笺解古文真宝》与《详说古文真宝大全》二本的不同，并以前者为基础，重新编选，凡前书没有的篇目，即取后者补之，所谓"兼取而合录之"，编成《古文精粹》十卷。此书虽在文章编选和评注

---

① ［明］高儒《百川书志》卷十九集部总集类，上海古籍出版社，2005年，第286页。然所收篇目少于今所见《古文精粹》，似已为删节之本。
② ［明］吕毖《明宫史》卷五"内板书数"，《景印文渊阁四库全书》第651册，第659页。
③ ［清］黄虞稷《千顷堂书目》卷三十一，第764页。
④ ［朝鲜］鱼叔权《考事撮要·八道程途》"忠清道三日程、清州"，"平安道六日半程、平壤"，《朝鲜时代书目丛刊》第3册，第1443、1469页。
⑤ 《中国古籍善本书目》"集部总集类·通代"著曰："《古文精粹》十卷，明成化十一年刻本。"（该书编委会编，上海古籍出版社，1998年，第1613页）
⑥ 严绍璗《日藏汉籍善本书录》集部总集类著录此书，云："《古文精粹》十卷，明人选编，不著姓名。明成化年间刊本，共二册，内阁文库藏本。"（第1847页）
⑦ 中国国家图书馆藏明刊本卷首。此本的查阅，前后多得国家图书馆罗琰博士大力帮助，谨致谢意。

上无甚贡献,但对《古文真宝》的刊刻流传起了特殊的作用,也成为其版本演变的一个重要环节。

比如,在《古文精粹》卷二中,增补了"魁本"无而"详说"本有的3首五古,即《秋夜行江陵途中作》《龊龊》《杨康功有石状如醉道士》;卷三增补4篇,即《襄阳路逢寒食》《送羽林陶将军》《虢国夫人夜游图》《李伯时画图》;卷五增14篇,即《戏作花卿歌》《题李尊师松树障子歌》《戏韦偃为双松图歌》《刘少府画山水障歌》《李潮八分小篆歌》《天育骠骑歌》《江南遇天宝乐叟歌》《六歌》《李鄂县丈人胡马行》《骢马行》《草书歌行》《逼侧行》《汾阴行》《君子行》;卷六增《连昌宫辞》《捕蛇者说》;卷七增《六一居士集序》《送浮屠文畅师序》2篇;卷九增《表忠观碑》;卷十增《谏臣论》《上秦皇逐客书》2篇。计增27篇。所增篇目各依类而编。总篇目卷一至五计201篇,卷六至卷十94篇,共295篇。

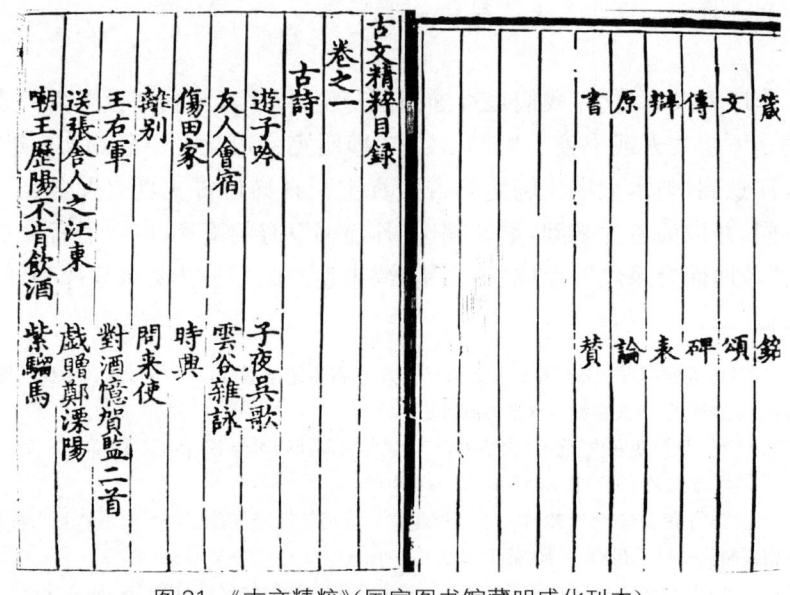

图31 《古文精粹》(国家图书馆藏明成化刊本)

其实,此书的编者所做的工作并非只是求同存异,他还对原书作了改编和增删。《魁本大字诸儒笺解古文真宝》原书二十卷,《古文精粹》的编者则将前后集二十卷压缩为十卷(前五卷据前集改编,后五卷据后集改编)。篇目上,卷四有《江湖散人歌》,卷五有《短歌行》《浩歌行》,卷七有《上巳日宴太学诗序》《义田记》《丰乐亭记》3 篇,卷八有《敬斋箴》《游箴》《言箴》《行箴》《好恶箴》《知名箴》《魏文贞公笏铭》《明州新刻漏铭》《秦坑铭》9 篇,卷九有《孔子庙碑》《柳州罗池庙碑》,卷十有《报燕惠王书》《四皓赞》《王定国真赞》《李端叔真赞》4 篇,又皆"魁本""详说"所无,则应为其所新增。

除了新增以外,《古文精粹》的编者也删去了许多作品。比如前集卷一的八篇《劝学文》,除了韩愈的《符读书城南》还保存在卷一之中外,其它的就都已删去。"魁本"和"详说"二本前集卷一的五古短篇前 12 首、卷二的前 4 首和《怨歌行》《杂诗》《归田园居》等,都被删掉了。"详说"本较"魁本"多出的篇目,像"详说"本前集卷一的《离骚》、后集的许多文章,《古文精粹》也没有收录。至于原书的批注,如其序中所云,"去其训诂之繁",删节的就更多了。大多数篇章无注,或仅有一二音注和批语。如前集卷一,孟郊《游子吟》仅有一音注,"缝:音逢"。李白《子夜吴歌》仅诗后有一注:"良人谓夫也。"《友人会宿》亦仅题下有注。

《古文精粹》的编者自明宪宗成化十一年编成此书印行后不久即有注本出现。今华东师范大学图书馆所藏《标音句解古文精粹大全》(残本),存前集卷一、卷二两卷并目录(亦残)。书前有佚名《题古文精粹》,有曰:

> 文章,士之末艺,然则为之者亦难,得其法者为犹难。……斯文萃古众贤人之精华纯粹、有规矩法度者也,是不以繁夥而蔽正理为嘉,不以丽藻而滞本意为美,故前人取以为后世者此欤。然则非学识之广,才气之充,则不可以为之。迩者金华何如愚作《古文标音句解》,建阳詹氏又欲锓梓以传,请余题其端。余谓学者能审其理趣,用其体制,察其句解,辨其音声,毋壅其源,毋迷其途,又知增减而衡低昂,不容毫发之私于其间,涵泳从容,使自得之,岂惟知古遗文步武之末,而于古人用心与夫作文之规矩法度,亦不外是也。①

---

① 《标音句解古文精粹大全》卷首,华东师范大学图书馆藏本。此书的查阅,得到门人沈章明博士以及丁红旗博士的大力支持和帮助,谨此致谢。

何如愚生平不详。建阳詹氏是明代福建著名的刻书商,今存《详说古文真宝大全》最初就是建阳詹氏所刊。此书的刊刻时间当已至明中后期。从是书的目录看,前后集各四卷,共八卷。然所收作品较原书删减甚多,仅百余篇,实也是坊间所编刻的一个《详说古文真宝大全》的缩编本,而具体篇目与《古文精粹》相比,又有了改动。如前集卷一,首选古诗《行行重行行》《青青河畔草》等十五首,增朱熹《感兴》等,就与原书全然不同。

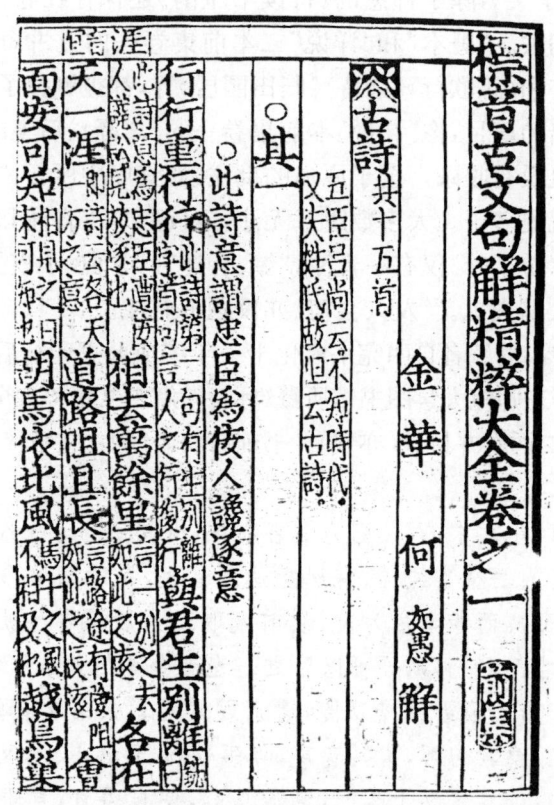

图32 《标音句解古文精粹大全》(华东师范大学图书馆藏明刊残本)

《古文精粹》的编者对"详说"本和"魁本"所作的综合与增删工作,稍后即为重刊《古文真宝》者所承继。今存中国科学院图书馆的明刻《诸儒笺解古文真宝》二十卷①,就是在元本《魁本大学诸儒笺解古文真宝》和《古文精粹》的基础上,进一步调整、增删而形成的一个新刊本。

中科院藏明本《诸儒笺解古文真宝》虽题曰"诸儒笺解",好像它只是元刻本的重刊本,但实际上是一种以"魁本"为底本而又综合了《古文精粹》和"详说"本等刊本的新的整理本,也就是说,明刻本的时代应晚于《古文精粹》。这可以从类目编排和所收篇目上看出来。与《古文精粹》相比,在类目编排上,明刻本作了改进。比如,《古文精粹》自卷六开始,是据"魁本"后集所编,卷六之首为"辞类",除了收入原有的《秋风辞》《渔父辞》《归去来辞》之外,另将"详说"本原在前集的《连昌宫辞》也附在《归去来辞》之后。而明刻本则更将"辞类"中的这四篇作品,全部上移到前集之末。这样前集为诗,后集为文,编排更加合理。在这些地方,明刻本的整理与刊刻者显然吸收借鉴了《古文精粹》的做法。在所收篇目上,与《古文精粹》、"魁本"和"详说"本相较,其篇目有增有减。其所增加的篇目中,《古文精粹》已收,明刻本也收入,而为"魁本"和"详说"本所无的,有3首(《上巳日宴太学诗序》《义田记》和《报燕惠王书》②),可见其是很可能利用了《古文精粹》的;"详说"本已收,明刻本亦收,而为"魁本"和《古文精粹》所无的,有3首(《石壕吏》《梓人传》《朋党论》③),可见明刻本可能也利用了"详说"本;"详说"本和《古文精粹》都收入,明刻本也收入,而为"魁本"所无的,有13首(《虢国夫人夜游图》《李伯时画图》《戏作花卿歌》《题李尊师松树障子歌》《戏韦偃为双松图歌》《刘少府画山水障子歌》《李潮八分小篆歌》《天育骠骑歌》《江南遇天宝叟歌》《六歌》《逼侧

---

① 此本《中国古籍善本书目》已著录(1612页)。据姜寻所编《中国古籍文献拍卖图录年鉴》(中华书局,2004年)"中国书店"部分,2003年拍卖成交的图书中亦有此本,记录为明弘治本(据其所记,年代亦晚于《古文精粹》),有缺页(第171页)。姜赞洙已注意到此本,参其博士学位论文《中国刻本〈古文真宝〉的文献学研究》(复旦大学,2005年)。笔者得睹此书,亦幸得中国国家图书馆罗琼博士多方设法,大力襄助,谨致谢意。

② 这三首分别见明刻本后集卷四、卷五、卷十。

③ 这三首分别见明刻本前集卷三和后集卷七、卷九。

行》《捕蛇者说》《六一居士集序》①),由此亦可见明刻本的编者可能利用了二书,故其编刻年代自然应在《古文精粹》刊刻之后。

不过,明刻本继"魁本"、"详说"本和《古文精粹》之后,也增添了许多作品。比如,前集卷一劝学文中就增加了孙复的《谕学》,卷二增释子兰《饮马长城窟》,卷三收苏轼《周茂叔先生濂溪》《日日出东门》《读陶渊明叹其绝识》,卷四收邵雍《闲居》和苏轼《四时词》,卷五选入杜甫《春日戏题恼郝使君兄》,苏轼《郭祥正家醉画竹石壁上郭作诗为谢且遗古铜剑二》《书林逋诗后》,卷七选苏轼《大雪有怀东武园亭寄交代孔周翰》,计11首,就都是上述三本所没有的。

此外,中科院明刻本较之"魁本",又删减了一些作品②,较之"详说"本,也有很多作品缺略了③,而《古文精粹》中所选入的一些作品,明刻本中也没有收④。

---

① 这三首分别见明刻本前集卷五、卷六和后集卷二。

② 这包括:前集卷一《古诗》"客从远方来"、李白《对酒忆贺监二首》其二、卷七释贯休《古意》、卷十王安石《明妃曲二首》其二、欧阳修《明妃曲和王介甫二首》其二,后集卷九仲长统《乐志论》。

③ 所缺计有:"详说"本前集卷一《江雪》《竞病韵》,卷三《杨康功有石状如醉道士》《七月夜行江陵途中作》《觋觋》,卷四《襄阳路逢寒食》《送羽林陶将军》,卷七《古意》,卷十《李鄠县丈人胡马行》《骢马行》《草书歌行》,卷十一《汾阴行》《君子行》,计13首;后集卷一《离骚》《上秦皇逐客书》,卷二《与孟简尚书书》,卷三《平淮西碑》《南海神庙碑》《争臣论》《送穷文》《鳄鱼文》《柳州罗池庙碑》《送杨巨源少尹序》《送石洪处士序》《送温造处士序》,卷四《送陆歙州傪诗序》《蓝田县厅壁记》《上宰相第三书》《殿中少监马君墓铭》《毛颖传》《伯夷颂》,卷五《与韩愈论史书》《答韦中立书》《愚溪诗序》《晋文公问守原议》《连州郡复乳穴记》《养竹记》,卷六《击蛇笏铭》《上范司谏书》《鸣蝉赋》,卷七《送徐无党南归序》《纵囚论》《族谱序》《张益州画像记》《管仲论》《木假山记》《高祖论》《上欧阳内翰书》《上田枢密书》,卷八《祭欧阳公文》《三槐堂铭》《表忠观碑》《凌虚台记》,卷九《李君山房记》《四菩萨阁记》《田表圣奏议序》《钱塘勤上人诗集序》《王者不治夷狄论》《范增论》《上枢密韩太尉书》《药戒》,卷十《送秦少章序》《书五代郭崇韬传后》《答李推官书》《与秦少游书》《上林秀州书》《王平甫文集后序》《秦少游字叙》《子长游赠盖邦式》《上席侍郎书》《书洛阳名园记后》《太极图说》,计59首;总72首。

④ 如《古文精粹》卷四《江湖散人歌》,卷五《短歌行》《浩歌行》,卷七《丰乐亭记》,卷八《敬斋箴》、"五箴"、《魏文贞公笏铭》《明州新刻漏铭》《秦坑铭》,卷九《柳州孔子庙碑》《孔子庙碑》,卷十《四皓赞》《王定国真赞》《李端叔真赞》,中科院明刻本就都未选。

第六章 《古文真宝》的编纂、刊刻、流传与宋代文化的转向

同时,在作品编排上,中科院明刻本也做了大幅调整。编刻者把原在前集卷十的"吟、引"两类,归到卷七,把原在后集卷一的"辞类"提到前集卷十。把原在后集卷八的"表类"提至卷一,卷一的"赋类"退到卷二,卷二的"解类"退到卷三,原卷五的"文类"则提到卷三,原在卷三的"序类"、卷四的"记类"、卷五的"箴类、铭类"、卷六的"颂类、传类"、卷七的"碑类、辨类",依次调整为卷四、卷五、卷六、卷七、卷八,卷九未改。① 这些增添和调整,都为后人进一步整理此书奠定了基础。

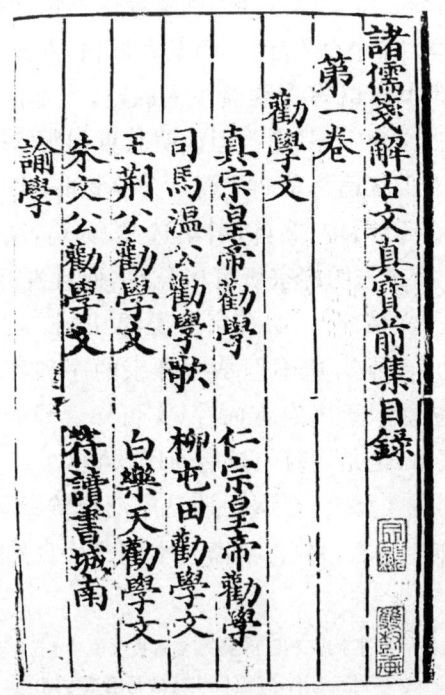

图33 《诸儒笺解古文真宝》(中国科学院图书馆藏明刊本)

---

① 其具体编次为:前集:卷一,劝学文、五言古风短篇;卷二,五言古风短篇;卷三,五言古风长篇;卷四卷五,七言古风短篇;卷六,七言古风长篇;卷七,长短句、吟类、引类;卷八,歌类;卷九,行类;卷十,曲类、辞类。后集:卷一,表类;卷二,赋类、说类;卷三,解类、文类;卷四,序类;卷五,记类;卷六,箴类、铭类;卷七,颂类、传类;卷八,辨类、碑类;卷九,原类、论类;卷十,书类。

明青藜斋主人弘治年间重刊《古文真宝》，应即以此书为底本，而明孝宗重刊和明神宗整理、刊刻《诸儒笺解古文真宝》，又都是以青藜斋本为底本的，因而也间接地利用了上述明刻本。

明万历十一年本《诸儒笺解古文真宝》有明孝宗跋、明神宗序和青藜斋主人跋。青藜斋《重刊古文真宝跋》虽未言及其"偶得善本"为何本，然明确交代是书"载七国而下诸名家之作，凡二十有七体，三百十有二篇"。明刻本《诸儒笺解古文真宝》所收的作品为 311 篇：前集 241 篇，包括劝学文 9 篇、诗 232 首；后集 70 首（其中前集卷四苏轼《四时词》计为 1 首、卷七王绩《春桂问答二》计为 2 首）。明孝宗重刊《古文真宝跋》也未言及所据具体为何本，但其书既有青藜斋主人跋，自当是依青藜斋本为底本的。明神宗《重刻古文真宝序》则不但说明其重刊所依据的"旧本凡三百十有二篇，今益以三十五篇"（总 347 篇。今检此书，实为前集 253 篇，包括劝学文 9 篇，诗 244 首，增 12 首，后集选文 93 篇，增加 23 篇，前后集总 346 篇，恰增 35 篇。与明神宗所言相合）①，而且告诉我们他所据以增益的文献来源是《古文精粹》。明神宗所说的"旧本"，就是青藜斋"略加点校，命工重刊"的"善本"，这不但从明神宗的序和青藜斋的跋语中可知，而且从青藜斋跋能附于内府本而存，亦可知青藜斋本正是明孝宗和神宗重刊此书的底本，也是当时内廷所通用的版本。

以常理推之，《古文真宝》至明中期已广泛流传，不但民间私塾多有此书②，宫中训蒙亦多用之。故青藜斋刊本刻成后自然也会传入宫中。③

---

① 据《天禄琳琅书目》，明神宗序又见于《诸儒笺解古文真宝》五卷本卷首，五卷本与二十卷本当然为一书，然从二十卷本到五卷本，其篇目或有微调也未可知。

② 明蒋冕《曹祠部集序》，内有"自髫龀时见（曹）邺之公《读李斯传》诗于书坊所刻《古文真宝》中'难将一人手，掩得天下目'之句，喜而诵之。甚习而不知为谁所作。及游京师，读《唐文粹》，始知为公诗。今考之集中，其诗全篇十二句，姚铉节其首尾八句（按今本卷十八仅四句，所节亦非首尾八句，洪迈《万首唐人绝句》卷十、计有功《唐诗纪事》卷六十亦作四句），而以此四句载于《文粹》中。《古文真宝》因而取之。《文粹》又载公《杏园即席上同年》一诗，冕尝次韵，以寓景慕之意。盖冕于公诗痦寐不忘者五十余年"云云（《景印文渊阁四库全书》第 1083 册，台湾商务印书馆，1985 年，第 129 页）。由此亦知《古文真宝》至少至明成化年间在民间已相当流行了。

③ 据周弘正《古今书刻》，明代地方官府每有新刻之书，例进呈朝廷。

明孝宗看重此书,遂命内府刊行,并为撰跋文。万历年间,明神宗又在此本的基础上,据《古文精粹》,亲作补益,增补 35 篇,并撰为序言,刊为今所见之本。

明万历十一年司礼监刊本《诸儒笺解古文真宝》二十卷,既以青藜斋刊本为底本,又据《古文精粹》补其所缺,并在此基础上进一步调整编排,遂成为一个收罗较全、编排较合理的《古文真宝》版本。其作品数量,前集增至 259 首(包括劝学文 9 篇,诗歌 250 首,其中前集卷四苏轼《四时词》计为一首、卷七王绩《春桂问答》计为两首),后集 93 篇,总 352 首。然是书后集较之《详说古文真宝大全》,所收作品数量仍要少很多,因为其所依据的底本青藜斋本和《古文精粹》,原就没有据"详说"后集一一增补。是书的注释,较之"魁本",也有些调整和改动。如将原来的题下注分置于文中,减少音注,个别注文也有改动和调整等①。

万历十一年内府刊本《诸儒笺解古文真宝》之后,未再见有其它新的刻本出现,而万历本虽今仍存数本,分散在世界各大图书馆,但因其是内府刊本,流传并不广。

总之,《古文真宝》在后世的流传过程中,产生了两大系统:一是《魁本大字诸儒笺解古文真宝》系统,一是《详说古文真宝大全》系统。至明中期,编刻者开始对其进行整合,先后有《古文精粹》和中科院图书馆藏明刻本出现,致使二本颇有交叉。然这些整理多是以《魁本大字诸儒笺解古文真宝》为基础进行的,故二者虽有交叉,却并未完全重合。因而《魁本大字诸儒笺解古文真宝》自是一系,而《详说古文真宝大全》另为一独立的版本系统。

三、《古文真宝》对北宋以来古文传统的承继

《古文真宝》的文献来源,多脍炙人口之作,似可不必深究,然细按则

---

① 如前集卷一邵雍的《清夜吟》、李绅《悯农》、僧无本《访道者不遇》、佚名(《宋文鉴》卷二十六作张俞)《蚕妇》等等,"魁本"题下注就被分别移到文中。李白《王右军》一首,"魁本"原题下注仅四字:"写鹅换经。"此本则将原诗后注移至题下,文字亦有增删。

亦自有来源,这就是多来自《唐文粹》《宋文鉴》《观澜文集》《古文关键》《崇古文诀》《文章正宗》《古文集成》和《文章轨范》等诗文总集。[①] 因此,此书在文学思想和观念上,也深受北宋初以来古文观念和传统的影响。其入选作品,诗皆古体,文多古文,平易浅近;其注释评点,也多取自《古文关键》等古文评点之书,表现出鲜明的以"古文"相尚的编选倾向。

唐代的所谓古文,主要是针对时文说的,但又绝不仅仅是一个文体样式或文章学的概念。倡为"古文",是从中唐韩愈开始的。他对"古文"的理解,原有其丰富的内涵。在《题欧阳生哀辞后》一文中,他说道:

> 愈之为古文,岂独取其句读不类于今者邪?思古人而不得见,学古道则欲兼通其辞;通其辞者,本志乎古道者也。[②]

韩愈这里说得很清楚,古文并不只是在形式上与时人的文章有异;古文所以为古文,在于其承载了"古道"。这里的"古道",当然是指儒家之"道",而非释、老之"道"。韩愈的目的很明确:学"古道"是第一位的,至于"辞"(即古文)则是学古道的副产品;即使是学古文,也应以学古道为目的,而不是为了学古文而学古文。所以,在唐人的古文观念中,承载儒家的仁义道德(即"古道")之文才是古文的第一要义,而不只是在形式上的区别于时文,至于这"文"是诗还是文、是骈还是散,那倒还在其次了。

不过,古文在形式上又确实要"句读不类于今"。故韩愈在《答李翊书》中说:

[①] 比如,书中所选乐府歌行多取自《唐文粹》《宋文鉴》和《观澜文集》,诸本前后集诗文见于林之奇《观澜文集》者多达78首,近全书的1/4,尤其是《观澜文集》甲集卷八自萧统《文选》中选了一首古乐府(《饮马长城窟》"青青河边草"),《文选》卷二十七、二十八所选乐府分两部分,因为是"乐府上""乐府下",林氏疏忽,以《乐府上》为此诗诗题,而《古文真宝》诸本卷三收入此诗,亦皆误标为《乐府上》。万历内府刊本《古文真宝》所增孙复《谕学》,也是取自《宋文鉴》(卷二十一)。

[②] [唐]韩愈撰,马其昶校注《韩昌黎文集校注》卷五,上海古籍出版社,1986年,第304—305页。

第六章 《古文真宝》的编纂、刊刻、流传与宋代文化的转向

> （愈）学之二十余年矣。始者，非三代两汉之书不敢观，非圣人之志不敢存，处若忘，行若遗，俨乎其若思，茫乎其若迷。当其取于心而注于手也，惟陈言之务去，戛戛乎其难哉。其观于人，不知其非笑之为非笑也。如是者亦有年，犹不改，然后识古书之正伪，与虽正而不至焉者，昭昭然白黑分矣。而务去之，乃徐有得也。当其取于心而注于手也，汩汩然来矣。其观于人也，笑之则以为喜，誉之则以为忧，以其犹有人之说者存也。如是者亦有年，然后浩乎其沛然矣。吾又惧其杂也，迎而距之，平心而察之，其皆醇也，然后肆焉。①

这番自道古文创作甘苦的话，其核心是要"惟陈言之务去"，也就是要与"人之说者"不同。这个"陈言"的范围是很广的，不合儒家之道的释老之文、六朝以来华而不实的骈俪之文、当日科举应制的声律之文等，都应在内。从"三代两汉之书"出发，"出入仁义"、"生蓄万物"、"海涵地负，放恣横从，无所统纪"，言"必出于己，不袭蹈前人一言一句"②，才能真正去除时人的陈词滥调，做出切于"圣人之志"，"不烦于绳削而自合"的古文。所以，在韩愈看来，所谓古文，就是出入仁义、合乎圣人之志而不相蹈袭、自成一家之言的文章。它可以是诗赋赞颂，也可以是章表书策、传记序论之文，且并无难易之分。

韩愈的上述古文观念，为宋初柳开、王禹偁、姚铉等人所承继。柳开撰《应责》云：

> 何谓为古文？古文者，非在辞涩言苦，使人难读诵之，在于古其理，高其意，随言短长，应变作制，同古人之行事，是谓古文也。③

---

① 《韩昌黎文集校注》卷三，第 170 页。
② 《韩昌黎文集校注》卷七《南阳樊绍述墓志铭》，第 540 页。
③ ［宋］柳开《应责》，曾枣庄、刘琳主编《全宋文》卷一百二十六，上海辞书出版社、安徽教育出版社，2006 年，第 6 册，第 367 页。

这与韩愈的看法是一致的。王禹偁又说:"近世为古文之主者,韩吏部而已。吾观吏部之文,未始句之难道也,未始义之难晓也。""故吏部曰:'吾不师今,不师古,不师难,不师易,不师多,不师少,惟师是尔。'"①看法都相同,宗尚古道是衡量是否古文的最主要的标准,而文句难易、声律高下则并不重要。

姚铉也承继了上述古文观念。他在《唐文粹序》中说道:

> 《文粹》谓何?纂唐贤文章之英粹者也。《诗》之作,有《雅》《颂》之雍容焉,《书》之兴,有《典》《诰》之宪度焉。礼备乐举,则威仪之可观,铿锵之可听也。大《易》定天下之业,而兆乎爻象,《春秋》为一王之法,而系于褒贬。若是者,得非文之纯粹而已乎。是故志其学者必探其道,探其道者必诣其极,然后隐而晦之,则金浑玉璞,君子之道也;发而明之,则龙飞虎变,大人之文也。自微言绝响,圣道委地……至于魏晋,文风下衰,宋齐以降,益以浇薄。……有唐三百年,用文治天下。……惟韩吏部超卓群流,独高遂古,以二帝三王为根本,以六经四教为宗师,凭凌轥轹,首唱古文,遏横流于昏垫,辟正道于夷坦。于是柳子厚、李元宾、李翱、皇甫湜又从而和之,则我先圣孔子之道,炳然悬诸日月。故论者以退之之文,可继杨、孟,斯得之矣。……今世传唐代之类集者,诗则有《唐诗类选》《英灵》《间气》《极玄》《又玄》等集,赋则有《甲赋》《赋选》《桂香》等集,率多声律,鲜及古道,盖资新进后生干名求试者之急用尔,岂唐贤之迹两汉,肩三代,而反无类次,以嗣于《文选》乎?铉不揆昧懵,遍阅群集,耽玩研究,掇菁撷华,十年于兹,始就厥志。得古赋、乐章、歌诗、赞、颂、碑、铭、文、论、箴、表、传、录、书、序,凡为一百卷,命之曰《文粹》。以类

---

① [宋]王禹偁《答张扶书》,《全宋文》卷一百五十,第7册,第396页。稍后的释智圆也说:"夫所谓古文者,宗古道而立言,言必明乎古道也。古道者何?圣师仲尼所行之道也。""古文之作,诚尽此矣,非止涩其文字,难其句读,然后为古文也。"(《送庶几序》,《全宋文》卷三百八,第15册,第190—191页)看法与王禹偁皆同。

第六章 《古文真宝》的编纂、刊刻、流传与宋代文化的转向

相从,各分首第门目,止以古雅为命,不以雕篆为工。故侈言蔓辞,率皆不取。①

姚铉认为,道寓于文,又借文以明;隐而晦之是为道,发而明之则为文,文与道是统一的。如此则儒家经典自是金浑玉璞的纯粹之文,而韩愈学宗六经,首倡古道,发为文章,自然也是可上继圣贤的纯粹之文。故他所选之文,便"止以古雅为命,不以雕篆为工"。所谓"古雅",即能发明儒道的古文,而声律之文不在其内。其书中于赋只选古赋,于诗专选古诗,于文则尤重韩柳古文,并于卷四十三至卷四十九,以总名为专名,收入韩、柳以下新出现的古文作品多达七卷,深化了对韩柳古文的认识,进一步确立了韩柳古文在文学史上的地位。钱穆先生曾指出:"姚书最值得注意者,乃在自第四十三卷以下至第四十九卷,特标一目曰'古文'。所收多自韩、柳以下始有之新文体,若以消纳于萧《选》旧规之内,则见有格格不相入者。清代四库馆臣所谓'后来文体日增,非旧日所能括也'。故姚书乃不得不别标'古文'一目以处之。"②所论甚确。

宋初士人的古文观念和姚铉所编《唐文粹》,影响很大。其后吕祖谦编《古文关键》,楼昉编《崇古文诀》,真德秀编《文章正宗》《续文章正宗》,敫斋编《古文标准》,刘震孙选《古今文章正印》,王霆震纂《古文集成》,汤汉编《妙绝古今文选》,谢枋得选《文章轨范》等,都传承了上述宋初士人的古文观念,而在诗文选本的编纂宗旨、编选标准、体例和选目上,尤与《唐文粹》一脉相承,深受其影响。《古文真宝》正是在以上编选背景下涌现的一部文学读物,虽编者并未给后人留下序跋等文献,然从选目和体例上看,他直接承继了《唐文粹》以来的古文观念和编选宗旨,是没有疑问的。

---

① [宋]姚铉《文粹序》,《四库提要著录丛书》集部第295册,影印宋绍兴九年临安府刻本,北京出版社,2010年,第34页。

② 钱穆《读姚铉〈唐文粹〉》,载《钱宾四先生全集》第19册《中国学术思想史论丛》(四),台湾联经出版事业公司,1998年,第108—109页。

宋代文献编纂与文化变革

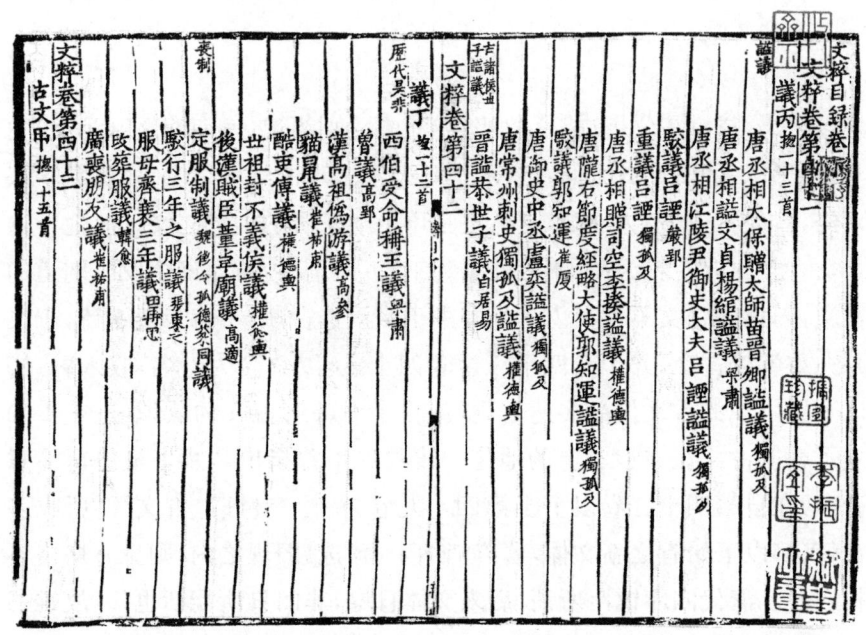

图34 《唐文粹》（南宋绍兴九年临安府刻本，藏国家图书馆）

宋代诗文选本的编纂十分繁荣，选本数量众多，而尤以南宋为最。现存或可知的宋人总集，十之八九都出于南宋人之手。文学发蒙的选本也是如此。从体裁上看，这些选本多选近体诗。像刘克庄为童子所编的五七言绝句系列选本、在此书影响下产生的坊间所刊《分门纂类唐宋时贤千家诗选》以及又由此衍生的《千家诗选》等，都只选五七言律绝。然《古文真宝》的编选则继承了自宋初以来的古文观念，以先秦两汉或"迹两汉，肩三代"，"气包元化，理贯六籍"，"止以古雅为命，不以雕篆为工"的作品为衡量标准，所选二十七体，于诗不选近体，于文不选律赋，而主要选入古诗、歌行、颂、箴、铭、说、解、序、记、碑、传、书、论以及散体辞、赋等，多属古文的范围，而其集中尤其是后集中的绝大部分篇目，如前所述，有很多都已见于上述诸书以及林之奇的《观澜文集》中。其书的批注更是多采自上述诸书。其编选倾向显然与《唐文粹》《古文关键》《崇古文

388

第六章 《古文真宝》的编纂、刊刻、流传与宋代文化的转向

诀》等选本一脉相承,这就与南宋后期出现的其它蒙学选本,如《分门纂类唐宋时贤千家诗选》《唐宋千家联珠诗格》《千家诗》等,迥然不同了。

《古文真宝》既属蒙学读物,其入选作品也就多为能融合文与道,兼具知识性、思想性和文学性之作。举凡书写天地四时、山川景物、文物古迹、民风民俗和歌颂忠君爱国、孝悌节义、尊师重道、劝农务本、节俭惜时之思想,以及表现士人忧国忧民、廉洁尽责、敦厚诚朴、宽容忍让、闲适恬退等品格,或托物言志、咏史怀古、讽刺时弊等,可以警顽立懦,有益于世道人心而又皆通俗易懂、脍炙人口的作品,多入选其中。元末郑文就说:"《真宝》之编,首有劝学之作,终有《出师》《陈情》之表,岂不欲勉之以勤而诱之以忠孝乎。"观集中所选作品,像前集的《游子吟》《慈乌夜啼》《妾薄命》《足柳公权联句》《石壕吏》《茅屋为秋风所破歌》《哀江头》《六歌》《蚕妇》《悯农》《田家》《伤田家》《荔枝叹》《长歌行》《梦李白》等等,后集的《过秦论》《前出师表》《后出师表》《陈情表》《大宝箴》《大唐中兴颂》《原道》《原人》《师说》《杂说》《进学解》《黄州竹楼记》《岳阳楼记》《袁州州学记》《谏院题名记》《表忠观碑》《爱莲说》《西铭》《东铭》等等,其例极多,皆为脍炙人口之作。其诗旨或感母恩,或尊师长,或忠君爱国,或忧心世事,或勉人,或悯农,或诫为君,或刺佞臣,或颂国家中兴,或哀民生多艰,或树立儒家道统,或崇尚圣贤气象,大致都反映出编者传统儒家思想的导向,反映出一般士人所接受的传统儒家思想教育,以及文学经典作品传播与接受的普遍状况。

《古文真宝》在编选内容上对儒家之道的重视,从注文中也可以见出。比如,前集卷一所选聂夷中《伤田家》,题下注曰:"孙光宪谓此诗有《三百篇》之旨。"①卷二陈师道《妾薄命》二首题下注引谢枋得,云:"谢叠山谓有《国风》法度。"②韩愈《青青水中蒲》题下又曰:"此诗托物比兴,谓征夫出戍,其妻幽宫闺房,如蒲在水中。第一章谓夫君之出,第二章谓不

---

① 《详说古文真宝大全》卷一,第21页。孙光宪云云,见《北梦琐言》卷二"放孤寒三人及第"条,曰:"所谓言近意远,合《三百篇》之旨也。"(《景印文渊阁四库全书》第1036册,第10页)
② 《魁本大字诸儒笺解古文真宝》卷二,第37页。

得相随,末章勉君子以正,得风人之体。"①卷三黄庭坚《赠东坡》二首其一题下注:"东坡云:托物引类,得古诗人之风。"②另,古乐府诗"青青河畔草"题下注又云:"此诗去古未远,颇有《三百篇》之遗风。"③都揭示出此书的编选对儒家诗学传统的崇尚。

　　启蒙教育应遵循由易到难、由浅入深、循序渐进的规律。《古文真宝》于诗专选古体,是符合这个标准的。按照传统的教学观念,学诗应从五言古诗入手,因为它的规矩不是太多,变化也比较少。七言绝句虽然易读,看似容易做,能收能放,然才情不够,基础不牢,便易流于油滑。至于五七言律诗,限制非常大,要写好就更困难。《古文真宝》诗文编选的体例,是分体。这些所谓"体",其实并不都各自成"体",如前集分"五(七)言古风短篇""五(七)言古风长篇"和"五(七)言古风长短篇"三"体",实际上都是五(七)言古风。而所以五七言古风要细分为六"体",主要还是出于读者对象是初学的考虑。每一"体"类,从短篇到长篇,且短篇所选多,长篇所选少,虽似不甚分年代,然总体体现的却是由浅入深、由易到难的编选原则。

三、《古文真宝》选录劝学文的文化意义

　　宋初立国,崇儒尚文,大开科举仕进之门,兴办学校日多,由读书而进身仕途成为社会的普遍趋尚。苏辙曾说道:"今世之取人,诵文书,习程课,未有不可为吏者也。其求之不难,而得之甚乐,是以群起而趋之。凡今农工商贾之家,未有不舍其旧而为士者也。"④加之印刷技术又得到广泛应用,书籍易得,文化普及,不但六经、子史、总集别集不难获得,而且佛道、医卜百家及各种类书,乃至决科应试和蒙学读物,也随处可见。

---

①　《魁本大字诸儒笺解古文真宝》卷二,第38—39页。
②　《魁本大字诸儒笺解古文真宝》卷三,第47页。
③　《魁本大字诸儒笺解古文真宝》卷三,第49页。
④　[宋]苏辙著,曾枣庄、马德富校点《栾城集》卷二十一《上皇帝书》,上海古籍出版社,1987年,上册,第465页。

第六章 《古文真宝》的编纂、刊刻、流传与宋代文化的转向

如苏轼就说:"余犹及见老儒先生,自言其少时欲求《史记》《汉书》而不可得,幸而得之,皆手自书,日夜诵读,惟恐不及。近岁市人转相摹刻诸子百家之书,日传万纸,学者之于书多且易致如此。"①读书向学,蔚成风气。从通都大邑到穷乡僻壤,读书向学已由士大夫阶层下延到农工商贾等一般社会民众。不仅"臣庶之家,有子孙弟侄者,无不孜孜教诱,使之成器,盖望立门户,主祭祀,若子孙不肖,则家道沦落。又有负担之夫,微乎微者也,日求升合之粟,以活妻儿,尚日那一二钱,令厥子入学谓之学课。亦欲奖励厥子读书识字,有所进益"②。"都城内外,自有文武两学、宗学、京学、县学之外,其余乡校、家塾、舍馆、书会,每一里巷,须一二所。弦诵之声,往往相闻"③,而且,"吴、越、闽、蜀,家能著书,人知挟册,以辅人主取贵仕"④,真是一个"人人尊孔孟,家家诵诗书"⑤的时代。

终有宋一代,无论士大夫还是其他阶层,无不极其重视读书和对后代的教育。北宋士人群体与唐五代不同,"唐代以名族贵胄为政治、社会之中坚,五代以由军校出身之寒人为中坚,北宋则以由科举上进之寒人为中坚。所以,唐宋之际,实贵胄与寒人之一转换过程,亦阶级消融之一过程。深言之,实社会组织之一转换过程也"⑥。这些出身寒族或一般官宦家庭的士大夫,在宋朝的政治和社会生活中扮演了重要的角色。一

---

① [宋]苏轼《李氏山房藏书记》,张志烈、马德富、周裕锴主编《苏轼全集校注·文集校注》卷十一,河北人民出版社,2010年,第11册,第1132页。

② [宋]李焘《续资治通鉴长编》卷一百五十,庆历四年六月戊午富弼上守御十二策,第3646页。

③ [宋]耐得翁《都城纪胜》"三教外地"条,《景印文渊阁四库全书》第590册,台湾商务印书馆,1984年,第12页。

④ [宋]叶适《叶适集·水心文集》卷九《汉阳军新修学记》,中华书局,1961年,第1册,第140页。

⑤ [宋]陈傅良《止斋集》卷三《送王南强赴绍兴签幕四首》其二,《景印文渊阁四库全书》第1150册,台湾商务印书馆,1985年,第517页。

⑥ 孙国栋《唐宋之际社会门第之消融》,载其《唐宋史论丛》,上海古籍出版社,2010年,第337页。此文将晚唐五代与北宋人物家世、宰辅成分等进行列表统计,以大量数据证明了唐宋之际社会门第的兴衰消长,请参。

方面,他们在朝廷崇儒尚文的政策导向下,积极用世,志向高远,治国理政,多所建立;另一方面,又注重修身养性,克谨务实,重视家庭教育,期冀家族兴旺,他们通过撰写家谱,或直接通过伦理训诫和家规、家礼、乡约和童蒙读物的撰写与传播,把传统的儒家仁义道德等核心思想,简化为家族成员和一般民众容易接受的知识和行为准则,化民成俗,推动着儒家思想文化的不断下渗和普及。即使像范仲淹这样力振士风,提倡"先天下之忧而忧,后天下之乐而乐"的名臣,在日常生活中,也时时不忘对家族中晚辈的关切和教导,告诫子侄辈:"并勤修学,日立功课。""切须令苦学,勿使因循。"①"汝守官小心,不得欺事。与同官和睦多礼,有事即与同官议,莫与公人商量。莫纵乡亲来部下兴贩,自家且一向清心做官,莫营私利。汝看老叔自来如何,还曾营私否?自家好家门,各为好事,以光祖宗。"②诫其勤学苦读,小心为官,莫营私利,多做善事,以光宗耀祖,不辱门楣。平易朴实,与一般士大夫家庭无异。后来范纯仁贬永州,"课儿孙诵书,躬亲教督,常至夜分。在永三年,怡然自得"③。正是继承了这一家风。观刘清之编《戒子通录》,终两宋之世,士大夫皆极为重视家教家风。王禹偁、晏殊、范仲淹、胡瑗、范质、邵雍、黄庭坚、张耒、邹浩、张浚、刘子翚等等,皆有戒子侄诗文。司马光又撰有《居家杂仪》,吕本中有《童蒙训》,吕大钧撰、朱熹修订《增损吕氏乡约》,朱熹又有《童蒙须知》《家礼》,吕祖谦有《少仪外传》,袁采撰《袁氏世范》等,其他诫训、劝学之文就更多。"宋受天命,然后七闽、二浙与江之西东,冠带《诗》《书》,翕然大肆。人才之盛,遂甲于天下。""为父兄者,以其子与弟不文为咎;为母妻者,以其子与夫不学为辱。其美如此。"④这对于社会读书向学风气的形成起了重要的推动作用。

---

① [宋]范仲淹《范文正公尺牍》卷上《与中舍书》,曾枣庄、刘琳主编《全宋文》卷三百八十二,上海辞书出版社、安徽教育出版社,2006年,第18册,第327页。

② 范仲淹《范文正公尺牍》卷上《与中舍二子三监簿四太祝书》,《全宋文》卷三百八十三,第18册,第331—332页。

③ [宋]赵善璙《自警编》卷五,《景印文渊阁四库全书》第875册,第303页。

④ [宋]洪迈《容斋随笔·四笔》卷五,上海古籍出版社,1978年,下册,665—666页。

第六章 《古文真宝》的编纂、刊刻、流传与宋代文化的转向

在上述背景下，宋代的蒙学读物亦甚多，今存最著名、流行最广的就有《三字经》《百家姓》《神童诗》《叙古千文》《名物蒙求》和《千家诗》等。只是这些蒙学读物，无论知识性的读物还是文学读本，都极为简易通俗，而《古文真宝》则显得更为特别，内容更丰富，情形也要复杂得多。因为它不但分体编选五、七言古体诗、辞赋、说、解等三百余篇脍炙人口的诗文，而且，卷首选录了宋真宗、仁宗、司马光、王安石、柳永、朱熹和白居易、韩愈所撰的八首劝学诗文。其中，除了韩愈的《符读书城南》和柳永的劝学文两篇之外①，现代学者多以其为伪托②。然我们以为，若将其放在上述整个宋代崇儒尚文和重视教育的社会风气和背景下来看，则还不能轻下断言。且看其中流传最广的宋真宗的劝学诗。诗曰：

> 富家不用买良田，书中自有千钟粟。安居不用架高堂，书中自有黄金屋。出门莫恨无人随，书中车马多如簇。娶妻莫恨无良媒，书中有女颜如玉。男儿欲遂平生志，六经勤向窗前读。③

---

① 韩愈诗今见于其集中。柳永诗虽不见于其集中，然据罗忼烈先生的判断，是可信的。其论之曰："上述八人的作品，宋真宗、仁宗是否真出'宸翰'，无可考查，但司马光、王安石、白居易、朱熹四人的诗，俗滥迂腐可笑，显然出于村学究之手。他们的诗文集俱在，里面也没有这些恶札。韩愈一首却是真的。柳永一篇大概也不假。因为他既不是名卿巨公，又不是学术之士或文豪，有资格被伪托的人多的是，何必伪托于他？而且宋真宗等七人都是诗，只有柳永一篇是文，若果要伪托，弄几句歪诗就是了，用不到作文，以致体裁不画一。"(《柳永佚诗佚文》，载《罗忼烈杂著集》，上海古籍出版社，2010年，第130页)《渊鉴类函》卷二百一引此文，作"林宅田劝学文"，当为"柳屯田"之误。同卷又引朱熹《劝学文》。

② 如，南戏《张协状元》第二十一出《王府计议胜花婚事》："丑曰：'正是读书何用觅良媒，书中有女颜如玉。'"钱南扬先生为其注曰："(此劝学歌)相传出宋真宗赵恒手，然无的据。其第二章末二句云：'始信娶妻莫恨无良媒，书中有女颜如玉。'《东谷所见》对此文大为不满……读书目的难道仅仅是为了个人享乐？作者李之彦是南宋初人，可见《勉学歌》出北宋人手是可信的，惟决非是赵恒所作，否则李氏就不敢这样严厉地批判了。"(《永乐大典戏文三种校注》，中华书局，1979年，第117页)据李之彦《东谷所见》，指出其"出北宋人手是可信的"，但又否定赵恒所作。又如，王重民先生论及司马光《劝学歌》、白居易《劝学文》，也说："虽未检司马、白氏两集，望而知为后人所记。"(《中国善本书提要》集部总集类，上海古籍出版社，1983年，第443页)

③ 《魁本大字诸儒笺解古文真宝》前集卷一，《和刻本中国古逸书丛刊》第61册，第9页。

儒家历来重视人的教育，劝学文也历来多有，《礼记》中有《学记》，荀子有《劝学篇》，汉以后各种诫子书和家训中的劝学内容就更多了。"玉不琢不成器，人不学不知道。""凡学，官先事，士先志。"①对学者的教育当然要以"道"相尚，男儿之志当然也不应限于功名富贵，然而在这首诗中，富贵却好像成了男儿要追求的唯一目标（其实，诗末两句的男儿之"志"，并不限于此），这就难免为人诟病了②。但对此诗尚不能简单否定。因为，劝学对象既为初学童蒙，将"千钟粟""黄金屋""车马"和"颜如玉"悬为其读书的目标，似乎过于直白和低俗，倒也是符合儿童教育的特点和规律的，所谓"《宵雅》肆三，官其始也"③。颜之推曾谓："士大夫子弟，数岁以上，莫不被教。多者或至《礼》《传》，少者不失《诗》《论》。及至冠婚，体性稍定；因此天机，倍须训诱。有志尚者，遂能磨砺，以就素业；无履立者，自兹堕慢，便为凡人。人生在世，会当有业：农民则计量耕稼，商贾则讨论货贿，工巧则致精器用，伎艺则沈思法术，武夫则惯习弓马，文士则讲议经书。"④劝人读书，最为切实。故元李冶就说："世之劝人以学者，动必诱之以道德之精微。此可为上性言之，非所以语中下者也。上性者常少，中下者常多，其诱之也非其所，则彼之昧者日愈惑，顽者日愈偷，是其所以益之者，乃所以损之也。大抵今之学非古之学也。今之

---

① ［东汉］郑玄注，［唐］孔颖达疏《礼记正义》卷三十六《学记》，北京大学出版社，1999年，第1051、1056页。

② 南宋李之彦《东谷所见》"劝学文"条："《劝学文》曰：'书中自有黄金屋。'""又曰：'卖金买书读，读书买金易。'自斯言一入于胸中，未得志之时，已萌贪饕，既得志之后，恣其掊克。惟以金多为荣，不以行秽为辱。屡玷白简，恬然自如。虽有清议，置之不恤。然司白简持清议者，又未必非若而人也，毋怪乎玩视典宪为具文，一切置廉耻于扫地。气习日胜，若根天真，惟知肥家庇族而已，亦不知其为蠹国害民也。得非蔽锢于劝学文而然耶。是固不可不深责贪饕之徒，亦不可不归咎于劝学文有以误之也。"（《说郛》卷七十三下"劝学文"条，《景印文渊阁四库全书》第880册，台湾商务印书馆，1985年，第151页）明高拱《本语》卷六又曰："偶过一学究，见其壁上有宋真宗《劝学文》云：'书中自有黄金屋，书中自有千钟粟，书中车马多如簇，书中有女颜如玉。'予取笔书其后云：'诚如此训，则其所养成者，固皆淫泆骄侈、残民蠹国之人，使在位皆若人，丧无日矣，而乃以为帝王之劝学，悲夫！'"（《景印文渊阁四库全书》第849册，第862页）

③ 《礼记正义》卷三十六《学记》，第1055页。

④ ［北齐］颜之推撰，王利器集解《颜氏家训集解》卷三《勉学》，中华书局，1993年，第143页。

第六章　《古文真宝》的编纂、刊刻、流传与宋代文化的转向

学不过为利而勤,为名而修尔,因其所为而引之,则吾之劝之者易以入,而听之者易以进也。求之前贤,盖得二说焉。齐颜之推《家训》云:'有学艺者,触地而安。自荒乱以来,虽百世小人,知读《论语》《孝经》者,尚为人师;虽千载冠冕,不晓书记者,莫不耕田养马。以此观之,安可不自勉耶？若能常保数百卷书,千载终不为小人也。谚曰:积财千万,不如薄技在身。则今人所谓良田千顷,不如薄艺随身者也。'韩退之为其侄符作《读书城南》诗,云:'金璧虽重宝,费用难贮储。学问藏之身,身在即有余。'则今世俗所谓一字直千金者也。古今劝学者多矣,是二说者最得其要,为人父兄者盖不可以不知也。"①故此"亦人情诱小儿读书之常"②。而且,这也确是帝王一贯的口吻。如唐太宗:"见新进士缀行而出,喜曰:'天下英雄入吾彀中矣。'"③又,唐太宗召见李义府,令赋乌:"立成。其诗曰:'日里飏朝彩,琴中半夜啼。上林许多树,不借一枝栖。'太宗深赏之。曰:'我将全树借汝,岂唯一枝。'"④都是其例。

宋真宗在历史上虽曾崇信道教,东封西祀,但在宋代思想文化的发展中却占有重要地位。宋太祖、太宗提出的重文抑武、崇尚文德的政策,即所谓"右文",最初只是从当日政治现实出发提出的一个很宽泛和相对的概念,并无特定的思想导向。真正崇尚儒学,延续和发展了太祖太宗的右文政策,并使之成为有宋一代"祖宗家法",进而形成普遍的社会风尚的,是宋真宗。⑤ 他撰写《崇儒术论》,建立讲筵制度,以经义命题策士,下诏诸路州县凡有学校聚徒讲学之所,并颁"九经"⑥,又曾"下诏劝

---

① [元]李冶《敬斋古今黈》卷五,《景印文渊阁四库全书》第 866 册,第 375—376 页。
② [宋]黄震《黄氏日钞》卷五十九评韩愈《符读书城南》语(《景印文渊阁四库全书》第 708 册,第 466 页)。
③ [五代]王定保《唐摭言》卷一,上海古籍出版社,2012 年,第 2 页。
④ [唐]刘肃《大唐新语》卷七,中华书局,1984 年,第 113 页。
⑤ 关于宋真宗在思想文化史上的地位,请参拙撰《略论宋真宗在宋代文化史上的作用和地位》,载《国学学刊》2019 年第 4 期,又载中国人民大学书报资料中心复印报刊资料《宋辽金元史》2020 年第 3 期。
⑥ 参李焘《续资治通鉴长编》卷四十九,咸平四年六月丁卯纪事,中华书局,2004 年,第 2 册,第 1065 页。

学","命两制各撰劝学诏"①,"诏天下诸郡咸修先圣之庙。又诏庙中起讲堂,聚学徒,择儒雅可为人师者以教焉"②。对宋代思想文化的发展演变起了重要的推动作用。他对诸王及其他宗室子弟的教育更是十分重视。大中祥符九年(1016)二月,真宗"诏以(寿春)郡王(即后之仁宗)学堂为资善堂。八月,真宗赐王歌凡七轴。曰:《劝学》、曰《修身》、曰《怀俭约》、曰《慎所好》、曰《恤黎民》、曰《勿矜伐》、曰《守文》"③。内即有《劝学》一篇。天禧三年(1019年)二月,宋真宗先是撰《学书歌》赐皇太子,继又撰《劝学吟》赐之。④ 这首《劝学吟》是否就是《古文真宝》中所收的《劝学诗》呢,我们当然还不能断定。然真宗撰述甚多,其《御制集》多达三百卷,今仅存《玉京集》六卷、诗二十余首,文且不论,诗则甚浅俗。曾有诗赞洪州胡仲尧氏,云:"一门三刺史,四代五尚书。他族未闻有,朕今止见胡。"⑤风格与《古文真宝》所录倒也相近。所以,宋真宗作此劝学诗亦完全有可能,并不能以其风格浅俗而断为假托。故明代以来,人们对其诗亦多信从。如明末名臣沈鲤所说:"前代劝学诗文如'富家不用买良田,书中自有千钟粟;安居不用架高堂,书中自有黄金屋'诸语,皆出自明主御制。流传至久,比户吟哦,信如蓍龟。凡父兄之教其子弟,师友之相为劝勉者,率不外是。"⑥大致是符合实际的。

---

① [宋]李焘《续资治通鉴长编》卷六十,真宗景德二年六月丁丑,第3册,第1344页。

② [宋]杨大雅《重修先圣庙并建讲堂记》,曾枣庄、刘琳主编《全宋文》卷二百十一,巴蜀书社,1989年,第657页。时在景德三年(1006年)。

③ [宋]范祖禹《帝学》卷四,《景印文渊阁四库全书》696册,第748页。仁宗后有《幸资善堂》诗,曰:"先皇教善敞东闱,菲德承宗赖庆晖。为感储筵惊岁月,因瞻台像驻骖骅。楹书乍启钦遗泽(自注:堂中藏先朝赐书),庭树重攀记旧围。畴日学文亲政地,仰怀慈训倍依依。"([宋]江少虞《宋朝事实类苑》卷四,上海古籍出版社,1981年,第39页)。

④ 李焘《续资治通鉴长编》卷九十三,天禧三年二月丁未、丙辰,第4册,第2138页。

⑤ 《全宋诗》卷一百四,第1182页。又,明彭大翼《山堂肆考》卷三十三宫集"君道"载宋真宗《赐神童诗》。曰:"七闽山水多才俊,三岁奇童出盛时。家世应传清白训,婴儿自得老成姿。初尝学步来朝谒,方及能言解诵诗。更励孜孜图进趋,青云千里有前期。"(《景印文渊阁四库全书》第974册,台湾商务印书馆,1985年,第547—548页)

⑥ [明]沈鲤《亦玉堂稿》卷六《沈氏家训序》,《景印文渊阁四库全书》第1288册,台湾商务印书馆,1986年,第287页。

第六章 《古文真宝》的编纂、刊刻、流传与宋代文化的转向

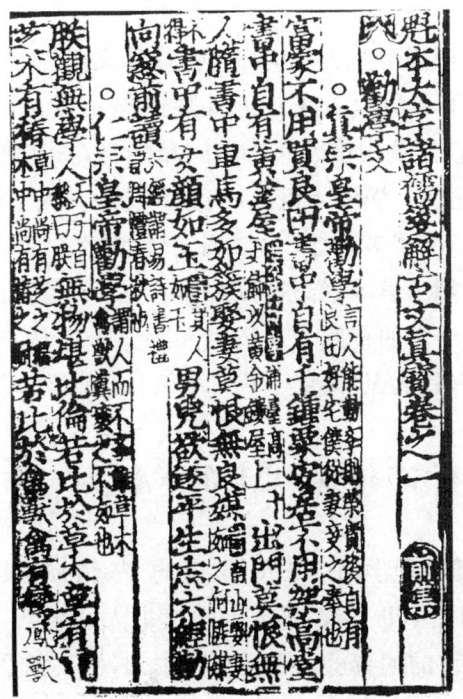

图35 宋真宗劝学诗（五山本《魁本大字诸儒笺解古文真宝》前集卷一）

"自古明王圣帝，犹须劝学，况凡庶乎。"①《古文真宝》卷首司马光等人的几篇劝学诗，虽不免有诱人以功名利禄之嫌，然作为"村塾训言"，也同样有其合理之处。且如："养子不教父之过，训导不严师之惰。父教师严两无外，学问无成子之罪。……勉后生，力求诲，投名师，莫自昧。……勉旃汝等各早修，莫待老来徒自晦。"②"有田不耕仓廪虚，有书

---

① ［北齐］颜之推《颜氏家训·勉学》，《颜氏家训集解》卷三，第143页。
② 《魁本大字诸儒笺解古文真宝》卷一，司马光《劝学歌》，第10页。南宋吴枋《宜斋野乘》亦引其句（"一朝云路果然登，姓名亚等呼先辈。"见元陶宗仪《说郛》卷十一下，《景印文渊阁四库全书》第876册，台湾商务印书馆，1985年，第560页。《全宋诗》失收，卷五百一十二仅据之存句，第9册，第6226页）。此歌虽不能断其真，亦不可断其伪。司马光诗学白居易，平易通俗。许𫖮《彦周诗话》载："宣和癸卯年，仆游嵩山。峻极中院法堂后檐壁间有诗四句。云：'一团茅草乱蓬蓬，蓦地烧天蓦地空。争似满炉煨榾柮，慢腾腾地热烘烘。'字画极草草。其傍隶书四字云：'勿毁此诗。'寺僧指示仆曰：'此四字，司马相公亲书也。'"［清］何文焕辑《历代诗话》，中华书局，1981年，第389页。《全宋诗》亦失收）诗极通俗，然道理却可取，故司马光嘱其勿毁此诗。

397

不读子孙愚。仓廪虚兮岁月乏,子孙愚兮礼义疏。"①"勿谓今日不学而有来日,勿谓今年不学而有来年。日月逝矣不我延,呜呼老矣是谁之过。"②"金璧虽重宝,费用难贮储。学问藏之身,身在则有余。……文章岂不贵,经训乃菑畬。潢潦无根源,朝满夕已除。人不通古今,马牛而襟裾。行身陷不义,况望多名誉。"③强调父母教育之责,师教之严,以经为本,及时发奋,勤勉为学等,都是可取的,它从一个侧面反映了中唐以后尤其是宋代读书向学的普遍社会风气和下层士人与一般民众对生活的期待和向往,自有其认识价值。④

五、《古文真宝》与理学思想的下渗

南宋后期,随着理学的广泛传播,其思想、精神也越来越简约化、世俗化⑤,然而也因此不断下渗,进入一般读书人的生活,为更多的民众所接受。《古文真宝》的编者虽未必是理学中人,然其深受理学的影响却是显而易见的。

前集开卷所选第一首诗便是邵雍的《清夜吟》:"月到天心处,风来水面时。一般清意味,料得少人知。"这里所说的"清意味"确实耐人寻思。邵雍的思想方法是以理观物或以物观物,即以天地万物所寓含的"道"或

---

① 白居易《劝学文》,《魁本大字诸儒笺解古文真宝》卷一,第12页。
② 朱熹《劝学文》,《魁本大字诸儒笺解古文真宝》卷一,第13页。
③ 韩愈《符读书城南》,《魁本大字诸儒笺解古文真宝》卷一,第14页。
④ 在历代相传的蒙求类撰述中,诸如《千字文》《百家姓》《三字经》《蒙求》《历代蒙求》《神童诗》,甚而《训蒙文》《日记故事》《声律启蒙》等蒙学读物中,也无不在在表现出上述观念。宋真宗的《劝学文》在后世小说、戏曲作品多为袭用,也已成为世人皆知的习语。详参[日]大木康《关于宋真宗劝学文》,载《新宋学》第7辑,复旦大学出版社,2018年。可见其影响之广泛。
⑤ 这种世俗化在当时也遭到许多士人的批评。如欧阳守道就说:"今书肆之书易得,有铜钱数百,即可得语录若干家。取视之,编类整整,欲言性,性之言千万;欲言仁,仁之言千万。而又风气日薄,机警巧慧之子,所在不绝产,被以学子之服,而读《四书》数叶之书,则相逢语'太极'矣。自先圣所删定《诗》《书》,已有置之不读,盖无问其他。……呜呼,其不为俗化一大厄欤。"(《巽斋文集》卷七《送黄信叔序》,《景印文渊阁四库全书》第1183册,第560页)

第六章 《古文真宝》的编纂、刊刻、流传与宋代文化的转向

"太极"去看待万物,而不掺杂个人主观思想情感。故这首诗中所表达的表层含义上的清风明月,以及给诗人带来了中心的愉悦之外,还应有其更深层面的体悟和自得。老子说"天得一以清,地得一以宁,神得一以灵,谷得一以盈,万物得一以生"①,邵雍说"地尽一时事,天开万古心"②,这个"万古心"也就是"一",是"道"或"太极"。由诗人之心到"万古心"这一层含义,就不是人人都能体会到的了。故此诗题下注就说:"言道之全,体中和之妙用。自得之乐,少有人知此味也。"③从中可见编者所受理学思想的影响。

后集卷五铭文一类,又选入了张载的《西铭》《东铭》,其所反映的,就更是理学一脉的思想观念了。程颢、程颐即对张载的《西铭》大为赞赏,认为是"横渠文之粹者也"④。曰:"《订顽》之言,极纯无杂,秦汉以来学者所未到。"⑤"《订顽》立心,便达得天德。"⑥"《订顽》一篇,意极完备,乃仁之体也。学者其体此意,令有诸己,其地位已高。到此地位,自别有见处,不可穷高极远,恐于道无补也。"⑦程颢又说:"《西铭》,颢得此意,只是须得他子厚有如此笔力,他人无缘做得。孟子以后未有人及此文字,省多少言语。且教他人读书,要之仁孝之理备于此,须臾而不于此,则便不仁不孝也。《孟子》之后,只有《原道》一篇,其间言语固多病,然大要近于理。若《西铭》则是《原道》宗祖也。"⑧程颐则论道:"《西铭》明理一而分殊","推理以存义,扩前圣所未发,与孟子性善养气之论同功(注:二者

---

① 朱谦之《老子校释》第三十九章,中华书局1984年,第154页。
② [宋]邵雍《击壤集》卷三《晨起》,《景印文渊阁四库全书》第1101册,台湾商务印书馆,1985年,第18页。
③ 《魁本大字诸儒笺解古文真宝》前集卷一,《和刻本中国古逸书丛刊》第61册,第15页。
④ [宋]程颢、程颐《河南程氏遗书》卷十八程颐语,《二程集》,中华书局,1981年,第196页。
⑤ 《河南程氏遗书》卷二上,《二程集》,第22页。
⑥ 《河南程氏遗书》卷五,《二程集》,第77页。
⑦ 《河南程氏遗书》卷二上程颢语,《二程集》,第15页。
⑧ [宋]朱熹编《伊洛渊源录》卷六,《景印文渊阁四库全书》第448册,台湾商务印书馆,1984年,第459页。

亦前圣所未发)"①。可谓评价极高。至南宋,刘清之甚至说:"本朝只有四篇文字好:《太极图》《西铭》《易传序》《春秋传序》。"②朱熹也极为推崇周敦颐《太极图说》和张载《西铭》两篇文章,谓"自孟子以后,方见有此两篇文章"③,并为《太极图说》作注。由此皆可见《西铭》一篇在理学家心中的位置。所以,《古文真宝》选入此篇,并全引朱熹之注释之,同样不但显示出其理学倾向,而且反映了南宋后期理学思想为一般读书人所接受的实际情况。

此书经陈栎改编和增补,其编选的理学思想倾向就更明显了。陈栎是宋元间著名的理学家,与吴澄并称。其学宗朱子,"尝以谓有功于圣门者莫若朱熹氏,熹没未久,而诸家之说,往往乱其本真,乃著《四书发明》、《书[集]传纂疏》、《礼记集义》等书,亡虑数十万言,凡诸儒之说,有畔于朱氏者,刊而去之;其微辞隐义,则引而伸之;而其所未备者,复为说以补其阙。于是朱熹之说大明于世"④。宋亡后,陈栎屏居乡里,教授生徒数十年,理学著述之外,批点《古文真宝》,改编序次,增补篇目,也表现出鲜明的理学思想倾向。

周敦颐是宋代理学的开山人物,他以天道性命为主题,致力于阐发《周易》的内圣之学,追求成圣成贤,寻孔颜乐处,以达到天人合一的境界。其《太极图说》,援道入儒,以儒解道,提出"无极而太极":既以太极为天地万物一切的本源,又以为它同时也是天地万物不得不依归的本体;既把人与宇宙万物联系起来,强调人的自然性,又突出人与万物的区别,强调人的社会本性,沟通天人关系,建立起一个与儒家的文化价值理想相符合的宇宙论的理论框架。⑤故深得程颐、张栻、朱熹等宋代理学之士的赞颂与推崇。

---

① 《河南程氏文集》卷九《答杨时论〈西铭〉书》,《二程集》,第609页。
② [宋]黎靖德编《朱子语类》卷一百三十九"论文"引,中华书局,1994年,第3307页。
③ 黎靖德编《朱子语类》卷一百三十九,3307页。
④ [明]宋濂等《元史》卷一百八十九《陈栎传》,中华书局,1976年,第4321页。
⑤ 关于对周敦颐易学思想的评价,请参余敦康《内圣外王的贯通——北宋易学的现代阐释》第五章《周敦颐的易学》,学林出版社,1997年。

第六章 《古文真宝》的编纂、刊刻、流传与宋代文化的转向

陈栎为学既宗朱熹,于文中批注,亦全本朱熹,并进而就"君子修之吉,小人悖之凶"两句之下朱熹的解说加以阐发。云:"此朱子示学者以希圣之门,乃为人最切处。圣人无欲,不待敬以寡之,故自能无欲而主于静,此圣人所以立人极也。君子未能无欲,故必待敬以寡之,始能无欲以至于静,此君子所以希圣人以共扶植人极也。朱子添一'敬'字,以补周子之所未发,其有望于学者至矣哉。"① 周敦颐原意不过是说常人达不到圣人的境界,所以必须进行心性修养,修之为君子,悖之则为小人。修养的方法,是无欲而主静。怎样才能无欲主静呢?二程最重"敬"的修养工夫,朱熹承之,拈出这"敬"字来,认为只有心存诚敬,才可以无欲,而达到"静"的状态。君子与小人的分界便在于诚敬与放肆之间。这确实是补充了周敦颐的说法,陈栎特别指出此点,可见其对朱熹的解说是把握得很准确的。陈栎又于篇末批道:

> 千古道统,自尧舜传至孔孟,孟之殁,其传遂绝。汉之董子、唐之韩子,虽能著卫道之功于一时,而无以任传道之责于万世。传千载之绝学者,周子也。由周而程、张,由程、张又数传而朱子,道学渊源,上溯洙泗,盛矣哉!此篇周子所自著,道学之精语也。不特道理渊永,文亦简重,正大粹然,圣经贤训之文焉。今选古文而终之以《太极》《西铭》二篇,岂无意者?盖文章、道理,实非二致。欲学者由韩、柳、欧、苏词章之文进,而粹之以周、程、张、朱理学之文也。以道理深其渊源,以词章壮其气骨,文于是乎无弊矣。此愚诠次之深意也。②

自胡宏评周敦颐之学说:"今周子启程氏兄弟以不传之学,一回万古之光明,如日丽天,将为百世之利泽,如水行地,其功盖在孔孟之间矣。"③张

---

① 《详说古文真宝大全》后集卷十,第 221 页。
② 《详说古文真宝大全》后集卷十,第 221 页。
③ [宋]胡宏《五峰集》卷三《周子通书序》,《景印文渊阁四库全书》第 1137 册,台湾商务印书馆,1985 年,第 154 页。

栻又说："惟先生生乎千有余载之后，超然独得夫《大易》之传，所谓《太极图》，乃其纲领也。推明动静之一源，以见生化之不穷，天命流行之体，无乎不在。文理密察，本末该贯，非阐微极幽，莫能识其指归也。"①朱熹则将周敦颐列为理学的开山人物，称："自孟子已后，方见有《(太极》《西铭》)此两篇文章。"②而陈栎对周敦颐和《太极图说》的推尊，正承继了这条理学思想发展的路线。

其实陈栎所补选的很多诗文并不都是"理学之文"，而是多关乎善恶劝诫和儒者大节，是"道理渊永"而又有"气骨"的好文章。如，陈栎在后集开卷选入《离骚》和《谏逐客书》，自称："今选古文……以《离骚》压卷，以忠臣为万世劝也；以此《(谏逐客)书》次之，以奸臣为万世戒也。劝戒昭然，读古文首明此，岂无小补云。"③再如，后集卷七补入欧阳修《送徐无党南归序》，选此文的原因，陈栎在题下注中作了交代。他说："此篇谓古人有三不朽，德行、功业、文章是也。文章之虚，不如功业之实，而文章、功业皆本于德行之深。功业之不朽者，固不待见于文章，而德行之不朽者，亦不待见于功业。后世之士，其不得以功业自见而以文章自见者多矣，然往往泯灭不传而不能终古不朽者，岂非徒用力于文章，而不知本于德行哉？所以勉徐生以思，欲其因文章而反求诸本也。"④"三不朽"之说当然是儒家传统观念，陈栎特别选入此篇以为劝诫，也自是正大之论，而由文而道的学习路径，则显示出其自家论文特色。又，后集卷二选入《与孟简尚书书》，陈栎在题下注中说道："愚谓攘斥佛老，乃公平生大节。公文字及此者，《答张籍书》最先，《原道》次之，《佛骨表》又次之，此书最后作者。"⑤原书已选入《原道》和《重答张籍书》(陈栎将后者与《原道》编于一处)，故又补入《与孟简尚书书》以及《送浮屠文畅师序》等。其它如

---

① [宋]周敦颐《周元公集》卷一《通书后跋》，《景印文渊阁四库全书》第1101册，第439页。
② 黎靖德编《朱子语类》卷九十四"周子之书"，第2386页。
③ 《详说古文真宝大全》后集卷一，第90页。
④ 《详说古文真宝大全》后集卷七，第175页。
⑤ 《详说古文真宝大全》后集卷二，第118页。

扶植名教的《伯夷颂》,以劝诫孝悌的《族谱序》,以礼义驱逐潮州鳄鱼的《祭鳄鱼文》,与《祭鳄鱼文》可相媲美的《击蛇笏铭》,可补《师说》的《答韦中立书》,可助世教的《思亭记》,可为鉴戒的《书洛阳名园记后》等等,皆在陈栎的补选之中。

陈栎编选《古文真宝》的理学旨趣,不但表现在诗文的选目上,而且也时时处处流露于文章的批注中。比如韩愈《原道》一篇,原书题下分别引《新唐书·韩愈传》和黄庭坚、楼昉评论之语,评论的角度,多着眼于表彰其"推原尧舜禹汤文武相传之正道,以辟佛老"的贡献和"如引绳贯珠"的文字,而陈栎改编此书,全弃去不用,而引程颐、朱熹、陈与权大段论说,并加以己按。其评说的重点,不仅在韩愈《原道》接续儒家道统、排斥佛老的贡献,更进而指出其于儒家之道,"知其用之周于万事,而不知其体具于吾之一心;知其可行于天下,而不知其本当先于吾之一身"①的得失所在。文中批注也是如此,既指出其所论可取之处,又说明其不足之所在。像《原道》中引《礼记·大学》"古之欲明明德于天下者"一段,陈栎批曰:"《大学》八条,自格物致知始,韩公详引之,止于正心诚意而不及格物致知,朱子尝讥之,见《大学或问》中,谓不探其端而骤语其次,亦未免于择焉不精,语焉不详,胡乃以是议荀、杨哉。"②就是理学家提出的更高的要求。在《与孟简尚书书》一文中,陈栎亦引朱熹之说,谓:"韩公之学见于《原道》者,虽有以识夫大用之流行,而于本然之全体,则疑其有所未睹,且于日用之间,亦未见其有以存养省察,而体之于身也。"③对韩愈论道的"择焉不精,语焉不详"有所批评。《古文真宝》至陈栎而一变为理学家的文章选本,其理学色彩愈益浓重了。理学渗入童蒙读物,愈益世俗化,其影响之大,是绝不可低估的。

然而,这里我们还不能不指出,陈栎既是一位理学家,也是一位文学家,他以理学评文,却并不忽略文的特点。在文与道(理)的关系上,陈栎

---

① 《详说古文真宝大全》后集卷二,第111页。
② 《详说古文真宝大全》后集卷二,第113—114页。
③ 《详说古文真宝大全》后集卷二,第149页。

认为:"文所以明理,必明理然后能作文,必讲学然后能明理。"①理是根本,文要明理。同时他又认为,文与理应当统一,不可截然分割。"文章、道理,实非二致,欲学者由韩柳欧苏词章之文进,而粹之以周程张朱理学之文也。以道理深其渊源,以词章壮其气骨,文于是乎无弊矣。"②所以,有宋一代,他于学推尊朱熹,于文则推崇苏、黄。其比较"南渡三先生":朱熹、张栻与吕祖谦,曰:"乾淳大儒,朱子第一人,次则南轩,又次则东莱。""赵氏再造,天生三贤,宇宙间之间气也。以天资论,东莱最高;以文章论,东莱文差高古;以学问论,则朱集诸儒之大成,南轩固不及,东莱远不及矣。""然二公实文公至交畏友,其生也,文公敬之服之,其殁也,文公痛之惜之。今见文公语录、文集中,班班可考。"③以学推朱熹,以文推吕祖谦,重学而并不轻文,可见其对理学与文学的态度。他又论及元祐学术与诗文,谓:"汴之治,至元祐而极,学问诗文,亦至元祐而极。学问造极,程氏是已;诗文造极,苏、黄、陈氏是已。学问未暇论,论诗文,元祐二三公,同时诗人文士莫不愿登其门。收名定价,一经赏识,至今望之殆若神仙中人。"④竟是学与文并重了。他曾评苏轼《中山松醪赋》说:"天生坡公,如生千岁之松,本欲使之栋明堂、柱清庙也。神宗欲用而未及,宣仁用之而未终,乃卒厄于群小。元祐八年癸酉六月,以端明、翰林侍读二学士出知定州。定州,古中山国也。公自此遂收朝迹不复升,而贬窜颠踣以死矣。是何异燋栋梁大材,使效爇火小用,而卒将煨烬泯灭也哉。公制松醪而赋之,盖托物以自伤,非徒区区于一松而已也。""大德七年癸卯,予馆寓江潭叶君家,有坡公手书此赋,绢地黑茸绣之,远望如真。字

---

① 陈栎《定宇集》卷八《随录》,《景印文渊阁四库全书》第1205册,第274页。
② 《详说古文真宝大全》后集卷十,第221页。
③ 陈栎《定宇集》卷七《答问》,《景印文渊阁四库全书》第1205册,第240—241页。陈栎亦极为推重真德秀,从中亦可见其学术渊源。他谈到真氏《西山读书记》,说:"《读书记》一书,既博且精,凡诸经、诸子、诸史、诸儒之所当读、当讲者,皆在焉。乃有载籍以来奇伟未尝有之书也。学者果有志于学,检其书可以统宗会元,质百圣而不惭、俟百世而不惑。"(《景印文渊阁四库全书》第1205册,第241页)
④ 陈栎《定宇集》卷三《吴端翁诗跋》,《景印文渊阁四库全书》第1205册,第189页。

体端重雅洁,如觌正人君子之容,使人爱玩讽诵不能自已。"①可谓备极推崇。总之,一方面他认为"理"是第一位的,文所以明理,明理才能作文;另一方面,他又认为"理学之文"不能代替"词章之文",理与文应融合为一。以理为根本,以词章为辅卫,这才是理想之文。因此,他特别将周敦颐的《太极图说》等文章补入集中,"欲学者由韩、柳、欧、苏词章之文进,而粹之以周、程、张、朱理学之文也。以道理深其渊源,以词章壮其气骨,文于是乎无弊矣",并希望读者能体会其"诠次之深意",同时又补选和高度评价了韩、柳、欧、苏等古文家的作品,在这些方面,又反映出他意在融合文、理的倾向,这与南宋以降文章发展的大趋势也是相吻合的。

六、《古文真宝》的东传

《古文真宝》于入清以后,为众多选本所掩,在中国流传渐衰,但它在朝鲜半岛和东瀛的传播却方兴未艾,在某种意义上说它充当了中国与东亚文化交流的重要使者,也并未夸张。

《古文真宝》传入东国的时间相当早。本章第二部分我们曾谈到,据朝鲜士人姜淮仲的记载,此书由田禄生于高丽后期携入东国,并募工刊刻。这应是黄坚所编之书的初刻本,因为它少有注解。田禄生刊刻时又作了增删。至明永乐十八年(1420年)姜淮仲所刻公州教授田艺藏本,已是元末林桢的补注本,因姜氏所记,明说是"《善本大字诸儒笺解古文真宝》",且谓其"有补注明释",与田禄生所刊不同。这两个本子此后都不见于各种韩国文献记载,则知已为后来之《详说古文真宝大全》所取代。前引及朝鲜士人金宗直(1431—1492)《〈详说古文真宝大全〉跋》曾详述后者的传入和刊刻的过程,称:"前后三经人手。自流入东土,垄隐田先生首刊于合浦,厥后继刊于管城,二本互有增减。景泰初,翰林侍读倪先生将今本以遗我东方。其诗若文,视旧倍蓰,号为'大全'。……然

---

① 陈栎《定宇集》卷三《跋东坡中山松醪赋》,《景印文渊阁四库全书》第1205册,第192—193页。

而此书不能盛行于世,盖铸字随印随坏,非如板本一完之后,可恣意以印也。前监司李相公恕长尝慨于兹,以传家一帙,嘱之晋阳。今监司吴相公伯昌继督,牧使柳公良、判官崔侯荣敬承二相之志,力调工费,未期月而讫工。将见是书之流布三韩,如菽粟布帛焉,家储而人诵,竞为之,则盛朝之文章法度,可以凌晋、唐、宋而媲美周、汉矣。夫如是,则数君子规画锓梓之功为如何也。"所谓"埜隐田先生首刊于合浦,厥后继刊于管城,二本互有增减",即自中土传入和田禄生重刊的元本《古文真宝》。"翰林侍读倪先生将今本以遗我东方",则是景泰元年倪谦出使朝鲜时赠与朝鲜士人的《详说古文真宝大全》。此书由柳良、崔荣于成化八年(1472年)刊刻后,在东国广泛流传。至于所谓"前后三经人手",或指的是初编、陈栎改编和宋伯贞、刘剡的音释校正。姜淮仲对此本的评价很高,认为它将"汉晋唐宋奇闲俊越之作,荟萃于是。而骈四俪六、排比声律者,虽雕绘如锦绣,豪壮如鼓吹,亦有所不取。又且参之以濂溪关洛性命之说,使后之学为文章者,知有所根柢","颇得真西山《正宗》之遗法"。这既与陈栎的看法完全一致,也是朝鲜士人当日普遍的文学观念。高丽朝后期,在忠烈王和一些朝廷大臣如李奎报、安珦、白颐正、李穑、郑梦周、权近等人的倡导下,理学在东国迅速传播,逐渐成为主流的意识形态。进入朝鲜时期,尤其是世宗、中宗以降,朝鲜王朝更是大力推行理学,推尊朱熹,理学成为一代官学。宋代理学家的著作和他们所编的各种诗文选本,也成为朝鲜时代的畅销书。像邵雍、程颢、程颐、张栻、朱熹、真德秀等人的文集,吕祖谦所编《古文关键》、楼昉编《崇古文诀》、真德秀《文章正宗》、金履祥《濂洛风雅》等选本,都曾多次刊刻。《详说古文真宝大全》在朝鲜时期流行,并取代《魁本大字诸儒笺解古文真宝》,正是东国理学兴盛背景下的必然结果。

与金宗直同时代的金时习(1435—1493),有诗专咏此书。曰:"世间珠璧谩相争,用尽终无一个赢。此宝若能藏空洞,满腔浑是玉玼琤。"①

---

① [朝鲜]金时习《梅月堂集·诗集》卷九《得〈古文真宝〉》,[韩]民族文化推进会编《韩国文集丛刊》第13册,韩国景仁文化社,1988年,第235页。

第六章 《古文真宝》的编纂、刊刻、流传与宋代文化的转向

谓熟读《古文真宝》一书,更胜过金银珠宝千万。洪暹曾撰诗详述《古文真宝》一书的内容,并指出:"新安赖有定宇陈,生不及朱道具体。却恐文章随世变,后生逐末失根柢。删其冗僻剔其伪,手把规矩出凡例。萃为一书号《真宝》,西山《正宗》意妙契。"①认为它能承继真德秀《文章正宗》的编选思想,对陈栎选编是书的评价略同前人。金安国(1478—1543)则认为是书与《古文关键》《文章轨范》同为"学者模范"②。曹植(1501—1572)教人学文,谓:"君之为文,岂类俳优也,但文理不续,语不成辞,人且吹,余谓聋者之《咸》《韶》。""请取《真宝》文后集,一二年业之,要夺其胎,以换其骨,毋使老夫作为羊公之见,而使君作为羊公之鹤也。"③朴承任(1517—1584)编《风骚选》,"就东贤所选前后《风骚集》除杜韩苏大家及《真宝》所载外,择其铺叙委曲,语意平稳,无奇简僻涩之疑者,得若干首,以为不远之则"④。以继《古文真宝》之选。李植教子侄读书作文,也明说:"韩柳欧苏、《文选》、八大家文、《古文真宝》、《文章轨范》等中,从所好钞读一卷,限百番,此属先读。"⑤将《古文真宝》与《文选》等并列为文章范本。所以,许筠(1569—1618)就说:"国初诸公皆读《古文真宝》前后集以为文章,故至今人士初学,必以此为重。"⑥而金锡胄(1634—1684)也说:"近世选文者,西山有《真宝》(以真德秀为此书编者,是其误),谢氏有《轨范》。是二书最盛行于今。然或以其杂采赋辞,而章程未整;偏取

---

① [朝鲜]洪暹《忍斋先生文集》卷一《以〈古文真宝〉后集赠明仲弟》,[韩]民族文化推进会编《韩国文集丛刊》第 32 册,韩国景仁文化社,1989 年,第 310 页。
② [朝鲜]金安国《慕斋集》卷九《赴京使臣收买书册印颁议》,[韩]民族文化推进会编《韩国文集丛刊》第 20 册,韩国景仁文化社,1988 年,第 174 页。
③ [朝鲜]曹植《南冥集》卷三《与柳海龙书》,《韩国文集丛刊》第 31 册,第 553 页。
④ [朝鲜]朴承任《啸皋集》卷三,[韩]民族文化推进会编《韩国文集丛刊》第 36 册,韩国景仁文化社,1989 年,第 286 页。
⑤ [朝鲜]李植《泽堂集·别集》卷十四《示儿孙等·科文工夫》,[韩]民族文化推进会编《韩国文集丛刊》第 88 册,韩国景仁文化社,1992 年,第 514 页。
⑥ [朝鲜]许筠《惺所覆瓿稿》卷二十四《惺翁识小录》下,[韩]民族文化推进会编《韩国文集丛刊》第 74 册,韩国景仁文化社,1991 年,第 347 页。

唐宋，而词气渐俚。盖亦不能无病之者。"①也都是以此书为初学者必读之书的，足见其在东国的广泛流传和影响之大。

《详说古文真宝大全》自景泰元年传入东国后，不久便有朝鲜活字本出现。今韩国高丽大学、延世大学、奎章阁等即藏有朝鲜文宗元年（1451年）庚午字刊本残卷多种。② 金宗直谈到的李恕长所藏疑即此年刊行的朝鲜本。是书经柳良、崔荣重刊后（时在明成化八年、朝鲜成宗三年，1472年），逐渐流行。此后陆续刊行的朝鲜各本，当皆出于此本。像朝鲜明宗二十二年（明穆宗隆庆元年，1567年）③、朝鲜宣祖二年（隆庆三年，1569年）兴阳县刊本④、朝鲜宣祖九年（明神宗万历四年，1576年）以前刊本⑤、朝鲜肃宗二年（清康熙十五年，1676年）刊本，朝鲜肃宗、正祖、纯祖（约清乾隆、嘉庆）年间戊申字、甲寅字、丁酉字等多种刊本等⑥，也由此本而来。据韩国延世大学全寅初教授主编的《韩国所藏中国汉籍总目》，今存朝鲜时期《详说古文真宝大全》的各种刊本、写本、石印本，总数竟达174种⑦，其流传之广，可见一斑。

朝鲜时期，《详说古文真宝大全》各种抄本、注本和讲论也不断出现。像金时习、金履久等就有写本传世⑧，李滉（退溪先生）则有《古文真宝前

---

① ［朝鲜］金锡胄《息庵遗稿》卷八《古文百选序》，［韩］民族文化推进会编《韩国文集丛刊》第145册，韩国景仁文化社，1995年，第243页。

② 参见［韩］李仁荣《清芬室书目》卷七，《朝鲜时代书目丛刊》第8册，第4805—4807页；全寅初主编《韩国所藏中国汉籍总目》（集部）第5册，学古房，2005年，第152页。

③ 原藏于昌平学校，后归入日本内阁文库。

④ 《韩国所藏汉籍中国汉籍总目》著录高丽大学藏壬辰前刊本、光海年间覆刻本等多种，见第168页。

⑤ ［朝鲜］鱼叔权《考事撮要·书册市准》（万历四年本等）已载之，见《朝鲜时代书目丛刊》第3册，第1438页。

⑥ 参全寅初主编《韩国所藏中国汉籍总目》（集部）第5册，第152—170页。高丽大学、中央图书馆、延世大学、成均馆大学、檀国大学、奎章阁等处皆有藏本。

⑦ 参全寅初主编《韩国所藏中国汉籍总目》（集部）第5册，第152—170页。内去其重复和刊时刊地不详之本，亦多达百余种。

⑧ 参全寅初主编《韩国所藏中国汉籍总目》（集部）第5册，第163—165页。前者藏韩国精神文化研究院，后者藏东国大学图书馆（残）。

集讲录》①,而后者尤为著名,传本亦甚多(金隆《古文真宝前集讲录》②,李德弘《古文(真宝)前集质疑》③,皆传录其说)。李滉是朝鲜时期最著名的朱子学者、性理学大家,在理学方面著述甚多,在东国思想史上占有重要地位。然而他又是一位出色的文学家,故其论诗往往能从作品本身出发,"各随其文义而观之"④,少有说教。故其讲录虽多释词语,却每每能由词语而释诗意。如释聂夷中《伤田家》,先解释"五月粜新谷"之"粜"字:"盖出己米与人而取人钱物曰'粜',出己物与人而纳人之米谷曰'籴'。"再说明"此诗谓农人五月'粜'未成之谷,预取物于人,期谷成而偿之,故曰'五月粜新谷'"。⑤ 释杜甫《哀江头》"江水江花岂终极"云:"言有情者有泪以沾臆,犹可自慰,彼'江水江花'之无情者亦无泪沾之可慰,其百万恨之意,岂有终极乎?犹'感时花溅泪,恨别鸟惊心'之类,皆因人情之甚悲而借无心之物以极言之也。"⑥皆释义准确。又如,他讲解李白《登金陵凤凰台》"总为浮云能蔽日"一句,曰:

> 非谓吴、晋之亡,亦不言己之浮游,由小人欺蔽之故。泛言登高望远之际,不能忘情于魏阙,而为浮云蔽日之故,淬没而不见长安,使人心忧耳。而其讽喻讴吟、嗟叹闷恻之余,自含蓄小人欺蔽,使己去国流落,望君不可见之意。如此读之,乃能得诗之正意。本注不

---

① 见于《退溪先生遗集》外篇卷十四(《韩国历代文集丛书》,韩国文集编纂委员会编,韩国景仁文化社,1999年)、《艮斋集》等书所录者,内容有参差(《勿岩集》所录同《退溪先生遗集》,《艮斋集》所录除内容有异同外,尚有《古文真宝后集讲录》部分)。以下所引,"前集"据韩国岭南大学李章佑《古文真宝前集讲录考释》(韩国大邱中文出版社,2005年),"后集"据《艮斋集》。
② [朝鲜] 金隆《勿岩先生文集》卷四,[韩] 民族文化推进会编《韩国文集丛刊》第38册,韩国景仁文化社,1989年,第535—541页。
③ [朝鲜] 李德弘《艮斋集》续集卷四,[韩] 民族文化推进会编《韩国文集丛刊》第51册,韩国景仁文化社,1990年,第206—222页。卷中并录其《古文真宝后集讲录》。
④ [韩] 李章佑《古文真宝前集讲录考释》,韩国大邱中文出版社,2005年,第33页。
⑤ 李章佑《古文真宝前集讲录考释》,第24—25页。
⑥ 李章佑《古文真宝前集讲录考释》,第73页。

满于晋之偷安江左者①，去诗意甚远。“总”字下得甚好。盖登览望形胜，本为可乐之事，只为不见长安之故，凡所见形胜，无非使人愁思云耳。大抵近体末二句多说出别意以结之，不以粘著上句为义，欲说下句无非使人愁之意，而先于上句之上，下“总为”两字以括之，此最诗法妙处。②

李滉的《古文真宝讲录》是因弟子所问而答疑解惑的记录。《古文真宝》注文浅陋，其弟子多因注文而质疑，李滉也一再指出“不可尽拘本注之说，本注疏舛处多”③。此条答疑既将李白诗意平实道来，纠正了注文之失，又由此诗末句论及近体诗法，亦是有得之见。

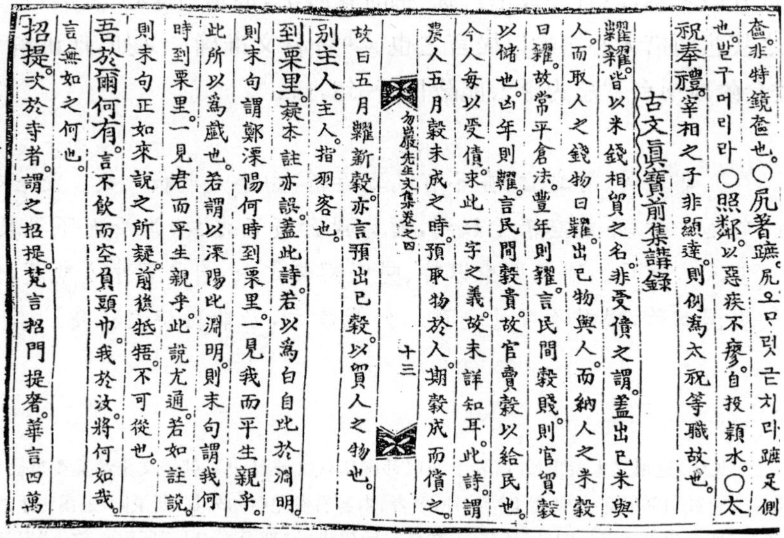
奩。非特鏡奩也。○尻著蹠。尻오미릿곤치라蹠足側
也。발구머리라○照鄰。以惡疾不瘳。自投穎水。○太
祝奉禮。宰相之子非顯達。則例爲太祝等職故也。
古文真寶前集講錄
糶糴。皆以米錢相貿之名。非受債之謂。蓋出己米與
人。而取人之錢物曰糶。出己物與人。而納人之米穀
曰糴。故常平倉法。豐年則糴。言民間穀賤。則官貿穀
以儲也。凶年則糶。言民間穀貴。故官賣穀以給民也。
今人每以受債求此二字之義。故未詳知耳。此詩。謂
農人五月穀未成之時。預取物於人。期穀成而償之。
勿巖先生文集卷之四 十三
故曰五月糶新穀。亦言預出己穀。以貿人之物也。
別主人。主人。指羽客也。
到栗里。疑本註亦誤。蓋此詩若以爲白自比於淵明。
則末句謂鄭溧陽何時到栗里。一見我而平生親乎。
此所以爲戲也。若謂以溧陽比淵明。則末句謂我何
時到栗里。一見君而平生親乎。此說尤通。若如註說。
則末句正如來說之所疑。前後牴牾。不可從也。
吾於爾何有。言不飲而空負頭巾。我於汝將何如哉。
言無如之何也。
招提。改於寺者。謂之招提。梵言招門提奢。華言四萬
勿巖集 卷四

图 36 ［朝］李滉《古文真宝前集讲录》（朝鲜金隆《勿岩集》移录本）

① “本注”，谓此诗末句“长安不见使人愁”注：“末句不满于晋之偷安江左，而无志于复中原也。”今传本《详说古文真宝大全》已缺此注（可见朝鲜翻刊本亦不能无缺失），注见于五山本《魁本大字诸儒笺解古文真宝》。

② 李章佑《古文真宝前集讲录考释》，第 64 页。

③ 李章佑《古文真宝前集讲录考释》，第 33 页。其后仍又有士人指出其注之舛误者，如高尚颜等，见《泰村集》卷三，《韩国文集丛刊》第 59 册，第 245—246 页。

第六章 《古文真宝》的编纂、刊刻、流传与宋代文化的转向

李滉中年以后忧于士祸，辞官归乡，著述施教，弟子众多，影响甚大。其《古文真宝讲录》因亦传写转录（如金隆、李德弘等），流播甚广。《古文真宝》实已与《古文关键》《文章轨范》等选本并列，成为东国士人学习古文的范本和正途。① 如前引金宗直所说，此书将"汉晋、唐宋奇闳俊越之作，荟萃于是……又且参之以濂溪关洛性命之说，使后之学为文章者，知有所根柢焉，此其所以为'真宝'也"。"将见是书流布三韩，如菽粟布帛焉，家储而人诵，竞为之则，盛朝之文章法度，可以凌晋、唐、宋，而媲美周、汉矣。"至若批评某人文不成体，也往往会举出《古文真宝》。如前举朝鲜士人曹植对别人学文不当的批评。凡此，皆可见此书影响之大。

《古文真宝》的另一版本系统《魁本大字诸儒笺解古文真宝》传入日本的时间也相当早。大致在室町时代（1338—1573），已传入东瀛，其流传之广，影响之深，更甚于朝鲜。据严绍璗先生所考，日本文献中最早关于《古文真宝》的记载，是五山僧人满济准后的《日记》。称光天皇应永二十年（明成祖永乐十一年，1413年）四月七日，其记曰："清胤和尚来，《古文真宝》谈义在之，自今日始。"② 自此以后，不断有关于以《古文真宝》为内容的讲习会的记载。如《康富记》后花园天皇宝德二年（明代宗景泰元年，1450年）十一月十二日记道："入夜，……读《古文真宝》内后集二张子厚《西铭》文也。'理一分殊'见于其注。"《后法兴院展记》后土御门天皇文明十七年（明宪宗成化二十一年，1485年）十月十日也记道："有《古文真宝》谈义，与藏主（僧彦龙周兴）谈之。今日始后集。"③ 彦龙周兴正是五山时期著名的僧人，由他主持的《古文真宝》讲习会一直延续到后土御门天皇长亨元年（1487年）六月。④ 《实隆公记》亦载其于后柏原天皇永正三年（1506年）八月六日，"于万松轩左首座讲《古文真宝》

---

① 如金安国即将其列为"学者模范"。参其《慕斋集》卷九，[韩]民族文化推进会编《韩国文集丛刊》第20册，韩国景仁文化社，1988年，第174页。
② 严绍璗《日藏汉籍善本书录》集部总集类，第1834页。
③ 《日藏汉籍善本书录》集部总集类引，第1834页。
④ 《日藏汉籍善本书录》集部总集类引，第1834页

(后集)"事。① 他们讲习的成果"抄物"也不断涌现。像常庵龙崇和尚的《古文真宝抄》十卷(后柏原天皇大永二年,1522年)、笑云清三的《古文真宝抄》(大永五年,1525年)、仁如集尧的《古文真宝抄》九卷(后阳成天皇庆长十四年,1609年)等,皆是其代表。其中笑云清三的《古文真宝抄》,集中了桂林德昌、湖月信镜、一元光寅、万里集久等多人的讲读成果,先后有后水尾天皇元和三年(1617年)木活字本、明正天皇宽永十九年(1642年)重刊本等。② 五山僧人的这些讲习活动,大大推动了《古文真宝》在日本的传播和接受。

进入江户时代,各种刊本蜂起。后阳成天皇庆长十四年(万历三十七年,1609年),本屋新七在京都刊行了木活字本(此后二十年间,曾刊印七次)。③ 后西天皇万治三年(清顺治十七年,1660年),有次良兵卫刊本。其后的各种版本,据日本学者长泽规矩也《和刻本汉籍分类目录》(增补补正版)搜集统计,就多达百余种。④ 各种注本也层出不穷。今存比较重要的注本就有:

后光明天皇庆安元年(清顺治五年,1648年),(佚名)《冠注古文真宝后集》十卷⑤;

林忠(字子信,号罗山)撰、鹈饲信之(字子真,号石斋)总其成的《古文真宝后集谚解大成》二十卷(灵元天皇宽文三年,1663年);

宇都宫由的(号遁庵、三近)的《鳌头评注古文前集》十卷(宽文五年,1665年,此后重印又称《鳌头新增诸儒注解古文真宝》等);

---

① 《日藏汉籍善本书录》集部总集类引,第1834页。
② 参《日藏汉籍善本书录》集部总集类,第1836页。
③ 参《日藏汉籍善本书录》集部总集类,第1834页。
④ [日]长泽规矩也《和刻本汉籍分类目录》(增补补正版),汲古书院,2006年,第203—206、283—289页。
⑤ 京都田原仁佐卫门刊本。据书后刊刻识语:"斯书先是业虽锲于梓,鱼鲁亥豕之僻,往往有之。仍加考正以重刻焉。"(卞东波、石立善主编《中国文集日本古注本丛刊》第四辑第4册,上海社会科学院出版社,2020年,第298页)则此注本最初出现的年代当更早。

第六章 《古文真宝》的编纂、刊刻、流传与宋代文化的转向

  毛利琥珀（字虚白，号贞斋）的《古文真宝后集合解评林》十卷（延宝七年，1679 年）；

  山崎保春注，生驹登增注《新增评注古文真宝后集》十卷；

  榊原篁洲的《古文真宝前集谚解大成》十七卷（天和三年，1683 年）①；

  长泽粹庵的《古文真宝后集旧解拾遗》三卷（贞享三年，1686 年）；

  梅康的《古文真宝讲述》三卷（东山天皇元禄五年，1692 年）；

  增田春耕的《古文后集余师》（光格天皇文化八年，1811 年）；

  森伯容笺解，冈本东皋校《古文前集余师》四卷（仁孝天皇天保七年，1836 年）；

  冈本行敏增补，佐藤义光、山岸善道校《增评补注古文真宝校本后集》。②

  其中，又以《古文真宝》后集翻刻为尤多。如较早出现的佚名《冠注古文真宝后集》，林罗山《古文真宝后集谚解》，毛利贞斋的《古文真宝后集合解评林》，山崎保春注、生驹登增注《新增评注古文真宝后集》等。"庆长敕版、庆长古活字版中还有抽取《古文真宝》开头的七种劝学文而刊行的《劝学文》（庆长二年，1597 年）。江户时代，面向庶民的读写启蒙教科书'往来物'中，'劝学文'常常被收录在内。例如《劝学之文》（宽延四年，1751）、《教牒庭训宝文房》（宽政十二年，1800）。"③

  这些日本注本的注释一般都极为详尽。凡词语典故、名物、术语、作者生平、创作背景、诗文大意等，无不一一加以注解、叙述。这不仅有保

---

① 林罗山、鹈饲石斋《古文真宝后集谚解大成》和榊原篁洲的《古文真宝前集谚解大成》，有日本早稻田大学出版部刊本，见该社《先哲遗著汉籍国字解全书》第十一、十二卷，1928 年。

② 参见《日藏汉籍善本书录》集部总集类（第 1836 页）等。其中《冠注古文真宝后集》《鳌头新增诸儒注解古文真宝》《古文真宝后集合解评林》《新增评注古文真宝后集》《古文真宝后集旧解拾遗》《增评补注古文真宝校本后集》六种，已收入卞东波、石立善主编《中国文集日本古注本丛刊》第四辑。

③ ［日］大木康《关于宋真宗劝学文》，载《新宋学》第 7 辑，2018 年，第 171 页。

413

存文献之功,而且,在对版本系统的判别、作家生平的考证和所选诗文主旨的理解等方面,也为我们提供了重要资料和独特的视角。比如,林罗山就根据明弘治年间云中青藜斋本跋语,判断《古文真宝》的编者,应为黄坚,而对旧说一一作了辨驳。他对林以正编撰的说法,径作否定,曰:"此说大不可也。"对所谓何晦夫编校、张天启释文的说法,则引前人之说加以否定。谓:"或曰何晦夫所作者,《古文句解》也,非此《真宝》也。"① 这对后来的许多日本古注本有直接的影响,在是书的编者问题上,后来的注者和校刊者,几乎皆据林罗山为说。② 又如,榊原篁洲(1656—1701)撰《古文真宝前集谚解大成》,于卷首谈到一本,曰:"近年所见一本,题永阳黄坚编集、张天启释文。此本有皇明弘治年间云中青藜斋跋,卷首有神宗皇帝御制序。编次亦与世间通行本稍异。诸赋载后集卷首,《出师》《陈情》二表载后集卷尾。注释也往往有异同。"③为我们提供了新的版本信息。至于注释,亦多能"辨其体格,明其意旨"④,往往有可取之处。像宇都宫由的指出《读李斯传》在《唐文粹》中已收录,作者为曹

---

① [日]林罗山原解,鹅饲石斋增述《古文真宝后集谚解大成》卷首,日本早稻田大学出版部,1928年,第5页。上文所论及的《标音古文句解精粹大全》残本,题何如愚解,似即此说来源。

② 关于林罗山《古文真宝后集谚解》撰著的缘起和经过,其子林恕有详细记载。他说:"本朝之古文选盛行熟烂谙诵者,不为不多矣。近世不然,仅以《古文真宝》为作文之捷径。丛林文字禅侣为之抄解者,或烦于繁穴,或失于简略。我先考罗山子与故淡州牧肋坂藤亨执交年久,茶话卮言之次,应其需而讲《古文真宝》,且作谚解,亦是因其请也。不繁不简,文义开通。然'论、书'二类犹未成。既面虑口授之际,侍史误闻,而欲再览改正之,而补其不足,以净书之。妨于时务,未果。淡牧深秘之,不以示人。历年而淡牧不禄,先考亦下世。"(《鹅峰林学士文集》卷八十二《古文真宝谚解序》,[日]日野龙夫编《近世儒家文集集成》第十二卷,东京株式会社ぺりかん社,1997年,第273页)可知此书并未全部完成。

③ [日]榊原篁洲《古文真宝前集谚解大成》卷首"古文真宝"题下注,日本早稻田大学出版部,1928年,第1页。据榊原篁洲所记,既有明神宗之序,自然是万历年间自内府流出之本。至于后集卷首为赋,卷尾有《出师表》《陈情表》,则我们推测,可能是张天启据元郑本序所作的改动。

④ 榊原篁洲《古文真宝前集谚解大成跋》,《古文真宝前集谚解大成》,第574页。

第六章 《古文真宝》的编纂、刊刻、流传与宋代文化的转向

邺。① 解《古乐府》"青青河畔草"曰:"此篇情思深远,最可逐咏。其词虽断间,意实相贯,读者不为旧注所惑可也。"② 又,注韩愈《古意》诗,引《真人关尹令喜传》《修文殿御览》③,皆为旧注所不及,足资参阅。

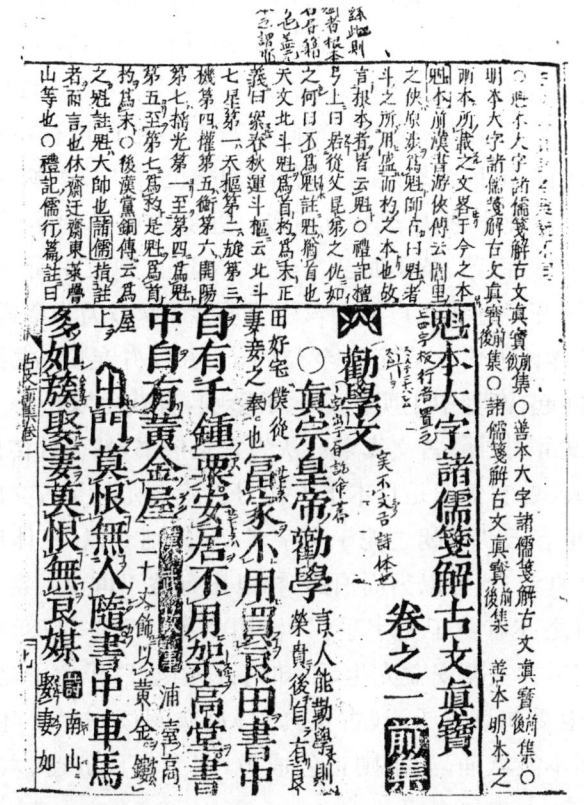

图 37　[日]宇都宫由的《鳌头评注魁本大字诸儒笺解古文真宝》(宽文五年刊本)

---

① [日]宇都宫由的《鳌头评注魁本大字诸儒笺解古文真宝》前集卷一,武村三郎兵卫宽文五年(1665)刊本。
② 宇都宫由的《鳌头评注魁本大字诸儒笺解古文真宝》前集卷三。
③ 宇都宫由的《鳌头评注魁本大字诸儒笺解古文真宝》前集卷四:"韩昌黎《古意》诗'太华峰顶玉井莲,开花十丈藕如船',始意退之自为豪伟之辞,后见《真人关尹令喜传》,老子曰,真人游时,各坐莲花之上,花辄径十丈,有返生香,逆水闻三千里。又北齐《修文殿御览》有'返生香'一门,专载此事。诸家注集韩诗,皆遗而不收,特表出之。"

同门友张伯伟曾指出:"东亚文明形成的社会基础,是汉文化的普及教育,而文学教育是非常重要的组成部分。"①日本平安时代,士人学习和研读的中国文学典籍,主要是萧统《文选》和《白氏文集》等。五山时期,寺院的僧人受宋人影响,所学习的重点已转向《古文真宝》、《唐贤三体诗法》、《唐宋千家联珠诗格》、杜诗、苏诗、黄诗等典籍上。时移世变,风气渐转,《古文真宝》一书亦逐渐流行。如日本江户时期儒士林恕(1618—1680)所云,萧统《文选》,"赋文以类分,选而取粹,古以此为最,且李善援用之详,五臣注解之通,太便于博赡也"。"故本朝菅、江诸家博士,成业扬名,借此书之力者不为不多。近岁少年丛偶学诗文者,狭而《三体》《真宝》,广而苏、黄集而已。至于《文选》,则束阁而不读焉。"②就道出了这种转变。直到江户前期,《古文真宝》等书仍非常盛行。"宿学老儒尊信《三体诗》《古文真宝》,至与四子、五经并矣。"③大约从中御门天皇正德年间起,渐受中土明前后七子影响,有荻生双松等人开始提倡学习汉唐古文辞,排斥《古文真宝》,认为它是俗书,然而其传播和流行的趋势却并未衰减,它仍旧是日本士人初习古诗文尤其是古文的最重要的教科书。林道春云:"本朝之泥于文字者,学诗则专以《三体唐诗》,学文则专以《古文真宝》。皆以为周伯弼、林以正有益于世也。寔二集之诗文精审明畅,习之亦有益于文字乎。"④清田儋叟(1719—1785)《孔雀楼笔记》卷四则记道:"三轮安立先生,不知何许人也。""予童子之时,先人嘱予从立安先生受句读。予于《古文真宝》每次阅读则以十叶为数,颂三遍,若三遍而不能默诵,先生则正色戒厉,嘱予复读五遍、六遍。"⑤故字

---

① 张伯伟《东亚汉文学研究的方法与实践》第三章《东亚汉文学研究的新展拓》,中华书局,2017年,第76页。
② [日]《鹅峰林学士文集》卷一百《题侄宪所藏〈文选〉后》,[日]日野龙夫编《近世儒家文集集成》第十二卷,东京株式会社ぺりかん社,1997年,第407页。
③ [日]荻生徂徕《徂徕集》卷二十二《与平子和书》,[日]富士川英郎等编《诗集日本汉诗》(子目略),汲古书院影印本,1987年,第228页。
④ [日]林道春《罗山林先生文集》卷二十六《〈三体诗〉〈古文真宝〉辩》,日本平安考古学会,1918年,第301页。
⑤ [日]中村幸彦等校注《近世随想集》第96卷,岩波书店,1965年,第347页。

都宫由的为《古文真宝》前集作注,跋曰:"世所刊行之《古文真宝》前后集,简而文,正而葩,所以不离道也。虽有一二之不可为道者,又足以涉笔者之为助矣。"①震泽柳刚为榊原篁洲《古文真宝前集谚解大成》作序,则云:"古文之编,数十百家。本邦之俗,雅取《真宝》为业。耆耋诵之,儿童习之。"②其书在日本的普及程度,可想而知也。

朝鲜各种刊本既盛行,还出现了向中国本土回流的情况。如,朝鲜《增补文献备考》卷二百四十二《艺文志》一即载,朝鲜肃宗四年(清康熙十七年,1678 年),清使侍卫噶等所带回的书册中,除高丽、朝鲜文人的著述外,就有《古文真宝》一书。③ 成书于朝鲜正祖十三年(1789)的《西库藏书录》,在"文章类"中亦著录:"《古文真宝谚解》一件,十册。陈栎。"④成书于纯祖年间(1800—1834)的《宝文阁册目录》集部中,也著录有《古文真宝谚解》十卷。⑤ 则似为自日本回流至朝鲜的和刻本。当然,除了《古文真宝》的这些东传与回流,是否已构成通过阅读而产生的互相影响的书籍"环流"⑥,尚需要进一步探讨。

综上所述,《古文真宝》编成后不久即由元初陈栎作了改编,故其最早的刊本必是宋末元初本,在没有新材料发现之前,我们只能认定其编者为黄坚,他生活的年代当在宋末元初,与撰有《遁世遗音》的黄坚无涉。《古文真宝》在后世的流传过程中,版本众多,然要为两大系统:一是由陈栎改编,明初宋伯贞、刘剡音释、刊行的《详说古文真宝大全》系统,一是由元末林桢增注、整理的《魁本大字诸儒笺解古文真宝》系统。自明代中

---

① 宇都宫由的《鳌头评注魁本大字诸儒笺解古文真宝》前集卷尾。
② [日]震泽柳刚《古文真宝前集谚解叙》,见是书卷首,《汉籍国字解全书》第十一卷,第 3 页。
③ [朝鲜]弘文馆纂辑校正《增补文献备考》卷二百四十二《艺文考》一,《朝鲜时代书目丛刊》第 6 册,第 2903 页。
④ 《西库藏书录》,《朝鲜时代书目丛刊》第 2 册,第 638 页。
⑤ 张伯伟编《朝鲜时代书目丛刊》第 2 册,第 902 页。
⑥ 参张伯伟《书籍环流与东亚诗学——以〈清脾录〉为例》,载《中国社会科学》2014 年第 2 期,又收入其所著《东亚汉文学研究的方法与实践》,中华书局,2017 年。

期始，有编刻者开始在元刊本《魁本大字诸儒笺解古文真宝》的基础上，不断地进行整合，《古文精粹》和中科院明刻本《诸儒笺解古文真宝》的存在，给我们提供了了解这种整合的线索。至明万历年间，遂有司礼监本《古文真宝》的出现。《详说古文真宝大全》作为一独立的版本系统，在朝鲜半岛既一直盛传不衰，而元刊《诸儒笺解古文真宝》也在日本长期流传，其影响之大，更甚于朝鲜。《古文真宝》承继自宋初以来的古文观念和《唐文粹》等选本的编选思想，一反南宋末近体诗编选的做法，在文学史上理应占一席之地。《古文真宝》既是蒙学读物，其书前置《劝学文》多篇，诱之以功名利禄，亦不难理解，而其反复强调父母教育之责，师教之严，提倡以经为本，及时发奋，勤勉为学等，则从一个侧面反映了中唐以后尤其是宋代读书向学的普遍社会风气和下层士人与一般民众对生活的期待和向往，自有其认识价值，不应轻易否定。在后世的流传过程中，《古文真宝》不断地被改编，被理学化，也同样从一个侧面反映了中国传统思想文化由精英阶层向社会一般民众下渗的发展和转向，其意义是显而易见的。

附录 《古文真宝》元、明主要版本篇目对照表

魁本大字诸儒笺解古文真宝（日本五山覆元本）	详说古文真宝大全（影印朝鲜活字本）	古文精粹（中国国家图书馆藏明成化刊本）	诸儒笺解古文真宝（中科院藏明刊本）	诸儒笺解古文真宝（明万历十一年内府刊本）
前集	前集	前集	前集	前集
卷一	卷一	卷一	卷一	卷一
劝学文	劝学文	游子吟	劝学文	劝学文
真宗皇帝劝学	真宗皇帝劝学	子夜吴歌	真宗皇帝劝学	真宗皇帝劝学
仁宗皇帝劝学	仁宗皇帝劝学	友人会宿	仁宗皇帝劝学	仁宗皇帝劝学
司马温公劝学	司马温公劝学歌	云谷杂咏	司马温公劝学歌	司马温公劝学
柳屯田劝学	柳屯田劝学文	伤田家	柳屯田劝学文	柳屯田劝学
王荆公劝学	王荆公劝学文	时兴	王荆公劝学文	王荆公劝学
白乐天劝学	白乐天劝学文	离别	白乐天劝学文	白乐天劝学
朱文公劝学	朱文公劝学文	问来使	朱文公劝学文	朱文公劝学
符读书城南	符读书城南	王右军	符读书城南	符读书城南
五言古风短篇	五言古风短篇	对酒忆贺监二首	谕学	谕学
清夜吟	清夜吟	送张舍人之江东	五言古风短篇	五言古风短篇
四时	四时	戏赠郑溧阳	清夜吟	清夜吟
访道者不遇	江雪	嘲王历阳不肯饮酒	四时	四时

续　表

魁本大字诸儒笺解古文真宝（日本五山覆元本）	详说古文真宝大全（影印朝鲜活字本）	古文精粹（中国国家图书馆藏明成化刊本）	诸儒笺解古文真宝（中科院藏明刊本）	诸儒笺解古文真宝（明万历十一年内府刊本）
蚕妇	访道者不遇	紫骝马	悯农	悯农
悯农	蚕妇	待酒不至	蚕妇	蚕妇
读李斯传	悯农	游龙门奉先寺	读李斯传	读李斯传
王昭君	读李斯传	戏简郑广文兼呈苏司业	王昭君	王昭君
剑客	王昭君	寄全椒山中道士	剑客	剑客
七步诗	剑客	和韦苏州诗寄邓道士	七步诗	七步诗
贪泉	七步诗	足柳公权联句	贪泉	贪泉
商山有感	竞病韵	子瞻谪海南	商山路有感	商山路有感
金谷园	贪泉	少年子	金谷园	金谷园
游子吟	商山路有感	金陵新亭	古诗	古诗
子夜吴歌	金谷园	**五言古风短篇**	访道者不遇	访道者不遇
友人会宿	春桂问答二	上韦左相	游子吟	游子吟
云谷杂咏	游子吟	投赠哥舒翰	子夜吴歌	子夜吴歌
伤田家	子夜吴歌	赠韦左丞	友人会宿	友人会宿
时兴	友人会宿	寄李白	云谷杂咏	云谷杂咏
离别	云谷杂咏	醉赠张秘书	伤田家	伤田家
古诗（客从远方来）	伤田家	符读书城南	时兴	时兴

第六章 《古文真宝》的编纂、刊刻、流传与宋代文化的转向

续　表

魁本大字诸儒笺解古文真宝（日本五山覆元本）	详说古文真宝大全（影印朝鲜活字本）	古文精粹（中国国家图书馆藏明成化刊本）	诸儒笺解古文真宝（中科院藏明刊本）	诸儒笺解古文真宝（明万历十一年内府刊本）
归田园居（种豆南山下）	时兴	鼓吹曲	离别	离别
问来使	离别	和徐都曹	归田园居（种豆南山下）	归田园居（种豆南山下）
王右军	古诗（客从远方来）	游东园	问来使	问来使
对酒忆贺监二首	归园田居	绿筠轩	王右军	王右军
送张舍人	问来使	月下独酌	对酒忆贺监	对酒忆贺监二首
戏赠郑溧阳	王右军	春日醉起言志	送张舍人之江东	送张舍人之江东
嘲王历阳不肯饮酒	对酒忆贺监二首	苏武	戏赠郑溧阳	戏赠郑溧阳
紫骝马	送张舍人之江东	杂诗	嘲王历阳不肯饮酒	嘲王历阳不肯饮酒
待酒不至	戏赠郑溧阳	鼠须笔	紫骝马	紫骝马
游奉先寺	嘲王历阳	妾薄命二首	待酒不至	待酒不至
戏简郑广文	紫骝马	青青水中蒲	游龙门奉先寺	游龙门奉先寺
寄全椒道士	待酒不至	幽怀	戏简郑广文虔兼呈苏司业源明	戏简郑广文虔兼呈苏司业源明
和韦苏州诗	游龙门奉先寺	公宴	和韦苏州诗寄邓道士	寄全椒山中道士

421

续　表

魁本大字诸儒笺解古文真宝（日本五山覆元本）	详说古文真宝大全（影印朝鲜活字本）	古文精粹（中国国家图书馆藏明成化刊本）	诸儒笺解古文真宝（中科院藏明刊本）	诸儒笺解古文真宝（明万历十一年内府刊本）
足柳公权句	戏简郑广文	独酌	寄全椒山中道士	和韦苏州诗寄邓道士
子瞻谪海南	寄全椒山中道士	归田园	足柳公权联句	足柳公权连句
少年子	和韦苏州诗	和陶渊明拟古	子瞻谪海南	子瞻谪海南
金陵新亭	足柳公权联句	责子	少年子	少年子
	子瞻谪海南	田家	金陵新亭	金陵新亭
	少年子			
	金陵新亭			
卷二	卷二	卷二	卷二	卷二
长行歌	长歌行	**古风**	长行歌	长行歌
杂诗二首	杂诗二	直中书省	杂诗二	杂诗二首
拟古	拟古	梦李白二首	拟古	拟古
鼓吹曲	鼓吹曲	赠东坡二首	鼓吹曲	鼓吹曲
和徐都曹	和徐都曹	慈乌夜啼	和徐都曹	和徐都曹
游东园	游东园	田家	游东园	游东园
怨歌行	怨歌行	秋夜行江陵途中作	怨歌行	怨歌行
杂诗	拟怨歌行	夏日李公见访	杂诗	杂诗
古诗二首	古诗二	赠卫八处士	古诗	古诗二首
绿筠轩	绿筠轩	佳人	绿筠轩	绿筠轩

续　表

魁本大字诸儒笺解古文真宝（日本五山覆元本）	详说古文真宝大全（影印朝鲜活字本）	古文精粹（中国国家图书馆藏明成化刊本）	诸儒笺解古文真宝（中科院藏明刊本）	诸儒笺解古文真宝（明万历十一年内府刊本）
月下独酌	月下独酌	送诸葛觉往随州读书	古诗	饮马长城窟
春日醉起言志	春日醉起言志	独乐园	饮马长城窟	月下独酌
苏武	苏武	醍醐	月下独酌	杂诗
杂诗	杂诗	杨康功有石状如醉道士	杂诗	归田园居（野外罕人事）
归田园居（野外罕人事）	归田园居（野外罕人事）		归田园居	春日醉起言志
鼠须笔	鼠须笔	**卷三**	春日醉起言志	苏武
妾薄命二首	妾薄命二首	**七言古风短篇**	苏武	鼠须笔
青青水中蒲	青青水中蒲	峨眉山月歌	鼠须笔	妾薄命二首
幽怀	幽怀	山中答俗人	妾薄命二首	青青水中蒲
公宴	公宴	山中对酌	青青水中蒲	公燕
独酌	独酌	春梦	公燕	独酌
归田园	归田园	少年行	独酌	幽怀
和渊明拟古	和陶渊明拟古	寻隐者不遇	幽怀	归田园
责子	责子	步虚词	归田园	和陶渊明拟古
田家	田家	十竹	东坡和陶渊明拟古	责子
		游三游洞	责子	田家
		襄阳路逢寒食	田家	

续　表

魁本大字诸儒笺解古文真宝（日本五山覆元本）	详说古文真宝大全（影印朝鲜活字本）	古文精粹（中国国家图书馆藏明成化刊本）	诸儒笺解古文真宝（中科院藏明刊本）	诸儒笺解古文真宝（明万历十一年内府刊本）
		渔翁		
		金陵酒肆留别		
		思边		
卷三	卷三	乌夜啼	卷三	卷三
五言古风长篇	五言古风长篇	戏和答禽语	五言长篇	五言古风长篇
直中书省	直中书省	送羽林陶将军	直中书省	直中书省
古诗	古诗	采莲曲	古诗	古诗
拟古	拟古	清江曲	读山海经	读山海经
读山海经	读山海经	登金陵凤凰台	拟古	拟古
梦李白二首	梦李白二首	早春寄王汉阳	梦李白二	梦李白二首
赠东坡二首	赠东坡二首	金陵城西楼月下吟	赞东坡先生古风	赠东坡二首
慈乌夜啼	慈乌夜啼	题东溪公幽居	周茂叔先生濂溪	周茂叔先生濂溪
田家	田家	上李邕	日日出东门	日日出东门
乐府上	乐府上	叹庭前甘菊花	读渊明传叹其绝识	读渊明传叹其绝识
饮酒	七月夜行江陵途中作	秋雨叹	慈乌夜啼	慈乌夜啼
归田园居	饮酒	二月见梅	田家	田家
夏日李公见访	归田园居	水仙花	乐府上	乐府上

第六章 《古文真宝》的编纂、刊刻、流传与宋代文化的转向

续 表

魁本大字诸儒笺解古文真宝（日本五山覆元本）	详说古文真宝大全（影印朝鲜活字本）	古文精粹（中国国家图书馆藏明成化刊本）	诸儒笺解古文真宝（中科院藏明刊本）	诸儒笺解古文真宝（明万历十一年内府刊本）
赠卫八处士	夏日李公见访	登黄鹤楼	饮酒	饮酒
佳人	赠卫八处士	赠唐衢	归田园居	归田园居
送诸葛觉	石壕吏	古意	夏日李公见访	夏日李公见访
温公独乐园	佳人	赠郑兵曹	赠卫八处士	赠卫八处士
上韦左相	送诸葛觉往随州读书	雉带箭	佳人	佳人
寄李白	司马温公独乐园	南陵叙别	石壕吏	石壕吏
赠哥舒开府	上韦左相	月夜与客饮酒杏花下	送诸葛觉往随州读书	送诸葛觉往随州读书
赠韦左丞	寄李白	人日寄杜二拾遗	司马温公独乐园	司马温公独乐园
醉赠张秘书	投赠哥舒开府	流夜郎赠辛判官	上韦左相二十韵	秋夜行江陵途中作
	赠韦左丞	醉后答丁十八以诗讥予捶碎黄鹤楼	投赠哥舒开府二十韵	觥觥
	醉赠张秘书	把酒问月	赠韦左丞	杨康功有石状如醉道士
	觥觥	枏木为风雨所拔叹	寄李白	上韦左相二十韵
	杨康公有石状如醉道士	题太乙真人莲叶图	醉赠张秘书	寄李白

续表

魁本大字诸儒笺解古文真宝（日本五山覆元本）	详说古文真宝大全（影印朝鲜活字本）	古文精粹（中国国家图书馆藏明成化刊本）	诸儒笺解古文真宝（中科院藏明刊本）	诸儒笺解古文真宝（明万历十一年内府刊本）
		哀江头		投赠哥舒开府二十韵
		燕思亭		赠韦左丞
		虢美人草		醉赠张秘书
		刺年少		
卷四	卷四	骊山	卷四	卷四
七言古风短篇	**七言古风短篇**	明河篇	**七言古风短篇**	**七言古风短篇**
峨眉山月歌	峨眉山月歌	题磨崖碑	峨眉山月歌	峨眉山月歌
山中答俗人	山中答俗人	虢国夫人夜游图	山中答俗人	山中答俗人
山中对酌	山中对酌	**七言古风长篇**	山中对酌	山中对酌
春梦	春梦	有所思	春梦	春梦
少年行	少年行	荔枝歌	少年行	少年行
寻隐者不遇	寻隐者不遇	定惠院海棠	寻隐者不遇	寻隐者不遇
步虚词	步虚词	陶渊明写真图	步虚词	步虚词
十竹	十竹	桃源图	十竹	十竹
游三游洞	游三游洞	书王定国所藏烟江叠嶂图	游三游洞	游三游洞
渔翁	襄阳路逢寒食	寄卢仝	闲居	闲居
金陵留别	渔翁	李伯时画图	渔翁	渔翁
思边	金陵酒肆留别		金陵酒肆留别	金陵酒肆留别

续　表

魁本大字诸儒笺解古文真宝（日本五山覆元本）	详说古文真宝大全（影印朝鲜活字本）	古文精粹（中国国家图书馆藏明成化刊本）	诸儒笺解古文真宝（中科院藏明刊本）	诸儒笺解古文真宝（明万历十一年内府刊本）
乌夜啼	思边	卷四	思边	思边
戏和答禽语	乌夜啼	长短句	乌夜啼	乌夜啼
采莲曲	戏和答禽语	将进酒二首	戏和答禽语	戏和答禽语
清江曲	送羽林陶将军	观元丹丘坐巫山屏风	采莲曲	采莲曲
登凤凰台	采莲曲	登梁王栖霞山孟氏桃园中	清江曲	清江曲
寄王汉阳	清江曲	高轩过	登金陵凤凰台	登金陵凤凰台
金陵月下吟	登金陵凤凰台	有所思	早春寄王汉阳	早春寄王汉阳
东溪公幽居	早春寄王汉阳	行路难	金陵城西楼月下吟	金陵城西楼月下吟
上李邕	金陵月下吟	邀月亭	题东溪公幽居	题东溪公幽居
叹庭前甘菊	题东溪公幽居	长淮谣	登黄鹤楼	登黄鹤楼
秋雨叹	上李邕	赠写真何秀才	赠唐衢	赠唐衢
二月见梅	叹庭前甘菊花	薄薄酒	水仙花	水仙花
水仙花	秋雨叹	於潜令刁同年野翁亭	古意	古意
登黄鹤楼	二月见梅	太行路	上李邕	上李邕
赠唐衢	水仙花	七德舞	叹庭前甘菊花	叹庭前甘菊花
古意	登黄鹤楼	磨崖碑后	秋雨叹	秋雨叹
	赠唐衢	劝酒惜别	二月见梅	二月见梅

续 表

魁本大字诸儒笺解古文真宝（日本五山覆元本）	详说古文真宝大全（影印朝鲜活字本）	古文精粹（中国国家图书馆藏明成化刊本）	诸儒笺解古文真宝（中科院藏明刊本）	诸儒笺解古文真宝（明万历十一年内府刊本）
	古意	古意	四时词	四时词
		蜀道难		缚鸡行
		庐山高		襄阳路逢寒食
		歌类		送羽林陶将军
		大风歌		
卷五	卷五	襄阳歌	卷五	卷五
赠郑兵曹	赠郑兵曹	饮中八仙歌	赠郑兵曹	赠郑兵曹
雉带箭	雉带箭	醉时歌	雉带箭	雉带箭
南陵叙别	南陵叙别	徐卿二子歌	南陵叙别	南陵叙别
月夜与客饮	月夜与客饮酒	茅屋为秋风所破歌	春日戏题恼郝史君兄	春日戏题恼郝使君兄
人日寄杜二拾遗	人日寄杜二拾遗	观圣上亲试贡士歌	月夜与客饮酒杏花下	月夜与客饮酒杏花下
赠辛判官	流夜郎赠辛判官	画山水歌	人日寄杜二拾遗	郭祥正家醉画竹石壁上郭作诗为谢且遗古铜剑二
醉答丁十八	醉后答丁十八	短檠歌	郭祥正家醉画竹石壁上郭作诗为谢且遗古铜剑二	人日寄杜二拾遗
赠郭公甫	采石月赠郭公甫	浩浩歌	虢国夫人夜游图	虢国夫人夜游图

续　表

魁本大字诸儒笺解古文真宝（日本五山覆元本）	详说古文真宝大全（影印朝鲜活字本）	古文精粹（中国国家图书馆藏明成化刊本）	诸儒笺解古文真宝（中科院藏明刊本）	诸儒笺解古文真宝（明万历十一年内府刊本）
把酒问月	把酒问月	七夕歌	流夜郎赠辛判官	流夜郎赠辛判官
楠木为风雨所拔叹	楠木为风雨所拔叹	茶歌	采石月赠郭公甫	醉后答丁十八以诗讥予捶碎黄鹤楼
题太乙真人莲叶图	题太乙真人莲叶图	菖蒲歌	醉后答丁十八以诗讥予捶碎黄鹤楼	采石月赠郭公甫
哀江头	哀江头	石鼓歌	把酒问月	把酒问月
燕思亭	燕思亭	后石鼓歌	楠木为风雨所拔叹	楠木为风雨所拔叹
虞美人草	虞美人草	江湖散人歌	题太乙真人莲叶图	题太乙真人莲叶图
刺年少	刺年少	戏题王宰画山水歌	哀江头	哀江头
骊山	骊山		燕思亭	燕思亭
明河篇	明河篇	**卷五**	书林逋诗后	书林逋诗后
题磨崖碑	题磨崖碑	**歌类**	虞美人草	虞美人草
	虢国夫人夜游图	戏作花卿歌	刺年少	刺年少
		题李尊师松树障子歌	骊山	骊山
		戏韦偃为双松图歌	明河篇	明河篇

续表

魁本大字诸儒笺解古文真宝（日本五山覆元本）	详说古文真宝大全（影印朝鲜活字本）	古文精粹（中国国家图书馆藏明成化刊本）	诸儒笺解古文真宝（中科院藏明刊本）	诸儒笺解古文真宝（明万历十一年内府刊本）
		刘少府画山水障歌	题磨崖碑	题磨崖碑
		李潮八分小篆歌		
卷六	卷六	天育骠骑歌	卷六	卷六
七言古风长篇	七言古风长篇	江南遇天宝乐叟歌	七言古风长篇	七言古风长篇
有所思	有所思	长恨歌	有所思	有所思
荔枝叹	荔枝叹	六歌	荔枝叹	荔枝叹
定惠院海棠	定惠院海棠	行类	定惠院海棠	定惠院海棠
渊明写真图	陶渊明写真图	贫交行	陶渊明写真图	渊明写真图
桃源图	桃源图	醉歌行	桃源图	桃源图
书王定国所藏图画	书王定国所藏图画	丽人行	李伯时画图	李伯时画图
寄卢仝	寄卢仝	古柏行	书王定国所藏烟江叠嶂图上晋卿书	书王定国所藏烟江叠嶂图王晋卿画
	李伯时画图	兵车行	寄卢仝	寄卢仝
		洗兵马行		
卷七	卷七	入奏行	卷七	卷七
长短句	长短句	高都护骢马行	长短句	长短句

续　表

魁本大字诸儒笺解古文真宝（日本五山覆元本）	详说古文真宝大全（影印朝鲜活字本）	古文精粹（中国国家图书馆藏明成化刊本）	诸儒笺解古文真宝（中科院藏明刊本）	诸儒笺解古文真宝（明万历十一年内府刊本）
春桂问答	将进酒二	李鄠县丈人胡马行	将进酒	将进酒
将进酒	坐巫山屏风	骢马行	高轩过	高轩过
坐巫山屏风	三五七言	草书歌行	赠写真何秀才	赠写真何秀才
三五七言	登梁王栖霞山	逼侧行	薄薄酒	薄薄酒
登栖霞山	高轩过	去矣行	大雪有怀东武园亭寄交代孔周翰	大雪有怀东武园亭寄交代孔周翰
将进酒	有所思	苦热行	太行路	太行路
高轩过	行路难	琵琶行	七德舞	七德舞
有所思	邀月亭	内前行	磨崖碑后	磨崖碑后
行路难	长淮谣	续丽人行	春桂问答二	春桂问答二
邀月亭	赠写真何秀才	莫相疑行	三五七言	三五七言
长淮谣	薄薄酒	虎图行	观元丹丘坐巫山屏风	观元丹丘坐巫山屏风
赠何秀才	野翁亭	桃源行	登梁王栖霞山孟氏桃园中	登梁王栖霞山孟氏桃园中
薄薄酒	太行路	今夕行	有所思	有所思
野翁亭	七德舞	短歌行	蜀道难	蜀道难
太行路	磨崖碑后	汾阴行	庐山高	庐山高
七德舞	劝酒惜别	君子行	将进酒	将进酒
磨崖碑后	古意	浩歌行	行路难	行路难

续表

魁本大字诸儒笺解古文真宝（日本五山覆元本）	详说古文真宝大全（影印朝鲜活字本）	古文精粹（中国国家图书馆藏明成化刊本）	诸儒笺解古文真宝（中科院藏明刊本）	诸儒笺解古文真宝（明万历十一年内府刊本）
劝酒惜别	蜀道难	**吟类**	邀月亭	邀月亭
古意	庐山高	古长城吟	长淮谣	长淮谣
蜀道难		百舌吟	劝酒惜别	於潜令刁同年野翁亭
庐山高		梁甫吟	於潜令刁同年野翁亭	劝酒惜别
		引类	**吟类**	古意
		丹青引	古长城吟	**吟类**
		桃竹杖引	百舌吟	古长城吟
		韦讽录事宅观曹将军画马图引	梁父吟	百舌吟
		曲类	**引类**	梁父吟
		明妃曲	丹青引	**引类**
		明妃曲	桃竹杖引	丹青引
		明妃曲	韦讽录事宅观曹将军画马图引	桃竹杖引
		明妃曲王介甫		韦讽录事宅观曹将军画马图引
		塞上曲		
卷八	卷八	乌栖曲	卷八	卷八

续 表

魁本大字诸儒笺解古文真宝（日本五山覆元本）	详说古文真宝大全（影印朝鲜活字本）	古文精粹（中国国家图书馆藏明成化刊本）	诸儒笺解古文真宝（中科院藏明刊本）	诸儒笺解古文真宝（明万历十一年内府刊本）
歌类	歌类		歌类	歌类
大风歌	大风歌		大风歌	大风歌
襄阳歌	襄阳歌		襄阳歌	襄阳歌
饮中八仙歌	饮中八仙歌		饮中八仙歌	饮中八仙歌
醉时歌	醉时歌		醉时歌	醉时歌
徐卿二子歌	徐卿二子歌		徐卿二子歌	徐卿二子歌
画山水歌	戏题王宰画山水歌		戏作花卿歌	戏作花卿歌
秋风破屋歌	茅屋为秋风所破歌		戏题王宰画山水歌	题李尊师松树障子歌
试贡士歌	试贡士歌		题李尊师松树障子歌	戏题王宰画山水歌
画山水歌	画山水歌		观圣主亲试贡士歌	观圣上亲试贡士歌
短檠歌	短檠歌		戏韦偃为双松图歌	戏韦偃为双松图歌
浩浩歌	浩浩歌		刘少府画山水障歌	刘少府画山水障歌
七夕歌	七夕歌		李潮八分小篆歌	李潮八分小篆歌
茶歌	茶歌		天育骠骑歌	天育骠骑歌
菖蒲歌	菖蒲歌		茅屋为秋风所破歌	茅屋为秋风所破歌

续表

魁本大字诸儒笺解古文真宝（日本五山覆元本）	详说古文真宝大全（影印朝鲜活字本）	古文精粹（中国国家图书馆藏明成化刊本）	诸儒笺解古文真宝（中科院藏明刊本）	诸儒笺解古文真宝（明万历十一年内府刊本）
石鼓歌	石鼓歌		茶歌	茶歌
后石鼓歌	后石鼓歌		画山水歌	画山水歌
长恨歌			短檠歌	短檠歌
			石鼓歌	石鼓歌
			后石鼓歌	后石鼓歌
			江南遇天宝乐叟歌	江南遇天宝乐叟歌
			长恨歌	长恨歌
			浩浩歌	浩浩歌
			七夕歌	七夕歌
			菖蒲歌	菖蒲歌
			六歌	六歌
				江湖散人歌
卷九	**卷九**		**卷九**	**卷九**
行类	**歌类**		**行类**	**行类**
贫交行	戏作花卿歌		贫交行	贫交行
醉歌行	松树障子歌		醉歌行	醉歌行
丽人行	双松图歌		丽人行	丽人行
古柏行	画山水障歌		古柏行	古柏行
兵车行	八分小篆歌		兵车行	兵车行

续　表

魁本大字诸儒笺解古文真宝（日本五山覆元本）	详说古文真宝大全（影印朝鲜活字本）	古文精粹（中国国家图书馆藏明成化刊本）	诸儒笺解古文真宝（中科院藏明刊本）	诸儒笺解古文真宝（明万历十一年内府刊本）
洗兵马行	天育骠骑歌		洗兵马行	洗兵马行
入奏行	天宝乐叟歌		入奏行	入奏行
（高都护）骢马行	长恨歌		高都护骢马行	高都护骢马行
去矣行	六歌		去矣行	去矣行
苦热行			苦热行	苦热行
琵琶行			琵琶行	琵琶行
内前行			内前行	内前行
续丽人行			续丽人行	续丽人行
莫相疑行			虎图行	虎图行
虎图行			桃源行	桃源行
桃源行			莫相疑行	莫相疑行
今夕行			今夕行	今夕行
			逼侧行	逼侧行
				李鄠县丈人胡马行
				骢马行
				草书歌行
				短歌行
				汾阴行

续　表

魁本大字诸儒笺解古文真宝（日本五山覆元本）	详说古文真宝大全（影印朝鲜活字本）	古文精粹（中国国家图书馆藏明成化刊本）	诸儒笺解古文真宝（中科院藏明刊本）	诸儒笺解古文真宝（明万历十一年内府刊本）
				君子行
				浩歌行
卷十	**卷十**		**卷十**	**卷十**
吟类	**行类**		**曲类**	**曲类**
古长城吟	贫交行		明妃曲二	明妃曲四首
百舌吟	醉歌行		塞上曲	塞上曲
梁父吟	丽人行		乌栖曲	乌栖曲
引类	古柏行		**辞类**	**辞类**
丹青引	兵车行		秋风辞	秋风辞
桃竹杖引	洗兵马行		渔父辞	渔父辞
画马图引	入奏行		归去来辞	归去来辞
曲类	高都护骢马行		连昌宫辞	连昌宫词
明妃曲四首	胡马行			
塞上曲	骢马行			
乌栖曲				
	卷十一			
	行类			
	草书歌行			
	逼侧行			
	去矣行			

第六章 《古文真宝》的编纂、刊刻、流传与宋代文化的转向

续　表

魁本大字诸儒笺解古文真宝（日本五山覆元本）	详说古文真宝大全（影印朝鲜活字本）	古文精粹（中国国家图书馆藏明成化刊本）	诸儒笺解古文真宝（中科院藏明刊本）	诸儒笺解古文真宝（明万历十一年内府刊本）
	苦热行			
	琵琶行			
	内前行			
	续丽人行			
	莫相疑行			
	虎图行			
	桃源行			
	今夕行			
	君子行			
	汾阴行			
	卷十二			
	吟类			
	古长城吟			
	百舌吟			
	梁父吟			
	引类			
	丹青引			
	桃竹杖引			
	观曹将军画马图引			

437

续表

魁本大字诸儒笺解古文真宝（日本五山覆元本）	详说古文真宝大全（影印朝鲜活字本）	古文精粹（中国国家图书馆藏明成化刊本）	诸儒笺解古文真宝（中科院藏明刊本）	诸儒笺解古文真宝（明万历十一年内府刊本）
	曲类			
	明妃曲四			
	塞上曲			
	乌栖曲			
	辞			
	连昌宫词			
后集	后集	后集	后集	后集
卷一	卷一	卷六	卷一	卷一
辞类		辞类	表类	表类
秋风辞	渔父辞	秋风辞	出师表	出师表
渔父辞	上秦皇逐客书	渔父辞	后出师表	后出师表
归去来辞	秋风辞	归去来辞	陈情表	陈情表
赋类	过秦论	连昌宫辞		
吊屈原赋	吊屈原赋	赋类		
阿房宫赋	圣主得贤臣颂	吊屈原赋		
秋声赋	乐志论	阿房宫赋		
前赤壁赋	出师表	秋声赋		
后赤壁赋	后出师表	前赤壁赋		
憎苍蝇赋	酒德颂	后赤壁赋		
	兰亭记	憎苍蝇赋		

续 表

魁本大字诸儒笺解古文真宝（日本五山覆元本）	详说古文真宝大全（影印朝鲜活字本）	古文精粹（中国国家图书馆藏明成化刊本）	诸儒笺解古文真宝（中科院藏明刊本）	诸儒笺解古文真宝（明万历十一年内府刊本）
	陈情表	说类		
	归去来辞	师说		
		杂说二篇		
卷二	**卷二**	名二子说	**卷二**	**卷二**
说类	五柳先生传	稼说	**赋类**	**赋类**
师说	北山移文	爱莲说	吊屈原赋	吊屈原赋
杂说	滕王阁序	捕蛇者说	阿房宫赋	阿房宫赋
名二子说	春夜宴桃李园序	**解类**	秋声赋	秋声赋
稼说	与韩荆州书	获麟解	前赤壁赋	前赤壁赋
爱莲说	大宝箴	进学解	后赤壁赋	后赤壁赋
解类	大唐中兴颂		憎苍蝇赋	憎苍蝇赋
获麟解	原人	**卷七**	**说类**	**说类**
进学解	原道	**序类**	师说	师说
	重答张籍书	春夜宴桃李园序	杂说	杂说三首
	上张仆射书	集昌黎文序	捕蛇者说	捕蛇者说
	为人求荐书	送孟东野序	名二子说	名二子说
	答陈商书	送李愿归盘谷序	稼说	稼说
	与孟简尚书书	送薛存义序	爱莲说	爱莲说

续　表

魁本大字诸儒笺解古文真宝（日本五山覆元本）	详说古文真宝大全（影印朝鲜活字本）	古文精粹（中国国家图书馆藏明成化刊本）	诸儒笺解古文真宝（中科院藏明刊本）	诸儒笺解古文真宝（明万历十一年内府刊本）
	送浮屠文畅师序	滕王阁序		
		上巳日宴太学诗序		
卷三	卷三	六一居士序	卷三	卷三
序类	平淮西碑	送浮屠文畅师序	解类	解类
春夜宴序	南海神庙碑	记类	获麟解	获麟解
集昌黎文序	争臣论	兰亭记	进学解	进学解
送孟东野序	送穷文	独乐园记	文类	文类
归盘谷序	进学解	醉翁亭记	北山移文	北山移文
送薛存义序	鳄鱼文	昼锦堂记	吊古战场文	吊古战场文
滕王阁序	柳州罗池庙碑	喜雨亭记		
	送孟东野序	岳阳楼记		
	送杨巨源少尹序	严先生祠堂记		
	送石洪处士序	黄州竹楼记		
	送温造处士序	待漏院记		
		谏院题名记		
卷四	卷四	袁州州学记	卷四	卷四
记类	送李愿归盘谷序	思亭记	序类	序类

第六章 《古文真宝》的编纂、刊刻、流传与宋代文化的转向

续 表

魁本大字诸儒笺解古文真宝（日本五山覆元本）	详说古文真宝大全（影印朝鲜活字本）	古文精粹（中国国家图书馆藏明成化刊本）	诸儒笺解古文真宝（中科院藏明刊本）	诸儒笺解古文真宝（明万历十一年内府刊本）
兰亭记	送陆歙州参诗序	义田记	春夜宴桃李园序	春夜宴桃李园序
独乐园记	师说	丰乐亭记	集昌黎文序	集昌黎文序
醉翁亭记	杂说		上巳日宴太学诗序	上巳日宴太学诗序
昼锦堂记	获麟解	**卷八**	送孟东野序	送孟东野序
喜雨亭记	讳辩	**箴类**	送文畅浮屠序	送文畅浮屠序
岳阳楼记	蓝田县丞厅壁记	大宝箴	送李愿归盘谷序	送李愿归盘谷序
子陵祠堂记	上宰相第三书	视箴	送薛存义序	送薛存义序
黄州竹楼记	殿中少监马君墓铭	听箴	六一居士集序	六一居士集序
待漏院记	毛颖传	言箴	滕王阁序	滕王阁序
谏院题名记	伯夷颂	动箴		
袁州州学记		敬斋箴		
思亭记		五箴		
		游箴		
卷五	**卷五**	言箴	**卷五**	**卷五**
箴类	《昌黎文集》序	行箴	**记类**	**记类**
大宝箴	梓人传	好恶箴	兰亭记	兰亭记
四箴	与韩愈论史书	知名箴	独乐园记	独乐园记

441

续　表

魁本大字诸儒笺解古文真宝（日本五山覆元本）	详说古文真宝大全（影印朝鲜活字本）	古文精粹（中国国家图书馆藏明成化刊本）	诸儒笺解古文真宝（中科院藏明刊本）	诸儒笺解古文真宝（明万历十一年内府刊本）
铭类	答韦中立书	铭类	醉翁亭记	醉翁亭记
陋室铭	捕蛇者说	陋室铭	昼锦堂记	书锦堂记
克己铭	种树郭橐驼传	克己铭	喜雨亭记	喜雨亭记
西铭	愚溪诗序	西铭	岳阳楼记	岳阳楼记
东铭	桐叶封弟辩	东铭	严先生祠堂记	严先生祠堂记
古砚铭	晋文公问守原议	古砚铭	黄州竹楼记	黄州竹楼记
文类	连州郡复乳穴记	魏文贞公笏铭	待漏院记	待漏院记
北山移文	送薛存义序	明州新刻漏铭	谏院题名记	谏院题名记
吊古战场文	养竹记	秦坑铭	袁州州学记	袁州州学记
	阿房宫赋	文类	义田记	义田记
	吊古战场文	北山移文	思亭记	思亭记
		吊古战场文		丰乐亭记
卷六	卷六	卷九	卷六	卷六
颂类	待漏院记	颂类	箴类	箴类
得贤臣颂	黄州竹楼记	圣主得贤臣颂	大宝箴	大宝箴
大唐中兴颂	严先生祠堂记	大唐中兴颂	视箴	视箴
酒德颂	岳阳楼记	酒德颂	听箴	听箴
传类	击蛇笏铭	传类	言箴	言箴

续表

魁本大字诸儒笺解古文真宝（日本五山覆元本）	详说古文真宝大全（影印朝鲜活字本）	古文精粹（中国国家图书馆藏明成化刊本）	诸儒笺解古文真宝（中科院藏明刊本）	诸儒笺解古文真宝（明万历十一年内府刊本）
五柳先生传	谏院题名记	五柳先生传	动箴	动箴
郭橐驼传	独乐园记	种树郭橐驼传	**铭类**	敬斋箴
读孟尝君传	读《孟尝君传》	读孟尝君传	陋室铭	游箴
	上范司谏书	**碑类**	克己铭	言箴
	相州昼锦堂记	柳州孔子庙碑	西铭	行箴
	醉翁亭记	孔子庙碑	东铭	好恶箴
	秋声赋	柳州罗池庙碑	古砚铭	知名箴
	憎苍蝇赋	潮州韩文公庙碑		**铭类**
	鸣蝉赋	表忠观庙碑		陋室铭
		辩类		克己铭
		桐叶封弟辩		西铭
		讳辩		东铭
				古砚铭
		卷十		笏铭
		表类		刻漏铭
		前出师表		秦坑铭
		后出师表		
卷七	**卷七**	陈情表	**卷七**	**卷七**

续表

魁本大字诸儒笺解古文真宝（日本五山覆元本）	详说古文真宝大全（影印朝鲜活字本）	古文精粹（中国国家图书馆藏明成化刊本）	诸儒笺解古文真宝（中科院藏明刊本）	诸儒笺解古文真宝（明万历十一年内府刊本）
碑类	送徐无党南归序	原类	颂类	颂类
韩文公庙碑	纵囚论	原人	圣主得贤臣颂	圣主得贤臣颂
辩类	朋党论	原道	大唐中兴颂	大唐中兴颂
桐叶封弟辩	族谱序	论类	酒德颂	酒德颂
讳辩	张益州画像记	乐志论	传类	传类
	管仲论	过秦论	五柳先生传	五柳先生传
	木假山记	谏臣论	梓人传	梓人传
	高祖论	书类	种树郭橐驼传	郭橐驼传
	上欧阳内翰脩书	上张仆射书	读孟尝君传	读孟尝君传
	上田枢密书	为人求荐书		
	名二子说	答陈商书		
		与韩荆州书		
卷八	卷八	答张籍书	卷八	卷八
表类	潮州韩文公庙碑	报燕惠王书	辩类	辩类
出师表	前赤壁赋	上秦皇帝书	桐叶封弟辩	桐叶封弟辩
后出师表	后赤壁赋	赞类	讳辩	讳辩
陈情表	祭欧阳公文	四皓赞	碑类	碑类

续 表

魁本大字诸儒笺解古文真宝（日本五山覆元本）	详说古文真宝大全（影印朝鲜活字本）	古文精粹（中国国家图书馆藏明成化刊本）	诸儒笺解古文真宝（中科院藏明刊本）	诸儒笺解古文真宝（明万历十一年内府刊本）
	《六一居士集》序	王定国真赞	潮州韩文公庙碑	潮州韩文公庙碑
	三槐堂铭	李端叔真赞		柳州孔子庙碑
	表忠观碑			孔子庙碑
	凌虚台记			柳州罗池庙碑
				表忠观碑
卷九	卷九		卷九	卷九
原类	李君山房记		原类	原类
原人	喜雨亭记		原人	原人
原道	四菩萨阁记		原道	原道
论类	《田表圣奏议》序		论类	论类
乐志论	《钱塘勤上人诗集》序		过秦论	过秦论
过秦论	稼说送同年张琥		朋党论	朋党论
	王者不治夷狄论			乐志论
	范增论			谏臣论
	上枢密韩太尉书			
	袁州学记			

续 表

魁本大字诸儒笺解古文真宝（日本五山覆元本）	详说古文真宝大全（影印朝鲜活字本）	古文精粹（中国国家图书馆藏明成化刊本）	诸儒笺解古文真宝（中科院藏明刊本）	诸儒笺解古文真宝（明万历十一年内府刊本）
	药戒			
卷十	卷十		卷十	卷十
书类	送秦少章序		书类	书类
上张仆射书	书五代郭崇韬传后		上张仆射书	上张仆射书
为人求荐书	答李推官书		答陈商书	报燕惠王书
答陈商书	与秦少游书		报燕惠王书	与韩荆州书
与韩荆州书	上林秀州书		与韩荆州书	答陈商书
答张籍书	《王平甫文集》后序		为人求荐书	为人求荐书
	思亭记			答张籍书
	秦少游字叙			上秦皇帝书
	子长游赠盖邦式			赞类
	家藏古砚铭			四皓赞
	上席侍郎书			王定国真赞
	书《洛阳名园记》后			李端叔真赞
	爱莲说			
	太极图说			
	视箴			

续 表

魁本大字诸儒笺解古文真宝（日本五山覆元本）	详说古文真宝大全（影印朝鲜活字本）	古文精粹（中国国家图书馆藏明成化刊本）	诸儒笺解古文真宝（中科院藏明刊本）	诸儒笺解古文真宝（明万历十一年内府刊本）
	听箴			
	言箴			
	动箴			
	西铭			
	东铭			
	克己铭			

结　语

　　就宋代文献文化史研究的整体而言，本书所进行的六个专题的讨论当然是不够全面的，由具体文献入手而进行的文献文化史的探索，也是尝试性的。然而，通过这些讨论，我们仍希望能多少反映出一些宋代文献文化史发展演变的大致面貌和轨迹。

　　任何一种文献的编纂，事实上都从不同角度反映了社会发展和思想文化史的进程。宋代初年，太宗下诏修纂《太平御览》《太平广记》和《文苑英华》等大型典籍，既是维护皇权的需要，也开启了中国历史上以文为治的新局面。宋真宗诏修《册府元龟》以及建立经筵制度、修正进士科举考试内容、兴建学校等，则明示了朝廷从浮泛的崇儒右文向有意识地强化儒家思想正统地位的转变。宋仁宗为政宽大仁厚，在思想文化上也承袭了宋真宗的一系列举措。宋神宗和王安石在政治上师法先王，一意变法图新，围绕着这些政治变革，带来了思想文化上的不同思想派别的冲突和融合。这一时期出现的《孟子注疏》，与这一思想文化背景便不能无关。同时，它也昭示着朝廷崇儒尚文政策被一般士子和社会普遍接受。南宋群经注疏及其它文献的编纂、刊刻与流传，尤其是各种科考用书、类书、普及性文学读物（如《千家诗》《古文真宝》等）的广泛传播，则又极大地推动了儒家思想观念（后期则是理学）的通俗化和由士大夫阶层走向一般社会民众的进程，其影响极为深远。

　　"人能弘道，非道弘人。"可以说，宋代是一个文献编纂和文化传承的自觉时代。通过各种文献的编纂，思想文化传统不断得到承继和发展。

比如,吕祖谦一生在文献编纂方面成就突出,在当时即被认为是能承担"中原文献之传"的代表性人物。他在淳熙四年上呈宋孝宗的"轮对札子"中曾说道:"臣窃惟国朝治体,有远过前代者,有视前代犹未备者。以宽大忠厚,建立规模;以礼逊节义,成就风俗,……此所谓远过前代者也。文治可观,而武绩未振;名胜相望,而干略未优,……此所谓视前代犹未备者也。陛下慨然念雠耻之未复,版图之未归,故留意功实,将以增益治体之所未备,至于本朝立国之根本,盖未尝忘也。……其视前代未备者,固当激厉而振起;其远过前代者,尤当爱护而扶持。"①吕祖谦当然希望宋孝宗能"留意功实",振起"武绩",以补"前代犹未备者",而他所致力的"中原文献之传",则更多的是对"宽大忠厚""礼逊节义"的立国之本的"爱护而扶持",也就是对有宋立国以来以文为治、宽大仁厚的政治与思想文化传统的传承与发扬。可见,其对文献的编纂整理和思想文化的承传,是很自觉的。北宋宋敏求等人所做的文献搜集、整理与编纂工作,南宋绍兴年间词坛上典雅词集的编选,也都或表现出一种对文化传承的自觉,或寄托着渴望国家中兴、期待社会太平的政治理想和愿望,反映出朝廷和士人群体对宋初以来所形成的礼乐文化传统的承续和重建的努力。

在宋代文献文化史研究领域,不用说还有其它许多值得开垦的处女地。像文献文化史与其它专门史的关系、开宝《大藏经》的刊刻流传与宋代文化的形成、《道藏》的编纂与宋朝文化中心说、两宋编年体史书的编撰与政治及史学意识的演变、金石学的成立与作为"物"的文化的开展、类书的编纂与宋人的知识世界、南宋出版业的兴盛与文学经典的形成及文坛风尚的嬗变等问题,本书都未及讨论。希望后续有机会对这些问题进行更深入的探讨,以期写成一部较为全面和完整的宋代文献文化史。

---

① 吕祖谦《东莱吕太史文集》卷三《淳熙四年轮对札子》二首其二,《吕祖谦全集》第 1 册,第 59 页。

征引文献

(按照文献名称音序排列)

A

《鳌头评注魁本大字诸儒笺解古文真宝》,[日]宇都宫由的(号遁庵、三近)评注,灵元天皇宽文五年(1665年)刊本,收入《中国文集日本古注本丛刊》,卞东波、石立善主编,上海社会科学院出版社,2020年。

B

《白虎通疏证》,[东汉]班固撰,[清]陈立疏证,中华书局,1994年。

《白居易集》,[唐]白居易撰,顾学颉点校,中华书局,1979年。

《百川书志》,[明]高儒撰,《百川书志》《古今书刻》合刊本,上海古籍出版社,2005年。

《宝晋山林集拾遗》,[宋]米芾撰,米宪辑,《北京图书馆古籍珍本丛刊》本,书目文献出版社,1988年。

《宝礼堂宋本书录》,潘宗周编,《滂喜斋藏书记》《宝礼堂宋本书录》合刊本,上海古籍出版社,2007年。

《北齐书》,[唐]李百药撰,中华书局,1972年。

《北宋党争的再评价及其思想史意义》,巩本栋撰,载《杰出人物与中国思想史》,徐雁等主编,江苏教育出版社,2000年。

《北宋党争与清真词的创作》,巩本栋撰,载《古典文献研究》第6辑,江苏古籍出版社,2003年。

《北宋党争与文论三派的分化》,巩本栋撰,载《文学评论丛刊》第1卷第1期,江苏文艺出版社,1997年。

《北宋政治改革家王安石》,邓广铭著,人民出版社,1997年。

《本语》,[明]高拱撰,《景印文渊阁四库全书》本,台湾商务印书馆,1985年。

《皕宋楼藏书志》,[清]陆心源撰,中华书局,1990年。

《碧鸡漫志校正》,[宋]王灼著,岳珍校正,人民文学出版社,2015年。

《标音句解古文精粹大全》,不题撰人,华东师范大学图书馆藏明刻本。

《北宋文化史述论》,陈植锷著,中国社会科学出版社,1992年;又,中华书局,2019年。

《标点本〈太平御览〉序》,许嘉璐撰,载《太平御览》卷首,夏剑钦等校点,河北教育出版社,1994年。

C

《蔡襄全集》,[宋]蔡襄撰,陈庆元等校注,福建人民出版社,1999年。

《沧浪诗话校释》,[宋]严羽著,郭绍虞校释,人民文学出版社,1983年。

《藏一话腴》,[宋]陈郁撰,《景印文渊阁四库全书》本,台湾商务印书馆,1985年。

《藏园群书题记》,傅增湘撰,上海古籍出版社,1989年。

《曹祠部集序》,[明]蒋冕撰,载《曹祠部集》卷首,《景印文渊阁四库全书》本,台湾商务印书馆,1985年。

《册府元龟》,[宋]王钦若等编,周勋初等校订,凤凰出版社,2006年。

《晁氏客语》,[宋]晁说之撰,《景印文渊阁四库全书》本,台湾商务印书馆,1985年。

《朝鲜纪事》,[明]倪谦撰,《续修四库全书》影印明抄本,上海古籍出版社,2002年。

《朝鲜时代书目丛刊》,张伯伟编,中华书局,2004年。

《陈亮集》(增订本),[宋]陈亮撰,邓广铭点校,中华书局,1987年。

《〈崇古文诀〉版本新考》,李由撰,载《文献》2017年第4期。

《崇古文诀》,[宋]楼昉编,《景印文渊阁四库全书》本,台湾商务印书馆,1985年。

《崇文总目》,[宋]王尧臣等编,《景印文渊阁四库全书》本,台湾商务印书馆,1984年。

《春明退朝录》，[宋]宋敏求撰，《东斋记事》《春明退朝录》合刊本，汝沛、诚刚点校，中华书局，1980年。

《春秋集传纂例》，[唐]陆淳撰，《景印文渊阁四库全书》本，台湾商务印书馆，1983年。

《春秋左传注》，杨伯峻编著，中华书局，1981年。

《春秋左传注疏》[晋]杜预集解，[唐]孔颖达疏，北京大学出版社，1999年。

《词集考》，饶宗颐著，中华书局，1992年。

《词学史料学》，王兆鹏著，中华书局，2004年。

《词源》，[宋]张炎撰，《宋金元词话全编》，邓子勉编，凤凰出版社，2008年。

《词源注》，[宋]张炎著，夏承焘校注，《词源注》《乐府指迷笺释》合刊本，人民文学出版社，1963年。

《词旨》，[元]陆行直撰，《宋金元词话全编》，邓子勉编，凤凰出版社，2008年。

《从文道到意法：吕祖谦与散文学史的重要转折——兼说〈古文关键〉之"关键"的含义》，罗书华撰，载《中国文学研究》2013年第3期，第72—79页。

《唱和诗词研究——以唐宋为中心》，巩本栋著，中华书局，2013年。

《晁公武评传》《陈振孙评传》合刊本，郝润华、武秀成著，南京大学出版社，2011年。

《陈垣〈明季滇黔佛教考〉序》，陈寅恪撰，载《金明馆丛稿二编》，生活·读书·新知三联书店，2001年。

《程千帆全集》，河北教育出版社，2001年。

《传统文学与类书之关系》，方师铎著，天津古籍出版社，1986年。

D

《大历诗人研究》，蒋寅著，中华书局，1995年。

《大唐新语》，[唐]刘肃撰，许德楠、李鼎霞点校，中华书局，1984年。

《道乡集》，邹浩撰，《景印文渊阁四库全书》本，台湾商务印书馆，1985年。

《帝学》，[宋]范祖禹撰，《景印文渊阁四库全书》本，台湾商务印书馆，1985年。

《典雅词》，[宋]陈允平等，南京图书馆藏清钞汲古阁本。

《定宇集》，[元]陈栎撰，《景印文渊阁四库全书》本，台湾商务印书馆，1985年。

《东都事略》，[宋]王称撰，《景印文渊阁四库全书》本，台湾商务印书馆，1984年。

《东谷所见》，[宋] 李之彦撰，[元] 陶宗仪《说郛》本，《景印文渊阁四库全书》本，台湾商务印书馆，1985年。

《东观余论》，[宋] 黄伯思撰，《景印文渊阁四库全书》本，台湾商务印书馆，1985年。

《东坡乐府笺》，龙榆生校笺，上海古籍出版社，2009年。

《东亚汉文学研究的方法与实践》，张伯伟著，中华书局，2017年。

《都城纪胜》，[宋] 耐得翁撰，《景印文渊阁四库全书》本，台湾商务印书馆，1984年。

《独断》，蔡邕撰，《景印文渊阁四库全书》本，台湾商务印书馆，1985年。

《敦煌诗歌导论》，项楚著，台湾新文丰出版公司，1993年。

E

《二程集》，[宋] 程颢、程颐著，王孝鱼点校，中华书局，1981年。

《二晏词笺注》，[宋] 晏殊、晏几道著，张草纫笺注，上海古籍出版社，2008年。

F

《樊川文集》，[唐] 杜牧撰，《四部丛刊初编》本。

《方舆胜览》，[宋] 祝穆撰，祝洙增订，施和金点校，中华书局，2003年。

《分甘余话》，[清] 王士禛撰，《景印文渊阁四库全书》本，台湾商务印书馆，1985年。

《枫窗小牍》，[宋] 佚名撰，《景印文渊阁四库全书》本，台湾商务印书馆，1985年。

《福建古代刻书》，谢水顺、李珽著，福建人民出版社，1997年。

G

《陔余丛考》，[清] 赵翼撰，中华书局，1963年。

《稿抄本明清藏书目三种》，北京图书馆出版社，2003年。

《攻媿集》，[宋] 楼钥撰，《景印文渊阁四库全书》本，台湾商务印书馆，1985年。

《宫教集》，[宋] 崔敦礼撰，《景印文渊阁四库全书》本，台湾商务印书馆，1985年。

《姑溪居士前集》，[宋] 李之仪撰，《景印文渊阁四库全书》本，台湾商务印书馆，

1985年。

《古今合璧事类备要》，[宋]谢维新编，《景印文渊阁四库全书》本,台湾商务印书馆,1985年。

《古今事文类聚》，[宋]祝穆撰,《景印文渊阁四库全书》本,台湾商务印书馆,1985年。

《古今书刻》，[明]周弘祖撰,《百川书志》《古今书刻》合刊本,上海古籍出版社,2005年。

《古诗考索》，程千帆著,上海古籍出版社,1984年。

《古史辨》，顾颉刚编著,上海古籍出版社,1982年。

《古文后集余师》，[日]增田春耕撰,光格天皇文化八年(1811年)刊本,《中国文集日本古注本丛刊》，卞东波、石立善主编,上海社会科学院出版社,2020年。

《古文精粹》，[明]佚名编,国家图书馆藏明成化刊本。

《古文旧书考》，[日]岛田翰撰,上海古籍出版社,2014年。

《古文前集余师》，[日]森伯容笺解、冈本东皋校,仁孝天皇天保七年(1836年)刊本,《中国文集日本古注本丛刊》，卞东波、石立善主编,上海社会科学院出版社,2020年。

《古文真宝》，[日]佐藤保、和泉新译,日本学习研究社,1984年。

《〈古文真宝〉的编者、版本演变及其在韩国、日本的传播》，熊礼汇撰,载《人文论丛》2007年卷。

《古文真宝颠末考》，[日]冈本保孝撰,《和刻本中国古逸书丛刊》本,金程宇编,凤凰出版社,2012年。

《古文真宝后集合解评林》，[日]毛利琥珀撰,灵元天皇延宝七年(1679年)刊本,《中国文集日本古注本丛刊》，卞东波、石立善主编,上海社会科学院出版社,2020年。

《古文真宝后集旧解拾遗》，[日]长泽粹庵撰,灵元天皇贞享三年(1686年)刊本。《中国文集日本古注本丛刊》，卞东波、石立善主编,上海社会科学院出版社,2020年。

《古文真宝后集谚解大成》，[日]林罗山原解、鹈饲石斋增述,日本早稻田大学出版部,1928年。

《古文真宝讲述》，[日]梅康撰,东山天皇元禄五年(1692年)刊本,《中国文集日本古注本丛刊》，卞东波、石立善主编,上海社会科学院出版社,2020年。

《古文真宝前集讲录考释》，[韩]李章佑撰,韩国大邱中文出版社,2005年。

《古文真宝前集谚解大成》，[日]榊原篁洲撰，日本早稻田大学出版部刊，1928年。

《〈古文真宝〉在日本》，余崇生撰，载台湾《书目季刊》第29卷第4期，1996年。

《关于宋真宗〈劝学文〉》，[日]大木康撰，载《新宋学》第7辑，复旦大学出版社，2018年。

《冠注古文真宝后集》，(佚名)撰，后光明天皇庆安元年(清顺治五年，1648年)，京都田原仁佐卫门刊本，《中国文集日本古注本丛刊》，卞东波、石立善主编，上海社会科学院出版社，2020年。

《灌园集》，[宋]吕南公撰，《景印文渊阁四库全书》本，台湾商务印书馆，1985年。

《贵耳集》，[宋]张端义著，中华书局，1958年。

《国朝献征录》，[明]焦竑编，上海书店出版社，1987年。

《高丽史》，[朝鲜]郑麟趾撰，韩国亚细亚文化社，1983年。

《艮斋集》，[朝鲜]李德弘撰，《韩国文集丛刊》，韩国民族文化推进会编，韩国景仁文化社，1996年。

H

《韩昌黎诗系年集释》，[唐]韩愈著，钱仲联集释，上海古籍出版社，1984年。

《韩昌黎文集校注》，[唐]韩愈著，马其昶校注，马茂元整理，上海古籍出版社，1986年。

《韩国所藏中国汉籍总目》，[韩]全寅初主编，韩国学古房，2005年。

《寒柳堂集》，陈寅恪著，生活·读书·新知三联书店，2001年。

《汉赋起源新论》，巩本栋撰，载《学术研究》2010年第10期。

《汉书》，[东汉]班固撰，[唐]颜师古注，中华书局，1962年。

《浩然斋雅谈》，周密撰，孔凡礼点校，《爱日斋丛抄》《浩然斋雅谈》《随隐漫录》合刊本，中华书局，2010年。

《和刻本汉籍文集》，[日]长泽规矩也编，汲古书院，1979年。

《和刻本中国古逸书丛刊》，金程宇编，凤凰出版社，2012年。

《河东集》，[宋]柳开撰，《景印文渊阁四库全书》本，台湾商务印书馆，1985年。

《河岳英灵集》，[唐]殷璠编，附载于《河岳英灵集研究》，李珍华、傅璇琮撰，中华书局，1992年。

《和清真词》，方千里撰，《景印文渊阁四库全书》本，台湾商务印书馆，1986年。

《侯鲭录》，[宋]赵令畤撰，孔凡礼点校，《侯鲭录》《墨客挥犀》《续墨客挥犀》合刊本，中华书局，2002年。

《后汉书》，[南朝宋]范晔撰，[唐]李贤等注，中华书局，1965年。

《画墁录》，[宋]张舜民撰，《全宋笔记》第二编，朱易安等主编，大象出版社，2006年。

《淮海集笺注》，[宋]秦观撰，徐培均笺注，上海古籍出版社，1994年。

《桓谭〈新论〉》，[汉]桓谭著，吴则虞辑校，吴受琚辑补，俞震、曾敏重订，社会科学文献出版社，2014年。

《皇览》，[清]孙冯翼辑，《丛书集成初编》本，王云五主编，商务印书馆，1936年。

《皇清经解》，[清]阮元编，上海书店缩印学海堂本，1988年。

《黄氏日钞》，[宋]黄震撰，《景印文渊阁四库全书》本，台湾商务印书馆，1985年。

《黄庭坚全集辑校编年》，[宋]黄庭坚著，郑永晓整理，江西人民出版社，2011年。

《挥麈录》，[宋]王明清撰，上海书店出版社，2001年。

《徽宗词坛研究》，诸葛忆兵著，北京出版社，2001年。

《晦庵集》，[宋]朱熹撰，《景印文渊阁四库全书》本，台湾商务印书馆，1985年。

J

《击壤集》，[宋]邵雍撰，《景印文渊阁四库全书》本，台湾商务印书馆，1985年。

《汲古阁珍藏秘本书目》，[清]毛扆撰，《续修四库全书》本，上海古籍出版社，2002年。

《季沧苇藏书目》，[清]季振宜编，《续修四库全书》影印黄丕烈《士礼居丛书》本，上海古籍出版社，2002年。

《嘉祐集笺注》，[宋]苏洵著，曾枣庄、金成礼笺注，上海古籍出版社，1993年。

《嘉祐杂志》，江休复撰，《景印文渊阁四库全书》本，台湾商务印书馆，1985年。

《肩朴集》，李致忠撰，北京图书馆出版社，1998年。

《笺经室所见宋元书题跋》，曹元忠撰，《丛书集成续编》本，上海书店出版社，1994年。

《建炎以来朝野杂记》，[宋]李心传撰，中华书局，2000年。

《建炎以来系年要录》,[宋]李心传撰,中华书局,1988年。

《涧泉日记》,[宋]韩淲撰,《涧泉日记》《西塘集耆旧续闻》合刊本,孙菊园、郑世刚点校,上海古籍出版社,1993年。

《姜斋诗话笺注》,[清]王夫之撰,戴鸿森笺注,人民文学出版社,1981年。

《绛云楼书目》,[清]钱谦益撰,《丛书集成初编》本,王云五主编,商务印书馆,1935年。

《校辑宋金元人词》,赵万里辑校,国家图书馆出版社,2013年影印中央研究院历史语言研究所印本。

《金明馆丛稿初编》,陈寅恪著,生活·读书·新知三联书店,2001年。

《金明馆丛稿二编》,陈寅恪著,生活·读书·新知三联书店,2001年。

《金史》,[元]脱脱等撰,中华书局,1975年。

《近百年宋代文化研究鸟瞰》,郭齐撰,载《国际宋代文化研讨会论文集》,孙钦善、曾枣庄等主编,四川大学出版社,1991年。

《近古堂书目》,[明]佚名撰,《丛书集成续编》本,上海书店出版社,1994年。

《近世儒家文集集成》,[日]日野龙夫编,东京株式会社ぺりかん社,1997年。

《近世随想集》,[日]中村幸彦等校注,岩波书店,1965年。

《京板新增注释古文大全后集》十卷,郑云林梓行,明万历三十六年(1608年)刊本。

《经学文献的衍生和通俗化》,顾永新著,北京大学出版社,2014年。

《经义考》,游均晶等点校,林庆彰等编审,台湾"中央研究院"中国文哲研究所筹备处,1999年。

《荆溪林下偶谈》,[宋]吴子良撰,《历代文话》本,王水照主编,复旦大学出版社,2007年。

《精骑》(残),[宋]吕祖谦编,台湾"国家图书馆"藏宋刊本。

《精注正文章轨范》,[宋]谢枋得批选,[明]李廷机评训,[日]鸿斋石川英补注,早稻田大学文学部,1988年。

《景迂生集》,[宋]晁说之撰,《景印文渊阁四库全书》本,台湾商务印书馆,1985年。

《敬斋古今黈》,[元]李冶撰,《景印文渊阁四库全书》本,台湾商务印书馆,1985年。

《旧唐书》,[后晋]刘昫等撰,中华书局,1975年。

《旧闻证误》,[宋]李心传撰,《游宦纪闻》《旧闻证误》合刊本,张茂鹏、崔文印点校,中华书局,1981年。

《(郡斋)读书(志)附志》,[宋]赵希弁,附载于《郡斋读书志校证》,上海古籍出版社,1990年。

《郡斋读书志校证》,[宋]晁公武撰,孙猛校证,上海古籍出版社,1990年。

K

《开有益斋经说》,[清]朱绪曾撰,《皇清经解续编》影印南菁书院本,台湾艺文印书馆,1965年。

《科举与诗艺》,[日]高津孝著,上海古籍出版社,2005年。

《客亭类稿》,[宋]杨冠卿撰,《景印文渊阁四库全书》本,台湾商务印书馆,1985年。

《会稽志》,[宋]施宿撰,《景印文渊阁四库全书》本,台湾商务印书馆,1984年。

《魁本大字诸儒笺解古文真宝》,明万历十一年司礼监刊本,台湾"国家图书馆"藏。

《魁本大字诸儒笺解古文真宝》,日本江户初期元和年间刊本,藏日本天理图书馆。

《魁本大字诸儒笺解古文真宝》,日本五山时期覆元刊本,藏大英博物馆。

《魁本大字诸儒笺解古文真宝》,元刊本(残十卷),绍兴图书馆藏。

《魁本大字诸儒笺解古文真宝》前后集各两卷,孝明天皇安政三年(1856年)益堂铃木校、三都书物问屋刊本

《魁本大字诸儒笺解古文真宝》前集十卷,后兴明天皇庆安二年(1649年)二条山屋治右卫门刊行。

《魁本大字诸儒笺解古文真宝》前集十卷、后集二卷,灵元天皇宽文五年(1665年)武村三郎兵卫刊本

《困学纪闻》,[宋]王应麟撰,《景印文渊阁四库全书》本,台湾商务印书馆,1985年。

L

《老子校释》,朱谦之撰,中华书局,1984年。

《乐圃余稿》,[宋]朱长文撰,朱思辑,《景印文渊阁四库全书》本,台湾商务印书馆,1985年。

《类书流别》（修订本），张涤华著，商务印书馆，1985年。

《冷斋夜话》，[宋]惠洪撰，《冷斋夜话》《风月堂诗话》《环溪诗话》合刊本，陈新点校，中华书局，1988年。

《礼记注疏》，[东汉]郑玄注，[唐]孔颖达疏，缩印《十三经注疏》本，中华书局，1980年。

《李白全集校注汇释集评》，詹锳主编，百花文艺出版社，1996年。

《李清照集校注》，[宋]李清照著，王仲闻校注，人民文学出版社，1979年。

《李太白文集》，[宋]宋敏求、曾巩等编，巴蜀书社，1986年。

《历代名臣奏议》，[明]黄淮、杨士奇编，上海古籍出版社，2012年。

《历代诗话》，[清]何文焕辑，中华书局，1981年。

《历代诗话续编》，丁福保辑，中华书局，1983年。

《历代文话》，王水照编，复旦大学出版社，2007年。

《笠泽堂书目》，[明]王道明撰，《宋元明清书目题跋丛刊》（明代卷）影印山东大学藏钞本，中华书局编辑部编，中华书局，2006年。

《麟台故事校证》，[宋]程俱撰，张富祥校证，中华书局，2000年。

《刘克庄集笺校》，[宋]刘克庄著，辛更儒笺校，中华书局，2011年。

《刘禹锡全集编年校注》，陶敏、陶红雨校注，岳麓书社，2003年。

《柳宗元集》，[唐]柳宗元撰，吴文治等校点，中华书局，1979年。

《龙川别志》，[宋]苏辙撰，《龙川略志》《龙川别志》合刊本，俞宗宪点校，中华书局，1982年。

《隆平集校证》，[宋]曾巩撰，王瑞来校证，中华书局，2012年。

《鲁迅全集》，鲁迅著，人民文学出版社，2005年。

《陆九渊集》，[宋]陆九渊著，中华书局，1980年。

《陆游集》，[宋]陆游撰，中华书局，1976年。

《栾城集》，[宋]苏辙著，曾枣庄、马德富校点，上海古籍出版社，1987年。

《论语注疏》，[三国魏]何晏注，[宋]邢昺疏，北京大学出版社，1999年。

《罗忼烈杂著集》，罗忼烈著，上海古籍出版社，2010年。

《罗山林先生文集》，[日]林道春著，日本平安考古学会，1918年。

《（吕氏）童蒙训》，[宋]吕本中撰，《景印文渊阁四库全书》本，台湾商务印书馆，1985年。

《吕氏家塾读诗记》，[宋]吕祖谦撰，《景印文渊阁四库全书》本，台湾商务印书馆，1983年。

《吕祖谦年谱》,杜海军著,中华书局,2007年。
《吕祖谦全集》,黄灵庚、吴战垒主编,浙江古籍出版社,2008年。
《吕祖谦文学研究》,杜海军著,学苑出版社,2003年。
《吕祖谦与〈宋文鉴〉》,陈广胜撰,《史学史研究》1996年第4期。
《略论宋真宗在宋代文化史上的作用和地位》,巩本栋撰,载《国学学刊》2019年第4期,又载中国人民大学书报资料中心复印报刊资料《宋辽金元史》2020年第3期。
《略论〈唐文粹〉的"古文"》,何沛雄撰,文载《唐代文学研讨会论文集》,香港浸会学院中文系主编,台湾文史哲出版社,1987年。

M

《马克思恩格斯选集》,人民出版社,1972年。
《脉望馆书目》,[明]赵琦美撰,《丛书集成续编》本,上海书店出版社,1994年。
《毛诗正义》,[西汉]毛亨传,[东汉]郑玄笺,[唐]孔颖达疏,北京大学出版社,1999年。
《梅文化论丛》,程杰著,中华书局,2007年。
《梅月堂集》,[朝鲜]金时习撰,《韩国文集丛刊》,[韩]民族文化推进会编,韩国景仁文化社,1996年。
《美国哈佛大学哈佛燕京图书馆中文善本书志》,沈津著,上海辞书出版社,1999年。
《扪虱新话》,[宋]陈善撰,《四库全书存目丛书》本,齐鲁书社,1997年。
《孟东野诗集》,[唐]孟郊撰,华忱之校订,人民文学出版社,1959年。
《孟子音义》,[宋]孙奭撰,《景印文渊阁四库全书》本,台湾商务印书馆,1983年。
《孟子注疏》,孟子撰,[东汉]赵岐注,旧题[宋]孙奭疏,北京大学出版社,1999年。
《孟子注疏解经》,[东汉]赵岐注,旧题[宋]孙奭疏,台北故宫博物院影印元明递修本,1986年。
《〈孟子注疏〉与孙奭〈孟子〉学》,董洪利撰,载《北京大学学报(哲学社会科学版)》2006年第6期。
《〈孟子注疏〉作者考论》,俞林波撰,载《文学遗产》2011年第6期。
《梦溪笔谈》,[宋]沈括撰,金良年点校,中华书局,2015年。

《名臣碑传琬琰之集》,[宋]杜大珪撰,《景印文渊阁四库全书》本,台湾商务印书馆,1984年。

《名家选本的初始化效应——王安石〈唐百家诗选〉在宋代的流传与接受》,查屏球撰,载《安徽大学学报(哲学社会科学版)》2012年第1期。

《明宫史》,[明]吕毖撰,《景印文渊阁四库全书》,台湾商务印书馆,1984年。

《明实录·英宗实录》,台湾"中央研究院"历史语言研究所校印,1962年。

《鸣沙石室佚书》,罗振玉撰,1913年。

《谋利而印:11至17世纪福建建阳的商业出版者》[Printing for Profit: The Commercial Publishers of Jianyang, Fujian (11th—17th Centuries)],[美]贾晋珠(Lucille Chia)著,邱葵等译,李国庆校,福建人民出版社,2019年。

《木犀轩藏书题记及书录》,李盛铎著,北京大学出版社,1985年。

《慕斋集》,[朝鲜]金安国撰,《韩国文集丛刊》,[韩]民族文化推进会编,韩国景仁文化社,1996年。

N

《南海寄归内法传》,[唐]释义净撰,《碛砂大藏经》本,线装书局,2005年。

《南涧甲乙稿》,[宋]韩元吉撰,《景印文渊阁四库全书》本,台湾商务印书馆,1985年。

《南冥集》,[朝鲜]曹植撰,《韩国文集丛刊》,[韩]民族文化推进会编,韩国景仁文化社,1996年。

《南宋的雕版印刷》,宿白撰,载《文物》1962年第1期。

《南宋的诗文选本研究》,张智华著,北京师范大学出版社,2002年。

《南宋诗选与宋代诗学考论》,卞东波著,中华书局,2008年。

《南轩集》,[宋]张栻撰,《景印文渊阁四库全书》本,台湾商务印书馆,1985年。

《南园漫录》,[明]张志淳撰,《景印文渊阁四库全书》本,台湾商务印书馆,1985年。

《内圣外王的贯通——北宋易学的现代阐释》,余敦康著,学林出版社,1997年。

《能改斋漫录》,[宋]吴曾撰,上海古籍出版社,1960年。

O

《欧阳修全集》,李逸安点校,中华书局,2001年。

《欧阳修诗文集校笺》,[宋]欧阳修著,洪本健校笺,上海古籍出版社,2009年。

P

《盘洲文集》,[宋]洪适撰,《景印文渊阁四库全书》本,台湾商务印书馆,1985年。

《皮子文薮》,[唐]皮日休著,萧涤非、郑庆笃整理,上海古籍出版社,1981年。

《评点之兴——文学评点的形成与南宋的诗文评点》,吴承学撰,载《文学评论》1995年第1期。

《评林注释要删古文大全》后集十一卷,克勤斋余文台梓,明万历本。

《曝书亭集》,[清]朱彝尊撰,《四部丛刊初编》本,商务印书馆,1937年。

Q

《齐东野语》,[宋]周密撰,张茂鹏点校,中华书局,1983年。

《骑省集》,[宋]徐铉撰,《景印文渊阁四库全书》本,台湾商务印书馆,1985年。

《启蒙运动的生意:〈百科全书〉出版史(1775—1800)》(*The Business of Enlightenment: A Publishing History of the Encyclopédia 1775 - 1800*),[美]罗伯特·达恩顿(Robert Darnton)著,叶桐、顾杭译,生活·读书·新知三联书店,2005年。

《千顷堂书目》,[清]黄虞稷撰,上海古籍出版社,2001年。

《钱宾四先生全集》,钱穆撰,台湾联经出版事业公司,1998年。

《潜邱札记》,[清]阎若璩撰,《景印文渊阁四库全书》本,台湾商务印书馆,1985年。

《潜研堂文集》,钱大昕撰,《四部丛刊初编》本。

《青箱杂记》,[宋]吴处厚撰,《全宋笔记》本,朱易安主编,大象出版社,2003年。

《清芬室书目》,[韩]李仁荣撰,《朝鲜时代书目丛刊》本,张伯伟编,中华书局,2004年。

《清人选评词集三种》,尹志腾校点,齐鲁书社,1988年。

《清真集》,[宋]周邦彦撰,吴则虞校点,中华书局,1981年。

《清真集笺注》,[宋]周邦彦著,罗忼烈笺注,上海古籍出版社,2008年。

《曲洧旧闻》,[宋]朱弁撰,《景印文渊阁四库全书》本,台湾商务印书馆,1985年。

《全宋笔记》,朱易安等主编,大象出版社,2003年。
《全宋词》,唐圭璋编,中华书局,1965年。
《全宋诗》,傅璇琮等主编,北京大学出版社,1991—1999年。
《全宋文》,曾枣庄、刘琳主编,上海辞书出版社、安徽教育出版社,2006年。
《全唐诗》,周勋初等主编,陕西人民出版社,2014年。
《全唐文》,[清]董诰等编,中华书局,1983年。
《全祖望集汇校集注》,[清]全祖望撰,朱铸禹汇校集注,上海古籍出版社,2018年。
《却扫编》,[宋]徐度撰,《景印文渊阁四库全书》本,台湾商务印书馆,1985年。
《群书治要》,[唐]魏徵等撰,[清]阮元辑,《宛委别藏》本,江苏古籍出版社,1988年。
《群体的选择——唐宋人选词与词选通论》,萧鹏撰,台湾文津出版社,1992年。

R

《忍斋先生文集》,洪暹撰,《韩国文集丛刊》,[韩]民族文化推进会编,韩国景仁文化社,1996年。
《日本书目大成》,[日]长泽规矩也、阿部隆一编,汲古书院,1979年。
《日藏汉籍善本书录》,严绍璗编著,中华书局,2007年。
《容斋随笔》,[宋]洪迈著,上海古籍出版社,1978年。

S

《三朝北盟会编》,[宋]徐梦莘编纂,《景印文渊阁四库全书》本,台湾商务印书馆,1984年。
《三国志》,[晋]陈寿撰,[南朝宋]裴松之注,中华书局,1982年。
《剡源文集》,[元]戴表元撰,《景印文渊阁四库全书》本,台湾商务印书馆,1985年。
《尚书补疏》,[清]焦循撰,《皇清经解》本,上海书店缩印学海堂本,1988年。
《尚书古文疏证》,[清]阎若璩撰,中华书局,2010年。
《尚书学史》(修订本),刘起釪撰,中华书局,2017年。
《尚书正义》,[旧题汉]孔安国传、[唐]孔颖达疏,影印《十三经注疏》本,中华书局,1980年。

《少室山房笔丛》,[明]胡应麟撰,上海书店出版社,2001年。
《邵氏闻见后录》,[宋]邵博撰,中华书局,1983年。
《邵氏闻见录》,[宋]邵伯温撰,中华书局,1983年。
《绍兴发现的现存最早的〈古文真宝〉》,姜赞洙撰,载《图书馆杂志》2006年第1期。
《诗词曲词语杂释》,林昭德编著,四川人民出版社,1986年。
《诗集传》,[宋]朱熹集注,上海古籍出版社,1980年。
《诗人玉屑》,[宋]魏庆之编,上海古籍出版社,1978年。
《十驾斋养新录》,[清]钱大昕著,江苏古籍出版社,2000年。
《〈十三经注疏〉版刻考略》,李致忠撰,载《文献》2008年第4期。
《石林燕语》[宋]叶梦得撰,中华书局,1984年。
《识遗》,[宋]罗璧撰,《景印文渊阁四库全书》本,台湾商务印书馆,1985年。
《史记》,[西汉]司马迁撰,[南朝宋]裴骃集解,[唐]司马贞索隐,[唐]张守节正义,中华书局,2013年。
《史通通释》,[唐]刘知幾撰,[清]浦起龙释,上海古籍出版社,1978年。
《仕学规范》,[宋]张镃撰,《景印文渊阁四库全书》本,台湾商务印书馆,1985年。
《书集传》,蔡沈撰,中华书局,2017年。
《书籍的社会史:中华帝国晚期的书籍与士人文化》(*A Social History of the Chinese Book: Books and Literati Culture in Late Imperial China*),[美]周绍明(Joseph P. McDermott)著,何朝晖译,北京大学出版社,2009年。
《书籍环流与东亚诗学——以〈清脾录〉为例》,张伯伟撰,载《中国社会科学》2014年第2期,又收入其《东亚汉文学研究的方法与实践》,中华书局,2017年。
《书目答问补正》,范希曾编,上海古籍出版社,1983年。
《水经注等八种古籍引用书目汇编》,马念祖编,中华书局,1959年。
《说郛》,[元]陶宗仪编,《景印文渊阁四库全书》本,台湾商务印书馆,1985年。
《(司马温公)传家集》,[宋]司马光撰,《景印文渊阁四库全书》本,台湾商务印书馆,1985年。
《四朝闻见录》,[宋]叶绍翁撰,中华书局,1989年。
《四库全书总目》,[清]永瑢等撰,中华书局,1965年。
《四库提要辨证》,余嘉锡撰,中华书局,1980年。
《四库未收书目提要》,[清]阮元编,附于《四库全书总目》,中华书局,1965年。

《宋本群经义疏的编校刊印》,李霖著,中华书局,2019年。
《宋朝名臣奏议》,[宋]赵汝愚编,《景印文渊阁四库全书》本,台湾商务印书馆,1984年。
《宋朝事实》,[宋]李攸撰,《景印文渊阁四库全书》本,台湾商务印书馆,1984年。
《宋朝事实类苑》,[宋]江少虞撰,上海古籍出版社,1981年。
《宋大诏令集》,[宋]宋敏求编,中华书局,1962年。
《宋代藏书家考》,潘美月著,台湾学海出版社,1980年。
《宋代出版史》,田建平著,人民出版社,2017年。
《宋代出版史研究》,周宝荣著,中州古籍出版社,2003年。
《宋代经书注疏刊刻研究》,张丽娟著,北京大学出版社,2013年。
《宋代科举与文学考论》,祝尚书著,大象出版社,2006年。
《宋会要辑稿》,[清]徐松辑,刘琳等校点,上海古籍出版社,2014年。
《宋人雅词原论》,赵晓兰著,巴蜀书社,1999年。
《宋人总集叙录》,祝尚书著,中华书局,2004年。
《宋史》,[元]脱脱等撰,中华书局,1985年。
《宋史丛考》,聂崇岐著,中华书局,1980年。
《宋史艺文志补》,倪灿撰,《二十五史补编》本,中华书局,1955年。
《宋四大书考》,郭伯恭著,商务印书馆,1940年。
《宋文话〈丽泽文说〉考论》一文,蔡德龙撰,载《古代文学理论研究》第29辑,2009年。
《宋文鉴》,[宋]吕祖谦编,齐治平点校,中华书局,2018年。
《〈宋文鉴〉的编刻与时政》,王学泰撰,载《传统文化与现代化》1993年第4期。
《宋元明清书目题跋丛刊》(明代卷),中华书局编辑部编,中华书局,2006年。
《宋元评点考》,[日]高津孝撰,载日本鹿儿岛大学《人文学科论集》第31号,1990年。
《宋元学案》,[清]黄宗羲原著,全祖望补修,陈金生、梁运华点校,中华书局,1986年。
《苏轼全集校注》,[宋]苏轼撰,张志烈、马德富、周裕锴主编,河北人民出版社,2010年。
《苏轼著作版本论丛》,刘尚荣撰,巴蜀书社,1988年。
《苏魏公文集》,[宋]苏颂撰,《景印文渊阁四库全书》本,台湾商务印书馆,

1985年。

《涑水记闻》，[宋]司马光撰，邓广铭、张希清点校，中华书局，1989年。

《隋书》，[唐]魏徵等撰，中华书局，1973年。

《隋唐五代文学史料学》，陶敏、李一飞著，中华书局，2001年。

《隋唐制度渊源略论稿》，陈寅恪撰，上海古籍出版社，1982年。

《岁时广记》，陈元靓撰，《景印文渊阁四库全书》本，台湾商务印书馆，1984年。

《遂初堂书目》，[宋]尤袤撰，《景印文渊阁四库全书》本，台湾商务印书馆，1984年

《孙明复小集》，《景印文渊阁四库全书》本，台湾商务印书馆，1984年。

《所谓〈修文殿御览〉者》，洪业撰，载《燕京学报》1932年第12期。

T

《太平广记》，李昉等编，中华书局，1961年。

《〈太平广记〉的传播与影响》，牛景丽著，南开大学出版社，2008年。

《太平广记引书考》，卢锦堂撰，台湾花木兰文化出版社，2006年。

《太平御览》，[宋]李昉等编，中华书局影印宋刊本，1960年。

《太平御览研究》，周生杰著，巴蜀书社，2008年。

《太平御览引得》《太平广记篇目及引书引得》合刊本，聂崇岐、邓嗣禹编，上海古籍出版社，1990年。

《太平治迹统类》，[宋]彭百川编，《景印文渊阁四库全书》本，台湾商务印书馆，1984年。

《太史成公编〈皇朝文鉴〉始末》，[宋]吕乔年撰，《宋文鉴》附录，齐治平点校，中华书局，2018年。

《泰村集》，高尚颜等撰，《韩国文集丛刊》，[韩]民族文化推进会编，韩国景仁文化社，1996年。

《谈谈有关宋史研究的几个问题》，邓广铭撰，载《社会科学战线》1986年第2期。

《唐代集会总集与诗人群研究》，贾晋华著，北京大学出版社，2001年。

《唐代进士行卷与文学》，程千帆著，上海古籍出版社，1980年。

《唐会要》，[宋]王溥撰，《景印文渊阁四库全书》本，台湾商务印书馆，1984年。

《唐诗鉴赏辞典序言》，程千帆，载是书卷首，上海辞书出版社，1983年。

《唐诗杂论》,闻一多撰,上海古籍出版社,1998年。
《唐史史料学》,黄永年著,上海书店出版社,2002年。
《唐史余渖》,岑仲勉著,中华书局,2004年。
《唐宋词风格论》,杨海明著,上海社会科学院出版社,1986年。
《唐宋词通论》,吴熊和著,浙江古籍出版社,1985年。
《唐宋古文运动与士大夫文学》,朱刚著,复旦大学出版社,2013年。
《唐宋间的孟子升格运动》,徐洪兴撰,《中国社会科学》1993年第5期。
《唐宋时代设馆修史制度考》,金毓黻撰,文载《说文月刊》第3卷第8期(1942年9月)。
《唐宋时期的雕版印刷》,宿白著,生活・读书・新知三联书店,2020年。
《唐宋史论丛》,孙国栋著,上海古籍出版社,2010年。
《唐宋诸贤绝妙词选》,[宋]黄昇编,《唐宋人选唐宋词》,上海古籍出版社,2004年。
《唐文粹》,[宋]姚铉编,《四部丛刊初编》本,商务印书馆,1937年。
《唐文粹》,[宋]姚铉编,《四库提要著录丛书》影印宋绍兴九年(1139年)临安府刻本,北京出版社,2010年。
《唐摭言》,[五代]王定保撰,上海古籍出版社,2012年。
《天禄琳琅书目》,[清]于敏中等著,《天禄琳琅书目》《天禄琳琅书目后编》合刊本,上海古籍出版社,2007年。
《苕溪渔隐丛话》,[宋]胡仔纂集,廖德明校点,人民文学出版社,1962年。
《铁琴铜剑楼藏书目录》,[清]瞿镛编纂,上海古籍出版社,2000年。
《铁围山丛谈》,蔡絛撰,冯惠民、沈锡麟点校,中华书局,1983年。
《通志》,[宋]郑樵撰,《景印文渊阁四库全书》本,台湾商务印书馆,1984年。
《桐江集》,[元]方回撰,《宛委别藏》本,江苏古籍出版社,1988年。
《退溪先生遗集》,[朝鲜]李滉撰,《韩国历代文集丛书》,韩国文集编纂委员会编,韩国景仁文化社,1999年。

W

《万卷堂书目》,[明]朱睦㮮撰,清光绪二十九年(1903年)湘潭叶氏观古堂刻本。
《王安石传》,梁启超著,海南出版社,1993年。

《王安石全集》,王水照主编,复旦大学出版社,2017年。

《王国维遗书》王国维撰,上海书店出版社,1983年。

《王荆公唐百家诗选》,《中华再造善本·唐宋编·集部》,北京图书馆出版社据上海图书馆藏宋本影印,2004年。

《王荆公唐百家诗选》,黄永年、陈枫校点,辽宁教育出版社,2000年。

《〈王荆公唐百家诗选〉版本源流考述》,陈斐撰,载《南阳师范学院学报(社会科学版)》2012年第11期。

《王荆文公诗笺注》,[宋]王安石著,李壁笺注,高克勤点校,上海古籍出版社,2010年。

《王水照自选集》,上海教育出版社,2000年。

《王状元集百家注分类东坡先生诗》,[宋]王十朋编撰,《四部丛刊初编》本,上海书店出版社影印商务印书馆1926年版。

《魏书》,[北齐]魏收撰,中华书局,1974年。

《文潞公集》,文彦博撰,《景印文渊阁四库全书》本,台湾商务印书馆,1984年。

《文献通考》,[宋]马端临撰,《景印文渊阁四库全书》本,台湾商务印书馆,1984年。

《文心雕龙解析》,周勋初著,凤凰出版社,2015年。

《文选》,[南朝梁]萧统编,[唐]李善注,上海古籍出版社,1986年。

《文学观念的因袭与转变:从〈文苑英华〉到〈唐文粹〉》,张蜀蕙撰,台湾花木兰文化出版社,2007年。

《文渊阁书目》,[明]杨士奇编,《景印文渊阁四库全书》本,台湾商务印书馆,1984年。

《文苑英华》,[宋]李昉等编,中华书局,1966年。

《文则》,[宋]陈骙著,《文则》《文章精义》合刊本,人民文学出版社,1960年。

《文章正宗》,[宋]真德秀撰,《景印文渊阁四库全书》本,台湾商务印书馆,1985年。

《文忠集》,[宋]周必大撰,《景印文渊阁四库全书》本,台湾商务印书馆,1985年。

《五百家注昌黎文集》,[宋]魏仲举编,《景印文渊阁四库全书》本,台湾商务印书馆,1985年。

《五峰集》,[宋]胡宏撰,《景印文渊阁四库全书》本,台湾商务印书馆,1985年。

《勿岩先生文集》,[朝鲜]金隆撰,《韩国文集丛刊》,韩国文化促进会编,景仁文化社,1996年。

X

《西周史》(增补本),许倬云著,生活·读书·新知三联书店,2001年。

《息庵遗稿》,[朝鲜]金锡胄撰,《韩国文集丛刊》本,[韩]民族文化推进会编,韩国景仁文化社,1997年。

《稀见本宋人诗话四种》,张伯伟编校,江苏古籍出版社,2002年。

《习学记言序目》,[宋]叶适著,中华书局,1977年。

《现存评点第一书——论〈古文关键〉的编选、评点及其影响》,吴承学撰,载《文学遗产》2003年第4期。

《香祖笔记》,[清]王士禛撰,《景印文渊阁四库全书》本,台湾商务印书馆,1985年。

《湘山野录》,[宋]释文莹撰,《湘山野录 续录》《玉壶清话》本刊本,中华书局,1984年。

《详说古文真宝大全》,熊礼汇点校,湖南人民出版社,2007年。

《详说古文真宝大全》,[明]宋伯贞音释,刘剡校正,韩国景仁文化社影印朝鲜活字本,1975年。

《萧统〈文选〉文体分类及其文体观考论——以"离骚"与"歌"体为中心》,[日]陈翀撰,载《中华文史论丛》2011年第1期。

《啸皋集》,[朝鲜]朴承任撰,《韩国文集丛刊》,[韩]民族文化推进会编,韩国景仁文化社,1996年。

《新锲台阁校正注释补遗古文大全》八卷,[明]张瑞图校释,何乔迁校阅,刘大易刊印,美国哈佛大学燕京学社所藏明万历元年刊本。

《新锓增补注释珊瑚古文大全》八卷,[明]徐心鲁辑,张大业梓行,明万历本。

《新五代史》,[宋]欧阳修撰,柴德赓点校,商务印书馆,2014年。

《新增评注古文真宝后集》,[日]冈崎保春注,生驹登增注,《中国文集日本古注本丛刊》本,卞东波、石立善主编,上海社会科学院出版社,2020年。

《惺所覆瓿稿》,[朝鲜]许筠撰,《韩国文集丛刊》,[韩]民族文化推进会编,韩国景仁文化社,1996年。

《续古逸丛书》三编,中华书局,1986年。

《续增历代奏议丽泽集文》,[宋]吕祖谦编,《中华再造善本》,北京图书馆出版社,2004年。

《续资治通鉴长编》,[宋]李焘撰,上海师范大学古籍整理研究所、华东师范大学古籍整理研究所点校,中华书局,2004年。

《玄赏斋书目》,[明]董其昌撰,《宋元明清书目题跋丛刊》(明代卷),中华书局编辑部编,中华书局,2006年。

《荀子集解》,[清]王先谦撰,中华书局,1988年。

《巽斋文集》,[宋]欧阳守道撰,《景印文渊阁四库全书》本,台湾商务印书馆,1985年。

Y

《延祐四明志》,[元]袁桷撰,《景印文渊阁四库全书》本,台湾商务印书馆,1984年。

《严复集》,王栻主编,中华书局,1986年。

《颜真卿集》,[唐]颜真卿著,[清]黄本骥编订,黑龙江人民出版社,1993年。

《演山集》,[宋]黄裳撰,《景印文渊阁四库全书》本,台湾商务印书馆,1985年。

《养吾斋集》,[宋]刘将孙撰,《景印文渊阁四库全书》本,台湾商务印书馆,1985年。

《也是园书目》,[清]钱曾撰,《中国著名藏书家书目汇刊》(明清卷),林夕主编,商务印务馆,2005年。

《垈隐先生逸稿》,[高丽]田禄生撰,《韩国文集丛刊》,[韩]民族文化推进会编,韩国景仁文化社,1989年。

《叶适集》,[宋]叶适撰,刘公纯等点校,中华书局,1961年。

《夷夏新辨》,陈致撰,载《中国史研究》2004年第1期。

《宜斋野乘》,[宋]吴枋撰,《说郛》本,《景印文渊阁四库全书》,台湾商务印书馆,1985年。

《艺林探微:绘画·古物·文学》,衣若芬著,华东师范大学出版社,2012年。

《亦玉堂稿》,[明]沈鲤撰,《景印文渊阁四库全书》本,台湾商务印书馆,1986年。

《印刷书的诞生》(*The Coming of the Book*),费夫贺(Lucien Febvre)、马尔坦(Henri-Jean Martin)合撰,李鸿志译,广西师范大学出版社,2006年。

《瀛奎律髓汇评》,[宋]方回选评,李庆甲集评校点,上海古籍出版社,1986年。

《永乐大典戏文三种校注》,钱南扬校注,中华书局,1979年。

《余嘉锡论学杂著》,余嘉锡著,中华书局,2007年。

《玉海》,[宋]王应麟撰,《景印文渊阁四库全书》本,台湾商务印书馆,1985年。

《玉海艺文校证》,[宋]王应麟撰,武秀成、赵庶洋校证,凤凰出版社,2013年。

《玉烛宝典》,[隋]杜台卿撰,《续修四库全书》影印《古逸丛书》本,上海古籍出版社,2002年。

《渊雅堂外集》,[清]王芑孙撰,清嘉庆九年(1804年)王氏家刻本。

《元白诗笺证稿》,陈寅恪著,上海古籍出版社,1978年。

《元史》,[明]宋濂等撰,中华书局,1976年。

《元稹集》,中华书局,1982年。

《乐府指迷笺释》,[宋]沈义父撰,蔡嵩云笺释,《词源注》《乐府指迷笺释》合刊本,人民文学出版社,1963年。

《云笈七签》,张君房撰,《景印文渊阁四库全书》本,台湾商务印书馆,1985年。

《云麓漫钞》,[宋]赵彦卫撰,中华书局,1996年。

《云韶集》,[清]陈廷焯撰,晴蔼庐钞本。

《筼窗集》,[宋]陈耆卿撰,《景印文渊阁四库全书》本,台湾商务印书馆,1985年。

Z

《泽堂集》,[朝鲜]李植撰,《韩国文集丛刊》,[韩]民族文化推进会编,韩国景仁文化社,1996年。

《曾巩集》[宋]曾巩撰,陈杏珍、晁继周点校,中华书局,1984年。

《曾慥〈宋百家诗选〉钩沉》,王利器撰,载《文学遗产增刊》第14辑。

《增补足本施顾注苏诗》,[宋]施元之、顾景蕃、施宿注,郑骞、严一萍编校,台湾艺文印书馆,1980年。

《增评补注古文真宝校本后集》,[日]冈本行敏增补、佐藤义光、山岸善道校,《中国文集日本古注本丛刊》本,卞东波、石立善主编,上海社会科学院出版社,2020年。

《增注东莱吕成公古文关键》,[宋]吕祖谦、蔡文子注,《中华再造善本》,北京图书馆出版社,2004年。

《占毕斋集》,[韩]金宗直撰,《韩国文集丛刊》,[韩]民族文化推进会编,韩国景仁文化社,1996年。

《昭明文选研究》,傅刚著,中国社会科学出版社,2000年。

《直斋书录解题》,[宋]陈振孙撰,上海古籍出版社,1987年。

《止斋集》,[宋]陈傅良撰,《景印文渊阁四库全书》本,台湾商务印书馆,1985年。

《中国藏书通史》,傅璇琮、谢灼华主编,宁波出版社,2001年。

《中国出版通史》,肖东发等著,中国书籍出版社,2008年。

《中国古代的类书》,胡道静著,中华书局,1982年。

《中国古代文体学论稿》,郭英德著,北京大学出版社,2005年。

《中国古代文体学研究》,吴承学著,人民出版社,2011年。

《中国古籍善本书目》,上海古籍出版社,1998年。

《中国古籍文献拍卖图录年鉴》,姜寻编,中华书局,2004年。

《中国刻本〈古文真宝〉的文献学研究》,姜赞洙撰,复旦大学博士学位论文,2005年。

《中国善本书提要》,王重民撰,上海古籍出版社,1983年。

《中国文集日本古注本丛刊》,卞东波、石立善主编,上海社会科学院出版社,2020年。

《中国文学批评通史》,王运熙、顾易生主编,上海古籍出版社,1996年。

《中国小说史略》,鲁迅撰,上海古籍出版社,1998年。

《中国选本批评》,邹云湖著,上海三联书店,2002年。

《中华再造善本总目提要》,中华再造善本工程编纂出版委员会编著,国家图书馆出版社,2013年。

《钟嵘诗品研究》,张伯伟著,南京大学出版社,1999年。

《忠雅堂诗集》,[清]蒋士铨撰,《清代诗文集汇编》本,上海古籍出版社编,上海古籍出版社,2011年。

《众妙集》,[宋]赵师秀编,《景印文渊阁四库全书》本,台湾商务印书馆,1985年。

《周礼注疏》,[东汉]郑玄注,[唐]贾公彦疏,缩印《十三经注疏》本,中华书局,1980年。

《周易古经今注》,高亨著,中华书局,1984年。

《周易正义》,[三国魏]王弼,[晋]韩康伯注,[唐]孔颖达疏,缩印清阮元校刻《十三经注疏》本,中华书局,1980年。

《周予同经学史论著选编》,上海人民出版社,1983年。

《周元公集》,[宋] 周敦颐撰,《景印文渊阁四库全书》本,台湾商务印书馆,1985年。

《朱子语类》,[宋] 黎靖德编,中华书局,1994年。

《诸儒笺解古文真宝》,台湾"国家图书馆"藏明万历十一年司礼监刊本。

《诸儒笺解古文真宝》,中国科学院藏明刊本。

《庄子集释》,[清] 郭庆藩辑,中华书局,1961年。

《拙斋文集》,[宋] 林之奇撰,《景印文渊阁四库全书》本,台湾商务印书馆,1985年。

《〈资治通鉴〉唐宣宗时期的史源——兼论宋敏求及其〈宣宗实录〉》,靳亚娟撰,《文史》2019年第4期。

《自警编》,[宋] 赵善璙撰,《景印文渊阁四库全书》本,台湾商务印书馆,1985年。

《作词五要》,[宋] 杨缵撰,《宋金元词话全编》本,邓子勉编,凤凰出版社,2008年。

后　记

十年前，章灿兄邀我参加国家社科基金重大招标项目"中国古代文献文化史"子课题（宋代卷）的研究和撰写工作，我没有多考虑就答应了。因为我当时已承接了中华书局《宋代文学史料学》的约稿，宋代文献正在我的关注范围内；而且，我始终认为，应当把中国古代文学的研究放在一个较为宽广的思想文化背景下进行，这与文献文化史所重视的文献的文化属性的研究，思路是很相近的。

然而，真正进入研究过程，事情并不如我最初想象的那么简单。宋代是一个由抄本进入刻本的时代，各种文献浩如烟海。就其文本形态来看，哪些文献传承有绪，哪些发生了变异，哪些纯为新增，宋人又作了哪些传承和开拓，都颇费思量。在研究方法上，如何既着眼文献产生的思想文化背景，又尽可能准确地把握其从产生到接受、承传和演变等过程中所蕴含的文化意义，文献学与文化学结合，微观与宏观并行，从而深入揭示其在中国古代文献文化史上的作用、地位和影响，也并非易事。

反复思考之后，我觉得还是应当从宋代文献的具体编纂、刊刻与流传等着手进行探讨。因为各类文献既多，也就势必存在一个如何搜集整理、编选拣汰和刊刻传播的问题，而这一系列的以文献编纂为中心的活动，也必然会从一个侧面反映出宋代文化传承与发展的进程。抓住了宋代文献编纂这一重点，也就抓住了宋代文化变革和演进的关键所在。

当然，笔者在书中所作的上述尝试是否妥当和成功，还需要在今后的进一步研究中加以检验，同时，我们也期待着海内外方家的批评指正。

后　记

　　"十年磨一剑。"个中既倾注了笔者的心血,也包含着来自师友的帮助。"中国古代文献文化史"项目团队成员间的切磋琢磨和友好合作,南大出版社胡豪先生的友善而持续不懈的督促与支持,责任编辑臧利娟君的认真审读和细心编校,都是令人不能忘怀的。

　　另外,本书也是笔者所承担的国家社科基金重点项目"宋代文学史料学研究"(批准号:17AZW0004)、国家社科基金重大招标项目"中国古代类书叙录整理"(19ZDA245)子课题和安徽师范大学中国诗学研究中心专项研究课题的阶段性成果,特此说明。

巩本栋于金陵有容斋